中国藏学年鉴

2010

《中国藏学年鉴》编辑委员会 编

中国藏学出版社

3月28日，中共中央政治局委员、书记处书记，中宣部部长刘云山参观西藏文化博物馆。

3月28日，中共中央政治局委员、国务委员刘延东参观西藏文化博物馆。

3月28日，全国政协副主席、中央统战部部长杜青林，十届全国人大常委会副委员长热地等领导参加“西藏文化博物馆开馆暨‘雪域宝鉴——见证西藏历史，弘扬藏族文化’大型展览开幕仪式”剪彩。

4月1日，第十一世班禅额尔德尼·确吉杰布参观西藏文化博物馆。

5月30日，第三次全国藏学工作协调会在北京召开。

4月，第二届中国藏学研究珠峰奖评审会在北京召开。

5月31日，第二届中国藏学研究珠峰奖颁奖仪式举行。

4月，“中国第六届因明学学术研讨会”在河南洛阳师范学院召开。

4月，首届中国密教国际学术研讨会在西安举行。

4月23日至27日，中国藏学出版社参加成都第二十届全国图书交易博览会，展出全套232卷本的藏文版《大藏经》对勘本及最新出版的图书。

4月25日，“中国藏学研究中心向四川藏区捐赠图书仪式”在第二十届全国图书交易博览会举办。

5月，北京藏医院与智利拉丁美洲中医学院联合培训班结业。

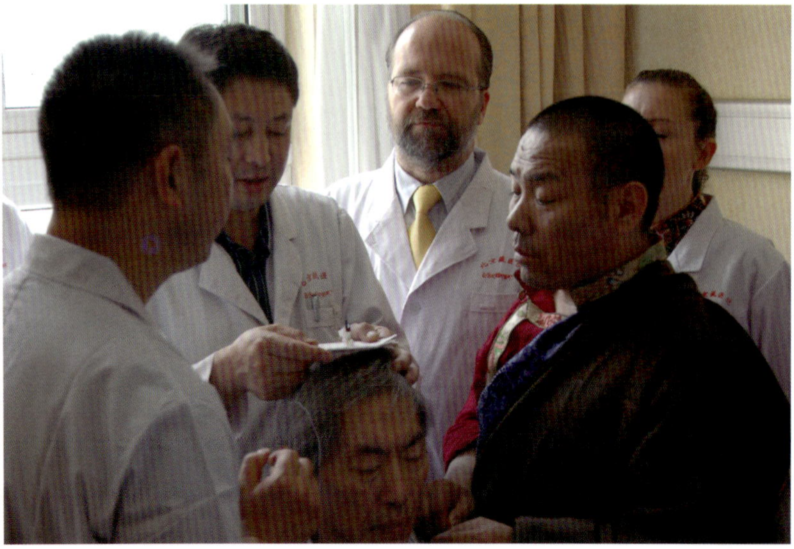

5月，拉丁美洲中医学院学员在北京藏医院临床实习。

5月，中国藏学出版社出版的《中国第二历史档案馆所存西藏和藏事档案汇编》发布仪式在中国藏学研究中心举行。

6月，“西藏与四省藏区和谐社会建设学术研讨会”召开。

7月，中国藏学研究中心学者在德国汉堡大学参加第三届早期密教文献国际工作会（Third International Workshop on Early Tantra）。

7月，第二届海峡两岸藏学研讨会在北京中国藏学研究中心举行。

7月，邓锐龄先生在第二届海峡两岸藏学研讨会上发言。

7月，参加第二届海峡两岸藏学研讨会的与会人员合影。

7月，甘肃民族师范学院学者在四川若尔盖进行宗教人类学调查。

8月，甘肃省夏河县首届拉卜楞文化与民族地区经济社会发展学术研讨会召开。

8月，中国藏学研究中心学者在澳洲中国和平统一促进会成立十周年庆典暨“西藏论坛”上举办学术讲座。

8月，中国藏学研究中心学者在新龙苯教寺庙益西寺考察。

8月，国际医学科学研究基金会的创始人及责任董事长崔玫教授在北京藏医院做讲座。

8月，中国藏学研究中心代表团出访蒙古国，同蒙古国传统医药集团签订合作协议。

8月，英国威斯敏斯特大学政治及国际关系教授迪比亚斯·阿南德在中国藏学研究中心做讲座。

9月，中国藏学研究中心学者在西藏自治区达孜县塔杰乡农户家调研。

9月，“藏区跨越式发展与长治久安学术研讨会暨川藏青甘滇社科院院长联席会”在四川省社会科学院召开。

9月，“第二届冈仁波齐地区跨境景观保护项目研讨会”在四川召开。

9月，中国藏学研究中心藏学家代表团访问维也纳大学并参观图书馆。

9月，中国藏学研究中心藏学家代表团访问奥地利科学院。

9月，"西藏传统文化与和谐社会建设暨纪念《西藏民族学院学报》创刊30周年"学术研讨会召开。

9月，中国民族语文翻译局藏语翻译专家工作会在西宁召开。

10月25日，著名藏学家噶尔梅·桑木丹在西南民族大学做讲座。

10月，中国藏学研究中心代表团出访美国、加拿大。

10月19日，德国汉堡大学教授哈那嘎·伊萨克森在中国藏学研究中心做讲座。

10月24日，首届中日学者藏学论坛在北京中国藏学研究中心举办。

10月，首届中国少数民族古籍文献国际学术研讨会在北京召开。

10月25日至11月10日，“2010年全国藏医高级研修班”在北京藏医院举办。

11月23日至24日，首届藏学珠峰论坛在北京中国藏学研究中心举行。

11月26日至28日，首届四川省藏传佛教文化论坛在成都召开。

12月，中国社会科学院民族学与人类学研究所举办“著名藏学家黄颢先生学术追思会及《贤者喜宴——吐蕃史译注》首发式”。

《贤者喜宴——吐蕃史译注》新书封面及该书手稿

证 书

《解放西藏史》编委会：

你单位 撰 写 的《解放西藏史》荣获第二届中国出版政府奖 图书 奖提名奖。

特颁此证。

中华人民共和国新闻出版总署

二〇[illegible]年十二月

12月，《解放西藏史》荣获第二届中国出版政府奖图书奖提名奖。

12月，《藏医传统医技医法整理与研究》结题。

前　言

藏学是以藏族社会的历史、现状和未来发展为研究对象，以哲学社会科学为主体，同时兼及自然科学部分领域的一门理论性和应用性较强的学科。

中国藏学源远流长。据可靠的文献记载，至少在1000多年前，藏、汉等民族学者就开始记录、研究藏族地区的社会、历史、文化等现象。反映藏族历史文化发生、发展过程的藏、汉、蒙古、满等文字的文献浩如烟海，构成了传统藏学的巨大宝库，为中国现代藏学奠定了基础。

近代以来，随着西方列强对中国的侵略，有识之士认识到祖国边疆危机四伏。19世纪的边政研究和20世纪抗日战争期间学者对西部边疆的研究促进了藏学的发展，充分体现了中国藏学的爱国主义传统和藏学工作者的拳拳爱国之心。

中国藏学经过漫长的发展历程，到20世纪中叶，以中华人民共和国的建立和西藏的和平解放为时代标志，走上了以马克思主义为指导的发展道路，形成了有别于传统藏学和国外藏学的现代中国藏学。新中国藏学事业大体上可以分为三个阶段。一是奠基、起步阶段，从1949年新中国建立到1965年，即“文化大革命”前的17年。在和平解放西藏的过程中，藏学工作者对西藏的历史和现实进行了广泛、深入的调查研究，为中央正确决策及时提供了重要参考依据。以后，无论是在执行和维护《十七条协议》的8年，还是在平息叛乱和民主改革的3年，以及在巩固民主改革成果、社会全面发展的5年时间里，藏学研究都为正确认识西藏、建设西藏发挥了作用。在川、青、甘、滇四省藏区的革命和建设过程中，藏学研究也为正确认识这些地区的社会实际，为党和政府制定正确的方针政策起到了应有作用。在这个时期，党和国家对传统藏学研究人员进行了马克思主义理论教育，成立了民族院校，开办了各种培训班，培养了大量以马克思主义为指导、掌握现代科学方法的藏学工作专门人才，建立起一支包括各民族人员在内的稳定的藏学工作者队伍，为藏学事业发展打下了良好基础。二是遭受严重挫折阶段，即“文化大革命”的10年。在这一时期，中国藏学事业和全国其他事业一样，受到了严重干扰和破坏。尽管如此，在极其困难的条件下，由于广大藏学工作者的努力，藏学研究还是为西藏的革命和建设事业作出了一定贡献。三是全面发展、繁荣阶段，从1978年底改革开放以来。随着党的实事求是思想路线的重新确立，中国社会主义建设事业焕发了勃勃生机，进入了全面发展新时期。藏学事业也进入了全面发展、繁荣时期。专门研究机构相继成立，专业书刊大量出版，研究队伍不断壮大，研究领域得到广泛拓展，对外交流日益频繁，科研成果层出不穷。中国藏学充满生机和活力。

新中国成立60年来，中国藏学事业的发展和所取得的成就主要表现为以下几个方面：1. 创立了以马克思主义为指导的现代中国藏学。2. 建立了比较系统、完备的藏学研究、出版和人才培养体系。3. 藏学研究队伍不断发展壮大。4. 科研、出版工作硕果累累。5. 国内外学术交流日益频繁。

西方对西藏的最早记录可以追溯到古代罗马时期，欧洲人对西藏和藏区的实地考察始于17世纪天主教传教士的活动。国外藏学界公认的西方现代藏学的创始人是18世纪到19世纪初的匈牙利人乔玛。他的《藏文词典》和《藏文语法》是国外藏学的奠基之作。从那以后，西方几次兴起了藏学热，至今对藏族社会和文化的研究依然持续不断。

中国藏学研究中心成立于1986年5月20日，是全国唯一的国家级综合性藏学学术机构。以为维护祖国统一、增强民族团结服务，为西藏与四省藏区的发展稳定服务为宗旨，肩负着牵头协调全国藏学、开展研究工作、培养藏学人才、掌握研究动态的职责。现有社会经济研究所、历史研究所、宗教研究所、当代研究所和藏医药研究所5个研究所，和图书资料馆、中国藏学出版社、中国藏学杂志社、西藏文化博物馆、中国藏学网、藏文大藏经对勘局、北京藏医院等业务部门和单位，形成了集研究、出版、资料、网络、展示、医疗功能的载体和平台。20多年来，藏研中心围绕探索藏族社会发展的客观规律，围绕探索藏传佛教与社会发展相适应的规律，围绕西藏及其他藏区经济社会发展中的重大理论和实际问题，围绕保护和发展藏族优秀传统文化，围绕西藏社会制度的发展变迁，围绕西藏的对外开放，开展工作，取得了喜人成绩。

全面、准确、及时记录和反映藏学研究发展状况，是藏学学科建设的需要，也是藏学专家学者的要求。藏学界一直企盼编纂出版《中国藏学年鉴》。

藏学学科的综合性、藏学与其他专门学科的交叉性特点则显示出这是一项颇为艰难的工作。2010年，乘着中央第五次西藏工作座谈会的东风，中国藏学研究中心知难而上，启动这项有利于藏学学科发展的工程，开始编纂2009年《中国藏学年鉴》，并以特稿的形式，把1949年至2008年的我国藏学研究内容陆续收入以后各年度的年鉴之中。在中央统战部和有关部门、地方关心、支持下，在全国各藏学机构、专家学者的支持、帮助下，通过编委会和编辑部全体同仁的共同努力，我们终于在2011年完成了2009年度的年鉴编纂工作，并由中国藏学出版社出版发行。现在，这本《中国藏学年鉴2010》即将出版，并于今年8月召开的第五届北京（国际）藏学研讨会上首发。另外，《中国藏学年鉴2011》也已经开始编纂，为此我们还在《中国藏学》及中国藏学研究中心网站上向全国藏学界发出了“《中国藏学年鉴》学术动态图文征集启示”。

衷心希望更多的藏学机构、专家学者参与到《中国藏学年鉴》的编纂出版工作中来，共同推动我国藏学事业的进一步发展繁荣。

《中国藏学年鉴》编辑委员会

2012年6月

目 录

◆ 特稿 ◆

◆ 研究综述 ◆

◆ 论著索引 ◆

特稿

为发展中国藏学研究而努力

——在中国藏学研究中心第一次干事（扩大）会议上的报告

中国藏学研究中心总干事　多杰才旦

1988 年 12 月 7 日

中国藏学研究中心是在党中央、国务院的亲切关怀下，在有关单位的协助和支持下，于 1986 年 5 月 20 日正式成立的。它的成立是藏族人民的大事，也是藏学界的大事，具有重要的政治意义和学术意义。

成立中国藏学研究中心，就是要组织、协调全国藏学研究工作，发展中国藏学事业，为西藏和其他藏区的物质文明和精神文明建设服务；为维护祖国统一，增强民族团结服务；为藏族的昌盛和进步服务。

现在，我代表中国藏学研究中心常务干事会，向全体干事和学术顾问、与会的专家学者汇报一下藏研中心两年来的工作和今后工作的一些设想。其中包含一些个人的意见，请大家审议、指正。

一、中国藏学研究中心两年来的工作情况

中国藏学研究中心成立两年来主要做了以下六项工作：

（一）建立了藏研中心的领导机构和科研体制。藏研中心的领导体制，是常务干事会、干事会和学术顾问。常务干事会为领导核心，由总干事和副总干事组成。干事会和学术顾问的任务是，就制定藏学研究指导性宏观规划和重大科研项目进行论证，作出决策。现经中央批准，已设置了七人常务干事会，并

与有关省区和单位协商提出聘请干事会干事名单，现已确定聘请24位干事会干事，同时聘请了在学术上享有盛誉的费孝通、李铁铮、季羡林、任继愈、王森教授为学术顾问。科研体制方面，根据改革的精神和精简的原则，采取按重点课题建立课题组的科研体制。现在中心有工作人员87人（藏族占42人）。其中科研人员及其辅助人员60人（藏族36人），包括研究员4人，副研究员8人，中级研究人员20人。

（二）制定藏学研究规划，组织和协调全国的藏学研究工作。中国藏学研究中心成立伊始，就根据既要重视基础理论研究，又要加强应用研究的原则，在调查了解国内外藏学研究机构、研究人员和研究课题的基础上，着手拟定全国性的藏学研究规划。这个《全国藏学研究1989—2000年重点项目选题规划》（草案），将在这次会议上提请与会同志们审议。我们希望，经过讨论、修正，能够比较全面地反映国内藏学研究的各个领域和学科建设的需要，成为供国内各藏学研究机构和专家、学者们采纳的选题规划。

（三）规划中有三个项目是中心的重点科研项目，也是全国哲学社会科学“七五”期间重点科研项目。这三个重点项目是：

1.《元朝以来西藏地方与中央政府关系问题研究》。本课题的研究，是用历史事实充分说明西藏是中国不可分割的一个组成部分，有力地驳斥所谓的“西藏独立”论。这一课题包含两个子课题，即从大量的藏、汉、满、蒙古文档案中，整理汇编出一百余万字的《西藏与祖国关系档案史料汇编》；利用这些档案史料和其他文字的史料（包括外文史料）撰写的《元朝以来西藏与祖国关系史》。《西藏与祖国关系档案史料汇编》，由中心与中国第一历史档案馆、中国第二历史档案馆、西藏历史档案馆、四川省档案馆共同协作进行。1987年年底已整理汇编了《西藏与祖国关系档案史料汇编（初选稿）》（50余万字），并分送中央有关领导和部门审阅。全书预计1990年完成，将用汉、藏、英三种文字出版，向国内外发行。《元朝以来西藏与祖国关系史》课题，由中心同中国社科院民族研究所、青海省社会科学院、南京大学历史系等单位的同志共同进行，现已拟定了全书编写大纲，组成了编写组，落实分工，目前一些章节已写出初稿。

2.《中华大藏经》藏文部分对校编辑工作。藏文《大藏经》（包括《甘珠尔》《丹珠尔》）是《中华大藏经》汉文部分的姊妹篇，是《中华大藏经》的重要组成部分。它在藏族中有深远影响，是国内外学术界公认的具有百科全书性质的藏文古籍，是藏学研究中最基本的资料之一。对勘藏文《大藏经》，对增进民族团结，促进西藏和其他藏区的民族、宗教和文化工作有着重要意义。

经中央批准，藏研中心特设“藏文大藏经对勘局”，由中心副总干事扎西泽仁同志兼任局长，土登尼玛研究员负责主持对勘工作。首先对勘《丹珠尔》部分，以校勘精细的“德格”版为底本，以“北京版”、“卓尼版”和“那塘版”为参校本进行逐句对校，只勘出经文中的异同及字句的错落，不加按断。对校记附各卷之后。对校编辑工作从1987年10月开始，截至目前，礼赞部和续部等16部已对勘完毕。《大藏经》的全部对勘工作预计十余年完成。

3.《西藏现存梵文贝叶经的整理研究》。梵文贝叶经包含古代印度的文学、语言学、逻辑学、宗教学、艺术等方面的极其丰富的罕见文献。西藏现存贝叶经，不仅数量可观，而且大部分写于8—14世纪之间，有极高的学术价值，一向为国内外学术界所瞩目。这个课题，由著名梵文专家季羡林、王森教授等进行指导，由罗昭同志组织，并吸收有关藏族学者参加。中心于1987年派员进藏，在西藏自治区文化厅的积极支持与协助下，已将33000页梵文贝叶经全部制成缩微胶片。整理研究我国现存的梵文贝叶经可以大大推动我国梵文研究事业的开展，这将对中印两国的文化交流产生重大影响。

（四）正在进行的其他研究项目有：1.《西藏封建农奴制社会形态》。这是一部比较系统描述民主改革前西藏社会形态的专著。这个课题，由中心牵头，与西藏社会科学院、中国社会科学院民族研究所等单位协作，运用实际调研材料和历史档案、文献资料等进行编写，计划5年完成。1987年在京召开了第一次课题协作会，签订了协议书，明确了分工，组织了三个调查组分赴西藏那曲、山南等地进行实地调研，收集到几十万字的调查资料。今年已整理编写出两份调查报告，并组织联合调查组赴西藏阿里、昌都等地进行实地调查。编辑《西藏封建农奴制社会形态论文选编》的工作也正在进行。

2.《藏文大辞典》。是一部综合性大型辞典，计划收集历史、宗教、文学、地理、天文、历算、工艺、人物等方面的词目6万余条。由中心副总干事东噶·洛桑赤列教授主持，已于1987年10月开始工作。全书预计7年脱稿。这将为藏学研究以及广大读者提供一部实用的工具书。

3.《西藏社会经济发展战略研究》。由著名社会学家费孝通教授主持的北京大学社会学所和中心进行协作，预计4年完成。1988年课题组先后两次赴拉萨等地区进行问卷抽样调查研究，共收回问卷1800份，在整理分析的基础上已写出综合和专题研究报告6份。这些研究报告上报中央有关部门，已引起重视。这项课题的研究成果，将会有助于中央、西藏自治区政府了解西藏社会、经济发展和民族关系等状况，为有关部门制定政策提供依据。

（五）建立了中国藏学出版社和中国藏学杂志社。出版社重点进行三套丛书的编辑出版工作，即《五明精选丛书》（藏文）、《中国藏学史料丛刊》（汉文）和《西藏知识小丛书》。1988 年已审定藏、汉文书稿 8 部，其中发稿 5 部。《中国藏学史料丛刊》中的《钦定理藩部则例》已于去年（1987 年）10 月出版。五明精选丛书中的《布顿佛教史》和《量理宝藏注疏·教理曦论》已于本月（1988 年 10 月）出版。

《中国藏学》杂志，是向国内外发行的藏学学术刊物，分藏、汉文版，全年各出版 4 期，共 8 册。现已出版藏文版 3 期，汉文版 4 期。它的出版已引起国内外藏学界的关注。

（六）行政后勤工作方面。租赁了办公用房，购置了部分设备，保证了科研工作的开展。基本建设，已由国家计委和中直管理局下达任务并批准立项，目前选址和初步设计工作已完成，争取尽快开工。

由藏研中心与航空航天部七一零所合作研制的藏文文字处理及藏汉激光编辑排版印刷系统已于今年 9 月通过部级鉴定，这项成果使藏文信息处理、图书资料检索及藏文图书编辑等实现计算机化。

二、关于我国藏学研究几个根本性问题的认识

藏学是一门世界瞩目的新兴学科。加强藏学研究工作，使我国藏学在学术上逐步处于世界领先地位，是一项具有战略意义的重大措施。为发展我国藏学，搞好藏学研究，应明确和解决如下几个基本认识问题：

（一）关于藏学研究的对象和范围。藏学是人文科学的一个分支，但也包含一部分自然、社会科学的内容。它的研究包含以西藏为主并包括川、青、甘、滇整个藏族的社会、经济、历史、宗教和文化等方面，是一门综合性学科。它和汉学、蒙古学、突厥学以及敦煌学一样，是中华民族文化的重要组成部分，也是世界文化的重要组成部分。

藏学研究的范围，有一个发展过程。

就藏族传统研究对象而言，按其传统的学科划分，主要是大五明（工巧明、医方明、声明、因明和内明）和小五明（修辞学、辞藻、韵律、戏剧和历算），以及历史、地理、人物传记等方面的研究。

就国外 19 世纪以来的藏学研究而言，它的研究范围仅局限在宗教、历史、语言和文化诸方面，更侧重于宗教和文化的研究。

近几十年来，从藏学研究现状看，它已成为一门世界性的学科，跨越了国家、民族和社会的畛域，其研究领域正在不断扩大，突破了传统体系的范畴，

发展成为对藏族及其社会各个领域的研究。同时，在研究方法上，也超越了过去，成为一种多元并存的态势，由于心理学、民族学、民俗学、社会学、人类学、考古学、生命科学等在藏学研究中的运用，不仅拓展了藏学研究的范围和深度，而且交叉学科、边沿学科也在不断出现，这是科学研究发展的必然规律。

但是，藏学作为一门学科尚待建立起自身的学科体系。藏学领域各个分支学科的逻辑结构和相互关系尚未完全确定，学科的理论、方法、术语等尚待完善。学科体制的建立和完善是同学科发展的一定程度相适应的。这是学术问题，我们必须坚持“双百”方针，实事求是地进行思考和探索，逐步建立起我国藏学学科的体系。在当前的条件下，根据历史和现实、基础和对策相结合的原则，我们是否可以先将藏学的分支学科初步分列为：历史、地理、考古学科；语言、文字学科；社会、人类学科；政治、法律学科；经济发展学科；宗教、哲学学科；文化、教育学科；文学艺术学科；科技、医药、历算学科；外向关系学科；档案、文献目录学科。这次会议要讨论的《全国藏学研究1989—2000年重点项目选题规划》（草案），基本上就是按此制定的。希望通过这次会议的讨论、修正，能确定一个既适应当前藏学研究的实际，又考虑藏学研究发展的藏学分支学科的逻辑结构。总之，就藏学研究的范围来说，它具有传统性、时代性和发展性。

（二）关于藏族丰富的文化传统的认识、理解和研究的意义。藏族是我国民族大家庭中具有悠久历史和灿烂文化传统的民族之一。古代藏族建立的吐蕃王朝，在亚洲大陆上曾产生过巨大影响。藏族人民为缔造伟大祖国、开发边疆，做出了卓越的贡献。在近代民主革命和社会主义革命和建设的伟大事业中，藏族人民同各族人民一起写出了壮丽的篇章。

藏族人民具有极大的创造才能。它的别具一格的文化是中华民族文化的重要组成部分，在世界上也占有显著地位。从公元7世纪，藏族创制文字以来的1300余年的历史，留下了极其丰富的珍贵文献，卷帙浩繁，仅次于汉族。有数十万函经典文集，如布顿、萨班、八思巴、宗喀巴等一大批卓越的学者大师的巨著。至今，西藏及其他藏区还保存着元代以来的藏文历史档案数百万件。这些都是研究藏族历史、哲学思想史的珍贵文献。西藏各派佛教在宗教哲学、宗教仪轨、寺院组织和修行次第等方面都自成体系，其传播及于青海、甘肃、四川、云南、蒙古、新疆，远及西伯利亚，并留传下闻名世界的大量的佛教典籍和文物。藏族先哲翻译佛经所用的大量梵文典籍（即贝叶经），现在仍有一大部分保存在西藏，这是海内秘籍，中国的瑰宝。对藏传佛教及其经典进行科学研究，将给佛教史研究增添新的活力，得出新的论断。和平解放前，西藏是典型的僧侣贵族统治的农奴制社会，对民主改革前的西藏社会经济形态进行调查，并与春秋战国时代中原的社会形态、欧洲中世纪、俄罗斯封建农奴制相比较，将西藏农奴制社会置于中华民族史乃至世界史的系统中进行全面的研究，会加深对人类社会史上的封建前期社会形态的理解；加深对于在农奴制废墟上进行“两个文明”建设的认识和理解。藏语是汉藏语系中占有重要地位的语言，藏文是历史悠久的拼音文字。藏语文的研究对汉藏语系藏缅语族诸语言之间的比较研究具有十分重要的意义。西藏与南亚次大陆诸国相邻，3500 公里国界线外还有一部分藏族或用藏缅语族语言的民族，对于这些民族的研究，不仅能加深睦邻关系，而且还可以辅助探讨西藏问题。藏族在天文、历算、医药、建筑、诗歌、音乐、绘画、舞蹈等方面都有很深的造诣和鲜明的民族风格，大大丰富了我国的文化宝库。所有这些藏族社会历史和文化等方面的广博丰富的内容，分别成为藏学研究工作者潜心研究、探讨不竭的极其深邃的源泉。

至于藏族传统文化在现代化过程中的适应与变革问题研究，是个重大课题。这类问题，是第三世界普遍的热门课题，是一种国际性的趋势，我们应该谨慎地超前进行探讨，为西藏及其他藏区现代化服务。

（三）关于藏学研究的历史和现状诸问题。藏学的故乡在中国。我国学者研究藏学的历史源远流长。据现有文献记载，可以上溯至隋唐。在历代史籍、方志、专著以及私家文集中屡见不鲜。历史上，藏族中一些知名的大德学者在大小五明的研究中进行大量的著述和注释工作，其著作极为丰富，对藏学研究做出了巨大贡献。在新中国成立前的旧中国有个别藏族学者用现代人文史观和方法，著书立说，开创了一代新风。在国民党统治时期，藏学跟其他一些学科（如蒙古学、突厥学、敦煌学）一样，不可能得到重视和发展，只有一些学者在各自的研究领域做了一些专题探讨，发表了颇有分量的专著和论文，用自己的成果，为藏学研究做出了贡献。

新中国成立后，党和国家重视藏学研究工作，周恩来同志生前对藏语文学习、藏文文献的整理和藏族社会的调查研究十分关注。50 年代以来，在周总理的关怀下，我国先后组织高等院校和研究机构的大批专家、学者，组成多学科的科学考察队对西藏及川、青、甘、滇藏区进行了语言文字调查和社会历史调查，搜集整理了大量珍贵史料，为研究西藏及其他藏区取得了第一手调查材料。同时，在中央和地方高等院校还培养和造就了大批藏语文教学、科研和编译人才。通过上述工作，编写了藏族简史、简志，出版了词典和专著，发表了研究文章，促进了藏学研究的发展。但是，这个良好的开端，被“文化大革命”打断，停滞了十年之久。

党的十一届三中全会以后，我国藏学研究开始走上正轨，出现了前所未有的蓬勃发展景象。藏学研究受到党和国家的高度重视。近年来，在中央和有关省区的科研单位和高等院校，相继成立了藏学研究机构，一大批藏、汉各族的教学、研究人员分布全国各地。近年来，还创办了藏、汉文刊物，发表了许多很有价值的藏学研究论文，出版了藏、汉文古籍、专著和画册。但是我国现有的研究力量还比较分散，缺乏统一的组织和规划，因而成果还不够大。这同我国在藏学研究领域中所占的重要地位并不相称。

在国外，早在 19 世纪，匈牙利人乔玛（1784—1842）便开始研究藏学，嗣后随着帝国主义势力东侵，西藏的历史和文化引起了国外学术界的注意，藏学也就逐步发展起来。1959 年西藏民主改革中，西藏一批人员携带大量藏文文献和文物外流，国外的一些藏学机构和学者邀请了一批国外藏胞中传统文化造诣较高的人员，同当地原有的藏学研究人员相结合，积极开展藏学研究。某些国家的反动势力也开展所谓的“西藏问题”研究，为他们的反华策略服务。这就是国外出现“藏学热现象”的历史文化背景。藏学几乎成为经济发达国家中的热门学科。在日、意、英、法、德等国继续保持各自的研究传统，苏美凭借其超级大国的财力迅速追赶，甚至连澳大利亚、匈牙利，北欧丹麦、瑞典、芬兰，中欧瑞士也有人在研究西藏。国外出版大量书刊，刊印古籍也蔚然成风。此外，还召开过几次国际性的藏学会议。国外藏学书刊中，有些是一般读物，也有鼓吹“西藏独立”论的货色。虽然不少论著的某些观点值得商榷，但也确实占有材料，有所发现，是可供参考的著作。因此，为了发展我国的藏学研究，全面了解国际上藏学研究的历史、现状和趋向，是十分重要的。

（四）中国藏学研究中心的宗旨及其任务。它的宗旨是团结广大藏学界人士，遵循历史和现实、基础和对策相结合的原则，共同加强对西藏及其他藏区政治、经济、历史、社会各方面的研究，继承和发扬藏族文化的优良传统，繁荣藏族文化事业，扩大藏族和汉族及其他少数民族的文化交流，加强国际文化合作，为维护祖国统一和加强民族团结服务，为早日实现西藏和其他藏区的四个现代化服务。其主要任务是：

1. 组织和协调全国藏学研究。近年来，我国藏学研究机构相继建立，各自拥有一批科研骨干力量，取得了一定的研究成果。藏学是一门多学科的研究。从地域来讲藏区又很广袤，各地的历史条件和现实发展情况不尽相同，形成了各自的优势和特点。几年来的实践表明，在藏学研究领域要取得重大的研究成果，只靠少数单位的力量，少数人的努力是不可能做到的。只有依靠全国各个藏学研究单位科研力量的协作，充分发挥各自的优势，运用多学科的科学知识和方法，加强综合性研究，才能在一些重大理论问题上和学科建设方面取得突破性的发展。因此，我们要在国内藏学研究现状的基础上，制定藏学研究规划，确定重大项目，组织重大课题的协作攻关。提供这次会议讨论修正的《全国藏学研究1989—2000年重点项目选题规划》（草案），就是为此目的制定的。我们希望，会议修正通过的这个规划，能够协调全国藏学研究机构和学者的研究工作，既发挥各地区各单位的优势，进行分散研究，又保证重点，避免重复，推动全国藏学研究工作的开展。

2. 积极开展自身的科研工作。要建立起一个藏学研究机构，在学术研究上有所突破，如果自身没有研究出一批高水平的成果，则难以得到国内外学术界的承认。藏研中心努力开展自身的科研工作，绝不是排斥其他藏学研究机构，更不能代替他们的研究工作。我们一定要同其他藏学研究机构搞好横向联系，互通信息，紧密协作，进行一些重大课题的研究，尽快拿出一批高水平的研究成果。

3. 抓紧培养藏学研究人才。在科研工作中，人才是关键。要推出出色的科研成果，必须有出色的科研人才。培养人才是项基本建设。目前，我国藏学人才少，力量单薄。我们要抓紧做好这项培养人才，尤其是藏族人才的工作。我们要采取特殊措施、多种形式，通过多种渠道造就一批高水平的藏学研究人才：一是选拔有志于藏学研究的藏族和汉族以及其他民族的青年，培养本科生、硕士和博士研究生，以增强藏学研究的后备力量；二是有计划地组织现有科研人员进行继续培训，以提高他们的业务水平，对优秀的中青年科研人员，还要为他们创造条件出国深造；三是为国内有造诣的藏学老专家、学者创造更优越的研究条件，请他们带徒弟，给他们配助手，使他们丰富的知识、科学的研究方法和宝贵经验得以传授下来。培养年轻的藏学研究人才是把我国藏学研究事业延续下去的关键。我们认为上述培养人才的措施，也适合各地藏学研究机构，希望共同努力抓紧这项工作。我们还认为全国有关高等院校和科研机构应该携起手来，发挥各自的优势，采取切实可行的措施，把这项工作搞上去。

4. 掌握国外有关“西藏问题”的动态。近30年来，在国外藏胞中有少数鼓吹“西藏独立”的分裂主义势力，出版大量书刊煽动“西藏独立”，挑拨汉、藏民族关系，破坏国内各民族大团结，混淆国际视听，造成恶劣影响。其他国家的出版物，有的也同国外分裂主义势力沆瀣一气，歪曲乃至捏造历史，给西藏历史研究制造极大的混乱，为国外分裂主义势力张目。藏研中心要认真掌握国外有关“西藏问题”的动态，坚决反对少数别有用心的人利用书刊进行分裂我国的言论和行动。我们必须从学术研究的高度，系统地有针对性地向世界人民实事求是地介绍西藏和藏族的历史和文化传统，阐述西藏和祖国关系的历史，给国际上散布的谬论以严正的批驳，还历史本来面目。还应加强研究国外对“西藏问题”的言论和行为动态，对国外藏胞，特别是对顽固坚持“西藏独立”的分裂主义势力进行全面深入的研究，向中央领导部门提供有助于决策的研究成果，并及时向中央提供其动向。

三、今后的几项主要工作

藏研中心成立两年多来，虽然做了一些工作，取得了一定的成绩，但这仅仅是开头。我们的事业才刚刚起步，要做的事情还很多。今后，我们要继续以改革的精神，围绕科研这个中心，在认真完成各项任务的基础上，特别注意做好以下几项工作：

（一）以落实完成这个会议修订的选题规划为中心，做好组织协调工作，主动积极地为各地藏学研究服务，开好全国藏学研究“规划会”，确定重点项目，搞好重大课题协作，定期向各地提供信息，帮助建立横向联系，开展国内外学术交流，组织协调好全国的藏学研究工作。

（二）加强藏研中心的科研队伍建设。藏研中心要成为学术研究中心，必须有几位有成就的藏学专家，特别是藏族学者，做学术带头人，配备若干得力助手，在他们的指导下，进行卓有成效的研究，推出新成果。如此，就会形成一种独特的学术风格。我们要从全国各地积极选调或聘请一些专家学者来中心工作，作为学术带头人，使我们的科研力量形成梯形结构，组成老中青三结合的科研队伍。我们还必须花大力气提高现有的中青年科研人员的业务素质。我们认为，作为一个藏学中青年科研人员应该具备以下几条：1. 基本掌握历史唯物主义观点和方法，做到理论与实践相结合；2. 有比较扎实的藏学专业基础知识，要了解并能运用一些先进的社会科学研究方法和某些对社会科学研究有借鉴作用的自然科学研究方法；3. 比较熟练地掌握藏、汉两种语文，能够看懂藏汉文文献，争取懂得一种或多种外文。基于上述对藏学科研人员的要求，根据藏研中心的实际情况，我们准备采用进修、讲座、培训班等方式，有计划、有步骤地对现有科研人员（特别是青年科研人员）进行严格的培训，逐步达到上述要求。

我们不仅要大力培养青年藏学人才，而且要广泛团结藏汉等各族的藏学专家、学者，包括分散在世界各地的国外藏胞中的专家学者，形成一支强有力的藏学研究队伍，共同搞好藏学研究。我们注意到，国外藏胞中有一批热爱祖国、潜心学术研究、成绩卓越的学者，我们不仅真诚地欢迎他们回国做研究工作，开展学术交流，而且要主动、积极与他们合作，互通信息和资料，共同促进藏学研究事业的发展和繁荣。

（三）逐步完善中心的科研管理体制。藏研中心作为一个新建单位，在改革中同样需要树立改革的观念，解放思想，大胆探索，总结经验，逐步完善藏研中心的科研管理体制。

在科研工作的安排上，要根据中心的客观实际，采取多种形式进行：1. 藏研中心本身开展研究；2. 同其他单位进行合作研究；3. 将课题委托其他单位和人员进行研究。通过上述方式开展科研活动，集中人力财力，加强我们的重点学科的建设。

在业务人员和行政人员的管理上，要制定有关条例，逐步实行聘任制。

（四）抓紧图书、档案、资料、情报建设，健全科研服务系统。图书、档案、资料、情报的收集整理是科研工作的重要基础，也是衡量科研事业发展程度的重要标志。我国现存的藏学文献资料极其丰富。仅西藏的藏文历史档案就约有三百万件，特别是元、明、清代的文书档案更为珍贵。中国第一历史档案馆，中国第二历史档案馆，四川、青海、甘肃等省档案馆，北京故宫博物院等单位，均藏有大量有关藏学的档案文献和文物珍品。藏文古籍和手稿，约有数万种，大多数属于珍本、孤本。西藏和北京还保存着1300多种梵文古籍，其中相当一部分亦是世界孤本。另外，还有一些资料散存于青海、甘肃、四川、云南、新疆等地。由于这些文献资料分散在边疆，路途遥远，交通不便，查阅困难，需要广泛收集，以利学术研究。因此，我们要集中一定的财力和人力，尽一切可能，积极收集、缩微和复印国内现有的有关藏学的藏文、汉文档案、图书、资料。此外，我们还要通过各种途径收集散失于国外的藏学文献，以及国外研究藏学的代表论著和报刊资料。力争在21世纪前期，把藏研中心办成国内外藏学资料较为齐全的单位。当前，我们的图书资料整理工作还显得比较薄弱，必须采取有力措施，改变这种状况。我们要加强图书资料工作的建设，提高图书资料工作人员的业务素质和掌握运用现代化技术设备的技能，加强图书资料整理工作，以促进藏研中心的科研工作，并为国内外藏学研究提供及时周到的社会性服务。

（五）办好《中国藏学》杂志，搞好中国藏学出版社的建设。把《中国藏学》办成面向全国的藏学学术刊物，以刊登具有较高学术水平的论文为主，适当刊登国外藏学专家有价值的作品，充分注意各有关学科特点，办出鲜明的特色，成为藏学研究者共同耕耘的园地。出版社要遵守宪法规定的原则，坚持为人民服务、为社会主义服务的方向，努力贯彻“百花齐放、百家争鸣”的方针，弘扬藏族文化，突出学科特色。积极组织文稿、书稿，扩大稿源，增强编辑发行力量，注意出版的社会效益和经济效益，一定要把社会效益放在第一位，尽快出一批高质量的出版物，为促进藏学研究事业的繁荣发展和西藏及其他藏区的“两个文明”建设服务。

（六）加强同国外藏学机构的学术联系。我们要坚持学术研究上的开放政策，同国外藏学机构开展学术交流，这有助于我们拓宽研究领域，开阔视野。同时也可以扩大我国藏学研究在国际上的影响。今后，我们要注意选派科研人员出国访问和学习；同时邀请国外藏学专家、学者来藏研中心访问和讲学；我们也欢迎他们来我国进行藏学研究，并给他们提供必要的条件和环境。

中国是藏学的故乡，我们要充分发挥这个优势，争取通过几十年的努力，把中国藏学研究中心办成一个人才济济、资料齐全、科研手段先进、具备最佳科研环境的藏学研究中心，办成藏学研究者之家。这个任务是艰巨的，我们恳切希望得到各方面的帮助和支持，以期经过长期的共同努力逐步达到这个目的。我们的共同愿望是促进我国藏学研究事业的兴旺发达。中国藏学研究已进入新的历史阶段，以其独特的姿态，蓬勃地向前发展。它将在继承和发扬藏族优良文化传统，促进藏族新文化的发展，增进民族之间的交流和相互理解，推动西藏和其他藏区两个文明建设，维护民族团结和祖国统一等方面发挥作用。我们深信，只要我们以藏学事业为重，通力合作，团结一致，我们一定能够使我国的藏学研究事业取得新的进展，为国家、民族争光。

更新观念、锐意进取、努力推进我区社会科学研究工作的新发展

西藏自治区副主席　拉巴平措

1988年2月20日

在中华民族的传统节日新春佳节刚刚过去，藏历土虎新年即将到来之际，西藏社会科学院今天在这里举行拉萨地区社会科学、藏学工作者的新年迎春茶话会，有机会与在座的诸位专家、学者和科研工作者欢聚一堂，共贺新年，我感到非常高兴。借此机会，我代表自治区党委、政府向大家致以亲切的问候，并通过你们恭祝全区社科、藏学战线上的同志们身体健康、阖家幸福、新年快乐、扎西德勒！

西藏和平解放以来，特别是改革开放以来，我区社会科学、藏学研究领域的同志们在党和国家的方针政策指引下，激发了巨大的工作热情，在社科研究和藏学研究领域辛勤耕耘，成绩斐然，有目共睹。旧西藏是经济社会停滞不前、文化萧条、人才零落的一片落后景象，根本谈不上有任何现代意义上的社会科学研究。而今，我区哲学、社会科学和藏学等科研学术活动全面展开，社科研究事业获得了空前的发展，涌现出一大批有成就的专家、学者，为数较多的科研成果不断地在填补区内社科领域各专业的重大学术空白，甚至取得国内、国际公认的创新与突破。其中有些是整理、发掘、抢救藏民族珍贵历史文化遗产，为继承、发扬藏民族的优秀精神传统和为祖国的文化宝库增添宝贵的财富做出了重要贡献，还有些是针对西藏社会主义现代化建设中的现实问题进行开创性的探索与研究，对促进西藏的局势稳定、经济发展和文化进步做出了

积极贡献。这些成就得到了自治区党委和政府的充分肯定与高度评价。同志们，我们的事业总是要不断地推向前进，今后如何进一步做好我区社科和藏学研究工作呢？我认为，我区社科和藏学研究工作要更好地适应新时期社会发展的现实需要，科研人员要更新观念，锐意进取，爱岗敬业，努力推进我区社会科学研究工作的新发展。下面我谈几点看法，供大家斟酌。

一、社会科学研究具有重大现实意义，我区社科战线上的工作者肩负着促进西藏稳定和发展的重要而艰巨的历史任务

日常生活中，社会科学研究可能在一定程度上被人们误认为没有什么重大现实意义，觉得是可有可无的“务虚”的事情，之所以有这种看法，首先是人们实际上不了解社会科学研究的对象、目的和任务。门外汉可以不了解，业内人士就必须认识到：社会科学以整个人类社会现象为研究对象，力图运用理性思维的方法从纷繁复杂的人类社会现象中揭示出社会运动发展的本质规律，窥见底蕴，从认识到价值判断，致力于指导人类实践活动，并预测未来。从中可见社科研究的巨大现实意义和优秀社科工作者心怀天下的崇高志趣。另外，特别是在我区，社科研究往往落后于社会实践，很多时候不能像自然科学那样从一个科学原理转化为技术科学，再转化为实用技术而变成实践活动的内在要素。这也是人们造成误解的一个原因。但这只能说明科研水平和科研方法还有待于极大提高和改善，丝毫不能贬损其重大的现实意义。在现代化程度日益提高、全球经济科技一体化趋向越来越明显的当代与未来，社会实践会给我们提出更多的问题，要求加以深刻认识、系统解决，只要水平提高了，方法改进了，社会科学和社科研究工作者定会大显身手。

社会科学研究对现实具有重大意义。我区社会科研战线肩负着为发展经济，促进局势稳定服务的艰巨而光荣的任务。去年 9 月、11 月十五大和区党委五届三次全委（扩大）会议先后胜利召开。十五大确定了邓小平理论的历史地位和指导意义；明确了我国社会主义初级阶段的基本路线和纲领；提出了我国从现在起到下世纪前十年的经济体制、改革和经济发展战略，以及要大力推进政治体制改革和民主法制建设，发展和繁荣有中国特色的社会主义文化建设事业的宏伟目标。区党委五届三次全委（扩大）会议认真贯彻十五大精神和第三次西藏工作座谈会精神，从西藏的实际出发，深刻地指出：我区的基本区情是处于社会主义初级阶段的低层次，又长期面临达赖集团的干扰破坏。在我区要进一步解放思想，更新观念，加快改革步伐；要坚持破立结合，建设社

会主义精神文明，深入开展反对分裂斗争，维护社会局势稳定。两会的重要精神指明了我区社科研究工作的发展方向，同时两会确定的国家、自治区社会发展的宏伟目标和各项任务也为繁荣我区社科事业提供了崭新的、丰富的研究论题。社科领域是党和国家在文化思想战线上的重要理论阵地。落实当前的工作任务，首先是广大科研工作者要高举邓小平理论的伟大旗帜，不遗余力地学习、领会、研究、宣传党中央在新时期的基本路线、纲领、目标、任务，在民族、宗教、经济、文化等方面的方针、政策和自治区党委做出的各项重大决策。陈奎元书记近几年就我区的民族、宗教、文化和社会局势等重大问题代表区党委发表了一系列重要讲话，需要我们深入学习，深刻领会。自己的思想通了，觉悟提高了，才能积极影响和引导我区广大人民群众的精神思想，才能履行正确的理论武装人民的责任。社会科学工作提供的研究成果和咨询建议是党和政府发展国民经济、制定各项政策、做出各种决策的重要智慧源泉。落实当前的工作任务，最重要的要用严谨的科研活动服务于经济建设和稳定局势的中心工作，负责、深入地描述、解释、预测现实社会发展问题，为党和政府提供更多、更切合实际的施政建议。

同志们，21 世纪已经向我们迫进，我区确定了到下个世纪中叶同全国一样基本实现现代化的奋斗目标。由于我区的起点水平很低，面临的困难和问题还很多，怎样才能实现超常规发展以逐步缩小同全国发展水平的差距，是一个非常重要而且必须优先解决的研究课题。同时，下个世纪是知识经济的时代，科学技术按指数规律增长，全球经济发展一体化进程明显加快，社会信息量增长之快使人们不得不以“爆炸”的字眼来形容。社会运动形式也将呈现出超过现在的空前丰富的多样性，到处都存在着社会内部相关变量的复杂关系。一个文化大开放、大交融的时代已经到来。社会实践的整体性和系统性更将明显增强，社会生活的各个方面都迫切需要进行综合的系统研究。西藏的发展不可能脱离这个大背景，研究当代西藏超常规发展的课题，勇于面对 21 世纪新情况的挑战，是我区广大社科工作者不可推卸的现实任务，希望同志们能认识到自己所肩负的历史重任。

二、要搞好我区今后的社科研究工作，要强调掌握和运用正确的方法论

一般说来，方法是用以解决主体所面临问题的技术性手段，方法论就是对这种技术性手段的理论说明与概括。方法论有层次之分，下面我分三个层次讲

一讲社科工作方法论对开展研究活动的指导，并指出我区社科界在方法论问题上的不足，以引起大家的关注和思考。

马克思主义唯物辩证法和历史唯物主义是社会科学研究工作总的方法论。运用马克思主义指导我区哲学、社会科学和藏学研究活动，首先要遵循社会存在决定社会意识的基本原则。所有社会意识，包括哲学、宗教、传统习俗、科学、道德价值准则都是特定历史时期的产物与文化现象，社科研究要着重把社会意识与社会物质基础的本质关系揭示出来，并基于不断发展的社会存在为丰富社会意识的内容作贡献。我区社会科学和藏学研究不符合这个基本原则要求的突出表现，就是很多时候没有结合特定历史时期的经济基础、人文地理环境、文化交流、上层建筑、阶级本质等要素对历史文化遗产进行分析性研究，就好像祖先的东西是从天而降。还有的甚至把科研同宗教信仰的态度、狭隘的民族主义情绪搅在一起，发了些错误的唯心主义言论。运用马克思主义唯物辩证法和历史唯物主义指导研究还要遵循社会现象是不断运动发展的这一基本原则。这个原则要求我们，搞研究要深刻地反映出社会现象的时代特征，用发展的眼光看待发展中的社会现象，勇于扬弃传统文化，在揭示发展规律的基础上超前地指导社会实践。当前我区社科界确实存在“消极地对待继承民族传统文化，片面地理解民族特点”的问题，把传统一律视为珍宝，把藏民族固定于政教合一社会制度下的那种精神状态。传统文化只有通过扬弃才能被继承发扬，否则就会因脱离实际生活，不为人民群众所理解而整个地丧失掉。现在的西藏人民早已是社会主义新中国的主人，同全国人民一样在社会主义建设事业中意气风发地从事创造性劳动，在中国共产党领导下，有能力凭着自身的勤劳智慧站在世界历史的新高度，有能力和那些掌握了现代文明的民族站在相同的水平线上。一味地描述没有时代标记的雪山的神奇、成群结队的朝佛跪拜、宗教的神秘与辉煌，就是静止保守的不良学风和态度。用马克思主义唯物辩证法和历史唯物主义指导我区社会研究更要遵循社会现象普遍联系的原则。我认为，研究西藏的民族、文化、发展采用孤立静止的观点、方法，既不符合事物的本来面貌，也不符合事物发展的客观规律。不讲联系，就不能正确认识藏民族历史上同其他民族的交流与融合；不能正确认识藏民族是中华民族大家庭中的一员，对中华民族的共同文化具有重大贡献，同时也从其他民族中汲取了丰富营养。搞研究的同志今后一定要坚持普遍联系的观念，研究西藏的发展要置于国家的大系统中，成果才可能是正确、切实有效的，才能符合我们这个时代的特征。

邓小平理论是马克思列宁主义、毛泽东思想的继承和发展，是现在与今后指导我区社会科学工作者对社会发展问题进行开创性研究的科学方法论。正确掌握和运用邓小平理论的方法论，有三点很重要、很关键。第一是坚持实事求是；第二是解放思想，大胆创新；第三是评判科研学术成果的价值意义、是非得失，要根据小平同志指出的“关键是看怎样对西藏人民有利，怎样才能使西藏很快发展起来，在中国四个现代化建设中走进前列”。

我区的藏学社科研究工作在坚持邓小平理论的方法论方面，做了很多努方，取得了可喜成绩，但是也存在一些值得注意的问题。如在实事求是方面，主要是脱离现实，脱离人民群众，翔实准确的社会调查工作做得不扎实，先定论后研究的虚假作风时有表现，还有求证不严谨、人云亦云等。在解放思想，大胆创新方面，更多地表现在理论水平落后于实践需要，因循守旧，不求创新。例如，在对传统文化进行研究的过程中，有些人只讲继承不讲发展、忘记了时代赋予我们的责任不仅是继承，更重要的是发展；在继承过程中，不讲批判地继承，不讲扬弃，不知道其中还有精华与糟粕之分。这种一味厚古，为继承而继承，就传统而传统的做法，对于西藏人民所从事的社会主义物质文明和精神文明建设有什么意义和价值呢？所以，搞传统研究要注重分析历史经验，把传统同当代的联系揭示出来，广大人民群众就能从中获得智慧和启发，从而显示出传统研究对当代与未来西藏发展的现实意义。客观地说，我区社科工作者大部分都能自觉地追求科研要有利于促进生产力发展、有利于维护民族团结和社会稳定、有利于推动提高全区人民群众物质文化生活水平，但出色的成果、出色的精品还不多。这里面有科研水平、人才等原因，也有外部的政策激励、管理体制、设备手段等不利的因素。西藏目前的社会发展水平还远远落后于全国，经济运行缺乏内在动力和活力，迫切需要同志们在邓小平理论方法论的指导下，更多、更好地搞一些超前性的发展问题的理论研究与应用研究。陈奎元书记在《回归颂》表彰大会上指出：“一个民族，如同一个人一样，如果失去创造的能力和热情，如果只照用祖先的衣钵，那就会比先人倒退，成为不肖的子孙。”我们社科研究工作者一定要领会这个精神，实事求是，解放思想，力求创新，提高研究水平。

在西藏大力开展社科研究工作，还必须坚持正确的政治立场、政治导向，反对分裂，维护祖国统一。我们同达赖集团的斗争主要集中于精神领域，深入揭批达赖，为反分裂斗争服务，维护祖国统一，是藏学、社科工作者肩负的历史责任。我们与达赖集团在民族宗教、文化问题上的斗争，不是学术之争，也不是工作中的不同看法，而是政治斗争、阶级斗争的尖锐对峙。在这个大是大非问题上，决不允许有任何含糊，决不允许任何人用学术的名义破坏祖国统一，破坏民族团结。对此我们的科研人员必须具备高度政治敏锐性，认真学习，提高认识，站稳立场，高举反分裂旗帜，树立正确的祖国观、民族观、宗教观和文化观，为西藏的稳定和发展做出积极贡献。达赖分裂集团出于对社会主义政治制度的敌视，出于对新西藏巨大建设成就的恐惧，歪曲事实，在国外大肆鼓吹什么西藏自古以来就是一个有着特殊的宗教文化传统、道德价值准则、生活方式的独立社会；拼命宣扬西藏的文化被毁灭了，宗教被毁灭了。其真实用心，就是要煽动起狭隘的民族主义情绪，制造民族隔离，企图造成“一个民族文化反对另一个民族文化的纷争”，以便达到“西藏独立”、恢复其政教合一统治制度的目的。相当一个时期以来，国际上兴起了“藏学热”，藏学组织纷纷建立，藏学论著大量出版，藏学会议一个接一个。其中有不少人怀着好奇的心情，学习和涉猎藏族文化的某些现象；也确有一些人比较客观、公正地研究藏学某些领域，并取得了一些积极的成就；但是，我们也要清醒地看到国际反华势力为了遏制、削弱、分裂中国，和达赖集团互相勾结，打着“科学、公允”的幌子，操纵某些所谓的藏学机构和人员致力于研究、论证所谓“西藏人的特殊性、独立性”，妄图为其宣称的西藏是一个“被占领的国家”找到理论根据。我们国内的社科研究工作者首先要提高警惕，谨防分裂主义言论的流毒侵蚀自己的思想，要始终站在国家大利、民族大义的立场上，彻底清除自己思想上可能存在的狭隘民族主义思想，进而还要有理、有据、有力地驳斥、回击分裂主义势力和国际反华势力的种种谬论，揭露出他们披着“宗教”的学术外衣行政治分裂之实和霸权主义野心的真正面目。对历史和传统题材的研究，要着重关注藏民族和其他兄弟民族的交流与融合，揭示出中华民族大家庭所有成员共性发展的必然性与主流性，以此维护统一。对当代及今后发展中现实问题的研究，要把西藏40多年来在党的领导下从一穷二白、社会发育程度很低的基础上，在中央的亲切关怀下，通过全国人民的支援、全区党政军民的共同努力，西藏从封建农奴社会跨越到社会主义社会，百万农奴当家做主人，经济社会面貌发生了天翻地覆的变化，作为展开认识、研究的根本性大前提。要善于运用铁的事实和科学原理论证在祖国大家庭中藏民族文化更加丰富多彩了，论证西藏广大信教群众的宗教生活得到保护，宗教活动在优越的政策环境中健康发展。并揭示西藏人民和全国人民一样必定有更加辉煌的明天，过上富裕文明的幸福生活，从而挫败企图挑起政治动乱的煽动性反动宣传。

这里我还要强调一点，这就是社会科学、藏学研究还要坚持“两个离不开”原则。“两个离不开”是我区科研工作的动力源泉之一，有利于各方面优势的发挥，有利于各种文字研究资料的有效利用，有利于多方面情况的交流与多种思维方式的交流及促进观念更新。热地书记在五届三次全委（扩大）会议上也指出，如果不坚持“两个离不开”的原则，不破除狭隘的民族主义观念，西藏就很难在符合世界潮流和历史规律的民族交流中发展。热地书记在这里明确指出民族交流是符合世界潮流和历史规律的，并且把坚持“两个离不开”，破除狭隘民族主义观念，加强民族交流，提到西藏能否发展的高度。热地书记的这个话是对我区各族干部群众讲的。如果我们从事社会科学研究的人员，对这样一个明明白白的世界潮流和规律都认识不到，不能顺应，还谈得上什么社会发展规律的探讨和研究呢？如果研究出什么成果来，岂不是以其昏昏，使人昭昭吗？

三、要搞好我区的社科研究工作，必须实施科研重点转向、实现科研重大突破

我区社会科学和藏学研究工作的重点一直是对西藏的历史文化遗产做考证、发掘工作。我们在肯定这方面工作价值意义的同时，还要看到它与现实生活缺乏生动联系的另一面，如果继续保持这种局面就会越来越不适应我区新时期社会主义现代化建设事业的需要。只有工作重点转向，才可能开创我区社科研究工作的新局面，也唯有如此，我们的社科工作才能为西藏人民多做贡献，为西藏的稳定发展多做贡献，否则，我们的科研机构就没有出路，科研人员也就没有前途。

实施科研重点转向，准确地说，就是以十五大和区党委五届三次全委（扩大）会议精神为指导，端正科研指导思想，突出新时期科研工作重点，进一步加大对现实问题的研究力度。加大力度要突出三个重点：一是重点研究如何有力地开展反分裂斗争，维护西藏的局势稳定；二是重点研究我区经济社会发展中的重大热点和难点问题；三是重点研究如何扬弃传统文化和促进传统文化与时代特征相结合。

在实施科研重点转向的基础上，还要积极追求重大科研突破，才能真正实现推进我区社科研究工作的新发展。我区目前科研水平比较低，还有不少学术空白，取得重大突破的潜力是很大的。从满足应用来说，我们期望突破表现为：在研究成果的数量和质量的提高上有所突破；在为党委、政府决策的服务上有所突破；在为我区“两个文明”建设的服务上有所突破。我认为取得科研成果的重大突破，主要靠同志们不断地加强学习，提高自身的学术理论水平；靠同志们更新观念，锐意进取。同时，还要加强与外界的交流与合作，从

国内外同行们那儿吸取先进的方法和经验。

同志们，推进我区社科事业的新发展，不是一朝一夕的事情，必定有一个较长时间的过程。在此过程中，需要大力加强组织领导，深化改革科研管理体制，出台更多的激励政策，营造更优越的学术研究环境，建设起一支水平高超、责任感强、勤奋务实的社科研究工作队伍。最后，我借用马克思的一句名言送给大家："在科学上没有平坦的大道，只有不畏劳苦沿着崎岖山路攀登的人，才有希望达到光辉的顶点。"以此和同志们共勉。

20 世纪的藏传佛教历史研究综述*

许德存

一、历史的回顾

藏传佛教是藏族传统文化的重要组成部分，按照比较一致的观点，迄今已有 1300 多年的历史。在漫长的发展过程中，历代高僧大德致力于佛教史的研究从未辍止，撰写了一批至今仍被学术界广泛引用的鸿篇巨著。如《嘛呢宝训集》《五部遗教》《拔协》《娘氏教法源流》《弟吴宗教源流》《布顿佛教史——大宝藏论》《红史》《青史》《雅隆觉沃教法史》《西藏王统记》《隆庆教史》《主巴教史》《西藏王臣记》《奈巴教法史》《萨迦世系史》《宁玛教法源流》《洛绒教史》《噶当教史》《印度佛教史》《格鲁派教史——黄琉璃》《土观佛教史——宗教流派镜史》《松巴佛教史——如意宝树史》《汉藏史集》《智者喜宴》《宗派建立论》《觉囊派教法史》等，其中一些已被翻译成多种文字，受到国际藏学界的广泛重视。长期以来，藏传佛教以其所具有的文化特性和神秘性，深深地吸引着国内外人士。

从 17 世纪起，欧洲的探险家和传教士历经艰辛，涉足西藏高原，一睹雪域风采，探究神秘文化。有的人深入寺院、庙堂，访师学法，亲自实践密法，开始了藏传佛教研究工作。几百年来，涌现出了许多国际知名的藏学专家。匈牙利的乔玛、意大利的图齐、德国的霍夫曼等人的研究成果，如《对甘珠尔的

---

* 该文原载《佛学研究》（1999 年），署名索南才让，第 331—341 页；许德存：《藏传佛教研究》，北京：宗教文化出版社，2008 年，第 537—559 页。

分析和丹珠尔内容要略》《西藏画卷》《西藏的宗教》等学术专著受到藏学界的高度重视。迄今国外藏传佛教研究日新月异，欧、美、亚许多国家相继成立了专门的研究机构，取得了丰硕的成果。

在国内，藏传佛教早在1000 多年前就与中原发生了联系。7 世纪，文成公主进藏带入释迦牟尼佛像，从此汉僧不断进入西藏，从事译经弘法活动。8 世纪，吐蕃派往唐朝取经求法者将大量汉文佛经带到西藏译成藏文，禅宗僧人摩诃衍那在西藏宣传“顿悟成佛”思想，极短时间内吸引了不少王室成员，势力发展迅猛，并且对西藏的亲印派构成了威胁。为了缓和佛教内部激化的矛盾，树立中观正统思想，赞普主持召开顿渐辩论会，以此方式迫使汉僧退回中原。13 世纪起，藏传佛教开始了大规模的东传，历经元、明、清三朝，在内地产生了相当大的影响。但是，这种影响仅限于统治阶层，统治阶层很大程度上出于政治考虑，根本谈不上从学术角度对藏传佛教加以研究。

从 20 世纪初开始，随着藏族高僧到内地弘法，藏传佛教逐渐被人们了解。20—30 年代，大勇法师的赴藏学法团和西康藏族高僧到中原传教，逐渐开始了对藏传佛教的介绍和研究活动。重庆汉藏教理院的成立，既造就了一批藏学研究人才，也把这一研究推向了高潮。《菩提道次第广论》等一批藏传佛教的佛学名著被译成汉文，在学术界产生了较大影响，新的成果不断问世。40 年代后，法尊、吕澂等人撰写了具有较高学术价值的专著，在学界反响很大。60 年代，王森先生撰的《关于西藏佛教史的十篇资料》，奠定了现代藏传佛教史研究的基础，深受藏学界重视。张建木、郭和卿等人也译出了一批藏文史学名著。这一时期，在港台地区从事藏传佛教史研究的人较多，出了不少成果。慧吉祥的《西藏佛教概要》、王仲厚的《西藏远期政教史略》等都是在这一时期完成的。林传芳研究《红史》《青史》《布顿佛教史》《西藏王臣记》的系列论文陆续刊登在《内明》等刊物上。严格说来，从 50 年代初至 70 年代末的 30 年间，大陆藏传佛教研究的重点是佛教史，现代藏传佛教史研究的大部分经典著作都形成于这一时期。70 年代末至 80 年代初，随着改革开放和党的民族宗教政策的贯彻落实，藏传佛教研究也进入了一个崭新的阶段。在很短的时间内，一些高等院校和地方社会科学院都成立了藏传佛教研究机构。从已发表的藏学论文数量上看，有关藏传佛教方面的比重较大，而且藏传佛教史方面的成果突出。但到了 90 年代，这一特征逐渐减弱，有关教义、人物、制度、文化研究方面的论文则急剧增加。

总之，总括 20 世纪的藏传佛教研究，可以说经历了这样几个阶段：第一个阶段侧重于对藏文典籍的翻译和介绍；第二个阶段加强了对教派史的研究，成果之丰，受到关注；第三个阶段重点整理翻译藏文历史名著，向深度和广度发展。

二、学术观点综述

（一）吐蕃佛教的传入

吐蕃佛教，又称前弘期佛教，从佛教传入西藏到朗达玛灭佛时为止。关于吐蕃佛教的起始年代，即佛法何时传入西藏的问题，是吐蕃佛教研究的重点。藏文史籍记载，拉脱脱日年赞在位时，天降圣物，佛法开始传入西藏，是年为猴年，拉脱脱日年赞60岁。已故藏族知名学者木雅贡布在《中国藏学》上撰文赞成这种观点。谈延祚在《西藏密宗编年》中说，晋孝武帝宁康三年（374），拉脱脱日年赞诞生，宋文帝元嘉十年（433），雍布拉康宫上降下密乘经续，为佛法来藏之始。但“天降圣物”，学者还有几种解释：一是天降的佛经圣物，实为印度僧人带入，只因苯教好天，所以视为自天而降。二是天降的佛经，是由印度班智达罗森楚与译师悌列携来，呈献藏王。三说天降的佛经，是由汉僧带入西藏，因为当时西藏无文字，无人诵读，汉僧只好留下佛经而回。王尧先生的《吐蕃佛教述略》（《青海民族学院学报》1980年，第4期）说：“在拉脱脱日年赞时，由于偶然的因素，有人把梵文佛经带到西藏，无人认得，被秘密收藏起来，未发生过任何影响。”另一些人通过对藏、汉文史料的认真分析，认为松赞干布时期，文成公主与赤尊公主带入佛像佛经，佛法正式传入，但由于当时苯教思想占统治地位，并未发生多大作用。持这种观点的人，主要是汉族藏学家。早在20世纪40年代，张达愚撰文《佛教输入西藏考》（载《学术界》1944. 2），从学术角度对藏史提出的佛法传入西藏的年代做了详细考证，得出松赞干布时佛法正式传入西藏的结论。法尊法师在《西藏前弘期佛教》（载《现代佛学》1956年，第11期）一文中指出：“因此，可以认为‘前弘期’约始于7世纪中叶至9世纪的前半，前后约二百年。”确定佛法始传于松赞干布时期。王森先生的《关于西藏佛教史的十篇资料》（中国科学院民族研究所于1965年铅印，1987年中国社会科学出版社出版，更名为《西藏佛教发展史略》）一书，被学术界誉为藏传佛教历史研究的权威著作。作者强调：“到松赞干布时，藏族文化才有显著的发展。佛教也从这时候开始进入西藏。”总之，有关这方面的论文还有很多。一些著名的藏学家如李翊灼、任乃强、妙舟法师、观空等人都赞成此说。但大多数藏族学者认为，赤松德赞时期，佛教在西藏才真正开始有了活动。

（二）藏传佛教的分期

百年来，从整体上研究吐蕃佛教史的论文发表颇多。法尊的《西藏前弘期佛教》就把吐蕃佛教划分成三个时期进行论述。他认为松赞干布时期为初兴佛教时期，初创文字，始译佛典，以佛教十善戒制定法律，教育民众。赤松德赞时期为建树佛教，西藏始有僧人，建立僧伽制度，“佛教的真正规模，此时才算完备”。赤热巴巾时期为发扬佛教，规范了译经制度，编辑佛经目录，制定僧人赡养制，“下至通用的度量衡器，都依照经论改制”。他列举出教典文献，总结见修行的特点，勾勒出吐蕃佛教的轮廓。70 年代，谈延祚在《菩提树》上连载了《西藏古代佛教史提要》（1970 年，第 3—5 期），对吐蕃佛教做了全面系统的论述，总结了吐蕃佛教的基本特点，尤其对宁玛派叙述颇详。

进入 80 年代以后，吐蕃佛教史方面的研究成果逐年增加。王尧先生的《吐蕃佛教述略》一文利用藏文资料，从佛教的传入、佛教的建立、兴建桑耶寺、“七觉士”僧团的出现、佛经翻译及三大目录形成、佛苯斗争、顿渐之诤等七个方面论述了吐蕃佛教，提出了许多新的看法，既全面又系统，可谓一部吐蕃佛教史专著。阿旺的《西藏佛教的基本特点及其主要影响》（《藏族学术讨论会论文集》，西藏人民出版社，1984 年）一文依照传统说法，认为佛教自拉脱脱日年赞之世传入西藏，迄至松赞干布时迎娶崇佛的尼泊尔公主和唐文成公主，建立了一批佛寺，虽有僧人传经说法，举行佛教仪式等活动，但尚未形成自己的体系即教派。

许德存的《佛教在西藏的三个发展阶段及其特点》（《西藏研究》1984 年，第 4 期）一文把藏传佛教分为初传时期的佛教（吐蕃佛教）、半独立时期的佛教（10—15 世纪）和完全独立后的佛教（15 世纪以后）三个时期。认为吐蕃佛教是自然宗教与人为宗教结合的产物，它取代了苯教的地位而独立于藏族社会，“首先是因为它适应了吐蕃奴隶制社会发展的需要”，具有解决人与人、人与自然以及人与社会的复杂矛盾的特点。半独立时期佛教，初步形成了庄园式的寺院经济，和大小地方势力结成“施主”关系，联合经营教派，即以家族为主的集团经济和分割治制。学术上呈现出“百花齐放”“百家争鸣”的喜人景象，气氛十分活跃，但各项制度尚不健全。完全独立后的佛教，实行以僧人为主的政教合一统治，建立了独立的寺院经济体系和制度。虽然形成了比较完善的理论体系，但弊端也不少。

李尚全的《吐蕃佛教史论》（《西藏研究》1993 年，第 3 期）从佛教传播的历史根源、松赞干布所信仰的佛教的特色、佛教与吐蕃王权的结合与分裂及吐蕃佛教的基本教义等四个方面进行论述。认为王权与神权之间矛盾斗争的激化是佛教在吐蕃得以传播的历史根源，而引进和完成此项工作的关键人物是松赞干布。赤松德赞时，佛教扎根于西藏，“以大乘佛教的中观正见为建树，发扬密教的‘大圆满法’。其特点是佛教从印度移植到西藏高原，基本上为全盘接受”。尕藏加的《吐蕃佛教与西域》（《西藏研究》1993 年，第 1 期）一文论述了吐蕃佛教与西域的关系。认为佛教于 433 年传入西藏，吐蕃佛教的形成与发展受了内地、西域、克什米尔、尼泊尔等区域佛教的影响，在自身得到空前发展的同时，对对方也产生了巨大影响。陈楠在《吐蕃时期佛教发展与传播问题考论》（《中国藏学》1994 年，第 1 期）一文中把吐蕃佛教分为初期、早期、中期和盛期四个阶段。贡却泽登的《关于佛教传入藏区的时代问题》、朱普选的《佛教入藏及其演变的环境考察》等论文从吐蕃社会的历史条件和环境条件等方面做了论述。班班多杰的《论藏传佛教前弘期》（《法音》1987 年，第 1 期)，则从整体上进行了论述。

（三）藏传佛教的形成

关于藏传佛教的形成问题，历来有不同的看法，特别是近二三十年来对此问题的讨论越来越激烈。王尧在《西藏喇嘛教的形成》（《中国哲学》1980 年，第二辑）中认为桑耶寺的建立、僧伽组织的成立、佛经目录的编纂、佛苯和佛教内部斗争的结束，确立了西藏佛教的思想内容，标志着西藏佛教的形成。李冀诚基本上同意这种看法，他在《对西藏佛教的形成及其称谓上的一些浅见》（《世界宗教研究》，1986 年，第 1 期）中指出：西藏佛教形成于 8 世纪后半叶。理由是：1. 正规寺院桑耶寺建成；2. 以“七觉士”为首的西藏僧人出现，建立了僧伽组织；3. 教法传承建立；4. 译经齐全；5. 苯教影响加深。王辅仁则认为，吐蕃佛教并非西藏佛教，而是经过与苯教长期斗争、吸收、接近、融洽以后的佛教，它形成于 10 世纪后半期。在宗教形式上，“是佛教吸收不少苯教的色彩后才形成西藏佛教的”。在经济上，“西藏佛教和它所控制的经济的关系是‘二位一体’的”，具有自己的特点。石硕的《藏传佛教与藏民族的形成》（《四川大学学报》1997 年，第 3 期）一文从文化角度探讨藏传佛教的形成。阿旺强调，8 至 9 世纪赤松德赞、赤德松赞、赤祖德赞祖孙三代期间，西藏佛教才真正形成和兴起。

（四）后弘期的起始时间

一般认为，841 年朗达玛灭佛，前弘期结束。但是后弘期何时开始却一直是研究者关注、争论的热点。古代藏文佛教史籍对此记载不同。《布顿佛教史》说，卫藏佛教毁灭经典 70 年，到 911 年时有鲁梅等十人重建佛教。《青史》则说 901 年灭法，78 年后佛法复兴，因此推断后弘期始于 978 年。《奈巴佛教史》认为，841 年朗达玛灭法，经 109 年，至 949 年才有佛法。还有一种观点说 841 年灭佛，经 77 年，918 年后弘期开始。学术界围绕这些记载，展开了长时间讨论。法尊的《西藏后弘期佛教》一文指出：841 年朗达玛灭法以后，经一百多年，卫藏等地无僧伽。到宋代初年鲁梅等往青海学法，回藏重集僧伽，弘扬佛教。此后直到现在，佛法兴盛不绝，故对前弘期而言，应名为“西藏后弘期佛教”。所以 841 年灭法，978 年佛法复兴，是最合理的。吴均在《关于藏区宗教一些问题的辨析》一文中，进一步确证前弘期佛教，以赤松德赞下诏抬高佛教地位起，至朗达玛灭法止，仅一个世纪，取得了很大成就。一是佛教与王室结合，确定为占统治地位的宗教；二是静命和莲花生分别在教义和巫术上战胜苯教，夺取苯教师独揽宗教事务的特权；三是建立宗教思想体系；四是将苯教神祇作为佛教护法神；五是建立了桑耶寺；六是统一对佛教教义的师承及认识。他总结了后弘期佛教的基本特点。房建昌的《也谈藏传佛教后弘期》（《西南民族学院学报》1987 年，第 1 期）一文，认为随着吐蕃王朝的崩溃，西藏文化进入衰微与分化时期，开始与苯教巫术、密宗坦特罗融为一体。褚俊杰的《阿底夏与十一世纪西藏西部的佛教》（《西藏研究》1989 年，第 2 期）论述了阿底峡对阿里佛教的巨大贡献，总结了阿里佛教的特点以及对后弘期佛教的影响。持这种观点的还有蒲文成的《关于西藏佛教前后弘期历史年代分歧》（《西藏研究》1982 年，第 3 期），谢佐的《佛教在西藏的“前弘期”和“后弘期”》（《青海民族学院学报》1986 年，第 3 期）等文。978 年为后弘期开始的观点，已为学术界绝大多数人接受。

（五）通史研究

从整体上把握和研究藏传佛教史历来是学术界的“强项”，硕果累累，影响深远。30 年代，张辛南在《西北研究》上发表了《西藏之喇嘛教》（1931 年，第 2 期），简述藏传佛教历史及各教派特点，文字简练，条理清晰。林有志的《喇嘛教之研究》刊载于 1917 年的《地学杂志》上，他对喇嘛教（即藏传佛教）提出了自己的看法。芝峰发表了《西藏佛教》（《海潮音》1933 年，第 5 期)。学孝的《西藏佛教》刊载于《觉讯》第 89 期上。

妙舟法师的《蒙藏佛教史》(上海佛学书局，1934 年) 四册本是 20 世纪以来第一部全面论述藏传佛教史的专著，对藏传佛教的形成、发展和在蒙古地区的传播及其所产生的巨大影响做了深刻探讨，其中有些观点为后人所遵循，在学术界反响良好。然而，作者因受信仰的影响，在对待人物、事件的评价和年代分析上，缺乏更细密的考证和分析。

1933 年，中华书局出版了李翊灼的《西藏佛教史》。任乃强翻译了沈朗绛村的《西藏政教史鉴》，在《康导月刊》(1940 年 7 月—1943 年 10 月) 上连载。这些成果从不同角度介绍藏传佛教，梳理了藏传佛教历史，在当时起到了很好的启蒙宣传作用，为进一步研究藏传佛教史奠定了基础。五六十年代，又有满月的《汉藏佛教之光》(《海潮音》1950 年，第 6 期)、吕澂的《汉藏佛学沟通的第一步》(《现代佛学》1953 年，第 8 期)、欧阳无畏的《喇嘛教》(《西藏研究》台北，1960 年，第 8 期) 等，分别从汉藏佛教关系、佛教经典翻译等方面介绍藏传佛教历史。

法尊法师毕生致力于藏传佛教研究，取得了丰硕成果，作出了巨大贡献。40 年代，他出版了《西藏民族政教史》。以后又在《现代佛学》上先后发表了系列论文，包括《西藏前弘期佛教》《西藏后弘期佛教》《西藏佛教的响巴迦举派》《西藏佛教的萨嘉派》《西藏佛教的宁玛派》《西藏佛教的迦当派》和《西藏佛教的迦举派》，他充分利用藏文第一手资料，用现代研究方法，详细论述藏传佛教史，深刻分析各教派的教理特点和传承关系，对有些重大历史事件和历史分期提出了新的看法，条分缕析，客观求实，全面系统，建立了自己的体系和学术思想，影响之大，实无可比。书中的有些资料和观点，今日仍被广泛引用。

王森先生是藏学界的一位资深学者，他精通汉、藏、梵、英几种文字，佛学知识渊博，在藏传因明研究方面做出了很大成绩。1965 年，他的《关于西藏佛教史的十篇资料》铅印成册，流行于学术界。此书系王先生数十年刻苦研究的心血结晶，虽然在体例上与法尊之作相似，但所用方法不同，在许多方面有新的突破。王尧和李冀诚曾撰文做了高度评价。王尧认为，此书的特点主要表现在：一、广搜博览，追求真实，特重证据，重视史源，追求历史客观真相；二、梳理史料，探幽据微。能于细处洞察真实，将若干历史现象作为导引，寻求其内在的、本质上的原因；三、以马克思主义历史唯物观统驭真实史料，以科学的方法作了历史性的回顾和深刻性描述，解决了许多历史问题，提出了许多新看法，是 20 世纪以来藏传佛教史方面少有的学术专著，最富权威性，一直被作为研究藏传佛教史的范本而引用。1987 年，此书由中国社会科学出版社正式出版，命名为《西藏佛教发展史略》。

1982 年，王辅仁先生出版了《西藏佛教史略》（青海人民出版社）一书，用历史唯物主义观点和方法深刻论述了藏传佛教发展历史，正如作者自己所说："试图从历史的角度，以简明通俗的文字把西藏佛教的发展过程勾勒出一个轮廓。"分析了藏传佛教的基本思想和制度，但是书中有些观点还可以商榷。

如果说上述几部佛教史专著用马克思主义的观点、立场和方法论客观系统地论述了藏传佛教的发展历史，解决了许多遗留的问题，那么，1989 年中国藏学出版社出版的李安宅先生的遗著《藏族宗教史之实地研究》则是用社会学和民族学的方法，以大量实地考察所得的资料写成的一部藏传佛教史专著。此书虽然写于半个世纪以前，但它毕竟是拓荒者"筚路蓝缕，以启山林"的艰辛劳动成果，填补了用社会学的方法来研究藏传佛教史的空白。

1991 年，民族出版社出版了由丁汉儒、温华、唐景福、孙尔康四人合著的《藏传佛教源流及社会影响》。此书原名题为《西藏佛教述略》，1978 年以"未定稿"的名义排印，在内部征求意见。此次出版在原稿的基础上做了很大修改和补充，概述了藏传佛教的历史发展及其本质和历史作用，对寺院经济、寺院教育、新中国成立后的藏传佛教也有所涉及。已故西藏民族学院教授彭英全编著的《西藏宗教概述》一书也是用马列主义研究藏传佛教的专著，多年来在学术界和宗教界被广泛引用，曾作为一些大学的教材使用。

1991 年，新华出版社出版了李冀诚先生的《藏传佛教》一书，概述了藏传佛教的历史、教义、组织、制度和在藏、蒙古、土、裕固族等少数民族中的传播，以及传播地区的各种情况。1985 年，今日中国出版社出版了由李冀诚、许德存编著的《西藏佛教诸派宗义》一书，分述藏传佛教宗派史，颇具特色。1997 年，民族出版社出版了由刘立千撰写的《藏传佛教各派教义及密宗漫谈》，既谈历史又谈思想，颇为学界所重。

在藏传佛教史研究队伍中，学术界、藏学界和佛教界人士三支队伍已组成了一个多结构、多层次的梯队，正在日益发展壮大。他们继续进行传统项目的研究，开展了一系列的专题研究，不仅领域日益拓宽，而且方法不断更新，成果逐年增多。特别是藏族学者表现突出，撰写了有特色的著作，如西藏人民出版社出版了平措次仁的《西藏佛教史》（藏文版）。1987 年，四川民族出版社出版了白玛根桑的《教派源流综述》（藏文版）等。

近年来，研究论文发表的也很多。次仁央宗发表在《西藏民族宗教》上的《西藏宗教历史发展概述》（1994 年冬季号—1995 年春、夏、秋季号），就用现代研究方法简述了西藏宗教（包括苯教和佛教）的产生、形成、发展过程，浅显易懂。有关论文，兹不一一列举。

（六）教派史的研究

教派史研究方面取得的成果丰厚，参与研究的藏汉族学者较多。在早期研究中，成绩最突出者当推法尊法师的系列论文。观空法师的《西藏佛教的格鲁派》一文深入浅出地论述了格鲁派的历史和戒、定、慧三学并重、止观双运的修持特点和教理特点。

从20世纪50年代起，港台地区开展了对各教派的研究，逐渐向纵深发展，特别是对关键人物、教义教法和各种制度研究深入，取得了丰硕成果。其中对噶举派和宁玛派的研究比较多，部分成果收集在张曼涛编的《现代佛教学术丛刊》中。近年陆续出版的《西藏学研究文集》等，则收录了最新研究成果，引起了学术界的注意。

70年代以来，噶举派以分布广、势力大、派系多、教法独特而闻名，一直受到学术界和佛教界的重视。刘立千撰写的《藏传佛教噶举派》一文引用多种藏文资料，简明扼要地论述了噶举派历史，以因、道、果概括该派教义，总结出它所独有的特点。刘锐之、谈锡永、谈延祚等人对噶举派的教法传承关系颇有研究，提出了许多新看法。唐景福在《西北史地》上发表了《略论喇嘛教噶举派的历史作用》（1985年，第2期）。房建昌先后发表了《藏传佛教噶举派形成史》（《西藏民族学院学报》1987年，第2期）、《止贡噶举派在西藏的兴起与发展》（《西藏研究》1988年，第2期）、《噶玛噶举派的司徒活佛世系与八蚌寺》（《西藏民族学院学报》1993年，第1期）等。他的特点是吸取国外最新研究成果，探讨噶举派遥远历史及其有关问题。

张天锁发表了《噶玛巴·推松钦巴传略》（《西藏民族学院学报》1990年，第2期）；张松操译有《香巴噶举派传承概述》（《西藏民族学院学报》1993年，第3期）；石世梁撰写了《玛尔巴与噶举派》（《西藏民族学院学报》，1991年，第3期）和《简论止贡噶举的兴衰》（《西藏研究》1995年，第4期）。在后一篇论文中，石世梁认为止贡派的兴衰历史，实际上是西藏中世纪史的一部缩影。吴俊荣的《噶玛巴源流及其历史地位》（《西藏研究》，1985年，第2期）一文从噶玛巴源流及其与中央政府的密切关系、噶玛巴首创活佛转世制、噶玛巴领袖地位的确立、噶玛政权和噶玛巴遗嘱等五个方面将噶玛噶举派近八百年的历史作了概述，并介绍了部分噶玛巴遗嘱和第16世与第17世噶玛巴活佛。

在藏族学者中也出现了一批噶举派研究专家，像措如·次朗、次旦格列、丹贝仲美等人著文论述噶举派教史。特别是措如·次朗先生具有渊博的佛学造诣，1989 年民族出版社出版了他的专著《噶举派史略》一书，这是利用藏文史籍和资料，全面论述噶举派的形成与发展的历史著作，可以作为噶举派通史看待。

宁玛派是藏传佛教各教派中历史比较悠久的一个宗派，关于它的形成，学术界一直有争议。法尊法师认为，宁玛派是指前弘期所传的密教。应该指出，这个定义是仅从佛教的一般而言。作为一个宗派，必须具备独特的教义、教规、组织和寺院经济基础，这是最基本的条件，宁玛派也不例外。虽然宁玛派基本教义在吐蕃时期已经出现，但其他几个条件直到 11—12 世纪才形成。所以，真正成为一个教派也是在这个时期。

20 世纪初，诺那、贡噶等上师在内地弘法，宣传宁玛派教法，培养人才，开展对宁玛派的研究。当时研究的重点在大圆满法上，涉及教派史的论文并不多。1993 年《中国藏学》第 1 期上发表了刘立千先生早年的论文《藏传佛教的宁玛派》一文，专门从体、相、用三个方面分析大圆满法。通真的《宁玛派简介》（《西藏民族宗教》1993 年，第 1 期）一文，力图从整体上把握，简明扼要地论述宁玛派的形成，考证分析了其代表人物、教理特点，介绍主要寺院。

1989 年，民族出版社出版了措如·次朗撰写的《宁玛教派史略》一书，作为中国藏语系高级佛学院的教材使用。此书是 20 世纪以来，由藏族学者用藏文撰写的宁玛派教史专著，梳理了宁玛派的历史，对学术界关注的一些重大问题作了透彻分析，提出了自己的新看法，是研究宁玛派不可多得的参考书。

萨迦派是比较重要的教派。13 世纪元朝在统一中国的过程中，该派高僧萨班、八思巴等人曾发挥过重要作用。他们代表元朝管理西藏，设立本钦负责制，建立了一系列行之有效的管理措施。有关萨迦派研究，一直是热门课题，除了在《西藏民族政教史》《西藏佛教发展史略》《西藏佛教史略》《西藏佛教史》等史著中介绍外，专题性研究论文也较多。法尊的《西藏佛教的萨嘉派》简述了萨迦派的历史渊源和教法传承关系以及道果法的特点，是 50—60 年代这方面研究的重要成果。

80 年代以后，萨迦派研究越来越向纵深发展。1980 年上官剑壁在《青海民族学院学报》第 1 期上发表了《略论喇嘛教萨迦派的历史地位》；张敦安发表了《试论萨迦派》（《西藏民族学院学报》1981 年，第 1 期）；唐景福和温华发表了《试论西藏佛教萨迦派的历史及其作用》。这些论文对萨迦派的创立、教法核心、传承关系和特殊历史作用都作了详细论述。认为萨迦派协助元朝中央政府完成了祖国统一西藏的大业，推动了西藏封建社会的向前发展。在藏族学者中，近年也涌现出一批萨迦派研究专家，如达瓦次仁、赤列加措、单增卓玛、通真等人，他们纷纷撰文论述萨迦派的历史沿革和在实现元朝统一大业中所起的特殊作用。

贝瓦尔·确列多杰的《萨迦派史略》（民族出版社，1989 年）是用藏文撰写的萨迦派专著。作者站在佛教正统立场上，全面叙述了萨迦派的形成与发展史，深刻分析了道果教授理论，对庞杂的教义体系进行了梳理，作为藏语系高级佛学院教材使用，学术界对此书也十分重视，引用较多。

觉囊派是一个特殊宗派，由于其所坚持的中观“他空”见，曾受到藏传佛教其他宗派的有力批驳，斥它继承了古印度外道学说，否定其作为佛教支派的地位，因此影响远不如其他宗派。17 世纪，格鲁派取得西藏地方的绝对统治权以后，迫使觉囊派寺院改宗，致使觉囊派几乎绝传。学术界因此而认为觉囊派绝传于五世达赖喇嘛时期，甚至不少人根本不承认觉囊派是一个独立的教派，认为它已经从历史上消失了，这是一种非常片面的看法。实际上，14 世纪，觉囊派已传播到四川阿坝地区，势力日盛。17 世纪，觉囊派受到五世达赖喇嘛的打击后，把中心从它的发祥地西藏转移到阿坝，形成了一个以中壤塘寺为中心，辐射青海果洛地区的势力集团。

对于这样一个教派，20 世纪 80 年代以前，仅有郭元兴居士曾对“他空见”做过概略介绍。近年来由于思想解放和学术自由，学术界开展了对觉囊派寺院的调查，陆续发表了一些重要成果。许德存利用藏文第一手资料和实地考察所得的材料，先后发表了《川青两省藏区觉囊派寺院调查》（《世界宗教研究》1991 年，第 3 期）、《多布巴及其〈山法了义海论〉》（《中国藏学》1992 年，第 2 期）、《觉囊派他空思想浅论》（《西藏研究》1993 年，第 1 期）、《觉囊派思想浅析》（《世界宗教研究》1993 年，第 2 期）、《藏传佛教“自空”“他空”思想评析》（《佛学研究》1994 年）等数篇论文，翻译出版了《觉囊派教法史》《中观他空思想述略》等，对觉囊派进行全面客观的论述，重新确立了觉囊派的佛教地位。他的有些成果被学术界广泛引用，是近年来涌现出来的觉囊派研究方面成绩较突出的藏族年轻学者。

佘万治先生也在此项研究上取得了突出成绩，独立发表了《他空见——藏传佛教觉囊派的佛性论》（《西南民族学院学报》1981 年，第 2 期），又与刘俊哲合撰了《藏传佛教觉囊派哲学思想初探》（《西藏研究》1992 年，第 2 期），还与阿旺、石硕等人合写了有关中壤塘寺和炎布底寺的调查报告。

1990 年，民族出版社出版了由四川阿坝州中壤塘寺高僧云登桑布撰写的《觉囊派史略》（藏文）一书，作为藏语系高级佛学院的教材。该书重点介绍了觉囊派的思想传承。蒲文成和拉毛扎西合著的《觉囊派通论》已由青海人民出版社出版。觉囊派的研究目前正处在高潮，在整个藏传佛教研究中已争得一席之地。

格鲁派是藏传佛教诸派中最晚形成的一个宗派，势力之大是其他宗派无法相比的。17 世纪以后，西藏基本上纳入其管辖范围，政教合一集权统治是其特点。一个世纪以来，格鲁派的研究，成果之丰，引人注目；范围之广，他派难比。许多研究解决了一系列重大的历史问题，值得重视。20 世纪早期，大勇、法尊、刘家驹、观空、林志钧、任乃强等人对格鲁派的历史沿革、教义教规、寺院组织和重要人物等作了论述，条理清晰，重点突出，为学界所重。40 年代，周兴勋在《康藏文化》上发表了《黄教的起源与发展》（1944 年，第 1 期），专门探讨格鲁派产生的社会背景和历史原因及其发展传播史。观空发表了《西藏佛教格鲁派概观》（《现代佛学》1957 年，第 12 期）。以后，发表的有关论文没有太大的突破。

近年来研究格鲁派寺院经济、制度、高僧的论文越来越多，相比之下，涉及格鲁派历史的论文显得稀少。1988 年，民族出版社出版了由赛仓·罗藏华丹撰写的《格鲁派史略》（藏文），此书用藏族传统的研究方法，探究格鲁派的历史渊源，分析其教理思想，介绍其历史作用，阐述其宗派地位，是 80 年代以来出版的格鲁派专题研究的藏文著作中较佳的一部。与同类著作相比，本书全面系统，重点突出历史，兼述教法。

此外，在对历史人物布顿、达巴桑结、玛久拉仲等人的研究中，开展了对与他们关系比较密切的夏鲁派、希解派和觉域派的研究，虽然成果不多，但也解决了一些问题。

（七）史籍整理翻译研究

学术界、佛教界对藏文佛教史籍的整理翻译与研究向来比较重视，已经出版的原著、译著数量相当可观。大勇、法尊、能海、张澄基等佛界学人曾翻译了一批藏文典籍，但其中有关佛教的史籍几乎没有。真正对藏文佛教史籍的整理和翻译工作是从 20 世纪 60 年代开始的，中国佛教协会在这方面起到了组织的重大作用。1962 年，中国佛教协会副会长周叔迦召集张建木（张克强）、郭和卿、汤住心、胡继欧等兼通汉藏两种语言文字的藏学名家，研究翻译之事，决定由张建木翻译多罗那他的《印度佛教史》，汤住心翻译布顿的《佛教史》，胡继欧翻译循努贝的《青史》，郭和卿翻译五世达赖喇嘛洛桑嘉措的《西藏王臣记》。这次有组织有规模的翻译活动，影响深远。遗憾的是，后来胡译和汤译遗失，由郭和卿先生再补译了《青史》和《布顿佛教史》，这些译著先后由西藏人民出版社和民族出版社出版。《印度佛教史》先由中国佛教协会内部印行，不久重新修改，由西藏人民出版社出版。

“文革”结束后，藏传佛教史籍的整理翻译工作有了很大进展，《红史》《新红史》《西藏王统记》《汉藏史籍》《萨迦世系史》《觉囊派教法史》《土观宗派源流》《止贡法嗣》《雅隆觉沃教法史》《弟吴宗教源流》《奈巴教法史》《安多政教史》《如意宝树史》等史学名著先后翻译出版发行，受到学术界的欢迎。《智者喜宴》译文在《西藏民族学院学报》上连载。《格鲁派教法史——黄琉璃》已译完待出版。

这一时期，整理出版的藏文史籍还有《智者喜宴》《西藏王臣记》《达隆教史》《宁玛教派源流》《娘氏教法源流》《隆庆教史》《主巴教史》《莲花遗教》《五部遗教》《土观佛教史》《章嘉宗派源流》《知识总汇》《洛绒教史》《拔协》《教派广论》等，一些高僧的传记和寺志也陆续整理出版，它们不仅为藏传佛教史研究提供了资料，而且推动了藏传佛教乃至整个藏学研究的深入。

随着学术界对藏文史籍的更多了解，一批相关研究论文也陆续面世。林传芳曾发表了研究《青史》《红史》《西藏王臣记》方面的系列论文。近年来，关注《拔协》《青史》《布顿佛教史》的人越来越多，对书中所涉及的重要历史事件、年代、人物等进行分析、考证、评论，成为热潮。王尧先生在《藏文古代历史文献述略》一文中，对影响较大的几部史籍作了全面介绍。巴桑旺堆的《藏族十大历史名著概述》（《西藏研究》1993 年，第 1 期）从历史学角度对《娘氏教法源流》《弟吴宗教源流》《赞普宝训》《嘛呢全集》《布顿佛教史》《红史》《雅隆觉沃教法史》《王统世系明鉴》《汉藏史籍》《青史》《智者喜宴》作了介绍，总结了各书的特点，提出了自己的见解。郝苏民、才让也发表了介绍佛教史籍的论文，从学术角度对各部史籍作了客观评论。

（八）传播史与关系史研究

在藏传佛教传播史研究方面，发表的成果较多，特别是近十几年来所发表的成果，不论在深度上，还是广度上都有进展。李冀诚的《藏传佛教》一书，着重论述了藏传佛教在藏、蒙古、土、裕固等少数民族地区的传播和所产生的巨大影响。杨学政的《西藏佛教在云南的传播影响》（《西藏研究》1988 年，第 1 期）一文认为，吐蕃佛教是伴随着吐蕃势力进入云南地区的。13 世纪，忽必烈用兵云南，将滇西北纳入元朝治下，受其独尊的萨迦派率先传入云南，逐渐在浪渠、永宁等摩梭人和普米族地区兴盛起来，建立了不少寺院。随后有噶举派、格鲁派传入，明代以后格鲁派势力独占鳌头。作者在同年的《云南社会科学》第 1 期上还发表了《略论西藏佛教在云南的传播及演变特征》一文。陈世良、谭吴铁、陈国光三人合撰的《藏传佛教（喇嘛教）在新疆的传播和发展》（《新疆社会科学》1982 年，第 1 期），也值得参考。

王德恩发表的《综述格鲁派佛教传入蒙古的社会历史条件》（《世界宗教研究》1987 年，第 3 期）一文，对学术界关于格鲁派东传蒙古方面的观点加以综述后，指出：格鲁派于明代阿勒坦汗时期传入蒙古，取代了蒙古族传统信奉的萨满教。传入的经济条件——阿勒坦汗的新经济道路与萨满教文化的矛盾；政治条件——阿勒坦汗的现实地位与传统“嫡长继承权”的矛盾；思想条件——阿勒坦汗的政治目的与萨满教“天命论”的矛盾；文字条件——蒙古文的成熟与普遍应用，以及格鲁派的文化特点与蒙古民族的传统性格之条件。作者强调，格鲁派传入蒙古地区后，其“神权和神学理论（转世论和众生皆可成佛论）与宗教实践在蒙古社会经济、政治和思想诸矛盾的解决中发挥了作用”。薄音湖的《关于黄教传入内蒙古的几个问题》（《蒙古史论文选集》第 2 辑）认为，格鲁派传入蒙古地区是蒙古族自身的文化需要。他通过考证，确立了三世达赖喇嘛索南嘉措的信使阿兴喇嘛非俘虏而是使臣的观点，澄清了这一悬而未决的疑难。春蕾和邢法晨分别发表了《试论喇嘛教传入蒙古地区的原因》（《蒙古族哲学思想史研究》）和《论黄教传入蒙古地区的原因》（《内蒙古师范大学学报》1985 年，第 1 期）。周生文和蒲文成发表了《噶举派在青海的传播与现状》（《青海民族学院学报》1981 年，第 1 期），追根寻源，介绍现状。韦明的《12 世纪末到 14 世纪中期藏传佛教的东传》（《西北民族学院学报》1987 年，第 4 期）一文简述了萨迦、噶举两大教派在蒙汉、西夏地区的传播。认为蒙元时期藏传佛教东传的历史特点，一是依靠皇室支持，二是以密宗见长，它的东传对汉地佛教的发展造成了影响，促进了蒙古、藏、汉之间的文化交流。朱普选的《中国藏传佛教传播的文化生态学考察》（《民族研究》1997 年，第 2 期）一文从文化生态学角度考察了藏传佛教的传播，颇具特色。这方面的论文还有很多，在此从略。

佛教关系史研究起步比较早，从已发表的著述看，侧重于汉藏佛教关系，对藏印佛教关系、藏尼佛教关系以及藏传佛教与其他地区佛教之间的关系研究涉及不多。妙舟的《蒙藏佛教史》对蒙藏佛教之间的关系作了探讨。颇章喀等人曾在《海潮音》第 9、10、11 期上连载《西藏教派与支那堪布的宗见》（1938 年），着力于吐蕃佛教与汉族禅宗思想的对比，提出了摩诃衍那的“顿悟成佛”对西藏佛教所产生的影响。吕澂的《汉藏佛学沟通的第一步》（《现代佛学》1953 年，第 8 期）和满月的《汉藏佛教之光》（《海潮音》1950 年，第 6 期）对汉藏佛教文化交流论述精到。

关于唐蕃佛教关系，学术界提出了一系列新观点，大多认为吐蕃佛教乃至藏传佛教受唐代禅宗思想的影响较深。甚至有学者提出，宁玛派的大圆满法是以禅宗理论为基础而建立其思想体系的。郭元兴的《莲花生大师的生平及其学说与唐代真言宗的关系》通过对吐蕃密教和唐密的认真分析，提出了大圆满法与汉文化易学、唐密之间的渊源关系。他说大圆满法与易学的太极同义，大迁转身与大易同义；藏传的密教思想体系是以唐密理论为基础而建立的。这些看法将大圆满法源自唐代密宗或禅宗的说法又推进了一步。王尧先生认为，经过顿渐之诤，顿门派虽然失败了，“但是禅门顿悟思想继续在影响着吐蕃以至后来的佛教”。张广达的《唐代禅宗的传入吐蕃及其有关的敦煌文书》、陈庆英的《西藏佛教史上的汉印佛教辨说》、阿沛・晋美的《论赤松德赞时期汉传佛教在吐蕃的传播和影响》、黄颢的《敦煌吐蕃佛教的特点》等论文都是通过对敦煌文献、吐蕃佛教顿渐之诤论述禅宗的“顿悟成佛”对西藏佛教的影响。黄颢认为“吐蕃在敦煌一带的确受到汉地佛教的深刻影响，由于佛教的信仰加深，给吐蕃视为其辖地的敦煌及唐蕃关系带来了很大变化”，而敦煌佛教的发展，对当时汉族佛教文化也产生了影响。这几篇论文都认为，唐蕃（汉藏）佛教之间的影响不是单方面的，而是相互影响。尕藏加的《吐蕃佛教与西域》认为，吐蕃佛教的形成发展，受到汉地、西域、克什米尔和尼泊尔佛教的影响，吸收了它们的教义精华。班班多杰在其《藏传佛教思想史纲》一书中涉及了汉藏佛教关系，特别强调了禅宗思想对大圆满法所产生的强大影响。和志武的《藏文化对纳西文化的影响》和黄振华的《略述吐蕃文化对西夏的影响》从文化角度论述了藏传佛教与纳西、西夏文化的关系，列举了实例，提出了新看法。

另外，陈庆英的《章嘉・若必多杰与清朝皇室兴建的喇嘛寺院》（《青海社会科学》1987 年，第 5 期），赵云田的《章嘉和清朝的藏传佛教的政策》（《西藏研究》1987 年，第 2 期），扎扎的《试述拉卜楞寺与清朝中央政府的关系》（《西藏研究》1981 年，第 4 期），王湘云的《清朝皇室、章嘉活佛与清代喇嘛寺庙》（《西藏研究》1995 年，第 2 期）等论文通过对章嘉活佛和部分高僧的研究，论述藏传佛教与清朝中央的关系，具有一定的深度。

总之，藏传佛教史研究经过一个世纪的发展，走过了一个从 20—30 年代的兴起，到 40—60 年代的大发展，再到 80—90 年代纵深发展的路程。特别是 40—60 年代法尊的系列论文发表和王森先生的著作出版，以及系列藏文史籍的翻译出版奠定了此项研究的基础。虽然后来也有不少专著、论文出版发表，但仍徘徊在前人的研究成果上，很少有大的突破。从整体上说，藏传佛教史的研究队伍和研究水平有所提高，但前景并不乐观，面临的问题还非常多。从近几年的情况看，藏传佛教史研究日受冷落，呈现下滑的趋势。在一些学术会议和学术刊物上交流发表的有关论文逐年减少，不正确看待藏传佛教的历史文化现象的情况仍然时有发生，这应引起我们的重视。

20 世纪西藏密教研究综述*

许德存

一、历史的回顾

西藏密教，相对于“东密”而言，简称“藏密”或“西密”。它既非是对印度密教的简单移植和全盘接受，也不同于“东密”，而是在继承印度密教的基础上有所发展，并进一步完善，具有比较完整的思想理论体系、仪式仪轨、修行次序、组织制度、传承关系和实践方法，它是藏传佛教乃至藏族传统文化的重要组成部分，在国内外有着广泛而深刻的影响。

西藏民主改革以前，密法完全被控制在寺院之内，僧侣知识分子们在了解、译传、接受和实践密法过程中，不断地进行注疏、解析和研究，撰写了几千部具有较高史料价值和学术价值的鸿篇巨著，丰富了藏族的文化宝库，为后人留下了许多珍贵的文化遗产。然而，这种被称誉为藏族传统文化精髓的宗教文化，曾经一度被人误解，赋予更多的神秘色彩，抹杀了其应有的文化性与科学价值。清代鼎革，白普仁喇嘛与多杰觉波上师弘法中原，藏密逐渐东传。20世纪20—30年代，九世班禅、贡噶呼图克图、诺那上师等一大批藏族高僧赴内地传法，大勇法师率领赴藏学法团到藏区，揭开了20世纪藏密研究的序幕，其间断断续续，经历了许多曲折。法尊、能海和观空等汉族法师曾历经艰辛涉足西藏，亲自体验密法，苦习藏文，钻研密典，将多部藏文佛教典籍翻译成汉

---

* 该文原载《佛学研究》1998 年，第 331—341 页；许德存：《藏传佛教研究》，北京：宗教文化出版社，2008 年。

文，对传播藏密作出了重大贡献，功在千秋。重庆汉藏教理院的成立，造就了一批藏密研究人才。纵观这一时期的藏密研究，主要侧重于对藏文密典的翻译，介绍藏密基本知识，虽然学术成果不多，影响却十分深远，可以说开创了用现代方法研究探讨藏密之先河，意义重大。像旅美学者张澄基，港台学者刘锐之、谈延祚、谈锡永以及李翊灼等人就是这一时期涌现出来的藏密专家，他们的研究成果颇受重视。特别是刘锐之先生在大手印方面的研究成绩显著，其成果被作为学术基础而广泛引用。

十年“文革”，由于受“左”倾思想影响，藏密研究和其他人文学科研究一样处于萧条或停止状态，几乎没有什么研究成果可言，而且还受到不公正的对待。改革开放的东风，给学术界带来了勃勃生机，出现了“百家争鸣，百花齐放”的喜人局面。随着藏学和佛学研究的深入，藏密研究日益受到重视。就研究机构来说，虽然全国至今还没有一所专门的藏密研究机构，但涉及藏密研究的单位却很多，如中国藏学研究中心、中国社会科学院世界宗教研究所和民族研究所、西藏社会科学院宗教研究所、中央民族大学藏学研究所、藏语系高级佛学院、青海社会科学院民族宗教所、西藏民族学院民族研究所、四川藏学研究所、甘肃藏学研究所、西藏艺术研究所、西藏佛教协会、中国佛教协会的中国佛教文化研究所等。虽然没有专门学术刊物，但刊载这方面论文的报刊一直不少。如早期的《边疆通讯》《旅行杂志》《中国建设》《边政公论》《海潮音》《菩提树》《狮子吼》《中央亚细亚》《新思潮》《蒙藏月报》《康导月刊》《东方杂志》《现代佛学》《西陲宣化使公署月刊》等和现代的《内明》《世界宗教研究》《佛学研究》《佛教文化》《中国藏学》《西藏研究》《西藏民族学院学报》《西藏艺术研究》《西藏民俗》《雪域文化》《西藏佛教》《中国西藏》《青海民族学院学报》以及其他高等院校学报。研究的重点正在从传统的简单叙述、译介逐渐向广度和深度发展，从不同角度，采用各种方法对藏密展开了全方位的探讨，发表了较多研究成果，藏密研究可说已经成为当前国内外藏学研究的热点之一。就研究队伍的结构而言，僧俗两界配合，汉藏学者合作，此中既有年逾半百的长者，也有风华正茂的中青年学者，形势喜人。

二、研究观点综述

（一）仪轨与法器研究

修炼密法有一系列严格的仪式轨范，包括择师仪轨、传戒仪轨、学法仪轨、灌顶仪轨、设坛仪轨、入坛仪轨、供奉仪轨、摄徒仪轨、传法仪轨，等等。藏密在继承印度密教传统仪轨的基础上，将各种零散仪轨加以整理和完善，形成了具有藏民族特色的藏密仪轨。20世纪初，九世班禅、贡噶上师、诺那上师、章嘉活佛等高僧在内地所传的时轮大灌顶和大手印法、大圆满法等，就重在传授仪轨。贡噶上师说："最上之大手印，则并无须乎灌顶等修，但恭敬礼释，承事亲近于其上师，或现于上师身相，即能立得证悟，如此由于无上恭敬信顺之心力，以依止于上师，更不假外物言传。"（贡噶呼图克图，《恒河大手印直讲》油印本）1934年，九世班禅在上海创立菩提学会译经处，翌年由诺那上师的弟子王家齐创立的"莲花精舍"，以及根造、密显创立的"常乐精舍"，不仅将大量的藏密仪轨典籍译成汉文，还造就出一批藏密研究人才，发表了不少有关这方面的学术文章。谈锡永的《西藏密宗的仪轨》（《现代佛教学术丛刊》74，大乘文化出版社）则是一部系统介绍藏密各种仪轨的著作。作者将密教分成作密（事部）、行密（行部）、瑜伽密（瑜伽部）和无上瑜伽密（无上瑜伽部）四部，认为修炼密法，"需要按轨范布坛四十九日，而入坛只修七日；在坛上修法时，自身观成本尊，观离坛之后，则不须再作此种观想。七日修法完毕之后，应将所布的坛拆去"。修瑜伽密法时，在坛场中饰以铃铎、缯幡、珠鬘、璎珞等。修行者将"尘色坛城"作意为引心近佛的助缘，分别进行"道场观"、"月轮观"、"阿字观"、"本尊观"和"入我我入观"，使自身成为本尊。修炼无上瑜伽密法，没有布坛等方面的严格限制，不进行迎请、安住、发送本尊的仪轨和念咒，甚至可以不观本尊像而修，以"空观"代替"道场观"，使自身在虚空之中变成本尊，成为"空"，故可免除自身与本尊身的执著与分别。另一篇《西藏密宗的灌顶》将密教灌顶总分为瓶、密、智慧、名词等四大灌顶。瓶灌顶所摄的灌顶有五种，第一宝瓶灌顶，以宝瓶代表东方不动佛，起调伏弟子嗔性的作用；证果时，能传第八识成大圆镜智；第二宝冠灌顶，以宝冠代表南方宝生佛，以调伏弟子的骄慢；证果时，能转第七识成平等性智；第三金刚杵灌顶，以金刚杵代表西方阿弥陀佛，主要作用是调伏弟子的贪性；证果时，能转第六识成妙观察智；第四铃灌顶，以铃代表北方不空成就佛，其作用为调伏弟子的疑忌，转前五识成成所作智；第五名灌顶，为弟子授记名号。严格地讲，谈文把藏文中比较深奥难解的密法仪轨用汉文做了深入浅出的阐释，是一个开创，对后世的研究和学习有深远的影响。20世纪80年代以后，藏密仪轨研究逐渐升温，用藏汉两种文字发表、出版了多篇论文、专著，其中多译注、编著，但缺乏理论分析，深度不够，并没有超出前辈的水平。

1996 年 11 月，民族出版社出版了多识先生撰写的《藏传佛教研究——爱心中爆发的智慧》一书，其中《与时轮法修持仪轨有关的问题》一文从藏传佛教的特点、佛教的本质、修行的方法、密法在整个佛法中的重要性和时轮大法、仪轨等方面作了论述。认为“时轮法是研究生命规律、改变生命规律、超脱生命规律的奥妙无穷的大法，时轮天文和人类修证的经验证明它的科学性是无可怀疑的”。并指出时轮仪轨相当复杂，一般修成生起次第法需要 50 天左右，高层次的圆满次第法需要集中修炼，时间在三年零一个半月之间，修完全部 620 个佛需要更长时间。作者以自己的亲身体验，叙说修炼时轮六支瑜伽法的仪轨，显得更加真实准确。北京工业大学出版社出版的由邱陵主编的《藏密修法精粹》（1991 年）和《藏密大圆满法选集》（1993 年）两书是通俗性藏密读物，书中重点介绍大圆满、大手印等密法的修炼仪轨。由大乘文化出版社出版的，由张曼涛主编的《现代佛教学术丛刊》第 74 辑《密宗仪轨与图式》中，收集了从 1911 年至 1978 年间一些散见于国内外刊物上的重要学术论文，其中涉及藏密仪轨方面的文章占相当篇幅。

在藏密法器研究中，曼荼罗是热点。曼荼罗是坛城和坛场的意思，从内说代表人体，从外看代表宇宙，内涵丰富。早期曼荼罗是修法时为防止魔鬼侵入，在修行地方筑起的土台，邀请过去、现在、未来诸佛，菩萨本尊临台助修。形状有方有圆，种类繁多。《雪域文化》刊载的霍巍的《佛教密宗艺术中的曼荼罗》（1993 年夏季号）一文，从考古艺术角度对曼荼罗的起源、表现方式、宗教含义等方面做了深刻探讨，认为曼荼罗是一定社会历史条件下的产物，最早源自印度的耆那教，“只不过在其发展过程中按照佛教的义理将佛教的诸尊安排进了曼荼罗，并且使之更加规范化。直到公元六七世纪以迄 13 世纪初年，佛教密宗的曼荼罗才最终取代了其他宗教的曼荼罗，成为曼荼罗的正宗与主流”。曼荼罗集中地反映在宗教美术上，“既是一种宇宙图，同时也是一种心理记录”。常见的有胎藏界曼荼罗、金刚界曼荼罗两种。指出曼荼罗传入我国西藏地区的时间约在 8 世纪，“桑耶寺所体现的建筑风格，表明其是西藏现存最早的曼荼罗遗存，在整个南亚、东亚地区，也是极为难得的早期曼荼罗的实物资料”。表现形式有壁画曼荼罗、唐卡曼荼罗、彩砂曼荼罗、模型曼荼罗。据调查，在藏区，密教中以壁画和唐卡两种曼荼罗为最多，彩砂和模型曼荼罗，由于制作程序复杂和用料多样，比较稀少。具体的制作方法和规则，一般以《时轮摄略经》为根据。

李冀诚在《藏密曼荼罗的哲学意义》（《西藏民族学院学报》1994 年，第 2 期）一文中考证了时轮金刚曼荼罗和六字真言曼荼罗，认为曼荼罗的梵文意思是“本质的成就”，表示佛陀的自觉（自证）的境界，将此用象征的方式表现出来的东西就是曼荼罗。此外，这方面的论文还有安旭的《密宗及其曼荼罗散议》（《西藏艺术研究》1996 年，第 1 期）等。

（二）六字真言和艺术研究

唵、嘛、呢、叭、咪、吽六字咒语是观音菩萨的明咒，密教莲花部的根本真言。它从吐蕃赞普拉脱脱日年赞时期传入西藏，7 世纪随着藏文的创制，有关经典如《宝箧经》《佛说大乘庄严宝王经心要六字大明陀罗经》等陆续翻译过来。据《西藏王臣记》记载，藏王松赞干布曾在格热地方的横道上，目睹六字真言显现。他通过净身祈祷，看见从天然六字真言放射出五色彩虹，辉映到对面岩石出现的观音、救度佛母、马头金刚等佛、菩萨像上，各像放射光芒照到六字真言上。从此，六字真言逐渐被藏人所接受。随着佛教的普及，六字真言广泛传播开来，以致成为藏区普及率最高的佛号，作为祈福禳灾、疗理百病、积累功德的良药和精神支柱，妇孺皆知，诵持不忘。在藏区，相当一部分人手持佛珠，摇功德经筒，反复念诵六字真言；山间隘道、房前屋后、树间悬挂着书写、印刷在五色布上的六字真言条幅，“大到摩崖石刻，小到椽头瓦当图案乃至手中的嘛呢筒，都有‘六字真言’。甚至道旁、屋脚有成堆六字真言刻石”。它并非简单的咒语，而是内容十分丰富、具有深刻哲理、被看成是一切经典的根源。

《嘛呢宝训集》（或称《嘛呢全集》）是第一部系统阐述六字真言的藏文专著，成书于 7 世纪，相传由松赞干布所著。书中对观世音菩萨及其明咒作了深入探讨和细致分析。认为“唵”字代表佛部心法，念诵此字时，自己的身、口、意分别与佛的身、语、意成为一体；“嘛呢”，意为如意宝，表示宝心部，念此二字时，能随愿获得成就；“叭咪”，莲花之义，表示莲花部心，比喻佛法纯洁无瑕；“吽”表示金刚心部，展开分析，可以与六身、六部、六部之母、空行母、般若六度、六种烦恼、五种智慧、无量众生、六长净、六道轮回、六道众生之生门、六众生事、净障、祈祷、加持、戒律、三摩地（耶）、灌顶、皈依、菩萨心、法性、见修等联系起来解释。从生理学或生命科学角度解释，六字分别代表人体的六大器官，通过修炼，能够提高人体生理机能，祛病强身，开发各器官功能，延年益寿。所以，如果只是从字面上去解释，难以清楚和全面。继《嘛呢宝训集》以后，藏族僧侣学者曾用藏文撰写了大量的有关论著，但很少有突破。

20 世纪以来，六字真言引起了国内学者的关注，撰文介绍的人很多。早期有任乃强先生的《藏人与六字明咒》(《吐蕃丛考之九》,载《康导月刊》1941 年 3 月),就藏族如何接受六字真言以及六字真言的特殊功效作了探讨。李翊灼认为,六字总括五部佛心义,唵摄于五智,嘛遍于慈悲,呢颠倒基因,叭方便智慧,咪智慧自明,吽如金刚不变。总起来讲,六字摄为三字,唵至吽之间的四字摄于无生,六字摄于唵、阿、吽三字中,唵,发语词,表示出气;阿,表示仪式,吽表示趋入。阿字的意思是趋入本菩提心往度到觉悟彼岸。李先生的解释深刻,富有创新。20 世纪 80 年代以来,六字真言研究又有了新的突破,学术论文逐年增多。具有代表性的论文有两篇,一篇是赵橹的《藏传佛教六字真言考释》(《西藏研究》汉文版,1992 年,第 3 期);另一篇是多识先生针对赵橹的观点,撰写的《驳所谓"六字真言考释"的荒唐言论》(《佛教知识》汉文版,1994 年,第 3 期;并收入 1996 年由民族出版社出版的《藏传佛教研究——爱心中爆发的智慧》)。赵文认为,六字真言原是古印度的一句祝祷词,被婆罗门和印度教继承下来,更为密教(佛密)所吸取。其原意是"红莲花上的宝珠",为"女性生殖器"和"阴蒂"的象征。多识先生驳斥道:六字真言有它的固定文字结构,固定句型。"唵"(嗡)是代表众佛"身密"的种子,也称"持宝"种子;吽(哄)代表众佛"意密"的种子,共有五个部分组成此字,象征五种人佛智。嘛呢(吗呢)叭咪(叭弥)意为"宝莲"。全文的意思是"具足佛身,佛智的观世音观照!"多识先生彻底否定了赵文提出的六字真言源于印度教的"红莲花上的宝珠"之说,强调"珍宝"、"莲花"与"崇拜女性生殖器"之类的古老印度习俗毫无共同之处。这两篇文章在学术界产生了很大影响。任新建的《喇嘛教与六字真言》(《文史杂志》1989 年,第 1 期)则对六字真言的整体含义作了解释。

藏传佛教艺术是在广泛吸收其他民族艺术的过程中,逐渐形成并发展的,它包括建筑艺术、雕塑艺术、绘画艺术、制作艺术等,特点突出,风格明显。藏密艺术作为藏传佛教艺术的一部分,长期以来受到学术界的高度重视,零散短文发表了不少,但缺乏学术性,仍然徘徊在传统的研究上,很少有突破和创新。由李冀诚、顾绶康、唐松等人合编,商务印书馆香港分馆与北京外文出版社联合出版的《西藏佛教密宗艺术》是一部颇具参考价值的学术著作,图文并茂,概述藏密历史、教义和各种制度等。书中将藏密艺术类型分为铜质浮雕、唐卡、壁画、泥质浮雕、木雕、木板画、石雕法器等七类,论述了藏密艺术流派。在其他藏传佛教著作中,对藏密艺术也有所涉及,但介绍的都比较肤浅。

于乃昌的《佛本融合——藏密及其艺术》(《藏学研究论丛》第 2 辑,西藏人民出版社，1990 年）一文对藏密艺术的产生和特点做了详细的论述，列举了大量实例。认为“藏密艺术是在西藏密宗的传播、发展和兴盛过程中产生的一种具有西藏文化特色的宗教艺术”，它为藏传密宗所用，“是藏传密宗义理和修习的形象化和观照对象，它同时也就饱和了极为丰富的本教观念”。藏密艺术在产生过程中，西藏的原始艺术和苯教艺术提供了形象母题。在发展中，于壁画、唐卡和雕塑中塑造了大量的连体、双胎的两性形象，呈现男女拥抱交欢之态，创造了大量的人体动作艺术。

（三）教义思想研究

教义研究，包括大手印、大圆满、道果、六支瑜伽、那若六法等诸派教义。大手印是禅定的一种基本方法，大手印教授是藏传佛教噶举派的特修密法，最早由玛尔巴大师译传进来，经过噶举派历代学者的不断研究充实，成为一种具有深邃佛教哲理和完善实践方法的特殊教授，受到藏传佛教各派僧人的高度重视。噶举派僧人因此而受到元、明、清三朝皇帝的礼请，组团赴内地弘法，表演各种法术，影响很大。20 世纪以来，大手印研究作为藏密研究的重点，发表了相当可观的成果。20—30 年代，贡噶上师先后在成都、重庆、江陵、汉口、长沙、南京、昆明等地传法，被民国政府授封为“辅教广觉禅师”。他曾亲自登台讲解《祝拔契合俱生大手印导引》《大手印口诀》等，撰写了《大手印提示》《大手印成佛六要》《大手印十二种失道》《大手印修持之教授》《至尊弥拉日巴大手印开示》等论著（文），培养出张澄基和陈健民等一批著名汉族学者，对大手印研究做出了巨大贡献。台湾学者蓝吉富编的《大藏经补编》中收入了贡噶上师的部分论文。法尊、释碧松、满空、陈济博、张澄基、景戒光、陈圆白、惠幢等人将大量的大手印典籍译成汉文，为研究者提供了方便。从此，介绍、一般叙述和论述、阐释大手印法的论文陆续发表。刘锐之的《诸家大手印比较研究》（《现代佛教学术丛刊》74）根据藏文第一手资料全面论述大手印的渊源、传承关系、典籍、类型、修持方法，条分缕析，深入浅出，抓住了问题的关键，又显得清晰精练。他认为，瑜伽母续中，主说空乐大手印；方便续中，主说照空大手印；不二续中，主说明空大手印。他把那若六法和大手印结合起来论述，把幻身、拙火（猛厉火）、睡梦与光明、中有及转识看作大手印的四种特殊秘诀，视大手印为成佛的基础。又从大手印的类型上，分为根大手印、心性大手印、显有大手印、果大手印，概括为根、道、果三种。大手印修身的主要方法为七支坐法、金刚诵、宝瓶气和四瑜伽等。刘文的最大特点是把深奥难懂的大手印密法用通俗的语言加以表述，既有一定的学术影响，也有较高的使用价值，在大手印法研究中独树一帜。以后发表的有关论文，没有超过这一研究。

近十几年来，在整个藏密研究中，大手印研究再次受到人们的注意，在研究队伍中，除了老一辈藏学家继续从事这项研究之外，有一批年轻学者和佛教界人士也涉入其中，并拓宽了研究领域，原来被禁止的特殊密法也逐渐被提出来加以分析。佛日的《大手印导论》（《法音》1990 年，第 11 期）是继刘锐之先生之后，又一篇简述大手印密法的论文。他认为大手印是“所谓本净离垢的自性明体，是俱生智、自然智，此心体为成佛之本，修持之要，摄根、道、果，包见、修、行”，建立在大乘唯识和中观的基础之上。大手印之得见，第一依止上师加持；第二依密诀调心；第三依诀依教观心；第四依止观门；第五依秘密门修咒气脉明点。此外，他对岗波巴、帕木竹巴、止贡巴、藏巴嘉热等噶举派高僧的大手印思想也有新的分析和研究。石世梁、克珠群佩在《大手印与“那若六法”记述》（《中国藏学》1992 年，第 2 期）一文中，对大手印和那若六法作了解释，认为大手印是解脱道，那若六法是方便道，两者之间关系密切。

李冀诚的《藏传佛教噶举派的“大手印法”》（《西藏民族学院学报》1991 年，第 2 期）从哲学的角度简述了大手印法。认为大手印分显教大手印和密教大手印，是修中观而证得的空性见与依密教的方便道所引生的大乐，将二者结合起来修习，便能现证法身、受用身、化身等三身的一种法门。显教大手印着重修空性见，密教大手印主修气、脉、明点。

有关这方面的文章或著述还有：陈兵的《金刚乘佛教禅法》（《气功与科学》1987 年，第 3 期），容佑钊的《藏密灵热功（拙火定）》（《中华气功》1988 年，第 3 期），胡之真的《藏密法要》（台湾新文丰出版社，1983 年），邱陵的《藏密修法精粹》（北京工业大学出版社，1991 年），林淑华、何晓新的《藏密金刚禅》（中国青年出版社，1993 年），刘立千的《藏传佛教各派教义及密宗漫谈》（民族出版社，1997 年），李冀诚、许德存的《西藏佛教诸派宗义》（今日中国出版社，1995 年）和陈兵的《佛教禅学与东方文明》（上海人民出版社，1992 年版，1995 年再版）等。

大圆满是宁玛派的根本密法，也是最先传入西藏的一种密法，在其漫长的发展过程中，吸收了多种文化成分。关于大圆满法的渊源，有人认为是中原禅宗的分支，有人主张是印度密教的移植，还有人说是印度密教与西藏苯教文化融合的结果，众说纷纭，不得统一。刘立千的《藏传佛教的宁玛派》（《中国藏学》1993 年，第 1 期）从体、相、用三方面对大圆满思想做了探究。认为大圆满法在见解上主张顿悟一心；在修行上，坚持自性圆成。郭元兴认为，大圆满体系是以唐代密宗理论为基础建立起来的，受汉文化易学的影响较深。班班多杰在《藏传佛教思想史纲》（上海人民出版社，1992 年版，1995 年再版。）和《拈花微笑——藏传佛教哲学境界》（青海人民出版社，1996 年）两书中，从哲学上诠释研究大圆满法。认为大圆满是针对人生的意义和价值来说的，人通过对自身主体的修炼、完善后，即可达到个体解脱，即获得大圆满境界或成佛。近年来，伴随苯教研究的升温，越来越多的人开展了苯教大圆满和佛教大圆满的比较研究。诺布旺丹的《苯教大圆满法的起源和发展》（《西藏研究》1996 年，第 2 期）一文，认为苯教大圆满与佛教大圆满之间有着千丝万缕的联系，两者间经过了从冲突、协调到逐渐融合的过程。

刘立千先生的《读〈实相宝藏论释〉笔记——关于大圆满的思想》（《中国藏学》1996 年，第 3 期）在解释《实相宝藏论释》的名相、义理的同时，提出了个人的见解。认为《实相宝藏论》的中心思想是说明大菩提心即是自心本性的实相，属大圆满思想。它与内地禅宗说法大体相似，禅宗是遮诠，重在不明说，《实相宝藏论》是表诠，重在说理，两者不尽相同。关于大圆满的定义，作者认为大圆满是指宇宙万有，“轮回涅槃，一切诸法莫不包罗在自心本性之——空相妙觉之内，无欠无缺，故名大圆满”。邱陵编撰的《藏密大圆满法选集》（北京工业大学出版社，1993 年）一书重点介绍大圆满心髓，大圆胜慧“彻却”与“脱噶”、大幻化网“彻却”与“脱噶”及大黑天法等。大乘文化出版社出版了《大圆满无上智广大心要》一书。蒲文成也撰文对“彻却”和“脱噶”做了探讨。

道果教授是由后弘期初期的著名译师卓弥·释迦益希传进西藏的，他曾几次留学印度、尼泊尔，寻访名师，系统地学习了印度流传的九大道果教授。回藏后，他以毗哇巴的“宝教道果教授”为基础，结合其他八种道果法，创立了既有理论体系，又有实践方法的“道果教授”。他的弟子昆·贡却杰波创立萨迦派后，把道果教授作为本派不共之法。萨迦五祖期间，道果教授得到进一步完善，并传到中原和元室宫廷，在蒙元统治阶级中间广泛流传。20 世纪以来，道果教授虽然没有像大手印法那样受到普遍重视，但涉及这项研究的人也不少。特别是党的十一届三中全会以后，随着国内气功热和国外藏密研究的加强，道果研究逐渐引起国内藏学界的关注，分别从历史、哲学角度展开讨论，探究它的渊源和义理。李冀诚在《西藏佛教萨迦派及其“道果教授”》（《中国藏学》1990 年，第 4 期）一文中，根据道果法产生的历史背景，对道果教授创始人毗哇巴的生平做了详细考证，认为毗哇巴约生活在 10 世纪或 11 世纪，否定了传统的 7 世纪说。据历史资料，毗哇巴和寂天同出自唯识派论师护法的后辈弟子胜天门下，由于他的法号是“护法”，所以一些史书把他看成是唯识今学的传人护法论师，这是明显的误解。他俩虽然名同，而且同为唯识派传人，但所处的时代不同。吕澂认为，护法论师时期，那烂陀寺学风已是三者合一，以中观为性，瑜伽为相，密教为密的结合。既然毗哇巴是护法论师的后辈弟子胜天的门下，肯定接受了中观、唯识、密教三昧一体思想，并把它充分反映在道果教授中，由是对萨迦派影响至深。关于“道果法”，李冀诚指出：从“无明”即悟之“因”开始，经过修行即“道”而达到悟道即“果”。因为，“因”是俗之极，“果”是圣之极，“道”是“因”与“果”之间即“俗”与“圣”之间的居间者。在修行中，当人处于无明状态时，道属于俗的一极；当人开始走向悟道世界时，道则属于圣的一极，俗圣通过“道”结合，在“道”中已含了“果”。这样，把“果”引进原来的居间者“道”中去的方法，叫做“道果”法。班班多杰认为，因即道，道即果，道果法的实质是讲认识世界和改造世界的。

值得指出的是，对六支瑜伽研究远不如上述几种密法研究繁荣，从现已发表的一些文章来看，只限于介绍和一般叙述，缺乏学术性探讨。

根桑泽程仁波切著的《密宗法义精要》（东方文化艺术研究所，1994 年）一书，完全站在佛教正统立场上，对思维、无常、苦、果以及依止善知识、皈依三宝、如何发菩提心等做了详细解释。

在藏密哲学思想方面，已发表出版的成果中，执囿于传统的治学方法，就佛学谈佛学，重点放在思想史上的居多。乔根锁的《从即身成佛与顿悟成佛的差异看西藏密宗的哲学特点》（《西藏民族学院学报》1992 年，第 2 期）一文，通过对禅宗“顿悟成佛”与藏密“即身成佛”的比较研究，认为在修心上，藏密用心去寻觅心的空性，而禅宗则认为用心不能去把握心本体；在修身上，禅宗主张顿悟，藏密则重实修；在方法上，禅宗讲顿悟，藏密重渐修，但也具有顿悟成佛的性质。从哲学上讲，藏密以中观派“缘起性空”的哲学思想为宗旨，否定物质现象和精神现象的客观真实性，表现出客观唯心主义倾向。顿悟成佛与即身成佛之间，既有相似的方面，也有更多的不同。在对待心的问题上，“禅宗以心为宇宙本体，把直接所悟心的空作为成佛的唯一途径和最后归宿”；藏密则把心的清净无自性当做起决定作用的东西，“在宗教实践中诉诸于直觉的现观和具象思维，因而也包含着以心为本的顿悟成佛的思想成分在内”。在《西藏密宗哲学散论》一文中，乔根锁再次强调了“缘起性空”是藏密哲学理论的最重要依据，“在宇宙本体论上它是以缘起性空的中观道为主体，结合六大为体的哲学和瑜伽行派的唯识理论，融合为一个比较独特的宗教哲学体系”。把六大为体的理论确定为藏密唯心证悟论（宗教认识论）的直接理论依据。在论文的第三部分，还专门论述藏密的思维方式，归为三点：第一，长于感性直观与逻辑推论相结合的量识；第二，现观思维是藏密禅定修持基本方法；第三，具象思维。1996 年《西藏研究》第 3 期上发表了乔根锁的《关于藏传佛教宁玛派哲学的几个问题》一文，从唯心主义心性论、直觉证悟论和二元论几方面论述了宁玛派大圆满法的哲学特点，认为宁玛派的佛性论是把“心”作为其哲学思想的核心范畴，规定为包容一切圆满无缺的宇宙最高本体：“佛性证悟论中的清净心体，实际上是自我意识的极度膨胀。”心既是认识对象，又是认识的主体。从二元论上讲，宁玛派既强调心体的清净空性，又承认光明气化在成佛中的决定作用，总结出大圆满法哲学特点。其另一篇《论藏传佛教哲学思想的基本内容和主要特点》（《中国藏学》汉文版，1998 年，第 1 期）一文，从整体上进行把握，认为在哲学上，藏密显示出其特有的二元论倾向，明与空是宇宙最根本的四种始基，明空双运、双融是宇宙的根本规律。“明空两分合一论既是世界观，又是方法论，这个方法论就是智慧方便相结合的即事而真的方法。”其中明分是世界缘起的根源，修行成佛的关键，“大到世界事物的运动变化，小到人心受到无明烦恼之干扰，都是明分的作用”。总而言之，从藏密哲学研究方面说，乔根锁的这几篇文章是近年来仅有的几篇学术论文，从整体上进行把握，抓住了问题的核心，总结了藏密哲学的基本特点，研究重点突出，是一项突破性的新成果，填补了藏密研究的空白。

郭元兴的《莲花生大师的生平及其学说与唐代真言宗的关系》一文从汉藏文化关系方面加以研究，中心放在大圆满与真言宗上。探讨了宁玛派祖师莲花生的生平及其所传大圆满法形成、发展的过程。通过比较大圆满法与真言宗，提出了大圆满与汉文化之间的渊源关系等许多新观点。认为大圆满法与太极同义，大迁转身与大易同义，五趣生死轮是以八卦带轮幅间的五趣，以十二生肖带轮辋的十二因缘。他强调吐蕃密教（即旧密）的思想体系是以唐代密宗理论为基础建立起来的，莲花生由于早年所处的环境，受到了汉文化易学的强烈影响。这篇论文将大圆满法源自禅宗的争论又推进了一步。无畏金刚翻译出莲花生大师著的《大圆满直指教授》（原名《藉见赤裸觉性自解脱》）并做了较细的解释。全文 28 节，全面介绍了大圆满法的心相、修心等实质，指出修行者如何修证如来藏，即体验心识当下离垢的状态。译者解释说，大圆满乃宁玛派的不共法，由印度持明妙吉祥友及其助手传入西藏，其后莲花生入印求法，亦得传承而归。大圆满基于大中观见（瑜伽行中观），即如来藏，它和禅宗所认识的如来藏有显著区别，禅宗如来藏为佛的本体，而大圆满则视为佛的本能。无畏金刚根据长期的实践经验，对大圆满法所做的透彻分析，颇为学界所重。

20 世纪 20—30 年代，李翊灼的《西藏密教二派概况》（《现代佛教学术丛刊》74）一文，把藏密派别概括为红衣派与黄衣派，前者包括乌鲁江巴派、部轮古巴派和萨迦巴派，以莲花生为始祖，秉毗卢遮那佛之密旨，以护持自他清净菩提心为主，观证莲花智成莲花身为究竟；黄衣派以格鲁派为主，包括噶丹派与额尔德巴派，矫正红衣派之教旨。台湾新文丰出版公司出版的胡之真的《藏密法要》一书，则概括了藏密的几种主要教授。

班班多杰是近年来我国自己培养的一位对藏传佛教哲学有较深入研究的中年学者之一。他对密教哲学的研究成果，主要体现在《拈花微笑——藏传佛教哲学境界》一书中。此书按照密教和显教两大体系，分别解说了藏传佛教各派中的密教思想，如宁玛派之“大乘”判教法中的密教思想的特点是第三乘即菩萨乘中的内之细分中观见，即他空了义中观见和第九乘即大圆满阿底瑜伽乘。“这二乘的中心思想都是一致的，即从本体论上主张心本即佛，佛性本有说，在方法论上都强调纯任自然，不加造作，无为而修的修持作风。此一思想在当时的藏传佛教界风靡一时，蔚为壮观，成为以后藏传佛教诸多宗派无不信奉的教义。”又如萨迦派密教的思想都是围绕着心来论说的，“把佛法全部归之于一心之觉悟了”。“从更深的层次上来看，这种佛性背后，隐藏着心为本体的思想，也就不但要认识到自心本具佛性，自心本来是佛，而且还要进一步认识到一切诸法皆依于心，皆从心生，皆自心出，即明了‘成境为心’的真理，把自心视为万法之本原。”对格鲁派的密教思想，认为宗喀巴主张的破“二我执”、证“二无我”，面对的正是情感情绪的自我，从而使人超越一切消极的、否定的情感情绪，获得安宁、平静、自在的精神境界。在心体的意义上，返归人的本真的情绪状态。从这个意义上看，在宗喀巴的密教思想中又包含了某种存在主义的性格。作者的这些研究，无疑丰富了密教哲学的内容，对未来的进一步研究，提供了不少借鉴。

（四）历史研究

关于密法正式传入西藏和藏密形成的时间，是长期以来学术界争论的焦点，至今仍无比较一致的意见，概括起来有三种：第一种认为，密法始传于 4 世纪，藏密形成于 9 世纪；另一种坚持 7 世纪和 11 世纪；还有一种认为，8 世纪莲花生等人入藏，标志着密法正式传入，至 12 世纪教派陆续创立，标志着藏密的形成。这些观点散见于各种藏汉文佛教史籍中，没有专题论文可藉参考。从学术角度来看，第三种观点比较可信。藏密的形成，标志了译介、改造印度密教以及与西藏传统文化相融合时期的结束。

关于藏密历史研究，出版了不少成果，在整个藏学研究领域中占据着相当重要的地位。由于深受传统文化的影响，老一辈藏族学者的研究局限性很大，他们站在佛教正统立场上看问题，往往赋予历史许多神话色彩，缺乏客观叙述，影响了20世纪早期的研究。他们对于一些较重要的历史事件和人物的神化解释，很少进行考证和澄清。但是个别方面有新的突破，尤其对年代做了详细考证。刘锐之的《密乘源流简述》（《现代佛教学术丛刊》74）客观地介绍和评述了金刚乘密法的历史发展过程，认为密法勃兴于波罗王朝，达摩波罗王时，重建欧丹富多梨寺，新建毗玖罗摩尸罗（超严寺），夺那烂陀之席，蔚为最高学府，主弘密乘，学者辈出。其中萨罗诃主弘“佛顶”，鲁耶波主弘“遍行瑜伽母法”，婆婆钵主弘“喜金刚法”。此书的最大特点在于对历史事件的客观分析及对人物的正确评价，提出了波罗王朝时期所发生的重大事情，广采博搜，介绍超严寺各位大德的生平事迹以及他们所传的主要密法，深刻分析了藏密的特点。

谈延祚的《西藏密宗编年》，用编年体记述了上至3世纪的拉脱脱日年赞，下到20世纪60年代，时间跨度1700年的藏密兴衰史，涉及印度密教源流，藏密的形成、流派，向外传播及重要人物等，内容极为丰富。他认为波罗王朝初期，在各种复杂的社会矛盾和思想斗争中，密教由隐秘而显扬。从7世纪至12世纪，是密宗大师活跃的年代。关于藏密（无上瑜伽密法）传入中原的时间，作者确定为元代。历经明、清，藏密在历朝统治阶级中间流播，民间不得与闻。清代鼎革，白普仁、多杰觉波、九世班禅、诺那呼图克图、贡噶上师等相继行化汉土，使藏密在汉地民间一时大盛，一时间修持、研究者涌现，但存在着理论与修持严重脱节的缺点，读者可以从中了解藏密走过的基本历程和发展线索。当然书中的有些年代和观点还可以商榷。

黄心川先生是著名的东方哲学专家，他的研究涉及面非常广泛，在《中国密教的印度渊源》（《印度宗教与中国佛教》，中国社会科学出版社，1988年）一书中，深刻论述了印度密教从“杂密”经“纯密”、“左道密教”、“金刚乘”到“时轮教”的发展过程。在论及藏地密教时，提出了“印度密教与西藏密教发展的过程是平行的，在某一个时期还是同步的”观点，强调西藏密教为印度佛教的延伸部分。文字精练，条理清晰，为学界所重。李冀诚的《西藏佛教密宗》（今日中国出版社，1989年）一书是以藏密为全书重点和核心的通俗性著作，对西藏佛教密宗的发展，勾勒了一个清晰的轮廓。作者早年深入西藏调查，长期从事藏传佛教研究，对藏密有较深的了解。认为密教兴起于佛寂后千余年的大乘佛教晚期。大乘佛教兴起后，为适应日益复杂的社会环境，转而引进世俗的咒法观念，渐将真言、密咒佛教化。密教传入西藏后，与本土文化相融合，形成了独树一帜的“藏密”。他与丁明夷合著的《佛教密教百问》，用通俗简明的语言，深入浅出地介绍了有关藏密的基本知识，深受读者的欢迎。李冀诚与许德存编著的《西藏佛教诸派宗义》分述了大圆满、大手印、道果以及其他密法源流和基本思想。刘立千的《藏传佛教各派教义及密宗漫谈》（民族出版社，1997 年）一书，在概述宁玛、噶举、萨迦、觉囊、格鲁等教派史的同时，对它们所修持的密法做了通俗的阐释，对藏传佛教史乃至思想史的研究有很大帮助。李冀诚在《西藏研究》上发表《西藏佛教密宗概述》（1989 年，第 1 期）一文，从印度密教的形成和兴衰，传入西藏的年代，藏密源流、藏密典籍、藏密义理、修习组织、制度等方面进行了全面叙述，认为藏密发展了印度密教，具有自己的传承，“在所重经典、修习次第、仪轨、制度、神祇供奉等方面都有自己独具的特点”。此外，这方面的文章还有：公觉旦增的《〈续部秘密藏〉所讲基道果之含意略谈》（藏文，《西藏佛教》1995 年，第 1 期）、巴第·巴桑旺堆的《神奇的西藏密宗》（《西藏民俗》1995 年，第 2 期），高禾夫、李冀诚、林崇安的《密宗的传承及其发展》等。

1994 年，由中国社会科学出版社出版的尕藏加的《人类奥秘大开放——藏传佛教密宗》一书，对藏密中的大圆满、大手印、声密等密法理论做了分析和论述，介绍了藏密重要典籍及各种法器、本尊神。李冀诚评论说：“该书是我国在藏传佛教研究领域中所取得的一项突破性的新成果。”索南才让（汉名许德存）的《西藏密教史》（中国社会科学出版社，1998 年）是近年来国内唯一一部全面系统地论述藏传密教的学术专著。书中充分利用藏文资料和中外学术界的科研成果，用新方法梳理了西藏密教的发展；详细考察了所涉及的重要人物，深刻分析了具有代表性的密典和流派思想特点；介绍了各种仪轨、制度以及向外传播的原因，寻源究委，线索清楚，提出了不少新的见解。在整体上突破了旧的研究方法和思路，把藏传密教史研究提到一个更高的层次，填补了这方面的研究空白。

石世梁的《佛教密宗释论》（《西藏研究》1988 年，第 3、4 期；1989 年，第 1 期）一文，在更广的范围内论述了密教在印度、中国、日本的形成和发展，对密教四部提出了看法。他在《金刚乘佛教的几点质疑》（《西藏研究》1990 年，第 3 期）一文中，分析了毗娄与《时轮根本续》、毗哇巴与《阎摩德迦续》的关系，提出了金刚乘佛教源于民间，那若巴晚生于玛尔巴的观点。南怀瑾的《西藏佛教密宗文化简述》（《菩提树》第 81 期，1959 年）从文化史角度，简述西藏佛教诸派及其特点。转愚在《佛化新闻》上发表了《西藏密教概述》（1942 年，第 25 期）。此外，《狮子吼》《海潮音》《菩提树》和《内明》等刊物上，也发表了数量相当可观的文章，反映了港台地区藏密研究方面的丰硕成果。在内地，法尊、张建木等人撰文，则从宏观上把握藏密，做出了突出贡献。

（五）典籍翻译与研究

藏密典籍翻译是藏密研究的基础，此项工作开始于 20 世纪初。20 世纪 20 年代，大勇法师的赴藏学法团培养造就了一批藏密学者。30 年代，上海菩提学会译经处成立，甘肃拉卜楞寺的荣增堪布奉九世班禅之命主持译经工作，组织人力将大量藏文经典翻译成汉文，其中包括多部无上瑜伽部及各本尊法仪轨方面的典籍。法尊法师曾到西藏哲蚌寺学习，熟悉藏文，显密兼通，主持汉藏教理学院十余年，致力于藏传佛教研究，译籍丰厚，著作等身。他翻译的密籍有《密宗道次第广论》（宗喀巴著）、《密宗道次第论》（克珠杰）、《朵哈大手印口授》、三部《朵哈藏论》《见修行果之朵哈歌辞》《略明正见论》《大手印略文》《大手印讲义摄要》《大手印口诀》《大手印提示》《大手印成佛六要》《大手印十二种失道》《大手印修持之教授》《至尊弥拉日巴大手印开示》等，节译了《集密五次第论》（龙树著）和隆庆·智美欧色的《七宝藏论》，译文流畅、准确，这是研究工作得以深入发展的基础。

能海法师曾两次进藏学习密法，1949 年在上海建立金刚道场，讲授格鲁派密法，并设译经院，亲自译出《金刚大威德生圆满二次第秘密伽陀》《金刚大威德甚深道第二圆满次第》《大威德生起次第门津要》《毗卢仪轨》等；释碧松法师译出了《大手印教授》；满空译有《祝拔契合俱生大手印导引》，又与陈济博合译《俱生契合深导了义海心要》，与陈圆白合译《金刚亥母合修念诵略轨》《大手印导引显明本体四瑜伽》；景戒光译出《大手印加行所摄上师相应》；张澄基译出了《大手印愿文》等。藏密经典《密乘法海》和《大乘要道密集》等也已在台湾出版。

总的来说，从 20 世纪初到十年“文革”之前的几十年里，藏密典籍汉译达到高潮，为一部分不懂藏文的研究者提供了方便，至今法尊等人所译的藏文密籍仍被学术界广泛引用。20 世纪六七十年代，中国内地藏密典籍翻译工作基本中断，在港台地区仍有不少人致力于这项工作，取得了丰硕成果。近年来，随着改革开放，思想得到了解放，学术界重新焕发生机，密典翻译随之进入一个新的高潮。许德存翻译了多罗那他的《金刚乘密法概论》（《觉囊派教法史》附录二，西藏人民出版社，1993 年），反映了觉囊派对金刚乘密法的看法。谢健译有隆庆·智美欧色的《深邃的金刚心——悟彻〈如意藏〉妙理之神功》（《青海民族学院学报》1996 年，第 2 期）。李钟霖译出了噶尔仁波切著的《藏密瑜伽修身论》（《青海民族学院学报》1996 年，第 3 期）；容佑钊先生译有《藏密灵热功（拙火定）》（《中华气功》1989 年，第 3 期）。四川民族出版社出版了由佘万治、万果合译的《藏传密宗气功——那若六成就法》（1997 年）一书，这是一部以人体科学和生命科学为依据，论述藏密气功的机制、原理以及具体修习方法的气功典籍。全面系统地阐释了灵热、幻观、梦观、净观、中阴和往生等六成就法。详细介绍了人体的形成、脉道的分布、风息的运向、生命的本质、思维的定式等生命科学原理。译文通俗流畅，是近年来翻译质量较高的藏密典籍之一，它对研究那若六成就法乃至藏传密教无疑是一份十分珍贵的参考资料。

著名藏学家南卡诺布注释的《藏密气功日月合和》（藏文，毗卢遮那著，民族出版社，1993 年）一书，专述吐蕃著名佛经翻译家、密教大师遍照护的日月合和法，图文并茂，还做了新的发挥，对研究吐蕃密教乃至宁玛派的大圆满法都有很好的参考价值。多识先生将藏密气功主要功法汇编成《藏密气功典籍选编》（民族出版社，1991 年）。周绍良、吕铁钢编的《藏密修法秘典》也由宗教文化出版社出版。

在密典研究方面，成果突出。刘锐之的《密宗道次第略科及各章大要简述》是一篇阐释克珠杰的《续部总建立广释》（即《密宗道次第略论》）的论文，认为藏密传授首重心印传承（即化身佛传承），到了后来只从口说传承。介绍了密教事部、行部、瑜伽部和无上瑜伽部的修法仪轨，并对个别问题提出了自己的看法。李冀诚发表于《世界宗教研究》上的《〈密宗道次第广论〉研究》（1993 年，第 4 期）一文，对宗喀巴这部著作的写作缘由、结构、要旨、特点作了精辟分析。认为“该论是一部逻辑严密、论证有据的宣讲佛教密宗修习次第、方法、仪轨的论著”。在结构上先立论，次引经论详加证明。

许德存的《〈时轮根本摄续〉及其气功医学》（《西藏研究》1992 年，第 2 期），首次详细介绍了该续的结构、内容特点和医药知识，认为《时轮根本摄续》是《时轮根本续》的浓缩本，藏文中所说《时轮根本续》就是指《时轮根本摄续》。《时轮根本续》从未有过藏译本。并对时轮乘的思想作了深刻分析，提出了新见解，肯定了时轮医学知识的科学性。

另外，从历史学、思想史、哲学史角度，介绍考释密籍的论文还有很多。

（六）其他研究

藏密研究中，有相当一部分人试图挖掘藏密气功，揭示藏密气功的基本特点和科学关系的一面，从20世纪早期开始到现在从未中断，发表、出版了数量可观的论文和专著，成绩斐然。刘锐之曾于《康藏研究月刊》第25期上发表了《西藏密宗漫谈——破瓦法》（1949年）。"破瓦法"意译"往生"、"识转"、"迁识"或"迁有"，是一种心识与光明接触的修行法，修行者依靠自力可以转移到光明界中。印度著名的密教大师那若巴有独到解释和实践，噶举派将它奉为主要法修炼，并在继承的基础上有新的发挥，区分为三摩地往生、有戏论色身往生、运气往生、身精进往生、识往生、强力往生、无戏论法往生、受用身往生、化身往生、如意空行往生、修心往生等11种。刘先生毕生致力于藏学研究，在尊重原义的前提下，对往生法做了科学解释。

邱陵编的《藏密修法精粹》（北京工业大学出版社，1991年），汇集了大手印、大圆满、大手印瑜伽等密法，用较通俗的语言解释它们的修行仪轨，颇受气功爱好者的欢迎。周炜和谢继胜在《中国西藏》上发表了《瑜伽师·盖当娃——西藏佛教密宗巡礼》（1993年，夏季号）一文，重点从修行方法和功能上作了介绍。认为修行者进入密封的石窟，通过吐姆（呼吸法）增加自身热量，均衡身体，开发身体的各种功能。胡军发表了《话说〈藏密气功〉》（《西藏旅游》1996年，第1期）。噶松泽仁的《密宗修道场》（《西藏民俗》1996年，第1期）从民俗学角度论述了藏密及其修行场所的特点。

另外，有关藏密舞蹈方面的研究论文也发表不少，重点集中在"羌姆"上。边多的《藏传佛教密宗金刚神舞——兼谈萨迦夏季神舞》（《中国西藏》1996年，第1期）一文，把羌姆分为雅羌姆（夏季舞蹈）、贡羌姆（冬季舞蹈），它是由莲花生大师传入西藏的。羌姆的乐队伴奏有鼓钹和铜管两种，服饰因教派不同而异。仁青贝桑在《西藏艺术研究》藏文版上撰文对噶举派主寺楚布寺的羌姆的渊源、种类、表演方法与时间作了论述。

纵观一个世纪以来的藏密研究，在众多学科或文化研究中，还显得非常薄弱，经过了许多学者、专家的提倡、介绍、探讨，取得了一些可观的成绩。这方面研究的队伍从弱到强，从寺内到寺外，从僧人到俗人，再到学者专家，打破了以前只有佛教界人士独挑重担的局面，变成了一个多结构、多层次的研究队伍。其研究方法，从传统的宗教解释和一般性的叙述介绍，到运用马克思主义的科学方法加以分析研究，逐渐深化和多样化。其研究内容，从早期的翻译教义教法与修行仪轨，逐渐开展了对哲学思想、各种制度、历史渊源、文化艺术和与其他文化之间关系的比较研究，研究领域不断拓宽。从目前情况看，藏密研究日益引起其他学科的重视，从人体生命科学和物理学研究的角度来研究藏密的时代已经到来，而且取得了一定的成绩。我们相信，随着藏学研究的不断深入，藏密研究成果必将不断涌现。

研究综述

哲学宗教

汉文部分

纵观2010年的宗教研究，依然延续2009年研究领域不断开拓的势头，学术成果可喜可贺。今年的研究，涉及范围比较广泛，研究方法也呈现多样化，主要围绕宗教的内涵和外延，在对固态的经典文献、教义教规等的研究之外，对动态的宗教所发生的各种变化亦进行了深入浅出的研究，可谓异彩纷呈，其中有一些具有较高学术价值的研究成果。较之往年，对现实问题的研究从量上有下降的趋势。

一、现实问题的研究

宗教长期以来是西藏工作的一个重要内容，也是藏学研究领域的一个研究热点。今年，无论从量上，还是从质上看，有关现实问题的研究都不如往年。不过，值得一提的是，2010年4月份，由华东师范大学哲学系、华东师范大学觉群佛教文化研究所共同主办，浙江省普陀山佛教协会协办的“佛教文化与西藏和谐社会建设”学术研讨会在浙江省普陀山举行，来自国内学术界（包括藏学界）、佛学界的50余名学者参加了研讨。此研讨会的部分学术论文会后发表在《西藏民族学院学报》（哲学版）上。除此之外，国内涉藏硕士和博士论文中，涉及宗教现实问题的研究也有一两部，如刘斌的《关于建立和完善藏传佛教寺庙管理长效机制的研究》、周双进的《公共管理视野下甘肃藏传佛教寺院管理制度研究》等。

二、学术问题研究

藏传佛教研究依然是宗教类研究的重点。此外，苯教研究、宗教交流和宗教变化等方面的著述，也比较丰富。

（一）藏传佛教研究

今年，藏传佛教研究在内容上呈现出异彩纷呈的局面，除传统的宗教典籍和教义研究依然活跃外，研究越来越拓展至宗教的外延范畴，如教派、寺院、圣迹、仪轨、法会、节日、传记、寺院教育等等。

1. 文献典籍和教义研究

近几年，文献典籍研究逐渐成为藏学研究领域中的研究热点。藏传佛教文献的编译、研究、比较等成果在这种倾向下逐渐问世，且在藏传佛教研究成果中所占比重较大。

2010年有几部重要的关于藏传佛教文献典籍编译和研究的专著问世。其中，周拉所著的《莲花戒名著〈修习次第论〉研究》、方中泽译的《绿度母宝藏》《普贤上师言教：〈大圆满龙钦心髓〉前行指引》、李德龙著的《敦煌文献与佛教研究》等专著陆续出版。

学术论文方面，班班多杰在《中国藏学》第1、2、3期上连续发表了题为《〈山法了义海论〉所引佛教经论藏汉译文比较研究》的学术论文，是他继在《中国藏学》2009年第3期发表《藏汉佛教经论译文异同之比较研究》之后，又一篇关于觉囊派的这一根本教义的解读。笃补巴西饶坚赞所著《山法了义海论》分体、道、果三编，每编中引用大量的佛教经论来论证觉囊派的根本教义“他空见”，以此实证“他空见”的经典性和正统性。文章将这部经典“三编”中所引用的佛教藏译经论的内容用相应的汉文译文对照校勘，以此试图勾勒出藏汉佛教经论译文的特点及各自的译文风格。

萨尔吉的《江孜十万佛塔题记再考察》（《中国藏学》第3期）在实地考察江孜十万佛塔题记的基础上，对意大利著名藏学家图齐转录在《印度—西藏》系列丛书第四卷第二册中的江孜十万佛塔题记和现存题记进行了仔细核对。通过此项工作，对图齐《印度—西藏》录文的准确性和完善性进行了说明，讨论了题记中涉及的缩略和异写，并在附录中予以列出；同时以附录的形式对《印度—西藏》讨论的江孜十万佛塔题记塑画名录进行了补充、完善。

孙留庄的《〈解脱庄严宝论〉的佛教哲学之探析》（《西藏民族学院学报》

哲社版第6期)，对达波噶举的创始人达波拉杰的著作《解脱庄严论》的思想内涵做了探析，认为这一著作融原始佛教、部派佛教、大乘佛教等佛教内容为一体，集大乘佛教的唯识宗、中观宗和如来藏佛性论于一身，在佛教哲学本体论、心性论以及方法论上独具特色。

2. 教派研究

除了文献典籍和教义研究之外，今年对藏传佛教的教派研究也比较活跃，这类研究主要对各大教派的教义传承及其神像、经典等进行比较和探讨。比如，郑堆在《论阿底峡道次第理论及其传承》(《中国藏学》第2期)中，对阿底峡道次第论的渊源、阿底峡的道次第理论、阿底峡道次第理论的传承等方面进行了阐述。认为菩提道次第理论是阿底峡在吸收和发扬古代印度学者龙树、无著、圣天等次第思想的基础上在西藏发扬光大的，历经历代高僧大德的薪火相传，逐渐成为藏传佛教独具特色的思想和修行体系。阿底峡撰写了《菩提道灯论》，倡导修行次第，理清了显密教义之间的关系，阐释了佛教经论的正确主张和思想。阿底峡这一集大成的学说既是对印度佛教的一个总结，又开辟了藏传佛教的新纪元，对后期形成的藏传佛教各教派都有重大影响。

李翎在《图像与宗派：吉祥天母样式研究》(《中国藏学》第2期)中，通过对吉祥天母的样式进行详细的分类和研究，阐述了图像与宗派之间的关系。文中指出，吉祥天母原为印度教之神，后进入佛教，成为藏传佛教“八仇凶神”之一，属于出世间护法神，是诸神中与大黑天并列的重要女性护法神。由于与达赖喇嘛的密切关系，清代有大量吉祥天母的造像实物存留，主要为一面二臂像式，而永乐款的明代造像主要为一面四臂式。文章考察了现今存留的主要吉祥天母像，并对其造像样式及相关宗派作了全面的梳理。

谢丰泰的《藏传佛教噶举派与天台宗哲学思想之比较》(《西藏民族学院学报》哲社版第1期)中，对藏传佛教噶举派与天台宗从佛教义理、思想渊源、思维倾向、修持方法等方面作了初步比较。论述了它们相同的中观性空理论及佛性论和止观双修学说，同时也说明了二者的不同特色。本文认为佛教哲学的现代价值是一种消解问题而不是解决问题的哲学。

张屹的《噶举佛性论与程朱人性论的通融性及其意义探讨》(《西藏民族学院学报》哲社版第3期)是一篇比较研究的文章，文章认为无论是噶举派的佛性论还是程朱理学的人性论，在关乎人性善恶的根本问题上，都表现出人性本善的伦理取向。这种理论上的潜在联系，对于后世的影响潜移默化，意义深远，为其后汉藏关系的进一步发展提供了良好的文化铺垫。

3. 藏传佛教发展史及其社会影响研究

本年度有关藏传佛教的历史、变化、影响等方面的学术成果较多。

藏传佛教发展史研究方面：中国藏学出版社出版了黄明信先生所著的《吐蕃佛教》一书。该书系该出版社2007年推出的《黄明信藏学文集》中有关吐蕃佛教研究的抽印本，是一部比较完整的研究吐蕃时期佛教的专著。

历史方面的学术论文也不少，比如：郑堆的《阿底峡在西藏传法历史考》（《西藏大学学报》社科版第2期），文章从历史学角度，把迎请阿底峡来藏的经过、阿底峡来藏后著书立说、厘清藏传佛教修习次第、以其著名的“道次第”理论影响藏传佛教各教派等的脉络置于当时复杂的社会历史中进行考察，分析了阿底峡来藏传法的社会背景，从不同角度评述和分析了阿底峡在西藏开展的弘法活动及其对藏传佛教产生的影响，并对作为历史人物的阿底峡及其独特理论予以评价。

朱普选的《青海明代藏传佛教寺院的时空分布》（《西藏民族学院学报》哲社版第5期），青海明代藏传佛教寺院在时间和空间分布上，具有明显的地域特征。根据统计数据，文章分析了青海藏传佛教寺院创建的时间特征、空间分布特征及产生这种特征的原因。

杨鸿蛟的《由兰州永登县博物馆藏明清唐卡看15—17世纪河湟地区藏传佛教信仰的变迁》（《中国藏学》第1期）一文，从甘肃永登县博物馆保存的一批明清唐卡入手，选取其中一套26幅的珍贵组画作为基准，将其与其他唐卡进行图像比对，通过对唐卡中上师的不同教派的分析，推测出这套唐卡绘制于明清河湟地区鲁土司家族由噶举派改宗格鲁派之际；并结合文献试图对鲁土司家族及河湟地区15—17世纪藏传佛教的信仰变迁加以梳理和描述。

有关藏传佛教社会影响的研究文章也不少。

袁爱中在《西藏宗教文化传播渠道分析》（《西藏大学学报》社科版第4期）中认为，西藏宗教的发展离不开传播，西藏宗教的传播有着完整而成熟的传播体系，覆盖自我传播、人际传播、组织传播、群体传播、大众传播的各个层面，具有广泛而深远的影响力。这种影响力延续至今。

孙悟湖、周拉、索次的《从萨迦寺、仁钦岗寺与周围社会互动关系看藏传佛教信仰的现代化转换》（《西藏研究》第3期）中，根据对西藏日喀则地区萨迦县萨迦寺、仁钦岗寺与周围社区互动关系的调查研究，认为藏传佛教信仰正在从传统向现代转换，藏区社会的现代化推动了藏传佛教的现代转换。藏传佛教积极与社会主义社会相适应，促进了藏传佛教的现代转换，主要表现在宗教行为功利化、宗教生活现代化、宗教观念淡化、宗教信仰理性化等方面。

高颖和 Mary Phillips 的《藏传佛教对西方心理学的影响》(《中国藏学》第 1 期)从三个方面阐述了藏传佛教对西方心理学的影响,即首先,藏传佛教对人性的积极态度、对人类意识的深入认识,扩大了西方心理学的研究视野;第二,藏传佛教对自我、意识、情绪等复杂心理过程提供了新的研究方法;第三,藏传佛教推动了佛教冥想的传播,为心理治疗和心理自助提供了一种积极有效的方法和技术。

4. 藏传佛教寺院研究

本年度最值得关注的是由甘肃民族出版社推出的《拉卜楞文化丛书》和《拉卜楞寺》画册。

拉卜楞寺位于甘肃省甘南藏族自治州夏河县,是藏传佛教格鲁派六大宗主寺之一,自 1709 年创建至 2009 年,正好是建寺 300 周年。为此推出了《拉卜楞文化丛书》和《拉卜楞寺》画册。《拉卜楞文化丛书》系列,编撰历时 3 年,200 万字,近万幅图片,由甘肃省藏学研究所研究员扎扎、兰州大学教授洲塔、西北民族大学教授尕藏才旦、兰州大学教授宗喀·漾正冈布等专家和学者编撰完成。包括《拉卜楞文化导读》《入驻拉卜楞》《西方旅行者眼中的拉卜楞》《佛教文化圣地——拉卜楞寺》《拉卜楞寺及其属寺》《拉卜楞高僧传略》《拉卜楞历史文化遗存》《拉卜楞民间舞“卓”》《拉卜楞民俗风情》《内地旅行者眼中的拉卜楞》等 10 本书,集拉卜楞宗教文化、民俗风情、历史遗产、自然风光为一体,展示了拉卜楞文化的最新研究成果。

《拉卜楞寺》画册内容丰富、图片精致,配有英、藏、汉三种文字说明,涵盖了拉卜楞寺的建筑、法事活动和内景等内容,其中拉卜楞寺的内景照片系第一次向世人展示。《拉卜楞文化丛书》和《拉卜楞寺》画册的发行,为传承、保护和发扬优秀的拉卜楞文化提供了翔实的文字资料,同时也为拉卜楞建寺 300 周年献上了一份厚礼。

拉卜楞文化系列还包括全面细致介绍拉卜楞寺的大型纪录专题片《拉卜楞寺》、数字电影《拉卜楞人家》、原生态民歌专辑《拉卜楞民歌》《拉卜楞锅庄》等。

5. 藏传佛教人物研究

达哇才仁的《当代藏传佛教活佛:信徒认同和社会影响》(中国藏学出版社)系中国藏学研究中心重点课题“藏传佛教与社会主义社会相适应研究丛书”之一。全书分 9 章,在综述活佛研究的相关成果、历史上的转世活佛的基础上,从政治、宗教、社会、教育等多个层面和角度论述了当代藏传佛教活佛在政治生活以及现实生活中的影响和作用，并讨论了活佛与区域分布的关系。

邓建新的《章嘉呼图克图研究》（宗教文化出版社）关注的是作为藏传佛教格鲁派四大活佛系统之一的章嘉呼图克图。该系统在中国的政教关系史上扮演了重要角色。全书分7章，将章嘉呼图克图置于清代、民国的社会历史背景下，首次对该活佛系统第一世至第七世进行了贯通性研究，较为完整地展现了章嘉活佛系统的整体框架和发展脉络。

除上述研究主题之外，还有圣迹、仪轨、法会、节日、寺院经济、寺院教育等方面的学术成果，但总体的数量不多，学术性很强的研究并不多见。

（二）苯教及藏族民间信仰研究

2010年度的苯教及藏族民间信仰方面的研究，与2009年相比，成果数量相对有所上升，并且在学术质量方面也有所提升。但很多这方面的成果主要集中在藏文部分，汉文部分的数量较少。

苯教研究方面：才让太的《佐海寺与青海湖周边的苯教》（《中国藏学》第4期）一文认为：在安多地区的苯教史上，佐海寺起到了举足轻重的作用，尤其是在苯教晚期，佐海寺与青海贵德、化隆、循化、同仁、共和等地的苯教寺院发生了千丝万缕的联系，并直接参与了这些寺院的很多活动。在很长一段时间里，佐海寺僧人们的宗教活动不仅将这个地区的很多寺院用师承关系相连接，也加强了佐海寺与青海湖周边苯教团体之间的联系，提高了这些地区苯教信众对佐海寺的认同感，对苯教这个古老的信仰在该地区的发展起到了积极的作用。

拉巴次仁的《苯教神学研究：苯教神祇体系及特征分析》（《西藏大学学报》第3期）主要从历史学和宗教学的角度透视藏族苯教神祇体系，把苯教神灵分为原始苯教神灵、雍仲苯教神灵和源自佛教的苯教神灵三大类，并在此基础上归纳了各自的特征。

同美在《论汉文化对西藏本教的影响——以〈纳萨依杰〉〈依杰〉〈三界调和真经〉〈嘉纳噶杜〉为例》（《西南民族大学学报》人文社科版第6期）一文中，通过对《纳萨依杰》《依杰》《三界调和真经》《嘉纳噶杜》四部苯教文献的研究，认为从这四部文献所反映的文化特点来看，有关汉译藏文苯教经典的历史记载具有一定的可信度；从这四部文献的内容来看，古代藏汉民族在阴阳五行、九宫八卦、十二生肖等领域具有广泛而深入的交流。究其深层原因，除了政治经济因素以外，主要缘于自然地理因素和宗教文化因素。

与苯教研究相比，本年度对藏族民间信仰研究方面比较活跃，孙林自去年在这一领域发表一系列成果之后，2010 年又有新的专著问世，即中国藏学出版社出版的《西藏中部农区民间宗教的信仰类型与祭祀仪式》。本书主要依照国内外藏学界最新研究成果，并结合作者的田野调查，着重对西藏中部农区民间宗教的信仰、宗教类型，包括仪式在内的各种宗教实践活动及其历史演变脉络予以系统的阐述和研究。

谢热的《村落・信仰・仪式：河湟流域藏族民间信仰文化研究》（社会科学文献出版社）所揭示的则是河湟流域藏族民间信仰。大量的考古发掘资料证明，河湟流域是青藏高原文明起源很早的一个地区。这里有着悠久的历史和丰富的古代文化遗存，是安多地区藏族文化的最早发源地之一。全书分十章，考察了河湟流域藏族农业社会民间信仰文化的生成、传承及变迁的大致脉络，尤其是那些与藏族农耕、村落生活相伴随而形成的鲜为人知的民间信仰仪式和活动。

关于民间信仰方面，还有多篇学术论文，比如，郭建勋的《居处模式的改变与藏族老年妇女的信仰生活——以川西鱼通人的“哑巴会”为例》（《青海民族大学学报》社科版第 4 期）、才让卓玛的《论果洛藏族民间信仰的生态伦理》（《西北民族大学学报》哲社版第 6 期）等。

（三）多元文化交流

文化从其形成的内部因素来说，是一种积累与沉淀的过程，而从其形成的外部因素来说，是一种交流与相互影响的过程。藏族文化，尤其是藏区宗教，从古至今从未间断过与其他文化与宗教之间的交流。2010 年度，多元文化交流的研究也呈现了上升的态势，但研究的视角从原来的汉藏文化与宗教之间的交流有所转移，集中出现了一批研究国外宗教在藏区传播或交流方面的学术性成果。如：马明忠的《近代青海地区基督教传播的特点及社会影响》（《青海民族研究》第 2 期），对基督教在青海地区的传播特点做了分析。文章认为近代青海地区的地理环境、政治制度、经济形态、文化体系、民族构成、宗教信仰、价值观念等，影响了基督教在青海地区的传播和发展。传教士们制定适合青海地区的传教方法，是根据他们活动的区域范围而定的。从近代青海地区传教士活动的轨迹来看，传教士能够深入内陆艰苦地区频繁活动，与广大民众接触，为本国政府政治、经济和军事服务的同时，也在完成传播基督教的使命。虽然传教士在青海地区的活动并没有取得他们所预期的效果，但基督教在青海地区的传播，有效地促进了青海与西方社会和中国内地的交流。

敏文杰的《西藏昌都伊斯兰教的传承与发展》（《西北民族研究》第 1 期）

中，首次全方位向读者介绍昌都穆斯林的来源与现状，为相关研究人员提供了一份较为翔实的资料，填补了中国伊斯兰教研究的一段空白。

拉先的《论藏族对印度因明学的继承发展及特点》（《西藏大学学报》社科版第1期）则从发生学的角度对藏族如何继承和弘扬印度古代因明学，在继承的基础上怎样使其逐渐本土化，如何形成具有鲜明特质的藏传因明学，从而使其成为藏文化不可分割的一个重要组成部分等方面进行了考释。

旺多的《外来僧人对吐蕃佛教及佛经翻译方面的贡献》（《西藏研究》第1期）认为：在古代，异地文化的吸收和传播常常将宗教作为一个重要载体来实现。佛教在西藏是一种外来宗教或外来文化，因此外来僧人在吐蕃佛教发展史乃至吐蕃史上占据重要的地位，成为吐蕃时期佛教传播、佛经翻译、佛教本土化的重要力量。文章着重探讨了吐蕃时期外来僧人在佛教传播及佛经翻译方面的贡献以及文化交流方面的作用。

班班多杰的《试论藏传佛教的“宗派无偏向”与宗教对话》（《西北民族大学学报》哲社版第6期）一文认为：在当代世界范围内兴起的“宗教对话”论域与近代藏传佛教著名学者嘉样钦则汪波、贡珠元丹嘉措等所倡导的“宗派无偏向”运动之间有一种内在的关联。这说明，古今中外的学者之间有共同的运思取向和思维规律，我们应充分利用藏传佛教关于“宗派无偏向”的学术资源来丰富、提升和发展有关宗教对话的框架体系和思想内容。

周拉的《莲花戒与摩诃衍的思想比较研究》（《西北民族大学学报》哲社版第2期）认为，“顿渐之诤”是汉藏佛教交流史上规模较大、影响深刻的一次交流，也是一场高水平、深层次的汉、印、藏三地佛教的对话。学术界对“顿渐之诤”的思想焦点争论不定、观点纷纭。文中以藏文文献、修习次第论，及敦煌出土的汉文文献、顿悟大乘正理诀为依据，从五个方面归纳、总结了“顿渐”两派在思想教义及修持方法方面的差异。师存勋的《试论“燕行录”中藏传佛教消极形象产生的原因》（《青海民族研究》第2期）认为：明亡后，清虽入主中原，但朝鲜李朝并不以中华正统视之。朝鲜李朝认为清朝为“夷”、“胡”，“满蒙联姻”中的蒙古人是清朝的“帮凶”，是犷悍之属。而正因如此，加之朝鲜李朝自立国伊始即已确立崇儒抑佛政策以及朝鲜与中国藏区相去甚远等因素，朝鲜李朝对于中国满、蒙古、藏等少数民族所信奉之藏传佛教有着认知上的偏差和情感上的极大排斥。

另外值得一提的是，尕藏加今年出版了一部关于藏区文化生态的专著，即《藏区宗教文化生态》（社会科学文献出版社）。该书分上编（综合研究）和下篇（个案研究）两部分，不仅从历史与理论的层面探析了宗教文化与自然、经济、社会之间业已存在的纵横交错的互动关系，而且从个案和实证的角度对当前藏族地区的生态环境、多元文化、多元宗教、寺院文化功能、百姓宗教信仰和僧侣宗教生活等方面进行了深度分析和解读。

藏文部分

2010年，藏文类的宗教哲学研究，依然延续其传统，成果主要集中在藏传佛教研究和苯教及其民间宗教研究方面。但值得一提的是，2010年度出现了几篇关于宗教现状和现实问题的论文，可谓一个亮点。具体如下：

一、藏传佛教研究

（一）藏传佛教文献的出版

本年度值得关注的是出版了不少藏传佛教基础文献。

由四川民族出版社推出的藏族《古译文献宝典》，是藏传佛教宁玛派大圆满教法的总汇集。该书是继藏文大藏经《甘珠尔》《丹珠尔》之后，由诸多专家学者历时9年，搜集、补充、整理、出版的一部最全面、最系统的藏族文化巨典，是国家“十五”、“十一五”重点文化项目，全书共133卷5300万字。该书不仅在现有的经典中出类拔萃，还挖掘出了很多有价值的新资料，特别是抢救了许多珍本、孤本。该书有1300多篇文章，900多幅图片，3700多个特殊符号，还有一卷独立的、分列清晰的索引。该书由国家民委全国少数民族古籍整理研究室与四川省民委共同组织实施。著名藏学家格勒博士认为，系统地搜集、整理、编辑、翻译、出版藏传佛教文献宝典，为今后正确认识和解读藏传佛教文献，从而逐渐引导藏传佛教与社会主义社会相适应，具有长远的重要意义。

中国藏学出版社出版了藏文古籍系列丛书《先哲遗书》。该丛书是在曾参与主持《中华大藏经》（藏文对勘本）的我国著名藏族学者土登尼玛先生指导下，由西藏百慈藏文古籍研究室搜集、整理，中国藏学出版社于2007年开始陆续出版。丛书大多数内容为首次出版，原稿均为手抄本和木刻本，其中大部分为孤本、珍本，弥足珍贵。丛书收集了500多名历朝历代藏族学者的代表著作，截至2010年已出版151卷，其中，本年度出版了《艾旺文集》（第132—151卷）。此前出版的与藏传佛教有关的文献有：《萨迦五祖文集》（第3—27卷）、《大苍译师西绕仁青文集》（第29—35卷）、《谷如·坚赞桑布文集》（第36—38卷）、《更钦洛周仁青桑格文集》（第39卷）、《邬优巴·仁贝桑格文集》（第40—42卷，以上均为2007年出版）、《觉囊·多罗那他文集》（第43—87卷，2008年）、《卓尼·扎巴谢珠文集》（第88—105卷）、《隆钦绕降智麦威赛文集》（第106—131卷，以上均为2009年出版），均系第一次公开出版。该丛书是充分反映民族古籍保护工作成就的优秀成果和典范之作，是中国藏学出版社推出《中华大藏经》（藏文对勘本）之后的又一重大出版项目和经典工程。丛书的整理、出版，对于保护和弘扬藏族传统优秀文化具有深远的历史意义和现实意义。丛书出版后在国内外藏学界引起了很大反响，第一版已经全部售罄。

中国藏学出版社本年度还出版了《一世—四世达赖喇嘛传》（阿旺洛桑嘉措等著）、《六世达赖喇嘛传》（第司·桑结嘉措著）、《七世达赖喇嘛传》（章嘉·若贝多杰著）等多种历辈达赖喇嘛的传记。该传记是《西藏通史》资料丛刊的系列图书。《西藏通史》资料丛刊作为中国藏学研究中心国家财政拨款重大课题《西藏通史》系列成果之一，含藏汉两种文字的文献。历辈达赖喇嘛的藏文传记，或者由达赖喇嘛自己写作，或由达赖喇嘛的经师、摄政等人写作，准确地记载了西方帝国主义势力东来以前格鲁派上层人士对达赖喇嘛的历史和政教地位的看法。传记中有的还记载了详细的历史细节，可以补充《清实录》《清史稿》等史籍的不足，结合现存的档案资料，可以使读者更清楚地了解数百年来达赖喇嘛活佛转世的历史。书中的一些细节，还可以使读者对于西藏历史上的一些重大问题有更清楚的认识。具有较高的史料价值。

此外，青海民族出版社出版的《十世班禅佛学文集》（1—3卷）也很值得关注。该书是“十一五”国家重点图书出版规划项目、民族文字出版专项资金资助项目。全书内容丰富，第1卷卷首介绍了“十世班禅大师生平”，3卷本收录了十世班禅额尔德尼·确吉坚赞大师有关佛学方面的论著、书信、诗文格言等58篇，每卷书后附有各卷的文献原文目录，突出地反映了十世班禅大师佛学思想的精髓，是一部研究藏传佛教深奥教义，解释藏传佛教文化内涵，诠释藏传佛教理论体系和价值观念的重要著作。

（二）藏传佛教的社会现实意义研究

2010 年，藏文类的研究成果中，关于藏传佛教及其教义对现实社会所具有的意义方面的研究成了一大亮点，与去年集中研究藏传因明学的现象形成了鲜明的对比。这些成果主要刊登在《中国藏学》《西藏研究》《攀登》以及各大学学报上，呈现出藏文类的学术研究逐渐从原来倾向传统的研究转变为现实研究的趋势。居夏·牛麦泽翁在《试析与人民利益攸关的入行论教义》（《西藏研究》第 3 期）中，主要以佛教重要经典《入菩萨行论》的内容为依据，探讨了这一经典所涉及的内涵与现实社会的关系问题，说明要维护人民利益、做有利于人民的事的中心思想。文章从《入菩萨行论》与社会、《入菩萨行论》与众生、《入菩萨行论》与和谐、《入菩萨行论》与佛祖、《入菩萨行论》与精神、《入菩萨行论》与痛苦者、《入菩萨行论》与施舍、《入菩萨行论》与财富、《入菩萨行论》与暇满人身、《入菩萨行论》与功德者等十个方面，阐释了佛教教义能够为现实社会服务的思想。索南坚参和卓玛在《发挥佛教因果思想在构建和谐社会中的作用》（《青海民族大学学报》第 2 期）中，着重探讨了藏传佛教教义中所蕴含的因果观念，对现实社会中人伦道德和和谐相处、利他弃害等方面所有的意义。李本他在《浅谈十不善戒律的社会现实意义》（《攀登》第 3 期）一文中，对藏传佛教戒律中的十善法重新进行了阐释，认为这一藏传佛教基本戒律对当今社会仍然具有很重要的现实意义。

（三）藏传因明学研究

自去年藏文类的研究成果中，藏传因明的研究达到量上的一个顶峰以后，今年虽然对这一主题的研究不像去年那样活跃，但仍然有不少学术成果发表在各类刊物上。其中，涉及因明学经典教义和传承方面研究的论文有几篇，比如夏吾东智在《论陈那大师的〈入正理论〉与法称大师的〈量学理滴论〉中的因三相思想》（《西藏研究》第 1 期）一文中，对陈那和法称两位印度因明学大师的代表作进行了比较研究，其中着重对因三相的定义、范畴等方面的异同进行了比较和研究。阿旺丹增在《不同历史时期的藏印因明学典籍述评》（《西藏大学学报》第 1 期）中，着重讲述了因明学在印度和藏区的传播、发展，以及主要典籍的形成和传承，尤其是印度著名的因明学者法称、陈那等之前，在“外道”的学术中出现了哪些逻辑学方面的著作，这些著作对佛教因明学科的形成和发展产生了什么样的影响等方面做了探讨。文章分为两个部分：一是印度逻辑学科的形成、发展以及主要经典；二是因明学在藏区的传播和发展以及主要经典。旦巴次仁和米玛次仁在《再议〈集量论〉及〈释量论〉相关内容及其特殊涵义》（《西藏大学学报》第2期）中，就印度关于因明学的两部名著《集量论》和《释量论》的主要内容、特殊含义等进行了阐述，探讨了这两部经典属于佛教四大派别的哪一系。

另外，涉及因明学理论热点的论文有：洛绒郎卡和格绒曲珍的《试析陈那大师之前外道逻辑体系》（《西藏研究》第4期）中，对印度因明学大师陈那之前所存在的几大外道派系之逻辑学说，从理论形成、异同、发展等方面做了较为详细的介绍，同时这些外道逻辑派系对佛教因明学的形成和发展所产生的影响方面也做了阐述。

（四）教派及其教义研究

本年度这方面研究的学术论文数量较之往年有所上升，具体如下：普布扎西的《浅谈大乘中观派的起源与发展》（《西藏研究》第1期），对佛教各大教派对中观派的起源，印度和藏区盛行中观派的来龙去脉等方面结合自己的认识加以陈述。次仁顿珠的《略谈旧密与新密》（《西藏研究》第1期）一文，对密宗这一教法在西藏历史上所经历的两个发展阶段，即旧密和新密加以阐述，并对两个阶段所产生的相关经典著作和译师做了介绍。

还克加和达琼在《宁玛派伏藏文献源流考》（《西藏大学学报》第4期）中，主要依据宁玛派的历史文献资料，对宁玛派的首部伏藏典籍文献藏匿的时间、掘藏师、掘藏活动、几处主要的伏藏地点、宁玛派伏藏文献整理者、宁玛派掘藏师、伏藏的现状等方面做了阐述。多吉仁青的《略谈藏传佛教觉囊派教义》（《西藏研究》第3期）以如来藏教法为中心，探析了持这一教法的觉囊派的基本教义，揭示了觉囊派教法的渊源和发展等情况。俄日尖参的《噶当派的形成》（《西藏佛教》第1期）对噶当派最初形成的时代背景、教法源流、创始人等做了论述。旦正加的《略述格鲁派密宗学经制度》（《西北民族大学学报》第1期）认为：格鲁派是在吸收历经几个世纪的其他教派的优点的基础上逐渐形成的藏传佛教历史上最后一个教派，这一教派的学经制度是比较完善的。文章主要以格西龙珠索巴的著作为依据，对格鲁派密宗学经班的扎仓、学生、科目、学衔等有关学经制度方面的内容做了介绍。

干木滚的《米拉日巴所著〈见修、行、果之简要〉中的哲学思想之管见》（《西藏大学学报》第1期），从六个方面阐述了米拉日巴大师所著的《见修、行、果之简要》这一著作的哲学思想，即米拉日巴大师的生平、拜玛尔巴为师接受教法、瑜伽修行、著《见修、行、果之简要》、对惹琼巴传法、米拉日巴大师的无宗派思想。

另外还有《“外道宗派”之称谓考辨》（巴雄·仁青才让《西藏研究》第4期）、《对若干外道宗派分支论式的分析》（德吉卓玛《攀登》第4期）、《刍议宗喀巴大师中观思想的演变》（益西桑布《西藏研究》第4期）、《上座部佛历计算法》（多杰太、西绕丹代尔《西藏大学学报》第2期）、《议藏传佛教后弘期下路弘传》（朱拉《西藏大学学报》第1期）等等。

（五）藏传佛教寺院研究

2010年度，对藏传佛教寺院的介绍性文章主要集中在《西藏佛教》和其他各院校的学报上，论文数量也比较可观，但就其学术性而言，大多数论文只是对寺院做一些介绍性阐述，没有更深的分析研究，故此学术价值不大。部分文章如下：

《松卡东阿里寺的简要历史》（巴桑《西藏佛教》第1期）、《察雅母寺格典扎西林简要介绍》（顿嘎《西藏佛教》第1期）、《山南温扎西多卡阿里扎藏简要历史》（次旦多吉《西藏佛教》第1期）、《扎囊县扎央宗阿扎寺简史》（巴顿《西藏佛教》第1期）、《却藏寺史略》（角巴太《青海民族大学学报》第1期）、《安多南宗寺历史渊源考》（吉美《青海民族大学学报》第2期）、《罗家洞寺历代寺主传略》（道玮夏治《攀登》第1期）、《略谈阿柔寺历史与现状》（昂毛吉《甘南民族师范学院学报》第2期）、《拉卜楞寺历史与现状》（久美加措《甘南民族师范学院学报》第2期）等等。

（六）宗教艺术

2010年度宗教艺术方面的论文有：拉巴次旦的《桑耶寺佛塔的色彩形制及其文化特征分析》（《西藏大学学报》第1期），文章通过人类学领域的符号学，对藏族传统的工巧明，即佛塔的产生和制作加以阐述，尤其是对桑耶寺周边各种颜色和造型的佛塔进行了研究，对这些佛塔作为符号所象征的含义等方面进行了详细的阐述。娘吉加的《关于西藏阿里地区托林寺白殿壁画保护的调查报告》（《西藏大学学报》第1期）是一篇关于阿里托林寺文物保护的调查报告，文中对托林寺所处的位置、周边环境、寺院历史、神殿的总体布局等情况，依照考古学等理论方法进行了记录，另外对托林寺内部白色神殿壁画，进行了文物价值的评估，并提出保护这一历史遗迹的建议。完玛仁增的《简论蒙人驭虎壁画艺术特征》（《西藏大学学报》专刊）中，对蒙古人驭虎这一壁画的艺术特征及其象征意义等做了详细的介绍。

二、苯教和民间宗教研究

2010年苯教研究领域中的头等大事是苯教文献《冈底斯雍仲苯教文献》丛书的出版。这是雍仲苯教佛法典籍的首次编辑和出版，是一百多函珍贵的苯教手抄本和木刻版文献的一次重要集成。这套丛书在中央民族大学藏学研究院院长才让太教授和中国藏传佛教高级学衔评审委员会委员泽秀仓活佛的发起和主持下，经过3年的辛勤努力，终于完成了搜集、整理和编辑工作，由民族出版社出版发行。《冈底斯雍仲苯教文献》共25册，分为文化、显宗、密宗、大圆满四大部分。分别为《雍仲苯教史》《声明学广论》《文学修辞宝典》《天文及工巧明总述》《藏医学四部详解》《因明学广论》《菩提道次第三百颂》《大乘疏镜及中观广释》《十地五道明灯》《般若现观本注》《现观庄严论广释》《俱舍论全集》《经律广略》《显密心宝库》《密法总汇精髓》《密宗六续》《密宗四部解义》《母续部疏》《大圆满释量论》《大圆满概论》《大圆满自证心要》《大圆满心识部总论》《大圆满法界部总论》《大圆满象雄耳传心法诀窍部》《大圆满总论》，内容囊括了藏民族的思想、历史、宗教、天文、历算、地理、医药、文学、艺术等领域，具有很高的文化价值和学术价值。

除了上述文献的出版之外，苯教研究方面也有很多学术论文，比如：还克加和更尕易西的《西藏苯教伏藏文献源流》(《西藏大学学报》第2期)，依据苯教历史文献，对苯教伏藏文献产生的历史背景、苯教伏藏文献的种类、伏藏方式、掘藏方式、伏藏文化、伏藏文献的功能等方面做了研究论述。旦增朗杰的《苯教寺院学经制度》(《西藏研究》第1期)一文，对苯教学经制度的设置、科目、学衔授予、三大讲授院的结构等方面做了论述。米悟察·旦增朗杰的《评介苯教塔种及其〈尺度经〉》(《西藏艺术研究》第1期)中，对苯教的塔的种类、制作的尺度等方面做了阐述。涉及此类主题的学术论文还有周毛吉的《论苯教文化中的和谐思想及其社会作用》(《中国藏学》第3期)、布喇瓦章松洛卓的《初谈象雄雍仲苯教皈依之传承》(《西藏佛教》第1期)、索南东主的《探析古苯教文献〈黑头凡人的故事〉》(《中国藏学》第3期)等等。

2010年度，关于民间宗教及其信仰的研究比较少。有限的学术成果主要集中在《青海民族大学学报》上。如：道吉才让的《论藏族"赞"神信仰及其演变》(《青海民族大学学报》第1期)对藏族"赞"神文化的出现、缘由、发展过程、信仰等方面做了阐述。看本加的《简述文昌神信仰在安多藏区的传播》(《青海民族大学学报》第1期)一文，结合民间传说和文献资料，对文昌信仰中文昌神的认定、传说、文献、传播至藏区的情况、藏族对他的信仰等做了研究和论述。旦正加的《从民间信仰看藏族的价值观》（《青海民族大学学报》第2期）则就藏族对万物有灵的信仰等方面做了阐述，并揭示了藏族特有的价值观。

综上所述，2010年度，藏文类的宗教学术研究成果取得了一定成绩，但在学术规范性和研究的多样性、深入性等方面还存在一些缺陷，有待加强。

梵文研究

2010年国内梵文研究在写本校勘研究、经典文献研究、梵汉对勘研究和经典文献译注等多方面取得了进展，以下逐项述评。

一、写本校勘研究

（一）新疆出土的梵文写本研究

新疆出土的梵文写本研究对于探索佛教在西域的传播和佛典自身的流变有重要的学术价值。北京大学梵文巴利文教研室在这项研究上取得了可喜的成果。

段晴发表的《梵语〈贤劫经〉残卷——兼述〈贤劫经〉在古代于阗的传布及竺法护的译经风格》（《西域历史语言研究集刊》第三辑）一文，对一件"迄今为止世上仅存的唯一婆罗迷字体佛教梵语的《贤劫经》片段"，同时也是"迄今为止和田地区所发现的佛教梵语经籍中最为古老的"写本残片作了首次转写发布，文中对比了竺法护的汉译和相应的藏译，探讨了残卷的文字特征并由此推测这件残卷应是3世纪后半期到4世纪之间的产物。文中还分析了《贤劫经》与于阗佛教的关系。最后作者对竺法护的译经风格作了总结："多释义，少直译"。这篇论文对研究大乘佛教起源及其在于阗的传播有重要的学术价值。

萨尔吉发表了 More Fragments of Ratnaketuparivarta（1）（载 *ARIRIAB* 创价大学国际佛教学高等研究所年报13，Tokyo，pp. 111-120）一文，对出自新疆

的该文献的一个写本所作的进一步转写和比对研究。叶少勇发表了 Buddhist Sanskrit Fragments Recently Found in Xinjiang Province（新疆新出土梵文佛典残片，载 *ARIRIAB* 创价大学国际佛教学高等研究所年报 13，Tokyo，pp. 87-110），对 20 个残片作了转写和比对研究。

（二）吉尔吉特出土梵文写本研究

刘震出版专著《禅定与苦修：关于佛传原初梵本的发现和研究》（上海古籍出版社）。作者利用此经的平行译本，包括一个巴利语文本、五个中亚新疆写本和对应经文尾部的两个汉译文本以及相关藏文译本，对一些专题进行了论述和考订，同时还参考和运用了耆那教文献。作为中国学者撰写的第一部研究吉尔吉特梵文写本的专著，本书所取得的成绩是十分显著的。

（三）保存在西藏的梵文写本研究

保存在西藏的梵文写本是目前国际学术界关注的热点之一，2010 年国内学者在这个研究方向有一些突破性的进展。

罗鸿发表 The Buddhakapaalatantra，chapters 9 to 14（《〈佛颅续〉第九至十四章》，西藏自治区梵文文本系列丛书第十一册，中国藏学出版社）和 Abhayaakaragupta's Abhayapaddhati，chapters 9 to 14（《〈无畏疏〉第九至十四章》，西藏自治区梵文文本系列丛书第十四册，中国藏学出版社）两部专著，整理出版了上述两部文献相关章节的第一个梵文精校本和英文译注。当代密教研究的权威专家亚力克西斯桑德森教授和春永艾萨克森教授为该书作序，认为这两部出版物对密教研究而言是一个重要的贡献。

叶少勇的《新发现的梵文贝叶写本〈中论颂〉与〈佛护释〉》［《北京大学学报》（哲学社会科学版）第 47 卷第 1 期，第 99—107 页］一文对保存在西藏的《中论颂》和《佛护释》两部文献的梵文贝叶残本作了介绍和分析。这项研究使目前《中论》相关梵本形态迟晚和谱系单一的困境得到了改观。新发现的《中论颂》梵本约存全本的四分之一，是目前世界上唯一能为学者所利用的单行偈颂梵本。佛护的《中论颂》注释以前仅存藏译，此次是其梵本的首次发现，约占整个篇幅的九分之一。这两部残本抄出于 6 世纪后半叶或 7 世纪前半叶的尼泊尔，是现存最古老的中观写本。两部写本所保存的梵文偈颂，可以对前人刊本作出多处修正，还能体现出诸家注释之间偈颂文本不同传承的一些痕迹。这证实了早前一些学者关于《中论颂》有不同梵文传本的猜测。

此外，自运注释的《二十部短篇梵文经典集》第1部（上下册）作为西藏自治区梵文文本系列丛书之一，由中国藏学出版社出版。该书系由20部简短的大乘经典组合而成的经集，其中有非常难得的梵文经典。该书首次以完整的形式呈现于世。该书不仅对这20部经典进行了精细校勘，而且都作了英文翻译和注释，为大乘佛教的哲学思想研究提供了极为丰富的新资料。

二. 经典文献研究

（一）密教研究

李南发表的《梵文金刚乘典籍》（《南亚研究》第2期）一文，就已刊行发表的金刚乘重要经典的梵文写本进行综述。由于13世纪时佛教密宗（密教）便已在印度本土灭绝，因此，开展曾经大量存在的密教典籍的发掘研究工作，对于了解密教在其发源地印度产生发展乃至衰亡的状况，无疑具有十分重要的意义。本文的发表有利于推进佛教密宗的研究工作。

（二）哲学典籍研究

以原典为基础探讨哲学思辨是哲学典籍研究方面的一个很值得称道的趋势，国内学者不仅着眼于佛教义理的探究而且也留意对其他哲学派别的观点进行梳理。

惟善的《试析说一切有部的三摩地与散乱》（《中国佛学》，中华书局）指出：三摩地是佛教禅修理论中的核心概念，在三学次第中排在中间——前有戒学，后有慧学。三学中戒是三摩地的前提，三摩地是获取慧的前提，其中，三摩地尤为关键，因为没有它，禅学理论也就不可能建立。有趣的是，在说一切有部（简称有部）的理论中，三摩地是一个实体法，归类为十大地法之一，而有部在成立六根本烦恼法的时候，并不把散乱包括其中，并认为这是因为散乱的自性是三摩地。文章以《大毘婆娑论》《顺正理论》和梵本《俱舍论》为基础，论述三摩地与散乱的一体异用关系，以及一般人和圣者出现狂乱的心理现象。

何欢欢的《〈中观心论〉与〈思择炎〉所传数论思想释读》（《中国佛学》第1期）讨论了清辩的《中观心论》与其自注《思择炎》。清辩的《中观心论》与自注《思择炎》是目前所知最早系统介绍并批判数论派思想体系的佛教文献。《中观心论》与《思择炎》第六《入抉择数论之真实品》“前分所破”共有4颂，详细介绍了数论派的自性论、人我论、映像说、人我解脱说、自性解脱说等理论，涵盖了数论派几乎全部哲学思想。该文在校订、翻译梵本《中观心论》与藏译《思择炎》的基础上，对清辩所传的这部分数论派思想进行了深入分析、释读，以探究公元5—6世纪数论哲学的发展潮流及其与佛教的论争。此外，她还发表了《清辩所传之胜论派解脱思想》（《贤者新宴——王尧先生八秩华诞颂寿文集》，2010年1月，第392—412页）和《藏译〈思择炎〉所破胜论派解脱思想释读》（《西藏研究》第6期）两文，对清辩论师所传之胜论派解脱思想尤其是对其的批判进行了深入分析和解读。

（三）佛传研究

张丽香发表了《Padhānasutta：佛传中降魔悟道的起源——对巴利文、梵文及汉译佛典的比较考察》（《西域历史语言研究集刊》第三辑）和《从印度到克孜尔与敦煌——佛传中降魔的图像细节研究》（《西域研究》第1期）两文。作者利用巴利文、梵文和汉文原始文献资料，结合图像材料对佛传中降魔这一主题作了详尽细致的考察分析，对于文献学和图像学的研究都有很好的参考价值。

（四）律部文献研究

罗鸿在德光《律经》研究方面发表了 *The Explanatory Devices of the Vinaya-sutra*（Journal of the Center for Buddhist Studies, Sri Lanka, Center for Buddhist Studies, Sri Lanka, vol. viii, 2010, pp. 49-58.）、《〈律经〉的文体》（《藏学学刊》第6辑）和 *The Grammatical training of GuNaprabha, analysis of VS*-1. 22（《西域历史语言研究集刊》第三辑）等3篇论文，对《律经》的行文特点和作者的知识背景作了初步探讨。

（五）医典研究

刘英华在第五届全喀拉拉邦东方学大会（The 5th N. V. P Unithiri Endowment All Kerala Oriental Conference，卡拉卡特大学梵语系主办，2010年12月，喀拉拉邦，印度）科技文献组宣读了其论文：“梵汉藏文本《金光明经》中香浴方药名对比研究。”该文基于Nanjio本和Nobel本梵文本，及现存各种汉、藏译本（包括写本和印本）和注释本，在前人考订的基础上，从印度医学和藏医学的角度，对《金光明经》大辩才天女品中的香浴方的药物做了比较和考证。根据《印度药用植物》专业工具书、专著，对香浴方中部分药物核定了拉丁学名。

三、梵汉对勘研究

这方面的研究在国内学者的重视和推动下取得了很好的成绩，发表的论文中有具体文本的个案研究也有方法论的探索。

陈明发表的《“黑头虫”的梵语词源再探——兼论佛经中“黑”的贬义用法》（《文史》第1辑）利用梵文原典和汉译追溯该词的词源，并对黑色在佛典中的贬义用法作了延伸考察，是在梵汉对勘基础上深入理解汉译佛经语言的一个很好的示例。

王继红发表了《梵文佛典〈阿毗达磨俱舍论〉中语态范畴翻译研究》（《人文丛刊》第五辑）和《隋唐对外汉语教学史考》（《绥化学院学报》第6期）两文。前文考察梵文佛典《俱舍论》中动词语态范畴在汉译本中的翻译方法，分析真谛与玄奘两位译师对梵语动词词汇意义与语法意义的语言策略，指出因为汉语中并没有梵语动词系统的屈折变化，所以只能使用分析性手段，或者利用动词本身的语义特点，来翻译梵语中的带有语态标记的动词。后文部分内容考察了以梵语为母语的外来僧人学习汉语的情况，并且指出义净编著的《梵汉千字文》是中国最早的梵汉双语词典，不仅是中国人学梵语的好帮手，而且对懂得梵文的外国僧人学习汉语也不无裨益。

姜南则集中发表了4篇论文，其中《汉译佛经“S，N是”句非系词判断句》（《中国语文》第1期）尝试以中古时期最具代表性的《法华经》为例，通过系统的梵汉对勘和异译比较，初步证明“S，N是”句是原文一类繁琐句型的汉译，虽然也表判断，但句中的“是”并非系词，仍为指示代词。《佛经汉译中呼格的凸显与转移》（《中国社会语言学》第10辑）在对《法华经》进行梵汉对勘和异译比较中揭示汉译佛典语篇结构的一个特点，即译者利用符合汉语类型的词汇语法手段，凸显原文由名词呼格变化表达的篇章衔接功能，在实现翻译对等转换的同时，也呈现出汉译佛典的语篇特点。《〈法华经〉梵汉对勘二题》（《宗风》庚寅春之卷2010）通过对《法华经》进行梵汉对勘和异译比较，揭示其文本流传及汉译本语篇结构的特点。《梵汉对勘与佛教汉语研究刍议》（《宗风》庚寅冬之卷2010）则对汉译佛典的语料价值和语言性质，梵汉对勘的必要性与可行性等问题作了阐述。

党素萍发表了《略谈〈八千颂般若经〉历代汉译本的特点》（《南亚研究》第3期）一文。该文根据梵文校勘本和六个汉译本所进行的梵汉对勘，分析了不同时期汉译本的特点，并揭示出各汉译本与梵本的关系，以此一窥从东汉到北宋佛经翻译的历史流变。

四、梵文经典译注

本年度这个领域有丰硕的成果问世，黄宝生出版了《梵语文学读本》（中国社会科学出版社）、《奥义书》（商务印书馆）、《薄伽梵歌》（商务印书馆）等三部著作。其中《梵语文学读本》一书是国内第一部系统的文学读本教材，对于国内的梵文教学有开创性意义。新译的《奥义书》和《薄伽梵歌》对于该文献的解读和研究也有重要的参考价值。

罗鸿和拉先加合作出版了《〈时令之环〉汉藏译注与研究》（中国藏学出版社），这是对梵语文学作品进行汉藏同步译介的一个小尝试。另外罗鸿还出版一部《〈云使〉梵藏合刊本和汉语新译注释本》（北京大学出版社）。

政治、法律、军事

一、政治研究

2010年1月，中央召开第五次西藏工作座谈会，明确了当前和今后一个时期党的西藏工作指导方针，为涉藏政治研究提供了重大的研究对象和材料。座谈会后，西藏和四省藏区以及各涉藏机构展开了学习贯彻“五次会”精神的活动，客观上推动了相关政治研究的深入开展，党和国家的治藏方针、西藏和四省藏区的政治发展、维稳长效机制的建立完善等方面的研究都有了长足发展。与此同时，随着中西方围绕西藏事务开展的交流的深入，对于国际领域的“西藏问题”以及西方社会对于西藏的认知和描述的研究有了较大程度的深化。2010年中国涉藏政治研究大致有以下一些特点：第一，诠释性的政治研究一如既往地仍然是涉藏政治研究的主流，这主要包括党的涉藏政策和管理制度的解读和阐发；与此同时，利用现代政治学理论和方法进行政治分析的研究逐渐增多。第二，目前涉藏政治研究的成果中，宏观性、历史性的论述依然占据绝大多数，微观性、技术性的具体分析研究成果还有待增加。第三，在对所谓“西藏问题”国际化的研究中，西方主流社会对西藏认知及心理和文化根源的研究大幅度增加。第四，对于国外某些所谓非政府组织和国外藏人的研究还有待进一步拓展和深化。

（一）政治制度研究

政治制度研究是涉藏政治研究中非常重要的部分。在这部分研究中，比较常见的是宏观全局性管理机制和专门领域制度建设类的论述，前者主要指治藏政策的制度化和规范化，后者包括发展、维稳、党建、组织建设等特定领域的制度发展。

孙宏年、倪邦贵的《西藏基层政权建设研究》（中国藏学出版社）以西藏基层政权为研究对象，在吸收中国基层政权研究、当代边疆研究等领域成果的基础上，简要论述了1951年以前西藏地区宗、豁卡政权的历史变迁，重点研究了1951年以来西藏地区县（含县级市）以下的区、乡（镇、街道）政权的演变、现状及其作用，并论及乡（镇、街道）与村级组织（含村民委员会、居民委员会）的关系。该书对乃东县和林芝县的基层政权建设进行了专门的个案分析。

孙勇的《从制度理论角度解析中央西藏工作座谈会内涵》（《西藏研究》第2期）以制度学的视角，研究西藏经济社会的发展，从制度供给的角度对中央西藏工作座谈会的要旨进行了解析。文章分5个部分，分别论述了：1. 制度研究的一般性定性和理性认识的规范；2. 中央对西藏的制度供给是通例之中的特例；3. 中央对西藏制度供给的两个理性研判前提；4. 中央对西藏制度供给的历史与理论语境；5. 从制度理论角度解读中央西藏工作座谈会的意义。作者指出，从制度供给的角度看，中央第五次西藏工作座谈会所提出的指导思想和一系列重大举措，就是要全方位解决西藏与全国差距拉大的根本问题。

王春焕的《构建西藏和四省藏区长治久安体制、机制的思考》（《西藏大学学报》社会科学版第4期）从西藏和四省藏区在维护社会稳定方面存在的共同点出发，分析历史上西藏和四省藏区在社会稳定方面存在的相互影响，剖析了影响西藏和四省藏区稳定的主要联动性因素，如达赖集团的整体渗透、国际敌对势力的总体干预、区域发展不平衡问题、相邻边界资源纠纷等，并提出为实现西藏和四省藏区长治久安的目标，需要构建由中央出面组织，西藏和四省藏区联系协调的长治久安体制、机制，具体包括西藏和四省藏区维护社会稳定、经济社会发展、意识形态工作、民族宗教工作、民族教育工作、生态建设和社会矛盾纠纷解决等协调机制。

（二）涉藏政策研究

中国共产党的涉藏政策、治藏政策一直以来都是涉藏政治研究中最主要的部分，也是产出成果最多的部分。受中央第五次西藏工作座谈会影响，2010年学术界关于党和国家的涉藏政策的研究出现急速发展的态势，对于历史上党的涉藏政策的回顾、新时期涉藏政策的发展等方面的研究都有了较大幅度的发展。

续文辉的《“七条基本经验”与党的治藏方略的新发展——学习中央第五次西藏工作座谈会精神》（《西藏发展论坛》第2期）集中论述了中央第五次

西藏工作座谈会提出的一些新思想，特别是党领导西藏各族人民沿着中国特色、西藏特点的发展路子前进所取得的“七条基本经验”，系统分析了“七条基本经验”的历史意义，认为“七条基本经验”是对建设团结、民主、富裕、文明、和谐的社会主义新西藏伟大实践的总结和理论结晶，是对新时期西藏区情、西藏特点、西藏工作的科学总结和全面回答，奠定了对新时期治藏方略认知的历史基础，是站在新的历史起点上对西藏区情、西藏特点、西藏工作的科学把握，开拓了党的治藏方略的新境界。

杜玉芳的《不战而进：和平解放西藏决策的出台》（《中共党史研究》第11期）从历史研究的角度，通过对大量史料的分析，总结了新中国建立前后党中央提出和实施和平解放西藏决策的来龙去脉。文章指出，中共中央几乎在刚刚接触西藏问题时就考虑与确定了和平解放西藏的方针，此后不久发生的“驱汉事件”使这一方针发生了一定程度的动摇，并促使毛泽东考虑军事解决的方式。但武力解决并非中央政府的首选，政治解决依然是当时中央的主要考虑。综合各方面因素，中央最终决定以军事实力为后盾，采取和平谈判的方式解决西藏问题。

张双智、张皓的《毛泽东尊重、团结、争取达赖喇嘛的工作方针（1951—1959.3）》（《毛泽东思想研究》第4期）立足于中央政府与西藏地方政府谈判和平解放西藏到1959年平叛期间的整体历史，集中论述了毛泽东指示西藏工委尊重、团结达赖喇嘛，争取以达赖喇嘛为首的西藏上层拥护祖国统一和党中央决策的历史事实。文章重点介绍了当时中央欢迎达赖喇嘛与中央谈判和平解放西藏，尊重、团结、争取达赖喇嘛，特别是尊重达赖喇嘛固有的宗教地位、促进达赖和班禅之间的团结以及汉藏民族团结、听取达赖喇嘛方面的意见、争取达赖喇嘛拥护祖国统一和党中央决策的方针政策。通过对具体史实的分析，有助于了解新中国成立初期党中央的西藏工作方针以及那个时期十四世达赖喇嘛的政治面目。

苏山的《中央第五次西藏工作座谈会关于西藏发展的基本思路和战略定位的意义和内涵》（《西藏发展论坛》第3期）立足于中央第五次西藏工作座谈会的丰富内涵和精神实质，论述了学习和贯彻中央新时期西藏工作方针政策的重要意义。文章回顾了中央前四次西藏工作座谈会的情况，对中央关于西藏发展基本思路和战略定位一以贯之又与时俱进的规律认识进行了概括。在此基础上，文章系统论述了中央第五次西藏工作座谈会的内涵和精神实质，对在科学发展轨道上推进跨越式发展的基本思路和“两个屏障”、“两个基地”、“两个目标”的战略定位进行了全面深入的分析。

（三）反分裂与社会稳定研究

反分裂和维护社会稳定研究也是涉藏政治研究的重头部分。该领域在2010年的研究除了延续往年对达赖集团的剖析、批判以外，在对涉及反分裂和维护稳定的全局性问题的研究上也有了较大突破，突出表现在对维护稳定的全面性、制度性、社会性因素的研究给予了更多关注。

徐明旭的《雪山下的丑行——西藏暴乱的来龙去脉》（四川教育出版社）通过引用古今中外的大量文献资料，运用国际上普遍认可的国际法准则和人权标准，通过对西藏历史和现实的深刻分析，揭露了达赖集团在国际反华势力的支持下，在所谓“西藏问题”上散布的大量谎言和谬论，进行“藏独”分裂活动，破坏西藏稳定和发展，危害国家主权、领土完整和安全的行径。该书分别论述了西藏的自然和历史，旧西藏的社会和宗教状况，西藏自古以来属于中国的历史证据和国际法依据，“西藏问题”的由来，新中国成立后中央政府对西藏的基本政策，以及西藏取得的巨大发展。该书特别揭示了20世纪的三次“藏独”骚乱和2008年“3·14”事件的真相及其实质，揭露了达赖集团非暴力面貌下的暴力实质，批判了西方反华势力在“西藏问题”上的偏见、图谋和双重标准，并对“西藏问题”的未来进行了思考。

孟力的《“三股势力”与西藏社会政治稳定》（《陕西社会主义学院学报》第4期）从“三股势力”的定义出发，认为达赖集团是集民族分裂主义、宗教极端主义和暴力恐怖主义三方面特点为一身的分裂政治势力。文章认为，达赖集团破坏国家主权和领土完整、攻击我国宪法规定的民族区域自治制度、歪曲中央对藏政策以及西藏地方政策，本质上是要谋求建立单一民族国家，实现西藏独立；达赖集团蓄意煽动宗教极端主义情感，并进而影响族群认同，以宗教感情对抗国家法律和认同；达赖集团威胁使用暴力以谋求政治独立，具有暴力恐怖主义的特征。因此达赖集团具有对西藏社会政治稳定的三重破坏因素，必须给予坚决防范和打击。

杨明洪的《基于“软实力”建设的西藏社会稳定长效机制研究》（《西南民族大学学报》人文社会科学版第5期）将“软实力”建设与西藏社会稳定问题结合起来研究，剖析“3·14”事件，阐明加强“软实力”建设对稳定西藏社会的重要意义。文章认为，“软实力”建设是解决西藏社会稳定问题的一个突破口，是国家治理西藏的国家战略策略，要在加快“软实力”建设中找到突破口或者重点领域，提升西藏公民能力建设，提升政府能力建设，提升引导与管理西藏宗教事务的能力，提升基层组织能力建设、国家涉藏国际公关能力建设，强化提升藏学研究能力建设。

刘红旭的《社会工作与西藏和谐社会建设》（《西藏民族学院学报》哲学社会科学版第6期）从西藏社会发展和社会建设的角度，剖析了社会工作在建设西藏和谐社会中的功能和作用，认为社会工作有助于帮助困难群众、解决社会问题；调整社会结构、体现公平正义；建立和谐的民族关系，增强民族认同。文章认为，现阶段西藏的社会工作取得了很大成绩，也有相当的改进空间，应当加大社会工作在西藏的宣传，探索一套符合西藏社会工作的人才培养模式，自觉对接藏传佛教社会福利思想与社会工作价值观。总之，应当在西藏跨越式发展的背景下，把具备社会行动能力的社会工作融入社会发展，致力于构造政治、经济、文化、社会四位一体的和谐西藏。

潘建生的《维护西藏社会稳定面临的问题及依法治理对策思考》（《西藏发展论坛》第2期）认为，目前，西藏反分裂斗争进入新的尖锐复杂时期，达赖集团日益加剧的分裂渗透破坏活动危及国家的安全和西藏社会的稳定。要把依法深入开展反分裂斗争放在维护西藏稳定工作的首位，健全法制，依法打击，严密防范，主动治理。新世纪新阶段西藏社会治安形势依然严峻，必须坚持打防结合、预防为主、依靠群众、全面防控，坚持执法为民，统筹兼顾，依法妥善处理新形势下人民内部矛盾。现阶段宗教问题日益特殊复杂，要全面贯彻落实党的宗教工作基本方针和国家管理宗教事务的法律法规，切实维护藏传佛教正常秩序，依法抵制达赖集团利用宗教进行的分裂渗透，促进西藏宗教关系和谐及宗教与社会的和谐。

方晓玲的《维护西藏社会稳定中的社会化问题》（《西藏研究》第3期）从结构功能主义的理论架构出发，论述了社会化因素与社会稳定之间的关系，即社会化使个体的主观意志服从于规则和价值体系，使社会的规范因素成为一种“道德权威”，社会秩序因而得以建立。文章进一步将社会化与社会稳定之间关系的理论思考运用到对西藏社会稳定问题的研究中，认为西藏社会中的社会化首先指的是形成民族意识的过程，同时也是西藏社会成员对中华民族整体形成认同的过程，并具体阐述了家庭社会化、学校社会化、宗教社会化、大众传媒社会化等因素各自对西藏社会稳定的影响。

（四）涉藏外事研究

随着中西方围绕“西藏问题”的交流甚至交锋日渐深入，中国学术界对于“西藏问题”如何影响中国外交大局和国际形象有了持续深入的探讨和研究。与往年不同的是，2010年中国学人对于西方如何看待西藏和“西藏问题”及其背后成因的研究有了较大幅度深化，一定程度上成为2010年涉藏外事研究领域的主流。

李希光的《对话西藏：神话与现实》（法律出版社）汇集了中国与西方学者对国际上关于“西藏神话”的产生和动因、西藏的现代化进程与传统文化保护之间的张力、达赖现象、达赖集团与西方媒体合作进行国际传播等问题的研究心得，对西方人的西藏观和中西方对西藏认识上的差异进行了深入探讨，对西方关于西藏的歪曲报道和达赖集团借助西方媒体的宣传进行了批判，有助于人们了解真实的西藏和中西方在认识西藏方面差异的根源。

沈卫荣的《寻找香格里拉》（中国人民大学出版社）是近年来作者对国学研究中所涉及到“西藏问题”所发表文章的汇编，其中，对国际领域的“西藏问题”和西方人对西藏的认识进行了深入探讨。作者结合自己长达十六年的海外游学经历和扎实的专业知识背景，对国际视野中的“西藏问题”做了非常透彻和独到的分析，以东方主义的视角研究了西方人对西藏的种种误读和偏见。通过对一个西方后现代的乌托邦神话——“虚拟的西藏”（即香格里拉）的解构，为世人理解西藏、西藏文化和所谓“西藏问题”提供了一个较为新颖的视角。

刘康的《西方视角中的西藏形象与话语》（《中国藏学》第1期）从2008年“3·14”事件后暴露的西方主流舆论对西藏的误读和偏见出发，论述了西方媒体、知识界、政界、大众文化中普遍形成的对西藏形象的“刻板印象”，包括在种种涉及“西藏问题”上的误解和歧义。文章对西方视角中的西藏形象和西藏话语形成的原因进行了剖析，认为这种认识首先源于西方的普世价值观与达赖喇嘛精心包装的藏传佛教伦理的结合，即佛教中有关和平、慈善的因素被有意与西方民主、自由的价值观念联系起来；其次源于西方国家从现实政治的角度对中国崛起的不安。对此，中国应一方面坚持自身长期形成的话语，同时积极吸纳西方社会的一些观念，提高公共外交效果；另一方面也应看到中西之间价值观念的差异不可能完全消除，走出一条不同于西方的现代化道路才是根本对策。

郭永虎的《近代〈泰晤士报〉涉藏报道初探》（《西藏研究》第6期）对英国《泰晤士报》自1785年创刊到新中国成立期间共计刊载的659篇涉藏报道及其发表时间、类别、主题进行了分析，指出《泰晤士报》的涉藏报道与英国入侵、干涉西藏事务的政治事件之间存在联动的关系。文章以英国两次侵藏战争和辛亥革命前后对西藏事务的干涉为例，分析了《泰晤士报》服务于营造有利于英国在藏利益的舆论环境，涉藏新闻成为带有政治倾向性、阶级利益和作战意图的文本，成为染指西藏事务，干涉中国对西藏主权管辖的工具。文章最后总结了《泰晤士报》涉藏报道具有的特点，即浓厚的政治色彩、高度扭曲的认知和鲜明的选择性。

黎尔平的《欧美学刊有关西藏人权文章述评》（《西藏研究》第4期）对1950年以来刊登在欧美国家英文刊物上涉及西藏人权问题的文章进行了介绍和分析。文章认为，许多英文文章的论证都建立在一个虚拟的逻辑起点上，即认为西藏是一个“独立”的“主权国家”，在50年代遭到“中国的入侵”，并且大量使用带有偏见或非严肃来源的资料，因此这些文章的结论往往不能让人信服。当然文章中也提到存在客观、中立的西藏人权评价。文章认为，在这类文章的作者中，有相当数量是初出茅庐的硕士生、博士生，他们大多是流亡海外、得到一些欧美大学资助的第二代、第三代藏人。对这些人，既要针锋相对进行观点上的批驳，也要鼓励他们回来看看西藏翻天覆地的变化。

许广智在《浅谈当今世界的民族、宗教问题及其对西藏政局的影响》（《西藏大学学报》社会科学版第2期）中提出，在当今世界，民族、宗教问题已经成为世人瞩目的最普遍、最突出的重要问题，特别是帝国主义反动势力把民族、宗教问题作为他们推行“和平演变”战略和强权政治的重要工具，肆意挑拨民族关系，制造教派纠纷，干涉别国内政，使民族、宗教问题变得更加敏感、更加尖锐、更加复杂，已经成为世界不稳定的重要因素。在西藏，由于达赖分裂集团长期从事“西藏独立”活动，使西藏地区的民族、宗教问题呈现出复杂的局面，使西藏分裂与反分裂斗争更加尖锐、更加突出，成为西藏不稳定的重要根源。

刘新慧的《西方对中国西藏的媒体建构之文化解读——兼论西藏对外形象重塑的思考》(《西藏研究》第2期）从西方文化集体无意识的角度出发，分析了西方社会长期存在的对西藏媒体建构的“刻板印象”和“他者化”新闻框架。并以此为切入点，论述西方媒体对西藏歪曲和片面报道背后的文化成因，即“香格里拉”情节和“他者化”想象、宗教的泛政治化与“集体误读”、“多元文化主义”背后的商业利益。基于这些思考，文章最后提出了重塑西藏对外形象的建议，包括尊重国际传播规律，充分利用外国媒体；积极开展国际文化交流，充分发挥西方社会名流的作用；有效把握国际传播技巧，积极改进并提升传播手法。

郭关玉、严世雄的《西方议会、媒体、公众、达赖之间的利益链条与“西藏问题”》（《黑龙江民族丛刊》第3期）认为，在西方，行政当局企图利用“西藏问题”对中国进行遏制的图谋之外，西方议会、媒体、公众与达赖之间也存在相互借重的利益链条。因此，中国应当多管齐下，通过多种途径努力斩断这种利益链条，包括加大对“西藏问题”宣传的有效性，让西方民众、议员了解一个真实的西藏；加强对西方媒体的工作；有针对性地加强与西方议会的交流和沟通。

赵光锐的《英国与早期“西藏独立”形象的塑造》（《国际政治研究》第3期）认为，当代西方人对西藏的高度关注和热情不仅是政治因素和媒体宣传的结果，还有深刻的历史、文化和心理根源，即一种历史上形成的所谓“西藏独立”形象。这是因为19世纪末到20世纪40年代，英国为实现在中国西藏地区的政治目的，在文化和观念上精心制造了这一虚假形象，并通过占霸权地位的文化传播系统在全球加以扩散和传播。“西藏独立”形象强烈深刻地影响了西方人的西藏认知和想象。辨清和破除英国人在文化和心理上制造的种种关于西藏的虚假形象和观念是国内学者极为艰巨的一项学术任务。

冯志瑞的《影响西藏长期稳定的国际因素浅析》（《西藏发展论坛》第2期）从中央第五次西藏工作座谈会提出的“国际敌对势力利用达赖集团遏制、搞乱乃至分裂社会主义中国的战略图谋没有改变”的论断出发，分析了在国际政治格局大背景下，影响西藏社会稳定的诸多国际因素，主要是美国、印度和世界民族主义浪潮。文章指出，美国绝不会甘当世界第二，将竭尽全力阻挠中国崛起，“西藏问题”是其遏制中国的一张牌；印度一直企图称霸南亚，视中国为其最大威胁，企图在中国和印度之间建立一个所谓的“缓冲国”；世界民族主义浪潮波涛汹涌，前苏联及东欧一些国家相继解体，对达赖集团的分裂破坏活动起到了推波助澜的作用。

郑腊香的《中欧在涉藏问题上的政治冲突》（《现代国际关系》第9期）认为涉藏问题是当前中欧关系中最为敏感的政治问题，双方在该领域的冲突主要集中在西藏的主权归属、人权和宗教、文化和环境保护三大问题上。中欧在涉藏问题上的政治冲突既反映了双方在价值观上的不同，对战略利益和达赖集团认知上的差异，也反映出双方在涉藏问题上缺乏有效沟通。为此，中欧双方应超越价值观和社会制度的差异，共建政治互信；要尊重彼此的战略利益；要加强沟通；中国政府要加强内部治理，进一步做好涉藏工作，减少外部干涉西藏事务的口实。

（五）军事研究

军事研究向来是藏学研究中比较薄弱的环节，长期以来缺乏有分量的成果。但2010年该领域的研究可以说有了巨大的进步，出现了对西藏古代和近代军事的系统性研究。此外，对于历史上藏族军事与宗教的关系的研究也有了一定的进展。

次旦扎西、杨永红的《西藏古近代军事史研究》（西藏人民出版社）从多角度、多层次深入、细致地梳理了西藏地方古近代军事发展及演变的史实，探讨了与其相关的军事制度、军事情报、作战兵器、作战特点、影响因素等内容。

次旦扎西、杨永红主编的《西藏古近代军事史研究论文选》（西藏人民出版社）共选录了西藏古近代军事史方面的论文20余篇，内容涉及唐代蕃兵制度、元代中央政府对西藏地方的军事行政管理、清朝用兵驻兵西藏制度等方面。

次旦扎西、杨永红主编的《西藏古近代军事史研究资料选辑》（西藏人民出版社）选辑了西藏古近代军事史研究资料，包括《敦煌本吐蕃历史文书》《敦煌西域古藏文社会历史文献》《新唐书》《通鉴吐蕃史料》《西藏志》《西藏图考》《西藏与西藏人》等。

次旦扎西、晋美的《藏族古代军事行动中的宗教因素探讨》（《西藏研究》第2期）主要探讨藏族古代军事行动中与宗教相关的诸多活动，如战前卜问吉凶、祈求护佑，战中借神佛转变人心向背，战后抢掠神器法物，法器武器化、法术战术化，以神佛名义起誓，宗教人士充当结盟证人和调停人等问题，有助于增强人们对藏族古代军事文化的了解。

吉俊洪、鲍栋的《藏族军事领域中的宗教性因素》（《西藏大学学报》社会科学版第3期）分析了宗教因素对藏族军事组织和军事观念的影响。在藏族传统军事组织中，有不少宗教人士充当了军事指挥人员和战斗人员。藏族军事领域中以五色区分五军的建制划分方式借鉴了宗教观念和宗教仪轨，甚至在一些时候，宗教组织会直接出动军事力量参战。藏族传统的军事观念同样受到宗教影响，表现在以德制胜、胜败由他、人身难得的观念受到推崇。因此文章认为，藏族军事在以宗教为主导的社会发展过程中，深深地打上了宗教的烙印。

二、法律研究

统观2010年的涉藏法律研究，我们不难发现，目前涉藏法律问题的研究主要集中在历史上尤其是吐蕃和元明清三朝时期的藏族传统法律制度、西藏政治与法律的关系、藏族习惯法三个领域。关于国际法的研究，特别是从国际法原则分析西藏主权和人权状况的研究尚不多见。从方法论上看，法律与历史学、民族学、社会学、政治学的交叉研究较多，从国际关系的角度进行的研究还比较缺乏。

（一）西藏传统法制研究

西藏传统法制研究属于历史与法律交叉的法制史研究的范畴，一直以来发展较为有限。近些年来，随着学科自身的发展，越来越多的学者开始关注该领域。2010年西藏传统法制的研究主要集中在历史上法律体系、法律制度和法律文化的考察上。

田庆锋的《60年来清代西藏法制史料整理、立法制度研究述评》（《西部法学评论》第2期）回顾和考察了1949年以来清代西藏法制史的史料整理和立法制度研究状况，从档案史料整理、地方志、清人文集、笔记、传记、碑刻等史料的整理和翻译、法律文件的汇编和整理等角度总结了清代西藏法制史料整理的成就，从立法思想和立法原则、立法体制和立法成就等方面论述了清代立法制度研究的发展，并分析了这两方面研究的特点，即这些研究是历史学界、民族学界、藏学界、法学界共同努力和交流的结果；清代涉藏档案史料的翻译整理主要围绕西藏地方政府同中央政府的关系展开，从整体上看研究方法具有单一性，立法制度的相关研究成果缺乏一定深度。

南杰·隆英强在《论法文化视域下藏族传统法律文化在中国传统法律文化中的价值与地位》（《当代法学》第2期）中认为，法文化视域下的藏族传统法律文化是整个中华法文化与藏族文化不可分割的重要组成部分，是博爱的伦理判断、约定俗成的风俗习惯、全民信仰藏传佛教与对青藏高原的社会态度等有机结合的生活方式的总和，体现了藏文化的博大精深和藏族传统法律制度的精髓与核心。代表中华法系的中国传统法文化是以儒家伦理思想为主导法源的中原传统法律思想与各种法律制度的总称，法文化视域下的中华法系源远流长，诸法合体，体系独特，内容丰富，是世界法文化的重要组成部分且影响深远。站在中国法治建设新的历史起点上，深入研究这些本土性传统法文化，不仅对现阶段藏区社会的稳定发展有所裨益，而且对发展社会主义民族立法，促进民族区域自治法的有效实施，丰富中国法文化的研究内容和范围，推动21世纪的中国法治建设等都具有举足轻重的意义。

刘艺工的《藏族成文立法的演变及特点探议》（《文化学刊》第4期）首先介绍了藏族成文立法的历史演进，包括赞普时期颁布的《法律二十条》《六大法典》、吐蕃《三法》和元、明、清时期西藏地方政府组织有关人员编写的《十五法典》《十六法典》《十三法典》。文章进而分析了藏族成文立法的特点，即浓厚的宗教色彩、诸法合体的混合法属性、刑罚上的等级性。文章指出，藏族传统立法一直沿用至1959年民主改革时期，但传统法制观念在今天依然有影响力，加强对传统法制的研究对于理解藏族传统法律文化、保持藏区和谐稳定具有十分重要的意义。

牛绿花的《元以来历朝对藏传佛教宗教事务的法律调整及其历史启示——藏传佛教宗教事务的法律化研究之一》（《西南政法大学学报》第4期）认为，藏传佛教到元朝时已发展成为藏区的主流宗教信仰，并且影响着藏区的各方面。因此，对藏传佛教宗教事务的不断规制和调整就成为元以来历朝中央政府对藏政治策略的首要任务。鉴于这种重要性，元以来历朝中央政权对藏传佛教宗教事务进行了一系列的政策实施和立法调整，主要包括册封宗教首领、礼遇喇嘛，设置中央和地方专门管理机构，扶持建立地方政教合一政权，规范限定宗教首领世俗权力、规制大活佛转世的立法等方面。这些政策法规的实施不断强化了统一国家主权、保持了藏区社会稳定、促进了藏区经济相对发展。在当今复杂的国内外形势下，这些政策法规对国家如何管理藏传佛教宗教事务和藏传佛教如何谋求自身发展有着重要的借鉴意义。

（二）西藏和其他藏区法制建设研究

西藏和其他藏区法制建设研究主要着眼于研究藏族地区现代法律制度的发展和完善。2010年该领域的研究集中在法律对于藏区治理的影响方面。

唐小民的《建设平安西藏的法治基础研究》（《西藏发展论坛》第2期）将依法治国为核心的制度建设视为建设平安西藏的中心环节和有力保障：法治的立法环节能够为建设平安西藏提供法律依据；法治的司法环节能够化解各种社会矛盾，解决各种纠纷，促进社会和谐发展；法治的执法活动能够依法管理各项事务，维护行政相对人的合法权益，消除不安定因素；法治的宣传功能能够提高公民的权利意识和守法意识。为夯实建设平安西藏的法治基础，应在人民法院设立专门的危安案件审判庭；完善宗教事务管理制度，严格执行宗教管理法律制度；不断提高行政执法队伍的执法水平。

刘嘉尧、吕志祥的《确立藏族聚居区特色生态法治基本原则的路径选择》（《青海民族大学学报》社会科学版第3期）从日趋严峻的藏族聚居区生态问题出发，论述了确立一种全新的藏区特色生态法治基本原则的重要性。文章认为，确立藏区特色生态法治基本原则将为藏区生态法律体系提供解释和推理的基本依据，对藏区生态的恢复和保护具有深远意义，对藏区构建和谐生态社会具有重要意义。在确立藏区特色生态法治基本原则的过程中，应注意藏族传统生态文明与现代生态法治理论的契合与互补，凝练藏族传统生态文明之精华，生成藏区特色生态法治之原则。

（三）藏族民间习惯法研究

藏族民间习惯法及其与现代法律体系的配适问题是涉藏法律研究的重要环节。2010 年对于藏族习惯法的研究有了一定程度的发展，出现了许多有启发性的研究成果，特别是出现了从比较法制的角度进行研究的成果。

淡乐蓉的《藏族“赔命价”习惯法与日耳曼民族“赎罪金”制度的比较研究》（《中国藏学》第 1 期）将藏族“赔命价”习惯法与日耳曼民族的“赎罪金”制度放在异质文化下的人类同质的生存规范文本框架内进行比较，并认为两者虽于不同法律文化场域中生发和发展，其宗教文化基础迥然相异，法律规则来源也大相径庭，但从规则内容到形式却基本上毫无二致。文章认为，藏族“赔命价”习惯法与日耳曼民族“赎罪金”制度均源自宗教禁忌规则体系，其本质与当时生活的精神和物质环境密不可分。

李玉兰、南杰·隆英强的《藏区习惯法与我国法制建设的冲突和融合——以藏族“赔命价”为例》（《江苏警官学院学报》第 4 期）认为，藏区习惯法是一种古老的民间法，在我国法制建设过程中与现行国家法不可避免地产生了一些冲突，但我们不能因此否定它的价值。以藏区习惯法中典型的赔命价为例，藏区习惯法对我国法制建设产生一定冲突的同时，也有补充和完善的效能。因此，我国法制建设过程中对藏区习惯法应该“取其精华弃其糟粕”，有限制地加以利用和借鉴，使二者协调发展。这种理论观点既有利于尊重少数民族的本土文化和传统习惯，又有利于更好地维护社会主义法律的统一和权威，尤其是对于完善我国法制建设和稳定藏区社会的发展具有重要的意义。

后宏伟、刘艺工的《藏族习惯法中的神明裁判探析》（《西藏研究》第 5 期）认为，神明裁判作为一种法律文化现象，曾普遍存在于世界许多民族的历史中。藏民族神明裁判历史悠久，并一直延续到民主改革之前。神明裁判有其存在的认识、现实和程序制度基础；形式多样，内容丰富；具有古老性、宗教性、替代性、反科学性和终局性特点。其实质是审判人员利用本部落或地区通行的人们对神灵的虔诚和敬畏心理，依托神灵做出裁判的纠纷解决机制。在今日藏区，神明裁判在形式上虽然已不复存在，但受文化惯性影响，神明裁判的观念仍然存在。对其进行客观分析，理性批判，揭示其本质，既有利于维护藏区稳定，推动社会主义法治建设，也有利于和谐社会的构建。

刘艺工、张鹏飞的《西部开发语境下的藏族部落习惯法——以青海省海南藏族自治州为例》(《甘肃理论学刊》第3期)集中讨论了藏族传统部落习惯法在新时期的发展演变及其与国家法律的契合问题。历史上，藏族部落习惯法广泛存在于藏区各地，民主改革后曾一度退出历史舞台。改革开放后，藏族部落习惯法重新回潮，并出现了一些新的发展趋势。文章认为，部落习惯法中一些法制理念与国家法截然不同，成为藏族地区司法实践中的难题；但藏族部落习惯法是藏族群众长期生产、生活经验的规范化和制度化，是民族成员间共同认可和遵守的行为准则和规章。虽历经多次社会变革，一些藏族部落习惯法依然得以延续，说明其具有浓厚的社会根源和相当强的地域约束力。因此需要将国家法与藏族部落习惯法进行一定的对接。

经济社会

2010年1月，党中央、国务院第五次西藏工作座谈会召开。藏学经济社会领域研究在已有的良好基础上，除具有往年共有的基本特点，本年度的研究成果尤其表现出紧随经济社会热点，更加关注现实问题的特点，其中不乏采用跨学科研究视野、研究理论与方法新颖、研究内容更加深入细致的论著。本年有近200篇以汉文发表的论文在各种学术期刊上发表，其中社会领域研究成果数量增加较多，主要表现在学者们更加重视民族与族际关系研究及社区研究并不断深入。下面分经济研究与社会研究两大部分，并从不同研究领域对该年成果作简要概述。

一、经济研究

经济研究历来是中国藏学研究的重点内容。2010年经济研究成果约有100篇部，除农牧业研究、旅游业研究、生产要素研究、金融与财政研究、工业与藏区特色产业研究、经济发展回顾等传统研究领域以外，该年的经济热点问题如区域经济发展研究、经济转型与跨越式发展研究、城乡居民生活现状研究受到较多关注，成果数量较多。

（一）农牧业研究

农牧业历来是西藏国民经济的基础和支柱产业之一，始终是学者关注的重点。2010年农牧业研究的重点主要集中在藏区农牧特色产业以及农牧业可持续发展等方面。

孙勇、周炜的《中国西藏农牧业特色产业报告》（中国藏学出版社）一书，分为总报告和若干分报告，其中，总报告主要是概述西藏农牧特色产业经济的理论观点和认识，西藏农牧特色产业经济发展课题研究的背景、目的、意义、思路与基本框架，以及西藏农牧特色产业发展面临的困难、挑战及有利条件，并提出相关政策、措施和建议。该书认为，近几年，西藏比较注重农牧特色产业发展，并已取得明显成效。在加强农牧业特色产业开发利用基础设施建设的同时，西藏整合3亿元农牧产业发展专项资金，推进了饲草牛奶基地、优质青稞基地等64个农牧业特色产业开发项目，项目累计受益人口达36.4万人，人均增收660元。同时，还加强了对旅游业、藏医药等产业的扶持，特色产业自我发展能力和发展速度加快。就发展西藏农牧特色产业的对策和建议，该书认为应将发展特色产业与推进一产上水平，壮大龙头企业，发展旅游业，提高政府服务水平以及可持续发展结合起来。

宋连久、张涪平的《投入要素对西藏农业经济增长的贡献研究》（《华中农业大学学报》社科版第6期）一文，依据1978—2007年西藏相关数据资料，借助协整检验、格兰杰因果检验等方法，测算和分析农业生产要素的投入对西藏农业经济增长的贡献，提出促进西藏农业经济增长的对策：加快农林牧渔业劳动力向第二、三产业流转，并努力提高农林牧渔业劳动力素质；进一步加强农田水利基础设施建设；加大农业机械设备的投资力度，大幅提高农业机械化水平等。

王忠红、关志华等人的《基于地域资源优势的西藏设施农业发展分析》（《中国农学通报》第26期）一文，认为西藏在设施农业发展过程中结合现代设施农业技术，充分利用特殊的气候资源，丰富的太阳能、地热、林下凋落物及畜牧业副产品等资源，能使当地设施农业呈现良性发展态势，同时可有效促进相关产业的发展，产生积极的社会、经济和生态效应。

刘天平、卓嘎等人的《西藏冬虫夏草资源可持续利用探讨》（《西藏研究》第3期）一文，提出为了保障西藏冬虫夏草资源可持续利用的几点建议：1. 正确宣传，加强舆论导向；2. 摸清资源，建立保护区；3. 完善资源管理制度，加强采挖管理；4. 树立品牌，规范市场交易；5. 拓宽收入来源，减轻资源压力；6. 延长产业链，提高附加值。

卓嘎、扎西多布杰的《西藏“一江两河”地区农牧结合现状与发展对策》（《江苏农业科学》第4期）一文，分析了目前在西藏“一江两河”地区农牧结合的现状和实行农牧结合的优越性，提出了在该区实行农牧结合的对策和有效途径。

（二）旅游业研究

2010 年旅游业研究由上一年主要集中在藏区旅游资源开发、旅游种类和产品深入开发、旅游业可持续发展三个方面，转向重点关注藏区旅游市场竞争现状的分析，并对旅游业与传统文化的互动、旅游业促进农牧民增收有所关注。

杨维军的《和谐理念下的西藏旅游业发展研究》（中国藏学出版社）一书，共分为八章，从西藏旅游业发展现状、可行性和功能性展开论述，并从西藏旅游市场的完善、旅游市场营销、文化旅游业开发、旅游业点圈面路径设计以及旅游业发展的保障支持系统进行具体分析。最后提出要创新西藏旅游业跨越式发展的理念，树立生态保护第一的观念，加强旅游业从业队伍建设，拓宽旅游业发展融资渠道，并以旅游企业诚信建设为主体，培育市场主体。

安平的《从西藏旅游业的发展看农牧民的增收》（《中央民族大学学报》社科版第 3 期）一文，从农村劳动力的转移、传统生产结构的调整及以农牧民为中心的旅游产品的创新开发等方面，就西藏旅游业的发展与农牧民增收的关系进行探讨。

张阿兰、德吉央宗等人的《西藏入境旅游客源市场开发研究》（《西藏大学学报》社科版第 2 期）一文，以西藏入境旅游客源市场为研究对象，运用亲景度、集中地理指数、市场偏差指数和市场发展指数等指标值，可以揭示入境旅游客源市场对旅游目的选择的偏好程度以及其市场竞争潜力，对深层次开发西藏入境旅游市场提供科学的对策方向。

孟来果、秦国华的《基于六要素的西藏旅游业市场竞争力研究》（《西藏民族学院学报》哲社版第 6 期）一文，运用产业市场竞争力理论对西藏地区旅游产业竞争力进行了综合评价，最后提出西藏地区旅游产业整体竞争力提升的路径选择。

曹水群的《西藏地区乡村旅游与传统文化的和谐互动研究》（《山西农业大学学报》社科版第 3 期）一文，分析了西藏地区乡村旅游与传统文化的互动发展现状，提出促进西藏地区乡村旅游与传统文化和谐互动的对策。

章杰宽的《西藏旅游业发展危机事件研究》（《西藏民族学院学报》哲社版第 2 期）一文，分析了西藏旅游业发展过程中危机事件的类型特点、形成原因及影响以及可能面临的危机情势，根据研究的结论提出相关的应对策略。

周兴维的《红原县草原旅游产业发展研究》（《西南民族大学学报》社科版第 10 期）一文，认为红原县是青藏高原东缘距内地中心城市最近的纯牧业县，处于九寨—黄龙—大草原黄金旅游线上，旅游业发展前景可观。

（三）生产要素与企业发展研究

生产要素通常包括劳动力、土地、资本和企业家才能四大类。与上一年相比，学者们对西藏和其他藏区生产要素的研究成果有所减少，而对西藏企业现状较为关注。

牛治富的《西藏科技人才激励政策体系研究》（西藏人民出版社）一书，以现代管理理论为基础，对科技人才激励的理念、理论和概念，作了比较清晰的交代与论述；对西藏科技人才激励的历史作了简要回顾；对在新世纪新阶段西藏科技人才激励的指导思想及原则进行了论述。洁安娜姆的《西藏人力资源发展现状及对策研究》（《中国人力资源开发》第7期）一文，论述了西藏人力资源开发所取得的成就，分析目前西藏人力资源结构与经济结构的矛盾，探讨了西藏地区人力资源进一步开发的对策。

刘敏红、何政伟等人的《空间罗伦兹曲线在土地利用及其变化研究中的应用——以西藏拉萨市城关区为例》（《水土保持研究》第1期）一文，试图采用一种新的方法——空间罗伦兹曲线——更为直观地显示土地利用的集散分布及其变化。研究结果表明，罗伦兹曲线直观地展示了城关区1991—2005年的土地利用随高程带分布的集散程度变化不大。其中，草地的分布最均匀，林地和建设用地分布最为集中。

刘小三的《符号学视角下的西藏商品品牌传播——以西藏5100天然矿泉水广告为例》（《西藏民族学院学报》哲社版第5期）一文，从符号学的视角来审视西藏商品品牌的传播过程，提出了西藏商品品牌传播过程中品牌符号化的途径以及应注意的问题。

杜青龙、陈文朝的《西藏国有企业现代化的路径依赖及经验总结》（《西藏研究》第2期）一文，认为从静态的、工业化的视角看，西藏国有企业的现代化程度依然较低；但是从动态的、生产关系的视角看，西藏国有企业则取得了非常高的现代化成就。周喜革的《西藏国有企业发展状况研究——以西藏国有工业企业为例》（《西藏民族学院学报》哲社版第6期）一文，认为自西藏和平解放以来，西藏国有企业从无到有，从小到大，几十年来为西藏社会经济发展做出了巨大贡献。如何结合西藏的实际情况，加快国有企业的改革还需要积极探索和明确改革的方向和路径。

秦国华的《西藏上市公司财务管理中存在的问题研究——基于可持续发展视角的分析》（《西藏民族学院学报》哲社版第3期）一文，从融资方式、股利政策、无形资产管理、营运资金管理等角度对西藏上市公司的财务管理情况进行了研究，针对存在的问题，提出了基于可持续发展视角的提高财务管理水平和能力的措施。

（四）区域经济研究

2010 年区域经济研究呈现以下两方面特点：首先，研究对象除西藏以外，对青海、四川藏区研究多有偏重；其次，在研究方法上，实证分析和跨区域对比研究成为亮点。

祁明德的《西藏区域经济发展战略评价研究》（西藏人民出版社）一书，主要从四个方面分析评价了西藏区域发展状况。首先，分析了西藏自治区的发展现状和发展趋势，其次，从总体上分析了影响西藏区域发展的综合因素，第三，分析评价了以中央财政支持和全国支援为主要内容的西藏供给型发展模式，第四，分析了西藏自治区的经济结构。最后提出在传统供给发展模式和可持续发展基础之上的区域内非平衡发展战略。

张宏岩的《青海省藏族地区经济与社会协调发展研究》（中央民族大学出版社）一书，共分 10 章，较详细地论述了青海省藏族地区经济社会发展概况，青海省藏族地区经济与社会协调发展评价体系以及影响青海省藏族地区经济与社会协调发展的经济与贫困问题、人口问题、教育问题、制度创新问题，并提出了青海省藏族地区经济与社会协调发展的理念与战略和相应的对策。

陈朴、杨本锋的《西藏三大经济区差异和协调发展的实证分析》（《西藏研究》第 1 期）一文，通过实证分析，得出西藏中部经济区和东西部经济区经济发展差异越来越大，认为主要是区域政策、区域经济结构、区域自然条件及市场规模等差异导致了三大经济区差异。

杨峰、李国政的《基于偏离份额分析的区域产业效率评价——以西藏为例》（《西藏大学学报》社科版第 4 期）一文，揭示了西藏产业结构合理程度和产业竞争力强弱性，认为西藏第一产业发展缓慢，结构亟需优化；建筑业竞争优势大于工业，第二产业发展不平衡；第三产业发展势头好，产业效率高。

李含琳的《中国藏族聚居区人口与经济协调发展水平评价》（《青海民族大学学报》教育科学版第 1 期）一文，在调查研究的基础上，对中国藏族聚居区人口与经济的基本区情以及人口与经济协调发展的现状进行了宏观性、客观性的评价，对准确认识和把握藏族聚居区发展问题有现实意义。

许成仓的《昌都地区区域经济发展战略研究》（《中国藏学》第 3 期）一文，提出昌都今后一个时期的发展战略、发展重点及保障措施，旨在解决当前及今后一个时期昌都经济社会发展中的一些突出问题。

童旭光、胡鞍钢等人的《青海地区发展不平衡性实证分析》（《青海社会科学》第2期）一文，通过实证分析认为青海区域发展不平衡，出现了“一个青海，三个世界”的现象。为促进青海区域协调发展，要推动经济、人口进一步集聚，建立生态补偿机制，缩小知识发展差距，推进基本公共服务均等化。

赵晓葵的《基于聚类分析的青海藏区社会经济发展水平评价研究》（《青海师范大学学报》自然科学版第4期）一文，利用聚类分析方法将青海省25个藏区县依照社会经济发展水平划分为三类地区，探讨了青海省藏区全面协调发展的对策。

沈茂英的《少数民族地区城镇化问题研究——以四川藏区为例》（《西南民族大学学报》社科版第10期）一文，以四川藏区为例，全面揭示藏区城镇化的区域空间差异与人口小镇化的空间转移特征，分析藏区建制镇发展面临的五大约束，提出促进藏区城镇体系建设的政策启示。

（五）金融与财政研究

2010年，关于金融与财政研究的学术性成果数量较少。

贡秋扎西、张阿兰的《西藏农区金融发展状况研究》（《财经科学》第8期）一文，建议在提高政策性金融机构在农村的覆盖率和到达率的同时，应促进竞争以提升市场效率，加速完善西藏农区的金融体系。

西藏自治区财政科学研究所课题组的《西藏自治区县乡财源建设基本思路研究》（《经济研究参考》第50期）一文，分析了西藏县乡财政经济的基本现状以及县乡财源面临的困难和挑战，提出西藏县乡财源建设的基本理念、基本原则和重点。

蒋海涛的《组建西藏地方性银行的分析》（《经济研究导刊》第15期）一文，认为组建西藏地方性银行，提高特色金融对西藏特色经济“全盘棋”的带动力，对于实现西藏经济与文化跨越式发展有着重要而深远的意义。

（六）经济转型与跨越式发展研究

2010年第五次西藏工作座谈会，对推进西藏实现跨越式发展和长治久安做出了战略部署。同年，学术界紧随热点问题，有关经济转型与跨越式发展的成果数量较多，且主要集中在对西藏的研究。

刘同德的《青藏高原区域可持续发展研究》（中国经济出版社）一书，共分 9 章，通过建立青藏高原区域 SRED 系统（社会、资源、环境与发展系统）结构模型，创新性地提出青藏高原区域可持续发展的两条主线、八大主题及十项发展原则，构建了青藏高原区域可持续发展的理论框架。并就青藏高原区域可持续发展的经济发展支持系统、社会支持系统、资源支持系统与生态环境支持系统进行了定量研究与实证分析，从而将青藏高原区域可持续发展推进到制度支持系统层面，强化青藏高原区域可持续发展的能力与智慧建设。

宗刚、孙东涛的《西藏经济发展面临的主要问题及其对策研究》（《特区经济》第 5 期）一文，对影响西藏经济发展的主要问题进行了分析，并提出了继续加大基础设施建设，加快城镇化建设，提高城乡居民收入，加强教育，培养和吸引科技人才等建议。

宗刚、李鹏的《西藏经济增长：事实、机理及政策选择》（《中国藏学》第 1 期）一文，认为西藏经济增长的动力机制必须考虑到西藏社会文化环境的特殊性与跨越式发展的迫切性。在外部援助与西藏本身经济动力机制的完善中，密切关注西藏社会资本对生产与金融资本积累的巨大影响，更有针对性地选择促进西藏经济增长的经济社会政策。

赵锦辉的《化资源优势为可持续发展优势——关于西藏经济发展的调查与思考》（《经济研究参考》第 63 期）一文，主要从可持续发展分析框架，自然条件、人口、宗教、援藏等角度，政策性结论三方面进行分析。

李国政、杨峰的《西藏“非典型”产业演进路径研究——基于中央财政补贴的视角（1978—2008）》（《当代经济管理》第 6 期）一文，认为西藏产业演进的路径有着明显的“非典型”特征，主要表现在三次产业演进的次序和典型演进不同，以及第三产业的发展由于外力作用而过于显著，而中央给予西藏大量财政补贴，更强化了这种非典型的演进路径。

张佳丽、贺新元的《西藏自我发展能力刍议》（《西藏研究》第 4 期）一文，认为增强西藏自我发展能力，关键在于提升西藏经济自我发展能力、加快培育西藏特色优势产业。

绽小林的《试论青海玉树灾区实现经济及社会可持续发展的路径选择》（《青海师范大学学报》哲社版第 5 期）一文，结合玉树地区的具体情况，尝试提出了玉树灾区经济可持续发展的路径选择。

（七）公共产品与交通研究

安七一的《西藏农牧区公共品特殊性问题：基于供给与需求视角的分析》（《西南民族大学学报》社科版第 6 期）一文，从供给与需求两个方面的视角深入分析了西藏农牧区公共产品的特殊性，提出应准确把握农牧区公共产品供给的重点领域；完善农牧区公共产品供给的决策机制；完善农牧区公共产品需求表达机制；完善农牧区公共产品监督管理机制；加强对公共产品供给行为的引导和监督。卓嘎措姆、成林卓嘎的《西藏农牧区基础公共产品供给探析》（《西藏科技》第1期）一文，对西藏农牧区的基础公共产品供给现状进行了分析，提出相关政策建议，最终为西藏农牧区基础公共产品供给提供了借鉴。

刘瑶、陈宁等人的《西藏交通运输与和谐社会建设研究》（《交通企业管理》第2期）一文，分析了西藏交通运输业与和谐社会建设现状，并提出促进西藏交通运输业与和谐社会建设的措施。

尕藏才旦、尼古拉·查强等人的《西藏物流产业发展特性探析》（《西藏大学学报》社科版第1期）一文，依据西藏物流产业基础设施建设进程，暂将物流产业划分为四个发展阶段，阐述了不同阶段中物流产业链的发展特性，并根据现存主要问题，提出了未来改革创新的四项建议。辛馨、李贵书的《西藏现代物流产业与区域经济增长的互动关系研究》（《西藏大学学报》社科版第4期）一文，对1990—2007年间西藏物流产业发展和区域国民经济增长之间的关系进行了实证检验，认为西藏物流产业对区域GDP增长起着十分重要的推动作用。

（八）城乡居民生活现状研究

2010年经济研究的特点之一表现在关注民生方面，如王洛林、朱玲的《如何突破贫困陷阱》（经济管理出版社）一书，共分为12章。该书以解决藏区农牧民贫困问题为研究目的，从农牧民观念、市场参与研究入手，对云南藏区松茸产业、青海藏区虫草产业发展和农牧民增收进行探讨，并就解决贫困问题中面临的生态移民、妇女健康、义务教育、农牧民文化生活、社会救助与民间救助、雪灾救助等问题进行具体分析并提出相应对策。

朱玉福、尼玛扎西的《青藏铁路通车对西藏失地农牧民的影响探析——以拉萨市堆龙德庆县柳梧乡柳梧村为例》（《阿坝师范高等专科学校学报》第2期）一文，以因拉萨火车站的建设和柳梧新区建设而土地被征用的拉萨市堆龙德庆县柳梧乡柳梧村为例，分析了青藏铁路通车对柳梧村失地农牧民的影响，并对西藏失地农牧民的就业及可持续发展问题进行了初步探讨。

杨涛的《西藏城乡差距变化的收入来源构成及对策研究》（《中国藏学》第1期）一文，研究了西藏城乡差距的变化过程以及收入来源构成，提出治理西藏城乡差距的政策重点。达瓦、达红旗的《西藏农村居民收入发展趋势的

GM（1，1）模型及因素分析》（《中国农学通报》第26期（01））一文，以近6年西藏自治区农村居民人均收入为研究对象，应用灰色系统建立了人均纯收入发展趋势的灰色GM（1，1）预测模型，运用关联度分析方法确定了反映农村居民不同收入来源的4项主要指标因素相对于纯收入的关联程度。

多庆的《西藏农牧民消费结构变化分析》（《西藏研究》第3期）一文，研究了西藏农牧民的收入来源、消费结构升级与变化趋势；分析了西藏农牧民消费中存在的问题；提出了提升西藏农牧民生活消费需求的对策，首先要增加农村居民的收入，其次应引导合理消费，改变农村居民的消费观念，优化西藏农牧民消费结构。

（九）工业与藏区特色产业研究

刘爱军、李祥妹的《西藏第二产业发展现状分析》（《中国人口·资源与环境》第2期）一文，重点分析了西藏第二产业产值、结构和劳动生产率、种类和规模变化，探讨了西藏第二产业发展现状，认为当前西藏第二产业发展中存在较大问题，主要表现在重工业比重大，民用工业发展滞后，工业可持续性不强等。基于上述问题，文章提出了加大投资力度、加强人才培养、优化产业结构、积极发展民营企业和提高工业集中度的对策建议。

孙自保、张涪平等人的《藏中矿区F　and　H－G－C系统协调发展评价研究——以拉屋矿区为例》（《生态经济》第12期）一文，认为随着藏中丰富的矿产资源逐步进入深度开发阶段，农牧民和政府对矿企的发展制约越来越强，F　and　H－G－C系统协调矛盾凸显。

刘天平、邓发旺的《论西藏民族手工业可持续发展中的几大关系》（《中国集体经济》第12期）一文，认为要保持民族手工业可持续发展，必须处理好传统技术与现代技术、民族特需品与非特需品、外来产品与本地产品、民族手工业与旅游业、发扬与舍弃五大关系。

谢热桑沫《藏传佛教尼僧寺院经济结构与模式初探》（《中国藏学》第1期）一文，主要从藏传佛教尼僧寺院的经济现状出发，分析尼僧寺院的所有制情况以及收入支出状况，总结具有代表性的尼僧寺院的经济结构与模式，对藏传佛教尼僧寺院经济进行初步的探讨。

邓明文的《西藏传统文化动漫化的产业孕育刍议》（《西藏研究》第4期）一文，认为孕育和发展西藏传统文化动漫化产业，应注意文化产业的战略升级规划与再整合，并注意政府引导和相关政策的倾斜，注重有关人才的培养及舆论的正确引导。

肖红波、庄万禄的《民族地区资源开发与收益共享新模式调查——以甘孜州白玉县呷村矿产资源开发为个案》（《西南民族大学学报》社科版第 11 期）一文，认为西部大开发，在某种意义上就是资源的大开发。文章以甘孜州为实证对象，总结利益共享的“银多矿经验”，提炼出以股权参与、管理参与、生产环节参与、环境治理参与、利益分享参与为核心内容的“参与式开发模式”。

（十）经济发展回顾

靳薇的《西藏援助与发展》（西藏人民出版社）一书，共分为 6 章。该书用大量真实数据分析了援藏项目的社会和经济效益，是近年来援藏研究中较为专业、全面的专著，具有较高的学术性和现实指导意义。该书第一章介绍了研究理论与文献综述；第二章论述援藏政策的发展及演进；第三章论述了历史各阶段财政援藏对西藏经济发展的作用和后果，同时提出西藏已形成财政依赖的担忧；第四章以真实的第一手资料分析项目援藏的经济社会效益，以及强化计划经济和投资依赖的不良后果；第五章分析了人才援藏与西藏经济发展的关系，并提出西藏人力资本缺乏的现状；基于以上分析，作者在第六章就西藏经济走出援助提出相关建议，认为西藏经济的发展应增加援助的可持续性，寻找新的经济增长点，并在援助制度和法律保障等方面进行努力。

狄方耀、罗华主编的《西藏经济学导论》（第 3 版，西藏人民出版社）一书，共分为 12 章，与前版相比增加了第三产业的论述。该书以藏学中的西藏经济作为研究对象，研究方法科学合理，结构框架较为全面，从社会现实角度探索了西藏经济学所具有的社会经济活动启蒙和为当前西藏经济社会健康发展选择合理的资源配置的特殊功能。此外，该书尤为关注人，特别是西藏地区主体民族藏族在西藏经济发展中的地位和作用，体现了作者特殊的经济学视角。

安平的《西藏经济发展研究》（中央民族大学出版社）一书，共分为 8 章。该书结构上可以分为三部分，第一部分首先论述西藏经济发展沿革、发展成就及战略地位，第二部分总结了西藏经济发展特征、产业结构特征以及相应的产业选择，第三部分就西藏经济发展战略和可持续发展提出宏观上的建议和对策。

毛阳海的《新世纪以来西藏经济发展取得的阶段性成就与经验》（《西藏民族学院学报》哲社版第 6 期）一文，运用经济学的视角和统计学的基本方法，从数量上描述了西藏自中央第四次西藏工作座谈会以来，在经济发展方面所取得的阶段性成就。孙英敏的《改革开放 30 年来的西藏非公有制经济发展问题探析》（《西藏民族学院学报》哲社版第2期）一文，分析了西藏非公有制经济的发展历程、作用，探讨了制约西藏非公有制经济发展的因素，提出了加快西藏非公有制经济发展的相应对策。

陈娅玲、杨新军的《西藏旅游研究三十年回顾及展望——基于CNKI相关论文的统计分析》（《西藏研究》第6期）一文认为，30年来，西藏旅游研究文献在数量上随时间推移呈不断加速的阶梯形上升趋势，在研究水平上也随时间推移呈现出跨越式的提高，在旅游研究方法上也逐渐向定量化、个案化、理论化转变，呈现出不断趋向良性、繁荣的发展态势。但与此同时，也存在学科框架体系不均衡，研究焦点与热点相对滞后，研究视角单一等问题。

二、社会研究

2010年的社会研究，有近80篇部的研究成果发表或出版，较上年数量有较大幅度增加。研究内容除长期受关注的人口与健康研究、素质提高与妇女发展、区域发展等主题以外，社会变迁与制度转型研究、民族与族群关系研究、社区研究依然倍受学者们的重视，相关成果数量较多，且多采用民族学、人类学、社会学相关理论和方法进行系统分析，研究水平进一步提高。

（一）社会变迁与制度转型研究

社会变迁与制度转型研究是社会研究的重要内容。李臣玲、贾伟的《多维民族文化边界地带民族社会文化变迁研究——以丹噶尔藏人为视点》（民族出版社）一书，共分为11章。该书以青海地区丹噶尔藏人为研究对象，以大量文献资料和民族学田野调查资料为基础，从丹噶尔藏人的生态环境、社会控制、经济、婚姻、丧葬、教育、宗教等方面分析了多元民族文化边界地带民族社会文化的变迁。

格勒、罗布江村的《西藏现代化过程中应关注和研究的问题》（《西南民族大学学报》社科版第4期）一文，在对拉萨、那曲、林芝、日喀则、昌都等的十多个社区大量个案调查的基础上，运用多种学科不同角度，剖析了西藏当代社会、经济、文化发展中面临的问题，探索西藏现代化在理论与实践两方面的问题，寻求西藏在保持优良传统的基础上实现现代化的正确途径。

杨明洪的《基于“软实力”建设的西藏社会稳定长效机制研究》（《西南民族大学学报》社科版第5期）一文，将“软实力”建设与西藏社会稳定问题结合起来研究，着力从发展“硬实力”解决西藏社会稳定方面的作用及其

“困境”出发，剖析达赖集团对“软实力”的运作，剖析“3·14”事件，阐明转向“软实力”建设对稳定西藏社会的重要意义。杨明洪的《西藏村庄整体搬迁绩效评估：基于德吉新村连续四年的观察——兼论大型社会工程命运的斯科特逻辑》（《中国藏学》第3期）一文，认为德吉新村村民搬迁前的生存资源使他们处于贫困生活状态，构成政府实施整体搬迁的条件，政府行为的目的与当地农民的期望相互重合。由此德吉新村的经济发展出现了跳跃，农业生产方式走向现代化，非农业活动大量出现，农民出现收入增长与贫困缓解的趋势。

郎维伟、赵书彬的《藏北牧区定居点向村落变迁初探——以那曲县达嘎多、宗热格两村为例》（《西藏研究》第6期）一文，认为藏北牧区过去不存在村落的形态，在经历了新的社会组织体系的建构和草场使用权由集体到户的权属继承关系的推进，使原有的定居点出现清晰的行政和草原边界，从外部整合形成村落。当牧民以定居为常态，固定的房屋完全取代帐篷的居住模式后，原有的定居点与村落有了明显区分，同时村落社会的礼仪和公共仪式建构，增强了牧民的“我村”意识，从内部整合形成村落。藏北基层在内外整合下完成了定居点向村落的嬗变。

陈立明的《门巴族、珞巴族的历史发展与当代社会变迁》（《中国藏学》第2期）一文，对门巴族、珞巴族的历史发展和社会变迁的基本情况进行了描述和分析，认为近年来国家“兴边富民行动”和扶持人口较少民族特殊政策的实施，使门巴族和珞巴族社会变化尤为剧烈，人们的生产生活方式、社会结构、婚姻制度与家庭关系、宗教信仰、思想文化观念等都发生了重大变化。

马生林的《青海藏区实施跨越式发展战略研究》（《青海社会科学》第6期）一文，分析了青海藏区实施跨越式发展的有利条件，并提出着力打造青藏铁路经济带；设立副省级的格尔木经济特区；构筑南亚大陆桥，建设青藏国际大通道的对策建议。

（二）民族与族群关系研究

此类研究成果丰富，而且较多地运用了实地调查和个案分析的研究方法，在研究内容上更多地关注多民族聚居地区的多元文化互动、族群关系等主题，进一步拓宽了研究视野，学术研究更加务实。

杨晓纯的《拉萨藏回及其文化思考》（《青海民族研究》第4期）一文，首先对拉萨藏回的定义进行界定，接着陈述拉萨藏回的主要文化特点，最后根据拉萨藏回的文化特点分析其引发的思考，即拉萨藏回是伊斯兰文化在西藏本土化的结果，体现了文化的适应性特征；拉萨藏回所反映的不仅仅是简单的回变藏的文化表象，而是不同民族、不同宗教和谐相处的良好范式。

陈声柏、王志庆的《一位外国传教士眼中的甘南族群关系——埃克瓦尔〈甘肃藏区边境文化关系〉评述》（《兰州大学学报》社科版第1期）一文，认为埃克瓦尔所著《甘肃藏区边境文化关系》一书，是研究早期基督新教在中国边疆传教和广义之甘南区域族群关系的珍贵史料，国内尚无系统介绍。该书以人类学视角研究了19世纪初甘南地区的民族文化关系，描画了汉、回、藏牧、藏农四种族群类型，特别是重点阐述了四者之间的四种文化关系（汉民和说汉语的穆斯林；汉民和藏农；穆斯林与藏牧；藏牧与藏农）。文章主要介绍了这本书的内容，由此呈现一位传教士眼中的甘南地区的文化关系图景，并试图进一步指出其在文化理论上的价值。

拉先的《白马藏区神职人员的渊源及现状调查研究》（《中国藏学》第4期）一文，以白马藏族神职人员作为研究对象，梳理和解析了这些神职人员的称谓、传承、分布区域、现状和特点，提出了当地神职人员“白布”属目前苯教神职人员中遗存的较古传承人的观点。

刘瑶瑶的《多民族杂居移民村落中的族际通婚——对青海海西州乌兰县铜普镇四个移民村的个案调查》（《青海民族研究》第1期）一文，通过对四个具有典型族际通婚特征的移民村落的考察，在分析当地族际通婚现状的基础上探讨了大规模族际通婚产生的原因及其影响。

冉庆美、张前程等人的《鲁沙尔镇刘琦山神信仰的考察与分析》（《青海民族研究》第4期）一文，认为刘琦山神是清代中后期以后湟中县鲁沙尔镇藏、汉、蒙古等族人民共同信奉的神灵之一。通过该地区多民族对刘琦山神信仰的描述，研究山神崇拜中的民族文化融合，有助于理解一位汉族人物如何在藏传佛教影响巨大的塔尔寺生根并获得快速发展的缘由。

马伟华的《青海卡力岗回族语言认同的调查报告——以化隆县德恒隆乡德一村为例》（《青海民族大学学报》社科版第2期）一文，认为藏语是“卡力岗”回族族群认同的一个重要标志，这使他们与甘青一带其他回族在文化认同上形成了一定差异。尽管“卡力岗”地区的回族与藏族都说藏语，但他们之间在文化认同上仍然存在一定距离。

袁晓文的《藏彝走廊的族群互动研究：汉彝文化边缘的冕宁多续藏族》（《西南民族大学学报》社科版第12期）一文，反映了地处藏彝走廊核心区域的冕宁多续藏族与汉族、彝族的族际交往、族际互动与民族关系之间的现实动态。

石硕的《关于藏彝走廊的民族与文化格局——试论藏彝走廊的文化分区》（《西南民族大学学报》社科版第12期）一文，在综合考虑民族、文化、地理空间三要素的基础上，着重以自称、语言、历史记忆和宗教信仰为标志，将藏彝走廊从整体上划分为七个文化区，即羌（尔玛）文化区、嘉绒文化区、康巴文化区、彝文化区、纳西文化区、雅砻江流域及以东保留"地脚话"的藏族支系文化区和滇西怒江—高黎贡山怒、傈僳、独龙族文化区。

王玉琴的《藏彝走廊的汉族移民与汉藏互动——以九龙为个案的考察研究》（《西藏研究》第1期）一文，认为族群迁徙是影响藏彝走廊历史与文化特征的重要因素，九龙地区汉藏之间的交流与融合是双向进行的，并且他们也相对地固守与改变着自身的文化。

李灿松、周智生的《多民族聚居区族际经济互动与山区经济开发——以近代"藏彝走廊"地区白族商人为例》（《中央民族大学学报》第1期）一文，认为族际经济交流是促进民族地区经济社会发展的重要形式。近代白族商人在"藏彝走廊"地区的商贸活动是历史上维系居住于高山峡谷山区居民基本生活的主要形式，也是如今民族地区居民与外界经济、文化交流的主要方式。

次旦顿珠、益西曲珍的《"藏穆之路"的回藏关系——云南省香格里拉三坝乡安南村田野调查》（《西藏大学学报》社科版第4期）一文，认为藏穆之路的云南省香格里拉三坝乡安南村是一个多民族、多宗教、多元文化共处的和谐村。作者在该村的田野调查显示藏回两族群在长期的历史交往中表现出的双语和双文化的特征可以为其他多族群、多文化地区的稳定提供借鉴作用。

（三）人口与健康研究

李晓岑、袁凯铮等人的《西藏铜佛像制作"昌都工匠群"的考察》（《中国藏学》第3期）一文，对来自昌都柴维乡和嘎玛乡的铜像工匠群进行考察，认为他们已形成中国西南最主要的制作藏传佛教铜像的工匠群体。

李卫平的《甘南藏区环境问题的人口因素分析》（《甘肃社会科学》第6期）一文，从人口社会学视角，对地处青藏高原东北部甘南藏区的环境问题进行了调查研究，认为人口因素，特别是人口规模结构、行业结构、教育结构、文化结构是影响甘南藏区草原退化、沙化等环境问题的主要因素，并提出了对策建议。

赵斌的《基于布迪厄文化再生产理论的少数民族体育行为方式研究——以四川藏区少数民族为例》（《北京体育大学学报》第9期）一文，用布迪厄的文化再生产理论分析四川藏区少数民族体育行为方式的变迁现象。

尚云川、范琼雯的《四川藏区艾滋病预防干预的人类学实践——以扎巴藏族走婚人群为例》(《西藏民族学院学报》哲社版第6期)一文，认为四川藏区艾滋病的几种传播途径并存。由于藏区农牧民群众卫生知识的匮乏，缺乏自我保护意识和能力，在今后的一段时间，这种传播趋势可能还会持续。作者通过实施七个藏区艾滋病防治知识宣传项目，对艾滋病在藏区的传播途径作了人类学探讨，并在此基础上提出了藏区防治艾滋病模式。

(四) 素质提高与妇女发展

《民主改革以来西藏妇女社会地位变迁研究》课题组的《西藏牧区妇女社会地位的变迁——以西藏那曲地区聂荣县为例》(《西藏研究》第6期)一文，认为西藏牧区妇女社会地位发生了很大变化，女性在婚姻、生育、家庭、所受教育、所从事的职业等方面，均享有法律赋予的各项权利，展现出新的政治面貌，这是当代西藏人权改善及妇女发展状况与社会进步的具体体现。

杨瑞敏的《西藏妇女人口素质与可持续发展》(《西藏大学学报》自然科学版第1期)一文，利用数学模型分析了西藏妇女人口素质的现状与可持续发展的关系问题，认为城市妇女的生育少、质量高，又能稳定就业，总体对社会的发展呈正态推动作用；而农牧区往往是多胎，身体保健、文化教育，包括消费能力和潜力都相对较低，这在一定程度上影响到西藏社会经济又好又快发展。

宋瑞、普布次仁等人的《西藏高校毕业生就业制度改革的现状分析及对策思考》(《西藏研究》第4期)一文，认为西藏高校毕业生就业制度改革起步较晚，进程缓慢。推进西藏高校毕业生就业制度的改革，从国家、政府方面来说，需要政策的倾斜和扶持；从教育改革方面来说，需要技术的支撑和提升；从毕业生方面来说，应从自身做起，转变观念，提高综合素质，增强就业竞争力。

马宁的《西藏大学生对西藏非物质文化遗产的认识情况调查》(《西藏大学学报》社科版第1期)一文，根据调查数据得出西藏大学生对西藏非物质文化遗产的认识情况总体较好，说明西藏非物质文化遗产在西藏青年人中得到了很好的传承。

王永智、舒敏勤的《西藏大学生宗教信仰的现状及其对策》(《商洛学院学报》第5期)一文，认为在新时期大学生宗教信仰问题应该引起高度关注，特别在西部。西藏大学生宗教信仰因为民族宗教信仰传统、家庭因素的现实影响和大学生“寻求精神寄托和心理安慰”，在西部大学生宗教信仰者中既有普遍性又有特殊性。

朱韶晖的《青海藏族大学生就业心理压力和社会支持的关系研究》（《青海民族研究》第3期）一文，通过随机抽取490名藏族大学生就业心理压力与社会支持的问卷调查，探讨了青海藏族大学生就业心理压力和社会支持的关系。结果表明藏族大学生的就业心理压力和社会支持分别在性别、家庭收入、是否为班干部、是否参加社会实践等方面存在差异；而且藏族大学生就业心理压力中的家庭因素、个人因素和压力总分与社会支持中的客观支持、主观支持和支持总分之间呈显著性负相关；藏族大学生的就业心理压力和社会支持之间互有预测性。

商文娇的《青海民和妇女念唱嘛呢经的调查研究》（《青海社会科学》第4期）一文，认为嘛呢经与民和当地的各种民间宗教信仰、文化生活息息相关，从总体上反映了这一地区的民族文化、宗教信仰、生活习俗等特性，同时也是研究该地区民众（主要指妇女）物质形态和精神形态的重要依据，具有很高的民俗文化价值和女性文化研究意义。

韩红英的《青海藏区农牧民健身现状调查》（《体育文化导刊》第8期）一文，采用调查问卷、访谈和数理统计方法分析青海藏区农牧民体育健身活动的现状和制约因素。由于受多种制约因素影响，青海藏区农牧民体育健身状况不容乐观，存在诸多问题。

（五）社区研究

社区研究是社会研究中的传统重点内容。孙继琼等人所著《当代中国边疆·民族地区典型百村调查：西藏卷（第一辑）》（社会科学文献出版社），共4册。其中《扶贫综合开发绩效研究》从扎囊县扎其乡德吉新村的基层组织、经济发展、社会发展、民族与宗教、社会事业入手，以从一个侧面反映西藏自治区扶贫开发的有关情况。《民族手工业村》则以贡嘎县杰德秀居委会为代表性案例，对西藏农村经济、社会发展状况进行解析，以为推进边疆民族地区经济与社会发展的科学决策提供基础性经验资料。《天路带来吉祥》以那曲县那曲镇门地二十二村为调研对象，从微观视角阐述了青藏铁路开通以来给铁路沿线和整个西藏带来的变化。《青藏铁路带来的新农村》则以堆龙德庆县柳梧村为个案，阐述了青藏铁路建设及开通以来给柳梧村及其村民带来的变化。

高大洪、郭海亮等人的《边疆民族地区城市社区管理模式选择研究——以拉萨市社区管理个案为例》（《西藏大学学报》社科版第1期）一文，认为西藏拉萨由于社区自治的条件尚未成熟，城市社区管理中的政府行为起着重要作用，政府主导型模式是目前拉萨市社区管理的唯一选择。朱新林的《西藏社区服务建设中存在的问题及对策》（《西藏民族学院学报》哲社版第2期）一文，认为西藏的社区服务刚刚起步，目前还存在一些困难和问题，今后要进一步转变政府职能，增加政府投入，加大社区设施建设力度，加强社区服务队伍建设，引导居民广泛参与社区活动，加强社区环境和社会治安治理，为全面建设小康西藏、平安西藏、和谐西藏、生态西藏打下坚实的基础。

王川、刘波的《近代西藏昌都地区汉人社会生活初探》（《中国藏学》第3期）一文，以西藏昌都地区为考察中心，复原了近代时期（1840—1959）生活于斯的汉族人群体的基本状况，分析了近代昌都汉族人的社会生活，包括原籍来源、职业构成、社会组织、精神生活等相关情况，论证了历史上藏汉民族人员往来、血脉相连的民族关系。

陈默的《西藏村落公共空间与村民阶序——以曲水县茶巴朗村为例》（《中国藏学》第2期）一文，以曲水县茶巴朗村为例，以空间为分析视角，对该村村落公共空间，以及此空间内的社会关系和生产生活进行了分析和探讨。

马宁的《甘肃南部林区族群生存文化的生态人类学研究——以舟曲县3个藏汉村寨为例》（《西藏研究》第1期）一文，认为甘肃省南部林区藏汉村寨的以森林为核心的生态系统与以苯教为核心的生存文化形成了不同民族间的共生关系，对保护当地生态环境有着重要的实用价值。

贡保扎西、琼措的《论藏族村落中的民间组织及其社会功能——以舟曲县武坪乡那下村为例》（《西藏大学学报》社科版第4期）一文，对“比瓜把”和“杂安部”这两大民间组织的社会功能和作用，以及它们存在的价值和意义、发展的前景等问题进行了探讨，力图较为准确地反映这些颇具地域色彩和民族特色的民间社会组织对藏区基层社会管理和建设的积极作用和意义。

叶静珠穆的《藏区村寨年龄组织个案调查——以松潘热务沟卡卡村为例》（《西藏大学学报》哲社版第2期）一文，通过对村落年龄组织一般情况、功能及特征、制度等诸多问题的探讨，分析了年龄组织对当地村落社会发挥的重要作用。

（六）区域发展

段渝的《藏彝走廊与丝绸之路》（《西南民族大学学报》社科版第2期）一文，认为藏彝走廊南北方向的延长线即南北丝绸之路，藏彝走廊在沟通南北丝绸之路，进行中外文化互动和交流方面，发挥了重要的历史作用，是一条极其重要的东西方国际走廊。

杨晓纯的《青藏铁路背景下的“两南兴藏”》(《西藏大学学报》社科版第2期)一文，认为青藏铁路通车为费孝通“两南兴藏”设想(即从青藏高原的外围入手，逐步向中心伸张，促进西藏社会经济的现代化发展)的实施带来了新机遇。文章陈述了费孝通关于“两南兴藏”设想的论述，进一步界定了“两南兴藏”的内涵和外延，指出实施“两南兴藏”的重要理论和现实意义。

生 态 环 境

本年度与生态环境相关的社会科学领域的研究中，各类学科的科研人员从不同的学科角度和观察视角出发，探讨与西藏和其他藏区生态与环境相关的问题。由于涉及的学科领域庞杂，体现出现代科研中多学科交叉研究的特点，因此本篇可以笼统称之为对藏区的“绿色”研究。同样由于本篇涵盖的领域多，特别是本年度的研究成果集中在可持续发展，生态与经济，生态环境与社会发展，环境保护与资源开发，生态、文化与法治建设，生态环境领域的科技发展与应用这几个方面。

一、可持续发展

青藏高原可持续发展的研究是当地生态环境相关领域研究的一个重要内容。青藏高原的区域可持续发展，具有极其重要的战略地位，是包括社会、资源、环境和发展“四位一体”，协调的、有机的、庞大的“自然—经济—社会”系统，关系到中华民族的完整性、国家版图的完整性以及实现现代化的时空性。因此，探索一条人与自然和谐发展，青藏高原生态安全得以保障，民生改善与保障机制得以建立与完善，可持续发展能力不断增强的发展模式，走出一条欠发达地区实践科学发展观的成功之路，实现青藏高原区域的可持续发展，具有非常重要的现实意义和深远的战略意义。

刘同德教授长期从事青藏高原发展的研究工作，其力作《青藏高原区域可持续发展研究》（中国经济出版社）把关于青藏高原区域可持续发展的研究推进到一个新阶段、新水平，实现了理论与实践的创新与发展。区域可持续发展研究的对象是由人口（population）（P）、资源（resources）（R）、环境（environment）（E）和发展（development）（D）所组成的区域 PRED 复合系统。它们之间存在着错综复杂的关系，人口、资源、环境与发展组成了一个相互作用、相互依赖的整体。理论界对青藏高原区域可持续发展问题的研究，虽然已经取得一定的成果，但是在理论层面上还没有形成指导青藏高原区域可持续发展的系统理论，而实践中却又极其迫切地需求这种理论的指导。这部学术著作根据地区差异与发展实际，借鉴前人的研究成果，在修正 PRED 系统的基础上，就青藏高原区域可持续发展的经济发展支持系统、社会支持系统、资源支持系统与生态环境支持系统（SRED 系统）进行了定量研究与实证分析，从而将青藏高原区域可持续发展推进到制度支持系统层面，强化了青藏高原区域可持续发展的能力与智慧建设。本书根据青藏高原区域 SRED 系统能力分析结果，系统地提出了青藏高原区域可持续发展的两条主线、八大主题及十项发展原则，其中两条主线指的是把握人与自然之间关系的平衡，处理好青藏高原区域发展与环境问题；实现人与人之间关系的和谐，解决好青藏高原区域的“效率与公平”。最后本书全面系统地提出了青藏高原区域可持续发展的政策建议，例如提出青藏铁路经济带联动开发战略及空间模式等，对青藏高原区域可持续发展的研究具有创新性的理论与现实意义。

次仁欧珠撰写的论文《西藏交通与环境可持续发展》（《西藏大学学报》自然科学版第 1 期）从西藏交通建设与环境的可持续发展理念探讨了交通规划建设过程中对生态环境的影响。作者认为，因西藏生态环境脆弱，只有做到环境保护与交通规划紧密协调，才能实现西藏交通与环境的可持续发展。

自然保护区是生态系统的重要组成部分，是生态系统中具有代表性和特殊性的环境要素。《青海自然保护区可持续发展研究》（《青海社会科学》第 3 期）中，王海洁和张建英通过青海自然保护区建设与发展现状的调查研究，就如何实现和促进青海自然保护区可持续发展的问题进行分析，提出发展对策。

随着全球气候变暖、人口增长和放牧家畜数量的增加，草原荒漠化危机已成为我国主要生态环境问题，国内虽然已开展了生态补偿理论的研究，但是对于草地领域的研究却是一片空白。朱丽、紫发熹和李广宇在论文《玛曲草原生态补偿机制初探》（《草业与畜牧》第 6 期）中，试图通过对草原生态补偿原则、标准、主体、对象及方式等的探讨，提出确保草原生态补偿机制顺利实施的建议，为玛曲草原生态系统的可持续发展提供了一定的科学依据。

二、生态、经济与产业发展

西藏高原是青藏高原的主体，其平均海拔达 4727 米，有“地球第三极”之称，生态环境十分脆弱，高原地形与生态屏障作用对我国乃至亚洲地区生态安全产生重要影响。西藏高原脆弱的生态环境和独特的生态系统不受破坏、生态系统服务功能与人类生存发展相协调，并对邻近区域环境起到安全保障作用是在西藏实现生态安全战略的主要目的。围绕人类与生态环境之间的相互关系，钟祥浩、刘淑珍、王小丹、李辉霞、周伟和李祥妹的论文《西藏高原生态安全研究》（《山地学报》第 1 期），以生态学、生态经济学和可持续发展原理为指导，采用“3S”技术，即地理信息系统（GIS）、遥感（RS）和全球定位系统（GPS）技术，和野外调查和数理统计相结合的方法，对西藏生态环境问题与成因、经济社会发展对生态环境的影响、生态系统服务功能区域分异、生态承载力与生态风险对生态安全影响等进行了系统调查与评价。本论文通过多学科综合集成，揭示了生态环境脆弱度、人类干扰度和生态安全空间格局，构建了西藏高原生态安全屏障保护与建设体系，为维护西藏高原生态安全和保障区域社会经济可持续发展提供了科学依据。依据本项目研究成果编制的《西藏生态安全屏障保护与建设规划》于 2009 年 2 月 18 日得到了温家宝总理主持的国务院常务会议的审议通过。本项目研究成果荣获 2009 年国家科技进步二等奖。

在循环经济、可持续发展和生态工程等理论指导下，生态产业形成了诸多行之有效的、成功的发展模式，为生态产业体系的构建和经营战略提供了较好的借鉴作用。罗华发表的论文《西藏生态产业经营模式与发展战略研究》（《西藏大学学报》社科版第 2 期）在借鉴国内外生态产业成功发展模式及经验的基础上，结合西藏产业发展实际，对西藏生态产业的经营模式进行了探讨，并进一步提出了相应的发展战略。徐爱燕、安玉琴和王大海在《论藏族生态产业及其发展重点》（《西藏大学学报》社科版第 4 期）一文中也分析了生态产业构成要素，并通过构建西藏生态产业体系，指出未来西藏生态产业的发展必要性及其产业发展重点，必将利于西藏社会、经济、生态效益的和谐统一，利于西藏的可持续发展。

环青海湖地区属于青海湖湿地，是青海省重要的牧业区，也是国家生态环境建设的战略要地。《环青海湖地区城镇化建设的生态经济效应分析》（《青海民族大学学报》社科版第 2 期）的作者丁生喜和王晓鹏通过对环青海湖少数民族地区经济发展与城镇化的现状调查，深入分析环青海湖少数民族地区城镇化建设的生态经济效应，提出了环湖地区城镇化发展的战略思路。

杨有柏、马凤莲在《青藏高原生态环境脆弱性视角下青海企业绿色竞争力路径探析》（《柴达木开发研究》第5期）中首先阐述了青藏高原生态环境与企业绿色竞争力之间的关系，提出构建青海企业绿色竞争力存在的问题，例如经济的相对落后与青藏高原生态环境的脆弱性并存。指出，如何提升青海省企业的绿色竞争力，应做好五个方面的工作，即树立绿色管理理念，增强企业社会责任意识；企业通过取得“绿色通行证”，使企业发展与环境保护更协调。提升企业自身素质，建立现代企业环境成本管理模式。创新绿色技术，实现对生态环境影响最小化。制定相应的绿色政策，规范各行业的绿色标准，逐步与国际接轨。该文是本年度从企业微观角度研究生态与经济关系的唯一一篇论文。

青海三江源区位于我国西部、青藏高原腹地，是长江、黄河、澜沧江的发源地，素有“中华水塔”之称。源区的生态环境变化直接关系到长江、黄河和澜沧江中下游乃至全国的生态安全。盛国滨在论文《循环经济理念与三江源生态产业发展》（《青海民族大学学报》社科版第2期）中提出必须树立循环经济理念，选择发展生态产业，促进生态系统与经济系统的良性循环，真正实现三江源地区经济的可持续发展。生态移民是保护和建设三江源地区生态环境的核心和基础工程，而移民后续产业发展问题是实现“移得出、稳得住、能致富、不反弹”的生态移民工程目标的关键。邢晓红撰文《三江源地区生态移民后续产业发展现状及对策》（《林业经济》第7期），从三江源地区生态移民后续产业发展的现状入手，分析了目前存在的后续产业空间有限、主导产业经营水平较低、产业布局发展不合理等问题，提出了建立生态移民补偿机制、培育主导产业，实施城镇带动等对策。李芙琴在探讨同样的问题时以果洛州为个案，在《浅析“三江源”区生态移民后续产业发展存在的问题及对策》（《草业畜牧》第8期）中通过探讨三江源区当前生态移民后续产业的发展现状，分析制约果洛州生态移民发展的因素，并提出了今后发展的对策和措施。

生态旅游这个发展根植于20世纪六、七十年代的新型旅游形式，自从20世纪90年代传入我国后一直成为学术界和实业界关注和研究的热点，尤其是一些经营以自然资源为基础的旅游产品的旅游目的地和旅游企业，更是对生态旅游倾注了极大的热情。《旅游生态环境可持续发展与不同利益群体认知研究——九寨沟风景生态旅游的社会认知差异分析》（《西南民族大学学报》人文社科版第5期）一文中，作者胡北明、王挺之发现虽然生态旅游一直是学术界和实业界关注和研究的热点，但研究者们并没有从生态旅游参与者的角度去回答什么是生态旅游，生态旅游应该符合什么样的规则，缺少从生态旅游的主要利益相关者的角度进行整体研究。因此他们撰文旨在了解九寨沟景区发展生态旅游过程中，主要利益群体对生态旅游内涵的认知及发展态度，并探讨不同利益群体对生态旅游内涵认知与发展生态旅游态度之间的关系。经他们分析发现，不同利益群体的利益视角的不同，对生态旅游内涵关注的焦点也不同，对发展生态旅游的态度也有差异。

旦增卓嘎和周玲强的《西藏生态旅游资源开发及保护过程中存在的问题分析》（《西藏大学学报》第 3 期）则从目标管理、政策导向、基础设施、专业人才、资金投入和法律规范等方面，重点分析了目前西藏在推出生态旅游产品的过程中出现的问题。

本年度有两篇环境质量与经济发展方面的论文值得一提。赵青林、毛伟和彭瑛在《青海省经济发展水平与环境质量关系研究》（《安徽农业科学》第 5 期）中选取 1986 年至 2006 年青海省的经济与环境数据，以环境库兹涅茨曲线（EKC）理论为基础，采用 SPSS 软件建立了人均 GDP 与 4 种环境指标的模型，对青海经济发展水平与环境质量进行了模拟。研究表明，青海经济—环境关系不完全符合环境库兹涅茨曲线倒“U”型特征，工业废水排放量拟合曲线呈正“U”型，废气排放量拟合曲线表现为“U”曲线的右半部分，SO_2 与固体废弃物排放量拟合曲线则呈正“U + 弱倒 U”型曲线；青海水环境和大气环境污染进一步恶化，SO_2 与固体废弃物排放量出现弱转折点，近年来有下降趋势。作者提出了改善环境质量的建议：优化经济结构，调整产业格局，加大环保投入，积极开发工业“三废”的综合利用价值，提高全民环保意识。而同年孙立霞撰文《青海省经济增长与环境质量的关系分析》（《青海师范大学学报》哲社版第 6 期），选取青海省从 1998 年到 2009 年间的经济与环境数据，建立人均 GDP 与工业“三废”排放量之间的计量模型，对经济增长与环境质量关系进行计量分析，描述青海地区环境库兹涅茨曲线（EKC）特征。该研究采取与前一论文同样的方法，得到的结论也基本相同，那就是：1998 年到 2009 年这一时期青海省经济增长与环境污染程度之间不完全符合典型的 EKC 特征，应倡导发展循环经济，实现经济发展与环境保护的双赢。

青藏铁路通车在加快西藏社会经济发展，为西藏生态环境的改善创造了便利条件的同时，也给西藏的生态环境造成了不同程度的压力和影响。朱玉福、唐文武的《青藏铁路通车对西藏生态环境的影响分析》（《西藏民族学院学报》哲社版第 3 期）一文针对青藏铁路通车对生态环境已产生或可能引起的问题，提出要不断加强生态环境治理和制度建设，以适应西藏社会经济的快速发展。

三、生态环境与社会发展

当今世界，自然资源日趋紧张，生态环境不断恶化。在这种情况下，运用人类学的理论和方法研究人类、生态环境及文化之间复杂关系的生态人类学就担负起了解决这一难题的重任。生态人类学的互动观点认为文化与环境之间是一种对话关系，两者的重要程度因时因地而有所不同。各个族群的先民在其所处环境中创造、积累和传承着一套生存技能和经验，构筑了与这种生态环境相适应的生存文化。这种文化具有很强的地域性，并不是放之四海而皆准的，其中蕴含着丰富的地方性知识。这些千百年来流传下来的生存文化是与当地的生态环境相适应的，有其合理内涵，值得我们去总结和发掘。这些文化在保护当地生态环境，改善类似地区的生态环境，改变同一地区不同族群的生态观念等方面都能发挥作用，为当地人与生态环境的和谐发展做出贡献，具有很强的实用价值。马宁就以舟曲县三个藏汉村寨的案例，撰写出《甘肃南部林区族群生存文化的生态人类学研究——以舟曲县三个藏汉村寨为例》（《西藏研究》第1期）。舟曲三个村寨对待生态环境的不同态度和因此得到的不同结果给我们展现出了一幅值得深思的生态画卷，形成了以森林为核心的生态系统与以苯教为核心的生存文化之间的共生关系，是舟曲人地方性生态知识的集合，也是他们生存智慧的体现，具有很强的借鉴意义。作者认为对地方性生态知识和技能的发掘与利用是非常必要的，具有不可替代的价值。

2005年1月26日，国务院审议批准了《青海省三江源自然保护区生态保护和建设总体规划》，从2004年开始到2010年投资75亿元，核心工程是退牧还草和生态移民。因此，三江源自然保护区生态移民点成为一个新的特殊社区。本年度从社会学角度研究三江源地区移民问题的有两篇论文值得介绍。一篇是荣增举撰写的《三江源自然保护区生态移民社区的居民需要——以玉树县上拉秀乡家吉娘生态移民社区为例》（《青海民族研究》第3期）。该文运用社会学的需求评估理论（所谓需求评估，就是了解案主的信息，对其需要、问题及其个人与社会环境原因机制有所把握），通过对玉树县上拉秀乡家吉娘移民社区的调研，掌握生态移民社区的背景，以需要及需要测量的理论视角，采用问卷调查和深度访谈法对家吉娘移民社区的居民需要进行了探索，并初步探讨了满足生态移民社区需要的社区工作介入策略。通过对家吉娘移民社区的需求评估，基本达到两个层次的目标：第一层次在于把握家吉娘移民社区背景、分析居民的需要和问题；第二层次的目标在于，为了提高移民生活质量，促进社区发展和社会稳定而根据社会工作理念、方法和技能介入移民社区。

解彩霞的《三江源生态移民社会适应与回迁愿望分析》（《攀登》第6期）则提出了社会适应问题是生态移民理论研究的重大命题，在实践上，它对生态移民行动的成败起着决定性影响。作者认为从2004年开始实施的三江源区生态移民，与国内其他地区生态移民有着显著区别，主要体现在：迁出地游牧社会与迁入地城镇社会基本处于传统与现代的两极；以政府主导性移民为主，以极不稳定的生态压力为主要“推力”。因此，三江源生态移民社会适应将十分艰难。作者一行于2006、2007年夏末分别在青海省海南州和玉树州做了深入调查，以对这一重大理论与实践命题有更为准确地把握。作者发现，三江源区生态移民同样“延续了长期形成的政府动员型环境政策‘危机应对’和‘政府直控’的特点”。在实施生态移民前，三江源区面临着十分严峻的生态危机，主要表现在：草场退化与沙化加剧、水土流失日趋严重、草原鼠害猖獗、源头产水量逐年减少、生物多样性急剧萎缩、生态难民逐年增加。在这种形势下，生态移民成为维护源头、全国乃至全球生态系统失衡的应对策略，也成为解决三江源区一系列现实社会问题的无奈举措。该文通过对三江源生态移民社会适应和回迁愿望的研究，针对三江源生态移民社会适应程度不高、回迁愿望不高这一悖论，分析其形成原因，提出了提高移民社会适应程度、降低回迁风险的对策。

在大量的涉及藏区生态环境的图书、论文中有一篇难得的历史学论文《论秦汉时期河湟羌人的经济社会结构及与青海草原生态环境的互动关系》（《青海民族研究》第3期）。作者张生寅在简述秦汉时期河湟羌人经济社会结构的基础上，对其与青海草原生态环境之间的互动关系进行了初步探讨。他认为河湟羌人独特的经济社会结构是对当时青海草原资源环境的一种精巧利用与主动适应，对维持草原人地关系平衡、保护草原生态环境起到了十分积极的作用，为开发经营青海草原做出了积极贡献。该文所述史实应当对今人处理环境和社会发展的问题有所借鉴，因此特别推荐。

另有一篇文章从地理学出发，揭示了青藏高原自然环境与人类活动的密切关系。侯光良、许长军和樊启顺通过他们的论文《史前人类向青藏高原东北缘的三次扩张与环境演变》（《地理研究》第1期）提出，晚更新世以来，史前人类有三次向青藏高原东北缘扩张的历程，均与环境演变有密切的关系。

四、环境保护与资源开发

第五次西藏工作座谈会进一步强调了推进西藏跨越式发展要更加注重保护高原生态环境，使西藏成为国家重要的生态安全屏障。只有我们了解和认识了我们生活的环境，才能更好地保护和有效地改造和利用环境。对我们生活的自然环境和生态系统的研究是该领域研究的重点，其中也不乏大量知识性、资料性的图书与文章。刘务林的《“世界屋脊”上的生命》（中国大百科全书出版社）应当算是其中之一。该书以图文并茂的形式，比较详尽地介绍了西藏的自然地理、气候变化及生态布局，简明、准确而全面地提供和反映了西藏林业生态和生物多样性的信息和现状。特别是该书将整个西藏分为四大生态特点区，分别详细介绍了各个区内的生态特点，各种植物的生长特性和动物的习性，并配有各生物种属的拉丁文。还详细介绍了西藏各个自然保护区的特点和重要湿地。书中还配有西藏自然地理分区图和自然保护区分布示意图，具有很强的可读性和趣味性。

生态足迹法通过定量衡量满足特定区域内人类生存和发展要求所需的各类土地面积，并对比自然界可提供的生态生产型土地面积，从而定量研究该地区的可持续发展程度。在全球变化的大背景下，自然保护区是维持西藏生态环境可持续发展的重要手段。胡世辉和章力建撰写的《基于生态足迹的西藏自然保护区生态承载力分析：以贡布自然保护区为例》（《资源科学》第1期）一文以西藏工布自然保护区为例，基于生态足迹模型，计算该保护区2007年有效物质消费量与有效可利用生态生产性土地面积，分析其生态足迹和生态承载力，为宏观指导西藏地区如何处理经济发展与生态环境保护的关系提供科学依据。分析表明：人均生态足迹中，对耕地的需求最大，其次为化石燃料产地、林地、草地、建筑用地，对于水域的利用缺乏统计数据。工布自然保护区生态承载力远大于生态足迹，其中以林地为主，体现了当地的生态特色。

青藏高原作为地球的第三极是整个亚洲乃至世界气候形成与变化的极重要因子。顾延生、陈雪梅和景芳撰写的《青藏铁路沿线生态环境保护及对策》（《柴达木开发研究》第3期）一文所考察的青藏铁路沿线的高原腹地是一个独特的青藏高原植物亚区，绝大部分都属于泛北极植物，其植物以青藏高原特有成分占支配地位，它有着年轻的、独立发展的历史，有许多种是在高原强烈隆升过程中逐渐适应于寒冷干旱的生态条件而发展起来的。由于人类在这些区域活动少，因此这些地区的植被（生态）演化是自然进行的。研究这些耐寒、耐旱植物的生长奥秘，为更好地保护该地区植被，科学、合理地进行生态保护具有深远的意义。

拉萨河是雅鲁藏布江的主要支流，是拉萨河流域主要的生活饮用、农业灌溉、工业用水和生态用水水源。布多、罗文培、王燕飞和扎西次仁的《拉萨河流域水体铅、锌含量的初步研究》（《西藏大学学报》自然科学版第2期）通过对拉萨河流域定点采样并对样品中铅、锌的含量进行测定，掌握拉萨河流域水体中铅、锌的含量，初步分析拉萨河流域铅、锌污染状况和污染源，提出拉萨河流域水体铅、锌等重金属污染的预防、控制和治理对策。

以往对青藏高原的研究主要集中在青藏高原隆起过程及环境效益以及气候变化和地质演化对自然生态环境的影响，青藏高原地质矿产调查与评价，青藏铁路对沿线冻土层的环境影响等方面，涉及整个青藏高原资源开发对地质环境影响并提出相应对策的研究很少。王旭、周爱国、甘义群、张溪和张俊合作撰写的论文《青藏高原矿产资源开发与地质环境保护协调发展的对策探讨》（《干旱区资源与环境》第2期，第24卷）就涉及了这个少有人涉足的领域。他们认为，青藏高原矿产资源丰富，但其脆弱的地质环境制约着矿产资源的开发。为了促进青藏高原矿产资源合理开发利用和地质环境的保护，实现资源开发与环境保护协调和区域的可持续发展，需要进行青藏高原矿产资源开发与地质环境保护协调发展的对策探讨。文章分析了青藏高原具有矿产资源丰富、开发利用程度低和开发利用潜力大的现状特点，因矿产资源开发产生占用和破坏土地资源、造成水均衡破坏与水污染、诱发的地质灾害等环境问题，对地质环境造成了不同程度的负面影响，提出了矿产资源开发与地质环境协调发展的保护对策。要保护好脆弱的地质环境就要在开发前做好资源开发对地质环境的影响机制研究和矿产资源开发地区的环境承载力研究。在开发过程中，做好矿产资源开发与环境保护并重。只有采取这样的措施才能保证青藏高原矿产资源合理开发和有效利用，实现青藏高原脆弱的地质环境得到可持续的发展。

为保证生态环境与经济社会的协调发展，必须建立科学、合理、高效的利益补偿模式，按照受益者补偿原则，解决经济发展对生态环境的价值补偿。刘艳的《三江源地区资源开发与利益补偿模式研究》（《柴达木开发研究》第6期）结合三江源区现实状况与已取得的实践经验，主张建立市场经济条件下政府主导的利益补偿模式，提出了建立利益补偿模式的政策建议。

五、生态、文化与法治建设

民族文化不仅是一个民族的发展之源、精神之根和一个地区的活力，而且是维系各民族团结奋进的坚强纽带；同时，民族文化既是发挥地区优势、参与市场竞争的无形资产，也是融入经济一体化的品牌。其中生态文化或者说是与文化传统息息相关的生态成为《藏区宗教文化生态》（尕藏加著，社会科学文献出版社）的亮点。对于藏传佛教与自然环境、经济社会、文化传统等之间的互动关系，以及当前藏区多元文化、多元宗教、多样化的宗教信仰与构建和谐区域社会等现实问题的研究，属于中国正在兴起的交叉或跨学科的综合性科研领域，亦可归入区域性宗教文化研究范畴。作者借鉴多种学科的理论与方法，历史与现实联系、理论与实践结合，以丰富的有关藏汉文献和田野调研所获得的第一手资料或个案实例作为重要依据，不仅从历史与理论的层面探析了宗教文化与自然、经济、社会之间业已存在的纵横交错的互动关系，而且从个案和实证的角度对当前藏族地区的生态环境、多元文化、多元宗教以及寺院文化功能、百姓宗教信仰等诸多方面进行深度分析。

宗教学与生态学相结合的研究作为社会科学与人文学科一个新的分支，其实质是希望凸显原住民生态观。郁丹撰写的《神的怀抱里：一个安多藏族村落的生态——显圣景观》（《西北民族研究》第 2 期）与前面这部专著一样也运用了多学科交叉研究的手段，但较之更专一地探讨藏族信仰系统的生态观，试图阐释人的社区、神灵、佛法和有着宗教意义的自然景观（landscape，尤其是群山）之间复杂、互惠的渗透关系。文章提出了两个观点：其一是藏族圣地的生态价值不总是超世间的，而是存在于有情界、自然界中，与修行者、普通人、地方神灵和自然景观相互关联；另一个观点是，宗教仪式产生了切实的生态效应，在当地藏族人保持其生活环境平衡的过程中扮演着调节角色。

人与自然和谐，一直是人类共同的梦想与追求。徐柯健的著作《香格里拉地区的自然与人文多样性及发展模式》（地质出版社）以中国川、滇、藏交界区的香格里拉地区为研究对象，通过野外考察、资料搜集、室内整理，对“香格里拉”进行了全面的梳理和科学的诠释。系统阐述了香格里拉的由来和内涵，全面分析了香格里拉地区的人地关系现状，并针对香格里拉地区存在的问题，探索未来香格里拉地区的发展模式。作者从多角度综合分析，认为最接近名词“香格里拉”所体现的内涵与精髓的地域是青藏高原东南部横断山区的主体部分。香格里拉地区的自然多样性包括地貌类型多样性、气候类型多样性、生物多样性以及资源多样性。人文多样性包括民族多样性、文化多样性以及宗教多样性，等等。本书提出了未来香格里拉应该以自然和人文多样性保护为核心，以农牧业升级为主题，适度发展水电业，积极培育旅游业，走出一条人与自然和谐的现代生活之路。

根据生态文化学理论，特定地区的人们在长期的生存实践过程中，通过对生存环境及资源可利用性的认知、适应，而逐渐选择形成具有该地区自然环境特色的特定生存模式，亦可称之为特定的文化模式，这一模式化的文化具有调节环境与文化协调关系的功能。史云峰在其《略论藏族生态文化的价值维度》（《西藏民族学院学报》哲社版第6期）中指出，藏民族在其生存环境中形成的独具特色、丰富多样的传统生态文化，是藏族传统文化的重要组成部分，其核心是价值维度，具体包括：生活价值——“身外的自然”的开启和拓展；方法价值——“自身的自然”的延伸和放大；精神价值——人的自我超越；负价值——人类发展的阶段性和理性的有限性。准确地理解与把握藏族传统生态文化的精神实质，对于继承藏族优秀传统文化和当前建设生态西藏都具有十分重要的意义。该作者在他的另一篇论文《略论藏族农耕民俗的生态文化学意蕴》（《西藏研究》第4期）中阐明，正是由于这种既与自然对立，又不将自然界作为异己力量加以征服的思想，既体现了藏族同自然环境的和谐统一，又反映了其早期农耕生活的自然生产方式。藏族传统生态文化已深深地积淀在藏族民众的内心深处，其中有关崇敬自然、敬重生命的价值观以及与自然相适应、相和谐的活动和节制简朴的生活方式，对于我们今天建设高原生态文明、建设生态西藏亦具有重要的参考意义。

加强文化生态保护是“弘扬中华文化，建设中华民族共有精神家园”的重大战略举措。近年来，文化部相继命名设立了包括热贡在内的一批文化生态保护实验区。杨自沿和仲新春在《热贡文化生态保护区建设问题探析》（《青海社会科学》第3期）中提出，加快推进热贡文化保护实验区建设，应突出特色，科学规划，加大投入，打造精品，尽快将文化资源优势转化为经济优势，从而实现文化、生态、经济、社会的和谐共建。

高原藏区的生态法治基本原则不仅需要结合藏区生态的实际特点和先进的生态法理论，更需要对藏族传统生态文明进行整理和吸收。藏族传统生态文明包括藏族传统生态开发方式、民族生态习惯法、藏传佛教中的生态观和生态道德等传统伦理与行为模式。它是藏族民众与藏区生态间相互依赖、生存、发展的历史浓缩，也是藏区生态持续保护的宝贵经验。吕志祥、刘嘉尧撰写的论文《高原藏区生态法治基本原则新探——基于藏族传统生态文明的视角》（《西藏民族学院学报》哲社版第2期）通过提炼藏族传统生态文明资源而得出的藏区生态法治基本原则，不仅具有民族性和地域性，同时具有较强的现实操作性。而刘嘉尧、吕志祥（《青海民族大学学报》社科版第3期）发表的《确立藏族聚居区特色生态法治基本原则的路径选择》中则提出，先进的生态法治基本原则对藏族聚居区生态法治体系的构建、生态的恢复和保护以及和谐生态社会的发展具有重要意义。文章认为在确立藏族聚居区生态法治基本原则的过程中，需要汲取和发掘藏族传统的生态文明资源，将藏族传统生态文明与现代生态法治理论有机地结合起来，最终完成符合藏族聚居区生态和社会基本情况的、具有藏族聚居区特色的生态法治基本原则。

文化教育

汉文部分

2010年度，对藏族文化、教育、体育的研究一如既往地成果丰硕，有百余篇用汉文发表的论文在各种学术期刊和学报上发表。这些论著主要集中在藏族民俗文化、传统文化、基础教育、高等教育、传统教育、传统体育等方面。其中不乏视野开阔、理论及学术见解独到的文章和著述。下面从不同研究视角和领域对上述成果做简要概述。

一、综述

2010年3月28日，藏学文化界的盛事——西藏文化博物馆由中国藏学研究中心正式开馆。西藏文化博物馆是目前唯一一座设在北京的西藏文化专业性综合博物馆。是西藏及其他藏区政治、经济、文化和社会生活的展示中心；国内外认识和了解藏族政治、经济、历史和文化的窗口；开展对外宣传和反分裂斗争及爱国主义教育和各民族文化交流活动的基地；藏学研究和信息资料的平台；首都文化生活的一个观景点。因此，本年度有文章专门介绍西藏文化博物馆，如毕华的《西藏文化博物馆的历史机遇与挑战》（《中国藏学》第S1期）。文章将西藏文化博物馆的发展建设放在推动国家文化大发展、大繁荣，兴起社会主义文化建设新高潮的大背景下观察思考，分析了西藏文化博物馆面临的历史机遇与挑战，指出了西藏文化博物馆具有的鲜明特色和潜在优势，提出了西藏文化博物馆如何抓住机遇，发挥优势，迎接挑战的初步想法。格勒、张春燕的《世人了解西藏文化的窗口——中国藏学研究中心西藏文化博物馆巡礼》（《中国藏学》第 S1 期）。文章对中国藏学研究中心西藏文化博物馆设立的缘起、以雪域宝鉴为主题的展览进行了全面叙述。该展览共展出藏族珍贵文物近千件，分见证西藏历史和弘扬藏族文化两大主线。其中见证西藏历史下设多元一体、崭新纪元两大部分，弘扬藏族文化下设智慧之匙、艺海遗珍和雪域风情三大部分。通过展览，印证西藏主权，继承和保护西藏传统文化，展示西藏经济建设的跨越式发展。

二、传统文化研究

林继富的《昆仑文化与藏族文化关系研究》（《青海社会科学》第 5 期）一文通过分析大量古代典籍、野史笔记等资料，认为文化昆仑与以冈底斯神山信仰为代表的藏族远古文化之间的相同性和相似性，不仅是交融互动的结果，而且具有共同心态和生态背景下生成的共性和个性的文化逻辑。

邹西成的《中国西藏文化博物馆展品中的三枚清代摄政王印章初考》（《中国藏学》第 3 期）一文选取三枚清代摄政王印章，从政治历史、藏传佛教等方面加以论证和阐述。作者认为藏族古印章是中国印章史上极富魅力的瑰宝，它所涵盖的历史、人物、政治、宗教的深度和广度，以及文字、图纹、图腾、材质和雕刻工艺，充分反映了藏族文化的博大精深，它的功用渗透到了藏族社会历史的方方面面。

王德和所著《尔苏藏族文化研究》一书（四川大学出版社）全面、系统、深入地讨论了尔苏藏族历史、文化发展的脉络，解释了其文化现象和发展的各种原因，研究了尔苏藏族在川西南地区与其他民族的文化共生现象，分析了目前尔苏藏族文化面临的问题，透视了尔苏藏族文化与其他民族文化的相互影响，有许多独到的见解。

《认知・传承・嬗变：尔地村传统民间文化调查》（《中国藏学》第 3 期）一文作者贾曼、扎西加西通过实地调查了解到，藏族传统民间文化在尔地村的当代认知与传承，并没有以当代主流文化替换传统的藏族文化。但原有文化于多元一体的中华文化社会现实中，吸收其他民族优秀文化，并发生嬗变。嬗变更多地表现为年青一代的行为方式和思想观念已不同于老一辈。而《格萨尔》的流布与传承，也不同于过去口耳相传的传统方式，现在人们更多地依靠收听广播和阅读已出版的《格萨尔》。

郎维伟、张朴的《嘉绒藏族的姓氏文化与村落社会的传统互助——以甘孜州沈村藏族为例》一文认为，在嘉绒藏族的原生态文化中，独特的姓氏制度可以追溯每个家庭及其成员的父系来源，实现父系继承关系，这是姓氏制度的内在功能；以房名为血缘特征的姓氏文化和联姻形成的姻亲关系，成为村落社会中的二元亲属关系，通过亲属关系结成了村落社会的互助网络，这是姓氏制度的外在功能。焦自云、汪永平的《山水一线间的亚东驿站研究》一文认为西藏亚东至江孜一线曾成为英国的半租借地，随之强势楔入的驿站建筑的形式和风格深受英国等外来建筑文化的影响。文章即以亚东县域内仅存的两幢驿站建筑为研究对象，运用比较法从建筑的角度对其进行详细分析，并重新审视其在亚东近代史上的地位和历史价值。杨晓荣、雷文华的《藏族传统时间观念探析》一文认为藏族传统的时间观念具有三方面的特征：第一，藏族先民通过对自然界中在时空上呈现出周期性重复出现的各种物候现象和天象的观察与体验，产生了对时间循环性和持续性的认知；第二，藏族先民通过对生命存在有限寿命的体验，以及对自然现象和历史人文不可逆性的感悟，建构出时间的流逝性；第三，古代藏族哲学家较早就有了时能变、空能启的相对论时空观，认为时空会反作用于其中的物质，影响物质的运动，时间是相对的，而非是绝对的。范春文《藏族传统数字文化探析》一文认为数字文化是各种宇宙观、哲学观、宗教观、文化观、价值观、审美观的反映和象征，不同的民族因其地理环境和历史发展过程的不同而具有不同的数字文化。文章从数字源流、数字异名、数字喜好、数字应用等方面对藏族传统数字文化进行初步探析，由数字文化角度探视藏民族丰富多彩的人文精神世界，展现藏民族非物质文化基础和独特的心理文化，发挥数字在跨文化中的作用。蔡光洁《珞巴族传统文化及其生存现状考察——从西藏米林县琼林村的旅游开发谈起》一文认为在历史发展过程中，特定的生存环境使珞巴族逐渐形成自己的传统文化。自然简朴的物质体现和神秘丰富的精神内涵构建了珞巴文化的完整式样，其特点具有明显的非物质文化性质，其发展也受社会形态和生产方式的制约。在旅游开发背景中的琼林村，珞巴传统文化的现状遭遇保护、传承与利用的诸多问题，在我国少、小民族文化的生存和发展中具有典型性。

元大都十一城门制之谜，长期以来是学界广为关注的一个热门话题，但主要是从汉族文化的哪吒神话或风水学说角度加以解释，争论不定。张双智的《试从藏族文化视角解读元大都十一城门之谜》一文从藏族文化角度加以解读。从营建大都城的历史背景、政治环境，最高决策者忽必烈的政治思想、宗教信仰，及其尊信帝师八思巴，在皇宫内外大量建造喇嘛庙供奉玛哈噶拉为军神、战神和护国神等多方面分析研究，认为大都城十一城门寓意元朝的护国神——藏传佛教的护法神玛哈噶拉。

三、民俗文化研究

本年度有关藏族民俗文化的研究仍是学者关注的热点，文章较多，内容丰富。

（一）纹样、装饰等方面的研究

藏族首饰以其独特的风貌、丰富的文化内涵展现着藏民族特有的精神气质，这种气质集中体现在其装饰语言即首饰纹样上。藏区地域广袤，不同地区的群众所佩戴的首饰在形制和纹饰上有很大差异。宋宁的《论嘎玛藏族传统首饰纹样的文化特点》以田野考察为依据，从区域文化特点入手，探讨了嘎玛藏族传统首饰纹样的文化特点。张艺的《藏族门饰艺术浅析》（《艺术探索》第1期）作为藏族建筑表现重点的门，不论是民居的抑或寺院的，都承载着丰富的历史文化信息，其精致的组成部分及表现出的各种造型艺术和绘画都具有浓重的藏族色彩，继承了本民族的审美特点和民族心理，在悠久的历史发展过程中形成了独特的门饰艺术。周晓飞的《藏族寺院建筑装饰纹样的符号内涵和文化特征》（《艺术探索》第4期）指出藏族寺院建筑装饰纹样是典型的藏族纹饰艺术，它们被广泛地运用到寺院建筑的各个主体部分。这些纹样图案是藏族文化系统的组成部分之一，有着丰富的符号内涵和独特的文化特征。李玉琴《沟通人神：藏族服饰的象征意义及解读》（《西藏大学学报》社科版第2期）一文对神巫祭祀服、格萨尔说唱人（仲巴）的帽子、藏族宗教法舞羌姆形象、佛教僧人发辫以及藏戏服饰进行了解读，在相关的活动和仪式中，服饰是神圣的精神力量，表达着一种复杂的观念和象征意义，是沟通人神的神圣物质。藏族民间服饰也秉承了宗教象征的基本精神，以神秘的形式展现了他们对神灵的敬畏、膜拜和祈求，以获得心灵的慰藉和愿望的达成。

（二）建筑、民居方面的研究

龙珠多杰的《藏族寺院建筑选址文化探微》（《中国藏学》第3期）主要以寺院相地文化为切入点，分析和解读藏族寺院建筑选址文化中的各种仪式，从而阐释了藏族人对高原自然环境的认知和与自然和谐共处的建筑选址理念。褚潇白的文章《云南省德钦县佳碧村藏族民居文化探微》（《中国藏学》第3期）以云南省德钦县佳碧村的民居住宅为考察对象，通过分析民居在具体文化情境中的构筑形态、空间分隔及细部装饰特征，厘清目前民居文化所面临的现实问题并尝试提出应对的方法。

（三）民俗、信仰、禁忌方面的研究

才旦曲珍《对女性禁忌民俗的探讨》（《西藏大学学报》社科版第 4 期）一文认为，禁忌是关于神圣或不洁的约定俗成的一种禁制。女性禁忌有两方面的涵义：一方面女性被认为是崇高的、神圣的，而被神化；另一方面则被认为是邪恶的、不洁的，而被魔化。女性禁忌经历了从母权制时代的尊崇女性到父权制时代的贱视女性的历史演变过程。随着时代的发展、人类文明的进步，女性禁忌将逐渐退出人类的历史舞台，女性禁忌的日渐式微就是女性禁忌走向衰亡的一个生动缩影。

藏传佛教石刻嘛呢经作为藏族民间宗教信仰的重要表现形式之一，不仅形成了自己的文化特色，且具有十分重要的文化价值和学术研究价值。罗桑开珠的《玉树嘉纳嘛呢石及其文化价值》（《青海民族大学学报》社科版第 2 期）一文就青海玉树嘉纳嘛呢石刻文化的形成历史、区域特点和文化价值进行了研究。

才项多杰的《藏族“拉则”文化意蕴解析》（《青海民族大学学报》社科版第 3 期）一文结合藏族山神崇拜和崇箭习俗，对藏族“拉则”仪式的历史渊源及其蕴含的文化功能等进行了较为深入的阐述，特别是对“拉则”供品中箭的象征意蕴做了全新的解析。认为它既是献祭战神的锐利武器，也具有祈求生育、繁衍子孙的功能，是藏族远古先民生殖文化理念的再现。

魏强《论藏族龙神崇拜的发展演变及特点》（《青海民族大学学报》社科版第 3 期）一文在阐述藏族龙神崇拜习俗特点的基础上，分析了龙神早期、晚期的形象及其职能和祭祀龙神的仪式。作者的另一篇文章《论藏族山神崇拜习俗》（《中央民族大学学报》哲社版第 6 期）认为，自古以来，居住在青藏高原上的藏族先民由对山神的最初敬畏之情发展为向它顶礼膜拜。起初人们供奉山神，是企望山神能够保佑本地区的草木旺盛、牲畜兴旺，但是随着佛教思想的影响，这种山神崇拜的习俗又被赋予了新的内涵。藏族祭祀山神有煨桑、呈献供品、垒嘛呢堆、悬挂经幡和转山等多种方式。

王德和的《甘洛县尔苏藏族的丧葬习俗调查研究》（《西南民族大学学报》人文社科版第 9 期）一文通过实证方法介绍了甘洛县尔苏藏族丧葬习俗，从社会学的角度讨论了尔苏藏族丧葬礼俗体现的家族凝聚力和亲朋好友和谐互助的人际关系。丧葬仪式一方面为死者的人生画上句号，对死者具有终结意义。另

一方面，丧葬仪式对生者具有深刻的抚慰意义，仪式要安抚生者的心理情绪，要重新整合亲属之间的关系，增强生者延续生命的力量。

琅玕比又称还山鸡节，是川西南尔苏藏族对本族一个重要传统节日名称的汉语音译。该节日定期举行于每年的农历九月初一，主题是敬奉山神以及历代先祖。王德和、古涛的《甘洛县新市坝镇尔苏藏族的琅玕比研究》（《青海民族研究》第 2 期）一文即以甘洛县新民村尔苏藏族的琅玕比为例，通过民族学田野实地考察与访谈并结合相关文献记载，指出该习俗系尔苏藏族远古时期万物有灵的多神崇拜的文化遗存，认为琅玕比反映了人与自然和谐相处理念。

王丹、林继富的《从忠勇之士到藏族战神——关帝在藏族人生活中的信仰》（《青海民族研究》第 6 期）指出关公进入西藏，是将关公作为战神和保护神来接受。由于关羽身上忠义和勇武两重信仰基因，导致了文化的传播者和文化的接受者表现出相当的积极性，也导致了传播者和接受者的文化错位，这是作为汉族神灵的关羽，为什么能够这么快地被纳入到藏族宗教信仰体系和民间信仰体系之中的重要原因。

索端智的《青海黄南藏族村落祭神仪式分析》（《青海民族大学学报》社科版第 4 期）通过研究仪式进而理解宗教是人类学研究宗教的重要路径。地方守护神信仰是藏族民间信仰的重要内容，本文作者通过对青海黄南藏族村落守护神祭祀仪式的田野考察，并深入仪式背后，将仪式与村落人们具体的生活关联起来，对仪式展演及其结构、仪式中的人神关系、人神交流方式以及仪式对村民生活所具有的功能与意义进行文化阐释。

扎巴的《藏族雍仲符号原型探究》《西北民族大学学报》哲社版第 2 期）一文认为，雍仲符号流行面很广，在许多国家和民族中有各自的名称和文化内涵。雍仲是同源多意的符号，还是多源同形的象征，学术界尚无定论。对藏族而言，雍仲起源于图腾崇拜，经过蛋崇拜、鸟崇拜、金翅鸟崇拜等不同时期而形成的以崇拜物为原型确立和幻化的象征符号。李锦的《土地制度与嘉绒藏族房名的获得——对四川省雅安市宝兴县硗碛藏族乡的田野调查》（《西南民族大学学报》人文社科版第 5 期）一文以 19 世纪末到 2009 年间的硗碛藏族乡为重点，来讨论土地制度与嘉绒藏族房名的获得问题。在这 100 多年间，影响嘉绒藏族房名获得的因素，经历了受份地制度控制——受土地所有权变动控制——受是否有足够经济条件建房控制的过程，在今后一段时间内，将主要受人口增长控制的影响。

凌立《藏族传统吉祥图案中的和谐理念及审美观》（《四川民族学院学报》第 1 期）一文介绍了几组藏族传统吉祥图案，阐明了一个鲜明的主题，即和谐理念。吉祥图案集中体现了人与自然、人与动物、主观与客观的有机结合，构建了一个美好、吉祥的世界。有了友好和睦，互敬互爱，才会国泰民安、繁荣昌盛；环境是人类生存之本，只有安定和谐的生存环境，才能使人类幸福安宁、健康长寿。藏族这些传统吉祥图案中的和谐理念，不管是在过去，还是现在，乃至将来，都对人类社会具有深刻的启示作用。

仁真丹松的《藏族的“风马经幡”》（《四川民族学院学报》第 3 期）一文对龙达的图案及其象征意义、颜色及其寓意、使用的规则和方法等作了较为详尽的阐释，有利于人们对藏文化的了解和认识。

吉祥八宝藏语译音为扎西达吉，意为八吉祥标志，是藏区最常见的具有深刻内涵的象征符号，也是最早在正规经文中提到的符号。吉祥八宝由八种象征吉祥、圆满、幸福的图案组成，这八种图案分别是法轮、宝伞、胜利幢、吉祥结、右旋海螺、宝瓶、莲花和宝鱼八图徽，简称轮螺伞盖、花罐鱼长。益西的《浅析藏族“吉祥八宝”的寓意》（《四川民族学院学报》第 4 期）一文对吉祥八宝的寓意、来源、使用状况等作了较为详尽的分析，有利于促进人们对藏文化的了解和认识。介绍吉祥八宝的文章还有拉都的《藏族传统吉祥八物图的文化内涵及其象征》（《四川民族学院学报》第 5 期）。

余永红的《陇南白马藏族服饰文化述论》（《民族艺术研究》第 3 期）一文认为，陇南白马藏族民俗文化基本保留了其原生态特征，其中服饰文化最为典型，是白马藏族民俗文化的主要视觉载体。男子服饰体现出朴素单纯的特征，妇女服饰相对丰富多样，而且装饰图案精美，文化意蕴深厚，传达出白马人与自然生态的和谐共处，以及他们对生活的憧憬和热爱，也体现出白马人独特的审美情趣。

藏区早就有茶文化，但由于当时的藏区尚不产茶，藏区最初的茶文化就只能从他处习得。一般以为，茶是唐代才传进西藏的。但是，这种说法证据不足。杨海潮的文章《茶文化初传藏区的时间与空间之语言学考证》（《青海民族研究》第 3 期）考证了早期汉文典籍中记录的茶的名称，通过比较古汉语和古藏语中茶的名称，从语言学的角度利用对音材料论证了茶文化最初是从滇川交界地带，大约在东汉至魏晋这一时期传进藏区的。

洲塔、王云的《从婚俗文化看社会转型过程中藏族生育文化的变迁——以青海卓仓藏族为例》（《兰州大学学报》社科版第 2 期）一文在田野调查的基础上，结合历史文献，通过对近代青海藏族婚俗文化意蕴的阐释，描述和分析了青海藏族在现代化转型时期婚俗文化对其生育文化变迁和重构的影响。

郭建勋的《川西贵琼人碉房中的锅庄石及其象征意义》（《西南民族大学

学报》人文社科版第4期）一文认为，川西贵琼人碉房中锅庄石隐喻的宇宙观念，以及围绕锅庄石的相关信仰和仪式，既是理解贵琼人空间观念及认知方式也是理解川西北碉形建筑象征意义的角度之一。本文认为，锅庄石、火塘及其仪式中隐含了边缘化的三界空间观念，超自然信仰和神俗空间划分，反映了建造者原初的宇宙观念、认知方式。碉楼象征的等级观念，只是继承并发挥了碉房中业已存在的、占优势的空间观念而已。碉楼空间的纵向发展过程，隐喻和象征了社会秩序的建构过程。

四、现代文化研究

20世纪90年代，西方涌现出一批基于新理论、新方法研究藏族神圣地理（神山、圣湖、圣迹、圣地等）以及相关仪式、神圣空间的研究成果，对于这些研究成果进行较为细致的评析，有助于国内同行更好地了解西方朝圣视野下对于藏族民间宗教与文化的探讨，从而对其研究观点、研究理论与方法有一个系统的认识，推进我国藏学研究的发展。才贝的《西方“朝圣”视野下藏族“神圣”地理研究及其分析》一文正是基于此，对藏族“神圣”地理进行了研究及分析。常凌翀的《新媒体语境下西藏非物质文化遗产的数字化保护与传承探究》（《西南民族大学学报》人文社科版第11期）一文论述了在新媒体语境下西藏非物质文化遗产保护的现状，提出了利用数字技术保护文化遗产的现实思考，从理论上分析探讨数字化保护方式的优劣。积极利用大众媒体超越时空限制的数字传播特性，扩大文化传播的受众范围，提高文化遗产的传播效果，为西藏非物质文化遗产的保护和传承提供新路径。

顿珠拉杰的《西藏珠峰自然保护区人文遗产综合考察》一文通过实地田野调查与历史文献相结合的研究方法，从四方面对珠峰自然保护区内的人文遗迹进行考察和记述：其一是该地区的总的历史沿革，二是具体的人文遗址，三是寺院方面，四是神山圣湖的传说。比较全面地阐释了珠峰地区的历史及其人文风貌，为该地区的人文历史研究和生态旅游产业发展提供可靠的资料依据。

随着社会经济发展和城市变迁，历史文化街区在新时代面临着保护与发展的巨大挑战。胡海燕、图登克珠、次仁德吉的《基于功能演变视角的历史文化街区保护与发展研究——以拉萨老城区为例》（《西藏大学学报》社会科学版第3期）一文从功能演变的视角出发，以拉萨老城区为例，探讨了其主要功能、功能演变以及功能演变对老城区保护与发展带来的挑战，提出老城区未来发展应遵循保留、更新、拓展等三个基本原则。

周德仓的《抓住历史机遇，致力于“少数民族新闻学”学科建设》（《西藏民族学院学报》哲社版第5期）一文试图在对中国少数民族新闻传播研究的历史回顾中，阐明构建少数民族新闻学的必然性、研究思路和学科构架，并简要说明中国西部、民族院校和西藏民族学院在少数民族新闻学学科建设中的历史机遇和责任。周德仓著《中国藏文报刊发展史》一书对中国藏文报刊的发展脉络、传播规律及现状等做了清晰梳理和研究，填补了中国藏学研究和少数民族报刊历史研究的一项空白，具有较高的学术价值和现实意义。

辛峰《藏区民族文化遗产保护的几点思考》（《青海社会科学》第5期）一文认为，藏区是中国最古老、最典型、最强大的游牧文化区域，也是世界上最密集、最独特的宗教文化交汇地之一，同时作为中华文明的起源地之一，拥有世界上最丰富的传统文化底蕴和特色鲜明、样式众多的民族文化遗产。藏区民族文化遗产是以藏族文化为主体，多民族、多宗教、多文化互相交融并存的原生态文化，也是藏区各民族所创造、共享、传承的文化遗产。近年来，我国相继公布了一大批物质及非物质文化遗产，其中有不少藏区民族文化遗产入围，因此其保护显得尤为重要。吴琼的《保护和开发热贡文化资源探析》（《青海社会科学》第5期）一文从热贡文化的历史源流和文化特质上对其内涵进行了深入挖掘，分析了热贡文化在构建和谐社会中的重要作用，提出要合理保护和开发利用好这一文化资源，实现文化保护与可持续发展双赢。

吴解勋的《青海藏文图书出版业的现状及发展对策》（《攀登》第1期）一文通过对青海藏文图书出版业现状的分析，探讨了新形势下青海藏文图书出版业的发展思路与对策。

常凌翀《西藏非物质文化遗产的影像化传播路径》（《兰州学刊》第12期）一文认为，西藏是我国原生态非物质文化遗产的富集地，借助影像数字化技术的传播优势，对西藏非物质文化遗产进行合理保护和积极发展势在必行。关键要处理好原生与再生的辩证关系，既要整体性保护好西藏非物质文化遗产的原生态环境和文化空间，又要充分发挥影像化的形象、直观、多维性、审美创新性和影像化物质载体保存的长久性，积极实现影像化与西藏非物质文化遗产保护和传播的双赢，传其神韵，把根留住。

李美萍《当代西藏电影分类及理论研究》（《西南民族大学学报》人文社科版第6期）一文通过研究分析，认为大体上，西藏电影可以分为四类：第一类是西藏作为一个背景，西藏被想象为一个类似于武侠的神秘世界，作为神话的西藏存在；第二类是有关西藏文化、风俗的电影，作为地理学上的表征存在；第三类是国外关于西藏题材的电影，作为意识形态的西藏存在；第四类就是西藏人类学纪录片，作为人类学记录的西藏存在。

五、教　育

本年度藏学教育领域没有特别的热点问题，研究力量较均衡地分布于教育理论、初等教育、高等教育、双语教育等方面。

本年度有关教育的论著较多，吴德刚就出版了两部论著：《西藏教育调查》和《西藏教育研究》。《西藏教育调查》收集了作者近20年来对西藏教育开展调查研究的主要成果。内容主要包括三个方面：第一部分是作者撰写的20篇专题调查报告，这些报告建立在大量的实地考察基础之上，从不同角度对世纪之交西藏教育的现状进行了解和剖析；第二部分是作者独立完成的16篇工作研究文章，这些论文在一定程度上反映出作者对西藏教育的理性思考的历程；第三部分主要是作者在西藏开展田野调查的原始记录，再现了西藏教育发展过程中不同区域的真实面貌。《西藏教育调查》不仅对于西藏教育研究具有重要的参考价值，而且也具有教育研究方法论意义。

《西藏教育研究》以中国特色社会主义理论为指导，对我国西藏教育改革发展的历史特点、民族特点和区域特点进行了深入的研究和探讨。全书以西藏教育改革发展的矛盾和特殊性为主线，从历史唯物论和现代系统论的角度，探析了西藏教育改革发展的内、外部制约因素，揭示了西藏教育改革发展的十大矛盾，总结和回顾了西藏教育改革的重大实践，充分论述了新中国西藏教育发展的巨大成就及其在国际上的人权意义。《西藏教育研究》还从科学发展观的视角，提出了改革发展西藏教育的指导思想和战略对策。《西藏教育研究》是我国目前比较系统研究区域教育的专著之一，对于我国民族地区教育改革发展有一定的理论和实践价值。

王振岭主编的《青藏牧区教育跨越式发展研究》（青海人民出版社）一书立足现状，着眼长远发展，对青藏牧区教育跨越式发展的理论基础和政策进行了全面分析；对青藏牧区教育跨越式发展的成就、总体状况以及基本特点作了全面描述；对青藏牧区教育跨越式发展的经验进行了总结，并提出了对策建议。课题成果体现了资料性与学术性的统一，理论性、实践性和创新性的结合，填补了我国牧区义务教育研究领域的一项空白。

（一）高等教育

随着藏区教育事业的发展，藏区的高等教育越来越受到重视，有关藏区高等教育的文章也越来越多，涉及专业建设、高校学生就业、学报建设等方面。如刘凯的《西藏高等学校专业建设的现代化发展》（《西藏研究》第1期）一文分析了西藏高等学校专业建设方面存在的问题和困难，提出了科学制定西藏高校专业建设规划；面向西藏经济社会发展，提高专业的适应性；强化西藏地方特色，加强特色专业建设；以学科建设为依托，促进专业建设等四项具体措施。作者认为要实现西藏高等教育现代化，提高人才培养质量，西藏高等学校必须加强专业建设。

宋瑞、普布次仁、王生彦的《西藏高校毕业生就业制度改革的现状分析及对策思考》（《西藏研究》第4期）一文认为，西藏自治区普通高校毕业生就业制度改革，是全国高校毕业生就业制度改革的组成部分。但是，由于自然条件、经济、社会发展的实际情况，西藏自治区高校毕业生就业制度改革起步较晚，改革缓慢。目前已对2006届至2009届共四届毕业生按照新的就业制度实现就业，顺利完成了就业制度的过渡，也为进一步深化毕业生就业制度改革积累了有益的经验。然而，西藏高校毕业生就业制度的改革步履艰难，同时也存在问题与不足。作者认为如何进行有效的改革并实现高校毕业生顺利就业，是摆在我们面前的重要任务。

高校校报历史悠久，几乎与中国近代高等教育同时出现，在我国高等教育发展史上占有重要地位。就西藏地区高校校报而言，校报的问世比较晚，发展也比较缓慢，面临着很多的问题。闵黎的《论民族高校校报在和谐校园建设中的重要作用——以西藏民族学院校报为例》（《西藏民族学院学报》哲社版第6期）指出，民族院校是我国高等教育的一个组成部分，既有高校工作的共性，又承担着更加重要的办学任务。作为高校主导媒体的民族高校校报，责无旁贷地成为构建和谐校园话语平台的重要载体，担负着营造舆论环境、传播先进文化的重任，在和谐校园的构建工作中具有非常重要的作用。本文以西藏民族学院校报为例，阐述了民族高校校报在构建民族高校和谐校园中的作用。作者的另一篇文章《新时期西藏高校校报建设的现状与问题探析》（《西藏科技》第4期）着重指出西藏高校校报建设的现状，并就进一步发展提出相应的对策。

信息素质教育是素质教育的一个重要组成部分，直接影响着创新人才的培养。丹增曲珍的《浅论西藏大学生信息素质教育》（《西藏科技》第9期）一文利用调查问卷形式，从信息意识、信息能力和信息道德方面分析了西藏大学学生的信息素质现状。提出在教育活动中应掌握学生的特点和规律，因地制宜，灵活多样地开展各种活动，才能提高信息素质教育的实效。

校园网是学校教育信息化的重要基础设施，在高职院校的教学、管理和生活服务中起着越来越重要的作用。校园网对高职院校的影响是系统的、全面的，有利于改变学生的思维方式。程王林的《浅论西藏高职院校校园网及其在教学中的应用》（《西藏科技》第2期）一文对西藏高职院校校园网建设及意义进行了简单的阐述，同时对如何发挥校园网在教学中的作用进行了概括。

宁沛林的《论民族高校图书馆工作的民族特色建设——以西藏民族学院图书馆为例》（《西藏民族学院学报》哲社版第6期）一文以西藏民族学院图书馆为例，就如何加强民族院校图书馆的民族特色建设的重大意义、主要内容和必要条件等进行了阐述。

（二）语言教育研究

双语现象是我国较为普遍的一个现象，在藏区尤其突出。本年度的双语教育研究论文主要有姚便芳的《论昌都地区双语教育的兴起和发展》（《中国藏学》第3期）和龙藜、巴登尼玛的《试析康巴和安多方言区双语教育面临的挑战——基于四川省丹巴县双语教育的教育人类学考察》（《西藏研究》第2期）。姚便芳一文追溯了昌都地区双语教育的发展过程。昌都双语教育兴起于清朝末年，民国时期发展比较缓慢，昌都解放后到民主改革前出现了转折，民主改革后呈现出螺旋上升发展的良好趋势。随着全球化进程的加剧，世界文化和经济发展对汉语和英语的倚重程度越来越高，母语为非拉萨语的康巴和安多方言区的双语教育面临的挑战也越来越大。龙藜、巴登尼玛的文章通过对康巴方言区的丹巴县语言的使用情况以及藏汉、汉英双语教育现状进行调查，并对存在的问题进行分析后，认为有效地实施双语教育，不仅需要学校教育在现有基础上做出一定的调整，还需要社区的配合。学校与社区一旦形成教育互动，双语教育就会取得事半功倍的成效。

随着改革开放的进一步扩大，藏区对英语教学也越来越重视，有关英语教学的文章较多。邢爱青《西藏地区英语衔接教学现状研究——基于西藏大学本科生英文写作调研分析》（《西藏研究》第3期）一文基于200名西藏大学英语专业和非英语专业本科生的英文习作，结合48名英语导游方向毕业班学生的意见征求，对大学生在英文写作过程中出现的问题进行了分析研究，得出如下结论：1. 教师的课堂组织和引导作用没有得到充分发挥；2. 课堂教学设计存在一定弊端；3. 切合西藏实际的衔接教学设计可以明显提高学生的整体英语学习水平。肖铖、强巴央金、雍小琳的《拉萨市中小学英语教师继续教育现状分析及模式探析》（《西藏科技》第6期）一文通过调研，对拉萨市中小学英语教师的继续教育情况作了较为全面的分析，就如何解决拉萨市中小学英语教师的继续教育和培训中存在的问题，提出了适合拉萨市中小学英语教师的继续教育和培训模式，对提升拉萨市中小学英语教学水平有着较强的现实意义。张翠兰的《拉萨初中英语教学的问题与对策初探》（《西藏科技》第8期）结合自身教学实践分析了拉萨初中英语教学在教师队伍建设、教材的适宜程度以及教学具体实践中出现的一些问题，经过初步探索，提出了包括加强教学研究、正确处理传统和现代关系、合理利用教材、改革英语中考题型等一系列问题解决的对策。

杨红的《甘孜州藏族儿童入学语言准备现状调查研究》（《四川民族学院学报》第2期）一文针对甘孜州6岁藏族儿童小学入学准备状况做了一番调查，调查结果表明，藏族儿童入学准备突出表现在汉语学习上，这一问题非常突出，以致掩盖了其他的入学不适应问题。文章最后提出相应的对策和建议，以期帮助藏族儿童做好入学准备。

（三）基础教育研究

本年度涉及基础教育方面的文章仍然较多，如王川的《民国中后期西藏工布江达“江达小学”的创办及其历史作用》（《西藏民族学院学报》哲社版第5期）。关于民国中后期（1940—1949）西藏地方的初等教育状况，学术界的研究除了国立拉萨小学之外，尚不多见。本文根据中国台湾新公布的国民政府行政院蒙藏委员会驻藏办事处档案，复原当时西藏工布江达一地的江达小学，叙述其创办始末，归纳其创办的实际效果及历史意义。

周润年的《西藏教育的现状与发展对策》（《西藏民族学院学报》哲社版第6期）根据在西藏调查的情况，就目前西藏教育存在的问题及现状进行了分析、研究，并提出发展西藏教育的一些建设性对策。

德吉央宗、张阿兰的《对现行西藏教育支出结构的分析》（《西藏民族学院学报》哲社版第6期）一文根据2007年以来的统计年鉴数据，对以中央政府投入为主的西藏教育发展经费支出结构进行分析，认为要解决现阶段西藏教育经费不足、经费使用效率低的问题，必须对现有西藏教育投入体制进行改革，拓宽教育支出渠道，通过税收优惠政策激励社会和个人对教育的支出，同时，教育资源的配置要结合当前西藏经济建设对人力资本的要求，提高教育资源配置效率。

贾荣敏的《藏族游牧背景下教育模式的田野调查与宏观分析——以刚察县为个案》（《青海社会科学》第5期）一文以青海省刚察县为个案，通过对刚察县现代民族教育的课程设置、使用教材及学生升学率、人才培养状况的调查，运用跨文化比较研究的方法分析了游牧区藏族教育的社会和文化适应性。探讨了除却影响藏族游牧区教育发展的客观显性因素，还应注意到影响其发展的隐性因素。

马汉斌、陈崇凯的《西藏现代教育的发展道路与历史经验》（《民族教育研究》第1期）一文以档案材料和统计数字为依据，简述了西藏现代教育创建的历史背景，重点分析和阐述西藏现代教育创建、初步发展、曲折前进、调整巩固稳步发展和快速健康协调发展五个阶段的发展道路，从四个方面概括总结了半个世纪以来西藏现代教育不断取得成功的基本经验。

孙百才的《不同民族的教育收益：藏、回、汉的比较》（《民族问题研究》2010年第1期/《民族教育研究》2009年第5期）一文使用明瑟方程估计了不同民族的教育收益，尤其比较了汉、藏、回三个民族的教育收益。结果发现，少数民族的教育收益率高于汉族，其中，藏、汉大体相当；回族远高于汉族。教育收益率在不同性别之间差异明显，在汉、藏族内部男性高于女性，而在回族则相反。增加对这一结果的社会认知可以很好地提高少数民族家庭投资教育的热情，促进更多的少数民族儿童入学。

多杰的《从继续教育的基本特征谈西藏发展继续教育的现实必要性》（《继续教育研究》第10期）一文从西藏人力资源的现状出发，根据继续教育的基本特征和独特优势，客观分析了继续教育的教育对象、教育模式、教育内容、教学手段等方面对改善西藏人力资源总量、学历、素质、结构、布局等状况的积极作用，提出了西藏发展继续教育的现实必要性。

佘静芳《教育在西藏民族传统体育文化传承中的作用》（《中国藏学》第2期）论述了体育是教育的重要组成部分，西藏民族传统体育从产生到发展，始终与教育有着密切的联系，并作为教育的主要手段和内容在历史发展过程中发挥了积极而重要的作用。文章认为，随着全球一体化和信息化的迅猛发展以及现代竞技体育在西藏的广泛开展，西藏民族传统体育的教育与普及渐呈弱势，有些传统项目甚至濒临失传，由此提出教育应在西藏民族传统体育文化的传承中担起责任，以满足当代和后代的精神文化需要。

宋兴川、乐国安、胡海军的《汉藏大学生不同年级和专业信仰的跨文化比较》（《青海民族大学学报》社科版第1期）一文通过对778名汉族和776名藏族大学生调查的有效问卷分析，发现不同人口学变量下汉藏族大学生信仰存在差异：藏族大学生比汉族大学生更有超自然信仰和实用信仰，年级之间、专业之间差异显著。主要表现为不同年级藏族大学生比汉族大学生具有宗教信仰、神灵崇拜；不同年级藏族大学生比汉族大学生具有生命崇拜和家族崇拜；

不同专业藏族大学生比汉族大学生具有金钱崇拜和家族崇拜；藏族医科、师范大学生比汉族医科、师范大学生具有生命崇拜。

自尊对个体健康心理以及良好个性的形成有着积极的作用。藏族大学生由于文化和心理等方面的原因致使其存在着种种心理问题。陈文丽、李子华的《藏族大学生自尊现状调查报告》(《青海民族大学学报》社科版第1期)一文通过对藏族大学生自尊水平及其规律的调查，为有针对性地对藏族大学生实施心理健康教育提供理论参考。

六、体育研究

本年度体育研究方面的论文主要有：赵永魁的《藏族传统体育文化的渊源及可持续发展研究》(《青海师范大学学报》哲社版第3期)一文从生产劳动、民族文化、原始宗教信仰、战事纷争等四个方面，对藏族传统体育文化产生的渊源进行了相关阐释，剖析了藏族传统体育的历史传承和发展过程，认为加强藏族传统体育特色项目的挖掘整理和民族体育专门人才的培养，整合藏民族体育文化旅游资源，对促进藏族传统体育文化的可持续发展具有重要意义。

丁玲辉的《略论藏民族文化对西藏古代体育的影响》一文研究了藏族文化对西藏古代体育的影响。西藏古代体育，是在西藏高原特有的历史传统和文化心理背景下产生的，藏民族文化对西藏古代体育的产生与发展影响很大，藏民族文化中的体育文化现象，反映在石器、岩画、藏汉文史籍、寺院壁画中，记载和描绘了藏族人民从史前到吐蕃时期至清代的生活、生产劳动、战争相关的奔跑、游水、抱石、摔跤、赛马、跳跃、射箭、弈棋等体育活动。

佘静芳的《西藏民俗体育的内涵、特点与发展》(《西藏民族学院学报》哲社版第1期)一文通过对西藏民俗体育的内涵和特点的研究，认为西藏民俗体育受藏民族文化的影响有其稳定性和延续性，是集体的参与。西藏民俗体育还具有民族礼俗、农牧区、娱乐性与健身性以及宗教的特点等。作者提出只有充分认识西藏民俗体育在西藏经济社会中的价值，才能实现现代化进程中西藏民俗体育的不断发展。

许韶明的《论传统社会的仪式性功能——以藏族三种民族传统体育运动为例》(《西南民族大学学报》人文社科版第4期)。作者考察了藏区三种极具特色的民族传统体育运动的运作情况，指出民族传统体育运动承当起传统社会的仪式性功能，在表达当地社会深层结构中的价值观念、信仰体系与身份认同等内容的同时，还是构成社会得以正常运作的重要内容。

沈阳的《西藏体育旅游资源优势与发展对策研究》(《西藏民族学院学报》哲社版第1期)一文认为，体育旅游是近年来兴起的现代旅游方式之一，且已成为旅游市场的一个新亮点。西藏拥有丰富的体育旅游自然资源与人文资源，体育旅游发展前景广阔。但西藏地处高原，交通设施相对落后，制约了体育旅游的发展。因此，西藏要结合实际，抓住机遇，充分发挥政府的主导作用，制定对策，建设和完善基础设施，扩大宣传，加强西藏体育旅游资源的整体规划与开发，打造体育旅游精品项目，促进西藏体育旅游业的快速发展。

杨海航的《试析西藏岩画中蕴含的原始体育因素》(《西藏民族学院学报》哲社版第3期)一文通过文献资料法、专家访谈等研究方法对西藏岩画中蕴含的原始体育进行了探索性研究。作者认为西藏岩画上所留下的原始体育图像是西藏民族传统体育萌芽时期的反映,是揭示古代高原人类体育文化的宝贵史料。

藏文部分

一、文化（含民俗）

（一）文化

多杰群智的《略谈藏族风水文化》(《西藏研究》第4期)一文，通过比较敦煌文书、可靠的早期教法史、汉地风水理论和藏族风水理论，对藏族风水学的起源、发展及其内容作了论述。白玛扎西的《谈写本典籍之叶面“圆孔”》(《西藏研究》第1期)一文，根据藏族史书和学者著述，对藏族写本典籍之叶面“圆孔”的产生，及其特殊的必要和作用进行了论述。堆拉·布琼的《温吉如拉康及其藏文古籍考辨》(《西藏研究》第2期)一文在论述温吉如拉康所藏藏文古籍情况的同时，就温吉如拉康是否为赤德祖赞所建五寺庙之一提出了疑问。吉太、加吾的《关于藏族地名的八类冠名形式》(《攀登》第4期)一文详细论述了藏族地名的冠名形式，诸如以部落名称冠名、以历史传说冠名、以人名冠名、以地理特征冠名等八类冠名形式。更登旦巴的《天珠之路文化中的“གཟི”字考》(《中国藏学》第4期)一文论述了“གཟི”字的起源和最初含义、“གཟི”字何时出现在藏文之中、同心环状玛瑙的不同名称、天珠珠眼的不同称谓、关于“孔雀石”、关于如意宝珠及“གཟི”字的汉语翻译等内容。

(二)民俗

才旦加著《漫话安多民俗》(甘肃民族出版社)一书分别从饮食起居、婚俗、节庆、丧葬、故事等方面对安多地区农牧民生活中的风俗习惯作了较为详细的论述。次仁加布、边宗的《略述阿里普兰地区与农业生产有关的传统习俗》(《中国藏学》第4期)一文按照时令顺序详细论述了该地区农业生产中的开播仪式、背经或请经仪式(在豌豆开花和青稞出穗时)、除草驱虫仪式(在夏季)、开镰仪式(秋收时)、青稞插彩箭、打场仪式等内容。旦正加的《青海赤噶地区“阿尼域拉”神灵迎请仪式考察》(《中国藏学》第4期)一文详细论述了“阿尼域拉”神灵迎请仪式的过程、迎请仪式的文化背景,以及迎请仪式的渊源等内容。索亚的《西藏牧区牲畜的取名习俗考》(《西藏大学学报》第2期)一文论述了藏北牧区文化生活中,根据牲畜的年龄取名和根据毛色取名的习俗,并对牲畜的孕期作了介绍。嘎玛赤列的《试论旧西藏铁匠的社会及阶级地位》(《西藏大学学报》第1期)一文认为,当代社会中歧视铁匠的现象由来已久(这种封建的坏影响依然存在),其对藏族手工业的提高具有阻碍作用,鉴于独特的手工业走向衰落的情况,作者提出了要重视藏族手工业者的观点。多杰仁青的《风马旗及其民俗文化浅谈》(《群文天地》第1期)一文探讨了与风马旗的含义相关的争论、风马旗的象征意义、与风马旗有关的禁忌、与风马旗相关的故事等内容。桑德合加的《浅谈“红祭”民俗之源》(《群文天地》第1期)从祭祀的内涵出发,谈论了原始“红祭”的影响、“红祭”的用途、“红祭”的特点等。旦正加的《藏族祈福仪式及其文化传承》(《群文天地》第3期)从藏族婚礼时的祈福仪式、祭“拉则”时的祈福仪式、祈福的最终目的是熄灭障碍保住福气、放飞“朗达”(风马)是提高福运的重要祈福手段等四个方面进行了较为详细的论述。次仁顿珠、达瓦次仁的《藏族独脚鬼(苔让)的研究》(《西藏研究》第2期)一文根据民间传说和相关文献,对独脚鬼(苔让)的名称、历史背景、分类,以及藏族英雄史诗格萨尔王传中将其尊为战神的情况作了较为详尽的论述。古格·次仁加布的《略谈阿里普兰地区传统婚俗》(《西藏研究》第3期)一文探讨了该地区传统婚俗中从提亲前的准备,到提亲、请客、迎娶新娘,再到汤饼宴的整个过程。

二、教育

2010年的藏族教育研究，成果斐然。论者主要来自教育园地，而讨论的视角则各不一样，论点也不尽相同。中小学教育研究属于重点，其中包括对课程改革的研究。下面略作分类论述：

（一）总论

索南才让的《藏族学校教育探究》（甘肃民族出版社）一书收入了多篇教育类文章，共分为教育观点、教育格言、教育译文、教育举例、教育管理、教育故事、语言教育、教育笔记、教育采访九个方面。旦正加、卡吉加的《大学梵文教学的几点思考》（《藏族教育》第4期）提出了要了解咒文和梵文的关系、声明学理论与社会生活相结合、声明学教学要面向世界、声明学知识与高考相结合的观点。拉巴群培的《赴内地各民族学校考察的调研报告》（《西藏大学学报》第2期）通过讲述作者考察内地有关藏文的兄弟院校和中国藏学研究中心的藏语言文学学科的工作方针时的交流心得和多方面的想法，叙说了自己的切身感受。鲁玛采·达娃次仁的《藏语新闻教学的若干问题的思考》（《西藏大学学报》第3期）一文提出了作者对藏语新闻教学的看法，认为要想办出具有本民族特色的报纸等新闻媒介，就必须培养出以藏语文方向为主且熟悉新闻专业的新闻工作者队伍，这就必须要从新闻教学抓起，大力加强以藏文讲授新闻专业课程的力度。

相关文章还有格桑的《文学作品的教化作用》（《西藏教育》第1期）等。

（二）教育理论、思想探讨

干木滚的《论藏族传统教育中“闻”的目的及其意义》（《西藏研究》第1期）一文，探讨了藏族独特的传统教育方式之“闻”。文章历数藏族历代高僧大德之论著，引经据典，比较探讨，总括“闻”之总论、“闻”之必要性、“闻”之益处、“闻”之结果、“闻”之实践、脱离“闻”之实践的缺点六个方面。贡巴扎西的《藏族传统教学方式及其特点》（《西藏研究》第2期）一文认为在当前全面发扬素质教育和实施新教材的情况下，应该按照古为今用、外为中用的原则，从藏民族的传统教育方式中提取出与当代教育教学目标相一致的部分，而进行传承和发扬，这对全面提高教育教学素质大有益处。扎西华旦的《藏族传统教育模式中教与学的互动关系研究》（《西藏大学学报》专刊）

一文，根据贡唐丹白准美所著《学习显密学说之教诲》，对藏族传统教育中的学习方法作了的论述，引经据典，条分缕析，具有启迪意义。则比达的《〈萨迦格言〉与〈论语〉道德教育思想之比较》（《西藏大学学报》专刊）一文通过比较，论述了《萨迦格言》和《论语》中的品德教育部分，证明藏汉两个民族不仅在思想品德教育的内容上大体相同，而且藏汉两个民族在文化交流过程中藏族文化受到一定的儒家文化人文思想的影响。白玛旺庆的《怎样写好教学论文》（《西藏教育》第3期）一文指出了教师的教学论文中遗留的问题，并对今后如何排除这些缺点提出了看法。

（三）中小学教育

大顿珠的《试谈对小学生进行思想品德教育的重要性及具体措施》（《西藏研究》第4期）一文，论述了对小学生进行思想品德教育的重要性，并在教学方法上提出教师要以身作则，要根据小学生的学校生活和家庭生活、社会生活，及其内心世界，进行因材施教。仁钦东主的《藏族中学生品行教育略谈》（《青海师范大学民族师范学院学报》第1期）一文对高中生身（行为）、语（语言）、意（思想）三个方面的品德教育，分别从正反两方面提出了自己的看法。洛绒郎卡的《浅谈藏区实施双语教育的重要性》（《西藏教育》第4期）通过分析藏族教育的总体趋向和双语教学的开展情况，论述了为适应藏族社会发展的需要而要在藏区实行双语教育的必要性。僱成桑布的《农牧民不愿意把子女送学校的原因分析》（《西藏教育》第1期）一文认为农牧民不愿意把子女送学校的原因有三：家长的认识不够、由于自然资源丰富而囿于暂时的利益中、家庭确实有困难而不送孩子上学。对此作者提出了相应的措施：基层工作者要大力宣传义务教育的重要性、家长要重视上学、学校和老师要积极阻止学生逃学。李毛太的《“双语教育”中应树立“母语中心”意识》（《青海师范大学民族师范学院学报》第1期）一文从“双语教育”一词的认识和理解、“双语教育”名称的统一、运用母语的好处、当前一些地方领导对双语教育的影响四个方面提出了自己的看法。尼玛次仁的《浅谈中小学数学双语教学的益处》（《雪域文化》第1期）一文指出了藏族教育中遇到的难题，以及需要改进的地方。并对未来藏族教育形成以藏语文为主，汉语文为辅的结构提出了自己的看法。

（四）课程改革

白玛旺庆在《高中藏文写作教学改革之思考》（《西藏研究》第4期）一

文中，通过调查分析高中藏文写作中遗留的问题，如：对写作课认识不够、写作教学方法中存在的不良现象等问题，对写作教学的改革提出了自己的看法。夏世贵的《新课标改革中的甘南藏区数学双语教学》（《青海师范大学民族师范学院学报》第1期）一文认为按照标准的新教材进行藏汉双语数学教改，是加快民族地区教育改革步伐和提高学生综合素质的主要措施。作者认为，要想提高教师的综合素质，使得教育意识符合时代，就要加深课程改革，加强教师的科研能力，重视出版与数学教材相关的参考书，总结藏汉双语数学课程的特点和加强教师培训等事业。扎西卓玛的《关于课程改革的几点看法》（《西藏教育》第1期）一文从新课程的重要性出发，指出了实行新课改过程中的问题和办法，并提出教师要注重讲课方法，要利用现代化的教学方法，要及时参加学生活动，要掌控课堂。吉太本的《新课改应注意的几个问题》（《西藏教育》第1期）一文从教师的意识、教师与学生的关系、教学、教师与教材的关系、布置作业和评价知识标准的方法、学校和社会的关系，共六个方面，提出了自己的看法。大顿珠的《新编小学藏语文教材见解》（《西藏教育》第1期）一文详细介绍了新编小学藏语文教材编纂的指导思想，教材的编排方式，并从语法、写作、习题、插图等方面对教材内容作了介绍。朋毛才旦的《课堂教学改革之思考》（《西藏教育》第1期）一文介绍了藏族传统的教学方法和现代的教学改革后的授课方式，并论述了这两种教学方法的不同点。文章也对课堂教学中教师和学生的位置进行了讨论，对目前教学改革的课堂教学方法和时间安排进一步进行了探讨。格桑多吉的《合理安排内地西藏班的藏语文教学》（《西藏教育》第1期）一文从当前内地西藏班藏语文教学方法的不足出发，认为要培养学生学习藏语文的热情，要重视内地西藏班的藏语文教学方法，要进行合理的教学，要有完整的教学规划，要关注学生的字体。

语 言 文 字

汉文部分

2010年的藏语研究呈现出以下几个突出特点：首先，藏语本体研究与汉藏语比较研究相结合的成果较多，这说明少数民族语言研究注重语言本体研究的传统在藏语文研究领域有着很好的继承和发扬。学者们透过对藏语文自身某种语言现象的分析，将此类语言现象与汉语以及其他语言进行比较研究，使读者对藏语语言现象有着更细致深入的认识；这些成果表明藏语研究已经进入到一个更高的层次。其次，藏语计算语言学与实验语音学，作为藏语文研究领域的一门新兴学科，其发展态势蒸蒸日上。在过去的一年中，藏语实验语音学的研究成果在全部的藏语文研究成果中占很大的比重，这表明藏语文的研究无论从实验手段、研究设备还是理论水平都有大幅提高。此外，藏语文化语言学与社会语言学也有不同程度的进展。下面按研究涉及的相关领域予以分别介绍。

一、藏语文本体研究与比较研究

语言的本体和比较研究是密不可分的，该选题一直是中国少数民族语言研究的焦点。本年度的藏语文本体研究涉及语音、词汇和语法的各个层面以及语言和方言的分类。其中，汉语与藏语比较研究和藏语语法研究的成果比较多。

（一）汉藏语比较研究

汉藏语的比较研究一直是国内历史比较语言学研究的热点。代表性的研究论述有沈向荣、刘博等的《汉藏语中的塞尾爆破现象》（《民族语文》第1期）、冯蒸的《上古音单声母构拟体系的方法论考察——兼论构拟上古声母的四种方法：谐声分析法（离析字母法）、等韵分析法、历史比较法和汉藏语比较法》（《首都师范大学学报》社会科学版第5期）、韦名应的《汉藏语“阴转阳”条件试析》（《中央民族大学学报》哲学社会科学版第5期）、马锦卫的《彝、藏语言同源词识别释例》（《民族语文》第2期）、王弘治的《永乐本〈西番馆杂字〉中所见汉藏语言的性质》（《民族语文》第2期）、宋金兰、江海燕的《从同族词个案探究汉藏语系的一种构词手段》（《青海民族研究》第2期）、王双成的《安多藏语i的舌尖化及其类型学意义》（《语言研究》第2期）等。

一般认为东亚语言的塞音尾是唯闭音，但是沈向荣、刘博在《汉藏语中的塞尾爆破现象》一文中认为黎语、藏语和羌语的一些方言点存在塞音尾爆破，并且认为一些语言中的中折调可能源于爆破的塞尾。原始汉藏语的构拟研究和方法论比较研究一直是汉藏语比较研究的热点。冯蒸的《上古音单声母构拟体系的方法论考察——兼论构拟上古声母的四种方法：谐声分析法（离析字母法）、等韵分析法、历史比较法和汉藏语比较法》对现代音韵学理念下的上古汉语单声母系统的研究进行了分析。文章认为认清上古汉语单声母系统研究所经历的发展阶段，有助于推进上古汉语声母系统的进一步研究。在汉藏语系语言研究中，“阴转阳”现象时常被视为一种很特别的例外音变，而这类语言现象在不少汉语方言和民族语中均有发生。韦名应的《汉藏语“阴转阳”条件试析》一文就对这类音变现象进行了比较深入的研究。文章对产生音变的条件以及音变过程进行了研究。文章认为一般音变是鼻音声母同化的结果。其更重要的条件在于高元音韵尾和辨义功能减弱的鼻音韵尾系统、口鼻耦合较大、舌位较高、摩擦稍弱、时长较长的高元音韵尾和重读强调、高频常用的高元音韵尾音节，在鼻音韵尾辨义功能较弱的语音系统和相对开放的社会环境中，较容易发生音变。同源词的识别一直是进行语言比较研究不容忽视的一个方面。同源词和借词的识别是进行语言亲属比较研究必须面对的问题。马锦卫的《彝、藏语言同源词识别释例》一文，通过具体的语言事实，说明亲属语言比较研究的重要性。宋金兰、江海燕的《从同族词个案探究汉藏语系的一种构词手段》则通过对汉藏语系语言中的动词“在”“坐”“住”的音、义进行分析，认为上述三个字是音近义通的同族词，它们大多是通过根词形态变体的分化构成的。这一个案反映出形态变体的分化是伴随汉藏语系语言形态的简化、消亡而出现的一种构造同源派生词的手段。了解这种构词手段可对汉藏语系中语义相关而语音相隔的同族词及同源词做出一种可能且合理的解释。王弘治的《永乐本〈西番馆杂字〉中所见汉藏语言的性质》一文，以永乐本《西番馆杂字》为中心，考察了藏汉对音的音韵特征，认为《西番馆杂字》中记录的汉语并非传统上认为的明代北京话，藏语也非安多语。王双成的《安多藏语 i 的舌尖化及其类型学意义》一文，主要讨论安多藏语元音 i 的舌尖化音变问题。舌尖化是汉藏语系不同语言中较为普遍的一种音变现象，很多汉语方言（吴语、徽语等）都有突出的表现。比较汉藏语系不同语言元音 i 的舌尖化特点，我们会发现 i 的舌尖化似乎有着一种共性，即 i 先变为摩擦较重的 j，然后再变为舌尖音。

（二）本体研究

本体研究的成果主要集中在对藏语方言的研究方面。相关的研究成果有：瞿霭堂、劲松的《普里克藏语介绍》（《民族语文》第 1 期）和《〈第六代达赖喇嘛仓央嘉措情歌〉赵元任藏语记音解读》（《中国藏学》第 3 期）、赵金灿的《拉萨藏语与香格里拉藏语语音之比较》（《四川民族学院学报》第 1 期）、仁增旺姆的《迭部藏语音节合并现象及其联动效应——兼述周边土语的类似音变》（《西北民族大学学报》哲学社会科学版第 6 期）等。

瞿霭堂、劲松有《普里克藏语介绍》和《〈第六代达赖喇嘛仓央嘉措情歌〉赵元任藏语记音解读》两文，前文对普里克藏语的分布、使用人口以及语言特点进行了介绍，后文中对赵元任先生在《第六代达赖喇嘛仓央嘉措情歌》译著中的记音进行了综合述评，认为译著中的拉萨话记音影响深远，其拉萨话语音系统至今仍是研究藏语方言和拉萨话的基础。赵金灿在《拉萨藏语与香格里拉藏语语音之比较》一文中，对拉萨藏语和香格里拉藏语进行了比较细致的研究，文章从声、韵、调以及音节结构类型等方面进行了比较。仁增旺姆在《迭部藏语音节合并现象及其联动效应——兼述周边土语的类似音变》一文中，将现代藏语方言与代表早期藏语面貌的藏文进行比较研究，分析归纳迭部藏语中因音节合并而产生的种种语音演变现象，并通过具体的语言例证揭示白马话与迭部藏语在语音演变形式上的相似性，最后从相似的语音演变现象追溯迭部藏语与阿里方言的渊源。该篇论文对研究迭部藏语方言分化的断代和藏语方言地理学等研究领域具有重要参考价值。

二、实验语音学与计算语言学

2010年藏语实验语音学的成果在整个藏语文研究成果中占据很大比例，具不完全统计有近30篇相关论文。鉴于藏语实验语音学与计算语言学在研究方法和研究对象上各有偏重，在实践过程中又互有交叉，本文将这两个学科的研究成果放在一起进行梳理。代表性的研究成果有：杨阳蕊、周一心、于洪志《藏语音素音位系统的功能负担计算》（《兰州学刊》第1期），杨阳蕊、于洪志、李永宏《基于呼吸信号的藏语诗歌韵律研究》（《微计算机信息》第28期），王双成、陈忠敏的《安多藏语送气擦音的实验研究》（《民族语文》第2期），李亮、于洪志、杨阳蕊、李永宏等的《现代藏语声调研究现状及方法》（《西北民族大学学报》自然科学版第1期），陈小莹、陈晨、胡妍茹、李永宏、华侃的《基于EGG信号的安多藏语元音嗓音特征研究》（《西北民族大学学报》自然科学版第1期），陈晨、陈琪、李永宏、于洪志的《藏语语音合成语料库的韵律标注规则设计》（《西北民族大学学报》自然科学版第1期），李永宏、于洪志、孔江平的《藏语连续语音语料库设计与实现》（《计算机工程与应用》第13期），达哇彭措的《基于优化Apriori算法的藏语音韵律规则研究》（《微计算机信息》第18期），李永宏、张金爽、王姝文、于洪志的《藏语新闻朗读的呼吸信号声学分析》（《西北民族大学学报》自然科学版第2期），高璐、陈琪、李永宏、于洪志的《藏语语音合成中文本分析的若干问题研究》（《西北民族大学学报》自然科学版第2期），韩清华、于洪志的《基于HMM的安多藏语非特定人孤立词语音识别研究》（《软件导刊》第7期），多杰卓玛的《现代藏语词语信息库构建研究》（《电脑开发与应用》第7期），才让卓玛、才智杰的《基于语料库的藏语TTS技术研究》（《青海师范大学学报》自然科学版第2期），陈小莹、华侃、于洪志的《藏语拉萨话元音单音节嗓音声学参数分析》（《语文学刊》第15期），廖艳莎、安亚彬、杨阳蕊、何向真的《藏语单音节声学参数数据库结构设计》（《陇东学院学报》第4期），刘泽国、张会庆、张环、张兆基的《结合语音学知识的藏语语音端点检测方法研究》（《福建电脑》第8期），扎西加、顿珠次仁的《自然语言处理用藏语格助词的语法信息研究》（《中文信息学报》第5期）等。上述成果中，对于藏语语音相关参数的实验研究、分析和藏语声学数据库的建设是藏语实验语音学界关注的重点。杨阳蕊、周一心、于洪志的《藏语音素音位系统的功能负担计算》一文，以藏语的音素音位系统为研究对象，对拉萨话和夏河话的元音、辅音及声调的音位功能负担进行了量化研究，该项研究的意义在于为历史语言中关于方言分化和声调产生理论提供了参考基础。韩清华、于洪志的《基于HMM的安多藏语非特定人孤立词语音识别研究》以VC + +6.0为开发平台，实现一个基于隐马尔可夫模型（Hidden Markov Model，简称HMM）非特定人的安多藏语孤立词语音识别系统。对有声段语音进行MFCC参数的提取，对提取后的MFCC参数进行矢量量化后训练HMM模型，形成特征模板库，最后进行识别。根据安多藏语的特点，改进端点检测的方法，提高了孤立词语音信号检测的准确性，并进一步提高了识别率。

端点检测是语音识别中的一项关键技术，端点检测的准确性对语音识别的性能有很大影响。刘泽国、张会庆、张环、张兆基的《结合语音学知识的藏语语音端点检测方法研究》一文，将藏语语音学知识融入端点检测过程中，同时综合时域频域特征，根据短时能频值和语音能量集中区的频域谱幅采取自适应门限方法，改进端点检测的方法。实验表明该方法提高了端点检测的识别率，对于藏语语音识别起到了很好的辅助作用。

韵律是语音的一个重要特征。对韵律规则进行研究和韵律标注是藏语语音合成语料库建设的重要环节。杨阳蕊、于洪志、李永宏等的《基于呼吸信号的藏语诗歌韵律研究》、达哇彭措的《基于优化Apriori算法的藏语音韵律规则研究》和陈晨、陈琪、李永宏、于洪志等的《藏语语音合成语料库的韵律标注规则设计》就是这方面的研究成果。上述研究成果为建立藏语语音合成语料库提供了直观的、科学的方法。

运用实验设备和手段对藏语具体语音现象进行研究是实验语音学的重要特征之一。相关的成果有王双成、陈忠敏的《安多藏语送气擦音的实验研究》，陈小莹、陈晨、胡妍茹、李永宏、华侃的《基于EGG信号的安多藏语元音嗓音特征研究》和陈小莹、华侃、于洪志的《藏语拉萨话元音单音节嗓音声学参数分析》。《安多藏语送气擦音的实验研究》一文的作者根据送气擦音的发音机制，对安多藏语许多土语有清擦音送气和不送气的对立进行研究，提出在安多方言里可以用三个声学特征来区别一般清擦音和送气清擦音。《基于EGG信号的安多藏语元音嗓音特征研究》和《藏语拉萨话元音单音节嗓音声学参数分析》二文，就是通过提取元音的参数基频，就元音之间、元音与辅音之间的组合对嗓音参数的影响进行研究，得出基频、开商和速度商之间有很强的关联性，各种组合方式下前置辅音对嗓音参数的影响不及辅音韵尾的影响程度、各元音由于组合方式变化对于参数影响的趋势基本一致。

声调研究是现代藏语语音研究的一个基础部分，同时也为汉藏语系其他语言的研究奠定了基础。李亮、于洪志、杨阳蕊、李永宏等的《现代藏语声调研究现状及方法》一文，分别从起源时间和形成条件两方面说明藏语声调的产生和发展，纵向阐述了藏语声调研究及研究结果，并从声学角度分析、论述了藏语声调的现代语音学研究方法。

计算语言学为藏语文的信息化处理提供技术思路和技术支持保障。藏汉双语语料库建设对计算语言学的发展具有重要意义。语料库的建设涉及对语料的描述、标记，数据库的总体结构、设计与实现等多个方面。多杰卓玛的《现代藏语词语信息库构建研究》一文，以语言学的理论和方法为主导，在藏文信息处理中引入了藏语词语的信息化和形式化，并对构建的信息库进行了结构上的总体设计，从而制定了信息处理用藏语词语信息库的构建原则及收词规则，即一形一项、一时（式）一项、一义一项。为此构建了以藏文词汇为主的音、形、义等的信息库。

才让卓玛、才智杰的《基于语料库的藏语 TTS 技术研究》通过比较分析国内外 TTS 技术的发展，提出基于语料库的藏语 TTS 技术的可行性，研究了藏语 TTS 的文本分析模块、语音合成模块及语音数据库的关键技术，并设计了一个完整的基于语料库的藏语 TTS 系统。廖艳莎、安亚彬、杨阳蕊、何向真的《藏语单音节声学参数数据库结构设计》一文，在分析藏语三大方言音节结构基础上设计了藏语单音节声学参数数据库，其中包括 39 项声学参数。这些声学参数在表征语音现象的同时，最终服务于工程语音学。李永宏、于洪志、孔江平等在《藏语连续语音语料库设计与实现》一文中，以藏语夏河话为研究对象，建立了基于三音子的藏语连续语音语料库，实现了语料自动选取。李永宏、张金爽、王姝文、于洪志的《藏语新闻朗读的呼吸信号声学分析》一文从言语生理的角度研究藏语新闻朗读时的呼吸生理特性。主要利用统计学的方法研究新闻语料的男女发音人的呼吸信号的声学表现，包括：1. 选取 20 篇 250 字左右的新闻语料，进行呼吸信号的录制；2. 利用已建好的呼吸信号处理平台，进行呼吸重置的标注，提取新闻呼吸信号的重置时长和幅度参数；3. 统计分析新闻朗读的三级呼吸特性，并对男女呼吸特征进行对比分析，得出呼吸重置时长和重置幅度的正相关和呼吸节奏特点。

文本分析是文语转换系统的前端，是制约语音合成自然度的一个重要因素。高璐、陈琪、李永宏、于洪志的《藏语语音合成中文本分析的若干问题研究》一文在考察汉语文本分析方案的基础上，分析藏语的特点，提出了一套适合于藏语语音合成的文本分析模块的实现方案。文中采用最大匹配法和分词词库相结合的方法实现文本的自动分词，建立一套层次化的规则体系对文本进行规范化处理，字音转换则通过 SAMPA－ST 的藏语机读音标系统来实现。本研究的完成为藏语的语音合成打下了良好的基础。扎西加、顿珠次仁的《自然语言处理用藏语格助词的语法信息研究》一文主要探讨了藏语格助词的语法信息、语义信息、功能结构等内容，从而为建立藏语格助词的语法属性库提供翔实的参数。这对句子进行分析与描述，观察句子歧义都有着重要的意义。

三、文化语言学与社会语言学

把语言和文化结合起来研究是文化语言学的特点。作为人类最重要交际工具的语言，渗透到人类社会文化生活的各个层面，而人类的一切文化活动通过语言才得以建构和传承。在过去的一年中，文化语言学的研究成果比较多，主要有：

多拉的《汉藏语言对“字”概念的认知异同及对应关系》(《西藏大学学报》社会科学版第 2 期)，杨琳的《甘南藏语方言内语音差异的浑沌性解释——以舟曲话和夏河话语音为例》（《甘肃高师学报》第 4 期），杨艳华、王昕、仁增拉姆、拉巴卓玛、拉巴次仁的《从英语词汇中的藏语借词看藏族的独特民俗文化》（《大连民族学院学报》第 2 期），根呷翁姆的《藏传佛教对藏语的影响》（《西南民族大学学报》人文社科版第 5 期），东主才让的《试论藏语借词及其文化背景》（《青海民族大学学报》社会科学版第 2 期），王宝红的《清代笔记中的藏语、蒙古语》（《西藏民族学院学报》哲学社会科学版第 4 期）等。

多拉的《汉藏语言对“字”概念的认知异同及对应关系》从汉藏语言的形成个性及对字母、字丁和字概念的理解，以及语法的角度试图阐释二者之间的差异及相同的对应关系。认为，以“字”为中心的概念看似平淡，但两种语言的“字”概念从内涵到外延都有着各种各样的认知落差，而这种落差正是缘于两种语言的个性差异。语言是文化的载体，透过语言现象我们可以清晰地看到文化发展的脉络，同时文化对语言的发展又起着积极的推动作用。借词是文化传播的产物，深入研究借词，对于藏语言科学及文化考证等具有重要的学术价值。杨艳华、王昕、仁增拉姆、拉巴卓玛、拉巴次仁等的《从英语词汇中的藏语借词看藏族的独特民俗文化》一文，重点研究了英语词汇中藏语借词的表现形式以及这些词语所折射出的藏族独特民俗文化。东主才让在《试论藏语借词及其文化背景》一文中认为，藏语中的借词作为一种语言文化现象，从表面来看，在异族文化交流中起到了传递文化信息的作用，从深层来看，它始终反映着不同时代藏族与其他民族间的文化交流，从宏观上记录了各个层次文化交流的具体内容。根呷翁姆在《藏传佛教对藏语的影响》一文中，认为居住在青藏高原的藏族信仰藏传佛教，以大乘思想为载体的藏传佛教无论从广度还是深度上对藏语的影响都是全方位的、渗透性的。该文从文字创制、语言结构、语言使用、语言观念等方面探讨了藏传佛教对藏语的影响。王宝红在《清代笔记中的藏语、蒙古语》一文中，选取清代笔记中的布札、奔巴、丹书克、鄂博、锅庄、呼必勒罕、胡土克图、喇嘛、哈达、夹坝等部分藏、蒙古文予以研究诠释并且认为研究少数民族词语，可在历代笔记中找到大量的佐证材料。

混沌学理论认为，世界并不是简单有序的，而是混沌的，即有序和无序的统一。将混沌学的理论引入语言与文化的研究是近些年的事情。杨琳的《甘南藏语方言内语音差异的混沌性解释——以舟曲话和夏河话语音为例》（《甘肃高师学报》第4期）一文，就安多方言区内甘南藏区内舟曲和夏河方言内部语音之间的差异做一比较和分析，讨论内部语音差异的表现及混沌性。

就目前所搜集的资料看，2010年藏语社会语言学方面的论文较少。代表性的研究成果有：扎西江村的《现代远程教育藏语教育资源建设与开发的现状和对策》（《西藏教育》第2期）、祁乐瑛的《安多藏语与汉语双字词词汇通达调查研究》（《丝绸之路》第18期）、完玛冷智的《更敦群培大师对藏语言文字研究的学术贡献》（《中国藏学》第3期）等。

藏语文教育资源的配置是社会语言学关注的问题。扎西江村的《现代远程教育藏语教育资源建设与开发的现状和对策》一文就藏语远程教育的建设提出了自己的观点。完玛冷智的《更敦群培大师对藏语言文字研究的学术贡献》一文，对更敦群培大师的语言文字研究对传统藏语文研究的促进作用进行了评述。祁乐瑛在《安多藏语与汉语双字词词汇通达调查研究》一文中，通过对青海师范大学40名年龄21.23±1.34岁、操安多藏语与汉语两种语言的藏族学生进行调查，发现安多藏语与汉语双字词的词汇有通达现象：其一，当安多藏语双字词与汉语词词义相同时，做出正确判断的反应时快于词义不同的，有非常显著的差异；当安多藏语双字词与汉语词词义相同时，做出错误判断的反应时长于词义不同的，有非常显著的差异。其二，不同性别学生安多藏语双字词与汉语词汇通达的反应时差异达到边际显著。

藏文部分

2010年中国藏学界出版和发表了大量关于藏语言文字研究的书籍和论文，其中，一些成果在理论观点和论述方法、研究视角等方面有所突破和创新。归纳起来有三方面的特点：其一，在研究内容层面，既有对语言发展演变的历时研究，又有对语言的共时研究。其二，在理论探讨方面，既借鉴前人研究的理论基础，又有对语言文字的使用规范和未来发展等方面提出具有创新意义的观点和建议。其三，在研究方法层面，运用了文献综合法、列举法、对照法等多样化的研究路径。以下分几个方面对2010年藏语言文字研究藏文类成果加以简要综述。

一、藏语言文字本体研究

藏语言文字本体研究是指对藏语文本身的语音、词汇、语法、语义等方面进行研究，藏语言文字本体研究历来是藏学研究工作中的重点领域，2010年对藏语言文字本体的研究成果有数十篇。学者们结合藏语言文字本身的结构特点，运用现代语言学的研究方法和路径，从不同的理论视角对藏语言文字的语法、语音、词汇等方面进行了较为深入的探讨。

（一）藏语言文字法研究

藏语言文字十分讲究语法规则，具有非常严密的语法结构规则和要求。已有《三十颂》和《音势论》等著名的藏文文法典籍。对藏文文法的研究，主要有吉太加的《〈十三颂〉和〈音势论〉形成年代考——与恰白·次旦平措先生商榷》（《西北民族大学学报》第2期）、普片多的《略论藏文助词所表示的格分法》（《西藏大学学报》第2期）、干木滚的《论邦译师洛追登巴〈字、词、句三身简明论〉对后期藏文文法著作的影响》（《西藏研究》第3期）、桑杰才让的《藏译声明学四大名著的特点》（《攀登》第1期）、才让扎西的《从古藏文浅析藏文字的“命”和“因”》（《西北民族大学学报》第1期）、才让东智的《藏语字篆符号的类型及语法功能研究》（《青海民族大学学报》第2

期）、才航多杰的《藏文动词应用浅析》（《西藏教育》第 2 期）、豆格扎西的《古藏文中后缀字的组词规律和特征初探》（《西北民族大学学报》第 1 期）、尕旦木加的《论藏文标点符号“tsheg”》（《甘南民族师范学院学报》第 2 期）、斗太加的《从碑刻古藏文看领属格天接字的变化》（《攀登》第 3 期）、旦正加的《吐蕃时期藏语后加字“v”的新释》（《西藏研究》第 3 期）、桑杰卡和才让吉的《略谈有关藏文系足字“wa”的几个问题》（《西北民族大学学报》第 1 期）、藏毛草的《也谈〈格萨尔〉中重叠词的类型和特征》（《西北民族大学学报》第 1 期）、旦正多杰的《古代盟约中基字“ta”的虚词变化》（《攀登》第 1 期）。

吉太加的《〈十三颂〉和〈音势论〉形成年代考——与恰白·次旦平措先生商榷》中对《三十颂》和《音势论》等藏文语法典籍的撰写者和年代进行了深入论证，认为其出现的年代应在公元 7 世纪左右。普片多在《略论藏文助词所表示的格分法》中运用现代语言学关于语句结构的研究方法，从结构及功能分别阐述了助词格律第二、第四、第七格之间的语句差异。干木滚的《论邦译师洛追登巴〈字、词、句三身简明论〉对后期藏文文法著作的影响》简要介绍了邦译师的《字、词、句三身简明论》、嘉央协巴的《梵语集》、章嘉帝师的《正字学，智者生处》三部著名藏文翻译典籍，并在彼此对照的基础上论述了这三部典籍对藏文文法所产生的重大影响。才让扎西的《浅析古藏文文字的“命”和“因”》根据学界对敦煌古藏文为主的古藏文文献的研究成果，对古藏文文字的“命”和“因”方面进行了简要分析，并总结和归纳了古藏文文字的“命”和“因”的语法特点和形式、语法功能。桑杰才让的《藏译声明学四大名著的特点》一文概述了藏译声明学四大名著引进西藏的历史沿革和四大名著的声明学特点，提出藏族声明学是以印度声明学文化为母版，加深对藏译声明学四大名著的学习和了解有助于提高藏族声明学的发展。才让东智的《藏语字篆符号的类型及语法功能研究》结合现有藏文文法学家们的理论建构和方法论，简要分析了藏文语法学中文字之间的使用区别及其“命”和“因”等方面的各自特点，并提出了这一差异的不同语法规则和功能。才航多杰在《藏文动词应用浅析》从动词的使用方法及其所指行为，论证了动词具有的事和行为涵义。豆格扎西的《古藏文中后缀字的组词规律和特征初探》根据古藏文文献中有关内容，通过描述和分析一个组词结构的前后组成，详细论述了藏文名词中后缀字的一般形式和特点。尕旦木加在《论藏文标点符号“tsheg”》中对照藏文语法典籍和史书记载、古代石碑文，分别对藏文乌金体和乌梅体两种字体中的“thseg”及其实用规则和发展沿革等进行了深入阐述，以此对现有藏文语法中的一些规则和习惯提出了质疑并进行了探讨性研究。斗太加的《从碑刻古藏文看音判位词使用规律的变化》一文首先简要介绍了藏文语法中音判位词的基本内容，进而从“雪石碑文”、“林芝地区的岩石碑文”、“赞普赤德松赞墓碑文”、“大昭寺前石碑文”等碑刻上的藏文回顾了古藏文中音判位词的语法使用特点，并与现阶段藏文中音判位词的用法相比照，论述了藏文音判位词在不同时期发生的演变。旦正加的《吐蕃时期藏语后加字“v”的新释》通过对藏族古代碑刻文献中后加字“v”的用法规则，分别阐述了古藏文中后加字“v”的使用规则和语法功能，及其发展演变。桑杰卡和才让吉的《略谈有关藏文系足字“wa”的几个问题》分别介绍了藏文三十个字母中六个后加字“ca”、“cha”、“ja”、“tsa”、“tsha”、“dza”的字体构成、在此基础上，根据藏文文法典故重点探讨了“wa”字的字体和音节构成，发音形式和语法功能。藏毛草的《也谈〈格萨尔〉中重音词的类型和特征》专门针对藏文史诗《格萨尔》的语句结构和特点，通过例句的方式，对其中重音词的功能及其类型、构成形式等方面进行了深入探讨。

（二）藏语语音研究

语音是语言的第一属性，本年度涉及藏语语音的代表性成果有：马进武的《〈音势论〉概要》（《西北民族大学学报》第2期）、扎西旦达的《浅析藏文文法第六格的属性》（《西藏大学学报》2010年专刊）等文章。

马进武教授是藏语言文字研究领域非常知名的学者，在该研究领域颇有学术建树和学术声誉。他在《〈音势论〉概要》中专门探讨了《音势论》对藏语语音结构的重要之处，并以一一列举的方式介绍了该典籍中指出的基本规则和语法要求。扎西旦达的《浅析藏文文法第六格的属性》中，根据藏文30格辅音字母和4格元音字母各自的语音规律和藏文语句结构规律，以及世界其他文种当中把“a”字惯用于元音字母等问题，论证了藏文“a”字也应当用做元音字母的观点。

（三）藏语文词汇、语法研究

藏语文传统的词汇学和语法学研究是相互交融的。本年度关于藏语言文字词汇、语法方面的研究成果很多。其中，代表性的研究成果有普日科的《试探藏文出版物中的异体字的处理》（《西藏研究》第2期）、东主才让的《论藏语方言词汇的构成及其发展演变》（《西藏研究》第1期）、索朗群培的《关于〈略谈藏语词典〉一文的几点质疑》（《西藏研究》第1期）、格桑益西的《双语、符号转换和介词的含义及其特征研究》(《西藏大学学报》第3期)、扎西达瓦的《试探苯教古籍文献“gnag rabs”之特点》(《西藏研究》第2期)、尕旦才让的《议藏语敬语构词法》(《西藏大学学报》专刊)、昂色拉加的《玉树方言中的虚词构成法》(《攀登》第4期)、扎西华旦的《安多牧区方言的语法特征》等。

普日科的《试探藏文出版物中的异体字的处理》通过对照文学作品中常用的很多异体同义词汇，分别详细论述了不同词汇的使用规范和语法要求。东主才让的《论藏语方言词汇的构成及其发展演变》论及藏语方言词汇的不同类型及各自构成的地域、文化因素，以及目前各类藏语方言词汇发展演变的趋势等。索朗群培的《关于〈略谈藏语词典〉一文的几点质疑》一文对《略谈藏语词典》一书进行了评价，作者首先肯定了该书的学术价值，进而就其中对藏语词汇方面的不同论点提出了批判和质疑。格桑益西的《双语、符号转换和介词的含义及其特征研究》一文结合藏族传统文法理论和西方学术界的相关理论，着重对藏语双语、合成词、借词的定义及彼此之间的区别进行了详细论述。扎西达瓦的《试探苯教古籍文献“gnag rabs”之特点》根据古文献中有关“gnag rabs”的章节内容，通过对照敦煌古藏文文献、石碑文、木刻文中相关内容，从词汇构成、语法规范、语句结构、修饰方式等方面介绍了它们彼此之间的异同。尕旦才让的《议藏语敬语构词法》，对藏语敬语的始发时间及发展沿革、语句结构、分类方式、研究意义等方面进行了探讨，并强调结合藏语敬语自身发展演变的历史进程和特点对敬语进行研究。昂色拉加的《玉树方言中的虚词构成法》说明青海玉树地区藏语方言中的介词涵义及语法内容基本上符合标准藏文的行文规范，认为玉树藏语方言结合自身的地域文化和习俗形成其独具特色的语言风格。作者进而介绍了玉树藏语方言中的介词的使用规范和语法涵义。扎西华旦的《安多牧区方言的语法特征》从藏语方言总体情况、安多牧区方言的特点、地域范围等方面明确了安多方言中牧区方言的概念和内涵。同时，结合藏文统一的语法规范与安多牧区方言之间进行的对比和分析的方式，详细探讨了安多牧区藏语方言独特的语法结构和语言规范。

二、藏语言文字翻译理论与应用研究

藏语言文字的翻译工作自古有之，近年来，伴随藏区社会的转型和人们日常生活的更加丰富，藏语文翻译工作显得尤为重要，藏学界对该领域的关注度也日渐增强。本年度关于藏语文翻译研究的成果较多，下面从藏语言文字翻译理论研究和翻译应用研究两方面进行综述。

（一）藏语言文字翻译理论研究

根据本年度该领域研究成果的关注点各不相同，相关的论文有李加才让的《藏族古代翻译原则标准及方法》（《攀登》第1期）、扎拉的《〈藏族古代翻译史及其理论〉一文商榷》（《西藏研究》第2期）、赤列曲扎的《译论〈声明要领二卷〉释疑》（《西藏研究》第1期）、索确的《试论赞普热巴巾时期翻译中的八大纠错法》（《青海民族大学学报》第1期）、泽雄·尕藏本的《吐蕃时期翻译原则与中西翻译原则的比较研究》（《青海民族大学学报》第2期）等等。

李加才让的《藏族古代翻译原则标准及方法》结合吐蕃时期藏文翻译工作的历史状况，分别阐述了藏族古代翻译工作的基本原则和标准。扎拉的《〈藏族古代翻译史及其理论〉一文商榷》对《藏族古代翻译史及其理论》（《西藏研究》2009年第2期）一文进行分析的同时，对该文中若干内容和表述提出了质疑，并有相应的补充见解。赤列曲扎的《译论〈声明要领二卷〉释疑》在介绍《声明要领二卷》基本内容的基础上，对该典籍的创作时代进行了考证，并从该典籍中所指出的藏文翻译的原则、标准、方法、规则等方面论证藏族从赞普热巴巾时期就已形成较为完整的翻译理论典籍。索确的《试论赞普热巴巾时期翻译中的八大纠错法》论述了八大纠错法对藏文翻译工作的重大意义和影响，并分别对具体纠错方法进行了分析。泽雄·尕藏本的《吐蕃时期翻译原则与中西翻译原则的比较研究》结合吐蕃时期藏文三大规范规则，分别介绍美洲、欧洲以及国内相关的翻译理论及规则，并且对这些理论规范中的基本观点和结构特点等进行了归纳。

其次，还有一些研究成果专门对当代藏文翻译理论和翻译技巧等内容进行了探讨。索曲的《试论藏族当代翻译理论及其发展》（《西藏大学学报》第2期）一文对藏族当代翻译理论中有关翻译规范和技巧进行论述的同时，指出了翻译理论总体的发展以及不足之处。尕旦才旦的《浅谈新词术语和藏语言的影响》（《西北民族大学学报》第1期）分析了藏语中的新词术语对藏语文发展的影响，并就新词术语的藏译法提出了自己的观点。先巴旦增的《名词翻译方法新论》（《攀登》第4期）一文概述了直译法、意译法、余译法、代译法、释译法、混译法、交译法、音译法等八种名词翻译方法。旦增格桑的《汉藏翻译中分句线的用法探讨》（《西藏大学学报》专刊）介绍了藏语分句号和汉语标点符号两者之间的区别和用法。丁子牙的《探究藏汉叠词比较及互译技巧》

（《西北民族大学学报》第2期）运用比较法排列了藏汉文中各自的叠词，并对两者之间的异同进行了分析，就如何翻译此类语言现象提出了见解。仁青吉和才让加的《略谈翻译工作中的注译法》（《西藏大学学报》第3期）重点探讨了直译法、意译法在具体翻译工作中的使用方法。才让措的《关于翻译工作中词义界定的几点思考》（《攀登》第2期）探讨了藏汉翻译的标准、原则、性质及如何确定翻译性质的方法等。相关研究成果还有索仁的《再议藏汉翻译的基本技能》（《西藏大学学报》第1期）和格桑才让的《汉藏称谓译法研究》（《青海民族大学学报》第1期）等，在此不予详述。

此外，藏文翻译工作自古以来就十分注重翻译工作者自身的素质，对译者在学问功底和人格标准等方面有一定的要求。像达瓦占堆的《浅谈译师应具备的条件》（《西藏大学学报》第3期）一文从藏族翻译工作的历史沿革及其相关的理论脉络，说明藏文翻译理论具有比较完整的理论体系和规范，重点提出了作为一名翻译工作者应具备的职业素质。相关的论述还有索仁的《浅析藏文翻译的基本功》（《西藏大学学报》第1期）、尖参才让的《兼论翻译者的素质》（《西北民族大学学报》第3期）、白玛的《谈翻译者的道德素养》（《西藏大学学报》专刊）等。

（二）藏语言文字翻译应用研究

伴随藏区社会的不断变革和物质文化生活的不断丰富，对藏语言文字应用翻译工作提出了很高的要求，更多的翻译学家开始关注藏文应用翻译领域的相关问题。相关的研究成果主要有多吉占堆的《关于翻译教学工作的思考》（《西藏大学学报》第3期）、晋美才让的《论汉藏文学翻译中的文化空缺》（《西藏研究》第2期）、旦知卓玛的《浅谈藏语电视新闻翻译的几个特点》（《甘肃民族师范学校学报》第2期）、周加克的《浅谈广播稿的藏汉互译技巧》（《西北民族大学学报》第2期）、李玉莲的《论影视片名的译法》（《青海民族大学学报》第2期）、秀洛的《简论翻译评论的主体与客体》（《西藏大学学报》专刊）、普琼的《物理学家姓名翻译研究》（《西藏大学学报》专刊）、俄仓巴·卓玛东珠的《关于藏药材药名翻译的几个问题与建议》（《西藏研究》第4期）、烈日多杰的《法律术语翻译的几点要求》（《攀登》第2期）等。

其中，多吉占堆的《关于翻译教学工作的思考》指出，翻译工作是一项以实践检验为主的工作。因此，在翻译教学工作中，一方面学生自身要加强翻译实践锻炼，另一面作为老师也要加强对学生实践成果的指导工作。晋美才让的

《论汉藏文学翻译中的文化空缺》运用语言学、翻译学、比较文化学、民俗学等学科理论知识，探讨了文化空缺的概念及藏汉文化彼此之间的空缺所在，介绍了翻译中如何填补藏汉文化空缺的要点。尕藏加的《浅谈文学翻译的艺术性》根据文学翻译的特点，分别说明了文学翻译的科学性和艺术性，以及文学翻译的本质属性和社会功能等。旦知卓玛的《浅谈藏语电视新闻翻译的几个特点》一文结合作者本身的实际工作经验，论述了藏语电视新闻翻译工作的标准和特点，以及现阶段存在的问题和不足。周加克的《浅谈广播稿的藏汉互译技巧》认为广播文稿的翻译要坚持忠实原文，同时也要注意结合广播稿件自身的艺术特点，在译稿不违背原文意思的情况下适当添加艺术性术语。秀洛的《简论翻译评论的主体与客体》一文运用西方哲学理论方法，根据翻译评论的主体与客体的不同概念和特点，阐述了两者之间在具体文章中表现出来的联系。烈日多杰的《法律术语翻译的几点要求》从法律术语在藏文中的运用现状和意义，分别从运用法律术语定义的翻译、运用法学基本术语的翻译、运用传统术语翻译等三个方面简述了法律术语翻译工作中的方法。琼达和边巴次仁的《论汉藏翻译中的若干问题》（《西藏大学学报》第3期）根据藏汉翻译工作的重要性，分别阐述了藏汉翻译教学现状，如何处理藏汉翻译工作中术语互译以及互译工作中需要注意的事项等问题。

另外，还有一些成果专门对现有的一些藏汉译著进行了评述。例如，夏无拉旦的《敦煌藏文文献〈尚书〉和〈战国策〉藏译版的翻译方法初探》（《西藏大学学报》第4期）中根据《尚书》和《战国策》藏译版中的语句特点和术语结构，论证了该两本经典的藏译版中的部分章节的藏译工作是在赞普赤德松赞以前已完成的，在此后的历史中其中的语法文本和语句结构得到了更多的修订。此外还有贡保南杰的《略述〈水浒传〉藏译本》（《甘南民族师范学院学报》第2期）、肉内杰的《浅析汉译版〈米拉热巴传〉的误译原因》（《西藏研究》第1期）、羊毛措的《〈红楼梦〉人名的文化含义及其译法》（《攀登》第2期）等文章。

三、其他相关研究

2010年度涉及社会语言学领域语言应用研究的有才让卓玛的《略谈藏语标准语》（《甘肃民族师范学校学报》第2期）、完玛加的《实行藏语通用语的几点思考》（《攀登》第1期）、旦正加布的《统一藏族书面语主词之我见》（《青海民族大学学报》第2期）、贡保才旦的《如何办好民族语广播节目》

(《甘肃民族师范学院学报》第1期)、次仁平措和洛桑群培的《藏语发音标准化与藏语广播电视播音》(《西藏研究》第4期);涉及文化语言学领域的研究成果有吉太和加吾的《关于藏族地名的八类冠名形式》(《攀登》第4期);涉及藏语文信息处理的研究成果有羊本才让的《藏文信息处理中的词汇分类分析》(《攀登》第4期)等。

才让卓玛的《略谈藏语标准语》就藏语标准语言的历史演变和内在联系等方面阐述了其观点。完玛加的《实行藏语通用语的几点思考》从藏语方言的现状和关于藏语通用语的研究现状等方面探讨了实行藏语通用语的重要意义和具体方法。旦正加布的《统一藏族书面语主人词之我见》对吐蕃时期的文献材料和现阶段若干藏语方言进行了对照分析,从而提出了其关于统一标准藏文行文中主人词的使用方法和规则方面的思考和建议。贡保才旦在《如何办好民族语广播节目》(《甘肃民族师范学院学报》第1期)中指出,为了更好地宣传党的民族政策和维护民族团结,推动民族地区广播事业的发展,应增设和发展少数民族地区广播节目中有关政治经济、科学文化、教育卫生等方面的节目。次仁平措和洛桑群培《藏语发音标准化与藏语广播电视播音》(《西藏研究》第4期)从藏语广播和电视节目整体的发展和节目主持人个人发展,以及标准藏语的形成三个角度,探讨了在藏语广播和电视节目中藏语发音标准化的重要性,提出了如何改进藏语节目发音的具体方法。

吉太和加吾的《关于藏族地名的八类冠名形式》一文在论述藏族地名的整体文化内涵和意义的基础上,分别探讨了藏族地名由来的不同类型,即由姓氏而得名、由历史传说而得名、由地理特点而得名、由人名而得名、由地域形状而得名、由音译而得名、由简化术语而得名等等。

羊本才让的《藏文信息处理中的词汇分类分析》对藏文信息处理中的词汇分类和藏族传统的词汇分类方式进行了简要介绍,阐述了现阶段藏文信息处理中词汇分类的方法和要点。

文 学 艺 术

汉文部分

本年度藏族文学研究比较关注“诗论”、古典文学、当代汉文创作和《格萨尔》史诗等几个方面，从发表论文的数量和质量来看，成绩比较突出的依然是当代汉文创作和史诗《格萨尔》。值得注意的是，学界也开始关注藏族文学理论方面。下面分别叙述各类研究的主要成绩。

一、文学理论

徐其超《论藏文〈诗镜〉生命美学意蕴》（《西南民族大学学报》第12期）讨论了檀丁《诗镜》藏文译本中表现出的“生命美学”意蕴。文章认为藏族学者在对《诗镜》翻译基础上进行的增删取舍体现了民族化的特点。我们不仅要看到这种民族化的表象特点，更应该从藏文《诗镜》关注的“四大事”和“十七事”的人生内涵，深入挖掘其“生命美学”的意义。著者认为“藏文《诗镜》生命美学由于在对人生作哲学之思、美学之思时具有鲜明与突出的个性”，因此，能“直接面对西方现代美学进行超时空的对话和交流”。藏文《诗镜》和西方的生命哲学、生命美学对话，“有利于东西方生命价值观的整合，有利于生命美学的融汇创新，构建充满生命创造活力而又道德完美至善的和谐社会即西方习称的良性社会”。但从作者参照的资料来看，并不是藏文原文，而是一种翻译资料，这在一定程度上影响了论文的说服力度。实际上《诗镜》已有黄宝生的梵汉全译本出版，评论时可作对照或参考。

二、作家文学研究

（一）古典文学

桑木丹著、张天锁摘译的《试论〈猴鸟故事〉及其作者》（《西藏民族学院学报》第5期）一文认为，关于《猴鸟故事》作者的5种观点，即一为18世纪的才仁旺阶，二为六世班禅班丹益西，三为19世纪的十二世达赖喇嘛成烈嘉措，四为代本协噶林巴·敏久伦珠，五为13世纪产生的民间文学，都不妥当。著者从此书的故事内容出发，指出小说创作的背景是发生于1788年的第一次廓藏战争。从这一角度出发，著者一一批驳了上述5种观点，并提出了自己的观点：小说作者是曾经亲自参与了这个历史事件的多仁班智达丹增班觉。著者着重从多仁班智达的《自传》和这本小说的内容、语言风格等方面进行论述，指出两者的相似和一致性。论据充分，具有一定的说服力。

此外，傅映兰、丁小平《〈萨迦格言〉中的“学者”形象略论》（《西藏研究》第6期）一文概述了萨班提出的“学者”的佛教特性，并认为以往研究此著，往往关注萨迦班智达的统治者身份，从这个视角来分析其思想，却不太注重从佛教本身的特质、大乘佛教学者的特质出发，来理解其佛学思想及其在政治上运用的必然性和合理性。本文正是从这个角度出发，揭示了此著中“学者”的另一层含义，具有一定的启发性。

（二）当代作家文学

本年度在作家文学研究方面取得了很好的成绩。

从文学理论上宏观对藏族文学进行研究的文章有于宏的《变化中的现代性渴望——当代藏族文学的社会、文化现代性追求》（《西北民族大学学报》第3期）、《展示社会风貌　传递时代精神——浅论近几年西藏报告文学创作》（《西藏文学》第6期）前者从社会、文化与审美现代性的角度出发，对当代藏族文学的主题表达和审美追求进行解读。文章对当代藏族文学半个世纪的发展历程进行了有限度的回顾和总结，客观地探讨了当代藏族文学在藏族文化走向现代化的过程中所扮演的角色和发挥的作用。后者对西藏近几年的报告文学做了回顾性研究。白晓霞的《民间文化与藏族长篇小说中的“成长主题”》（《西藏文学》第4期），探讨了西藏长篇小说和民间文学作品中的“成长主题”，藏族文化刚性的气质及藏族传统文化在社会转型时期的全面调整，使藏族小说中的“成长”主题负载更多的社会与文化线索。民间文化的“成长主题”则经历了民间文化“政治化”、“性别化”、“知识化”的历程。

有关藏族作家作品的研究和评论主要集中在对阿来、尼玛潘多作品的评论上。

本年度关于作家阿来的作品，评论者们一如既往地给予了高度关注。集中关注了其三部重要长篇作品，即《尘埃落定》、《空山》与《格萨尔王》。有讨论其小说的叙事视角与叙事特征的，有讨论作家的身份认同与文化认同的，也有讨论小说中的民族文化特色的，不一而足。其中有几篇评论从选取的角度和考察深度来看，有一些新意，在此稍作介绍。

有人从人类学与民族学的理论角度，来讨论阿来小说中丰富的民族文化内涵与特色，比如胡志明、秦世琼的《族群记忆与文化多样性书写——阿来小说的人类学分析》(《江淮论坛》第6期)。评论者通过分析阿来小说中的文化意象，认为他“深受藏汉文化的双重滋养”，关注民族、家庭、村落与普通民众的生活历史，以鲜明的人类学叙事风格，对藏地社会的地域文化进行了一场民族志式的文化书写。评论者尤其利用“地方性知识”这一阐释人类学理论，挖掘了小说中的各种民族文化内涵，特别是用“深描”的方式展现了作为小说场景的“嘉绒藏族文化独特的时间观所带来的历史感，极大地凸显出嘉绒族群的文化特色”。评论者还用这种方法剖析阿来小说中的傻子少爷这类“不正常的人”，认为“小说中反复设置的‘不正常的人’喻示着他对自己民族文化中传统消逝的隐痛”。因此，评论者认为“其作品既是一组展示文学语言之美的‘艺术创作’，也是一系列关于藏族社会历史与文化事象的人类学的‘深描’”。同类的评论文章还有丹珍草的《阿来的民族志诗学写作——以〈大地的阶梯〉为例》(《民族文学研究》第1期)。

另一类评论文章关注了阿来小说中所反映的历史传统与现代命运之间的冲突问题。如梁海的《世界与民族之间的现代汉语写作——阿来〈尘埃落定〉和〈空山〉的文化解读》(《吉林大学社会科学学报》第3期)。评论者从中国现当代文学对“现代性”的反思视角出发，分析阿来这两部作品中所呈现出来的传统与现代之间的断裂与弥补的问题。认为“在这两部作品中，阿来传承了中国现当代文学对现代性反思的传统，去思考在现代性的进程中，藏族世界呈现出的新的文化存在形态，进而追问，‘现代的’、‘异域的’是怎样渗透进‘我们的’？并且试图在一个个小人物富有传奇色彩的人生轨迹中去找寻答案。”“在现代性的问题上，《空山》具有更强烈的批判性，更浓郁的反讽色彩。如果说，《尘埃落定》言说的是有着悠久历史和古老文明积淀的传统文化是怎样走向现代性的，那么，《空山》则是在更深的层面上，去找寻现代性导致曾经的诗意栖居之维坍塌的根本原因。”此外，评论者认为阿来小说在人物形象的塑造方面，正是运用了傻子等这样一系列的中国传统文学中“朴拙”形象，完成了“民族性”与“世界性”嫁接的苦痛和摸索。其小说在身份认同上也从“民族性”跨入了“双族别文学”的行列，这种探索正是作者在不断地挖掘和拓展叙事方式的灵感和空间的基础上完成的。此外，张学昕的《孤独“机村”的存在维度——阿来〈空山论〉》（《当代文坛》第2期）和王春林《现代性视野中的格萨尔王——评阿来长篇小说〈格萨尔王〉》（《艺术广角》第5期）同样关注了其小说中对这种“指向未来的”传统的“反省”与“十分突出地体现现代性”的问题。

有多篇评论文章关注阿来的小说《格萨尔王》。洪治纲、肖晓堃的《神与魔的对话——论阿来的长篇小说〈格萨尔王〉》（《南方文坛》第2期）深入解析了阿来的《格萨尔王》。《格萨尔王》以神话重述的方式，诠释了人类自身的困境，作者评析了小说通过格萨尔王在人间的所作所为，打开了一个个丰富的人性世界，并从形而上的角度揭示了“魔”的根源。文章关注到小说不再是格萨尔王与妖魔搏击中表现出的神力，而是将重点放在人性的描写上。梁海的《神话重述在历史的终点——论阿来的〈格萨尔王〉》（《当代文坛》第2期）指出，阿来通过重述神话《格萨尔王》，让我们走在“编年体”之外的另一个空间去触摸民族民间文化的印记，并用现代性来关照、反思人性的复杂。此外，黄轶的《阿来的“及物”与“不及物”——读〈格萨尔王〉》（《文艺争鸣》第5期）、姚达兑的《史诗重述及其现代命运——评阿来的〈格萨尔王〉》（《石家庄学院学报》第4期）也涉及本主题。

其他如罗文《历史的反思与文学的“爆炸”——〈百年孤独〉、〈尘埃落定〉比较研究》（《湘南学院学报》第6期）等评论，重新强调了阿来小说呈现的“魔幻现实主义”的风格特征，这也是值得关注的方面。事实上从另一个方面来说，这也反映了阿来的小说创作与20世纪80年代其他藏族作家之间的某种渊源关系。

2010年1月，藏族作家尼玛潘多的一部真实反映西藏农民生活状态的原生态长篇小说《紫青稞》（作家出版社）出版。与以往展现西藏题材的文学作品不同，《紫青稞》立足于西藏普通百姓的真实生活故事，以20世纪80年代末90年代初后藏一偏僻农村的变迁为背景，描写改革开放对西藏农村人的价值观、人生观及信仰的巨大冲击及新老两代农民在这种冲击下的冲突、隔阂和共鸣，小说淋漓尽致地展示了西藏的风土人情。对《紫青稞》的文学评论文章有郭艳的《紫青稞与乡土西藏——评尼玛潘多的长篇小说〈紫青稞〉》(《西藏文学》第3期)、朱霞的《转型时期西藏农村生活的锦绣画卷》(《西藏文学》第3期)及李佳俊的《普村女人的昨天和今天——喜读尼玛潘多的长篇小说〈紫青稞〉》(《西藏文学》第6期)等几篇。

除了对阿来、尼玛潘多作品的评论之外，其他有关藏族作家作品的研究和评论相对较少。但这些研究中也可以看到不少新观点、新方法，值得关注。

德吉草《藏族"生命"美学与诗歌创作考量——以丹真贡布的诗歌为例》(《西南民族大学学报》人文社会科学版第12期)，介绍了一位生于1930年代的甘南地区的藏族诗人，这位能够运用藏文与汉文双语进行创作的诗人，在藏族文坛上并没有引起足够重视。通过分析其汉文诗歌中的两个意象"草穗"和"羚羊"，作者认为他的诗歌以社会现实与历史为背景，表达了民族的生命美学——慈悲与宽容，以及平静与理性。作者认为正如这位诗人一样，老一辈藏族诗人所具有的创作精神，对于当代"藏族文学面临新的社会制度改革，面临言说方式的新一轮表达时表现出的民族特质、文学探索和时代意识都具有一定的启蒙意义"。

普布昌居《让爱照亮生命——对藏族作家次仁罗布2009年作品的研读》(《西藏研究》第6期)认为，当代作家次仁罗布2009年的作品，如《奔丧》、《放生羊》、《阿米日嘎》、《传说》等，具有两个鲜明的特征：关注普遍的现实生存状态和建构崭新的精神纬度。作者认为次仁罗布2009年的小说关注的对象都是普通劳动者，不管是《奔丧》中的四川妹小魏，还是《放生羊》中的主人公年扎，都有各自的困难与悲剧，而作家不加任何粉饰，如实呈现在我们面前。"在他的小说中每个人物都有自己的悲情故事，冲突成为人人无法消解的宿命，苦难已不再是某一个个体的遭遇，而是普遍的生存境遇。"给人以"置身其中，常常能够引发人对生存本身的悲剧体验"。评论者还认为次仁罗布的小说除了从民族的文化传统中找到"善"来启发民众的意识以外，还极力通过批判民族文化发展中呈现的"歪曲"文化现象来"呼唤理性"。

普布昌居、次旺罗布、马元明的《寻梦者：试论白玛娜珍小说中的女性形象内涵》(《西藏大学学报》第3期)评论了当代藏族女作家白玛娜珍小说中的一类女性形象：这类女性形象是西藏和平解放以来，成长于社会文化转型期的一代女性。她们是"处于传统与现代两种文化边缘地带的女性群体，她们既不完全认同传统文化的价值，也未能建立起新的知识结构，她们只能在两种文化的夹缝里苦闷、彷徨，成为精神的虚空者"。作者通过分析和比较小说中"寻梦者"这类女性与传统女性的性格特征、生活环境、情感、精神追求等方面的不同，指出尽管“寻梦者”女性不是新时代藏族女性的主流或全部，但她们的生存状态也是一种现实存在。它不仅拓宽了藏族小说的审美视野，这一形象还具有积极的文化意义和社会发展的标志意义。

对小说家扎西达娃的关注也有一些进展，比如讨论其小说中的“时间”问题以及“魔幻现实主义”特色等等。王德领的《20世纪80年代的魔幻化书写及其局限——以扎西达娃的小说为中心》（《兰州大学学报》第6期）认为，20世纪80年代的魔幻化书写主要体现在一些有关西藏题材的汉文小说中，以扎西达娃的小说为代表的魔幻书写是激活西藏题材小说的十分有效的方式，但是也存在着明显的局限性。主要表现在：其一，过分追求神奇现实，为魔幻而魔幻，以致走向了猎奇、志怪；其二，有关西藏的魔幻化书写，满足了内地对于西藏的想象，实际采用的是一种“外部人”视角，而非来自“内部人”的发言。魔幻书写的奇观化视角，在一定程度上遮蔽了西藏题材的小说应有的丰富性。

赵林云的《一部民族志式的“边地奇书”——评江洋才让的小说〈康巴方式〉》（《小说评论》第2期）探讨了这部小说对现代性的反思，小说淡化了汉民族作为现代性的示范作用，更加突出汉藏民族之间的交流，在表现国家民族叙事上，作品也有新的特点和理性阐释。

王泉的《20世纪90年代中国小说的西藏书写》（《四川民族学院学报》第2期）将马原、扎西达娃、央珍、阿来、周大新、毕淑敏、格非、爱琴海等作家的创作列入“西藏题材”创作作家群，进行了整体上的评述。认为西藏神奇的土地赋予这些中国作家一双锐眼，他们在小说中关于西藏历史、现在与未来的书写，形成了“一源多元”的文化语境。

冯晓的《灵魂的宽广与宁静——近期藏族青年作家的小说创作》（《文艺争鸣》第19期）对21世纪以来藏族当代作家的创作进行了评论。其中尤以近年来在上海、北京和广州等地重要汉文小说杂志上发表文章的藏族作家为主，特别是关注了龙仁青、万玛才旦、次仁罗布三位藏族青年作家的作品，如《奥运消息》《情歌手》《草原》《午后》《放生羊》等。作者认为这些小说“都散发出一种别样的审美韵味，单纯、简约、宁静，既充满了高原上辽阔苍茫的原始气息，又时时散发着宗教的神性光辉”。相对于当下汉族作家流行书写人性之恶与展示欲望化的生存景象，藏族作家遵循着本民族的“文化模式”，“在实践着一种‘灵魂叙事’，他们抛却了世俗生活表面的繁杂和喧闹，甚至也摒弃了所有的现代叙事技巧——他们只是用雪域高原赋予自身的宁静和敏感，虔诚地拥抱着家乡，抚慰着家乡的灵魂，让灵魂的每一次轻微的颤动，都在他们的文字里留下清晰的回音”。

此外，藏戏作为一种表演艺术，原则上可能更多喜欢关注其“表演特性”。事实上其剧本及演唱语言呈现的文学魅力，也可以激发文学研究和评论的热情。不过由于受到语言和其他因素的影响，近年来多数研究和评论（赏析）仍然集中于“文学性”之外的要素。

藏族影视文学的研究仍然处在起步阶段。不过近年来也有一些硕士和博士论文开始关注这一领域，我们期待这方面的研究蒸蒸日上、蓬勃兴盛。

三、民间文学与《格萨尔》史诗研究

如同往年，在本年度用汉文写作的有关民间文学的论文中，除《格萨尔》史诗数量较多以外，其他体裁类依旧比较少。受到关注的有民歌、动物故事、谜语、传说等体裁，这其中民歌方面取得的成绩较为突出。

（一）民歌

藏族民歌根据地区、演唱场景等的不同有各种差异，名称上也是如此。比如公开场合不论老少皆能演唱的歌，如赞颂歌；也有特殊场合只有部分人才能唱的歌，如情歌等等。从地区差异来说，比如名称上在安多地区将前者归属于“勒”体，后者则属于“谐”体，而这种称呼在其他地区并不完全一致。

本年度属于“勒”体民歌方面的研究有巴盖措的《卓仓藏族婚俗中的婚礼歌》（《青海师范大学民族师范学院学报》第1期）。文章比较细致地介绍了卓仓地区的婚礼仪式及其伴随的婚礼歌，客观上为卓仓婚礼歌保存了一份可贵的民俗学资料。著者从新娘的视角，一一介绍了《出嫁歌》、《迎宾歌》等婚礼十三个过程与所唱之歌。并分析了卓仓地区的婚礼歌所反映的文化涵义，比如多民族审美取向、佛教文化、崇尚白色和媒妁的古俗等。著者还强调，除了其中蕴含的丰富的民俗文化内容外，卓仓婚礼歌的唱辞具有极高的文学艺术价值。

“谐”体民歌方面有韦仁忠的《天祝“花儿”与“拉伊”程式语对比分析》（《青海民族大学学报》第3期），作者运用“口头程式”理论来分析天祝地区“活形态”的“花儿”与“拉伊”，认为口头理论中总结的“语义程式”和“句法程式”，都能在这两类情歌中找到相同的表述。根据两类情歌结构上的差异，尽管它们中的程式句或程式语在位置上和数量上存在差别，但本质上二者都拥有大量的两类程式。这种程式的存在为演唱者提供了记忆和创作上的方便，同时，也给二者的进一步比较研究提供了可能。

此外，张莉、张超的《稻城亚丁区域藏族民歌的形态研究》（《西南民族大学学报》第4期）和魏晓兰的《四川平武南坪藏族民歌特征简析》（《四川戏剧》第4期），分别分析了稻城亚丁地区和平武南坪地区藏族民歌音乐方面的形式特征，这些研究属于民歌曲调研究，超出了本文的范围。但二者附带介绍了当地民歌的种类及其文化内涵等，也为我们提供了不少新资料。

（二）《格萨尔》

本年度关于《格萨尔》史诗的研究，主要集中关注了以下几个方面的问题：《格萨尔》史诗艺人问题，《格萨尔》史诗的文本问题，《格萨尔》史诗的文化内涵，以及与《格萨尔》史诗相关的信仰、其他艺术形式等，这些研究在一定程度上取得了不错的成绩。

本年度在《格萨尔》史诗学界有两件事值得铭记：首先是年轻的《格萨尔》艺人图丹迥乃在玉树地震中遇难（1986—2010），带走了165部（据2006年调查）《格萨尔》史诗和包括《水浒传》在内的无数民间故事和传说。其次是《格萨尔》史诗研究者王兴先先生去世（1936—2010），留下了难以填补的空缺。两人的离世，是《格萨尔》史诗学界的巨大损失，是无法弥补的憾事。

本年度《格萨尔》研究中最重要且值得尊敬的成绩，当属杨恩洪的论文《传唱千年的藏族英雄史诗〈格萨尔王传〉》（《国际博物馆》第1期）。此文总结了我国《格萨尔》史诗研究的主要成绩，并提出了新的研究视角。作者首先介绍了《格萨尔》在藏族社会传唱千年的文化底蕴，其次介绍了《格萨尔》史诗海纳百川式的开放结构，接着介绍了《格萨尔》史诗的散韵兼行的说唱艺术特色，然后阐释了20世纪80年代以来发现的《格萨尔》史诗说唱艺人的类型与天赋，最后总结了新近出现的优秀年轻艺人的特点。作者多年来关注《格萨尔》艺人问题，近年来特别关注年轻艺人，引起了学界研究的新热点。

本年度在《格萨尔》史诗艺人研究方面，黄智的论文《论〈格萨尔〉史诗说唱艺人》（《格萨尔研究》第1期）提出了新观点。作者认为艺人类别的划分不能从他们的表象和自我说辞来评判，而应该从不同艺人所掌握的版本数量、语言艺术风格和创新程度等方面加以全面鉴定和综合考评。由此作者提出了《格萨尔》艺人的新分类或者说成为一个优秀艺人的三个阶段：1. “仲偕巴”——《格萨尔》的爱好者，仅会讲述一两部故事，在家庭内部讲述；2. “仲巴”——半职业艺人，比前一类会讲的故事多，不仅在家庭内部说唱，还在集会上说唱；3. “仲侃”——史诗演唱家，职业艺人，以说唱谋生。这种研究尽管有这样那样的不足之处，但相对于过去《格萨尔》艺人研究，无疑前进了一大步。

本年度对个别艺人的特点也给与了关注，如诺布旺丹《灵动的诗性智慧——一位〈格萨尔〉艺人的精神图谱》（《国际博物馆》第1期），讨论了“智态化”艺人丹增扎巴的生活经历与创作特点。总的来看，这些论文关注新艺人，提供了新资料，得出了比较客观的分析。

本年度关于《格萨尔》史诗文本的研究，也取得了一定的成绩。曼秀·仁青多吉的《传统〈格萨尔〉早期版本梳理概况》（《中国藏学》第1期）及《传统〈格萨尔〉前三部与后两部早期版本考定》（《西北民族大学学报》藏文版第2期），两篇论文讨论了作者判定《格萨尔》史诗的早期抄本与刻本问题，作者以其所掌握的111部抄本与刻本为基础，依据其设定的几道“工序”，辨别出其中的35部《格萨尔》史诗为早期版本，具有“传统特性”，并对这些本子的异文本以及各部之间的关系作了进一步的厘清。这对辨别《格萨尔》文本的优劣和促进整个《格萨尔》故事结构的完整性方面具有新成绩。李连荣的《〈格萨尔〉拉达克本与贵德分章本情节结构之比较》（《中国藏学》第1期），对《格萨尔》史诗的两个早期版本的故事结构进行了比较。作者认为这两个本子从总的故事结构看保持了“七章本”的共同故事结构，它们属于同一个时期的“故事”；但从细小的结构上来看有差异，这种差异与地方文化的影响有密切关系。

关于《格萨尔》史诗的语言、翻译方面的研究则有：王恒来的《〈格萨尔〉与印度两大史诗的言语模式比较》（《西藏研究》第8期），文章从视角模式、韵律模式及言语结构模式上分析了《格萨尔》与印度两大史诗《罗摩衍那》和《摩诃婆罗多》之间的不同。王治国的《民族志视野中的〈格萨尔〉史诗英译研究》（《西北民族大学学报》第5期）以《格萨尔》英译为具体对象展开个案研究，将其置于民族志书写和跨文化阐释的视域之中，从现代译论的高度对这部民族史诗翻译过程中的具体问题进行翻译学意义上的理论阐释，并就民族文学翻译的学科地位和前景做出跨学科展望。

本年度仍有不少研究者关注《格萨尔》史诗所蕴含的社会文化内涵：或者讨论史诗中的军事思想和战术理论，或者讨论史诗中的原型概念，或者讨论史诗所反映的古代藏族社会的妇女地位等等。其中值得学界重视的一类研究成果是，试图通过史诗故事或人物来解释和分析这部史诗在藏族社会中的影响。如加央平措的《关帝信仰与格萨尔崇拜——以拉萨帕玛日格萨尔拉康为中心的讨论》（《中国社会科学》第 2 期），此文论述了关帝信仰怎样一步步进入藏区，并逐渐与藏区的格萨尔信仰结合成为一体的过程。论文提供了翔实的资料，论证了 18 世纪后半叶以来藏族高僧与中央政府之间的互动关系直接推动了这种信仰的转化，最终与康区“利美运动”者奠定的格萨尔信仰的群众基础形成合流。本文的主旨在于讨论关帝信仰，但从史诗主人公的信仰研究来说，也提供了很好的参照。

角巴东主与才项多杰的《关于“格萨尔”是否历史人物之我见》（《青海社会科学》第 2 期）通过对历代藏族学者对于格萨尔的论述、藏区的民俗文物遗迹以及史诗本身内容的讨论，认为格萨尔王是历史人物，并根据上述资料指出了他的生活时代与区域。而且还列出了反映格萨尔王“历史”的《格萨尔》史诗部本。对于格萨尔王是否存在过，如今已成为学界难啃的“骨头”。但采用上述方法所得出的结论肯定并不令人完全信服，相反却能证明《格萨尔》史诗的力量。

此外，阿顿·华多太的《从“雅则红城”分析白黄黑帐霍尔的民族归属》（《西藏艺术研究》第 1 期）选取的研究角度值得肯定。论文通过分析 3 个称为“雅则红城”的《格萨尔》史诗《霍岭大战》中霍尔王城堡的地名遗迹，联系藏族历史上可能称为“霍尔”族的几个民族不同时期与藏族的关系，指出史诗中每个“霍尔”可能的民族属性以及相应的民族关系有可能成为史诗的素材。史诗的成立必定吸收纷繁复杂的历史故事，作者确立的这几种可能也不一定是绝对的，但至少可以肯定，这种研究对于史诗内涵的挖掘来说是有益的。

本年度还有不少论文讨论了《格萨尔》史诗的口头性、语言结构、叙事模式等方面的问题。另外，也有不少论文讨论了《格萨尔》史诗的相关艺术形式如唐卡绘画、石刻艺术等。限于篇幅，在此不作详细介绍。

此外，俞莼的《试论原型理论的文学解释力——以藏族民间文学中的动物崇拜原型为例》（《浙江社会科学》第 1 期）以藏族民间文学中的动物崇拜原型为例，分析探讨原型理论解释少数民族民间文学时的局限，并根据艺术人类学的理念和研究方法，指出对少数民族民间文学本源问题的探究，不能脱离具体作品及其产生的文化情境。

四、其他

近年来，随着许多藏族文学杂志的成长，出现了文学杂志的各种纪念活动，比如被誉为“藏族的《人民文学》”的《章恰尔》刚刚举办了一系列的庆祝和纪念创刊30周年的活动。本年度也有学者开始关注这些文学杂志对文学创作所起到的重要作用，比如徐琴、冉小平的《一份杂志，一段文学——20世纪80年代的〈西藏文学〉与西藏新小说》（《西藏民族学院学报》第1期），认为《西藏文学》杂志对西藏新小说的产生、发展、繁荣具有推波助澜的作用。“西藏新小说的萌芽、形成、发展和繁荣伴随着文学争鸣与评论，无论在作品的发表，评论的刊载还是西藏新小说概念的推广等方面，《西藏文学》功不可没。”

另外，民族文学的交流也成为关注的对象，比如央珍、喜饶尼玛的论文《清代汉藏文学艺术交流》（《中央民族大学学报》第5期）介绍了清代汉藏之间在文学、音乐、美术等方面的相互翻译和交流情形。特别提到了一些重要名著如《三国演义》《西游记》的翻译和讲说在藏区的接受情况，另一方面藏族文学如《米拉日巴传》《尸语故事》以及戏剧文学《苏吉尼玛》等在汉区的影响。此外这一时期还出现了诸多汉文歌咏藏区的诗歌，一定程度上扩大了汉文诗歌的题材范围。尽管这些讨论仅仅是初步性的，但可以说某种程度上对于扩大藏族文学研究和评论的视野，发挥了积极的作用。

总之，本年度藏族文学的各类研究尽管取得了不少成绩，但其中在方法论等大的方面，或者资料引用等细小的技术方面仍然存在这样那样的不足，这是需要进一步加强的地方。

艺术研究

2010年，艺术研究领域取得了长足进步，出版、发表的成果众多，进一步往广度、深度发展，取得了突出的成就，下面按不同专题进行介绍。

一、综论

本年度艺术研究领域最值得关注的研究著作为谢继胜主编的《藏传佛教艺术发展史》（上、下册，上海书画出版社）。该书共120万字，700余幅图片，系国内第一部藏传佛教艺术通史性著作。全书分7—9世纪汉藏艺术交流、

10—13 世纪敦煌西域汉地风格艺术对后弘期藏传佛教艺术复兴的影响、藏传佛教艺术在西夏的传播、元代中原藏传佛教艺术、明代藏传佛教艺术对汉地艺术的影响、明代蒙古藏传佛教艺术、清代宫廷藏传佛教艺术、清代北京和南方的藏传佛教艺术、清代西蒙藏传佛教艺术等 9 章，以图文并茂的形式展现了从 7—18 世纪藏传佛教艺术的瑰丽画卷，并将藏传佛教艺术放在我国多民族文化相互依存与共同发展交融的背景下加以总体把握研究，从而深刻揭示了中华民族文化自古以来多元一体、水乳交融的格局。该书既注重横向研究，即主要是通过考察不同时期藏传佛教艺术本身的特点，并分析其风格成分；也注意纵向研究，即主要以藏传佛教艺术作品风格，尤其是藏传佛教艺术在汉地的传播为线索，将个案研究的结果按风格发展的历史线索串联起来；同时，又考虑到藏传佛教艺术本身在西藏腹地的发展规律与印度、尼泊尔纽瓦尔艺术对西藏的影响，将 7—18 世纪的藏传佛教艺术风格的发展演变、汉藏艺术的交流及藏传艺术在中原内地的传播历史加以研究。该书的出版，填补了藏传佛教艺术研究的一项空白，代表了中国学者在此领域研究的最高水准。

罗文华、文明的《甘肃永登连城鲁土司属寺考察报告》（《故宫博物院刊》第 1 期）对妙因寺、显教寺、感恩寺和雷坛四处鲁土司属寺进行了实地考察，对属寺现存的所有文物的图像资料进行了全面采集和初步整理，首次对妙音寺万岁殿外回廊进行了绘图，对鲁土司所属寺院发现的唐卡、造像和经典进行拍照和整理，对妙音寺等多处佛殿的 357 幅曼荼罗进行重点考察。对属寺建筑及壁画上的题记进行分析，为寺院或殿堂建立年代以及壁画、雕塑的断代提供了证据。文章对鲁土司属寺反映出汉藏文化共融、共存现象进行了探索和分析，并认为其作为研究明清美术史、明清宗教史重要的第一手材料，也是明清时期汉藏文化交流的直接证明。

奇洁的《从〈格萨尔〉史诗看汉藏工艺美术交流》（《西藏艺术研究》第 1 期）从汉藏工艺美术交流的角度去审视《格萨尔》的历史、文化及艺术价值。文章着重考察了史诗中的汉藏之间丝绸、瓷器及相关工艺美术品的交流，详述了汉藏文化彼此间相互影响及融合。林姝的《明清唐卡绘画中的玻璃器》（《紫禁城》第 6 期）通过分析明清唐卡上的玻璃器，探讨了明清时期中央与地方、汉地与藏地在艺术方面的互相影响，以及中国与西洋在文化、贸易上的交流。

二、美术研究

（一）绘画

藏族绘画艺术博大精深，具有浓郁的民族、地域特色，2010 年度学术界依然对藏族绘画艺术的研究倾注了极大热情。

1. 绘画流派

对藏族绘画流派的研究是学术界关注的重点。热贡艺术是我国藏传佛教艺术的重要流派，也是近几年来藏族艺术研究的热点。唐仲山的《热贡艺术》（青海人民出版社）一书，结合大量文献成果和田野资料，对热贡艺术的自然与人文环境、历史与传承、艺术种类和特征、现状与保护等问题进行了系统梳理并提出了自己的见解，该书还对独具地域与民族特色的“於菟”仪式进行了学术分析和研究。李加才让的《安多热贡艺术的形成历史及社会功能研究——以“五屯艺人”为论述中心》（《西藏大学学报》第 4 期）一文以地处隆务河中游的“五屯村”作为典型，对热贡艺术的历史发展脉络及社会功能做了论述。

朗杰·巴桑次仁的《藏族传统绘画新勉唐派的起源、传承和绘画特征——访扎什伦布寺大画师阿顿》（《西藏大学学报》第 3 期）通过对新勉唐派的重要传承人阿顿大师的采访，探讨了藏族传统绘画支派新勉唐派的渊源、发展史及其特征。

2. 唐卡研究

杨嘉铭、目雅·丁增、杨艺编的《康巴唐卡：藏传绘画艺术吉祥瑰宝》（中国旅游出版社）一书指出，康巴地区是藏族三大唐卡绘画流派之一的“噶玛噶孜”画派的发源地，康巴唐卡是康巴文化的重要组成部分。该书收录了康巴地区的 124 幅唐卡，论述了康巴唐卡绘画的历史及风格、特点。西合道口述、吕霞整理的《美善唐卡：唐卡大师西合道口述史》（中央编译出版社）关注的则是热贡艺人的生活史，使本书具有了比以往同类研究更高的起点和视角。用书写的方式复原口述经验，将原生态的民间艺术技艺流程提炼为学术意义的个案描述，是目前人类口头与非物质文化遗产保护工作尤其是民间艺术保护工作中值得提倡和深入探讨的课题。

康·格桑益西的《藏传噶玛噶孜画派唐卡对汉地青绿山水技艺的吸纳》

(《西藏大学学报》社科版第 1 期)以藏族传统三大绘画流派之一的噶玛噶孜画派唐卡中对汉地青绿山水技艺的吸纳为题,对历史上不同时期、不同流派、不同画师唐卡绘制中所呈现的对中原汉地青绿山水表现技艺的借鉴吸纳与融会发挥作了追溯和研究,同时对其技艺作用、文化意义和审美价值也从多视角作了探讨。从而得出历经近 500 多个春秋的藏传噶玛噶孜画派,对周边地域和民族的多元文化以其智慧的开放性、包容性和吸纳性特征所建构的藏民族传统绘画风格特色,不仅对藏区东部的民族文化建设和传统美术的发展起着承前启后的作用,对藏民族整体美术的繁荣昌盛也产生着积极而深刻的影响。它从一个侧面充分体现了藏族文化博大的多元化凝聚力和精深的经典化高品位和生生不息的民族化传承性、融和性特质。

钟子寅的《甘肃永登显教寺天顶发现唐卡组画之初步研究》(《中华文物学会 2010 年刊》从唐卡组画的装裱形式、风格、尺寸等线索入手,对组画的配置进行细致分析,并将其与永登周边寺院遗存的绘画进行比较,对组画进行了断代和分析。

3. 壁画研究

壁画研究一直是藏族艺术研究的重要课题。谢继胜、赵媛的《莫高窟吐蕃样式壁画与绢画的初步分析》(《西北民族大学学报》第 4 期)对敦煌莫高窟中唐至晚唐石窟中具有吐蕃或印度波罗样式的壁画及藏经洞所出具有相同风格的绢画从作品的内容著录、图像渊源、年代及与吐蕃本土及汉地艺术传承的关系、相关政治文化背景等方面进行了归纳与分析,指出唐蕃时期唐蕃美术的交融是"汉藏艺术风格"的源头。沙武田的《莫高窟吐蕃期洞窟第 359 窟供养人画像研究——兼谈粟特九姓胡人对吐蕃统治敦煌的态度》(《敦煌研究》第 5 期),首先通过新发现于莫高窟第 359 窟的供养人画像题记的释读,表明该洞窟为吐蕃统治时期粟特九姓胡人石姓家族营建的功德窟。再结合当时的历史背景,就供养像所反映的服饰新现象、洞窟功德主、粟特胡人对吐蕃统治的态度等问题作了探讨,最后回答了作为吐蕃期洞窟的特例第 359 窟供养人画像大量集中出现的原因。李晓青、沙武田的《劳度叉斗圣变未出现于敦煌吐蕃时期洞窟原因试析》(《西藏研究》第 2 期)指出,学术界传统意见认为,敦煌中唐吐蕃之后洞窟中以整壁一铺巨幅画面大量出现的劳度叉斗圣变,主要是意在表现当时人们对推翻吐蕃统治的喜悦心情,属洞窟中的反蕃历史题材。但此文作者并不同意这一传统观点,而从艺术与形式的关系入手,经过对劳度叉斗圣变绘画特点的综合分析,认为劳度叉斗圣变之所以在经过北周初唐的表现后而在中唐吐蕃期洞窟中突然中断,又在晚唐五代宋洞窟中大幅表现,主要是受该类经变画表现形式的限制，其思想仍在阐释主尊造像的性格，并非是用来表现反吐蕃的洞窟绘画历史题材。

张亚莎的《元朝后藏地区坛城壁画考述》（《西藏大学学报》第2期）主要考证元朝绘制坛城壁画的两个重要寺院：萨迦南寺和夏鲁寺的坛城壁画绘制的时期与过程。贾玉平的《夏鲁寺壁画中多闻子图像考察》（《西藏研究》第3期）在实地考察的基础上，对夏鲁寺目前所存44处多闻子图像进行详尽描述，并对夏鲁寺多闻子图像的风格及源流做初步的探讨分析，认为夏鲁寺的多闻子信仰是在介氏家族后裔古相·扎巴坚赞1306年执掌夏鲁寺以后进一步被强化的。

郭丽平的《北京法海寺壁画中的藏传佛教艺术因素探析》（《中国藏学》第S1期）对北京法海寺大雄宝殿内的10幅壁画进行了研究，结合寺内现存的石碑题记及相关藏、汉文献，分析了壁画中的藏传佛教因素，并探讨其风格渊源。

熊文彬、一西平措的《〈白琉璃〉造像量度画本》（《中国藏学》第1期）通过对中国藏学研究中心西藏文化博物馆展出的14幅造像量度画本的研究，基本厘清了其创作目的、年代及作者。认为此套组画是按照第司·桑结嘉措名著《白琉璃》中的造像量度理论创作而成，其目的是试图规范藏传佛教艺术的创作，从而建立起一个正统的标准。作者通过分析题记，推知此套组画极有可能是由门塘或钦孜画派的大师们领衔于1688—1705年间创作于拉萨。

4. 现当代藏族绘画艺术研究

边巴琼达的《现代藏族艺术中的更敦群培和安多强巴——艺术创作方法比较研究》（《西藏大学学报》第4期）通过分析近年来出版的相关更敦群培和安多强巴的文献、摄影作品资料，以及对他们的教育经历、艺术活动和绘画作品进行研究，探讨了他们各自的艺术特点及形成原因。宋晓霞的《藏族题材与当代中国艺术》（《美术》第1期）探讨了现代藏族题材绘画的重要价值和意义，认为其为新时代中国艺术的复兴带来了鲜明的主体意识。刘青阳、刘文斌的《内地画家西藏主题绘画表现的主要特征》（《艺术与设计》第4期）则探讨了内地画家的西藏主题绘画，分析其创作的出发点、绘画语言特点及艺术内涵。

5. 岩画研究

西藏岩画是研究早期西藏历史的重要资料，张亚莎在《西藏西部垒石建筑岩画的发展轨迹——与巴基斯坦吉拉斯岩画的对比研究》（《三峡论坛》第1

期）一文中认为，西藏西部岩画中的许多塔形图案实际上是一种朴素的垒石建筑。与以往研究者认为它们属于佛教传入西藏后的产物不同，作者认为它们应当是古老的苯教遗留下来的石造祭坛。西藏西部岩画中丰富多样的石祭坛图案表明，藏西地区不仅是苯教祭塔的发源地，而且祭塔在其发展过程中还形成一条清晰的演变脉络，这一点近年来又得到了与其毗邻的巴基斯坦吉拉地区塔图形岩画研究的支持。黄平、霍守义的《论西藏岩画的风格特征和美学价值》（《美术大观》第10期）则探讨了西藏岩画的分期、族属及风格特征，并分析了其写实性、装饰性和象征性倾向，论述了西藏岩画独特的美学价值。

（二）雕塑

藏族雕塑艺术渊远流长，涉及佛像、木雕、擦擦等专题，题材包括神佛、人物、动物、花草树木、楼台亭阁、花纹图案等，为藏族艺术研究的又一重点。

藏传佛教金铜佛像研究为藏族雕塑艺术研究的主体。由乌尔里希·冯·施罗德（Ulrich von Schroeder）所著、罗文华翻译的《西藏寺庙珍藏佛教造像108尊》（文化艺术出版社）一书值得关注。该书作者瑞士学者乌尔里希·冯·施罗德（Ulrich von Schroeder）1980—2006年曾多次赴西藏实地考察，2001年出版有两卷本以时代顺序编排的重要著作——《西藏佛教造像》（*Buddhist Sculpture in Tibet*），书中收录了1100多件西藏各地的重要佛教造像。本书即该著作的普及本，以西藏布达拉宫、大昭寺、色拉寺、萨迦寺、聂塘寺、止贡替寺、皮央寺等寺庙，西藏博物馆所藏藏传造像代表作108尊为例，从佛教造像形象的角度描述了藏传佛教的发展。金申的《藏传佛教造像流派》（《收藏》第1期）探讨了藏传佛教金铜佛像与印度、尼泊尔、克什米尔及中国内地汉传佛像的关系，分析其造像流派。李翎的《图像与宗派：吉祥天母样式研究》（《中国藏学》第2期）则对藏传佛教“八仇凶神”之一的吉祥天母进行深入分析。作者考察了现今留存的主要吉祥天母像，并对其造像样式及相关宗派作了全面梳理。李晓岑、袁凯铮、叶星生、华觉明的《西藏铜佛像制作“昌都工匠群”的考察》（《中国藏学》第3期）在对西藏拉萨地区和昌都地区铜像作坊进行考察的基础上，发现这些铜像作坊的工匠均来自昌都的柴维乡和嘎玛乡，现已形成中国西南最主要的制作藏传佛教铜像的工匠群体。他们主要由血缘和亲戚关系组成，并在各地建立起一个个铜佛像制作工场，对亲缘关系和昌都的地理认同成为其技艺传承的纽带。

霍巍的《神幻之影——拉萨大昭寺吐蕃木雕的艺术风格与源流》（《西藏

大学学报》第1期）讨论了藏族木雕艺术。文章从文献和考古资料两方面分析了拉萨大昭寺内现存的吐蕃时期木雕。作者注意到大昭寺的总体木构建筑除了受到印度、尼泊尔艺术影响之外，同时也明显受到内地风格的影响，并融合了南亚与中原唐文化因素，成为吐蕃时期对外文化交流的有力物证。

关于宗教艺术方面，在往年集中研究的“唐卡”、“壁画”这一主题上，今年又新增加了“擦擦”这一主题，而且涉及此类主题的学术论文比较多。其中，张建林的《藏传佛教后弘期早期擦擦特征——兼谈吐蕃擦擦》（《中国藏学》第S1期）对西藏西部阿里地区遗存的11—12世纪擦擦的制作方法、表现题材、造像风格等方面进行分析，总结出这一时期擦擦的风格特征并进行详细分类。作者通过对文献和其他相关遗物的比较，详细探讨了西藏后弘期擦擦的来源，作者还注意到这一时期西藏与西夏擦擦所具有的相似点，认为可能是藏传佛教艺术向北传播和影响的问题。白日·洛桑扎西、大尼玛的《藏族模制微型雕塑擦擦及其工艺特征》（《西藏大学学报》第1期）则讨论了擦擦在藏区传播的历史渊源和相关遗存情况，同时对擦擦的印制材料进行了介绍，特别提出了擦擦的印制材料与四种元素之间的关系，最后以田野考察为依据对传承下来的擦擦模具的制作工艺进行了介绍。

（三）建筑

藏族建筑艺术造诣很高，综合运用统一、均衡、对比、韵律、和谐等造型规律，在设计上注重功能性与艺术性的统一。2010年有关藏族建筑的研究涉及民居、寺院建筑等多类。

1. 民居建筑

木雅·曲吉建才的《西藏民居》（中国建筑工业出版社）从西藏民居的发展历史、建筑设计特点、民居形式分布与特色、建筑形态、建筑色彩、建筑技术、建筑材料等多方面深入论述了西藏民居的历史、发展与现状。

汪永平、沈飞、王璇的《昌都民居的地域特色与装饰艺术风格——以贡觉县三岩民居和左贡东坝民居为例》（《中国藏学》第3期）选取了昌都民居中极具地域特色的三岩居民和东坝民居进行研究，探讨了三岩民居的形成与此地区居民的生活方式和居住行为的关系，总结了三岩民居的装饰特点。单军、吴艳的《地域性应答与民族性传承——滇西北不同地区藏族民居调研与思考》（《建筑学报》第8期）以滇西北不同地区藏族民居调研为基础，比较分析了各村落自然人居环境对建筑空间形态、适宜技术和材料影响，及宗教、民俗、审美习惯对室内布局、建筑装饰和色彩等的作用，揭示了地域环境特点鲜明，则民居自发适应自然能力明显，藏族文化特征淡化，反之，民居适应外部自然需求淡化，藏族文化特征突出的共同规律。褚潇白的《云南省德钦县佳碧村藏族民居文化探微》（《中国藏学》第3期）则分析了云南省德钦县佳碧村藏族民居在具体文化情境中的构筑形态、空间分割及细部装饰特征，厘清了目前民居文化所面临的现实问题并尝试提出应对的方法。

2. 寺院建筑

牛婷婷、汪永平、焦自云的《试析哲蚌寺的选址和布局》（《华中建筑》第6期）从建筑选址和群体布局分析其所具有的本土文化特色。作者认为，哲蚌寺的选址不仅受到了天梯说、金刚说、天人合一说等藏族文化主流学说的影响，也受到了宗教活动及安全防御对于寺庙选址的约束。通过对寺院内现存建筑的等级、修建年代等方面的分析，得出寺庙群体衍生发展的趋势。

（四）工艺

工艺美术具有实用性及艺术性的特点，既反映时代、社会的物质文化生产水平，又体现了一定时代的审美观，工艺美术又因时代、地理、经济、文化、民族和审美观点的差别而体现不同的风格特点。

1. 服饰

李玉琴的《藏族服饰文化研究》（人民出版社）是一部全面、综合研究藏族服饰文化的论著，全书分七部分，分别论述了藏族服饰的基本要素、藏族服饰文化渊源与嬗变、藏族服饰区域的划分和特征、藏族服饰的社会文化意义、藏族服饰美学分析、藏族佛教僧伽服饰释义、藏族服饰的现代变迁。李玉琴还有另外两篇文章分别论述了藏族服饰的特点及所具有的宗教象征意义，分别是《藏族服饰文化渊源探析》（《藏学学刊》第6辑）、《沟通人神：藏族服饰的象征意义及解读》（《西藏大学学报》第2期），前者讨论了藏族服饰的产生、发展及民族文化特性之间的关联，从自然及人文因素分析藏族服饰的文化渊源。后者对神巫祭祀服、格萨尔说唱人（仲巴）的帽子、藏族宗教法舞“羌姆”形象、佛教僧人发辫以及藏戏服饰进行了解读，认为藏族民间服饰秉承了宗教象征的基本精神，以神秘的形式展现了藏民对神灵的敬畏、膜拜和祈求。

伍金加参的《浅谈西藏古老而神秘的服饰——普兰妇女传统服饰的穿戴习俗及价值》（《西藏艺术研究》第4期）首次涉及了作为国家非物质文化保护重点对象的西藏普兰传统妇女服饰，探讨了普兰传统妇女服饰的历史、民俗、审美与经济价值。

2. 工艺美术及装饰艺术

根秋登子、白玛英珍的《藏族手工艺及其开发前景》(《西南民族大学学报》第4期)细分了藏族手工艺的种类，分述其特点、现状及目前开发中存在的突出问题，并探讨可持续性发展的开发思路。宋宁的《论嘎玛藏族传统首饰纹样的文化特点》(《中国藏学》第3期)以田野考察为依据，从区域文化特点入手，探讨了噶玛藏族首饰纹样中的现实、神话中的动物纹样、植物纹样、卍字纹，分析了其所蕴含的宗教内涵。谢祝清、唐星明的《藏族格萨尔彩绘石刻的装饰性特征》(《艺术探索》第6期)则试图对格萨尔彩绘石刻的人物造型、图形符号、色彩运用等装饰性特征作探讨和分析。土旦才让的《浅析西藏史前陶器的装饰图案》(《青海师范大学民族师范学院学报》第5期)以西藏考古发掘资料为主要依据，对西藏新石器时代陶器装饰图案的类型和风格进行分析，归纳出西藏新石器时代陶器纹样的审美特征。德吉白珍的《论藏族古籍文献装帧艺术》(《西藏艺术研究》第1期)则阐述了藏族古籍文献的三种不同装帧形式(简策、卷轴和梵夹装)的来源及装帧形式的特点，对梵夹装的来源及护经板、扉页画像等特征做了比较细致的解读。

三、音乐研究

藏族特殊的地域特点与民族传统孕育出了独特的藏族音乐艺术，高亢嘹亮，曲调悠扬，体现着藏族人民特有的情感和精神风貌。2010年藏族音乐艺术的研究专著和论著包括：

宛煜的《20世纪50年代以来藏族音乐艺术发展综论》(《民族音乐》第6期)论述了西藏自1950年至今的藏族地区音乐取得的成就。

更堆培杰主编的《西藏古乐谱研究》(西藏人民出版社)一书搜集了藏传佛教不同教派在不同时期形成、发展、传承的大量诵经音乐“央译”乐谱和器乐音乐“瑞辞”乐谱，并初步解析了不同乐谱系统的谱式形态，以及不同符号的称谓、含义和在实践中的具体操作规则和要求等关键性问题，为后人对藏传佛教古乐谱的研究，乃至对整个藏传佛教音乐的全面深入的研究奠定了坚实的基础。此外，更堆培杰、觉嘎的《藏传佛教“绝奁”音乐结构研究——以雄色尼古寺“绝奁”音乐为主例》(《佛教文化》第3期)和嘉雍群培的《藏传佛教中的“扎年琴”》(《佛教文化》第1期)也涉及佛教音乐研究。

魏晓兰的《论四川康巴安多地区藏族民歌的音乐特色》(《西南民族大学学报》第4期)，对该地区民歌在音阶与调式、核心音列、旋法特征、唱腔与衬词、节拍节奏与曲式五方面进行系统的比较研究，总结出该地区民歌的独特艺术特色。张莉、张超的《稻城亚丁区域藏族民歌的形态研究》（《西南民族大学学报》第4期）则考察了稻城亚丁区域藏族民歌的表现形式、表现内容、伴生艺术形式、音乐形态等各方面内容。

格桑的《透视音乐中的西藏历史》（《西藏艺术研究》第1期）从西藏的民歌、儿歌、古尔、鲁、果谐、堆谐等歌舞音乐中探讨了其折射出的西藏历史。康·格桑梅朵的《漫淡藏族“毕旺”拉弦琴的历史文化》（《西藏艺术研究》第1期）则分为琴的历史渊源、制作工艺、拉奏技巧、表演形式以及在巴塘“谐”歌舞中的功能作用等几个部分探讨了藏族传统乐器“毕旺”琴。

四、藏戏研究

藏戏在青藏高原流传已久，但对藏戏的研究应该是一项新兴的学术事业，20世纪80年代以来迄今国内的藏戏研究取得了不错的成绩，2010年度藏戏研究进一步深入和开拓，出现了两部专著和多篇学术论文。并且随着藏戏被列入“非物质文化遗产”项目名单，各地对于藏戏的保护和发展也进行了不少思索。特别是藏戏传人和藏戏的未来前景方面，给予了不少关注。

本年度值得介绍的是李宜的《20世纪国内藏戏研究综述》（《西藏研究》第4期）。这篇文章将20世纪国内藏戏的研究分为两个阶段来总结研究。尽管文章介绍和评述的论著基本上均是汉文著作，但在一定程度上来说，比较全面地突出了国内藏戏研究取得的主要成绩。文章认为，国内藏戏研究包括1930—1970年代末的第一阶段和1980—1990年代末的第二阶段。前一阶段是研究的初发期，后一阶段是兴盛期。文章着重总结了后一阶段取得的成绩，认为此阶段在“历史渊源、剧种流派划分、藏戏剧目、面具艺术、表演音乐和现状发展等方面也有了进一步的拓展和深入”。也提出了在“藏戏剧目、美学特征、表演艺术等方面”关注不足的问题。特别要提到的是文章对于上世纪“藏戏起源”和“藏戏剧种”上引起的讨论，循着历史进展，给予了比较恰当的总结。

赤烈曲扎翻译的《八大传统藏戏》（中国藏学出版社）收有《诺桑王子》、《文成公主和赤尊公主》、《白玛文巴》、《赤美更登》、《顿月和顿珠》等八大传统藏戏。作者将传统的八大藏戏，按原木刻版，首次全部译成汉文，对继承和发展藏族文化艺术，加强汉藏文化艺术交流有着重要的意义。而曹娅丽在其多年来研究安多藏戏的基础上，推出了《黄南藏戏》（青海人民出版社）一书，对青海省黄南藏戏的历史与文化语境、黄南藏戏演出组织现状及传承人谱系、黄南藏戏艺术特征、黄南藏戏演出剧目与表演、黄南藏戏遗产的人文价值与保护、加强藏戏民族民间文化保护工作的重要意义等进行了论述，对黄南藏戏的发展和传承，以及艺术成就给予总结和论证。

一些论文和文章则进一步深入介绍了各地藏戏的基本特征，相对于过去依靠文献了解的知识来看，这些论文著者基本通过实地调查或作为当地人，来介绍比较偏僻地区的藏戏，细致和深入程度有了很大提高。如贡波扎西的《四川阿坝州“南木特”藏戏概述》（《民族艺术研究》第6期）比较详细地介绍了四川省阿坝藏族羌族自治州所属阿坝、红原、若尔盖、壤塘等县的藏戏团如麦洼藏戏团、若尔盖业余藏戏团、茸塔寺藏戏团、红原业余藏戏团、壤塘县业余藏戏团、赛尕寺僧侣业余藏戏团及其历史渊源、演出剧目、艺术特点等。这恐怕是近年来比较难得一见的细致描述，为学界提供了新资料。

曹娅丽也提供了新的调查材料。她的《藏戏遗产在青海河南蒙古族中的传承与文化认同——以托叶玛乡西顷村藏戏演述田野考察为例》（《原生态民族文化学刊》第4期），通过实地调查介绍了河南县托叶玛乡西顷村藏戏的来源、剧种以及演出特点等内容。《青海黄南藏戏遗产传承与表述——以托叶玛乡西顷村蒙古族藏戏演述与文化认同田野考察为例》（《内蒙古大学艺术学院学报》第3期）一文则分析了托叶玛乡西顷村藏戏的演述特点，从藏戏在蒙古族僧俗群众中的传承与表述、蒙古族认同藏戏的文化背景和信仰特征入手，探析了藏戏在蒙古族族群流变中的民族文化认同和作为非物质文化遗产的藏戏在蒙古族群中的文化认同。

何晶勃的《拉卜楞“南木特”藏戏概述》（《甘肃联合大学学报》第1期）同样通过实地调查介绍了拉卜楞地区的藏戏剧团和演剧特点等内容，特别是各地藏剧团情况的描述，相比于过去介绍拉卜楞藏戏，更加细致深入。不过，作者似乎对于过去学者的研究成绩关注不够。

五、舞蹈研究

藏族舞蹈历史悠久，具有独特的民族、地域特色和艺术魅力，发展至今已渗透到藏族人民生活的各个方面。2010年对藏族舞蹈的研究出现了多篇论文和一部专著。

李措毛、牟英琼的《藏族歌舞》（青海人民出版社）是作者多年研究藏族歌舞的总结性成果，内容包括藏族歌舞的文化语境、藏族民歌代表“拉伊”、藏族歌舞代表“卓”、康巴藏族歌舞与安多藏族歌舞的关系、藏族歌舞杰出的传承人、藏族歌舞艺术的创作与欣赏等6个部分。

有关藏族民间舞蹈研究的论文有：刘伟的《藏羌锅庄的社会功能及其现代变迁》（《阿坝师范高等专科学校学报》第3期）探讨了藏羌锅庄随着社会的发展逐步演化，指出其在继续发挥其伦理教化和社会整合功能的同时，日益呈现出显著的健身娱乐功能。次珍的《玛拉木望果节中古老仪式歌舞“百谐”研究》（《西藏艺术研究》第1期）从表演形式入手，对玛拉木望果节中的歌舞“百谐”进行了分析，以其表演服饰、歌词内容、音乐舞蹈、服饰道具，尤其以整个仪式主持的“阿拉”及其特殊身份为一条线索，探寻百谐这种古老仪式歌舞的发展轨迹。拉巴卓玛的《西藏传统民间舞蹈的现状与走向——以个案为例》（《舞美高原》第4期）对西藏各县的民间舞蹈进行了深入调查和整理，并对传统民间舞蹈在新的历史空间下呈现出的多样性进行了分析。李生贵的《甘南藏族民间歌舞“沙目”探析》（《音乐创作》第2期）对“沙目”这一古老的藏族民间舞蹈进行了研究，探讨了其表演形式及音乐特征。邱月的《平武厄哩寨白马藏族“跳曹盖”仪式的田野考察》（《西北民族大学学报》第1期）通过田野考察，描述了厄哩寨白马藏人“跳曹盖”舞蹈仪式的过程、组织制度以及意义蜕变等内容。

对藏族宗教舞蹈的研究论文有：王晓莉的《拉卜楞寺羌姆的历史与现状——甘肃夏河县拉卜楞寺羌姆的田野考察》（《佛教文化》第2期）对拉卜楞寺的宗教舞蹈羌姆以及民间和藏戏舞蹈等进行了大量田野考察，并结合民俗学、宗教学、人类学、舞蹈艺术等理论与文献材料，对拉卜楞寺羌姆舞蹈的起源、种类、表演形式、传承方式、艺术风格特点以及与藏族文化的关系做了系统的研究。才让的《藏传佛教格鲁派金刚法舞研究——以拉卜楞寺正月法舞为例》（《西北民族大学学报》第1期）、《藏传佛教金刚法舞的起源研究》（《艺术探索》第1期》）两文，前者在实地调研的基础上，结合相关文献资料，对拉卜楞寺正月法舞的表演内容等加以探讨，认为正月金刚法舞表演是一场完整的密宗具誓法王伏魔仪轨的实施。后者分析了印度密宗中的舞蹈与法舞的关系、法舞与面具舞的关联，探讨了金刚法舞的起源和形成的时代背景。李华的《论塔尔寺羌姆———“法王舞”的构成要素及其美学价值》（《青海民族研究》第3期）则通过对法王舞内容、面具、服饰、音乐的具体分析，探讨了其美学意义。

对藏族其他舞蹈艺术的研究成果还有：黎国韬的《十六天魔舞源流考》（《西藏研究》第2期）对元代的“十六天魔舞”展开研究，认为此舞渊源于藏传密教的金刚舞，所表现的内容与莲花生大师收伏魔女并使之成为护法有关。创编这种乐舞的是噶玛噶举派黑帽系的上师，初期原在河西流传，后来随着黑帽系的得宠而于元末和其他密法一起进入宫廷。它在汉地的流传过程中不止一次被改造，并逐步减少了宗教因素。元亡以后，此舞仍不时出现在汉族戏曲表演之中，反映出它具有很高的艺术水平。李延浩、杨向东的《藏族原始"拟兽舞"考察》（《北京舞蹈学院学报》第2期）探讨了藏族"拟兽舞"形成的文化成因和初始意义，作者通过分析西藏岩画中的各种动物图像，对"拟兽舞"进行解读，认为其为远古时期主要的舞蹈表现形式，并影响到现在藏族的许多舞种。

通过以上分析，我们认为分别体现出以下特点和不足：汉藏佛教美术交流及藏传佛教美术研究取得了可喜的成绩，有多部论著及高水平论文发表，但遗憾的是当代藏族美术研究著作及论文数量很少，并且具有相当学术价值的论著并未出现；有关藏族音乐、藏戏的研究也出现了具有高水平的论文；藏族舞蹈研究的重点放在对民间及宗教舞蹈的研究上，对当代藏族舞蹈的学术研究比较薄弱。

藏文部分

一、文学

从近几年发表的论文来看，藏族文学方面的研究成果层出不穷，就专著和论文数量而言，比其他研究领域有过之而无不及。论文的质量也在不断提高，无论是从研究范围的广度上，还是内容的深度上都有所拓展和纵深，尤其是研究的视角和方法的不断更新，更为藏族文学研究注入了新的活力。2010年的藏族文学研究也不例外。

（一）作家文学

1. 总论

西藏人民出版社出版的《克珠文学评论集》，收录了克珠先生的文学评论多篇，如《略论罗摩衍那的艺术》《浅谈藏族民间谚语》《评〈教诲宝珠〉》等。切吉主编的《仁卓研究》（甘肃民族出版社）一书收录了多篇研究仁卓（端智嘉）文学作品的论文。交巴李加的《话说更敦群培》（甘肃民族出版社）是一本更敦群培研究论文集，收录了作者研究更敦群培的诗歌、思想等的文章，具有一定的参考价值。索朗次仁的《文学语言之含义及其特征》（《西藏研究》第2期）对作为文学重要组成部分的文学语言的含义及其特点，继而对藏族文学语言表达方式做了论述。拉巴群培的《藏族传记文学的思考》（《西藏研究》第4期）一文，根据国内外传记文学的历史，分析了藏族传记文学的含义及其发展历史，并对当前藏族传记文学的境况作了论述。斗拉加的《试谈藏族当代文学的产生因素》（《西北民族大学学报》第1期）一文认为，伴随着中国改革开放30年的历程，新时期的藏族文学渐渐成长起来了。任何事物产生之初的形态会对今后的发展方向起到一定的作用，文章着重论述了藏族文学产生之初的积极因素和消极因素。

2. 古典文学研究

丹增顿珠的《试析博朵瓦·仁钦赛之喻法艺术表现手法》（《西藏大学学报》第3期）一文根据噶当派格西博朵瓦·仁钦赛之《喻法论·聚宝》和《蓝色手册》两部作品，对其中的寓言（喻法）分类及其语言艺术、博朵瓦·仁钦赛本人的作品能够入选寓言宝库的原因、寓言在藏族文学史上的地位，以及将来如何研究寓言文学等作了论述。扎西平措、尼玛的《根敦群培所译古印度典籍〈薄伽梵歌〉残本研究》（《中国藏学》第4期）一文，从根敦群培译《薄伽梵歌》的印刷地点、不同藏译本名称比较、根敦群培译本的长度、原著内容、现在所见译本之内容五个方面进行了详细的论述。班玛扎西的《浅谈敦煌文献中的〈罗摩衍那〉》（《青海民族大学学报》第1期）一文探讨了敦煌文献中《罗摩衍那》译本的主要内容及其特点。旺加的《〈青年达美的故事〉之艺术特点》（《群文天地》第4期）运用文学理论从人物形象塑造的突破、情节曲折的艺术锤炼、环境描写、语言艺术的登峰造极、审美价值等方面进行了论述。贝斯·纽曼著、扎西龙珠译的《藏文小说及其题材述略》（《西藏大学学报》第1期）简要介绍了藏族文学的类型、衍变、内容等，文章着重探讨了18世纪的藏族作家多喀夏仲·次仁旺杰所著《青年达美的故事》，对其独特的文风，以及在藏族文学史上占有的重要地位进行了独到的论述。扎西平措的《探讨藏族古典文学之审美意境》（《西藏大学学报》专刊）一文认为藏族古典文学的美感在于运用华丽的修辞、诗歌的韵味、丰富的形象塑造，来表现作者的人生感悟、世界观和真善美。作家们的思想意识和艺术创造能力，带给人们爱憎内外交融和真假并行不悖等艺术感受。万么项杰的《〈五卷书〉初探》（《群文天地》第 2 期）探讨了《五卷书》的名称问题，其在世界各国的发展情况，以及与藏族文学的关系。

3. 诗歌研究

益西桑布的《试论传统诗的优点》（《西藏艺术研究》第 1 期）一文从优秀的语言艺术、多样的表现手法、生动的诗歌韵味、丰富的内容等方面论述了藏族传统诗歌的特点。旦正才让的《论诗歌的韵味与修辞的关系》（《西藏艺术研究》第 1 期）一文从藏族传统诗歌的韵味与修辞的区别和联系两个方面进行了探讨。尕藏多杰的《谈自由诗在西藏的发展之因缘》（《西藏文艺》第 3 期）一文认为自由诗在藏区发展的原因在于：符合表现新时期新内容的需求、符合当代人的审美意识和品味、以普通语写作的需求符合当代人的阅读期望。达娃占堆的《以通俗易懂的词来提升诗的品味》（《雪域文化》第 2 期）一文通过分析当前藏族诗歌创作的现状，论及如何运用通俗易懂的词来提高当前藏文诗歌创作的地位，以及如何更好地服务于藏民族等问题。

4. 小说研究

斗拉加的《简析藏族当代中篇小说创作的问题》（《西藏大学学报》第 2 期）一文认为，长篇小说、中篇小说和短篇小说之分，并不仅仅取决于其篇幅的长短，它还要体现思想的广度、生活的容量和人物性格的饱满程度等。藏族当代中篇小说的发展已经 30 年的历史，就其文体特点来看，优点和缺点都显而易见，但也有其良性发展的轨迹。强巴次成的《艺术创作是一种探索的过程——以〈琴弦上的魂〉为例》（《西藏大学学报》第 3 期）通过分析和评论藏族当代作家扎西班典所著小说《琴弦上的魂》，对其艺术表现形式（明暗两条线索、人物命运的结局给读者留下了宽阔的思考空间）的特殊性和内容特点进行了论述。德勒的《小说〈热罗〉与〈阿 Q 正传〉之比较研究》（《西藏研究》第 2 期）论述了这两部作品中的主人公热罗和阿 Q 在思想方面的相同点：均为底层社会中无亲无故的典型人物；启蒙主义思想的典型；可变性的主体；不熟悉自身所在社会，且愚昧落后的思想；由集体无意识而衍生的民族自负自傲者的内在体现。德拉加的《论上世纪八十年代藏族短篇小说的创作》（《章恰尔》第 4 期）通过分析 20 世纪 80 年代藏族短篇小说创作情况，指出当时短篇小说创作的缺憾，作家们仅仅从形式上考虑到篇幅的长短，而没有把握好内容的时空跨限等更为重要的特点。作者认为只有加强文体意识，才能加快藏族短篇小说发展的步伐。

5. 散文研究

仓木决的《浅析西藏当代散文之优缺点及其发展》(《西藏文艺》第1期)一文，指出了当代藏族散文创作中存在的诸如缺乏生活本质的表现、偏于模仿而缺乏独特性、内容狭小等特点，并对以后的发展提出了自己的看法（要具有本民族特色和时代特点、要立足于现实生活、要努力学习哲学理论、要争取创造一个散文创作的良好氛围）。奥赛的《情感与理性之间——评散文〈酒〉》(《章恰尔》第1期)从情感、语言、情节三个方面对散文《酒》作了较为中肯的评论。万玛仁增的《从人类学角度析更敦群培〈游记金册〉的特征》(《攀登》第3期)一文运用新兴文学理论——文学人类学的方法对更敦群培的《游记金册》作了新的探讨，认为《游记金册》具有文化散文的特点，是一篇文学人类学的典型作品。

6. 理论探讨

吴钰的《〈诗镜〉术语与现代文学概念的融合》(《中国藏学》第4期)一文，指出传统诗学理论著作《诗镜》的弊病，以及历代学者在注解过程中缺少创造性。《诗镜》对文学的理解过于狭窄，文学术语少，且存在含糊性。如何使传统文学与现代文学潮流合拍，是一个现实而又迫切的课题。作者进而指出，要想使民族文化与世界文化合流，首先要从传统意识、范畴、术语等的现代化开始。

高尔巴桑的《藏汉寓言概论之比较》(《西藏大学学报》第2期)一文，指出寓言文学在世界文学大家庭中具有悠久历史，比如汉族寓言文学就已经讨论了几千年。作者认为藏族文学中的这一文学样式虽然自古以来没有一个统一的名称，多有变化，但万变不离其宗，它所具有的本质特征并未改变。贡巴扎西的《略论〈诗学修辞明鉴〉的主要特点》(《西藏大学学报》第2期)一文认为赛仓·洛桑华旦所著《诗学修辞明鉴》是一本具有鲜明特点的当代著名诗学理论著作，在古今藏族诗学修辞理论注疏著作中独树一帜。为进一步更好地了解其特点，作者作了提纲挈领式的论述。贡巴扎西的《第一本藏族〈诗学理论〉书籍考证》(《西北民族大学学报》第1期)一文，追溯了藏族诗歌术语的产生，探讨了藏族诗学产生的源头，并考证了藏族学者所著第一部诗学著作。卓玛措的《现代藏族生态文学的产生及其特征》(《青海民族大学学报》第1期)，认为在全世界共同关注生态环境和人类生存状态之际，现代藏族生态文学的第一声号角已经吹响，这便是《生命与生态》一书在现代藏族文学中产生的影响。该文以此为基点，论述了现代藏族生态文学的产生及其特点。

夏吾才旦的《藏族语系文学初探》（《西藏大学学报》第 1 期）根据语系文学理论，论述了藏族语系文学的范畴，以及探讨藏族语系文学的价值和意义，也介绍了一些相关的作品。是一篇较有新意的文章。

此外，仁增的文章《浅谈藏族“ཀ་བཞད”文学体裁的来源》（《西藏大学学报》专刊）论述了藏族独特的“ཀ་བཞད”文学体裁的来源，以及历代学者以该体裁所著的赞颂上师、说教、讽刺等方面著作的特点。普布顿珠的《文学作品的评价标准简述》（《西藏大学学报》专刊）一文联系文学作品的价值，探讨了文学作品所应该具有的艺术价值标准和思想价值标准。

（二）民间文学

拉巴坚参、扎西曲扎的《抗英民歌辨析》（《西藏研究》第 4 期）一文指出，1888 年和 1904 年英国对西藏发动了两次侵略战争，藏族人民奋勇抵抗。期间，创作了许多时事民谣。该文联系当时的历史背景，将民歌分为反抗侵略者暴行的民歌、揭露打击胆小鬼的民歌、歌颂英雄的民歌三类，进行了详细的论述。羊毛吉的《略谈藏族神话起源》（《西藏研究》第 2 期）根据藏族神话的内容和特点，认为神话是原始生活的产物，万物有灵论是神话产生的基础，灵魂崇拜是神话产生的思想基础。拉巴的《藏族民间时政歌初探》（《西藏大学学报》专刊）对藏族民间时政歌谣的分类、内容特点和艺术特点进行了探索性的论述。吴钰的《论古代藏族精神文明与文学思想的产生》（《攀登》第 2 期）探讨了藏族原始文明与民间文学之间的关系，以及藏族原始时期的民间文学情况。卓玛加的《“天人梦交”神话的原型批判》（《青海师范大学民族师范学院学报》第 1 期）认为“天人梦交”神话不仅仅是文学作品，它与历史有很大关系，它反映了藏族原始先民对大自然的探求和精神寄托。

（三）格萨尔研究

格萨尔研究已经成为一门热门的学问，随着格萨尔文本的不断整理出版，相关研究成果也层出不穷。2010 年的格萨尔研究成果颇多，涉及内容也很广泛。

洛桑顿登的《〈格萨尔传〉研究的回顾与展望》（《西藏大学学报》第 2 期）一文基于《格萨尔传》研究的价值、今昔状况，《格萨尔传》的全面发展等内容，对如何逐步提高《格萨尔传》的研究水平作了论述。

完玛加的《论〈格萨尔〉军事战略与战术》（《西藏研究》第 4 期）一文根据《格萨尔王传》中军事方面的材料，结合藏族古代的相关文献和军事学、人类学理论，对《格萨尔》中的军事战略与战术进行了论述。仁增的《浅谈〈格萨尔艺人桑珠说唱本〉内容的不确定性》（《西藏研究》第4期）一文通过分析格萨尔艺人桑珠说唱本中时间、地点、人物前后不一的现象，探究其原因，并论述了这种现象对于《格萨尔》经久不衰的发展所具有的作用。拉巴次仁的《〈格萨尔〉口传特征分析》（《西藏研究》第4期）一文通过分析口传《格萨尔》的特征，认为《格萨尔》能够传唱至今并依然能够不断发展正是由于其所具有的口传特征所致。朗杰的《扎巴艺人说唱的〈格萨尔传〉之谚语价值初探》（《西藏大学学报》第2期）一文从著名藏族说唱艺人扎巴说唱的《格萨尔传》中谚语的资料价值和艺术价值出发，论述了其对继承藏族传统文化，特别是对全部藏族文化和整个社会的物质文明和精神文明的发展所具有的积极意义。索加本的《试论〈格萨尔王传〉的宗教因素》（《西藏大学学报》第3期）一文据《格萨尔王传》和说唱艺人所称格萨尔在鲁神、年神等的护佑下诞生，继而从事宗教活动，示寂后寺庙和祭祀盛行等原因，认为格萨尔王在《格萨尔王传》和民间信仰中都具有重要的宗教地位。角巴东主的《西藏昌都年轻〈格萨尔〉说唱艺人斯塔多杰》（《西藏艺术研究》第1期）一文详细介绍了格萨尔说唱艺人斯塔多杰的生平，以及他如何走上艺人道路的历程，他的说唱特点，他能够说唱的《格萨尔》篇目等。金果·次平、扎西的《整理〈南太斯黄牛宗〉所引发的艺人说唱本整理过程中需要注意的几个问题》（《西藏研究》第2期）一文探讨了整理《南太斯黄牛宗》过程中的缺漏和前后重复、矛盾，以及对其进行补充和修改的情况，由此提出在将艺人演唱整理成书过程中所需要注意的几个要点。云登的《从苯教文献试探藏族古代文化与〈格萨尔〉史诗之关系》（《西藏研究》第2期）一文根据苯教文献，特别是新发现的一些文献资料，分析了藏族原始文化与《格萨尔王传》之间的关系，并着重对比探讨了格萨尔是否就是玛桑九族中的格萨嘎尔。角巴东主的论文《试探古代圆光文化与圆光艺人所唱史诗》（《西藏研究》第3期）在简要论述了藏族圆光和圆光史诗后，对圆光艺人所具有的特点，以及圆光过程等作了探讨。作者的另一篇文章《论“托梦说”〈格萨尔〉艺人》（《中国藏学》第4期）论述了“神授”艺人奇特的梦，不同寻常的特点，这类艺人的奥秘，“神授”艺人与降神者的相同之处，梦境的起因等内容。加措的《论〈格萨尔〉修饰词》（《雪域文化》第1期）对刊载于2007年第2期《雪域文化》上的《浅谈〈格萨尔〉的修辞》一文的论点——直叙修饰法提出了质疑。

二、艺术

（一）音乐

李加太、秀兰的《初探拉伊与花儿的渊源关系》（《西藏艺术研究》第1期）一文，从地理学的角度追溯了花儿的渊源，又从词汇学的角度将拉伊和花儿进行了比较，认为花儿受藏族拉伊的影响而产生，并且在曲调等唱法上依然具有藏族拉伊的特点。项秀才让的论文《巴协的起源及其艺术特点》（《群文天地》第2期）对巴协（即流传在康区巴塘一带的民间歌舞）的历史、分类和艺术特点作了较为详细的论述。

（二）舞蹈

南卡加的《评介贵德县常牧镇梅加村“羌姆”艺术》（《西藏艺术研究》第2期）一文，论述了贵德县常牧镇梅加村“羌姆”的产生、“羌姆”仪式的程序、各“羌姆”片断内容、“羌姆”的表演艺术、所使用的面具和音乐等。索朗曲达的《西藏古代卓舞——热振卓舞》（《雪域文化》第2期）一文探讨了热振卓舞的源流以及内容和流程等。

（三）美术

萨吉·桑杰才让的《略谈多麦热贡地区流传的绘画艺术》（《西藏艺术研究》第2期）一文，从热贡绘画艺术的起源、热贡画院的发展和艺术形式、热贡画院的艺术派别和理论、绘画艺术盛行的村落、绘画艺术特点、著名艺术家及其作品等方面作了详细介绍。完玛仁增的《简论蒙古人驭虎壁画的艺术特征》（《西藏大学学报》专刊）一文首先介绍了关于蒙古人驭虎壁画的意向的各种说法，接着提出了自己的看法，并且探讨了当前兴起的蒙古人驭虎图。

（四）藏戏

更藏加的《略谈多麦合作地区的藏戏艺术》（《青海民族大学学报》第1期、《西藏艺术研究》第2期）对合作地区藏戏的起源发展、特点、表演艺术等作了介绍。

（五）其他

西洛的《略谈“扎嘎”瓷碗之来源及其艺术特征》（《西藏研究》第4期）一文，通过实地调查和文献资料，对“扎嘎”瓷碗之来源及其艺术特征作了详细论述，并配有实物图片，图文并茂，具有一定的学术资料价值。由昌都县文化广播电视局编的《昌都锅庄》（中国藏学出版社）一书共收录了250首民间锅庄，对民间传唱的词曲进行了规范的词、谱记录，是近年来较有代表、全面的一本民间锅庄集，昌都历史、文化的研究增加了新的内容。

白玛扎西、德吉白珍的《略论藏文典籍护经板的工艺特征》（《西藏大学学报》第1期）论述了藏文典籍护经板的产生、标准，以及护经板内外的特点，同时对其材质、其表面的绘画特征和护经板的大小也作了介绍。拉巴次旦的《桑耶寺佛塔的色彩形制及其文化特征分析》（《西藏大学学报》第1期）一文从色彩学的角度对桑耶寺的四塔：即白、红、黑、绿塔的象征等内容进行了探讨。娘吉加的《关于西藏阿里地区托林寺白殿壁画保护的调查报告》（《西藏大学学报》第1期）一文介绍了托林寺的地理位置、设施等情况，针对该寺壁画面临的危机，从维修的好处和价值等方面提出了具体的解决办法。

历 史 地 理

汉文部分

2010 年度藏学研究取得了丰硕的成果，从出版的专著和发表的论文看，历史、考古、地理、文献研究方面的成果，无论是数量还是质量都有了一定的提高。

一、历史

历史研究一直以来都是整个藏学研究领域中的强项，经过诸多学术前辈和当代学人的多年努力，已经搜集、整理了一大批文献资料，完成了一系列重要研究成果，形成了一整套理论体系和研究方法，同时壮大了民族史学研究队伍。2010 年，历史研究依然保持了一如既往的高水平，以往研究的优势领域得到加强，同时一些薄弱环节也取得了突破。

（一）总论

以往归入总论的论著主要包括通史、地方志、个人文集和论文集等，从 2010 年的历史研究看，基本没有新的通史类著作出版，地方志在数量上仍然占据了统治性的地位。

先来看地方志。2010 年出版的地方志，其地域基本涵盖了五省藏区，主要是一大批县志的出版。西藏方面，今年出版的相关志书为中华人民共和国西藏自治区地方志丛书系列，由各县县志编纂委员会编撰，中国藏学出版社出版，其中包括《堆龙德庆县志》《加查县志》《琼结县志》《墨竹工卡县志》《拉萨市城关区志》等，主要介绍这些县（区）的历史与现状，重点阐述了和平解放至2000年的发展成就。另外还出版了行业志《西藏自治区志·民政志》（中国藏学出版社），本志全面记述了西藏自治区民政发展的历史与现状。

涉及甘肃藏区的志书是甘肃文化出版社出版的甘肃史话丛书系列，包括《舟曲史话》（邹卫东主编）、《迭部史话》（杨高峰主编）、《碌曲史话》（罗爱昌主编）、《临潭史话》（马廷义主编）等，从自然环境、历史沿革、行政建制、历史人物、民族宗教、民俗文化等多个方面记述了这些县的历史和文化。另外一部关于甘肃甘南藏族地区的研究成果的书是魏贤玲的《卓尼藏族研究》（民族出版社），主要探讨了土司政权的兴起与衰亡及土司制度的特点，历代卓尼土司与中央王朝、西藏、蒙古地区的关系，卓尼禅定寺与拉卜楞寺、宕昌马土司、会川赵土司的政教关系等。

青海省方面出版了《化隆藏族简志》（拉麻才让、任青侃卓著，青海民族出版社），该书从地理境域、建置沿革、人口与分布、族源与历史演变过程、土官制度、历史上哇燕巴藏族的人口迁徙、境内藏族乡概况、经济、民俗、教育、民间体育、藏医、寺院概况、人物传略等方面介绍了化隆藏族的历史与现状。

2010年是西藏昌都解放60周年，为纪念这件盛事，藏学界出版和发表了一系列论著。作为昌都解放60周年系列丛书之一，土呷的《西藏昌都历史文化研究文集》（中国藏学出版社）收录了作者有关西藏昌都历史文化的研究文章46篇，内容涉及昌都历史、社会经济制度、宗教、文学艺术、民俗、旅游资源、地方志以及昌都近现代知名人物研究等专题。同作者的《论昌都地区在推进西藏归入中国版图历史进程中的重要作用》（《中国藏学》第3期）一文对昌都地区在推进西藏归入中国版图历史进程中的重要作用进行了分析，认为昌都地区在推进西藏归入中华民族大家庭历史演进过程中发挥了重要作用，也进一步揭示出西藏归入中国版图的历史必然性。

西藏自治区政协文史资料委员会编，江参等编著，扎雅·洛桑普赤翻译的《西藏文史资料选辑第27辑——昌都强巴林寺及历代帕巴拉传略》（中国藏学出版社）一书主要介绍了昌都强巴林寺、帕巴拉世系、喜甲贡三活佛等的历史。

本年度，《西藏民族学院学报》继续连载L. 伯戴克著，扎洛、彭陟焱译、校的《拉达克王国：C. 950—1842 A. D.》，其中《拉达克王国：公元950—1842年（六）——十八世纪上半叶的拉达克》（第3期）主要论述了17—18

世纪上半叶，拉达克与中国、卫藏地区以及不丹、莫卧尔、巴尔蒂斯坦、克什米尔等周边地区交往的历史。《拉达克王国：公元950—1842年（七）——拉达克力量的衰退》（第4期）主要论述了17世纪下半叶拉达克王国在来自喀什噶尔（克什米尔）的突厥人和来自卫藏的蒙古—西藏军队的双重打击下，逐步走向衰落的历史进程，从而结束了拉达克王国作为喜马拉雅地区重要力量的角色的过程。《拉达克王国：公元950—1842年（八）——道格拉人占领拉达克》（第6期）主要论述了19世纪中叶以来，拉达克被道格拉人占领的历史过程，从此，拉达克在历史舞台上失去了自己独立的身份和地位。

由日本学者佐藤长著，孟秋丽翻译的《青海卫拉特诸部落的起源》一文在《西藏民族学院学报》（第1—4、6期）连载。佐藤长利用藏、汉、蒙古文等史料，以青海和硕特部为中心，考察了青海卫拉特诸部落的事迹、游牧地及首领世系，探讨了其历史变迁以及最终以罗卜藏丹津之乱为契机被并入清朝的旗制管理下的全过程，撰成《青海卫拉特诸部落的起源》一书。

（二）吐蕃、宋

从藏史研究的整体状况来看，研究上限基本是从吐蕃开始，史前研究相对较少，其中关于遗址等的研究可以归入考古专题。

1. 吐蕃

吐蕃史研究一直以来都是历史研究中的重头戏，比如唐蕃关系、制度建设、历史人物等方面的研究，目前已经比较全面、深入。本年度的吐蕃史研究中，学者们关注的点比较广泛，涉及政治、经济、军事、文化、对外交流等各个方面，其中有几篇具有一定分量的论文发表。另外，讨论吐蕃与周边各民族之间交流的论文增多，这也是本年度吐蕃史研究中一个值得关注的现象。

吐蕃政治研究方面，重点是讨论吐蕃王朝的发展历程以及与其紧密相关的一些制度研究，比如吐蕃的氏族、吐蕃占领地区的建制等问题。

何峰的《论吐蕃政治文明进程》（《中国藏学》第3期）一文认为，吐蕃王朝建立了一整套比较完善的政治制度，这是其政治文明的标志。文章首次比较系统地探讨了吐蕃政治文明的历史进程，就其第一代君主聂赤赞普以前的政治状况、民选君王的遗风、禅位制的结束、世袭制形成与巩固等问题作了较为深入的研究。

林冠群的《唐代吐蕃的氏族》（《中国藏学》第2期）一文根据大量藏文原典史料，通过对唐代吐蕃各氏族的发展概况、各氏族与吐蕃王室的关系、氏族团的形成、各氏族的竞合、吐蕃王室如何寻觅合作对象和社会基础的深入分析，探讨了唐代吐蕃的政治力与社会势力之间的演变关系。同作者的《吐蕃王朝的分裂与灭亡》（《西北民族大学学报》第4期）一文以吐蕃赞普朗达玛（乌依冬丹）后仍有两脉后裔自居正统行使吐蕃政权为引，主要探讨了乌依冬丹的卒年、吐蕃王朝怎样走向分裂以及何时灭亡的问题。

朱悦梅在《吐蕃中节度考》（《民族研究》第3期）一文中对以往研究较少的吐蕃中节度的成立背景、辖域等进行了研究，指出中节度是吐蕃王朝针对西洱河地区诸蛮部落的军事战略而部署的军事单位，有独立的军事建制体系和攻防区域。“吐蕃中节度”设立的时间最迟在天宝年间，始终以神川地区为中心，向南一度控制了剑川与野共川一带。由于吐蕃对西洱河地区攻略中军事地理交通的特殊性，吐蕃中节度亦被称作“铁桥节度”。同样对“吐蕃中节度”进行研究的还有黄维忠，其《关于唐代吐蕃军事占领区建制的几个问题》（《西北民族大学学报》第4期）一文根据敦煌汉藏文文献及其他藏文文献，主要讨论了“mdo gams”（朵甘思）与“中节度”、雅莫塘节度使和河州节度使之间的关系问题。文章认为，吐蕃在军事占领区设置了“五道”，其中的“中道”即朵甘思道；雅莫塘节度使即河州节度使，并据此最终认为，吐蕃极盛时期的疆域仅由本土和“bde blon khams chen po”两部分构成，“mdo khams”地区乃“bde blon khams chen po”五道之一的“中道”。另外作者还根据其他学者的研究成果，对“bde blon khams chen po”的辖区作了划分。

另外，陆离的《吐蕃统治敦煌的监军、监使》（《中国藏学》第2期）一文通过梳理敦煌汉文文书中关于吐蕃监军与监使的记载，指出监军、监使是仅次于敦煌乞利本（万户长）的当地第二号军政长官，主管军事、司法、农业生产等事务。另外，吐蕃在敦煌还先后设置了汉人部落监军、汉人监军等官员，地位在大监军使之下。在吐蕃统治下的河陇、西域及其他地区也设有悉编（spyan）一职，为吐蕃在该地区的重要职官。这一职官对后来河西归义军政权的职官制度也产生了一定影响。

本年度关于吐蕃军事方面的研究有多篇论文发表：刘力钢的《吐蕃在唐蕃战争中的战略战术思想初探》（《青海民族大学学报》第1期），扎西当知的《噶尔世家对唐军事战略研究》（《中国藏学》第3期），杨永红的《吐蕃军队作战的特点》（《西藏研究》第6期），次旦扎西、晋美的《藏族古代军事行动中的宗教因素探讨》（《西藏研究》第2期），次旦扎西、杨永红的《吐蕃军队兵器简论》（《西藏大学学报》第1期），佘静芳的《西藏古代兵器的制作及武艺发展》（《西藏大学学报》第1期）等。

吐蕃与周边民族的文化交流主要反映吐蕃文化向北、东两个方向的传播。

杨铭在《试论唐代吐蕃与西北各族的文化交流》（《中国边疆史地研究》第1期）一文中以敦煌、新疆等地域为中心，较为详细地探讨了吐蕃与唐朝及胡系民族在语言文字、艺术、宗教等三个方面的文化交流，指出吐蕃与西北各民族在政治、经济、文化等方面的密切交往促进了各自社会、经济、文化的发展，也为丰富多元一体的中华文化做出了贡献。作者的另一篇文章《试论唐代西北诸族的“吐蕃化”及其历史影响》（《民族研究》第4期）从吐蕃统治西北诸族的制度及其特点入手，分析了西北诸族“吐蕃化”的进程。

其次是吐蕃文明的东向发展。曾现江的《吐蕃东渐与藏彝走廊的族群互动及族群分布格局演变》（《西藏大学学报》第4期）一文在隋唐之际藏彝走廊民族格局的基础上，主要探讨了吐蕃东进在藏彝走廊地区引发的族群互动及其影响，认为从岷江上游到大渡河一线以西的部落在吐蕃的控制下，与吐蕃本土在各方面的联系日趋密切，进而发生不同程度的“蕃化”，基本上形成了藏彝走廊西部以藏族为主的族群分布格局。

另外，陈聪的《简论吐蕃与世界四大文明体系之交流》（《西藏大学学报》专刊）一文讨论了吐蕃与周边文明的关系问题。作者认为，青藏高原位于世界三大文化区域的交界之处，北邻新疆，南靠印度，自古与中原往来密切，是古代世界几大文化体系相互交流的必经之路。特别是在吐蕃崛起后，逐渐形成了半月形文化传播带、民族走廊、唐蕃古道、麝香之路等文化传播的途径，与周围的四大文化体系展开了文化、经济和技术的交流。这种广泛的交流，不仅使得吐蕃获得了空前的强盛和发展，而且在这种开放的大环境和大发展中逐渐形成了藏民族的民族共识，同时对世界几个文化体系的交流发展也起到了极其重要的枢纽作用。

2. 宋

与往年相比，本年度涉及宋代的论文数量有所上升，这是一个可喜的现象。从内容来看，学者们关注的点主要还在西北吐蕃，但关于古格的研究也有了明显的进展。

黄博的《拉喇嘛与国王——早期古格王国政教合一制初探》（《中国藏学》第4期）指出，11世纪前后在古格王朝出现了一个全新的政治概念和宗教身份——“拉喇嘛”，益西沃具有国王和僧人双重身份，他既做教主，又当国王，这是西藏后世政治史上最具特色的政教合一制在古格的最初尝试。这种全新的制度从起初的政教合一、以教治国逐渐过渡到后来的政教合作、各司其职。作者认为，在拉喇嘛与国王的配合下，古格新制——以教治国、政教分立的二元一体式政教合一制从无到有，古格王室在政治上的创新精神为后世西藏最具特色的政教合一的政治运作方式产生了深远的影响。

西北吐蕃的研究，主要是讨论宋王朝与西北吐蕃的关系，比如陈武强的《北宋前中期吐蕃内附族帐考》（《西藏大学学报》第3期）一文，以北宋前中期（960—1067年）这一历史时期为研究范围，就此期吐蕃部落族帐归顺北宋的基本情况、内附原因和方式，内附后之居地以及政府对待之政策等问题作了较为全面的考述。

刘兴亮在《宋代西北吐蕃联姻问题探析》（《西藏大学学报》第2期）一文中较为详细地梳理了宋代西北吐蕃联姻的情况。这些联姻反映出西北吐蕃各部在长期的斗争中能够审时度势，采取灵活的对外政策，从而保证了自己在本地区统治的稳固，也使各民族间人口得以流移，文化得以传播，并使原本日渐萧条的西北商路重新焕发了生机，可以说对我国古代民族地区经济文化的发展是有一定的进步意义。

陈武强、格桑卓玛的《简论北宋对西北缘边吐蕃熟户的政策》（《北方民族大学学报》第6期）一文认为，由于北宋时期吐蕃生熟户之间常处于一种不稳定状态，内附之后逃叛现象也经常发生，加之在西北缘边地带，党项西夏政权也在大力招纳吐蕃。北宋中央王朝的封建统治者，审时度势、因时而异，针对西北缘边内附熟户，实行了封爵、给田免租、通贸易和恤刑等许多绥怀优抚的民族政策。史实证明，正是在这种民族政策的感化下，才使西北缘边内附吐蕃各部长期拥戴宋廷。

关于唃厮啰的研究，本年度有洲塔、樊秋丽的《唃厮啰遗城“雍仲卡尔”考释》（《中国藏学》第1期），该文对位于甘肃省甘南州夏河县甘加乡境内的“雍仲卡尔”（八角城）进行了分析。认为雍仲卡尔的建立年代为1028年，为唃厮啰统治河湟时期所建城堡，后西夏政权退守河湟地区时曾长期据守。另外，文章通过对“雍仲卡尔”的考释，勾勒了唃厮啰社会发展、宗教信仰等基本轮廓，对雍仲卡尔的历史作用做了简单的评析。

（三）元、明、清

元、明、清三代是中央政府与西藏地方之间关系紧密加强的时期，因此以往这个时期的研究成果主要集中在历代中央政府与西藏地方关系的研究上。从最近两年的情况来看，明代研究得到加强，但原来相对较强的元代藏族史研究逐渐减少，本年度在这方面也没有什么明显的改观。从今年发表的论文来看，清代研究还是最多，另外也有文章的选题涉及元、明、清三代，比如星全成的《元明清中央政府治藏失误及其对藏区社会的影响》（《青海民族研究》第4

期）一文，认为元、明、清历代中央王朝对藏区的治理实践，虽然取得了积极的成效，但也存在明显的缺陷或失误。这些失误不仅影响藏区内部的团结，影响中央与西藏地方的关系，而且由于损害了藏区的利益，伤害了民族感情，既影响到藏区的社会稳定和全面发展，也影响到中央政府的治藏实效。当然，有的失误并非元、明、清统治者的主观意愿，而是多种因素综合的结果，但因此否认历代统治者的决策失误，也是不对的。

1. 元

如上所述，近年来关于元代藏史研究的成果逐渐减少，今年也只有寥寥几部有较高水准的论著与读者见面，且多为跨时代，非单论元朝。赵改萍的《元明时期藏传佛教在内地的发展及影响》（中国社会科学出版社）一书，系统论述了元明时期藏传佛教在内地发展的背景、历史演进、教派、分布地域、思想教义、人物及寺院建筑等，并重点论述了藏传佛教在内地政治、经济及文化等方面所产生的影响，较为完整地展现了西藏与内地通过藏传佛教的媒介所进行的文化交流与融合过程，展示了藏汉民族密不可分的关系，揭示了藏传佛教在促进民族团结和社会稳定中特殊的历史作用。

杨惠玲、尚明瑞在《论宋元时期藏区通行的货币》（《西藏研究》第4期）一文中指出，宋元时期除在与中原交界的藏汉杂居地区商品交换中使用钱币外，藏区主要通行粮食、牛马牲畜、布匹、盐等实物货币和金、银等金属货币，究其原因有四：一是藏区各个地区经济发展不均衡，交换贸易不够发达，有些偏远地区没有发达的商品生产，以物易物就可以满足大多数人的交换需要；二是由于金银的大量开采与流入，而金银的获得者主要在上层社会，故在上层社会主要使用金银交换；三是中原大量钱币纸钞的流入带来影响；四是藏区有大量金银可以满足社会上层人士交易的需要，所以并不急需制造钱、钞等货币。

2. 明

本年度涉及明代的论文较为可观，选题范围也有所拓展，除了明王朝与西藏各教派的关系，今年的重点在于西北藏族地区的历史。

在明代西北藏族历史的研究方面，本年度发表的一批论文，其关注点相对集中，不仅便于分析，还有利于接下来的进一步深入讨论。

首先是元末吐蕃等处宣慰司宣慰使何锁南（锁南普），本年度有两篇文章专门讨论这位明代甘青地区民族史上重要人物的族属，而且观点针锋相对，颇有争鸣意义。武沐的《何锁南族属的再探讨》（《中国边疆史地研究》第4期）

一文通过考证认为，沙马族绝不是蒙古族的一支，而应当是藏族部落。而且，沙马族的兴衰与何锁南家族没有任何关系，因此，何锁南与沙马族无关，他应是蒙古族。与此相反，洲塔、何威在《河州土司何锁南考辨》（《西藏大学学报》第2期）一文中认为何锁南是藏族，其理由为，吐蕃之俗，最重贵种。何锁南元末担任吐蕃等处宣慰使司都元帅，成为甘青藏族的首领，作为河州本地人的他，必然有着显贵的血统。另外，分析何锁南次子何敏通晓藏语以及前往松潘平叛，可以认定其为藏族，既然何敏为藏族，那么其父何锁南也应为藏族。许允德招谕吐蕃十八族，而后何锁南来降，何锁南当属吐蕃十八族之一，即藏族。何锁南的族属为藏族，且是藏族中的沙马族。

其次是明代西北藏族的历史与文化，讨论范围主要为河湟洮岷地区。杜常顺、郭凤霞在《明代“西番诸卫”与河湟洮岷边地社会》（《青海民族大学学报》第4期）一文中认为，明代河湟洮岷地区以“西番诸卫”为中心的军卫统辖体制，是在边地特定的社会文化环境中，以国家权力为主导，吸纳边地土著政治资源建立的一种统治模式。在这一体制下，各卫土汉混编、军政兼辖，社会呈现出差异显著的二元结构：单甲组织、番族部落和军事移民社会。与地方社会结成密切关系。伴随卫所建置形成的移民、屯垦及王朝正统文化和礼制的推进，促进了河湟洮岷边地社会的变迁。

十八族，亦称“西番十八族”，曾长期活跃于宋、金、元、明等朝，是甘、青、川地区著名的吐蕃大族，对当地的政治、文化产生过较大的影响。武沐的《明代吐蕃十八族考》（《西藏研究》第2期）一文认为元代十八族与岷州包家族有密切关系。岷州包家族原本是秦州近边的丁家族迁移而来，不大可能是董氏十八部族的后裔，但这并不妨碍进入元代以后一部分包家族融入洮、岷十八族，并成为洮、岷十八族的实际统治者。洪武初年，洮州十八族在明朝的打击下消失了，十八族军民千户所也被中左千户取代，其土官身份也随之成为流官，这在明初西北“土流参治”体制中是一个非常特殊的案例。

本年度涉及明代的论文中还有一篇是关于西藏昌都强巴林寺建成年代的考释。土呷的《向生·西绕松布与西藏昌都强巴林寺建寺年代新考》（《中国藏学》第4期）一文根据《向生·西绕松布小传》的相关记载，对向生·西绕松布的生平、当时的形势和建寺背景进行了详细介绍，在此基础上对昌都强巴林寺确切的建造年代进行了重新考证，认为三种说法中，火猪年（1347）、火蛇年（1437）和木鼠年（1444），1444年说是正确的。

3. 清

本年度清代藏史研究依旧成果丰富，既有专著问世，也有多篇高质量的论文得以发表。其中专著有丹曲的《拉卜楞寺藏传佛教文化论稿》（甘肃民族出版社）和邓建新的《章嘉呼图克图研究》（宗教文化出版社），前者系作者有关拉卜楞寺藏传佛教文化研究论文的结集，全书分历史、学科文献、艺术三部分，共收录《试论嘉木样活佛系统的形成》《拉卜楞寺的藏文文献及其文献学价值》等26篇论文。后者将章嘉呼图克图置于清代、民国的社会历史背景中，首次对该活佛系统第一世至第七世进行了贯通性研究，较为完整地展现了章嘉活佛系统的整体框架和发展脉络。

关于清代藏史研究的论文，主要选题还是清中央政府的治藏政策以及与西藏地方的关系研究，重点讨论治理藏区的各种制度的制定、功能、影响等。比如关于《钦定藏内善后章程》（简称“二十九条”）的研究，邓锐龄先生在《清乾隆五十八年（1793）藏内善后章程的形成经过》（《中国藏学》第1期）一文中，依据原始史料，对章程制定的开端和程序、章程内反复磋商的问题、章程的宣布及其与藏译二十九条章程的关系、和琳对章程的增修等进行了分析，并对由此派生的《藏译藏内善后二十九条章程》的命名及由驻藏大臣衙门咨送的时间等也作了考证。李保文的《关于〈大清乾隆五十八年“善后章程二十九条”〉的题名问题》（《中国藏学》第1期）一文则利用清代文书档案以及藏学界最新研究成果，初步探讨了“善后章程二十九条”的题名问题。认为从实物以及文书、档案、藏文传记史料，都没有给我们提供“善后章程二十九条”文本曾被“钦定”，如题为《大清乾隆五十八年“善后章程二十九条”》比较符合历史实际。

在具体制度方面，本年度各位学者关注的有职官制度、军事制度和行政管理制度。职官制度方面，李凤珍的《试析清代西藏摄政官职的缘起》（《西藏民族学院学报》第2期），央珍、喜饶尼玛的《西藏地方政府的摄政及摄政制度探析》（《西北民族大学学报》第5期），向巴泽仁的《浅析清代西藏摄政官制》（《四川民族学院学报》第5期）等都探讨了西藏地方政府的摄政制度及相关问题。彭陟焱则在《成都将军的设置及其在治理川西藏区中的作用》（《西藏研究》第1期）一文中对成都将军的设立、职权及其在治理川西藏区中的作用进行了介绍，认为成都将军在维护川西藏族地区的稳定、保持川藏大道的畅通、巩固西南边疆的安全等方面均起到了积极的作用。

清朝驻兵西藏，是中央政府行使主权管理的一个重要标志。郭胜利的《清代西藏地方兵制考》（《西藏研究》第2期）一文通过对清代西藏地方兵制的体制分析，指出清代西藏地方兵制是清驻藏兵制体系中不可或缺的一个重要组成部分，它包括中央政府整编之后的番兵和达木兵，也包括西藏地方政府控制的土兵和寺院管辖之下的僧兵。作为清驻藏正规军队的一个重要补充，西藏地方军队在反对外敌入侵，维护祖国边防安全以及西藏地方稳定等方面均发挥了重要作用。

另外，白丽娜的《清乾隆朝富察家族与涉藏事务》（《中国边疆史地研究》第3期）一文以乾隆朝富察家族为例，对清朝重用满洲贵族作为边务大臣处理西藏事务进行了考察，比如傅恒、明亮、奎林参与平定大小金川叛乱，傅清在担任驻藏大臣期间诛杀西藏郡王珠尔默特那木扎勒，福隆安主持六世班禅朝觐的接待事宜，博清额主持护送班禅灵塔顺利返藏，福康安率军驱逐廓尔喀入侵者并参与议定《钦定藏内善后章程二十九条》等。另外，文章还通过乾隆皇帝重视富察家族的史实，初步探讨了其在边疆事务特别是涉藏事务中“重视家世”、“仰副血亲”、“重德任能”、“因材施用”的用人原则。

除了清中央政府的治藏政策以及与西藏地方的关系外，清末在西藏的新政，以及西方侵略者觊觎西藏是本年度另外两个研究重点。罗布在《新政改革与大臣体制》（《西藏大学学报》第1期）一文中指出，清末的新政改革使西藏地区的历史在一定程度上摆脱了长期以来停滞不前的局面，但从总体上看，只是稍稍触动了一下传统西藏社会的表面，而远远没能启动西藏社会经济的发展。作者认为，清末西藏地区新政改革之所以举步维艰，其中一个十分重要的原因，并不是因为西藏社会文化的保守性拒绝任何改革，而是因为在清末西藏新政的特殊历史语境中，新政推行主体不切实际的政策措施和“以夏变夷”的倾向不得人心，从而导致西藏僧俗上层对其改革活动的不理解、不支持乃至坚决抗拒。

在19世纪下半叶英国急于打开中国西南大门的背景下，唐古巴是19世纪首位及其后十年内唯一到东部藏区考察的英国人，其为觊觎中国西南边疆的英国提供了情报和建议。赵艾东的《唐古巴的考察与英国对中国西南边疆的觊觎》（《中国边疆史地研究》第4期）一文利用相关中、英文文献，考察了唐古巴的相关活动及他所提的建议，认为该建议与英国向中国西南边疆扩张以及中英外交交涉之间的关联主要体现在对《中英烟台条约》相关条款、中缅边界以及英国向中国西南地区的扩张产生的影响。冯建勇的《1888—1911年英俄在西藏的角逐》（《西藏研究》第6期）则揭露了英俄在清末西藏的相互角逐。

除西藏外，关于清代其他藏区的研究还有索南多杰、德旦项毛的《论清代“环湖八族”形成的历史背景》（《青海民族研究》第2期），洲塔、何威的《清初河湟地区基层组织变迁及其对藏族社会的影响》（《青海社会科学》第3

期)，杨虎得的《清代在甘青地区的民族政策及历史作用》(《中南民族大学学报》第2期) 等。

(四) 民国及当代

1. 民国

本年度民国时期的藏史研究有多部专著出版，这和其他历史时段的研究形成了鲜明的对比。祝启源的《中华民国时期西藏地方与中央政府关系研究》(赵秀英整理，中国藏学出版社) 是作者研究近代西藏史的代表作之一，用丰富翔实的史料重现了中华民国时期西藏与中央政府的关系。丁剑的《吴忠信传》(人民出版社) 共分17章，介绍了国民党元老吴忠信的一生，其中第7—13章为与西藏有关的内容。

另外，中国藏学出版社本年度从《柳陞祺藏学文集》里抽印了两部重要的史学著作《拉萨旧事 (1944—1949)》和《西藏的寺与僧 (1940年代)》。《拉萨旧事 (1944—1949)》记载了作者居拉萨5年中所见所闻。《西藏的寺与僧 (1940年代)》包括《西藏宗教》和《西藏喇嘛教的寺庙和僧侣组织》，系作者于西藏和平解放前在拉萨实地调查与搜集资料后所作，反映了当时西藏宗教的真实面貌。

论文方面，学者们关心的问题是中央政府与西藏地方的关系以及西方插手西藏事务的过程和影响。

徐百永的《政教分离，抑或政教合一——国民政府对西藏政治和宗教关系的政策考量》(《中国边疆史地研究》第4期) 一文认为，国民政府一直以来都谋求对西藏政教合一制度进行改造，实施政教分离，改变长期以来西藏政教合一、宗教至上的社会状况，从而实现西藏与内地的政治一体化，以便巩固边疆。但由于民国时期西藏地方对中央若即若离，因而在不同的历史阶段，国民政府在处理西藏政治与宗教关系的政策层面上进行了诸多调整，这也集中反映了其在治理西藏问题上推行政教分离和维护政教合一制上难以取舍的矛盾心态。

张永攀的《英印以色拉 (Sela) 为界的"麦克马洪线"变更计划及政策分歧》(《中国边疆史地研究》第3期) 一文指出，以色拉为界的"边界变更计划"是英国根据一战局势与远东格局的变化而提出的一些关于边界问题的设想或者争议，由于内部利益分歧而产生的矛盾，此计划未能实施，但该调整计划充分说明了"麦克马洪线"并非"合理"、"完美无缺"的一条"界线"，而是英国出于自身侵略利益，根据国际情势、西藏地方局势、自身情况而可以随时、随意变更的伪边界线。作者认为，无论边界变更与否，单方面划定的“中印边界”只是一厢情愿，是非法无效的，即使是以色拉为界，以放弃达旺权利为让步，对于中国西藏地区来说，英印的做法仍然是一种侵略活动。

胡岩在《美国托尔斯泰—杜兰“使团”1942—1943年入藏考》（《中国藏学》第2期）一文中利用已经公开的汉文档案资料、英国和美国的英文档案资料以及当事人的著述，分析了托尔斯泰—杜兰“使团”入藏的背景、经过、在拉萨以及离藏途中的活动、该“使团”的影响等，认为托尔斯泰—杜兰“使团”入藏增进了美国对于中国西藏的了解，也首开美国政府派遣官方使团进藏与西藏地方当局建立直接联系、插手“西藏问题”之先河，对于后来美国西藏政策的形成和演变产生了很大影响。

2. 当代

由于2010年是西藏昌都解放60周年，所以围绕昌都解放与西藏和平解放出版了一批珍贵的文献资料和研究论著。

王瑞连主编的《历史的跨越——庆祝昌都解放60周年专辑》（中国藏学出版社）一书较为全面地介绍了昌都地区解放60年来在各个领域取得的伟大成就。程越主编的《中国共产党西藏昌都地区历史大事记（1949—2009）》以展现昌都解放60年来的成就为框架，以年代为序，重点收录了昌都60年来具有代表意义和重大影响的决策部署、政策文件、历史事件、会议活动和重要成就等，全面展示昌都60年来发展、改革、稳定工作所经历的历程。

王小彬的《“中华人民共和国昌都地区人民解放委员会”隶属关系的历史沿革》（《中国藏学》第3期）一文主要论述了“中华人民共和国昌都地区人民解放委员会”隶属关系的历史沿革，指出“昌都地区人民解放委员会”隶属关系经过了四个阶段。文章还概要地总结了党在昌都地区工作的三点启示。

围绕近现代西藏历史上的重大事件，本年度还出版了几部颇具分量的当事人回忆录，内容涉及重大历史事件、西藏和平解放、西藏地方政府事务等。

《西藏百年史研究》系列丛书之一的《记忆中的百年沧桑——西藏名人回忆录》（白玛朗杰、孙勇、仲布·次仁多杰主编，中国藏学出版社）旨在通过相关人物的回忆再现西藏近现代史上的重要事件，比如其中收录的拉鲁·次旺多吉的《热、达矛盾起因及我等受命于摄政达扎“迎请”热振活佛的经过》、拉乌达热·土丹旦达的《我参与“龙夏事件”的经过》等回忆文章，几乎涉及当时西藏历史的各个方面。

杨一真的《平息1959年西藏武装叛乱纪实——杨一真回忆录》（西藏自治区政协文史资料委员会编，中国藏学出版社）系作者根据其亲身经历结合有关史料写成的回忆录。全书分西藏统治集团策划西藏叛乱、叛乱分子在拉萨的主要活动、党中央关于平定拉萨叛乱的方针、十四世达赖喇嘛出逃经过、叛乱武装发动进攻、平息拉萨叛乱、边平边改、西藏人民的新生等8个部分以翔实的资料，作了详细的分析和叙述，对读者了解西藏这段历史的由来大有裨益。

格龙·洛桑旦增的《格龙·洛桑旦增自传》（西藏自治区政协文史资料委员会编，班典译，中国藏学出版社）回顾了作者担任西藏地方政府官吏、西藏和平解放后作为第十四世达赖喇嘛的随从赴内地参观、在拉萨中学担任教师、赴错那担任哲康米粮官、逃亡印度，又从尼泊尔回到西藏等简要情况，读者可以通过这些珍贵的回忆了解那个历史时期的相关事件的基本过程和细节。

另外一部比较特别的回忆录是《1955年西藏纪行》（［俄罗斯］奥夫钦尼科夫著，张晓梅译，中国藏学出版社）。本书作者弗谢沃罗德·弗拉基米洛维奇·奥夫钦尼科夫先生是俄罗斯为数不多的几位和新中国三代领导人都有交往的记者兼学者。1955年8月至10月间，他与意大利、波兰、法国、捷克斯洛伐克等国的记者一起应邀首次访问西藏。本书记录的正是他旅藏途中的所见所闻、所感所想，尤其是西藏和平解放后的种种变化。1959年该书被木村浩译成日文，名为《西藏的素颜》。

二、考古

本年度考古方面的论著较少，从内容来看，主要涉及石器、墓葬、石窟等考古遗存及对石刻图象和文献的分析研究。

霍巍的《考古学所见西藏文明的历史轨迹》（《民族研究》第3期）一文分西藏远古时代人类活动及其遗存、西藏新石器时代与早期金属时代、吐蕃考古与西藏文明三个部分，以考古学的视角对西藏古代文明发生、发展的历史轨迹进行了观察与勾勒，并讨论了西藏文明与中原文明之间的关系，对其和周边地区、民族之间的交流互动等问题也提出了新的看法。

汤惠生在《青藏高原旧石器若干问题的讨论》（《青海民族大学学报》第1期）一文中通过介绍学界对青藏高原旧石器时代的人类、石器的古老性、旧石器时代晚期的随机性食物搜寻经济与社会等三个方面的研究成果，认为青藏高原旧石器的古老性、人类移居的时间及其过程、文化渊源、文化的适应等问题不是仅靠考古便可解决的。21世纪以后青藏高原旧石器时代考古学的发展，越来越多地结合了地质学、分子生物学、高科技断代、古气候与古环境学等相关学科，从而形成了一种跨学科的研究趋势，而这种跨学科研究向我们揭示了越来越多有关旧石器时代人类在青藏高原移居和生活的信息。

许新国的《青海门源岗龙石窟的年代与族属》（《青海民族大学学报》第4期）一文认为，从岗龙石窟的佛塔、佛造像的特点来看，与黑水城出土的唐卡、贺兰县宏佛塔塔基出土的擦擦、青铜峡一百零八塔出土的青砖佛雕像以及拜寺口双塔遗址出土的藏传佛教风格造像的擦擦等12世纪末至13世纪初期的作品具有类似特征。因此，岗龙石窟雕造的年代应在12世纪末叶到13世纪初叶，该石窟为西夏人所刻造，其族属为党项族。

哈比布的《古水水电站西藏境内淹没区考古调查简报》（《西藏研究》第2期）一文介绍了2006年由西藏自治区文物保护研究所、陕西省考古研究院、四川省文物考古研究院等组成的联合考古工作队对古水水电站西藏境内淹没区进行考古调查时发现的亚那遗址、移地布石棺墓群、阿东石棺墓群、亚那石棺墓群、仁达石棺墓群、切玛拉卡石棺墓群、宗盖遗址及宗盖墓葬出土的山字格青铜剑、萨麦贡石棺墓群、扎谷西摩崖石刻等作了介绍，认为这些文物点不仅对藏东地区古代文明的历史进程，而且对川、滇、藏各民族的古代政治、经济、宗教、文化等交流的研究提供了非常珍贵的实物资料。

为了纪念昌都解放60周年，霍巍对昌都卡若遗址的研究进行了系统的回顾。其《昌都卡若：西藏史前社会研究的新起点——纪念昌都卡若遗址科学考古发掘30周年》（《中国藏学》第3期）一文系统回顾和总结了卡若遗址发掘及其科学研究的学术意义，并对卡若遗址的年代与分期、居民族属、生业状况、文化面貌的突变现象及其原因、卡若文化与周边地区原始文化的关系等重大问题的研究状况及其学术进展情况进行了评述，展望了未来的研究前景。

本年度，《中国西藏》连续发表了几篇涉及藏地考古方面的文章，比如霍巍的《洛扎考古记行》系列（第2—4期）、《西藏史前农业的历史见证——山南昌果遗址踏查记》（第6期），张建林的《古格古城遗址》（第1期），王璐的《兰毗尼石柱的藏汉文字记载》（第3期）等。

三、地理

从藏学各学科领域的研究状况来看，地理研究，特别是历史地理一直以来都比较薄弱，本年度仍然没有质的改变。

《民国川边游踪之西康札记》（中国藏学出版社）是任乃强先生1929—1930年应川康边防指挥部之邀，以视察员身份对西康的泸定县、康定县、丹巴县、道孚县、炉霍县、甘孜县、瞻化县、理化县、雅江县等9县进行全面考察后撰写的视察情况报告，及作者游迹所至名胜古迹、民情俚俗之札记，并附12幅作者手绘实地勘测地图。《民国川边游踪之泸定考察记》（中国藏学出版社）为任乃强先生于1939年考察泸定县时所作札记（原名《泸定导游》），共88篇，大多发前人所未觉，而资后来者寻味与治史者参考之材料。文中所载名胜古迹多数现已难觅，文物、史事今之史志阙如，可谓弥足珍贵。《民国川边游踪之天芦宝札记》（中国藏学出版社）是任乃强先生1942年实地考察时作的笔记，备极详尽，其中有关芦山、宝兴的札记43篇，有关天全的札记46篇多为首次披露之材料，尤其对著名的樊敏碑的实地考察，对穆坪（宝兴）土司及天全高、杨二土司世系的梳理等札记，堪补史志之不足。

历史交通研究方面有房建昌的《〈西藏志〉所载清代后期入藏路线考》（《中国边疆史地研究》第3期）。该文对《西藏志》所记关于克什米尔、和田分别至拉萨的两条路线进行了分析，认为陈观浔关于这两条路线以及程站的介绍基本采自清末日本人山县初男编著的《西藏通览》，而《西藏通览》的记载则采自印度测绘局的工作人员绰特上尉记录的《班智达南·辛格从拉达克列城到拉萨的大西藏之行，经阿萨姆返回印度》一文。另外，文章还参考外文资料，对陈观浔在《西藏志》中列举的76个地名做了初步考证，认为清代西藏历史地理的研究承先启后，具有重要的作用，像《西藏志》所载这种古代交通路线的研究还有待加强。

田峰的《吐蕃通往勃律、罽宾之道略考》（《青海民族大学学报》第4期）一文对吐蕃通往勃律、罽宾的两条道路进行了介绍，认为这是吐蕃往西北方向开拓的两条重要通道，通过这两条道路，不仅中亚、南亚、西亚、中原的先进技术以及物品源源不断地输入到青藏高原，而且佛教、摩尼教等宗教和其他文化因子也是通过这两条道传入吐蕃的，甚至吐蕃的一些农副产品与文化亦是通过这两条道走向世界的。

在地名研究方面，阿音娜的《崔比科夫游记中的蒙藏地名考》（《中国藏学》第4期）一文以清末入藏之俄国人崔比科夫的游记《佛教香客在圣地西藏》为蓝本，分为从库伦到塔尔寺、从塔尔寺至藏北边缘、从藏北到拉萨、从拉萨到库伦之归路等四个部分，结合舆图与方志资料等，具体考证了从库伦到拉萨这条朝圣之路的蒙藏地名、所处方位、大致走向及其环境。

经过对2010年中国藏学领域内历史、地理、考古研究成果的回顾，我们发现各个领域的研究都在加强，也出现了一批颇有分量的论著，但也有一定的不足。

历史研究方面：1. 宋、明研究薄弱的状况得到改善，吐蕃、清、民国、当代研究稳步发展，元代研究下降明显；2. 宋代研究数量增多，但选题单一，吐蕃研究成果数量多，但具有突破性的研究很少，民国研究同样如此；3. 与往年一样，涉及中央与西藏地方关系的研究仍然是历史研究中的重点，民族关系和文化交流的文章增多，西方国家侵略西藏方面的文章数量相对下降；4. 个别选题的重复研究现象仍然比较严重。

考古研究方面：1. 专就遗址和文物进行研究的少，多数都是交叉研究；2. 文章数量较少，一些文章具有新义，但也有一定的重复研究现象；3. 从业人员缺少，相关成果仍然由少数学者完成。

地理研究方面：1. 没有专门讨论历史地理的专著问世，相关著作抽印自上年的文集；2. 虽然发表有关于地名考释和古代交通方面的文章，但重量级成果并没有出现。

藏文部分

2010 年，用藏文出版和发表的关于藏族历史、考古、文献方面的研究著作和论文数量相当可观，研究范围进一步拓宽，一些传统的研究领域的空白也得到填补，下面按不同专题一一综述。

一、历史

关于历史研究的藏文著作和论文，选题几乎包括了藏族历史发展的每一个阶段，只是分配不均，其中多数选题仍然集中在吐蕃时期。

（一）总论

以往藏族历史总论性论著主要以通史、地方志、文集、论文集或跨历史时期的论文选题组成，本年度这方面的成果较少。一些文集和论文集所收论文较少，故没有纳入总论部分。在跨历史时期的研究方面，罗布的《西藏封建庄园制的社会学考察》（《西藏研究》第 1 期）一文，从发展社会学的角度介绍和分析了西藏封建庄园制度的发展历程及其与西藏社会发展的关系。庄园制度产生于西藏社会从奴隶社会向封建农奴制转变时期。元朝时期西藏分十三万户，使西藏的庄园制度进一步完善，庄园经济成为西藏封建农奴社会经济制度的主要形式。帕竹政权时期，把万户改为宗，庄园也不再局限于最初的经济范围，而是成为当时社会组织的构成之一。到了甘丹颇章时期，随着寺院、贵族和政府三大庄园主的形成，西藏的庄园制度进入一个新的阶段。从庄园制度的特点来看，它和领主制度、农奴制度、政府所有权制度和自给自足的生产方式有紧密的联系，所以对鼓励生产、解放和发展生产力、加强对外交流等方面都产生了消极影响，所以从整体上来讲阻碍了社会的发展。

（二）吐蕃、宋

藏文发表的历史类学术论文当中，研究吐蕃时期的论文占据了很大一部分，研究宋代即分裂割据时期的论文仍然较少。

1. 吐蕃

从整体情况来看，本年度吐蕃历史研究的范围相对缩小，不像以往那样涉及多个方面，所研究的问题相对集中，因此也容易取得突破。本年度学者们在吐蕃历史研究中关注的是人名研究、制度研究和民族文化交流。

本年度有多篇论文涉及吐蕃人名研究方面，比如卡岗·扎西才让的《敦煌文书 849 中修行大乘佛教和获得大乘佛教至顶加行的藏王名称与藏族史书文献比较研究》（《中国藏学》第 2 期）一文对敦煌藏文文献 P. T849 进行了研究。该写卷以修行大乘佛教和获得大乘佛教至顶加行的藏王为题记有一系列吐蕃赞普名称，其中包括著名的“祖孙三法王”和分裂割据时期的诸多王系名称。作者通过解读该写卷中的藏王名称，并结合藏族传统史书文献，对当时的赞普名称、语言特点及历代赞普及其王统后裔的历史功绩进行了介绍。

桑吉克在《谈谈与赞普达如念斯历史有关的几个问题》（《中国藏学》第 4 期）一文中主要根据敦煌古藏文文献，对传统史书所记吐蕃赞普达如念斯的相关历史进行了辨析，其中重点探讨了达如念斯一名的由来。作者认为所谓达如念斯出生为盲童，后被吐谷浑医生治疗或供奉“宁布桑哇”从而开眼看见“念”的说法都是经过后世的有意加工形成的。另外，文章还指出达如念斯有不止一个姐妹；藏族历史上的赔命价习俗最晚在达如念斯时期就已经形成；藏族度量衡的统一应该是达如念斯时期等等。

完秀华科加在《从止贡赞普的称谓引申的几点历史问题补充研究》（《甘肃民族师范学校学报》第 3—4 期）一文中指出，历史文献在记录止贡赞普的称谓时，对“止”字有两种写法，第一种是“དི”，见于敦煌文献和第穆摩崖石刻；第二种是“ཁྲི”，多见于后期史书。作者认为止贡赞普的正确称谓应该用“དྲི”字，因为它体现了当时的寄魂物观念以及对预见能力的神化，因为老祖母预见到止贡赞普由于寄魂物被毁而死于“དྲི”，所以用“དྲི”字符合原意。由于止贡赞普灭苯，所以苯教徒把“དྲི”改为刀剑的“གྲི”，诅其“死于刀剑之下”，后期史书渐渐接受了这个说法并一直传到现在。

在对吐蕃最初几位赞普的认识上，学术界一直存在争议，特别是天赤七王之后到底是中丁二王还是一王，止贡赞普到底属于天赤七王还是中丁二王等问题，涉及吐蕃王统的数量，因此有必要认真探讨。米玛在《“གྲང་མོ་གནས་བཞིའ་བརྩིག”一词考证》（《西藏研究》第1期）一文中认为，敦煌古藏文文献中的“གྲང་མོ་གནས་བཞིའ་བརྩིག”一词，可能对我们解析当时的历史有重大帮助。作者指出，以往史书对“གྲང་མོ་གནས་བཞིའ་བརྩིག”一词的写法虽然大相径庭，但都认为指的是墓葬，只是对墓葬的主人是谁还存在争议。文章认为，认真解读敦煌文献，“གྲང་མོ་གནས་བཞིའ་བརྩིག”一词有可能是人名，指的应该是赞普布德贡杰的儿子，其在布德贡杰之后继任赞普。这样一来，吐蕃赞普王统共传43代，也就与相关史书记载的赞普总数相符了。

郑堆的《论悉补野二丁时期藏族姓氏特点》（《西藏大学学报》第3期）一文通过对吐蕃赞普上丁二王时期赞普、王妃、大臣姓名的分析，提出当时人们既有姓也有名，赞普和王妃一般只称呼名，大臣既称呼姓也称呼名。当时给人起名也有鲜明的特点，无论是赞颂、藐视还是点明出生地，都表达了起名之人的一种愿望。女子姓名中开始出现一些表示美丽的字词并一直使用到现在。另外，作者还以部分君臣的姓名为例，介绍了当时姓名的不同写法及其含义。

在吐蕃制度研究方面，叶拉太的《吐蕃时期政治制度研究：以古藏文文献为中心》（民族出版社）一书较为全面，该书主要以吐蕃王朝的各种制度为研究对象，以六章的篇幅论述了吐蕃王朝的行政制度、职官制度、法律制度、军事制度、外交制度和财政经济制度。作者运用大量古藏文文献，通过对各种制度的分析和阐述，梳理了吐蕃王朝建立和发展的历史脉络以及吐蕃政治、军事、经济、文化发展的方方面面。

旺多、桑木丹的《浅论噶琼与谐拉康立碑之历史背景》（《西藏大学学报》第3期）根据吐蕃王朝后期所立噶琼与谐拉康石碑及对其碑文的研究，分析和阐述了吐蕃王朝时期政教的发展轨迹及两者的相互关系。作者认为，赤德松赞时期的这两个石碑的内容向我们展示了吐蕃当时的社会状态，王权政治开始逐渐衰落，而佛教势力开始崛起并即将到达顶峰，中央政权中开始出现僧相之职，僧团的经济利益得到保证，吐蕃的职官制度和经济制度也在发生变化，宗教之间的矛盾也日益突出，而统一、强大的吐蕃王朝也即将由此走向灭亡。朗吉卓嘎的《藏王止贡赞普与朗达玛灭教运动特征之比较》（《西藏大学学报》专刊）一文对止贡赞普灭苯教和朗达玛灭佛教两次事件进行了比较，认为当时宗教势力发展过快，宗教人士掌握权力过多，从而影响王朝的稳定和赞普的权利是引起灭教运动的原因。

本年度一些论著还涉及对吐蕃王朝发展过程中一些史实等的研究。比如在雅隆部落最初兴起方面，岗措的《聂赤赞普先祖略考》（《西藏研究》第3期）一文对吐蕃第一位赞普聂赤赞普的出身和先祖进行了研究。文章以敦煌古藏文文献中“自天神而为人主的”记载为基础，结合其他藏文历史文献，认为聂赤赞普之所以被选为吐蕃赞普，有诸多深层次的原因。作者认为，聂赤赞普的先祖本身就是统治雅隆等地区的首领，其父由于政治原因被逐到工布地区。在日后的发展过程中，由于王系家族后代在多个部落执政，使得本部落没有继承人，故请来出生在工布的聂赤赞普回归故里，继承王统。作者还对聂赤赞普的先祖系统进行了分析，认为和远古十二小邦时期的玛桑九姓有非常密切的关系。

关于吐蕃王朝逐渐强大、统一青藏高原过程的研究，有格桑加措的《论象雄与吐蕃之统一》（《中国藏学》第2期）一文。该文对象雄及其与吐蕃的关系进行了阐述。作者先就“象雄”一词的含义提出了自己的观点，然后就吐蕃占据象雄的时间、历史上的吐蕃与象雄之间的关系以及相关历史问题进行了探讨，认为象雄第一次并入吐蕃的时间不是传统史书记载的松赞干布而是其祖达日年塞时期，后来象雄多次叛乱，松赞干布和赤松德赞时期又重新收服。另外，文章还对吐蕃与象雄产生联系时的重要人物如塞玛噶、李迷夏的相关史实进行了介绍。

拉巴片多的《试析赞普世系长期统治吐蕃王朝之原因》（《西藏研究》第2期）一文对吐蕃王朝政权长期保持稳定的原因进行了分析，认为赞普世系能够长期统治吐蕃王朝的原因主要有三点：一是生产力水平低下和社会发展变化缓慢；二是以教护政，历代赞普先后依靠苯教和佛教维护政权；三是“唐参”制度的实施，使的王系内部争权篡位的可能性减小，王位得以平稳过渡。

益希曲珍在《吐蕃时期藏族妇女的社会地位探析》（《西藏大学学报》专刊）一文中通过对松赞干布之妹、象雄王妃赛玛噶这个历史人物分析吐蕃时期藏族妇女的社会地位。文章认为像赛玛噶这样优秀的上层妇女虽然为吐蕃的统一做出了重大贡献，但后期史书对其并不重视，松赞干布时期的相关规定中也有歧视妇女的条目，说明当时妇女的社会地位极为低下。

在对外关系及其他民族研究方面，主要是吐蕃与河陇、西域民族的关系。

高瑞、李吉加、贡保草在《吐蕃统治时期蕃汉文化互动研究》（《西北民族大学学报》第2期）一文中对吐蕃统治河陇时期与当地汉族居民的文化关系进行了研究。文章认为，吐蕃占领河陇地区后，当地汉文化仍然保持相对完整，而吐蕃移民的增多使得双方的交流机会增加，相互通婚的情况变得多见，加上双方都共同信仰佛教，这些都为蕃汉文化实现良性互动提供了坚实的基础。当时蕃汉文化互动的内容包括相互之间的语言学习和应用、制度文化的借鉴和相互影响、服饰文化的交流、共同的宗教信仰以及共同创造的敦煌艺术。至于蕃汉文化互动的特点，作者认为主要体现在两种文化不同的地位、互动主体集中在社会阶层的上层、交流更多集中在文化体系的表层方面等。

卡岗·扎西才让的《吐蕃时期西域（新疆）文化考察记（五）》（《西藏研究》第4期）一文继续对新疆的藏文化进行考察。作者在该文中主要介绍了在乌鲁木齐、焉耆、库车的文化考察过程，其中既有对地方博物馆收藏的文献、简牍、唐卡等的介绍，也有对唐代吐蕃与西域诸民族在政治、经济、军事、文化等方面相互交流的回顾。

夏吾李加在《从文献考辨“va-zha”与吐谷浑的族源问题——兼论月氏的关系》（《中国藏学》第3期）一文中，根据大量藏文文献，对藏文史书中阿夏（va-zha）一词的理解、地望、种族进行了分析，从而指出阿夏并不单指吐谷浑。作者认为，藏文古籍中很早就有阿夏一词，而吐谷浑是后期由辽宁迁移到西北地区的鲜卑慕容氏，所以阿夏不是指吐谷浑，两者出现的时间不同。另外，诸多藏文历史文献也把阿夏和吐谷浑分开记录，也没有说明两者同源，因此很难把两者当作一个。从相关史书的记载来看，阿夏活动的地域主要在今新疆东南部、甘肃和青海西部、西藏那曲一带，在鲜卑慕容氏迁移到此之前是月氏活动的区域。从古语音来看，月氏和阿夏也有一定的相似之处。因此可以说阿夏和月氏有非常紧密的联系。关于阿夏的族源，作者认为该氏族来源于古代藏族四大姓氏之一的塞，由阿夏分化的噶等最终分散在高原各地。

另外，本年度由民族出版社出版的《吐蕃史论译集》（嘎藏陀美著）是一部吐蕃历史研究论文的藏文翻译集，作者翻译了一些藏学家研究吐蕃历史的主要论文，如王尧的《新疆藏文简牍考述及释例》、陈庆英的《试论赞普王权与吐蕃官制》、蒲文成的《吐蕃王朝历代赞普生卒年考》、巴桑旺堆的《吐蕃史研究中几个定论质疑》、尕藏加的《联姻在吐蕃王朝中的政治作用》等，对研究吐蕃赞普时期的政治、经济、文化具有一定的参考价值。

2. 宋

本年度关于宋代的研究虽然较少，但与去年相比还是有了一些起色。首先还是唃厮啰研究。华多太的《试论加入居民与唃厮啰的关系》（《中国藏学》第3期）一文根据青海循化民间流传的一段传说，对当地居民与唃厮啰的关系进行了分析。作者认为，该传说虽然篇幅不大，但寥寥几句基本涵盖了加入居民的来源、族属、地域以及发展过程。从该传说的内容来看，当地居民在论及自己的祖籍、族属、地域、姓氏及后期的发展等内容时和历史上的唃厮啰有密切的关系，比如说都来自西藏山南，都为赞普后裔，繁衍生息的地域也基本一致，姓氏变化也有迹可循，因此可以说加入居民就来源于唃厮啰。另外，作者还由此提到一个新的观点，即宗喀巴父系可能和吐蕃王系有联系，这是一个值得关注的问题。

才旦多杰的《唃厮啰政权建立前河湟流域形势》（《中国藏学》第4期）一文对唃厮啰政权建立前内部耸昌斯均、温逋奇、李立遵三足鼎立，外部西夏党项、甘州回鹘、宋等强邻环绕的河湟流域形势进行了介绍，同时探讨了河湟地区与周边民族和地区的关系。

关于西藏分裂割据时期的研究，有亚东·达瓦次仁的《班禅囊玛岗及西藏割据时期的历史疑难问题——访著名藏族学者诺章·吴坚先生》（《西藏大学学报》第2期）一文。作者对著名藏族学者诺章·吴坚先生进行了采访，内容主要涉及诺章·吴坚先生成长的扎什伦布寺相关历史以及先生的学术生涯和主要成就。由于诺章·吴坚先生在研究分裂割据时期历史方面颇有建树，所以诺章先生对这个时期相关历史问题做了解答，比如研究分裂割据时期历史的主要文献资料有哪些、应该运用怎样的研究方法、第吾贤者和第吾觉塞是父子关系而非一人、雅采王统的地域和桑噶区域是有区别的、宁玛大圆满法在割据时期的传播情况等等。

扎细·米玛次仁的《浅析琼布乃觉大师传》（《西藏研究》第3期）一文对藏传佛教八大教派之一的香巴噶举派祖师琼布乃觉大师的生平进行了介绍。作者首先对相关文献中关于琼布乃觉大师的记载进行了对比研究，指出对大师的父母、出生地和姓氏没有异议，但其他信息都有出入。关于出生年代有多种说法，作者认为公元978年较为可信。琼布乃觉大师起初信仰苯教，后来才转入佛门，先到尼泊尔学佛，后到印度。对他几次去过印度，以往学者众说纷纭，作者认为是三次。琼布乃觉大师三访印度，四访尼泊尔，后来在藏地著书立说、授徒传经，终成一代大师。

（三）元、明、清

藏文研究元、明、清时期历史的论著数量远远不及汉文，选题也相对单一。本年度，中国藏学出版社出版了几部非常重要的传记文献：《一世—四世达赖喇嘛传》（阿旺洛桑嘉措等著）一书为一世达赖喇嘛根敦珠巴（1391—1474）、二世达赖喇嘛根敦嘉措（1475—1542）、三世达赖喇嘛索南嘉措（1543—1588）、四世达赖喇嘛云丹嘉措（1589—1616）的传记。历辈达赖喇嘛的藏文传记或者由后世达赖喇嘛写作（如三世达赖喇嘛、四世达赖喇嘛传记由五世达赖喇嘛写就），或由达赖喇嘛的经师、摄政等人写作，记载了西方帝国主义势力东来以前格鲁派上层人士对达赖喇嘛的历史和政教地位的看法。传记中有的还记载了详细的历史细节，可以补充汉文史籍的不足，具有较高的史料价值。

《六世达赖喇嘛传》（第司·桑结嘉措著）。六世达赖喇嘛仓央嘉措（1683—1706）为西藏南部门隅地方人。清康熙三十六年（1697）被迎入布达拉宫"坐床"。在布达拉宫他除终日苦学、博览群书之外，还写就了大量脍炙人口、流芳百世的诗歌，即《仓央嘉措情歌》。康熙四十四年（1705）第司·桑结嘉措被拉藏汗杀害后，他也被拉藏汗指为不守法规、不是真正的达赖喇嘛转世，谕令解送北京。次年，行至青海湖附近病故。本传记由第司·桑结嘉措撰写。

《七世达赖喇嘛传》（章嘉·若贝多杰著，上下册）。七世达赖喇嘛格桑嘉措（1708—1757）为康区理塘人。9岁被迎至青海塔尔寺供养。清康熙末年在驱逐准噶尔部侵藏势力后，迎入拉萨"坐床"。乾隆十五年（1750）珠尔默特那木扎勒发动叛乱，驻藏大臣被害，七世达赖喇嘛立即采取紧急措施，上奏中央政府，通告全藏不得隐藏凶手，缉拿、囚禁罪犯，追回被劫几万帑银，保护在藏满、汉官员及商贾，妥善处理善后事宜等，受到嘉奖。其毕生谨言慎行，生活俭朴，大力弘传格鲁派。本书即其详细的传记。有蒲文成汉译本，中国藏学出版社出版。

论文方面，仁青卓玛的《论安多热贡隆务囊索及其相关历史》（《中国藏学》第1期）一文对掌管今青海省黄南藏族自治州同仁县等地区政治事务的土官隆务囊索政权进行了研究。作者在考述"囊索"一词的基础上，分建立、发展前期和发展后期三个部分，较为系统地回顾了隆务囊索政权的发展过程，与此同时还对与其紧密相关的当地原有势力阿哇日太吾囊索的衰败演变、藏传佛教寺院隆务寺与隆务囊索在当地实行的独特的政教合一体制及其运行机制等进行了分析。

边珍的《仁蚌巴的"血仇年"历史事件考》（《西藏大学学报》专刊）一文回顾了西藏帕木竹巴政权的兴衰过程，对辛夏巴次旦多杰的生平做了简单介绍，认为仁蚌巴的“血仇年”事件充分说明在当时帕木竹巴政权逐渐衰落、仁蚌巴四处挑事的情况下发生这样的事件是历史的选择，该事件和宗教无关，不但使仁蚌巴和辛夏巴的矛盾公之于众，而且为后来藏巴汗政权的建立打下了基础。

本年度关于清朝藏族史研究主要由罗布来完成。专著方面，《甘丹颇章时期西藏地方史综论：以十三世达赖喇嘛新政改革为中心》（民族出版社）一书围绕近代西藏历史上十三世达赖喇嘛的新政改革，较为全面地讨论了甘丹颇章时期的西藏历史，以翔实的资料阐述了历史上西藏地方与中央政府的关系，同时揭露了帝国主义侵略西藏的丑恶行径。书中对十三世达赖喇嘛发起新政改革的历史背景、新政改革的实施情况以及最后的成败得失有较为深入的分析。论文方面，《试论清朝末期对西藏的施政》（《中国藏学》第 4 期）一文对张荫棠、联豫等在西藏施行新政的背景、内容和影响进行了分析。文章认为，清朝末期西藏新政的实施，加强了清中央政府对西藏地方的统治力度，抵御了帝国主义的侵略，对西藏社会各个方面的发展都起到了一定的促进作用。但是，由于新政在一些方面脱离西藏的实际，因此这次改革并未能促成社会的本质变革，其影响也是相对有限的。《心理嬗变与新政改革——十三世达赖喇嘛新政改革的心理考察》（《西藏研究》第 3 期）一文认为，在清王朝和西藏处于内忧外患之际，十三世达赖喇嘛迫切希望西藏能够挣脱落后的面貌，抵抗帝国主义的侵略。他最初希望清中央政府能够提供帮助，但是由于驻藏大臣的无能和清中央政府的妥协政策，不得不把求助的希望寄托俄国。当俄国不能提供相应的帮助时，他又出走印度，英国借此机会以“中立国”的身份开始渗透。十三世达赖喇嘛实施新政后，虽然在各个方面都有了一定的改变，但实质的变革仍然没有实现。在此期间，英帝国主义的真实面目也逐渐清晰，作为一直致力于挽救当下危局和实现民族自强的十三世达赖喇嘛，终于认清了形势，把加强与内地的关系放到了首位。

其他文章，还有吉太加的《噶厦政府制度变迁研究》（《西藏大学学报》专刊）一文，分析了噶厦设立的原因，并对噶厦的机构设置和职官制度进行了介绍，最后阐述了噶厦衰落的基本过程。

（四）民国及当代

本年度研究民国及当代的文章主要有土登彭措的《康定四十八家锅庄的历史调查及研究》（《西藏大学学报》第 2 期）一文，对历史上康定四十八家锅庄名称的来历和人名地名的双语特点进行了调查和分析，认为“锅庄”一名肯定来源于藏语音译，但原文具体为何还有待进一步考证。文章还根据实地调查，对康定四十八家锅庄的家名（分藏汉）、主人姓名（分藏汉）、家庭住址（1936年地址、后来材料中的地址、现在遗址）详细列表以供进一步研究。

二、考古

由于种种原因，以往关于考古的藏文论著较为罕见，今年这种情况得到明显改观，其中有3篇涉及考古遗址的调查研究。

宁加杰的《关于达拉岗布寺废墟挖掘调查报告》（《西藏研究》第3期）一文是2002年对达拉岗布寺进行抢救性考古调查和清理的调查报告，文章对寺院概况、地理位置、建寺祖师、历史沿革、建筑布局、挖掘情况、主要成果等进行了介绍。达拉岗布寺是藏传佛教噶举派的祖寺，位于山南地区加查县计乡人民政府所在地西北约4公里的达拉岗布山上，1121年由米拉日巴的著名弟子达波拉杰兴建。达拉岗布寺主体建筑群分为上下两层，建在山顶崖上的建筑包括萨龙贡玛、萨龙沃玛和朱不德；山腰部分建筑群有塔林、曲康萨玛、曲康宁玛、拉不让、卓康、萨阿颇章、达旦拉珠拉康等。此次考古调查除对上述遗址进行测绘、调查外，还对部分遗址进行了考古发掘，共发掘出土文物357件，其中主要为佛教金铜造像和宗教法器。作者最后指出，通过此次考古调查及清理工作，有一些问题值得大家思考，比如其对噶举派发展的贡献、噶举派与其他派别的关系、建筑布局的独特性、该寺与其他寺院之间的政教关系以及相关文物体现出的民族文化交流情况等。

次旺在《琼结赞普墓葬考》（《西藏大学学报》第2期）一文中对琼结吐蕃藏王墓葬群的相关情况做了介绍，认为学术界对藏王墓的研究取得了显著的成绩，但是一些问题还没有解决，比如文献记载和实地调查出来的墓葬数量不一致，对各墓葬的主人还存在不同看法。作者认为，琼结吐蕃藏王墓分别坐落在木拉山和东嘎谷，现在可见的藏王墓主要分布在木拉山，而东嘎谷的墓葬主要是松赞干布之前的，其后主要是非正常死亡赞普的墓葬。作者认为，藏王墓分处两地可能是后世对墓葬数量产生不同说法的原因。对于木拉山墓葬群的主人，作者对以往学者的研究成果进行了回顾，认为大家对半数墓葬主人的认识一致，其他主人的认定还需要进一步研究。另外，文章还指出琼结香达村发现的墓葬应该是吐蕃赞普卓年德如的墓，而墓葬群中出现的石碑和石狮雕像，则是当时吐蕃与周边民族文化交流的体现。

娘吉加的《阿里札达和穹隆地方的史前考古调查报告》（《西藏大学学报》

第3期）一文是对阿里象泉河流域札达和穹隆地方进行的史前考古调查的研究报告，其中记录了作者在当地的考古调查发现，其中包括多个新旧石器、陶器、史前村落、大石遗址以及墓葬群。作者认为在这些地方发现的史前考古遗址集中展示了阿里地区的史前生产、原始崇拜、建筑艺术和墓葬制度，说明当地很早就有人类生活并创造了高度的文明。阿里史前考古研究不仅有助于我们了解吐蕃王朝建立之前阿里地区的历史、经济、生产和生活习俗，而且有利于了解和探讨阿里史前文化与西藏其他地方及周边文明的关系。

三、地理

地理方面，本年度有一篇涉及地名的文章，是旦增顿珠的《“རྭ་སྒྲེང་”地名考略》（《西藏研究》第3期），其中对西藏地名“རྭ་སྒྲེང་”的不同写法和读法、内涵、地理面貌等进行了介绍。“རྭ་སྒྲེང་”一名不见于吐蕃金石文书和敦煌文献，但从阿底峡入藏开始成为西藏历史上一个非常著名的地名。作者认为目前相关文献中对“རྭ་སྒྲེང་”一名有三种不同的写法，除了“རྭ་སྒྲེང་”,还有“ར་སྒྲེང་”和“རལ་སྒྲེང་”。“རྭ་སྒྲེང་”的读音有两种，外界普遍读“རྭ་སྒྲེང་”，而当地却读作“རེ་སྒྲེང་”，后者应该是出于顺口的原因，类似情况在别的地方也较为多见。关于“རྭ་སྒྲེང་”一名的含义，后期多有解释，但都是一些充满宗教美化色彩的附会。从“རྭ་སྒྲེང་”当地的地形来看，不排除是按照地理面貌得名的可能。

综观2010年历史考古地理的研究，我们发现以往研究的强势领域继续得到巩固，同时出现了一些可喜的变化：1. 历史研究方面仍然以吐蕃研究为主，但选题有逐渐集中的趋势，以往那种泛泛而谈的文章明显减少；2. 研究元明清时期的文章相对较少，其中更有同一作者的文章几乎占去论著总数一半的情况；3. 出现了几篇关于遗址的考古报告，一改以往几乎没有考古研究方面文章的状况；4. 地理研究成果明显减少，关注点依旧在地名研究，历史交通领域仍然保持空白。

藏医药研究

2010 年有关藏医的著作主要由民族出版社、青海民族出版社、四川民族出版社等相关出版社出版发行，论文主要刊载于《中国藏学》《西藏研究》《中国藏医药》《西藏大学学报》《中国民族医药杂志》等期刊上，其中《中国藏学》第 4 期“藏医藏药研究专栏”集中刊发了不少文章。下面我们在集中介绍《中国藏学》“藏医藏药研究专栏”的文章后，对具有代表性的论著从理论研究、药物研究、临床研究、藏药炮制、古籍整理等方面入手，加以综合介绍。

一、《中国藏学》“藏医藏药研究专栏”

《中国藏学》第 4 期“藏医藏药研究专栏”集中刊发了 9 篇文章，其中既有对藏医文献的研究、藏医医生现状的分析，也有对临床医学的讨论，还有相关著作的评论，内容十分丰富。

藏医文献研究方面：刘英华、罗秉芬的《西藏山南当许镇蚌巴奇塔出土藏文医书浅析》对 2006 年西藏山南地区当许镇嘎塘蚌巴奇塔出土的一件古藏医写本进行了分析。该写本是现存年代较早的藏医写本之一，对藏医史和文献的研究有重要价值。文章在收录写本原文、疑难注释和全文汉译的基础上，对该古藏医写本的概貌、词语特点、基本内容以及写本涉及的疾病和症候、药物和制剂特点等作了初步分析。冯岭、仁旺次仁、黄启舟、李传新、黄文浩的《藏医古籍信息化平台建设》认为藏医古籍整理研究可以利用现代信息科学与技术，对藏医古籍进行数字化、信息化研究建设。文章将藏医古籍整理信息化平台建设拟分藏医古籍文献收集平台、藏医古籍文献整理平台、藏医古籍文献信息检索平台三个部分。

藏医医生现状研究方面：黄福开、王春雷的《藏医名老专家医技医术传承研究特点与方法》指出，藏医名老专家医技医术传承研究是科技部国家“十一五”支撑计划资助课题“民族名老专家医技医术的抢救性传承研究”中的重要部分，该研究以强巴赤列等知名藏医药名老专家为研究对象，对他们的医疗技术、医疗经验开展全面的整理与继承研究，为藏医药名老专家传承研究举以方法学示范，对于藏医药的继承与发展具有重要意义。文章结合课题研究过程中遇到的难点与体会，对藏医名老专家传承研究的特点与方法进行了论述。仲格嘉、黄福开、冯岭、吴金鹏、张伟的《青海、四川、甘肃三省藏医医生从业状况调查报告》指出，在深化医药卫生体制改革的历史进程中，作为中国传统医药重要组成部分的藏医药正发挥着越来越重要的作用。文章采用社会学方法对青海、四川、甘肃三省部分藏区的藏医专家、管理人员和群众（患者）开展调查，分析了藏医医生基本情况、社会地位、医疗技术和藏医门诊情况等方面的现状，总结了藏医医生从业状况的主要特点，可为有关部门制定相关政策提供科学依据。

临床医学研究方面：角加才仁的《论藏医放血疗法对高脂血症的治疗》指出，千百年来，藏医通过传统外治疗法，即放血疗法，治疗心脑血管疾病高脂血症，具有特殊的疗效。文章依据传统藏医药的诊疗原则，较详细、全面地探讨了藏医运用放血疗法和药物相结合治疗高脂血症的系列方法及措施。西珠嘉措的《略论藏医对肝和肝病的认识》指出，肝脏疾病是继肿瘤、心脑血管等疾病后的又一个人类健康杀手，医学界至今还未形成一种切实有效的治疗方法，但藏医却对此有特殊的疗效。因此，文章根据传统藏医学的基本理论，对肝脏、肝功能及肝病进行逐一介绍，探讨藏医对肝脏疾病的认识和治疗方法。仁旺次仁、扎桑的《藏医白脉疗法在中风病治疗康复中的作用》，对白脉疗法在中风病治疗康复中的作用及相关问题作了简要论述。白脉疗法可分广义和狭义两种。广义白脉疗法是指通过口服藏药和外治的方法相结合，治疗白脉病的综合治疗方法；狭义白脉疗法是指用陈酥油与特制的药物混合加热，然后用适当手法在相应白脉走行部位或痛点进行涂擦、按摩和推拿，起到调理气血，并祛风除湿、疏通腠理、解毒消肿，达到调整白脉恢复其功能的作用。东知项杰、拉玛阿拉、俄措卓玛的《浅谈藏医对糖尿病的认识及治疗》则以藏医巨著《四部医典》等一些重要藏医典籍的记述为基础，结合北京藏医院“十一五”藏医糖尿病重点专科建设小组制定的《藏医治疗吉尼萨克诊疗方案》，简要介绍了藏医对糖尿病的病因、症状、诊断和临床治疗等方面的内容。

二、理论研究

藏医理论研究领域很广，研究论文也不在少数，其中李先加、仁青东智的《〈四部医典〉所述“疼痛”定义之刍议》(《中国藏医药》第2期）指出：疼痛是病人在不同病种的折磨下所反映出的临床表现，疼痛的机理、性质、大小、特点、诱因等方面需要更进一步，更深入的研究，以有利于疾病的准确诊断。作者从《四部医典》中筛选出30多种疼痛，以藏医理论基础为导向，都以传统藏医理论体系为后盾，进行分析、研究，并指出可以依靠疼痛的特性及诱因诊断出三大基因的盛衰紊乱情况。此方法值得在临床上借鉴，并进一步研究后推广、使用。

仁青多杰、扎西顿珠的《脏腑与五官之间的关联探析》(《中国藏医药》第4期）指出，脏腑与五官不仅是功能的细微相连，而且更是体内宏观脉络（白脉）的相连，由此提出了自己的见解、理论依据，证明此观点的真实性和可信性。

久仙加的《藏医理论基础三因学说概论》(《中国民族医药杂志》第2期）以藏医三因学为基础，论述三因学在生理上的正常功能、病理变化，诊断上的运用，对应治疗要点等诸多方面并提出自己的观点。

三、药物研究

近几年藏药研究及开发呈现出前所未有的蓬勃发展态势，在很多药物被开发、利用的同时，也面临着部分药材资源匮乏的局面，因此，许多关心和关注藏药资源的专家、学者以及政府部门投入大量的人力、物力、财力，尽力保护藏药资源，采取科学、合理、规范化的采集方法，实施可持续发展的举措。针对这一现状，西藏藏医学院格桑顿珠的《部分濒危野生藏药药用植物的栽培研究》(《中国民族医药杂志》第3期）剖析了西藏高原特有动植物药材面临资源枯竭的现象，呼吁要克服一切内外因素，依靠科学技术，有规划、有步骤地研究、栽培、种植和管理濒危药用植物，以便达到生态平衡、保护资源的最佳状态。指出一级、二级、三级濒危药材的播种栽培的研究成果及方法，并以刀豆、波棱瓜、喜马拉雅紫茉莉、黄精等的成功试种，说明种植栽培技术可以用于濒危植物药材的领域进一步研究、开发、推广，以确保植物药材的可持续发展。

顿珠的《浅谈藏药组方方法与中药组方方法的关系》（《中国民族医药杂志》第9期）指出，由于藏医学和中医学都属传统医学辩证治疗的范畴，所以组方方法上存在一定的相似之处属客观规律，但是由于藏医药学的理论体系与中医药的理论体系又有一定的差异，所以在组方的基本理念、具体方法、使用特点等方面又有一定的区别。文章着重探讨了藏药组方及中药组方方法及特点。

贡保加的《浅谈藏药炮制中的剂量“桑”、“雪”的认识及运用》（《中国藏医药》第4期）主要阐述了藏药制剂配方入药量和藏成药剂量中存在的主要问题。作者通过阅读大量相关文献，从现行计量单位“桑”、“雪”的渊源中发现很多藏药制剂配方的入药计量方式是以容量为主的。而对现有藏药制剂配方入药量的深入剖析也进一步印证了藏药传统制剂是以容量单位入药的基本事实。文章指出现行以重量计量方式存在的谬误，诠释了藏药量效关系中存在的实际问题。

四、临床研究

《临床经验论谈》（《中国藏医药》第2期）搜集整理了从西藏山南藏医院建立至今二十几年的临床经验，其中对近几年常见的疾病，如高血压，脑卒中、癌症的诊断、治疗、预防等方面在长期的临床治疗中所建立的病案、数据库为基础，进行疗效和安全性评价，既具有科学性，又有权威性，是很难得的临床第一线资料。山南藏医院还大胆加工、炮制藏药避孕药并运用于临床，取得了很好的效果，具有一定的创新点。

杨忠措、斗周才让、周佳太等撰写的《浅谈藏医对普如病（萎缩性胃炎）的认识》（《中国民族医药杂志》第11期）一文有较高的临床应用价值及可操作性。作者从萎缩性胃炎的流行病学开始研究，并对发病的机理，病因、分类、治疗（饮食疗法、行为疗法、药物疗法、外治疗法）、预防等方面做了比较详细、规范的临床实践研究。

扎西多杰的《〈四部医典〉中隐述的放血穴位及其适应症》（《中国藏医药》第13期）以《四部医典》中记载的77种放血穴位为基础，归纳总结了历代藏医大师在漫长的临床实践当中探寻出的60多种放血隐穴，并较详细地介绍了新探出的隐穴的具体部位、适应症、操作方法等。

五、藏药炮制学

项智的《藏药炮制之盐的炮制技能研究》（《中国藏医药》第 2 期）一文以图文并茂的形式，对制盐的选料、辨认、剂量、时间、工具，及炮制工艺流程等方面均做了较详细的研究，尤其对灰盐的多种选材、制造工艺等方面进行了较为深入的实践研究。

角加才仁的《论矿物药类藏药》（《中国藏医药》第 1 期）对藏药炮制的方法、矿物药的性能，在炮制当中矿物药性的改变机理，化学反应的生成，矿物药入药的剂量单位以及矿物药炮制中存在的疑难问题做了较为全面、系统、深层的研究和剖析。

六、古籍整理

青海省藏医药研究院近十年来一直致力于藏医药古籍的收集和整理工作，组织、编写、整理的《藏医药经典文献集成》自 2004 年起由民族出版社分批出版发行。目前已出版了 500 多部，其中 2010 年度出版的《医学红卷》（上、下），由藏医学原理、病症的诊断和疾病的治疗、藏药配制以及实践经验和秘诀等组成，是一部综合性的藏医经典著作。青海省藏医药研究院组织适用于临床的稿件，出版了《藏医临床医疗卫生使用手册》一书。此书针对基层，为改善基层卫生医疗工作者的业务技能水平及临床实践能力，提供了较系统、全面、通俗的卫生使用手册。另外还出版了《藏药知识问答》一书，以问答的形式、通俗的文字诠释了藏医的基本理论知识及疑难问题。《矿物药简易鉴定手册》则选配各种矿物彩图，从药物的分布、分类、性能、鉴别等方面做了较深入、全面的研究，对今后矿物药的鉴定方面有一定的参考价值。

此外，次旦久美的《国医大师强巴赤列的藏医生涯》（中国藏学出版社）则全面介绍了国医大师强巴赤列（1929—2011）生活和工作的方方面面。

文献研究

汉文部分

随着文献古籍和历史档案整理力度的进一步加强，2010 年度的文献研究取得了显著的成就。另外，金石文献研究和史籍译注也有不少成果问世。

（一）金石文献

关于金石文献的研究首推李宗俊的《唐禄赞萨逻墓志考释》（《民族研究》第 3 期），该文对《隋唐五代墓志汇编》洛阳卷第六册及《唐代墓志汇编续集》所收录的《唐禄赞萨逻墓志》进行了初步研究。通过解读墓志内容，可以认定墓主人禄赞萨逻的姓氏、籍贯、亲属，以及投唐的时间等信息，皆与禄东赞家族的信息相吻合。另据相关记载，此禄赞萨逻应该为论弓仁的兄长，说明论钦陵至少有两子。由该墓志的发现，又可知《元和姓纂》尚遗漏早年投唐的论氏家族成员论钦陵之子禄赞萨逻，而早在垂拱初年已经投唐的禄赞萨逻就以“禄”为姓，说明该家族以“禄”或“论”为姓并非论弓仁始，很可能在吐蕃时就已称此姓。对于其死因，据其墓志是在一次受命出征，平定北方边陲民族的叛乱之后，在甘州染疾，治疗无效后卒于洛州家中。

陈庆英、马丽华、穆罕默德·尤素夫·侯赛因阿巴迪的《巴基斯坦斯卡杜县发现的吐蕃王朝时期的藏文碑刻》（《中国藏学》第 4 期）一文对斯卡杜地区一位学者私人收藏的石刻进行了分析和解读。该石刻应该是从一通大型的石碑上被人有意凿断的，是一件碑刻的最下面部分，上面刻有三行藏文，但是第一行仅残存几个字，无法辨读。通过解读余下两行藏文，可以确定其为吐蕃王朝时期的藏文碑刻。从这块石刻的价值来看：它是在喜马拉雅山脉西部首次发现的吐蕃王朝时期的大型藏文碑刻的片段，具有填补空白的性质；从内容看属于民间性质，与以往属于王朝官方性质的碑刻有所不同；此碑刻表现的将佛教信仰和赞普王室联系起来的情形，说明吐蕃王朝扶植佛教，不仅是为了维护王室在吐蕃内部的统治，而且是为巩固对新占领地区的统治而采取的一个重要策略；这件碑刻的相关内容还说明吐蕃王朝时期民间已经有举行佛教节日法会的习俗，这对于研究吐蕃王朝的民间佛教具有重要的价值。

扎西当知在《"唐蕃甥舅会盟碑"相关疑难问题探讨》（《西藏大学学报》第4期，另见藏文版第3期）一文中，主要围绕"唐蕃甥舅会盟碑"的碑文内容、年代、历史背景及其作用等学界争议较大的疑难问题与著名藏族学者高瑞先生进行了对话。

（二）敦煌文献

敦煌藏经洞的古藏文文献，主要分藏于法国、英国。而英国藏品具有和法国藏品同等重要的价值和规模。英国国家图书馆的敦煌西域藏文文献，前缀"IOL Tib"的来自印度事务部图书馆，前缀"Or"的来自英国博物馆。金雅声、赵德安、沙木主编的《英国国家图书馆藏敦煌西域藏文文献1》（上海古籍出版社）收录编号为ILO TIB J VOL. 1－6，约110件文献。其中有大乘四法经论、五蕴论注、利众门人正理一滴论广释、楞伽师资记、圣说善恶因果道经、圣说妙吉祥真实名经、释迦牟尼如来像法灭尽之记等。

《法国国家图书馆藏敦煌藏文文献》自2006年开始由西北民族大学、英国国家图书馆和上海古籍出版社合作按序出版，全部编号为P. T. 0001－P. T. 3358号。金雅声、郭恩主编的《法藏敦煌藏文文献（第11册）》（上海古籍出版社）收入编号为P. T. 1005－P. T. 1286号（包括第10册补遗编号），内容有赤祖德赞愿文、军需调拨文书、致僧统洪辩书、小米借贷历、授达日扎夏小银告身告牒、藏文音译南天竺国菩提达摩禅师观门、汉藏经论名对照、苯教殡葬仪礼故事等。

中国国家图书馆所编《国家图书馆藏敦煌遗书（第124册）》（国家图书馆出版社）收录14212号至14285号的文献，其中，除14212号为大般涅槃经卷二六外，其余均为敦煌藏文文献《无量寿宗要经》甲本、乙本。书后并附著录凡例、条记目录和新旧编号对照表。第125册收录14286号至14350号的文献，均为敦煌藏文文献《无量寿宗要经》甲本、乙本。书后并附著录凡例、条记目录和新旧编号对照表。第126册收录14351号至14426号的文献，其中，14351号至14421号为敦煌藏文文献《无量寿宗要经》甲本、乙本，其后各号为汉文佛经。书后并附著录凡例、条记目录和新旧编号对照表。

P. T. 1047 号敦煌古藏文写卷是一份羊肩胛骨占卜文书，其内容广泛，包括王朝军政大事及民众世俗生活诸多层面。陈楠的《P. T. 1047 写卷卜辞与吐蕃相关史事考释》（《西北民族大学学报》第 4 期）一文从分析写卷卜辞入手，参证 P. T. 1287 及 P. T. 1288 等古藏文写卷及传统藏史典籍文献，对相关历史人物、历史事件、占卜的具体时间等进行了研究。

（三）历史文献

历史文献方面主要是一批档案文献的整理出版和藏文历史古籍的翻译。由中国第二历史档案馆、中国藏学研究中心合编的《中国第二历史档案馆所存西藏和藏事档案汇编》（第六—十册，中国藏学出版社）均为选自中国第二历史档案馆所藏有关西藏及西康（含四川）、青海、甘肃、云南等藏区涉及藏事的档案文献影印史料，起止时间为 1894—1949 年。第六册汇编收录民国十六年（1927 年）6 月 20 日至民国十八年（1929 年）5 月 2 日的档案 89 件，第七册汇编收录民国十八年（1929 年）5 月 7 日至 9 月 16 日的档案 88 件，第八册汇编收录民国十八年（1929 年）9 月 16 日至民国十九年（1930 年）3 月 4 日的档案 110 件，第九册汇编收录民国十九年（1930 年）3 月 5 日至 8 月 4 日的档案 83 件，第十册汇编收录民国十九年（1930 年）8 月 7 日至民国二十年（1931 年）1 月 31 日的档案 99 件，各册内容均涉及政治、宗教、经济、教育等主题。

任新建、何洁的《尹昌衡西征史料汇编》（四川大学出版社）在介绍清末民初川藏局势的基础上，对尹昌衡于 1912 年率军西征的相关史料如川滇等省请求西征、尹昌衡率军西征，及与西藏之交涉、西征入藏受阻、尹昌衡被迫告病赴京等内容加以汇编。书后附有西征及西征停止后中英交涉的相关记载、尹昌衡西征自述及当代学者的相关研究论文。

本年度翻译出版的藏文历史古籍有著名的《贤者喜宴》。该书译注者之一黄颢先生曾于 20 世纪 80 年代摘译了《贤者喜宴——吐蕃史》的部分内容在《西藏民族学院学报》上连载，引起了藏学界的巨大反响，此次出版的《贤者喜宴——吐蕃史译注》（中央民族大学出版社）是在黄颢摘译的基础上，由周润年译出其余内容，并对黄颢先生的译文及注释进行录入、校对及部分修改而成。

（四）其他文献

妥超群、刘铁程的《近代游访拉卜楞的西方人及其旅行文献综述》（《中国藏学》第4期）一文梳理了近代游访拉卜楞寺的西方人及其旅行文献。西方人对拉卜楞寺进行考察和传教活动后留下的文献资料数量庞大，种类丰富，内容涵盖了地理物种、宗教政治、历史、民族等多方面的内容。文章回顾了西方人到拉卜楞地区考察及传教的背景，列表介绍了游访拉卜楞的西方考察家与传教士，挖掘了一些目前尚鲜为人知的旅行纪事，并分游记、考察著述、日记、通信、照片、期刊、档案、口述史、考察后的研究成果等对西方人的拉卜楞旅行文献做了归纳和综述。

（五）文献研究方法

探讨文献研究方法的文章并不多，其中值得一提的有王巨荣的《藏文档案文献的文体种类述略》（《中国藏学》第3期），该文对藏文档案文献的主要文体形式进行了介绍。藏文档案文献文体种类，有上行文、下行文和平行文等几大类。其中，上行文主要有奏折、呈文、丹书克、请示报告、禀文，下行文主要有制书或诏书、敕谕或敕书、上谕、译行文、指令或命令、札文、牌文以及批文等，平行文主要有咨文、照会等。与汉文档案文书相比，丹书克、译行文等是藏文档案文献独有的文体，颇具特色。

总结而言，2010年文献研究方面存在以下特点：1. 一大批珍贵的社会历史文献和历史档案文献得以整理出版，为相关研究的进一步发展打下了基础；2. 几部藏文历史古籍的翻译和校注得以完成；3. 关于文献编目、分类、翻译和编纂的研究明显减少。

藏文部分

（一）总论

文献研究是藏学研究的基础之一，对推进藏族历史文化研究具有非常重要的作用。本年度藏文文献研究无论在数量和质量上都有所提高，其中既有搜集、整理、编目的基础研究，又有对文献内容的解读和相关史实的分析探讨，也有珍贵文献的翻译。文献的内容研究方面，主要集中在敦煌古藏文文献和金石文献。

本年度藏文文献研究中关于搜集、整理、编目的基础研究主要为《藏文古籍目录（三）》（《中国藏学》藏文版第1—4期连载），该文收集的藏文文献目录有：一、文集部共55部。二、汇编部共2部。三、明处分科部：1. 大小五明，其中工巧明包括量度经1部，医方明包括医典及注释40部、堪舆术1部、药物图谱6部、零散著作2部；星算学包括时轮历26部、黑算占星术2部；声明学包括声明论本释8部、藏文文法41部、正字法16部；修辞学包括诗论1部、诗作例句4部、赞颂集8部、文牍信札5部；韵律学1部；戏剧学包括传奇18部、音乐论1部。2. 史志类，其中历史38部、王统记22部、传记103部、本生9部、教法源流24部、证道记6部、圣地志19部、道歌1部、零散著作3部。3. 显乘撰述类，其中因明学45部、般若87部、中观学53部、俱舍论64部、戒律32部、宗派26部、修道次第22部、修心40部、正见导引1部。4. 显乘撰述类6部。

（二）敦煌文献

桑吉克在《敦煌古藏文文献特点与研究现状》（《甘肃民族师范学院学报》第1期）一文中对敦煌古藏文文献的基本状况、特点以及研究现状进行了介绍。卓玛才让的《浅析敦煌吐蕃经济文书中的兔年购牛契约》（《西北民族大学学报》第2期）一文对敦煌吐蕃经济文书P. T. 1095号的内容进行了分析，认为这篇兔年购牛契约有助于我们了解吐蕃时期契约文书的写作格式和特点、吐蕃占领敦煌地区时的贸易发展状况、法律在经济生活中所起的维护正当权益的作用、当地的社会组织和职官制度、各民族各部落间的交往关系等。多布旦在《再析敦煌文献（P. T. 1287）中赞普布德贡杰所吟之诗》（《西藏大学学报》第2期）一文中以敦煌古藏文文献P. T. 1287中赞普布德贡杰的诗为研究对象，在对学界各种翻译和解释进行介绍的基础上，结合相关文献中吐蕃时期语言文字的特点分析，认为诗歌的前六句内容主要是指其父止贡赞普及与其相关的丧葬制度，后两句指杀父仇人罗昂达孜的下场。

达琼在《略论敦煌吐蕃藏文文献之大事纪年中的议事制度的演变及结构》（《西藏大学学报》第2期）一文中对敦煌古藏文文献中大事纪年所载的议事制度进行了分析，认为议事制度起源很早，但相关文献记载以敦煌古藏文文献中的大事纪年为多。吐蕃时期的议事制度分为大小两种，这在大事纪年中多有体现，前者主要探讨和赞普王廷以及整个部落联盟有关的大事，后者解决加盟部落的内部事务。另外，吐蕃时期的其他文献还有很多关于兴佛的议事制度。达琼的另一篇文章《浅谈敦煌藏文文献大事纪年中的议事之内容》（《西藏研究》第2期）对大事纪年中的议事内容进行了分类介绍。

（三）历史文献

洲塔的《藏族古代历史名著〈西藏王臣记〉解析》（民族出版社）一书是对五世达赖喇嘛阿旺洛桑嘉措《西藏王臣记》的解析，有助于读者理解这部藏族著名的古典史籍著作，了解其珍贵的文献史料价值。《西藏王臣记》根据大量珍贵、权威的文献资料，较为详细地阐述了不同时期的政权以及相关地方势力的发展历史，是藏族史学研究领域中的重要著作之一。

周先加在《论赞普遗嘱〈巴（拔）协〉一书的文献价值》（《西北民族大学学报》第2期）一文中认为，《巴（拔）协》一书详细记录了迎请寂护、莲花生，修建桑耶寺，佛苯、顿渐之诤等赤德祖赞和赤松德赞时期吐蕃的重大历史事件。《巴（拔）协》版本众多，关于它的作者也说法不一，所以后世对其史料价值也有怀疑。作者认为《巴（拔）协》是巴塞囊收集编纂的，桑喜提供了重要帮助。《巴（拔）协》后期经过多人加工，所以一些内容和细节有前后矛盾之处。但无论如何，作为藏族历史上第一部严格意义上的史学著作，《巴（拔）协》所具有的珍贵的史料价值还是值得我们肯定的。

（四）金石文献

恰嘎·旦正的《明朝时期藏文碑文探析》（《中国藏学》藏文版第1期）一文对明朝时期所立石碑的藏文碑文进行了分析研究。明朝时期所立的刻有藏文的石碑目前计有十个，比如有位于瞿昙寺的《永乐六年敕谕碑》（建于1408年）、《永乐十六年御制金佛像碑》（建于1418年）、《御制瞿昙寺碑》（建于洪熙元年，1425年）、《御制瞿昙寺后殿碑》（建于宣德二年，1427年）、位于岷县梅川乡的“御制大崇教寺之碑”（建于宣德四年，1429年）、位于武南镇百塔村的《明重修凉州百塔志》（建于宣德五年，1430年）以及建于明朝正统十三年（1448年）的《重修凉州广善寺铭》等。作者首先介绍了这些碑文的性质、结构，然后对其内容进行了分析，指出这些碑文主要讲述了佛法的传播过程、明朝历代皇帝的历史功绩以及他们崇兴佛教的事迹。文章认为，从以上这些藏文碑文，我们可以清楚地了解当时明朝皇帝推崇佛教的情况，藏传佛教发展状况，以及各民族的语言、文化和艺术交流的情况，所以具有非常重要的文献价值。

1992 年，在云南省丽江纳西族自治县的格子村发现了一块吐蕃时期的藏文石碑，上刻的碑文及碑饰图案对我们研究当时吐蕃和南诏的历史文化关系有很大的帮助。多拉在《格子碑文语义及其碑画含义考辨》（《西藏研究》第 3 期）一文中首先对碑文进行了释读，同时对相关学者的解读提出了质疑。作者认为，碑文记载了龙腊塔臣属于吐蕃的历史事件，通过对吐蕃和南诏历史关系的梳理，认为这里的龙腊塔指的是杨龙栋，他于吐蕃赤德祖赞时期归附吐蕃，赞普赤松德赞时期为了记其功劳立下此碑。文章还对格子碑画的含义进行了分析，认为这些图案表达了纳西族先辈信仰苯教，日夜盼望回归故土的思想感情。

才航多杰、甘措的《重修凉州白塔志的汉藏碑文考析》（《西藏大学学报》第 2 期）一文首先就凉州的地理范围进行了介绍，其次在详细抄录重修凉州白塔志的汉藏两种碑文的基础上做了相关分析和研究。文章认为，凉州白塔寺是一座吐蕃佛教寺院，修建于吐蕃赞普赤松德赞时期，说明当时吐蕃占领了凉州，吐蕃佛教也同时传入此地。作者对凉州白塔寺的兴衰过程做了简单的回顾，萨班来凉州会谈并于该寺圆寂，后建白塔纪念，明代由国师锁南坚赞重修。凉州白塔志的汉藏对照碑文也说明当时该地居民有藏汉等各民族，藏文和汉文在当地都得到使用。

总之，2010 年文献研究方面取得了显著的成就，古籍文献目录、敦煌古藏文文献解读、金石文献研究等持续加强。

台湾香港藏学研究

2010年就台湾、香港两地有关西藏主题的出版类型与质量而言，可说是丰富、精彩且多元、争艳的一年。综合比较，本年度专书与期刊的特色如下：

1. 议题取向朝庶民化、细致与特殊化发展：作者将旅藏日记、心得及感受，以小品、回忆、散文的形式集结成册，描绘深度踏勘与感官的心灵驿动，结合青藏高原壮阔的景观气候、乡野风土人文和个人主观情绪、体验的互动笔触，较往年专谈旅游资讯的商业作品，更能贴近读者所期盼了解西藏的深度需求。

2. 作者职业身份与专业的多样化：不再局限于高僧议论显密佛法、人生无常的道理，也非传统专家学者剖析文史哲的专门著作。常驻藏区服务的汉族记者，分享所见所闻；留学英国的北京女导演进藏拍摄经典的BBC纪录片（A Year in Tibet）的幕后花絮与侧记文本；台湾本地心情失落的大学生，竟然剃发披袈裟长住四川德格的宗萨寺；对藏传佛教文化信仰好奇的台北熟女，远赴印度格鲁派寺院学习藏文及经论；香港单车勇闯雪域的热血家族伙伴和青少年同好；西方热爱佛教俗家人士，将博大深奥的藏传气功，转换为人人每日可在家修习实践养生健康的禅定、瑜伽运动；美籍认知神经心理学家依据藏传佛教理念，以当下民族主义、刻板印象、暴力、偏见等议题，进行实质性的跨文化对话等。

3. 台北故宫博物院：引进日本京都大学曾布川宽教授策划的“圣地西藏——布达拉宫和天空至宝”特展，另命名为“圣地西藏——最接近天空的宝藏”，除原有123组物件，增补清朝中央与西藏地方交流的7件北京民族文化宫的一级藏品来台展出，物件年代横跨1500年。除此而外，还包括东北印度、克什米尔、尼泊尔的文物精品。典藏单位有北京民族文化宫、河北省承德避暑山庄、外八庙管理处、西藏博物馆、山南雅隆历史博物馆、布达拉宫、罗布林卡、扎什伦布寺、萨迦寺、敏珠林寺、夏鲁寺、白居寺等。2010 年分别在台北故宫与高雄科学工艺博物馆长期展览，吸引热爱汉梵藏古文明的民众观赏，同时在《故宫文物》（月刊）、《艺术家》《典藏》（月刊）等艺术类核心期刊、电视影音媒体，有详尽且多面向的系列专题报导。

4. 历史类著作趋向两极化：业余作家剪贴拼凑早期国外藏学译作、名家专著等，重新编排了类似主题的白话文通史小说；另有针对当代重要事件、关键人物再次比对档案交叉检验文献的翻案作品；亦有宣称为实地考察的民族志论文；或是海外异议人士对与己立场不同的谩骂攻讦的无厘头泛论。以上所述，多半以简单的因果关系、似是而非、证据单薄的推论，加上作者个人认为理应如此的想象情节，据以建构小众阅读的非科学，且鲜有文史价值的书籍，这并非普罗大众读者之福。

至于大陆藏学资深研究人士，在台湾期刊投稿的论文，如陈庆英、周润年，另有美国斯坦福大学胡佛研究所林孝庭，“中央”研究院历史语言研究所王明珂研究员，其著作突显出文史专业作者立论主轴清晰、辩证坚实，且深入浅出易理解阅读的优质品格，令读者顺畅简白地理解复杂人物、时空背景下，梳理多线进行的重要汉藏交流史实事件与条理分明、铺陈分析扎实的演变逻辑脉络。

对业余作品所衍生误谬影响的忧虑，以及对长期投入此领域专家令人激赏典范作品的一目了然。一则以忧，一则以喜。希望出版机构事先严格把关，勿以褊狭的意识形态或市场利益取向简单行事。

此外，众所周知，藏密仪轨、咒语与观想实修，应以金刚上师、阿阇梨观察弟子根器与心性，在适当的时机、场所，亲自面对面直接地传授指导，市面上充斥普及藏密业余（非具德合格上师）的相关书籍，其中纵然剪贴网站上法王、仁波切部分的开示教诲，亦不应依此途径弘扬教理教法，笔者以为此举未符合如法的传统藏传佛教的教义及原则。

5. “马丽华现象”在台湾学界引起热烈回响：马丽华在藏工作生活 27 年，1987 年起发表《藏北游历》《西行阿里》《灵魂像风》长篇散文，合并为《走过西藏》出版。接着写作《十年藏北》《藏东红山脉》等诗歌、散文、论著共 16 部，可算是第一位以纪实手法描绘西藏的作家。她具体影响了台湾旅游文学、民族文学与比较文学、文学人类学领域的学者，引发同好的讨论与研究。

一、政治　法律

《倾听西藏：一个中国人的观点》里有一段引用嘉乐顿珠谈《解决西藏问题的捷径》十分令人值得玩味。嘉乐顿珠先生表示：汉藏关系已有千百年的历史，若不好好处理，破坏了彼此的感情，便难以恢复，藏族对汉族同胞是有感情的，汉藏两个民族问题是内部的问题。越战时，他曾在广西向邓小平提出三点请求：开放边境以利探亲；恢复班禅的政协副主席职务；让海外藏语教师可以返乡教授藏语文，都获得邓小平的同意且立即执行。班禅大师圆寂时，邓小平希望达赖回来主持追悼会，很可惜后来没有实现。未来的 20 年，如果大家共同努力，中华民族有一个安居乐业的大家庭是会做到的。

林茵璇在《中共研究》以《青海玉树震灾与中共应急处置评析》为题，回顾 2010 年 4 月 14 日清晨 7.1 级地震应急管理与震后评估。她综合研判救灾举措如下：1. 各部应急符合预案框架，符合国家工作原则与行政运行机制有效运作；2. 预案完善，实际配套不足，官方统合救灾资源落实仍须强化；3. 保障运输，突显空军战力，高原艰难气候环境条件限制下，起降与空投表现出色；4. 坚持自力救援，婉拒达赖参与；5. 天灾频仍，应重国际交流，应从地方行政及民间人力单位，与国际救灾、防灾经验主动进行合作交流及培训，不应仅突显“举国动员”。

《蒙藏季刊》亦有相关议题探讨。高玉树在《青海玉树 4・14 大地震分析及其意涵》中明示大陆官方有意借此灾变修补与藏族的关系，媒体一致地播放政府高效率动员及组织救援，塑造救难英雄形象，以凝聚各民族向心力。订定 4 月 21 日为“全国哀悼日”，由国家主席胡锦涛率众默哀，激发各民族爱国主义。国务院总理温家宝前往重灾区禅古寺，探望受灾僧侣与民众时，首次公开赞扬僧众在救灾中的表现。

《中共研究》由邵宗海先生主持，参与西藏议题讨论者有唐玉礼、刘阿荣等教授，各自依研究专长探讨 2009 年“7・5 事件”的民族处理方式，经由论坛方式记录写成《解析藏、疆独活动及中共因应对策》一文。邵宗海表示，边疆民族事务，除政治、民族、人权议题外，宗教的介入更显复杂，背后还有国际社会支持的影子。少数民族教育水平与竞争力较弱，使得当地失业现象出现，物价水准提升，再加上区域经济发展不均衡，值得深刻检讨。刘阿荣主张面对治理边疆少数民族，武力最好“备而不用”，以教育文化增进了解沟通，用经济实力改善居民生活，减小贫富差距，对移民与当地人赋予“平等”地位，尊重当地文化价值观的主体性，避免经济发展的负作用，如生态污染、环境保护、资源分配不均、外来者强势介入等，国家意识建立要柔和、放慢，以免招致强力反弹。

香港《二十一世纪》季刊《西藏议题的意识形态化》，检视在民间组织“北京公盟咨询有限责任公司”资助下方堃等北京大学研究生撰写的《藏区“3·14”事件社会、经济成因调查报告》的反应及后续发展。该报告的经验数据与逻辑分析有缺陷，同时也缺乏足够的理论准备。调查一开始便落入片面、简单化的观察误区中。由个案入手更缺乏宏观、全面超越个体、地方见解立场的国家视野。例如，以当地人的历史知识、教育程度、收入水平推论对国家认同的强度成正比。依据社会科学族群议题的中立变项设定议题，具体考虑各民族在主流都市社会所受待遇，及原乡在地生存发展遭遇的处境分析，配合自省、包容、客观公正、理性审慎的精神，避免冲突仇恨，寻找和谐共生共荣的美好未来，扬弃极端对立，文化多元的理念有待我们来落实。

二、考古　历史

《汉藏历史关系的新思考：一个反思性的历史研究》则是一篇令史学界惊艳的好文章，作者王明珂先生以反思性历史途径，理解边缘与边界形成的过程，为各个核心主体带来反思性的认知，以消弭或缓解对立与冲突。他引用 Pierre Bourdieu 的反思社会学（Reflexive Sociology）理念，指出学者常有的三种知识偏见——因为其社会身份（性别、阶级、族群）；学术圈中的境况、地位；学究思想（将外在世界视为带诠释的客观景象，而非有待解决的具体问题）与相关学术默认法则所造成的认知偏见。亦即“未被深思的思想范畴”（unthought categories of thought）。作者举例，在学术探讨与日常思想言谈中有许多词汇概念（如汉族、藏族、文化、历史等），其本身的指涉意义已被“常识”刻板化了。我们经常对此类词汇的内涵与相关常识不假深思，在日常生活言行或研究中不自觉地一再强化此刻板概念。

以“藏彝走廊”的羌族为例，汉晋时期文献记载各部落都有自己的领袖，彼此经常相互攻击，不能团结。迁徙关中或近边塞的羌人成为华夏的一部分，以农牧生存于新环境中。河湟至青康藏高原东缘的羌人，仍在无止境的部落征战中。川北、川西至云南北部草原山区的部落，在华夏心目中也是“羌人”，但关系较平和，有朝贡互动关系。唐帝国时期，吐蕃之所以能迅速扩张，在于吸纳此游牧、半游牧的部族。唐朝恐党项为吐蕃所用，东迁党项诸部进入甘肃、宁夏、内蒙古、陕西等地。宋代移居关陇的“羌人”逐渐成为汉人，或被纳入西夏王国。汉以前“羌”非族群自称，而是华夏表述心中西方异族的概念。“华夏边缘”随时代推移变动，并受生态的限制，如今青康藏高原东缘成为华夏心目中稳固的“羌人”地带。

王明珂先生持续探究历史叙事文本所“反映”的社会情境（context）。如“英雄徙边记”——华夏在我族中心主义下自视为四方核心，将四方人群依亲疏差等、文明开化（华夏性）的逻辑，视为自“我族”或由“本地”分出的边缘支裔。历史记忆的“符号”（王子、将军、逃奴，商、周、秦、楚等）所隐喻高下贵贱，展演出华夏对四方边缘人群的意象是有差等的。藏人历史叙事里同样呈现出“英雄徙边记”，书写者的心中本地人（或其君主豪族）为佛法世界核心（印度、天竺）的边缘成员，如被打败的、不得继承王位的王子逃亡外地，典范规点的“吐蕃人”范围随王国势力而变动，吐蕃人及其周边族群的历史因而得以解释。

青康藏高原东缘的族群很少留下佛教文献之外可称为“历史”的文字记忆；今日民族学田野调查所见，其语言、文化、族群认同极端分歧；近代的调查确实在本地人的口述与保留的文书中，得到些许“过去”受忽略或压抑的社会记忆。作者主张以：1. “历史心性”——影响我们对“历史”记忆与回忆的文化心性，规范我们述说、书写历史的“历史叙事文化”入手。如弟兄祖先故事中的“弟兄”，有三种人群关系的隐喻——合作、区分和对抗。2. “根基历史”——说明人群起源而最终造成该人群目前状态（当前社会现实）的历史。根基历史以“过去”来解释或合理化“现在”，或期望于“未来”，其内容与边缘无疑是可变动的。依此理解历史可以深入反思历史叙事的结构、社会情境与社会现实。①

《“钦差”使命：沈宗濂在西藏（1943—1946）》由张瑞德教授归纳驻藏办事处处长沈宗濂任职拉萨期间的成果，分析在当时的国内外时空条件背景下的功过评论。中华民国政府赋予沈宗濂的使命：宣扬中央政府实力和统一中国的决心；强调中央对藏胞一贯的友善与尊重的态度；要求西藏地方当局履行康藏公路动工修筑的决议；尽力为藏胞谋福利。新任处长应“能应付藏方，且能应付英方”，乃特派沈出任，同时可直接致电请示中央政府，赋予全权人事任用权，修补汉藏关系。果然，沈的精干表现与实事求是获得英印官方与藏方僧俗的一致好评。沈宗濂对藏地的内外情资搜集调查成果丰硕，进一步发表在中外

① 全文可于长庚人文社会学报网站（memo. cgu. edu. tw/cgjhsc/CGJ3 - 2 - 01. pdf）下载。

报章杂志上。沈对西藏问题有意开创新局，然中央政府却回复“以无事为大事，亦无功为大功”，令彼知事不可为，乃萌生退意。抗战胜利，1946 年 11 月 15 日国民大会召开，藏方祝贺胜利代表团在沈的协助下赴南京与会。作者推论西藏事务无法突破的原因：边政事权不统一，人事流动频繁；藏方的暧昧立场；英国方面的干扰。

《章嘉大师与台湾藏传佛教》为台湾藏学专家杨嘉铭所作。第七世章嘉呼图克图 1891 年 12 月 6 日诞生于青海大通县，1900 年 1 月 10 日进京袭札萨克喇嘛号，属内蒙古、青海与京师的最高阶喇嘛。民国肇建，大师拥护中华民国，民国元年抵北平赞成共和，劝导内蒙古王公贵族放弃“独立”主张。袁世凯加封“宏济光明大国师”，徐世昌再加“昭因阐化”四字。1928 年，章嘉大师于南京设驻京办事处。1932 年任蒙旗宣化使。1934 年赴内蒙古讲经宣扬政府对蒙政策。1937 年任国民政府委员。1947 年任中国佛教首任理事长，政府册封大师为“护国净觉辅教大师”。1949 年赴台，1950 年受聘为总统府资政。1957 年 3 月 4 日中午示寂。

《民国时期第七世章嘉呼图克图在内蒙古的宣化活动略述》由中国社会科学院秦永章撰述，他表示章嘉大师的行谊与事迹未受到学界应有的重视及研究。大师赞助共和，引领内蒙古甘珠瓦尔、察罕、东阔尔等呼图克图晋见大总统袁世凯。1924 年 3 月，当外蒙古哲布尊丹巴在库伦圆寂，章嘉成为整个蒙古的宗教领袖，北洋政府也对他愈加尊崇。1931 年，“九・一八”事变日寇进占东北；1932 年日军又发动“一二・八”事变，大师提出“国家至上，民族至上的理念，秉循国策，宣扬教义，祈愿国家昌盛”。4 月 7 日，国民政府在河南洛阳召开国难会议，章嘉大师应邀致词：“中华民国系汉满蒙藏回五族共同组织而成，现在国难当头，希望全国上下，不分界域，不分党派，一致精诚团结，共同御侮。”大师劝阻内蒙古德王及其徒众企图高度自治的运动，并严拒日本诱利名位的争取拉拢。大师实属德行俱尊的高僧，祈愿早日转世，长久住世。

林孝庭在《国民政府与九世班禅喇嘛：一个近代中国汉藏政教权力关系之剖面》中，表示国民政府视九世班禅为其在边疆地区的“代理人”，成为南京巩固边疆的桥梁，利用佛教领袖的声望以“宣慰”、“宣化”名义，让政令与影响力推至内蒙古、青海与边陲。班禅的东来，给予北洋政府绝佳的政治宣传机会，世人确信汉藏之间密切的联系纽带依然存在。班禅与达赖的决裂造成西藏内部的分歧及对立，中央在西藏议题上得到施力点，以对付“亲英”的达赖及其政权。日本除在东北扶持“满洲国”，更谣传在 1934—1935 年成立

"回回国"，传闻英国甚至与日本台面下利益交换，相互承认彼此在中国的特殊利益。作者认为，国民政府对班禅的礼遇，实际上系政治、军事的考量——帮助南京赢得广大甘、青与内蒙古民众的信任，强化国民政府在此区域的威望。同时期还发生了诺那以"西康宣慰使"身份，与西康军阀刘文辉及红军对峙的局面。1937 年的密电显示，在青康边地，国民政府的力量已致难以掌控的局面，班禅留在边疆，有利于团结当地民众，以及国民政府在大后方的统治基础。南京对班禅是否回藏议题，实际上受益良多。班禅、章嘉、诺那呼图克图当时的处境与活动，恰如其分地展现出国民政府在边疆议题的思维、价值观、决策与制约。

《乾隆皇帝修建热河藏传佛寺的经济意义》的作者赖惠敏主张乾隆皇帝在 1771 年前后修建热河藏传佛寺，旨在维持清朝与蒙古百余年的和平关系，比起明代和蒙古征战年耗七八百万两而言，清利用宗教统治安抚蒙古的策略显然极为成功。乾隆皇帝巡幸避暑山庄 49 次，期间邀请蒙古王公参与礼佛法事，仿布达拉宫建普陀宗乘之庙，仿扎什伦布寺造须弥福寿之庙，无形中将蒙古宗教信仰中心移转至热河。

《论萨迦班智达的政治活动》的作者陈庆英先生系中国藏学研究的大家，尽管本文主题为社会大众读者所熟悉了知，但仍能秉持对此领域深厚的治学功力，以如沐春风的文采，在论述的行文字里行间，随处可见创意见解。

三、哲学　宗教

《达赖喇嘛：手持白莲者》作者 Alexander Norman 为牛津大学黑修道院修士，本书以西方神学心态看待佛教传入藏地的通俗历史故事，科学理性地铺陈其行文的论述笔触，其面向为广大的西方未必了解西藏的普罗大众。从传说神王时代，观世音菩萨形象与教法首次出现在逻些（今拉萨）出发，化身转世如何成为当今藏胞深信不疑的概念开始探索，旁及大乘教法在中亚的传播过程，上古时代的苯教源流，中世纪松赞干布法王建立桑耶寺、大小昭寺的宗教史事件等，逐步推演出近代达赖喇嘛制度与观世音法脉系谱的深层链接，行文的主轴重心仍放在达赖如何取得近代政教权力的过程。

《从零开始认识达赖喇嘛》作者长田信康搭配插画图解，从普通人的常识理解切入当代西藏，包括风土地理历史与政治文化，以及达赖本人世俗的事迹。

《即身成佛的法王：现证无学金刚——贝雅达赖法王全传》作者吉仲·逞

列强巴迥乃（1866—1923），系民国西康类乌齐寺住持，诺那呼图克图的表兄与传法上师，师从蒋扬钦哲旺波、蒋贡云丹嘉措、贝雅达赖等成就者，亦为伏藏师。贝雅达赖名仁增札巴，为终身修行山林的瑜伽隐士，承传宁玛、噶举两法系，精修大圆满、大手印且得殊胜成就。

《明月——顶果钦哲法王自传与访谈录》介绍的是大成就者、利美不分教派运动创始者的转世，宁玛派伏藏师、法王顶果钦哲仁波切（His Holiness Dilgo Khyentse Rinpoche）。他诞生于1910年藏历三月德格一贵族家庭中，一出世即由米旁仁波切命名札西·帕久与保护，且被雪谦寺主认证为蒋扬钦哲旺波的转世。他自幼便接受宁玛、噶举教法与实修，依止雪谦·嘉察仁波切为根本上师。1927年18岁起闭关7年。20余岁起持续开启岩藏取出法器、经文仪轨与心意伏藏，还有以空行母文字书写在贝叶纸的教法和黄卷，以藏文书写整理记录汇编成册传世。1955年入拉萨，参访大宝法王驻锡的楚布寺与宁玛派祖庭敏珠林寺，在拉萨拜见敦珠法王与达赖喇嘛。1959年移居锡金，转赴不丹，受王室邀请与信任，担任不丹国师直到圆寂。1985年起，仁波切三次返回西藏。仁波切一生精进闻思修，持戒严谨，闭关22年，精通五明与持有各大小教派法脉，从50多位根本上师获得传承，密续著作达25函，并随时无私地教授具信弟子。1991年4月19日凌晨示寂，1993年6月30日灵童诞生，1997年12月于尼泊尔雪谦寺坐床。

《大宝法王与台湾》的作者为台湾的“藏事通”——陈又新教授。1981年十六世大宝法王圆寂，由大司徒等四位仁波切负责寻找转世灵童。1992年，乌金陈列多杰受国务院认可，认证为十七辈噶玛巴。不意噶玛巴却另有宣称候选人的双胞案，此事在台湾乃至国外一些信仰噶玛噶举的寺院中心及弟子中造成莫大的冲击，政治、宗教纷争彼此纠葛不断。十世噶玛巴曾主导廓尔喀劫掠后藏扎什伦布寺，乾隆皇帝派兵驱逐征讨，廓尔喀请降，噶玛巴死，清廷将其寺院羊八井与财产转归格鲁派，徒众流放内地为奴，下令禁止其转世。直到十六世噶玛巴认证其侄接续其位，他在印、港台都有信众。此事件也使得噶玛噶举派信徒分裂，严重到必须要选边站的地步。后续发展仍有待观察。

《西藏禅修书》由西方女性修行者克莉丝蒂·麦娜丽喇嘛（Lama Christie McNally）将自己的修行经验与身体觉受，以轻松、生活化通俗、简易白话且短篇幅的形式，介绍制心一处、一心不乱的理念、方法、步骤、观想呼吸，乃至如何选取布置使内外环境舒适，尽量以浅显易懂的例子启发读者自修、共鸣的入门书。

《离死之心》可视为《西藏生死书》的进阶版，《西藏度亡经》的普及解说版。作者竹庆本乐（Dzogchen Ponlop）仁波切为身兼宁玛、噶举两传承的教育家与成就者。本书对中阴身的过程、种类与体验、破瓦迁识法，依据莲师《六种中阴教诀》、噶玛林巴文武百尊系列法教与《正念之镜》《智慧宝藏》等经典架构，详述凡夫和证悟者感知中阴的方式，如何将迷惑转化为清明境界的禅修练习，让了悟智慧的机缘得以开启。上根器者依止此书如实修行，得以投生自然显现的化身佛土中；中根者，可往生阿弥陀佛净土；一般修行者可在人道中得到较好的投生。

佛陀开示应以八正道赚钱，用途有四种：生活开支、储蓄、再投资、布施等。宁玛派曲嘉仁波切针对财物资粮的对待心态、处置方法提出佛法的开示，《与财富有约：藏传佛教的致富之道》正确地为当下迷失在物质追求的众生，提出古老智慧的佛法如何积聚、善用与布施的原理。要创造财富，必先治心，远离匮乏，改变坏习惯，力行新的行为法则：1. 常请益咨询专家意见；2. 犹豫不决，往往错下决定；3. 知而不行，注定失败；4. 闲谈是非，无心向学；5. 内斗失和，信任、尊重俱失；6. 主动负责，勇于任事。开发己身天分，开始冒险，创造发挥空间，放下无谓的比较，勇敢筑梦，依止信仰，同时要做到“境随心转”，正向思维，了知事物的本质，安住喜乐之中。要积聚财富，就要让自己成为财富的中心，体会不同阶层的人的思维，平等对待；体察自己起心动念，找出做事的方法。亦即，成为自己与众人的导师，轻柔地教化他人，忍受孤独，广结善缘，摄众怀柔，创造增益，依循天理定律。谦卑且关怀他人，乐于付出与分享，爱人与被爱。运用财富创造幸福，理解他人需求，感恩慈悲。

四、文化

《幸福的雪域宅男：我的西藏原味生活》作者原系台湾的一位对个人未知前途迷惘的大学毕业生，他曾在台湾追随萨迦派大师文殊菩萨化身的宗萨钦哲仁波切学法，他突发奇想到川藏去亲身体验神秘的喇嘛寺院丛林的真实生活，因缘际会下，来到了四川德格的宗萨寺佛学院，在大堪布才旦座下学习，为了赌一口气，证明自己可以受得了艰困物质条件与严寒的气候环境，从此发生了许多生活适应情节，记录在地有趣的跨文化交流互动。本书以宗萨寺、佛学院及藏医院从倾颓中重建恢复为主轴，逐一带出了传奇主角人物出场。他以幽默诙谐的文笔，另类的视角，精彩逗趣且图文并茂地展演佛学院严谨的教育制度经论研读，与戒律训练僧众威仪养成的朝夕寒暑、春夏秋冬，生动地描绘出德格人文地貌与宗教风情。藏族特有的手势、肢体语言常与都会生活的我们有所出入，如何恰当地赠与礼物到当地人的心坎里，永续经营环保理念的推广，本书也有专章说明。

《挖虫草的女孩：一场经历十五年穿越四十万平方公里的仁医传奇》系台湾医师邱仁辉与王志宏记录的是："中华藏友会"在滇北川西雪域高原支援赞助的乡村基础医师培育计划——"马背上的医生"。在15年间，总共培训了226名村级医生，利用募集的资金善款促进当地的医疗发展。

《雪阳、虹人、转经道：让观音落泪的地方》系一位驻藏记者的日记汇编。作者对西藏的人文宗教与土地环境，抱着浓厚的感情，拜师苦学藏语文，其功力甚至可以翻译地方志与古今大成就者的传记。本书系其派驻拉萨服务报导之余，遍游名胜古迹、朝拜福地洞天，真情流露的日记体朝圣旅游文本。

《原来喇嘛这样过日子》从台湾熟女信徒的角度，近距离亲身观察南印度色拉寺的僧众生活。作者央卓也是位对藏文化有深厚缘分的奇女子，只身赴南印度的格鲁派寺院，师事仁波切、格西、堪布习得藏文拼写、文法、经论等，圆满宿世心愿。本书带领读者打开寺院大门，观看24小时、365天的僧众作息，还有许多奇人异事隐藏其中。作者也表示了对藏族多口音（卫、康、安多）沟通，以及藏胞拼写字母书写的常见错误，以及现代社会新造词汇不一致，且混用汉语、英语或印度语的随意性感到困惑。

五、文学　艺术

《朝圣精神与雪山精神：马丽华散文对西藏人文自然精神的诠释与阶段性转变》呈现华文文学社会对马丽华现象的注意，尤其马女士在审美、写景、自省与情感投入的真善美境界，随着当事人停留的日期越久、体会更深、反思越浓烈，这是马女士异于凡夫俗人、扣动读者心弦的作用所在。相信后续的发酵作用仍在发烧中。

台湾学者陈百忠的《寂静与愤怒：藏传佛教文化艺术》（卡庐文化出版社）从文化学的角度切入，广泛介绍藏传佛教的历史、教义和艺术，其视野广阔，文辞洗练，搭配精美文物图片深入浅出地分析佛教义理、密教奥意及西藏文化现象。全书分为"佛陀与罗汉"、"莲花生与藏传佛教"、"噶当、萨迦、噶举与格鲁"、"诸佛与菩萨"、"金刚乘与本尊法"、"天女、佛母与空行母"、

"诸天与护法"等七个篇章，共收录300幅图像，全部是台湾个人收藏家所提供的珍贵文物，年代从公元10世纪到20世纪，风格包括西藏及其他藏区、内地，甚至是蒙古以及印度等地藏品，半数以上皆为博物馆级精品，且全部是第一次公开，非常具有研究价值。

学界动态

一月

1月

为了提升藏学学术研究水平，推动国际学术交流与合作，四川大学中国藏学研究所从1月起举办“珠峰藏学学术系列讲座”，邀请国内外一流的藏学家前来进行学术讲演。自1月5日至1月19日，由国际知名藏学家、美国哈佛大学终身教授、梵文与印度学研究系主任范德康先生（Prof. Leonard van der Kuijp）做了“西夏的藏传佛教噶尔达巴·却丁巴（1180—1240）短访西夏王室”、“11世纪的西藏：重燃佛教复兴之火”、“克什米尔大师释迦室利跋陀罗及其对藏传佛教的影响”等三场报告。

1月6日

青海省文物普查人员在位于青海三江源地区的玉树藏族自治州发现一座依然保持着藏族传统工艺的古盐场。这座古盐场位于玉树藏族自治州囊谦县娘拉乡多伦多村，是在全国第三次文物普查期间的发现。盐场坐北朝南，东西宽235米，南北长281米，占地面积为66035平方米。

20世纪六七十年代，多伦多盐矿曾是青、藏、川交汇地带唯一的盐产地，年产盐3500吨左右。由于制盐技术至今依然保持着古老的传统工艺，其所产食盐不受任何污染，因此盐场的产品依然深受群众青睐。

1 月 18 日—20 日

第五次西藏工作座谈会在北京举行。

胡锦涛在会上发表重要讲话，强调做好西藏工作，是深入贯彻落实科学发展观、全面建设小康社会的迫切需要，是构建国家生态安全屏障、实现可持续发展的迫切需要，是维护民族团结、维护社会稳定、维护国家安全的迫切需要，是营造良好国际环境的迫切需要。推进西藏跨越式发展和长治久安，把雄伟辽阔的青藏高原建设得更加美丽富饶、安定祥和，是全党全国各族人民的共同心愿。全党同志一定要站在党和国家工作全局的战略高度，进一步认识做好西藏工作的重要性和紧迫性，认真落实中央关于西藏工作的一系列方针政策，不断开创西藏工作新局面。

温家宝就西藏工作部署作了讲话。贾庆林在会议结束时作了讲话。

这次会议是在我国全面建设小康社会进入关键时期、西藏跨越式发展进入关键阶段召开的。会议全面总结西藏发展稳定取得的成绩和经验，深刻分析西藏工作面临的形势和任务，明确当前和今后一个时期做好西藏工作的指导思想、主要任务、工作要求，对推进西藏实现跨越式发展和长治久安作出了战略部署。会议还对加快四川、云南、甘肃、青海省藏区经济社会发展作出全面部署。

这次座谈会提出，“要把西藏建设成为重要的中华民族特色文化保护地”，并提出“要加强藏学研究机构建设，发挥中国藏学研究中心在全国藏学研究领域的牵头协调作用”。

1 月 19 日—25 日

由中国藏学研究中心举办的“第二届中国藏学研究珠峰奖审读会议”在北京举行。

参会专家学者共 45 人。除中国藏学研究中心学者外，分别来自中国社会科学院、北京大学、中央民族大学、中央党校、首都师范大学、第一历史档案馆、故宫博物院、首都博物馆、中央民族语文翻译局、民族出版社等单位。组成原则是有专业背景，对藏学有一定研究；处事公正，能坚持原则；由于工作量较大，以年富力强的中青年为主，个别学科有年龄大的学者；名额上，基本原则是外单位学者占 60%，中国藏学研究中心学者占 40%。由于此次藏文成果申报较多，专家组中藏文水平高的藏族专家占一定比例。

根据《中国藏学研究珠峰奖评奖办法》规定，参评成果在提交评审委员会之前，所有参评成果，需相关领域专家审阅；每一份参评成果，要有三位以上相关领域的专家提出独立审读意见，作为评审委员会审议参评成果的重要依据。根据第一届珠峰奖的评奖经验并结合本次成果申报的实际情况，将申报成果分为哲学宗教、政治法律、社会经济、历史、语言文字、文化艺术、文学、科技和文献工具书共9个学科。每一学科组邀请5位专家参与审读，并推荐一名学者担任组长，负责学科组的审读和相关工作。另外，从各组中挑选藏文、英文好的学者组成三个藏文审读组、一个英文审读组。

此次审读采取集中审读的方式，专家在审读完每一份成果后，填写专家审读意见，包括在意见表上要填写成果名称、编号和署名。根据评奖办法，审读专家享有匿名权，意见表签名部分不提供给评审委员会。为体现公平公正原则，审读专家不审读本人成果。在审读过程中，凡涉及审读专家个人参评成果时，由秘书处安排其他专家审读。

在7天的审读时间里，专家们对334项成果进行了审读，并去除其中不符合参评条件的9项成果，最终325项参评成果进入公示。

1月22日—3月31日

1月22日至3月31日，巡回展“西藏艺术与考古展”在日本大阪历史博物馆举办，观众达49000余名。自2009年起至本站闭幕为止，前四站的观众已多达43万人。

“西藏艺术与考古展”共展出来自西藏博物馆、布达拉宫、罗布林卡、萨迦寺和河北省承德避暑山庄等重点文物保护单位和寺院的展品123件，其中仅国家一级文物就达36件，代表了藏民族文化风格和特点，是藏民族生产生活、文化艺术的缩影。该展览让更多的日本朋友进一步深入地了解历史悠久、多元一体的中华文化，了解西藏的历史与今天，以及其风格独特的藏民族文化艺术。

二月

2月1日

中国佛教协会第八次全国代表会议在北京开幕。来自全国31个省、自治区、直辖市的汉语系、藏语系、巴利语系佛教界近600名代表和特邀代表参加会议。

国家宗教事务局局长王作安在开幕式上讲话。他肯定了中国佛教协会自2002年第七次全国代表会议以来弘扬和谐理念、践行慈悲精神、促进两岸交流、加强自身建设，为促进经济发展、社会和谐、民族团结、祖国统一和世界和平作出的积极贡献。

2月4日

西藏自治区文化（文物）局长会议公布，截至2009年底，西藏第三次文物普查共发现新文物点3004处。

自第三次文物普查工作开展以来，共调查登记不可移动文物点4268处，包括古遗址类1513处，古墓葬类501处，古建筑类1443处，石窟寺及石刻类581处，近现代重要史迹及代表性建筑类207处，其他23处，其中新发现文物点3004处。

2月22日

中国海外藏族协会在美国洛杉矶成立。知名藏族歌手央金拉姆任理事会主席，中国驻洛杉矶总领事馆副总领事孙伟德，新闻领事王珞、乐利文等参加协会庆典。该协会宗旨是倡导社会和谐，弘扬藏族文化，促进民族团结。该协会的成立受到国际上许多企业家、文艺界人士的大力支持。

三月

3月17日—25日

西藏自治区人大常委会主任、全国人大代表向巴平措率领中国全国人大西藏代表团在澳大利亚进行友好访问。代表团在迪肯大学与50多名澳高校师生代表进行交流，发表演讲，并回答了师生们提出的问题。

向巴平措在演讲和交流中用大量数据说明民主改革50多年来西藏发生的翻天覆地的变化，用大量史料和事实无可辩驳地表明西藏无论过去、现在和将来都是中国不可分割的一部分，并用生动事例阐明西藏各族人民反对分裂、维护祖国统一、团结一致奔小康的信心和决心。

向巴平措和随行的代表团成员还介绍了我国的民族区域自治制度、人民代表大会制度等情况。

澳大利亚维多利亚州议会上院议长罗伯特·史密斯和下院议长珍妮·林德尔共同会见了向巴平措一行。代表团在中国驻悉尼总领馆举行记者招待会，介绍了中国中央政府关于西藏工作的方针政策、西藏经济社会发展取得的成就和当前西藏民族团结、社会稳定的形势。

代表团3月23日—25日访问新西兰。访问期间，向巴平措应询介绍了中央第五次西藏工作座谈会精神，并会见了新西兰议长洛克伍德·史密斯、外交贸易部副秘书长麦卓、反对党工党外事和民族事务发言人卡特和议会新中友好小组成员，并出席了议会新中友好小组举行的欢迎午宴。

澳大利亚联合通讯社、新西兰电视台等近20家媒体的记者参加了招待会。

3月17日

地处西藏日喀则地区昂仁县境内的桑桑、那曲地区尼玛县的昂孜错—马尔下错、昌都地区八宿县的然乌湖三大湿地通过西藏自治区自然保护区评审委员会的评审，经自治区人民政府批准成为自治区级湿地自然保护区。

这三个自治区级湿地自然保护区总面积约106662.5万公顷，是世界上为数不多的高寒高原湖泊湿地，拥有湖岸湿草甸、高寒草原、高寒草甸多种生态类型，以及多种珍稀濒危野生植物和保存完好的原生态系统，是研究高原湖泊生态的理想场所，对保护全球生物多样性起到了重要作用，也是西藏生态安全屏障的建设内容。

3月18日

西藏自治区人民政府与工业和信息化部在人民大会堂隆重召开藏文软件研发与推广应用工作总结报告会。

十届全国人大常委会副委员长热地，自治区党委常委、自治区政协党组书记、自治区政协副主席巴桑顿珠以及中央统战部、中央外宣办、国家民委、教育部、财政部、国家标准化管理委员会、中国科学院、中国社会科学院、中国藏学研究中心等单位的领导出席报告会。自治区藏语文工作委员会办公室、工业和信息化部电子工业标准化研究所等13家藏文软件研发单位和青海、甘肃、四川、上海、新疆等省市区的信息化主管部门以及在京的藏文软件用户代表共100多人参加了此次会议。工业和信息化部副部长娄勤俭和自治区副主席热·洛桑丹增分别作了藏文软件研发和推广应用工作情况的报告。

党中央、国务院高度重视我国藏族地区信息化建设，胡锦涛总书记等中央领导同志多次批示，要求加大对藏文软件研发和推广应用的支持力度。

藏文软件的成功研发与普及推广应用提升了藏族地区的信息化水平，充分体现了国家对继承和发展藏民族文化的高度重视与关怀，藏族文化正呈现出前所未有的生机与活力。

3 月 21 日—30 日

由中国藏学研究中心研究员旦增伦珠率团的中国藏学家代表团一行 6 人赴德国首都柏林访问。代表团成员分别由中国藏学研究中心、中国社会科学院民族研究所和中央民族大学的西藏研究专家、学者组成。在德期间，与德国智库，德国政界、学术界，德国媒体代表，以及德国华侨华人和留学生代表进行了广泛的沟通和交流。旦增伦珠以“西藏的现代化——从雪山围绕的宗教主导社会向开放的现代化社会的转型”为题，概述了西藏的历史源流、发展成就和当前面临的主要挑战。代表团成员还就多个涉藏话题与青年学生展开坦诚、深入的交流。

在 10 天内代表团访问了柏林汉堡、瑞士苏黎世、伯尔尼等地。中国藏学家代表团还分别与德国联邦议员人权委员会主席汤姆·科尼西斯、联盟党议会党团干事长格龙特、德国外交政策协会研究所所长桑特施耐德等人举行会谈，向他们阐述西藏在文化传承、环境保护、宗教事务等方面的最新进展，并介绍了中央第五次西藏工作座谈会的有关情况。

3 月 28 日

“中国藏学研究中心西藏文化博物馆开馆仪式暨‘雪域宝鉴——见证西藏历史、弘扬藏族文化’大型主题展览”在北京举行。

中共中央政治局委员、书记处书记、中央宣传部部长刘云山，中共中央政治局委员、国务委员刘延东，全国政协副主席、中央统战部部长杜青林表示祝贺并参观展览。

在开展仪式上，杜青林宣布展览开幕，全国人大常委会原副委员长热地向捐赠藏品和书画的代表颁发捐赠证书，中央统战部常务副部长朱维群、中国藏学研究中心党组书记游洛屏分别致辞。

开展仪式由中国藏学研究中心总干事拉巴平措主持。中央和国家机关有关部门和西藏自治区领导，首都有关科研、文化机构、高等院校负责人和专家学者 100 多人参加了开展仪式。

四月

4 月 1 日

第十一世班禅来到中国藏学研究中心西藏文化博物馆，参观了正在展出的“雪域宝鉴——见证西藏历史、弘扬藏族文化”大型主题展览。

4月6日

中国藏学研究中心接待了马耳他工党领袖约瑟夫·穆斯卡特博士(Dr. Joseph Muscat)为团长的工党代表团一行4人。副总干事郑堆研究员主持会见，社会经济所副所长旦增伦珠研究员等学者参加座谈。双方就西藏的历史、宗教、经济、教育等有关情况进行了深入探讨。会谈结束后，郑堆代表中国藏学研究中心向客人赠送了中国藏学出版社出版的图书。

4月6日—7日

四川省《凉山藏学研究》编委扩大会在西昌市召开。

会议组织学习和传达了中央第五次西藏工作会议精神和四川省藏学会第六次藏学研讨会会议精神。会议还听取了与会学者关于《凉山藏学研究》刊物的组稿和研究方向等问题，提出了有关藏学研究工作的若干问题。会上，报告了《凉山藏学研究》在宣传凉山经济建设和社会进步、弘扬凉山藏民族文化、宣传民族团结和谐、反对民族分裂等方面做出的积极贡献。

4月6日—25日

西藏爱乐乐团参加了在北京举行的国家大剧院第二届“中国交响乐之春”。西藏爱乐乐团带来的具有浓郁藏域特色的管弦乐作品让本届“中国交响乐之春”有了新的看点。

4月15日—20日

第二届中国藏学研究珠峰奖评审会议在北京召开。

会议由第二届中国藏学研究珠峰奖评审工作组委会主任、评审委员会主任、中国藏学研究中心总干事拉巴平措主持，中国藏学研究中心党组书记游洛屏致开幕词。中国藏学研究中心副总干事格勒、柳应华、郑堆，“珠峰奖”资金资助方中国国际文化交流基金会秘书长、未来基金会主任卢红生，以及各评审委员和组委会、秘书处等共80多人出席会议。中国藏学研究中心党组书记游洛屏代表中国藏学研究珠峰奖主办方对各位评审委员表示热烈的欢迎和衷心的感谢。

第二届中国藏学研究珠峰奖评审委员会由来自北京、西藏、青海、四川、甘肃、云南、陕西的51位具有正高级专业技术职称的专家组成。经过学科组(学科组评审是本届珠峰奖增加的一个新的向评审组推荐成果的环节)、评审组集体审读、评议、推荐，最终经评审委员会全体会议多轮无记名投票表决，共有53项成果荣获第二届中国藏学研究珠峰奖一、二、三等奖，其中汉文研究专著类10项，藏文研究专著类11项，汉文学术论文类11项，藏文学术论文类12项，英文研究成果类2项，基础资料成果类7项。

在各学科组、评审组充分酝酿和讨论的基础上，通过全体评审委员大会表决，由评审委员会主任提名推荐、在国内外具有广泛影响的《中华大藏经》（藏文）对勘本荣获第二届中国藏学研究珠峰奖特别奖；黄明信、扎西次仁、木雅贡布等7位对我国藏学事业的发展做出杰出贡献，在国内外具有较大影响、德高望重的老一辈藏学家获荣誉奖。

经过6天的评审工作，第二届中国藏学研究珠峰奖评审工作圆满结束，于4月20日举行闭幕式。中央统战部副部长、中国西藏文化保护与发展协会副会长斯塔出席闭幕式并做重要讲话，他指出，“藏学专家一直为西藏及四省藏区的发展与稳定发挥着思想库、智囊团的作用，提供了有力的智力支持”。他要求藏学工作者要充分发挥自己的作用，“期望藏研中心和全国其他藏学研究机构的专家们一起，深入贯彻第五次西藏工作座谈会精神，加强藏学研究机构建设，继续为西藏及四省藏区的社会发展与稳定贡献自己的智慧和力量”。

第二届中国藏学研究珠峰奖评奖结果会后通过中国藏学网公示。

4月19日—5月30日

由日本仙台市博物馆、河北新报社、仙台放送等组成的“圣地西藏展”实行委员会，以及日本株式会社大广和中华文物交流协会、中国西藏文化保护与发展协会等共同主办的“西藏艺术与考古展”在和中国有着长期友好交往历史的仙台市圆满闭幕。

在仙台市博物馆为期40天的展览中，有54000余名仙台市民观看了展览。自此，“西藏艺术与考古展”结束了在日本长达一年多的巡展。

4月21日

中国藏学研究中心原党组书记朱晓明一行3人赴西南民族大学考察交流。中国藏学研究中心的专家学者与师生进行了座谈，就藏区经济、社会、文化发展等问题进行了交流。

4月22日—24日

“薪火相传　珍藏西藏——叶星生西藏文化珍藏展以及藏医药展览”在上

海邦德学院开幕。此次展览由中国文物保护基金会主办、上海邦德职业技术学院承办。展品大多为中国藏学研究中心研究员叶星生先生提供，藏医藏药展厅的展品则由北京藏医院提供。

展览包括文物展示、西藏民俗展演以及藏医药三大系列，实物展品约700件（套），由“序厅”、“珍藏西藏”、“民俗文化”、“宗教艺术”、“藏医藏药”五个部分及“文化遗产”、“民居帐篷”、“佛殿经堂”等12个单元、景观组成。通过丰富的图片、文字、影像资料等，加深国内外观众对藏文化的了解和认知。

4月22日—25日

在哈佛大学召开的“内亚与中国：历史与文化的交流”国际学术讨论会上，四川大学中国藏学研究所李永宪教授以《西藏高原的史前人类活动》为题，石硕教授以《“琼”与“邛笼”：青藏高原碉楼起源的探讨》为题，霍巍教授以《西藏西部新出土古代丝织物及其相关问题的研究》为题，张长虹副教授以《仁钦桑布与藏西的克什米尔风格壁画》为题，分别从史前农业考古、历史时期考古、丝路文化交流、藏传佛教艺术等方面以图文并茂、汉英文对照的PPT演示方式，展示了多学科多领域的藏学研究成果，受到多国学者的好评与关注。

4月23日—25日

由西藏民族学院与华东师范大学哲学系、华东师范大学觉群佛教文化研究所共同主办，浙江省普陀山佛教协会协办的“佛教文化与西藏和谐社会建设”学术研讨会在浙江省普陀山举行。

学术研讨会围绕华东师范大学和西藏民族学院联合攻关的科研项目“藏传佛教与西藏和谐社会”展开讨论。与会学者认为，藏传佛教文化是在藏族上千年的历史发展过程中逐渐形成并对藏族社会生活发生了重大影响的文化形态，是藏族传统文化的核心组成部分。藏传佛教具有重要的道德功能、心灵抚慰功能、文化调适功能、社会控制整合功能和稳定社会功能，在今天藏传佛教不仅是一种宗教，也是一种文化、一种生活方式，对调整人与自我、人与人、人与自然的关系具有一定的现代价值。与会学者还从不同的角度考察了藏传佛教在我国内地的传播及其影响、藏传佛教与政治的关系以及藏传佛教的生命观、寺院管理、藏民族观世音信仰的历史特点及其现代转型等问题。

4 月 25 日

在四川成都举办的第二十届全国图书交易博览会上，“中国藏学研究中心向四川藏区捐赠图书”仪式举行，中国藏学研究中心将向四川藏区捐赠 4.2 万册、总码洋约 120 万元的 400 种藏、汉文图书。

受捐赠单位包括甘孜州和阿坝州的州县图书馆、研究机构、县中学及部分寺庙书院、西南民族大学、四川省作协，以及凉山州藏学会、凉山州木里县等，相关书籍将在书博会后陆续送到受捐赠单位。

中国藏学研究中心承担了协调和指导全国藏学研究工作的职责，下属的中国藏学出版社是全国四家公益出版社之一，此次书博会上展示的 232 卷本的藏文版《大藏经》对勘本，是当代中国藏学研究的经典成果。

4 月 28 日

英国驻华大使馆政务处一等秘书孟加思先生访问中国藏学研究中心。社会经济研究所副所长旦增伦珠研究员主持接见。双方就西藏经济社会发展变化、中央对西藏的政策以及藏研中心的基本情况进行了交流。

4 月 28 日

新加坡驻华大使馆一等秘书谢伟文访问中国藏学研究中心。外联处处长黄文娟主持会见，社会经济所罗绒战堆研究员等学者参加了会谈。对谢伟文先生提出的有关玉树地震灾后重建问题，学者们进行了解答。

4 月 28 日—30 日

青海民族大学艺术系白果副教授在青海化隆发现唃厮啰时期岩窟壁画。这是青海继都兰吐蕃墓棺板画之后又一惊艳国内美术考古界的古代佛教美术遗迹发现。

据白果副教授介绍，4 月 28 日至 30 日由他和青海民族大学艺术系唐卡专业学生扎西尖措、青海师范大学美术系学生东主组成的考察组在一个偶然的机会发现该处壁画遗存。遗存以大小不一的 5 个岩窟点为主，残存壁画总面积约有 200 平方米。画面主要由释迦牟尼、弥勒佛、千佛、供养人、莲花及诸多表示某种佛教教义的几何形图案组成。壁画上除了藏文六字真言等藏文经咒外，依稀可辨部分汉文题记。此外，在岩窟堆积土层中还发现了大量“擦擦”及藏文蝴蝶装雕版印经和墨书西夏文残片。

首都师范大学汉藏佛教美术研究所谢继胜教授认为，青海海东地区发现的这部分岩窟壁画，填补了汉藏佛教艺术发展史的空白，展示了藏汉佛教艺术在唃厮啰时代或者说西夏前期可能存在的联系，为相关的藏汉文献提供了图像的证据。

五月

5月1日

西藏拉萨人民广播电台正式成立并开播。该台的成立结束了拉萨没有人民广播电台的历史。

拉萨人民广播电台隶属拉萨市广播电视台，使用调频 91.4 兆赫，发射功率 1 千瓦，可覆盖拉萨市八县市。节目内容涉及新闻资讯、生活服务、文艺娱乐等，开设有聚焦三农、相约西藏等 10 个自办栏目，全天播出 14 小时 20 分钟。拉萨人民广播电台的成立及开播得到北京市与江苏省的大力援助，是对口援助西藏的又一成果。

上海世博会今日正式开园，位于中国馆省区市片区的西藏馆内游客如织。西藏馆外有拉萨城市巨幅画卷，馆内有《扎西德勒图》壁画、青藏铁路沿途的景象、典型的藏族普通人家。主题电影《天上西藏》描述了中国改革开放 30 多年来的西藏发展历程，充分体现了西藏充满生机与活力的现实。

5月7日

中国藏学研究中心北京藏医院与智利拉丁美洲中医学院联合培训班结业典礼在北京藏医院举行。智利驻华大使馆参赞卡洛斯·马瑞（Carlos Marin），智利拉丁美洲中医学院院长路易斯（Luis），国家中医药管理局、北京市中医药管理局对外交流技术合作中心领导与藏医专家和学者出席了结业典礼。

5月8日

由中央民族大学藏学研究院和佛教在线联合举办的《中国藏族文化年鉴》编写研讨会在中央民族大学举行。

5月12日

应中华全国新闻工作者协会的要求，由保加利亚记者协会秘书长斯内杰卡·托多洛娃女士（Mrs. Snejanka Todorova）带领由保加利亚《劳动报》、《24

小时》及保加利亚国家电视台等媒体组成的新闻代表团访问了中国藏学研究中心。当代所副所长刘洪记研究员和有关专家学者接待了访问团。双方就中国传统医药的现状和中医药、藏医药的发展状况以及北京藏医院的发展情况进行了交流。会后，外宾参观了北京藏医院。

5 月 25 日

中国藏学研究中心和中国第二历史档案馆在北京联合举行《中国第二历史档案馆所存西藏和藏事档案汇编》发布仪式。《中国第二历史档案馆所存西藏和藏事档案汇编》是中国藏学研究中心和中国第二历史档案馆合作的重点项目，由中国藏学出版社出版。整理出版的档案主要记载和反映了民国时期中央政府治理西藏的方针政策和具体措施，以及中央政府关于西藏的重大事件、重要问题的处理情况，同时，也记载和反映了这一时期与西藏毗邻的四川、青海、甘肃、云南等省藏区的政治、经济、宗教、文化、教育和社会发展历史。

中国第二历史档案馆是馆藏民国时期中央政府及其所属各部院档案的国家级档案馆，珍藏有民国时期中央政府及其所属部院等机关与西藏地方政府、达赖喇嘛、班禅等来往的内容十分丰富的档案史料。作为国家级综合性藏学研究机构，中国藏学研究中心高度重视对汉藏文和其他文种的档案史料的整理研究，多次和有关档案管理单位合作，共同从事历史档案的整理。这一项目于 2006 年 11 月正式立项，计划出版 50 册，由中国藏学研究中心和中国第二历史档案馆的民国史和档案研究专家共同承担。现已由中国藏学出版社编辑影印出版第 1—10 册。

5 月 28 日

由福建省厦门市援藏队实施的西藏林芝地区珞巴族文化保护工程之一的“西藏米林县珞巴族民俗文化展览厅”正式开馆。展览厅内的珞巴族实物由当地干部群众精心收集整理，馆内收集我国人口最少的民族之一的珞巴族的生产生活实物 120 余件，以实物形式向世人展示珞巴族独特的民族风俗习惯，同时展示了在党和国家亲切关怀下，珞巴族群众日新月异的生活巨变。

5 月 30 日

由中央援藏干部自我管理领导小组举办的中央第五批援藏干部“援藏论坛”在拉萨举行。

11 名援藏干部结合各自工作实际和亲身经历，围绕“为西藏跨越式发展和长治久安而努力奋斗”的主题作了发言。

由中国藏学研究中心主办的第三次全国藏学工作协调会在北京召开。会议主题是学习、贯彻中央第五次西藏工作座谈会精神，围绕如何进一步组织协调好全国藏学研究工作，集思广益，群策群力，制定措施，进一步促进中国藏学事业发展繁荣。

中国藏学研究中心党组书记游洛屏主持会议，中央统战部副部长斯塔作了讲话。中国藏学研究中心总干事拉巴平措作了题为《贯彻落实第五次西藏工作座谈会精神，进一步促进中国藏学事业发展繁荣》的工作报告。

会议总结了第二次全国藏学工作协调会以来我国藏学研究工作，认为全国藏学研究机构专家学者在维护祖国统一、增强民族团结，为西藏与四省藏区的发展稳定服务方面作出了巨大努力，促进了我国藏学事业的发展繁荣。

会议认真学习了中央第五次西藏工作座谈会精神，结合协调会报告展开讨论，认为中央第五次西藏工作座谈会提出的加强全国藏学研究机构建设，发挥中国藏学研究中心在全国藏学研究领域的牵头协调作用的要求，为全国藏学协调工作指明了方向，将在今后的藏学研究工作中加以落实。

中国社会科学院、中央民族大学、西藏自治区社会科学院、西藏大学、西南民族大学、云南民族大学、西北民族大学和青海民族大学等全国60多家相关科研机构、高等院校及有关部门的负责人参加了会议。

5 月 31 日

第二届中国藏学研究珠峰奖颁奖仪式在北京中国藏学研究中心举行。

中共中央统战部常务副部长、中国西藏文化保护与发展协会副会长朱维群参加颁奖仪式。他代表评奖活动主办单位，宣布了第二届中国藏学研究珠峰奖获奖名单，并代表中央统战部和杜青林部长，代表中国西藏文化保护与发展协会向获奖代表表示热烈祝贺。

中央统战部、中国西藏文化保护与发展协会，以及中央和国家有关部门代表，相关高校、学术单位代表、参加第三次全国藏学工作协调会的全体代表出席了颁奖仪式。

中国藏学研究珠峰奖是我国藏学研究领域的国家级奖项，由中国藏学研究中心和中国西藏文化保护与发展协会共同主办，每四年一届。

甘肃省甘南藏族自治州舟曲县境内一处栈道遗址被确定为茶马古道遗址。

这一茶马古道遗址是甘肃省第三次文物普查验收组在舟曲县进行验收工作时确定的，遗址位于甘肃省南部甘南藏族自治州舟曲县石门沟。

石门沟栈道位于舟曲县大川镇石门沟村东北200米处的石门峪口，这里东西两侧高达100多米的崖体相互对峙，两侧崖壁上现存80多个栈道桩孔，每个孔之间的距离在1.2米到6米之间。同时，在东面高出河床约一米的地方，文物普查人员还发现有北宋皇祐四年的摩崖题记1处，记载了皇祐四年十月尚书屯田员外郎兼判阶州事朱处仁一行经石门沟栈道巡查关隘城寨的情况，说明在北宋时期这里就已是重要的茶马古道交通路线。

该古道遗址以及北宋皇祐四年题记的发现，为研究古代陇蜀道路交通、民族关系、茶马商贸、文化交流等课题提供了新的资料。

六月

6月2日

《光明日报》第12版整版刊登了“中国藏学研究珠峰奖”获奖成果、特别奖和一二等奖成果简介以及荣誉奖获得者简介。

6月3日

“中国西藏之声网在线广播”开通一周年纪念座谈会在拉萨举行。

6月5日

中国佛教协会副会长第十一世班禅来到大昭寺朝拜释迦牟尼佛像，拉开了十一世班禅在拉萨各项佛事活动的序幕。

6月5日—6日

由中国藏学研究中心社会经济研究所、四川大学西部开发研究院、西南民族大学管理学院共同主办，四川省民族研究所和四川大学中国藏学研究所协办的“西藏和四省藏区和谐社会建设学术研讨会”在四川成都举行。

来自北京、西藏、青海、甘肃、陕西、云南、四川等地共85位学者出席了本次研讨会。研讨会上，专家围绕西藏和四省藏区经济社会发展特别是和谐社会建设方面的问题进行了深入讨论。本次研讨会是第五次中央西藏工作座谈会和四川省委省政府四川藏区工作座谈会之后首次召开的学术研讨会，对于全面贯彻党中央、国务院和四川省委、省政府关于促进西藏和四省藏区实现跨越式发展和长治久安有着积极的推动作用。

6月7日

“精彩世博·精彩未来”沪藏青年世博论坛在拉萨举行。沪藏青年世博论坛是中国2010年上海世博会青年高峰论坛系列活动的首场论坛。西藏大学旅游与外国语学院副院长图登克珠应邀作主旨演讲，演讲中，图登克珠回顾了拉萨老城区的文化保护传承历史，他认为，城市在发展过程中，也需要重视历史传统文化的保存。

通过“精彩世博·精彩未来”沪藏青年世博论坛，扩大世博效应，深化两地青年及青年组织的合作与交流，共同探讨如何推动两地青年把握发展机遇，担负起描绘未来精彩生活的责任，在促进自身发展的同时，使广大青少年为推动经济、文化、社会、科技以及城市文明程度等诸多领域的发展做出积极贡献。

6月12日

6月12日是中国政府确定的第五个“文化遗产日”。西藏自治区在拉萨市举办了活动，向民众宣传文化遗产保护，并庆祝藏戏入选联合国人类非物质文化遗产代表作名录。

6月21日

西藏自治区党委常委、宣传部部长、自治区对外文化交流协会会长崔玉英在拉萨会见了由海外12家华文媒体负责人组成的“行走中国·海外华文媒体西藏行”采访团。

会见中，双方就如何进一步借助海外华文媒体加强对西藏的宣传进行了深入交流探讨。此次“行走中国·海外华文媒体西藏行”活动，是继2008年西藏自治区成功邀请“海外华文媒体进藏代表团”后的又一次重要团组参观采访活动。采访团由马来西亚《星洲日报》、印尼《国际日报》、美国《中美邮报》、香港《中华文摘》等12家媒体组成，在西藏进行为期一周的参观采访。

6月28日

中国—欧盟生物多样性项目拉萨示范项目总结大会在西藏拉萨召开。中国—欧盟生物多样性保护项目、拉萨生物多样性保护规划、能力建设及示范项目于2007年7月6日正式签订，总预算300万余美元，欧盟出资138万美元，由拉萨市政府承担配套 187 万余美元。

此项目是通过跨部门的协调和信息管理，为将自然资源管理和生物多样性保护纳入拉萨的决策，提供生物多样性方面的建议和支持。拉萨项目将推动一个跨部门的保护实体来确保生物多样性在部门规划、决策和行动中被充分考虑。此外，项目将选择拉鲁湿地和林州甘曲湿地作为试点，评估它们的生态补偿价值，作为拉萨生物多样性保护的示范地。

6 月 29 日—30 日

6 月 29 日，中国西藏文化保护与发展协会第二届会员代表大会在北京召开。全国政协副主席、中央统战部部长杜青林出席大会并讲话。杜青林说，6 年来，在党和政府的大力支持下，在全体会员的共同努力下，协会秉承宗旨、勇担重任，始终高举维护祖国统一旗帜，致力于保护和发展西藏文化，致力于促进西藏各民族团结和共同繁荣进步，不负众望、不辱使命，已成为传承和弘扬西藏文化的有效载体，成为密切海内外藏胞联系的桥梁纽带，成为遏制“藏独”文化攻击、维护国家统一和民族团结的重要力量。热地在给大会发来的书面致辞中充分肯定了中国西藏文化保护与发展协会成立 6 年来所取得的显著成绩。他希望新一届协会认真按照第五次西藏工作座谈会的精神和要求，结合西藏实际情况，继续发挥协会作为非政府组织和“人才荟萃、代表性强、机制灵活、活动广泛”等特殊优势，进一步开展好协会的各项工作。

中央统战部常务副部长、中国西藏文化保护与发展协会副会长兼秘书长朱维群在代表第一届理事会做工作报告时，总结了协会 6 年来取得的成绩，提出了下一步的工作建议，特别强调了协会将深入贯彻中央第五次西藏工作座谈会有关精神，进一步开拓思路，做好西藏文化保护与发展工作。

中国藏学研究中心总干事拉巴平措主持开幕式，来自海内外的 200 多名各界代表出席大会。根据议程，大会将审议第一届理事会工作报告，并选举产生新一届理事会及领导机构。

6 月 30 日，中国西藏文化保护与发展协会第二届会员代表大会在北京闭幕。会议由协会副会长斯塔主持。会议选举产生了协会理事、常务理事、会长、副会长、秘书长。全国政协副主席帕巴拉·格列朗杰当选为会长。朱维群、拉巴平措、嘉木样·洛桑久美·图丹却吉尼玛、叶小文、恰白·次旦平措、洛桑江村、尼玛次仁、甲热·洛桑丹增、才旦卓玛、冯骥才、斯塔、丹珠昂奔、杨志今、王作安、单霁翔、朱晓明等 16 人当选为副会长。朱维群为协会秘书长。会议还决定聘请杜青林、热地为协会名誉会长。

6 月 29 日—30 日

“2010 民族宗教问题高层论坛暨中国宗教学会年会”在西北民族大学举行。来自全国各地近百位专家学者和工作者参加了此次会议。

两天时间里，来自国家民委、中国社会科学院、中央党校、中央社会主义学院、北京大学等单位近百位研究民族、宗教的知名专家学者和实务工作者，围绕“当代中国宗教若干重大理论与政策问题研究”主题，进行了广泛、深入的探讨交流，取得了一批重要理论研究成果。

七月

7 月 1 日

欧洲宗教上层爱国藏胞代表团一行 7 人访问了中国藏学研究中心。该团的主要成员为在欧洲生活的藏传佛教高僧活佛及其随从。藏研中心原副总干事大丹增主持会见，科研业务办公室主任廉湘民研究员等专家学者参加座谈。会谈中，大丹增研究员向客人介绍了藏研中心的发展历程、机构设置、主要任务、科研成果等。欧洲宗教上层爱国藏胞代表团成员高度评价了藏研中心的工作，对《东嘎大词典》的整理再版和中国藏医药搜集整理等工作表示认可，对藏区社会经济的发展感到非常欣慰。会后，双方互赠礼品、合影留念并参观了西藏文化博物馆。

“圣地西藏——最接近天空的宝藏”的特展在台北故宫开展，该展览持续到 9 月 19 日，由“吐蕃王朝”“金色宝藏”“文化交流”和“雪域风情”四个部分组成。从松赞干布迎娶文成公主和佛教传入西藏讲起，分别介绍藏传佛教艺术、元明清以来西藏与内地的交流以及藏医药和藏族文化，展出来自西藏的 130 组（件）的文物精品。

台北故宫博物院院长周功鑫在 30 日举行的新闻发布会上说，西藏对台湾人来说并不陌生，是很多人想去旅游的地点，但是西藏又显得有些遥远，因为它有着独特的宗教、语言和文化内涵。此次展览将以少有的深度和广度向台湾人介绍西藏，使他们对西藏有新的认识。

此次来台展览的文物中，顶级文物多达 42 件，分别来自布达拉宫、罗布林卡、西藏博物馆、承德避暑山庄和北京民族文化宫等 12 处内地收藏单位。

展出的文物由佛造像、法器、乐器、佛经、唐卡、藏医药经典和服饰器用等多种文物组成，其中包括制作于 11—12 世纪、高 1.6 米的罕见鎏金铜弥勒菩萨像、明代宫廷所制可以开合的八瓣莲花曼荼罗、藏于承德高 1.3 米的大威德金刚双身铜塑像等精美文物。

7 月 6 日—8 日

由中国藏学研究中心和台湾中国文化大学联合主办的“第二届海峡两岸藏学研讨会”在北京举行。来自台湾“中央”研究院、中华科技大学、佛光大学、中正大学、政治大学、南华大学、台北市立教育大学、龙华科技大学和内地中国社会科学院、南京大学、复旦大学、南开大学、中国人民大学、中央民族大学、北京师范大学、首都师范大学、西北民族大学、内蒙古大学、中国藏学研究中心等单位的约 46 位专家学者出席了研讨会，其中台湾学者 16 人。研讨范围涵盖藏学、蒙古学、历史、地理、哲学、宗教、教育、战略及国际事务、文化艺术等多个领域。

与会代表共提交论文 46 篇。重点围绕古代西藏的历史、宗教、文化以及当代西藏的政治、经济、教育等现实问题；会议的另一个主题是蒙古史和元朝史研究。此外，学者还介绍了藏学研究的重大课题、藏文信息技术研究的最新成果。会议共分八个场次进行。各位专家学者畅所欲言、讨论热烈。古代藏族史研究中新发现的文献，新的研究视角和方法，当代藏学研究中的热点问题，以及中国边疆史研究的最新进展等，引起大家的浓厚兴趣。

中国藏学研究中心总干事拉巴平措研究员、台湾中国文化大学史学系主任王吉林教授分别在开幕式上致辞。拉巴平措指出，这次研讨会既是学术的，以学术探讨推进藏学研究的深入发展；又是感情的，海峡两岸同胞血浓于水，专家学者共聚一堂，其乐融融。

此次会议展示了两岸藏学界最新的研究成果，加强了两岸藏学家在观点、文献、视角、信息动态等多个方面的沟通与交流。两岸学者均感收获颇丰，希望日后加强合作，互通有无，共同促进藏学研究的繁荣发展。

会后，两岸专家学者参观了西藏文化博物馆，并赴承德进行考察。

7 月 7 日

英国《刺头》网络杂志主编奥尼尔来中国藏学研究中心采访，国务院新闻办公室詹安林女士及翻译随行。科研办主任廉湘民研究员接受采访，北京藏医院科研教学处仲格嘉处长及相关人员参加接待并陪同外宾参观北京藏医院。

《中国地域文化通览·西藏卷》第二次编撰工作会议在拉萨召开。此次会议是按照国务院参事室、中央文史研究馆对《中国地域文化通览》各分卷章节目录审议通过后的工作要求和自治区政府多托副主席的指示，由自治区文化厅组织召开。

7 月 13 日

应全国政协委员会协力国际经济文化交流中心以及香港董建华先生特别助理黄砥中先生的要求，好莱坞导演奈比（Chris D. Nebe）及协力国际经济文化交流中心陈晓霞女士等一行 4 人到中国藏学研究中心访问，与专家学者交流探讨即将拍摄的纪录片《真实的西藏（暂名）》（Tibet—The Truth）的具体细节。专家学者对剧本整体给予了充分的肯定，也对其中一些纰漏进行了修正与完善。

对专家学者提出的意见，奈比导演表示非常感谢，并诚恳接受。为了方便学者审阅，奈比提供了现场翻译好的中文剧本，恳请专家再次评审，以求准确无误，并希望在西藏拍摄结束后能再次与专家学者们交流。

7 月 14 日—22 日

由中央民族大学副校长喜饶尼玛任代表团团长的中国藏学家、活佛代表团访问日本、韩国。在访问当中，代表团还走访了日本唯一一座藏传佛教寺院——位于爱知县名古屋市的“强巴林寺”。这座寺院是现任住持森下永敏依照大昭寺的风格建造的。代表团成员直贡穷仓·洛桑强巴活佛在寺院内为日本的信徒们进行了“摸顶赐福”。

代表团与京都佛教大学与日本藏学家进行了学术交流。日本京都佛教大学的佛教学部长藤堂俊英、日本藏学家小野田俊藏等参加学术交流。

7 月 18 日—22 日，代表团由日本赴韩国访问。在首尔与韩国佛教曹溪宗、韩国国会首席咨询委员、韩国媒体及在韩华侨留学生代表进行了广泛接触和交流，并接受了韩国《中央日报》的采访。访韩期间，代表团还会晤了韩国国会议员，然后前往釜山与当地佛教界和政界人士座谈。

7 月 14 日

甘肃省藏文古籍目录课题调研组在陇南藏区考察时，发现了 500 余部古藏文手写苯教文书。专家称，这是继 20 世纪初敦煌出土少量苯教文献以来，甘肃又一次发现的珍稀手写苯教文书，其年代之久远，数量之巨大，保存之完整，均属罕见。

这批苯教文书采用缩写古藏文抄写而成，以传统的梵箧装保存，文字清晰如初，画像色彩艳丽，页面古朴精美。从文字特征、书写形式、遣词用句、纸张用料等各方面分析，该文献属于9—11世纪手写本苯教文书，内容涉及苯教法师祈祷经文、苯教古代各种祭祀仪式所诵经文、禳灾防雹时的咒文和古代藏族社会生活、民情风俗等，是研究中世纪藏族语言文字、宗教信仰、医药天文、藏族书法艺术等不可多得的珍贵资料。

7月20日

中国西藏网在国务院新闻办举行新闻发布会，宣布中国西藏网（www. tibet. cn）改版后的中文子网经过试运行后，即日起正式全面上线。

中国西藏网总编辑张小平表示，改版后的中文子网信息量大幅增加，进一步强化了新闻性、权威性、时效性和可读性，页面清新时尚，重视用户体验，突出西藏元素，贴近百姓民生，从形式到内容对西藏进行全方位、新视角的深度介绍。

中国西藏网还启用了新标志（Logo），主体为汉、藏、英三种文字“中国西藏网”字样和舞动的彩色哈达，象征开放、发展、腾飞的西藏，以及中国西藏网以传播西藏为己任的办网理念。

八月

8月2日

西藏首届唐卡艺术博览会在拉萨开幕。50名来自西藏各个地区的勉唐派、勉萨派、钦则派、噶智派等主要流派的优秀唐卡画师汇聚一堂，向观众展示绘画技艺，将独具魅力的唐卡文化表现得淋漓尽致。

此次唐卡艺术博览会由西藏自治区文化厅主办，自治区文联、西藏日报社和西藏电视台协办。会期持续3天，活动内容共分手绘技艺展、命名评选、推介交易等4个板块。

8月6日

“2010·中国西藏珠穆朗玛摄影大展”在拉萨开幕。活动透过摄影镜头展示了西藏绚丽的自然风光和独特的民风民俗，更展示了一个经济增长、生态良好、社会稳定、文明进步的新西藏。

今年是中国西藏珠穆朗玛摄影大展举办的第三年。本届展览围绕“繁荣·和谐·进步”的主题，从8000余幅摄影作品中精选出来近400多幅参展作品，并为区内外10位摄影家举办了个人摄影作品展。

8月10日

日本日中友好协会常任理事、京都大学研究生院经济学教授、世界政治经济学会副会长大西広教授一行11人访问了中国藏学研究中心。科研办主任廉湘民研究员主持会见，当代所副所长刘洪记研究员等学者参加了座谈。

廉湘民研究员向客人介绍了中国藏学研究中心的研究方向、科研成果、组织机构等，并和中心学者一起解答了访问团有关西藏经济发展状况、藏医药保护等相关问题。廉湘民研究员强调藏研中心与包括日本在内的多个国家都有学术交流合作关系，在项目合作上也取得了不少成果，并表示这些合作还将继续下去并不断拓展。

8月11日—19日

以中国社会科学院副秘书长、民族理论研究专家郝时远为团长，包括西藏社会科学院副研究员达瓦次仁在内的中国藏学家一行7人访问墨西哥，并会见中外记者，就中外双方关注的西藏热点问题展开交流讨论。

代表团与墨西哥众议院墨中友好小组主席索菲亚·卡斯特罗举行了会谈。墨方对藏族人在西藏政治生活中的地位、西藏文化保护和生态问题等表示出兴趣。代表团还与墨西哥学院亚非研究中心学者进行了座谈，并前往墨西哥东部城市坎昆，与当地部分议员座谈并会见当地媒体。

代表团于16日访问智利。向智利接见官员介绍了西藏悠久的文化历史，以及迅速发展的经济和社会现状，向参会官员展示了一个真正的西藏。智利外交部官员在听取代表团介绍后说：对于西藏的今昔，智利人民并不了解；来自中国西藏的藏学家们描绘了一个完整、鲜活、与时俱进的西藏，增进了智利人民对西藏的了解。

8月12日

中国作协创联部、西藏文联、西藏作协在拉萨召开中国作协少数民族文学翻译座谈会，就进一步加强藏语言文学作品创作、翻译工作进行交流和座谈，同时也为自治区下一步启动中国作协文学翻译工程做准备。

座谈会上，西藏作协、西藏作协文学翻译委员会有关负责人介绍了西藏作协、藏文刊物、西藏文学创作以及西藏文学翻译、翻译队伍的基本情况。

8 月 14 日—15 日

藏传佛教寺庙民主管理工作经验交流会在西藏自治区日喀则市召开。全国政协副主席、中央统战部部长杜青林出席会议并讲话。

杜青林指出，寺庙在藏传佛教中具有重要地位，在信教群众中有着广泛影响。寺庙民主管理是对“政教合一”制度的彻底否定，从根本上废除了寺庙的封建特权，还原了寺庙的基本功能；是对广大僧尼基本权利的充分尊重，消除了寺庙内部的不平等，真正体现了僧尼的主体地位；是依法管理在寺庙管理中的重要体现，增强了僧尼的国家意识、公民意识和法制意识，确保了藏传佛教各项活动规范有序；是时代发展的必然要求，明确了藏传佛教界的努力方向，奠定了藏传佛教与社会主义社会相适应的重要基础。要从藏传佛教工作全局的高度，深刻领会和把握民主管理的本质、内涵和要求，共同推进、扎实开展。各级统战、宗教部门要紧紧围绕贯彻落实中央第五次西藏工作座谈会精神这条主线，立足新形势下藏传佛教寺庙的功能和特点，着眼建立藏传佛教寺庙管理长效机制，打牢基础、强化班子、抓好队伍、健全制度、优化服务。他还希望广大藏传佛教界代表人士在寺庙民主管理中发挥中坚作用，在佛学思想建设上发挥主体作用，在僧尼守法持戒方面发挥示范作用，在反分裂斗争中发挥带头作用。

中国佛教协会副会长班禅额尔德尼·确吉杰布向大会发去贺信。与会代表观摩了扎什伦布寺，交流了寺庙民主管理经验。来自西藏、四川、云南、甘肃、青海的藏传佛教界人士和中央统战部、国家宗教局、中国佛教协会，以及部分省区统战、宗教部门负责同志 150 余人参加会议。

8 月 16 日—20 日

第 12 届国际藏学会在加拿大 UBC 大学召开。来自中国、美国、日本、加拿大、德国、英国、法国、挪威、印度、尼泊尔、不丹等 13 个国家和地区的 425 名学者参加了会议。我国共 42 人参会，其中北京 14 人，西藏 8 人，青海 17 人，四川 1 人，青岛 2 人。另香港大学和台湾清华大学各有 1 人参加。

中国参会学者提交了论文并在大会和小组会上发言，交流了自己的最新学术成果。杨恩洪、郑堆、强俄巴·次央和果洛州拉加寺的晋美坚赞四人应邀在大会上进行了演讲，才让太和黄文娟应邀担任小组研讨会主持人。我国学者在大会上发言和担任小组主持的人数为历届之最。由此说明，我国藏学学术水平逐步得到国际学术界认可。

会议期间，中国藏学研究中心展示、赠送了中心学者研发的喜马拉雅藏文字体软件，展售了中国藏学出版社近期出版的藏文图书，受到与会学者欢迎。

8 月 16 日—17 日

甘肃省藏学研究所协同中共夏河县委、夏河县人民政府共同举办的“首届拉卜楞文化与民族地区经济社会发展学术研讨会”在甘南藏族自治州夏河县召开。

来自北京、青海以及甘肃的专家学者 50 余人及新华社等十多家新闻媒体记者参加了会议。研讨会以“弘扬民族文化，发展民族经济，构建和谐社会”为主题，参会专家学者踊跃发言、各抒己见，学术气氛浓厚，大家一致认为召开此次学术研讨会非常有必要，也非常成功。会议对推动甘肃藏区经济社会发展，努力构建甘南藏区社会和谐，加强民族宗教文化遗产的保护和抢救，积极探索藏区实现经济跨越式发展和社会长治久安的新路子，展现拉卜楞文化的学术研究成果起到重要作用。

8 月 18 日

《人民日报》（藏文版）创刊一周年座谈会在北京举行。

《人民日报》（藏文版）创刊于 2009 年 8 月 1 日，由人民日报社主管，人民日报社、西藏日报社主办。一年来，《人民日报》（藏文版）运行平稳、出版正常，已成为宣传党的方针政策的重要阵地和广大藏族农牧民了解国内外资讯、学习科技文化知识的良师益友。特别是在青海玉树抗震救灾和甘肃舟曲特大山洪泥石流抢险救灾中，宣传报道及时准确、充分有力，在特殊情况下发挥了特殊的作用。

8 月 22 日—27 日

应蒙古国蒙医科学技术工业集团（Traditional Medical Science, Technology and Production Corporation of Mongolia）邀请，以中国藏学研究中心科研业务办公室主任廉湘民研究员为团长的一行 5 人访问了蒙古国首都乌兰巴托等地，与该集团签署了合作意向书，并对蒙古国藏传佛教和藏学研究有关情况进行了解。

8 月 25 日—10 月 3 日

德国汉堡大学印藏学系的不丹籍教授多吉旺秋（Dorji Wangchuk）及夫人奥娜（Orna，以色列籍）博士访问中国藏学研究中心。多吉旺秋教授及奥娜博士是中国藏学研究中心与德国汉堡大学梵文合作项目的成员。藏研中心副总干事郑堆研究员接见了两位学者，双方就学术合作项目等进行了深入的探讨。

随后，两位学者在藏研中心科研办外联处工作人员的陪同下前往西藏自治区、四川省考察。回京后两位学者在藏研中心举办了题为“简评藏文文献研究的方法论”和“宁玛续部传承史探讨”的讲座。来自中国藏学研究中心及中央民族大学、北京大学近 60 人听取了讲座。

8 月 28 日—29 日

中国民族古文字研究会成立 30 周年庆祝大会在河北承德召开，来自中国社会科学院、中央民族大学、北京大学、清华大学、国家图书馆、民族出版社等 20 余家单位的专家学者齐聚一堂，缅怀前辈学人，回顾学会开创和成长壮大的艰辛历程，展望民族古文字研究繁荣发展的未来，并就各少数民族文字文献 30 年来的研究成果和最新进展，进行了交流和讨论。

与会学者总结中国民族古文字研究会的历史，认为学会一直致力于搭建交流平台、保护民族古文字文献，并坚持传承中国民族文字、普及相关知识，为促进民族古文字研究的发展做出了自己的贡献。

九月

9 月 1 日

由德国《世界报》和《星期日世界报》博梅尔（Daniel-Dylan Boehmer）、奥地利国家电视台国际部主任安德利亚斯·普费费尔（Andreas Pfeifer）等一行 7 人组成的德国、奥地利新闻记者团访问中国藏学研究中心。科研业务办公室主任廉湘民研究员主持座谈，历史研究所所长张云研究员等学者参加了座谈。廉湘民向客人介绍了藏研中心的发展情况并和专家学者一起解答了记者团关于中央政府对西藏政治经济政策的提问。

9 月 1 日—5 日

上海世博会西藏活动周在世博园内举行，来自西藏自治区的 400 多名演职人员为参观者带来具有浓郁西藏特色的大型经典歌舞《天上西藏》，非遗歌舞

《雪域珍宝》，非物质文化遗产展示项目、藏戏《雪域欢歌》和独特的街头巡游表演，充分展示了西藏独特的文化魅力，表达了自治区各族人民对上海世博会的美好祝福。

西藏活动周非物质文化遗产展示项目通过现场展示、表演民族民间工艺绝技，以互动交流的形式展示和宣传传统文化项目。

9 月 5 日

西藏日喀则地区萨迦县的古刹萨迦寺学经院举行乔迁开光盛典。

扩改建的萨迦寺学经院从 2005 年 5 月正式开始动工修建，历时 5 年，一共投资 962 万余元。修建完成的萨迦寺学经院占地 1.2 万平方米，建筑面积 5000 多平方米。整个学经院建筑材料由萨迦本地石料构成，石木雕塑和图案方面以藏传佛教传统建筑艺术为主，并结合了现代建筑技术。因此，整个建筑风格既呈现出藏族传统的建筑风格，又有现代建筑的特色。

目前学经院已拥有初、中、高三个等级 200 多位来自青海、四川等藏区藏传佛教寺院的学僧。学经院的课程内容以萨迦班智达创立的十明学理论为主，重点是萨迦派主要理论知识，并在此基础上吸收其他教派的优秀内容。

9 月 7 日

美国国会参议院外委会主席约翰·克里的高级助理弗兰克·詹努奇（Frank Jannuzi）等参议院外委会民主党和共和党议员助手一行 6 人访问中国藏学研究中心。副总干事郑堆主持会见，科研办主任廉湘民研究员等学者参加。郑堆向客人介绍了藏研中心情况并和专家学者一起与外宾就有关西藏经济发展、环境保护和文化保护等方面进行了深入交流。

9 月 7 日—8 日

由西藏自治区编译局、自治区翻译工作者协会组织召开的全区第二届翻译学术研讨会在拉萨举行。

会议期间，翻译工作者们深入探讨民族语文翻译的理论和实践问题，交流了经验，切磋了译技。此次研讨会还对 55 篇学术论文进行了评奖，其中 15 篇论文获奖。

9 月 8 日—16 日

以中国社会科学院民族学与人类学研究所副研究员扎洛为团长的中国藏学

家代表团一行 5 人访问加拿大。代表团与加拿大渥太华华侨学界人士和华文媒体代表座谈。中国藏学家代表团在座谈会上通过史料和图片说明西藏自古就是中国不可分割的一部分。渥太华是中国藏学家代表团北美之行的第三站，他们此行的前两站分别是温哥华和多伦多。

9 月 10 日代表团开始访问美国，分别在纽约、华盛顿、洛杉矶等地与当地学术界、媒体人士及民众进行交流，介绍西藏的发展变化，增进美国各界人士对西藏的了解。

9 月 8 日

中国藏学研究中心接待了西班牙《世界报》记者埃洛依·拉莫斯（Eloy Ramos Jaurez）和西班牙国家广播电视台记者安娜·阿隆索（Ana Alonso Montes）。会谈由历史研究所所长张云研究员主持，宗教所德吉卓玛研究员等学者参加了座谈。张云对藏研中心做了简要介绍并和中心专家学者一起解答了西班牙记者关于西藏发展情况及民族关系等一系列涉藏问题的提问。

9 月 11 日

作为西藏“十一·五”重点文物保护工程之一的色拉寺维修工程举行开工仪式。按照计划，国家将总共投入资金 4600 万元人民币对这处重要文物建筑体进行保护维修。由于年久失修，色拉寺文物建筑体出现了严重的险情。此次主要对色拉寺的措钦大殿、阿巴扎仓、吉扎仓、麦扎仓、哈东康村、恰扎康村、智吾康村等进行保护维修。整个维修工程将遵循“修旧如旧”的原则，既保持色拉寺文物建筑体原有宏伟壮观的风貌，又达到抢险、加固、维修、美化的目的。

9 月 12 日—22 日

中国藏学研究中心党组书记、副总干事游洛屏率领中国藏学研究中心赴欧学术访问团一行 5 人对奥地利和意大利两国进行了学术访问和交流。

奥地利是访问团的首站。在维也纳，访问团先后访问了奥地利科学院亚洲研究所和维也纳大学佛学和藏学系。其中，奥地利科学院是代表团访问的重点。在奥地利科学院，游洛屏书记一行与奥地利科学院院士、亚洲研究所前任所长、著名藏学家恩斯特·斯坦因凯勒教授和亚洲研究所现任所长黑尔穆特·卡萨热博士对中国藏学研究中心与奥地利科学院亚洲研究所从 2004 年开始的合作项目进行了评估，双方不仅对合作进行了肯定、积极的评价，并且希望在此基础上进一步深化和扩大合作领域。

在意大利，访问团先后对那不勒斯东方大学、意大利国立东方艺术博物馆和意大利亚洲与非洲研究所进行了访问。其中，对意大利亚洲与非洲研究所的访问是意大利之行的重点，取得了可喜的成果。双方在互相尊重、平等互利的原则上进行了友好的交流与协商，并就未来合作达成了框架协议。

应意大利亚洲与非洲研究所（ISAOL）要求，中国藏学研究中心学术访问团在该所举办了一场学术讲座。讲座由访问团成员熊文彬研究员主讲，题目为《西藏夏鲁寺中的汉式艺术因素与元代汉藏艺术交流》。来自意大利亚洲与非洲研究所、罗马大学和其他学术机构的专家学者和师生听取了讲座，并积极提问，主讲人和访问团其他成员就所提问题进行了回答，讲座收到了良好的效果。

9 月 14 日

中国作家协会赴藏调研采访团与西藏文学界部分知名作家举行座谈。西藏文联副主席吉米平阶在座谈会上向中国作协赴藏调研采访团简要介绍了西藏作协基本情况。西藏作协自成立至今，有会员 130 多名，平均年龄在 41 岁左右，68% 为藏族和其他少数民族作家，是一支以藏族作家为主体的年轻队伍。改革开放以来，西藏有 30 多位作家获得全国各类文学奖项。

9 月 16 日—21 日

以西藏社会科学院宗教所所长次仁加布为团长的中国藏学家代表团一行 5 人访问了澳大利亚。代表团在悉尼大学孔子学院召开了座谈会，会上次仁加布介绍了藏传佛教的概况、发展历程、教派、现状等情况。师生们纷纷举手提问，气氛热烈。代表团还在悉尼会晤了澳大利亚新南威尔士州议会亚太友好小组成员。

在首都堪培拉，代表团会见了澳大利亚联邦政府参议员，澳洲国立大学教授、专家和师生以及澳议会政策研究室研究员等。代表团所到之处都与澳大利亚友人进行了友好、深入、具体的沟通，获得良好反应。在墨尔本，代表团与当地市民及中国学者、侨界代表座谈，回答他们关于西藏历史和现状的问题。

9 月 20 日

应中央民族大学藏学研究院邀请，国际著名藏学家卡尔梅·桑木丹教授来中央民族大学讲学，开始了他在北京为期一个月的学术交流活动。

卡尔梅·桑木丹教授此次讲学一共分为8讲：《西藏最新发现的苯教手抄本》《关于与拉喇嘛遗嘱有关的苯教》《藏族的祭山意识》《藏族文化中的仪式和信仰》《大圆满：苯教和宁玛巴共有的哲学教义》《传说和历史相间的藏族历史编撰方法》《藏族宗教中的无宗派意识》《不丹多吉岭巴（或“雍仲岭巴”）的传记》等，他用简洁明了、深入浅出的方式，介绍了国际藏学界的研究现状，以及新的研究领域和方法。

9月22日—26日

由中国藏学研究中心与西藏民族学院联合主办的“西藏传统文化与和谐社会建设暨纪念《西藏民族学院学报》创刊30周年”学术研讨会在西藏民族学院举行。会议围绕“西藏传统文化与和谐社会建设暨纪念《西藏民族学院学报》创刊30周年”的主题展开探讨。大会共收到论文40余篇，来自北京、四川、青海、甘肃、陕西、西藏、广东、云南、河南等地的60余位专家学者出席了会议。30多位与会代表进行了发言，充分展示了各自取得的新的学术成果和见解。

9月28日—29日

西藏民族学院民族研究院邀请中国藏学研究中心原历史研究所所长陈庆英研究员作了题为“藏传佛教传记文学”的学术报告。

该院还聘请陈庆英研究员、周润年教授为西藏民族学院兼职教授。

9月29日

印度国际团结基金会代表团一行6人访问中国藏学研究中心。历史所所长张云研究员主持接见，出版社社长周华等专家学者参加座谈。张云向客人介绍了藏研中心的机构、人员、研究对象和主要研究成果。随后，双方就藏传佛教、藏医药发展的问题进行了深入交流，并期待在藏学研究和藏医药领域开展学术交流合作。

座谈结束后，印度国际团结基金会代表团一行参观了西藏文化博物馆和北京藏医院。

十月

10 月 13 日

藏传佛教宁玛派大圆满教法的总汇集《古译文献宝典》首发式在四川举行。该书是由多位专家学者历时 9 年搜集、补充、整理、出版的一部最全面、最系统的藏族文化巨典，是国家“十五”、“十一五”重点文化项目，全书共 133 卷 5300 万字。国家民委副主任丹珠昂奔，四川省人大常委会副主任张东升、副省长张作哈等出席首发式。

该书不仅从现有的经典中作了拔萃，还挖掘出很多有价值的新资料，特别是抢救了许多珍本、孤本。该书有文章 1300 多篇，900 多幅图片，3700 多个特殊符号，还有一卷独立的、分列清晰的索引。在编辑出版过程中，编委会先后组织了 5 次共 300 多人次进行了逐字逐句的校对，共邀请了几十位大堪布、专家、学者对其进行了 6 次对勘。该书由国家民委全国少数民族古籍整理研究室与四川省民委共同组织实施。

10 月 16 日

“国家民委少数民族古籍保护与资料信息中心”在中央民族大学正式挂牌成立。国家民委副主任丹珠昂奔和校长陈理共同为该中心揭牌。来自国家民委、北京市民委、中国民族图书馆、中国第一历史档案馆和清华大学等单位的有关领导和专家出席了揭牌仪式。

“国家民委少数民族古籍保护与资料信息中心”是专门从事中国少数民族古籍保护与资料信息工作的科研机构。该中心的主要任务包括建立数字化少数民族古籍图书馆和权威性的中国少数民族古籍资料库，并在少数民族古籍保护方面发挥信息交流、学术沟通和组织牵动作用。该中心将与国内外有关机构和专家进行广泛联系，开展密切合作，使中国少数民族古籍得到有效保护，实现四个方面的工作目标：在古籍保护方面，将采用数字化方法，建立一个数字化少数民族古籍图书馆，面向全球开放，实现资源共享；在资料建设方面，将征集新中国成立以来国内外正式或非正式出版的各种中国少数民族古籍研究资料，在此基础上建设一个权威性的中国少数民族古籍资料库，为国内外学者提供完备的学术资料；在信息建设方面，建立一座门户独立的网站，并以此为平台，加强国内外同行之间的信息交流和学术沟通，促进民族古籍工作向前发展；在科研方面，组织几个重大课题，获得高水平的研究成果，为我国少数民族古籍研究做出示范；组织若干具有牵动性的项目，带动地方古籍保护工作的开展。

仪式上，8 名学术委员会成员和 33 名专职研究员接受了聘书。

10 月 17 日—25 日

应美国特拉华大学文理学院和加拿大渥太华大学文化研究中心的邀请，由北京藏医院党委书记多尔吉研究员为团长，中国藏学研究中心科研办公室副主任张春燕研究员和北京藏医院党委委员、服务中心主任冯岭为成员的学术代表团前往美国和加拿大 3 所大学、3 所博物馆、4 所科研机构进行了学术交流。此次出访了解了美国、加拿大博物馆特别是数字博物馆方面的发展情况，获得了珍贵的藏医药文献资料，并与特拉华大学文理学院和渥太华大学文化研究中心达成了初步的合作意向。

10 月 19 日—10 月 31 日

德国汉堡大学印藏学系哈如那嘎·伊萨克森（Harunaga Isaacson）教授再次来到中国藏学研究中心继续开展相关合作项目，并与中心学者一同研究有关梵文文献资料。

哈如教授在中国藏学研究中心做了题为“梵文写本文化”的学术讲座，来自北京大学和中央民族大学以及藏研中心的专家学者参加了讲座。

10 月 22 日—25 日

中国藏学研究中心合作伙伴日本龙谷大学桂绍隆教授、若原教授，东京大学印藏学系斋藤明教授（日本印度学佛教学研究会理事长）访问了中国藏学研究中心。拉巴平措总干事和郑堆副总干事分别会见座谈，探讨合作情况。桂绍隆教授希望藏研中心不仅与龙谷大学合作，也能与日本的各大学、相关藏学机构、佛学机构进行合作，中日双方能在藏学领域的研究中互惠、互利，共同取得研究成果。

10 月 24 日，中日学者在藏研中心举行了“首届中日学者藏学论坛”。来自日本龙谷大学、东京大学、德国汉堡大学以及北京大学、中央民族大学、中国藏学研究中心的近 20 位学者参加了论坛。中方郑堆研究员和日方龙谷大学桂绍隆教授分别主持了上下午的论坛，与会的 6 位学者作了主旨发言，其中日本学者的发言内容涉及藏文翻译特征研究、日本涉藏史研究，中国学者的发言内容涉及藏传佛教研究、藏汉艺术交流研究。

“中日学者藏学论坛”这一形式得到了与会中、日学者的一致肯定。会后，日本龙谷大学与中国藏学研究中心商谈了进一步的合作项目，其中“中日学者藏学论坛”被确定为长期举办的论坛，定期轮流在中国、日本召开。

10 月 22 日

中国藏学研究中心历史所所长张云研究员接待了俄罗斯圣彼得堡大学蒙古语与藏语系西藏研究项目主席乌斯宾斯基教授的来访，对外联络处黄文娟处长与历史所相关人员参加。

乌斯宾斯基教授介绍了圣彼得堡大学及其本人目前在藏学研究及教学方面的情况。乌斯宾斯基教授从 20 世纪 70 年代起开始学习藏文，目前指导 11 位藏学专业的本科学生，主要研究西藏历史、宗教，同时也关注西藏的经济社会发展，并提出几点具体的合作愿望。

张云研究员对乌斯宾斯基教授长期以来给予的支持和帮助表示了感谢，之后分别从历史所研究领域和历史所对外交流与合作的角度谈了自己的看法。

乌斯宾斯基教授表示同意张所长提出的建议，认为这是双方合作的一个良好开端，并表示回去后将进一步设计日后具体的合作方案。

10 月 22 日

越南中央民运部干部培训班一行 25 人访问中国藏学研究中心。历史所所长张云研究员主持，宗教所德吉卓玛研究员等参加座谈。张云对藏研中心的职责和主要研究领域做了介绍并和专家学者一起解答了外宾关于藏区经济发展、人口状况等问题的提问。

10 月 24 日

由第二届少数民族地区信息传播与社会发展论坛组委会、中国人民大学新闻学院、中国人民大学新闻与社会发展研究中心和西藏民族学院联合主办的“第二届少数民族地区信息传播与社会发展论坛”在西藏民族学院开幕。论坛以“传播·团结·发展”为主题，来自全国各地的 40 余家高校、新闻媒体、研究机构在内的百余名专家学者教授应邀参加了此次论坛。

本届论坛分八个分论坛，从民族地区新闻传播的发展历史、民族地区新闻传播的现状和发展战略、不同语言文字的民族传播媒介、信息传播对于民族地区发展的内在价值等方面展开研讨。论坛期间，还召开了《中国少数民族地区新闻传播发展报告》工作会议，讨论确定了报告内容涉及的时间、写法和模式以及工作进度。《中国少数民族地区新闻传播发展报告》的编撰，将成为民族新闻传播研究的奠基工程和文献宝库。

十一月

11 月 5 日—7 日

由西藏藏医学院和西藏红十字会联合主办的 2010 年西藏自治区藏医药学术研讨会在拉萨召开。学术研讨会吸引了来自西藏 7 地市的 100 多名藏医药研究专家和学者参加。会议主要就如何用藏医药技术治疗中风、肿瘤，以及加大藏医药研发和资源保护力度等三大课题进行交流和探讨。西藏各地市藏医学院、藏药厂、藏医院相关负责人、藏医药研究专家、知名学者、寺庙藏医共 100 余人进行了交流研讨。成果包括用藏文书写的《用藏医药治疗中风疗效》《昌都地区藏医院关于藏药治疗肝癌疗效分析》《论藏药配方的四大原则》等 51 篇学术论文。

11 月 8 日

俄罗斯新闻社记者和俄罗斯电视台记者一行 4 人访问中国藏学研究中心，国新办工作人员及翻译随行。历史所所长张云研究员主持接见，当代所副所长刘洪记研究员等参加了座谈。张云介绍了藏研中心并和中心专家学者一起回答了记者关于西藏宗教政策及活佛转世流程等方面的提问。采访结束后，客人在工作人员的陪同下参观了西藏文化博物馆。

11 月 19 日

西藏藏医学院组织专门的工作人员通过政府各个部门、社团组织和民间团体，采用“地毯式”搜集方式，寻找散落在西藏各地的藏医药古籍文献。西藏藏医学院计划用两到三年时间建成世界最大的藏医药古籍文献中心，实行数字化管理，实现资源共享。目前该中心已经搜集了 4300 余卷古籍文献。

11 月 23 日

中国西藏杂志社在广州珠海举行了第九次工作会议。西藏、四川、青海、北京等地的有关领导、专家等 34 人参加了会议并发言。杂志社总编辑张晓明在会上作了主旨发言，就杂志创办 20 年后面临的新机遇和选择等发表了意见。

11 月 23 日—24 日

由中国藏学研究中心主办的“首届藏学珠峰论坛”在北京召开，来自北京、西藏、甘肃、青海、四川、云南等 11 个省、自治区、直辖市的近百位学者参加了讨论会。

中国藏学研究中心党组书记游洛屏主持开幕式。中国藏学研究中心总干事拉巴平措作了题为“2010 年中国藏学研究评述”的主旨发言，对即将过去的一年的藏学成果进行了回顾。

论坛期间，来自中央党校、中国社会科学院、中国国际关系研究院、北京大学、清华大学、中央民族大学、四川大学、西藏大学等数十家学术机构近百位专家学者就社会经济研究、当代政治研究、历史研究、宗教研究和藏医药研究等分组进行发言。

11 月 25 日

西南民族大学、中国民族医药协会、中国藏学研究中心北京藏医院、成都中医药大学在四川成都联合举办了“2010 民族医药发展与创新论坛”。该论坛也是“2010 年第三届中医药现代化国际科技大会”的第七分会，以“发掘民族医药科学内涵、推动民族医药发展创新”为主题。来自国内外民族医药行业科研院所、民族医院、民族医药企业、少数民族医药及相关单位的专家学者和管理人员 100 余人参加了论坛的开幕式。中国民族医药协会陈虹会长致开幕词。中央统战部副部长、中国民族医药协会名义顾问斯塔在开幕式上讲话。

开幕式结束后，中国民族医药协会常务副会长、中国藏学研究中心北京藏医院院长黄福开教授和巴桑教授主持民族医药发展与创新论坛。专家们相继在会上做了主题发言。

论坛期间，西南民族大学与北京藏医院签署了合作协议，将在成都成立一家藏医院——西南藏医院，并计划 2012 年在西南民族大学招收第一批藏医学专业学生。民族医药发展与创新论坛结束后，与会领导和嘉宾参加了由西南民族大学举办的“藏医药民族医药暨西南藏医院发展规划座谈会”。座谈会由西南民族大学副校长王永主持。会上，西南民族大学对西南藏医院发展规划做了介绍，专家们就民族医学，特别是藏医的研究和创新发展进行了研讨，对西南藏医院的建设提出了建议。按照规划，西南藏医院完成申报立项后将开始建设，地址在西南民族大学老校区，占地约 7000 平方米，预期投入 8 千万元。

十二月

12 月 9 日—10 日

中国藏学研究中心外事外宣工作会议在中央社会主义学院召开，中央统战部及中国藏学研究中心领导与相关人员出席会议。拉巴平措总干事在会上作了题为《总结经验，发挥优势，开创藏研中心外事外宣工作新局面》的工作报告。

会议旨在落实中央第五次西藏工作座谈会精神和杜青林部长关于藏研中心工作的指示精神，回顾总结 2008 年以来的外事外宣工作，研讨新形势下涉藏外事外宣工作情况，探索下一步如何更好地做好外事外宣工作。

12 月 14 日—15 日

由国家民委组织的“第三次全国少数民族古籍工作会议”在北京中央民族干部学院召开。国家民委机关各部门和委属各单位负责人、各省区市民委主管少数民族古籍工作的领导、古籍办负责人、受表彰的单位和个人代表共 140 人参加了会议。全国政协副主席白立忱接见了与会代表，并与全体代表合影留念。

会上，国家民委副主任丹珠昂奔宣读了《国家民委关于表彰全国少数民族古籍工作先进集体和先进个人的决定》，会议表彰了 25 个先进集体和 47 名先进个人。

12 月 19 日

“著名藏学家黄颢先生学术追思会及《贤者喜宴——吐蕃史译注》首发式”在中国社会科学院民族学与人类学研究所举行。

中国藏学研究中心、中国社会科学院民族学与人类学研究所、中央民族大学、西藏民族学院、中国西藏网、中国西藏杂志社等有关单位的专家学者 80 余人出席了会议。

中国社会科学院民族学与人类学研究所罗贤佑研究员在会上全面介绍了黄颢先生的生平事迹及学术成果。周润年教授在会上介绍了他与黄颢先生共同完成的《贤者喜宴——吐蕃史译注》的翻译和出版情况。

著名藏学家王尧先生以及喜饶尼玛、陈庆英等多位学者在会上发言，大家讨论了《贤者喜宴——吐蕃史译注》的学术价值，缅怀了黄颢先生的学术品格与高风亮节。大家认为黄颢先生一生淡泊名利，潜心研究学问，具有强烈的使命感，是公认的求真务实、知识渊博的藏学家。

12 月 19 日

北京大学马戎教授，中央民族大学白振声教授、丁宏教授、苏发祥教授等一行 15 位专家学者应邀前往西藏民族学院开展学术交流。

该院党委常委、副院长王学海教授与北京大学、中央民族大学专家学者进行了座谈，介绍了学院办学历史、办学成绩和发展现状。各位专家学者积极为该院的人才培养、科学研究、学科建设等问题建言献策。座谈会上，王学海副院长代表学院向马戎、杨圣敏、白振声、丁宏、苏发祥等 5 位教授颁发了兼职教授聘书。

马戎教授应邀作了题为“关于少数民族教育几点思考”的学术讲座。讲座中，马戎教授从新世纪的竞争态势中的民族教育谈起，认为我国教育的整体发展必须将少数民族教育纳入整体规划之中，必须认识到少数民族教育的重要性。他就少数民族教育事业发展的意义、保护“人”还是保护“传统文化”、语言是传统文化的载体和学习工具、尊重各族人民学习语言文化的选择权等问题展开讨论，提出了在关注人发展的前提下提升文化竞争力的观点，并在此基础上探索出“新双语模式”，要因地制宜、采取多种模式发展少数民族地区的教育事业。

人物介绍

王兴先生平

王兴先（1936. 1—2010. 6），男，汉族。甘肃省甘南藏族自治州临潭县木地坡村人。著名格萨尔学专家。2010 年 6 月 1 日在兰州逝世，享年 75 岁。

王兴先 1958 年毕业于西安市一中，1963 年毕业于中央民族学院少数民族语言文学系藏语文专业。1963 年至 1975 年在西藏阿里改则县工作。1975 年以后在西北民族学院（现西北民族大学）工作至退休，先后担任格萨尔研究院院长、名誉院长，格萨尔研究院研究员、博士生导师。

王兴先先生是一个对工作极端认真负责的人。在海拔 5200 多米的西藏阿里工作的 12 年艰苦岁月里，他时常到民间、寺院翻看经文、寻找史料，记录了数十万字的笔记，整理了 2000 余首藏族歌谣、谚语以及大量的史诗和传说，将大好的青春年华奉献给了雪域高原。

1981 年以来，王先生潜心于格萨尔学和史诗学研究，致力于以世界最长的史诗——藏族《格萨尔》为主的多民族《格萨尔》的发掘、抢救、搜集、整理和翻译、研究工作。先后赴云南、青海、甘肃等地民族村寨，深入调查流传在土、裕固、普米、纳西等民族和摩梭人中间的《格萨尔》，重点调查发掘出了土族、裕固族《格萨尔》。在研究史诗的过程中，王先生凭借敏锐的学术眼光，提出要使多民族《格萨尔》史诗发扬光大，抢救濒临灭绝的非物质文化遗产光靠翻译和单纯从文学角度研究《格萨尔》是远远不够的，必须要建立多学科研究体系，从多角度、多视野对《格萨尔》进行综合研究的思路。他从多民族《格萨尔》的资料建设和《格萨尔》所描述的博大精深的文化内涵出发，广开思路，从边缘、交叉学科着眼，提出格萨尔民族学、格萨尔语言学、格萨尔宗教学、格萨尔民俗学、格萨尔文艺学、格萨尔军事学等多个分支学科及其相关的研究方法，从总体上构建格萨尔学的理论体系和方法论。1994年，他又提出研究与抢救搜集相结合、研究与整理翻译相结合、研究与学术活动相结合、研究与培养人才相结合、研究与学科建设相结合的“五结合”的研究方向和发展目标。

王兴先先生研究成果丰硕，他主持和担任主编的国家重点图书出版规划项目《格萨尔文库》，部分曾获省委省政府社科成果一等奖。因其卓越的学术成就，王先生获国家四部委授予的有“突出贡献的先进个人”称号，任中国少数民族文学学会常务理事、中国格萨尔协会副理事长等社会兼职，1993 年起享受国务院政府特殊津贴。

在学术交流方面，王先生成功组织或参与了西北民族大学举办的全国《格萨尔》“八五”工作规划会议（1992 年）、第四届国际《格萨尔》学术研讨会（1996 年）、《格萨尔》千周年纪念大会（2004 年）和第六届国际《格萨尔》学术研讨会（2006 年）。王先生先后获 13 个国家 18 次国际学术会议的邀请，赴挪威、奥地利、日本和美国等国参加国际藏学、国际汉藏语言学研讨会。1994 年获英国剑桥国际传记中心“格萨尔学特别成就奖”，1995 年被选为该中心咨询委员会荣誉成员。

在人才培养方面。王先生为硕士和博士研究生讲授《史诗学》《格萨尔学》等课程，几十年如一日地忘我工作。王先生良好的工作态度和敬业精神赢得了领导、同事和学生的敬仰，王先生严谨的治学态度和谦虚的学术精神永驻每个格萨尔研究者的心胸。

王兴先先生献身民族团结进步事业近五十个春秋，他以严谨的工作作风和亲和的人格魅力影响了一代代莘莘学子。王兴先先生的一生是为党的民族工作和民族教育事业奋斗不息的一生，为西北民族大学的民族教育事业做出了不可磨灭的贡献。

藏学机构

藏学机构

北京

中国藏学研究中心

中国社会科学院民族学与人类学研究所

中国社会科学院中国边疆史地研究中心

中国社会科学院世界宗教研究所

中国社会科学院民族文学研究所

中国科学院地理科学与资源研究所（中国青藏高原研究会）

国家民委民族问题研究中心

中共中央党校科学社会主义教研部民族宗教理论教研室

北京大学人类学社会学研究所

中央民族大学藏学研究院

中国人民大学国学院

中国藏语系高级佛学院

民族出版社

中国藏学出版社

《中国藏学》杂志社

《中国西藏》杂志社

中央民族语文翻译局藏文室

中国西藏网

中国第一历史档案馆

中国藏学研究中心西藏文化博物馆

北京藏医院

西藏

中共西藏自治区党委党史研究室（西藏自治区地方志办公室）

西藏自治区社会科学院

西藏自治区民族艺术研究

所中共西藏自治区委党校

西藏大学

西藏民族学院（位于陕西咸阳）

西藏自治区档案馆

西藏自治区博物馆

四川

四川藏学研究所

四川省民族研究所

四川省社会发展研究中心藏学研究所

四川省社会科学院康藏研究中心

四川大学中国藏学研究所

西南民族大学

四川省甘孜州藏学研究所

四川省阿坝州藏文编译局

四川省凉山彝族自治州藏学会

云南

云南民族大学

云南省迪庆藏族自治州藏学研究所

甘肃

甘肃省民族研究所

甘肃省藏学研究所

西北民族大学

甘肃省民族师范学院

青海

青海省社会科学院民族宗教研究所

中共青海省委党校

青海师范大学民族师范学院

青海民族大学

青海大学藏医学院

青海藏医学院

其他

陕西师范大学西北少数民族研究中心

中国第二历史档案馆

论著索引

藏学图书要目

汉文部分

哲学宗教

1. 苯教密法/拉弛著；杰当·西饶江措翻译；云南省民族学会藏族研究委员会编．云南民族出版社．
ISBN：978－7－5367－4713－5　CNY260.00（共6册）
2. 布达拉宫［中英文本］/彭措朗杰编著．—北京：中国大百科全书出版社．
ISBN：978－7－5000－8361－0　CNY38.00
3. 昌都强巴林寺及历代帕巴拉传略/江参等编著；扎雅·洛桑普赤翻译．—北京：中国藏学出版社．
ISBN：978－7－80253－290－8　CNY13.00
4. 村落·信仰·仪式：河湟流域藏族民间信仰文化研究/谢热著．—北京：社会科学文献出版社．
ISBN：978－7－5097－1713－4　CNY35.00
5. 当代藏传佛教活佛：信徒认同和社会影响/嘎·达哇才仁著．—北京：中国藏学出版社．
ISBN：978－7－80253－259－5　CNY18.00
6. 拉萨市藏传佛教寺院/群培著；罗旦译注；陈庆英校．—拉萨：西藏人民出版社．

ISBN：978 -7 -223 -02866 -0　CNY42.00

7. 拉卜楞寺藏传佛教文化论稿/丹曲著. —兰州：甘肃民族出版社.
   ISBN：978 -7 -5421 -1648 -2　CNY45.00
8. 莲花戒名著《修习次第论》研究/周拉著. —北京：宗教文化出版社.
   ISBN：978 -7 -80254 -311 -9　CNY40.00
9. 绿度母宝藏/秋吉·林巴仁波切本论；祖古·乌金仁波切总论；楚喜·阿帝仁波切释义；艾瑞克·贝玛·昆桑英译；方中泽汉译. —北京：紫禁城出版社.
   ISBN：978 -7 -5134 -0030 -5　CNY68.00
10. 顿与渐：中国思想中通往觉悟的不同法门/［美］彼得·N. 格里高瑞编；冯焕珍等译. —上海：上海古籍出版社.
    ISBN：978 -7 -5325 -5503 -1　CNY50.00
11. 藏传佛教面面观/吴均著. —北京：中国藏学出版社.
    ISBN：978 -7 -80253 -230 -4　CNY18.00
12. 活佛转世及其历史定制/陈庆英、陈立健著. —北京：中国藏学出版社.
    ISBN：978 -7 -80253 -208 -3　CNY23.00
13. 藏传佛教四大活佛系统与清朝治理蒙藏方略/星全成、陈柏萍著. —西宁：青海人民出版社.
    ISBN：978 -7 -225 -03554 -3　CNY48.00
14. 吐蕃佛教/黄明信著. —北京：中国藏学出版社.
    ISBN：978 -7 -80253 -229 -8　CNY28.00
15. 西藏中部农区民间宗教的信仰类型与祭祀仪式/孙林著. —北京：中国藏学出版社.
    ISBN：978 -7 -80253 -255 -7（精装）　CNY43.00
16. 藏区宗教文化生态/尕藏加著. —北京：社会科学文献出版社.
    ISBN：978 -7 -5097 -1231 -3　CNY49.00
17. 2008 ~2009 云南宗教情势报告/杨学政主编. —昆明：云南大学出版社.
    ISBN：978 -7 -5482 -0288 -2　CNY26.00
18. 圣洁白莲花：第四世巴珠活佛传略/达文·南卡多杰等著. —北京：宗教文化出版社.
    ISBN：978 -7 -80254 -137 -5（精装）　CNY78.00
19. 扎什伦布寺/彭措朗杰编著. —北京：中国大百科全书出版社.
    ISBN：978 -7 -5000 -8360 -3（软精装）　CNY38.00

20. 托林寺/彭措朗杰编著．—北京：中国大百科全书出版社．
ISBN：978 -7 -5000 -8359 -7 CNY42.00
21. 敦煌文献与佛教研究/李德龙著．—北京：中央民族大学出版社．
ISBN：978 -7 -81108 -819 -9 CNY26.00
22. 中古敦煌佛教社会化论略/马德、王祥伟著．—北京：中国社会科学出版社．
ISBN：978 -7 -5004 -8336 -6 CNY25.00
23. 西藏的寺与僧：1940 年代/柳陞祺著．—北京：中国藏学出版社．
ISBN：978 -7 -80253 -213 -7 CNY18.00
24. 西藏佛教发展史略/王森著．—北京：中国藏学出版社．
ISBN：978 -7 -80253 -231 -1 CNY35.00
25. 佛光降临谁家？“贡唐文殊大师”转世灵童寻访认定坐床全景图说/王云峰著．—兰州：甘肃民族出版社．
ISBN：978 -7 -5421 -1693 -2 CNY68.00
26. 章嘉呼图克图研究/邓建新著．—北京：宗教文化出版社，
ISBN：978 -7 -80254 -274 -7 CNY25.00
27. 决定宝灯/不败尊者造论；谈锡永译注；邵颂雄导论．—北京：华夏出版社．
ISBN：978 -7 -5080 -5281 -6 CNY46.00
28. 幻化网秘密藏续释：光明藏/不败尊者造；谈锡永释；沈卫荣译．—北京：华夏出版社．
ISBN：978 -7 -5080 -5977 -8 CNY48.00
29. 无修佛道：现证自性大圆满本来面目教授/摧魔洲尊者造论；敦珠尊者科判；谈锡永导论；许锡恩翻译．—北京：华夏出版社．
ISBN：978 -7 -5080 -5282 -3 CNY34.00
30. 九乘次第论集：佛家各部见修差别/敦珠尊者等著；许锡恩译．—北京：华夏出版社．
ISBN：978 -7 -5080 -5283 -0 CNY36.00
31. 四重缘起深般若/谈锡永著．—北京：华夏出版社．
ISBN：978 -7 -5080 -5174 -1 CNY50.00
32. 大圆满前行及赞颂/谈锡永整理；邵颂雄导论．—北京：华夏出版社．
ISBN：978 -7 -5080 -6037 -8 CNY35.00
33. 心经内义与究竟义/谈锡永等著译．—北京：华夏出版社．

ISBN：978－7－5080－5284－7　CNY42.00

34. 大圆满心性休息导引/龙青巴尊者造论；谈锡永译释.—北京：华夏出版社.
ISBN：978－7－5080－5837－5　CNY29.00

35. 拉卜楞民俗文化/华锐·东智著.—兰州：甘肃民族出版社.
ISBN：978－7－5421－1950－6　CNY28.00

36. 拉卜楞寺/运海园编著.—长春：吉林文史出版社.
ISBN：978－7－5463－3344－1　CNY14.80

37. 拉卜楞“塔哇”的社会文化变迁/贡保草著.—北京：民族出版社.
ISBN：978－7－105－10102－3　CNY20.00

38. 拉卜楞及其属寺/杨才让塔、欧甲、索南龙珠著.—兰州：甘肃民族出版社.
ISBN：978－7－5421－1659－8　CNY58.00

39. 拉卜楞寺高僧传略/洲塔著.—兰州：甘肃民族出版社.
ISBN：978－7－5421－1660－4　CNY58.00

40. 内地旅行者眼中的拉卜楞/宗喀·漾正冈布著.—兰州：甘肃民族出版社.
ISBN：978－7－5421－1664－2　CNY58.00

41. 拉卜楞民间舞“卓”/贡保南杰著.—兰州：甘肃民族出版社.
ISBN：978－7－5421－1628－4　CNY58.00

42. 入驻拉卜楞/尕藏才旦著.—兰州：甘肃民族出版社.
ISBN：978－7－5421－1630－7　CNY58.00

43. 拉卜楞文化导读/王砚著.—兰州：甘肃民族出版社.
ISBN：978－7－5421－1682－6　CNY58.00

44. 西方旅行者眼中的拉卜楞/宗喀·漾正冈布著.—兰州：甘肃民族出版社.
ISBN：978－7－5421－1680－2　CNY58.00

45. 拉卜楞民俗风情/华锐·东智著.—兰州：甘肃民族出版社.
ISBN：978－7－5421－1629－1　CNY58.00

梵文研究

46. 梵语文学读本/黄宝生编著.—北京：中国社会科学出版社.
ISBN：978－7－5004－8749－4（精装）　CNY98.00

47. 二十部短篇梵文经典集　第1部（上下册）/自运注释.—北京：中国藏学出版社.

ISBN：978－7－8025－3282－3　CNY120.00

48.《撰集百缘经》语法研究/遇笑容著．—北京：商务印书馆．
ISBN：978－7－100－06602－0　CNY20.00

49. 迦梨陀娑《时令之环》汉藏译注与研究/［古印度］迦梨陀娑著；罗鸿汉文译注；拉先加藏文译注．—北京：中国藏学出版社．
ISBN：978－7－80253－294－6　CNY39.00

50. 禅定与苦修：关于佛传原初梵本的发现和研究/刘震著．—上海：上海古籍出版社．
ISBN：978－7－5325－5667－0　CNY58.00

51. 梵语教程/裴文编著．—北京：世界图书出版公司北京公司．
ISBN：978－7－5100－2394－1　CNY49.00

52. 五十奥义书/徐梵澄译．—2 版，修订本．—北京：中国社会科学出版社．
ISBN：978－7－5004－1459－9（精装）　CNY128.00

53. 奥义书/黄宝生译．商务印书馆．
ISBN：978－7－100－06502－3　CNY27.00

54. 薄伽梵歌/［古印度］毗耶娑著；黄宝生译．商务印书馆．
ISBN：978－7－100－07227－4　CNY15.00

55. 梵语诗学与西方诗学比较研究/尹锡南著．—成都：巴蜀书社．
ISBN：978－7－80752－663－6（精装）　CNY45.00

政治、军事、法律

56. 对话西藏：神话与现实/李希光主编．—北京：法律出版社．
ISBN：978－7－5118－0797－7　CNY38.00

57. 山南政协 50 年/克珠主编；《山南政协 50 年》编纂委员会编．—拉萨：西藏人民出版社．
ISBN：978－7－223－02898－1（精装）　CNY168.00

58. 历史的跨越：庆祝昌都解放六十周年专辑/王瑞连主编．—北京：中国藏学出版社．
ISBN：978－7－80253－278－6　CNY56.00

59. 西藏知识干部读本/王晨主编．—北京：人民出版社．
ISBN：978－7－01－009104－4　CNY35.00

60. 云南民族地区民主改革资料集/秦和平编 . —成都：巴蜀书社 .
ISBN：978 -7 -80752 -718 -3　CNY48. 00

61. 云南民族关系调查研究/郭家骥著 . —北京：中国社会科学出版社 .
ISBN：978 -7 -5004 -8606 -0　CNY58. 00

62. 雪山下的丑行：西藏暴乱的来龙去脉/徐明旭著 . —成都：四川教育出版社 .
ISBN：978 -7 -5408 -5326 -6　CNY30. 00

63. 正义的声音/西藏日报社编 . —拉萨：西藏人民出版社 .
ISBN：978 -7 -223 -02981 -0　CNY58. 00

64. 玉树不倒 · 青海长青：玉树抗震救灾主题展览观众留言选编/中共中央宣传部宣传教育局，中国人民革命军事博物馆编 . —北京：学习出版社 .
ISBN：978 -7 -80116 -948 -8　CNY35. 00

65. 援藏：第五批对口支援西藏纪实/许鹏主编；杨亚明等撰稿；中共西藏自治区党委组织部，中国西藏杂志社编 . —北京：华文出版社 .
ISBN：978 -7 -5075 -3226 -5（精装）　CNY866. 00

66. 藏族古代法新论/华热 · 多杰著 . —北京：中国政法大学出版社 .
ISBN：978 -7 -5620 -3624 -1　CNY29. 00

67. 西藏古近代军事史研究资料选辑/次旦扎西、杨永红编 . —拉萨：西藏人民出版社 .
ISBN：978 -7 -223 -02891 -2　CNY58. 00

68. 西藏古近代军事史研究/次旦扎西、杨永红著 . —拉萨：西藏人民出版社 .
ISBN：978 -7 -223 -02893 -6　CNY28. 00

69. 西藏古近代军事史研究论文选/次旦扎西、杨永红编 . —拉萨：西藏人民出版社 .
ISBN：978 -7 -223 -02892 -9　CNY32. 00

70. 藏区土司制度研究/贾霄锋著 . —西宁：青海人民出版社 .
ISBN：978 -7 -225 -03720 -2　CNY54. 00

71. 拉萨市规章规范性文件汇编/多吉次珠主编；拉萨市人民政府法制办公室编 . —拉萨：西藏人民出版社 .
ISBN：978 -7 -223 -02928 -5　CNY95. 00，CNY160. 00（精装）

72. 中国共产党在西藏工作的决策与实践研究/普布次仁［主持］. —拉萨：西藏人民出版社 .
ISBN：978 -7 -223 -02825 -7　CNY35. 00

73. 中国共产党西藏昌都地区历史大事记：1949－2009/程越主编．—北京：中国藏学出版社．
ISBN：978－7－80253－279－3　CNY40.00
74. 中国政府西藏白皮书汇编/王晨主编；国务院新闻办公室编．—北京：人民出版社．
ISBN：978－7－01－009166－2　CNY38.00
75. 西藏基层政权建设研究/孙宏年，倪邦贵主编．—北京：中国藏学出版社．
ISBN：978－7－80253－287－8　CNY21.00
76. 中国西藏：事实与数字．2010/王刚毅、亓文公主编．—北京：五洲传播出版社．
ISBN：978－7－5085－1857－2　CNY118.00
77. 青海藏区社会稳定研究/杨虎德主编．—昆明：云南教育出版社．
ISBN：978－7－5415－4555－9　CNY26.00

经济社会

78. 扶贫综合开发绩效研究：西藏扎囊县德吉新村调查报告/郑洲著．—北京：社会科学文献出版社．
ISBN：978－7－5097－1273－3　CNY138.00（全4册）
79. 青藏铁路带来的新农村：西藏拉萨市柳梧乡柳梧村调查报告/陈朴著．—北京：社会科学文献出版社．
ISBN：978－7－5097－1273－3　CNY138.00（全4册）
80. 海西蒙古族藏族自治州社会主义新农村新牧区建设规划/谢长礼主编；海西州新农村新牧区建设领导小组办公室编．—西宁：青海人民出版社．
ISBN：978－7－225－03695－3　CNY45.00
81. 甘孜藏族自治州林业志：1991－2005/贺家仁主编；《甘孜藏族自治州林业志》编写组编．—成都：四川科学技术出版社．
ISBN：978－7－5364－7017－0（精装）　CNY100.00
82. 民族手工业村经济与社会发展：西藏山南地区贡嘎县杰德秀居委会调查报告/孙继琼著．—北京：社会科学文献出版社．
ISBN：978－7－5097－1273－3　CNY138.00（全4册）
83. 如何突破贫困陷阱：滇青甘农牧藏区案例研究/王洛林、朱玲主编．—北京：经济管理出版社．
ISBN：978－7－5096－1160－9　CNY22.00

84. 木里藏族经济发展战略研究/韦安多著．—北京：中央民族大学出版社．
ISBN：978－7－81108－898－4　CNY18.00

85. 西藏经济发展研究/安平著．—北京：中央民族大学出版社．
ISBN：978－7－81108－885－4　CNY22.00

86. 中国西藏发展报告．2010/孟德利、白玛朗杰主编．—拉萨：西藏藏文古籍出版社．
ISBN：978－7－80589－111－8　CNY40.00

87. 中国西藏农牧业特色产业报告：2008/孙勇、周炜主编．—北京：中国藏学出版社．
ISBN：978－7－80253－266－3　CNY37.80

88. 天路带来吉祥：西藏那曲地区那曲县那曲镇门地22村调查报告/杨本锋、唐文武、王雪锋著．—北京：社会科学文献出版社．
ISBN：978－7－5097－1273－3　CNY138.00（全4册）

89. 甘孜藏族自治州地方税务志：1994－2005/叶凤康总编；《甘孜藏族自治州地方税务志》修志工作领导小组编纂．—北京：方志出版社．
ISBN：978－7－80238－809－3（精装）　CNY238.00

90. 迪庆藏族自治州交通运输志/倪荣华著；迪庆藏族自治州交通局编．—昆明：云南民族出版社．
ISBN：978－7－5367－4650－3（精装）　CNY140.00

91. 青海省藏族地区经济与社会协调发展研究/张宏岩著．—北京：中央民族大学出版社．
ISBN：978－7－81108－902－8　CNY28.00

92. 和谐理念下的西藏旅游业发展研究/杨维军著．—北京：中国藏学出版社．
ISBN：978－7－80253－260－1（精装）　CNY28.00

93. 迪庆藏族自治州金融志（新修）/黄云海总编纂；迪庆藏族自治州金融志编纂委员会编．—昆明：云南人民出版社．
ISBN：978－7－222－06985－5（精装）　CNY180.00

94. 果洛藏族自治州年鉴．2009/华贡杰主编；果洛藏族自治州地方志编纂委员会编．—西宁：青海民族出版社．
ISBN：978－7－5420－1552－5（精装）　CNY128.00

95. 香格里拉地区的自然与人文多样性及发展模式/徐柯健著．—北京：地质出版社．

ISBN：978－7－116－06877－3　CNY28.00

96. 青藏高原区域可持续发展研究/刘同德著．—北京：中国经济出版社．

ISBN：978－7－5017－7300－8　CNY35.00

97. 雪域通途：青藏公路建成通车/张学亮编写．—长春：吉林出版集团有限责任公司．

ISBN：978－7－5463－1871－4　CNY8.00

98. 西藏年鉴．2009/西藏年鉴编辑委员会［编］．—拉萨：西藏人民出版社．

ISBN：978－7－223－02807－3（精装）　CNY498.00

99. 四川农村年鉴．2009/敖玉明主编；四川省人民政府办公厅编．—成都：电子科技大学出版社．

ISBN：978－7－5647－0453－7（精装）　CNY360.00

100. 四川农村发展报告/郭晓鸣主编．—成都：四川人民出版社．

ISBN：978－7－220－08033－3　CNY48.00

101. 四川年鉴．2010/薛康总编辑；四川年鉴社编辑．—成都：四川省人民政府办公厅主管主编．

ISSN：1003－6814（精装）　CNY320.00

102. 四川统计年鉴．2010/四川省统计局，国家统计局四川调查总队编．—北京：中国统计出版社．

ISBN：978－7－5037－5987－1（精装）　CNY320.00

103. 甘肃草场植被与草地生态系统/同文轩，张怀山著．—兰州：甘肃科学技术出版社．

ISBN：978－7－5424－1395－6　CNY68.00

104. 甘肃可持续发展研究/张政民著．—兰州：兰州大学出版社．

ISBN：978－7－311－03532－7　CNY36.00

105. 甘肃民族地区科学发展与和谐社会建设问题研究/张积良著．—北京：民族出版社．

ISBN：978－7－105－10791－9　CNY20.00

106. 2010甘肃发展报告/樊怀玉、鲜力群主编．—兰州：甘肃人民出版社．

ISBN：978－7－226－03979－3　CNY40.00

107. 甘肃发展年鉴．2010（第一期）/樊怀玉、鲜力群主编；甘肃发展年鉴编委会编．—北京：中国统计出版社．

ISBN：978－7－5037－6082－2（精装）　CNY330.00

108. 2009～2010年青海经济社会形势分析与预测/赵宗福主编．—西宁：青海人民出版社．

ISBN：978－7－225－03602－1　CNY60.00

109. 甘肃民族地区构建社会主义和谐社会研究/王扎西主编．—北京：民族出版社．

ISBN：978－7－105－10831－2　CNY25.00

110. 甘肃年鉴．2009/金庆礼主编；甘肃省地方史志办公室编．—兰州：甘肃文化出版社．

ISBN：978－7－5490－0014－2（精装）　CNY360.00

111. 甘肃农村年鉴．2010(总第10期)/鲜力群主编;甘肃农村年鉴编委会编．—［兰州］：甘肃农村年鉴社出版．

112. 青海年鉴．2009/刘德然主编；青海年鉴社编辑．—西宁：青海省地方志编纂委员会．

ISSN：1009－1408（精装）　CNY280.00

113. 西藏经济学导论/狄方耀、罗华主编．—3版．—拉萨：西藏人民出版社．

ISBN：978－7－223－01422－9　CNY33.00

114. 云南小康年鉴．2010/丁绍祥总编；李一是［等］主编；云南省地方志编纂委员会编纂．—昆明：云南人民出版社．

ISBN：978－7－222－06842－1（精装）　CNY380.00

115. 云南生态年鉴．2010/何宣，杨士吉、许太琴主编．—昆明：云南民族出版社．

ISBN：978－7－5367－4880－4（精装）　CNY380.00

116. 云南经济年鉴．2010（第19卷）/李崇仁、童志云、杨士吉主编；云南省人民政府研究室，云南经济年鉴编辑委员会编．—昆明：云南美术出版社．

ISBN：978－7－5489－0227－0（精装）　CNY480.00

117. 云南年鉴．2010（第25卷）/李崇仁、童志云、杨士吉主编．—昆明：云南年鉴社．

ISSN：1007－4988（精装）　CNY400.00

118. 云南统计年鉴．2010（总第26期）/云南省统计局，国家统计局云南调查总队编．—北京：中国统计出版社．

ISBN：978－7－5037－5960－4（精装）　CNY468.00

119. 香格里拉县交通运输志/倪荣华著；香格里拉县交通局编．—昆明：云南民族出版社.

ISBN：978-7-5367-4649-7（精装） CNY120.00

120. 香格里拉年鉴.2010（总第8卷）/和丽忠主编；中共香格里拉县委党史研究室、香格里拉县地方志编纂委员会办公室编.—昆明：云南科技出版社.

ISBN：978-7-5416-4210-4（精装） CNY198.00

121. 西藏统计年鉴.2010（总第22期）：［中英文本］/武建华主编；西藏自治区统计局、国家统计局西藏调查总队编.—北京：中国统计出版社.

ISBN：978-7-5037-5958-1（精装） CNY280.00

122. 西藏区域经济发展战略评价研究/祁明德著.—拉萨：西藏人民出版社.

ISBN：978-7-223-02900-1 CNY22.00

123. 西藏经济社会发展问题研究/艾俊涛主编.—北京：中国财政经济出版社.

ISBN：978-7-5095-2250-9 CNY40.00

124. 西藏援助与发展/靳微著.—拉萨：西藏人民出版社.

ISBN：978-7-223-02822-6 CNY39.80

125. 当代中国边疆·民族地区典型百村调查：西藏卷（第一辑）（全4册）/孙继琼著.—北京：社会科学文献出版社.

ISBN：978-7-5097-1273-3 CNY138.00

126. 多维民族文化边界地带民族社会文化变迁研究——以丹噶尔藏人为视点/李臣玲、贾伟著.—北京：民族出版社.

ISBN：978-7-105-10617-2 CNY39.80

文化教育

127. 西藏古代体育文化/丁玲辉、杨海航、佘静芳著.—拉萨：西藏人民出版社.

ISBN：978-7-223-02790-8 CNY36.00

128. 雪山雄鹰：西藏登山运动50年/多吉占堆、薛文献著.—桂林：漓江出版社.

ISBN：978-7-5407-4877-7 CNY38.00

129. 西藏教育调查/吴德刚著.—北京：高等教育出版社.

ISBN：978-7-04-026782-2 CNY98.00

130. 西藏教育研究/吴德刚著．—北京：高等教育出版社．
ISBN：978 - 7 - 04 - 026783 - 9　CNY80.00

131. 跟着圣火看中国：第 29 届奥林匹克运动会火炬接力精彩瞬间·西藏篇/张爱生编著．—北京：中央文献出版社．
ISBN：978 - 7 - 5073 - 2743 - 4（精装）

132. 青藏牧区教育跨越式发展研究/王振岭主编．—西宁：青海人民出版社．
ISBN：978 - 7 - 225 - 03739 - 4　CNY58.00

133. 藏文古籍图录/赵国忠、卓玛吉、才让卓玛、李毛吉著．—兰州：甘肃人民美术出版社．
ISBN：978 - 7 - 80588 - 816 - 3　CNY62.00

134. 西藏图籍录再补［缩微品］/郑允明著．—发行拷贝片．—北京：全国图书馆文献缩微中心，1 盘（2 米 18 拍）：正像，1：21；16mm

135. 中国藏文报刊发展史/周德仓著．—北京：中国社会科学出版社．
ISBN：978 - 7 - 5004 - 9199 - 6　CNY45.00

136. 汉藏语学报．第 4 期/戴庆厦主编．—北京：商务印书馆．
ISBN：978 - 7 - 100 - 06807 - 9　CNY32.00

137. 云南少数民族古籍文献调查与研究/李国文著．—北京：民族出版社．
ISBN：978 - 7 - 105 - 10988 - 3　CNY117.00

138. 尔苏藏族文化研究/王德和著．—成都：四川大学出版社．
ISBN：978 - 7 - 5614 - 5040 - 6　CNY28.00

139. 藏族服饰文化研究/李玉琴著．—北京：人民出版社．
ISBN：978 - 7 - 01 - 008882 - 2　CNY38.80

140. 天祝藏族民俗/乔高才让主编．—兰州：甘肃文化出版社．
ISBN：978 - 7 - 5490 - 0065 - 4　CNY48.00

141. 西藏科技人才激励政策体系研究/牛治富著．—拉萨：西藏人民出版社．
ISBN：978 - 7 - 223 - 02903 - 2　CNY12.00

142. 西藏大学生职业发展与就业指导/宋瑞主编；西藏自治区教育厅高校毕业生就业指导服务中心编．—拉萨：西藏人民出版社．
ISBN：978 - 7 - 223 - 02805 - 9　CNY42.00

143. 西藏自治区农牧科学院恢复组建十五周年巡礼/洛桑旦达主编．—北京：民族出版社．
ISBN：978 - 7 - 105 - 11106 - 0　CNY70.00

144. 少数民族学生三语学习的心理学研究：以藏族学生为例/崔占玲著．—广州：暨南大学出版社 .

ISBN：9787811357028　CNY26.00

145. 藏味文化/王勇、王全成等编著 .—北京：时事出版社 .

ISBN：978－7－80232－319－3　CNY36.00

146. 甘肃特色文化形态论丛/王宏鹏、马丽君著 .—兰州：甘肃人民美术出版社 .

ISBN：978－7－80588－823－1　CNY26.00

147. 网络传播与云南少数民族文化的现代建构/庄晓东等著 .—北京：科学出版社 .

ISBN：978－7－03－028426－6　CNY40.00

148. 民族交往心理的跨文化研究/李静著 .—北京：中国社会科学出版社 .

ISBN：978－7－5004－8624－4　CNY46.00

语言文字

149. 藏文字符研究：字母、读音、编码、字频、排序、图形、拉丁字母转写规则研究/江荻、龙从军著 .—北京：社会科学文献出版社 .

ISBN：978－7－5097－1561－1　CNY59.00

150. 汉藏语研究四十年：第 40 届国际汉藏语言暨语言学会议论文集/戴昭铭，［美］J. A. 马提索夫主编 .—哈尔滨：黑龙江大学出版社 .

ISBN：978－7－81129－268－8　CNY120.00

151.《西番译语》校录及汇编/聂鸿音、孙伯君编著 .—北京：社会科学文献出版社 .

ISBN：978－7－5097－1367－9　CNY79.00

152. 境外汉语音韵学论文选/潘悟云编 .—上海：上海教育出版社 .

ISBN：978－7－5444－3008－1　CNY49.00

文学艺术

153. 八大传统藏戏/赤烈曲扎译 .—北京：中国藏学出版社 .

ISBN：978－7－80253－263－2　CNY98.00

154. 凡情与佛心：六世达赖情诗选/仓央嘉措著；本书编写组编．—拉萨：西藏人民出版社．
ISBN：978－7－223－02735－9（线装） CNY28.00

155. 放歌拉萨/吴光政著．—拉萨：西藏人民出版社．
ISBN：978－7－223－02899－8 CNY15.60

156. 慧灯之光/慈诚罗珠堪布著．—拉萨：西藏人民出版社．海口：海南出版社．
ISBN：978－7－223－02977－3 CNY198.00

157. 六世达赖喇嘛仓央嘉措情诗：藏汉文本/庄晶整理翻译．—北京：中国藏学出版社．
ISBN：978－7－80253－251－9 CNY18.00

158. 六世达赖喇嘛仓央嘉措秘传/阿旺伦珠达吉著；庄晶译．—北京：中国藏学出版社．
ISBN：978－7－80253－254－0 CNY18.00

159. 流传千年的藏传佛教故事/宇河编著．—北京：华夏出版社．
ISBN：978－7－5080－5584－8 CNY45.00

160. 记忆西藏/刘科著．—济南：山东人民出版社．
ISBN：978－7－209－05261－0 CNY136.00

161. 情断西藏/摩卡著．—北京：文化艺术出版社．
ISBN：978－7－5039－4622－6 CNY24.80

162. 西部生活：新疆甘肃青海宁夏西藏陕西四川云南:1950－2010/徐步主编．—广州：南方日报出版社．
ISBN：978－7－5491－0106－1（精装） CNY50.00

163. 心路拉萨：纪实散文卷/黄刚桥著．—拉萨：西藏人民出版社．
ISBN：978－7－223－02984－1 CNY15.00

164. 感念西藏/黎宏著．—北京：中共中央党校出版社．
ISBN：978－7－5035－4301－2 CNY28.00

165. 林芝民间故事·景区篇/林芝地区旅游局编．—拉萨：西藏人民出版社．
ISBN：978－7－223－02865－3 CNY25.00

166. 西藏旧事/孙炯著．—北京：中国社会科学出版社．
ISBN：978－7－5004－8496－7 CNY32.00

167. 西藏秘境/冯伟著．—北京：中国摄影出版社．
ISBN：978－7－80236－424－0 CNY79.00

168. 西藏游/安才旦编著．—广州：广东旅游出版社．
ISBN：978－7－80766－247－1　CNY29.00
169. 1955 年西藏纪行/［俄］弗谢沃罗德·弗拉基米洛维奇·奥夫钦尼科夫著；张晓梅译．—北京：中国藏学出版社．
ISBN：978－7－80253－218－2　CNY22.00
170. 西藏最后的秘境——吉隆/史秀明主编；吉林省第三批援藏通化工作组编著．—拉萨：西藏人民出版社．
ISBN：978－7－223－02926－1　CNY32.00
171. 汉藏佛教美术研究：2008/谢继胜主编．—北京：首都师范大学出版社．
ISBN：978－7－5656－0104－0　CNY108.00
172. 西藏寺庙珍藏佛教造像 108 尊/［瑞士］乌尔里希·冯·施罗德（Ulrich von Schroeder）著；罗文华译．—北京：文化艺术出版社．
ISBN：978－7－5039－3939－6（精装）　CNY398.00
173. 藏传佛像鉴赏与收藏/王昕编著．—长沙：湖南美术出版社．
ISBN：978－7－5356－3724－6　CNY39.80
174. 阿古登巴的故事集．1/次多改编；强桑绘画．—拉萨：西藏人民出版社．
ISBN：978－7－223－02834－9　CNY16.00
175. 西藏之水救中国：大西线“再造中国”战略内幕详录：新版/李伶著．—北京：华文出版社．
ISBN：978－7－5075－3199－2　CNY36.00
176. 藏地密码．8：一部关于西藏的百科全书式小说/何马著．—重庆：重庆出版社．
ISBN：978－7－229－02236－5　CNY29.80
177. 藏地密码．9/何马著．—重庆：重庆出版社．
ISBN：978－7－229－02789－6　CNY29.80
178. 梦萦西藏：20 世纪 50 年代进藏追记/陈良著．—北京：中国藏学出版社．
ISBN：978－7－80253－269－4　CNY29.50
179. 藏地女人/周玉平著．—拉萨：西藏人民出版社．
ISBN：978－7－223－02761－8　CNY22.00
180. 风之末端：央今拉姆小说集．—昆明：云南科技出版社．
ISBN：978－7－5416－4147－3　CNY21.00
181. 香格里拉/［英］詹姆斯·希尔顿著；刘大伟剧本改编/唱词创作．—北京：中国文联出版社．

ISBN：978－7－5059－6787－8　CNY38.00

182. 雪线：永基卓玛小说集.—昆明：云南科技出版社.

ISBN：978－7－5416－4147－3　CNY34.00

183. 永远的香格里拉/海男著；齐扎拉摄影.—南京：江苏文艺出版社.

ISBN：978－7－5399－3519－5　CNY38.00

184. 寻找康巴：来自香格里拉故乡的报告/王怀林著.—3版.—成都：四川人民出版社.

ISBN：978－7－220－05178－4　CNY20.00

185. 藏婚.2/多吉卓嘎著.—拉萨：西藏人民出版社.

ISBN：978－7－223－02833－2　CNY29.00

186. 川藏线旅游摄影/杨桦著.—成都：四川科学技术出版社.

ISBN：978－7－5364－6937－2　CNY38.00

187. 新藏线旅游摄影/杨桦著.—成都：四川科学技术出版社.

ISBN：978－7－5364－6938－9　CNY38.00

188. 昆仑山的雪:青藏兵站部上高原执勤55周年纪实文学精选/王有山主编.—西宁：青海人民出版社.

ISBN：978－7－225－03584－0　CNY38.00

189. 青藏之魂海南藏地之旅/道帏多吉著.—西宁：青海人民出版社.

ISBN：978－7－225－03704－2　CNY148.00（全2册）

190. 寻梦诗意藏地秘境/道帏多吉著.—西宁：青海人民出版社.

ISBN：978－7－225－03704－2　CNY148.00（全2册）

191. 小幅架上油画写生：冉茂芹新疆、青海、甘肃、西藏写生/冉茂芹（Maukun Yim）著.—南宁：广西美术出版社.

ISBN：978－7－80746－998－8　CNY78.00

192. 传世唐卡：唐卡中的西藏历史与艺术/苗欣宇、梁璐璐著.—北京：中国画报出版社.

ISBN：978－7－80220－880－3　CNY108.00（全2册）

193. 消失的地平线/（英）希尔顿（James Hilton）著；张华君译.—拉萨：西藏人民出版社.

ISBN：978－7－223－02868－4　CNY16.80

194. 一个女兵的西藏人生/李国柱著.—北京：中国藏学出版社.

ISBN：978－7－80253－247－2　CNY35.00

195. 我从西藏高原来/毕淑敏著.—南昌：二十一世纪出版社.

ISBN：978－7－5391－5383－4　CNY22.00

196. 藏传佛教艺术发展史/谢继胜主编．—上海：上海书画出版社．
ISBN：978－7－80725－862－9（精装）　CNY1500.00（全2册）

197. 少年与藏獒・寻找神獒/莫叹著．—北京：农村读物出版社．
ISBN：978－7－5048－5384－4　CNY25.00

198. 热贡艺术/唐仲山著．—西宁：青海人民出版社．
ISBN：978－7－225－03516－1　CNY28.00

199. 西域绘画：敦煌藏经洞流失海外的绘画作品．1，佛・菩萨/马炜、蒙中编著．
—重庆：重庆出版社．
ISBN：978－7－229－00627－3　CNY62.00

200. 西域绘画：敦煌藏经洞流失海外的绘画作品．2，菩萨/马炜、蒙中编著．
—重庆：重庆出版社．
ISBN：978－7－229－00626－6　CNY56.00

201. 西域绘画：敦煌藏经洞流失海外的绘画作品．3，菩萨/马炜、蒙中编著．
—重庆：重庆出版社．
ISBN：978－7－229－00628－0　CNY56.00

202. 西域绘画：敦煌藏经洞流失海外的绘画作品．4，菩萨/马炜、蒙中编著．
—重庆：重庆出版社．
ISBN：978－7－229－00629－7　CNY50.00

203. 西域绘画：敦煌藏经洞流失海外的绘画作品．5，天王・金刚/马炜、蒙中编著．—重庆：重庆出版社．
ISBN：978－7－229－00630－3　CNY50.00

204. 西域绘画：敦煌藏经洞流失海外的绘画作品．6，佛传/马炜、蒙中编著．
—重庆：重庆出版社．
ISBN：978－7－229－00631－0　CNY56.00

205. 西域绘画：敦煌藏经洞流失海外的绘画作品．7，经变/马炜、蒙中编著．
—重庆：重庆出版社．
ISBN：978－7－229－00632－7　CNY68.00

206. 西域绘画：敦煌藏经洞流失海外的绘画作品．8，经变/马炜、蒙中编著．
—重庆：重庆出版社．
ISBN：978－7－229－00633－4　CNY62.00

207. 西域绘画：敦煌藏经洞流失海外的绘画作品．9，纸本/马炜、蒙中编著．

—重庆：重庆出版社.
ISBN：978－7－229－00634－1　CNY56.00

208. 西域绘画：敦煌藏经洞流失海外的绘画作品.10，纸本/马炜、蒙中编著.—重庆：重庆出版社.
ISBN：978－7－229－00635－8　CNY56.00

209. 中国唐卡艺术集成·玉树藏娘卷/冯骥才主编.—银川：阳光出版社.
ISBN：978－7－80620－643－0　CNY780.00

210. 康巴唐卡：藏传绘画艺术吉祥瑰宝/杨嘉铭、目雅·丁增、杨艺编著.—北京：中国旅游出版社.
ISBN：978－7－5032－3885－7　CNY98.00

211. 美善唐卡：唐卡大师西合道口述史/西合道口述；吕霞整理.—北京：中央编译出版社.
ISBN：978－7－5117－0034－6　CNY398.00

212. 藏族歌舞/李措毛、牟英琼著.—西宁：青海人民出版社.
ISBN：978－7－225－03522－2　CNY30.00

213. 定格西康：科考摄影家镜头里的抗战后方/孙明经摄影；孙健三撰述.—南宁：广西师范大学出版社.
ISBN：978－7－5633－9160－8　CNY68.00

历史地理

214. 民国川边游踪之《西康札记》/任乃强著.—北京：中国藏学出版社.
ISBN：978－7－80253－214－4　CNY21.00

215. 民国川边游踪之《天芦宝札记》/任乃强著.—北京：中国藏学出版社.
ISBN：978－7－80253－216－8　CNY16.00

216. 民国川边游踪之《泸定考察记》/任乃强著.—北京：中国藏学出版社.
ISBN：978－7－80253－215－1　CNY16.00

217. 民国边政史料续编.第三十册/马大正主编.—影印本.—北京：国家图书馆出版社.
ISBN：978－7－5013－3822－1（精装）　CNY18000.00（全30册）

218. 拉萨旧事：1944－1949/柳陞祺著.—北京：中国藏学出版社.
ISBN：978－7－80253－212－0　CNY21.00

219. 拉萨市城关区志/徐明主编；西藏自治区地方志编纂委员会总编；西藏自治区拉萨市城关区地方志编纂委员会编撰. —北京：中国藏学出版社.
ISBN：978 -7 -80253 -306 -6（精装）　CNY175. 00
220. 拉萨城市演变与城市规划/李侃桢主编. —拉萨：西藏人民出版社.
ISBN：978 -7 -223 -02904 -9　CNY60. 00
221. 柱间史：松赞干布的遗训/［古印度］阿底峡尊者发掘；卢亚军译注. —北京：中国藏学出版社.
ISBN：978 -7 -80253 -228 -1　CNY32. 00
222. 加查县志/旺堆主编；西藏自治区地方志编纂委员会总编；西藏自治区加查县地方志编纂委员会编撰. —北京：中国藏学出版社.
ISBN：978 -7 -80253 -245 -8（精装）　CNY175. 00
223. 堆龙德庆县志/西藏自治区地方志编纂委员会总编；西藏自治区堆龙德庆县地方志编纂委员会编撰. —北京：中国藏学出版社.
ISBN：978 -7 -80253 -261 -8（精装）　CNY210. 00
224. 琼结县志/西藏自治区地方志编纂委员会总编；西藏自治区堆龙德庆县地方志编纂委员会编撰. —北京：中国藏学出版社.
ISBN：978 -7 -80253 -246 -5（精装）　CNY165. 00
225. 墨竹工卡县志/西藏自治区地方志编纂委员会总编；墨竹工卡县志编纂委员会编撰. —北京：中国藏学出版社.
ISBN：978 -7 -80253 -305 -9　CNY118. 00
226. 西藏民俗文化/陈立明、曹晓燕著. —北京：中国藏学出版社.
ISBN：978 -7 -80253 -250 -2　CNY48. 00
227. 西藏自治区志·民政志/西藏自治区地方志编纂委员会总编；《西藏自治区·民政志》编纂委员会编撰. —北京：中国藏学出版社.
ISBN：978 -7 -80253 -189 -5（精装）　CNY203. 00
228. 中国第二历史档案馆所存西藏和藏事档案汇编. 第六册/毕华、马振犊主编；中国第二历史档案馆、中国藏学研究中心编. —影印本. —北京：中国藏学出版社.
ISBN：978 -7 -80253 -221 -2（精装）　CNY80. 00
229. 中国第二历史档案馆所存西藏和藏事档案汇编. 第七册/毕华、马振犊主编；中国第二历史档案馆、中国藏学研究中心编. —影印本. —北京：中国藏学出版社.
ISBN：978 -7 -30253 -222 -9（精装）　CNY79. 00

230. 中国第二历史档案馆所存西藏和藏事档案汇编．第八册/毕华、马振犊主编；中国第二历史档案馆、中国藏学研究中心编．—影印本．—北京：中国藏学出版社．

ISBN：978－7－80253－223－6（精装） CNY84.00

231. 中国第二历史档案馆所存西藏和藏事档案汇编．第九册/毕华、马振犊主编；中国第二历史档案馆、中国藏学研究中心编．—影印本．—北京：中国藏学出版社．

ISBN：978－7－80253－224－3（精装） CNY78.00

232. 中国第二历史档案馆所存西藏和藏事档案汇编．第十册/毕华、马振犊主编；中国第二历史档案馆、中国藏学研究中心编．—影印本．—北京：中国藏学出版社．

ISBN：978－7－80253－225－0（精装） CNY84.00

233. 中华民国时期西藏地方与中央政府关系研究/祝启源著；赵秀英整理．—北京：中国藏学出版社．

ISBN：978－7－80253－219－9 CNY47.50

234. 卓尼藏族研究/魏贤玲著．—北京：民族出版社．

ISBN：978－7－105－11326－2 CNY20.00

235. 藏族创世论/曲甘·完玛多杰编著．—西宁：青海民族出版社．

ISBN：978－7－5420－1526－6 CNY20.00

236. 大山民族：西藏米林珞巴族社会文化今昔/中共米林县委宣传部、厦门援藏工作队编．—福州：海峡文艺出版社．

ISBN：978－7－80719－484－2 CNY39.00

237. 西藏志考—云龙州志—防城县小志—影印本．—北京：中央民族大学出版社．

ISBN：978－7－81108－865－6（精装） CNY498.00

238. 西藏昌都历史文化研究文集/土呷著．—北京：中国藏学出版社．

ISBN：978－7－80253－276－2 CNY45.00

239. 西藏历史大事年表/夏玉·平措次仁著；拉巴扎西译．—拉萨：西藏人民出版社．

ISBN：978－7－223－02930－8 CNY25.00

240. 中部西藏与蒙古人：元代西藏历史/［意］伯戴克著;张云译．—增订本．—兰州：兰州大学出版社．

ISBN：978－7－311－03525－9 CNY38.00

241. 记忆中的百年沧桑：西藏名人回忆录/白玛朗杰、孙勇、仲布·次仁多杰总主编 . —北京：中国藏学出版社 .
ISBN：978 -7 -80253 -289 -2　CNY15. 00

242. 探究西藏历史的现代人：恰白·次旦平措学术思想评论集/恰白学术思想研究课题组编 . —北京：中国藏学出版社 .
ISBN：978 -7 -80253 -174 -1　CNY17. 50

243. 贤者新宴：王尧先生八秩华诞藏学论文集/沈卫荣、谢继胜主编 . —北京：中国藏学出版社 .
ISBN：978 -7 -80253 -217 -5（精装）　CNY56. 00

244. 格龙·洛桑旦增自传/格龙·洛桑旦增著；班典译 . —北京：中国藏学出版社 .
ISBN：978 -7 -80253 -292 -2　CNY20. 00

245. 云南少数民族思想观念历史与发展/姚顺增著 . —昆明：云南民族出版社 .
ISBN：978 -7 -5367 -4814 -9　CNY28. 00

246. 青海地理/卓玛措主编 . —北京：北京师范大学出版社 .
ISBN：978 -7 -303 -10639 -4　CNY31. 00

247. 平息 1959 年西藏武装叛乱纪实：杨一真回忆录/杨一真著；西藏自治区政协文史资料学习委员会编 . —北京：中国藏学出版社 .
ISBN：978 -7 -80253 -291 -5　CNY16. 00

248. 中国高原明珠·西藏/张树敏编著 . —呼和浩特：内蒙古人民出版社 .
ISBN：978 -7 -204 -10188 -7　CNY655. 60（全 22 册）

249. 寻找香格里拉/沈卫荣著 . —北京：中国人民大学出版社 .
ISBN：978 -7 -300 -12814 -6　CNY32. 00

250. 兰州碑林藏甘肃古代碑刻拓片菁华/李龙文主编 . —兰州：甘肃人民美术出版社 .
ISBN：978 -7 -80588 -787 -6（精装）　CNY480. 00

251. 这里是西藏/郑堆主编 . —北京：中国大百科全书出版社 .
ISBN：978 -7 -5000 -8357 -3（软精装）　CNY48. 00

252. 世界屋脊上的生命：［中英文本］/刘务林著 . —北京：中国大百科全书出版社 .
ISBN：978 -7 -5000 -8362 -7　CNY45. 00

253. 中国文物地图集，西藏自治区分册/李永宪、霍巍主编；国家文物局主编 . —北京：文物出版社 .

ISBN：978 -7 -5010 -3097 -2（精装）　CNY480.00

254. 中国地理百科．五，宁夏云南西藏/李金龙编著．—北京：京华出版社．
ISBN：978 -7 -80724 -931 -3　CNY180.00（全6册）

255. 揭谜古蜀人的渊源:三星堆、金沙遗址与藏族文明/得荣·泽仁邓珠编著．—成都：巴蜀书社．
ISBN：978 -7 -80752 -552 -3　CNY48.00

256. 中共香格里拉县委志：1978 -2005/郭东生、李庆高主编；中共香格里拉县委志编纂领导小组编纂．（精装）　CNY190.00

257. 千年土著哇燕巴——化隆藏族简志/拉麻才让、仁青侃卓编著．—西宁：青海民族出版社．
ISBN：978 -7 -5420 -1497 -9　CNY38.00

258. 英藏敦煌社会历史文献释录．第七卷/郝春文、赵贞编著．—北京：社会科学文献出版社．
ISBN：978 -7 -5097 -1048 -7　CNY59.00

259. 敦煌吐蕃历史文书考释/［法］A·麦克唐纳著；耿昇译；王尧校．—西宁：青海人民出版社．
ISBN：978 -7 -225 -03559 -8　CNY34.00

260. 敦煌遗书研究论集/林世田著．—北京：中国藏学出版社．
ISBN：978 -7 -80253 -249 -6　CNY40.00

261. 2010 敦煌学国际联络委员会通讯/郝春文主编．—上海：上海古籍出版社．
ISBN：978 -7 -5325 -5644 -1　CNY58.00

262. 转型期的敦煌语言文学：纪念周绍良先生仙逝三周年学术研讨会论文集/颜廷亮主编．—兰州：甘肃人民出版社．
ISBN：978 -7 -226 -03905 -2（精装）　CNY100.00

263. 西藏历史和佛教的语文学研究/沈卫荣著．—上海：上海古籍出版社．
ISBN：978 -7 -5325 -5559 -8（精装）　CNY168.00

264. 尹昌衡西征史料汇编/任新建、何洁编．—成都：四川大学出版社．
ISBN：978 -7 -5614 -4905 -9　CNY36.00

265. 英国国家图书馆藏敦煌西域藏文文献/金雅声、赵德安、沙木主编．—上海：上海古籍出版社．
ISBN：978 -7 -5325 -5774 -5　CNY2200

266. 法国国家图书馆藏敦煌藏文文献．第十一册/金雅声、郭恩主编．—上海：

上海古籍出版社.

ISBN：978 -7 -5325 -5784 -4　CNY2200

267. 国家图书馆藏敦煌遗书. 第一百二十四册，北敦一四二一二号—北敦一四二八五号/任继愈主编；中国国家图书馆编.—影印本.—北京：国家图书馆出版社.

ISBN：978 -7 -5013 -3686 -9（精装）　CNY990.00

268. 国家图书馆藏敦煌遗书. 第一百二十五册，北敦一四二八六号—北敦一四三五〇号/任继愈主编；中国国家图书馆编.—影印本.—北京：国家图书馆出版社.

ISBN：978 -7 -5013 -3687 -6（精装）　CNY990.00

269. 国家图书馆藏敦煌遗书. 第一百二十六册，北敦一四三五一号—北敦一四四二六号/任继愈主编；中国国家图书馆编.—影印本.—北京：国家图书馆出版社.

ISBN：978 -7 -5013 -3688 -3（精装）　CNY990.00

270. 我的探险生涯/［瑞典］斯文·赫定著；孙仲宽译；杨镰整理.—乌鲁木齐：新疆人民出版社.

ISBN：978 -7 -228 -13242 -3　CNY54.00

271. 贤者喜宴——吐蕃史译注/巴卧·祖拉陈瓦原著；黄颢、周润年译注.—北京：中央民族大学出版社.

ISBN：978 -7 -81108 -785 -7（精装）　CNY198.00

272. 临潭史话/马廷义主编.—兰州：甘肃文化出版社.

ISBN：978 -7 -80714 -682 -7　CNY27.50

273. 舟曲史话/邹卫东主编.—兰州：甘肃文化出版社.

ISBN：978 -7 -80714 -680 -3　CNY32.00

274. 迭部史话/杨高峰主编.—兰州：甘肃文化出版社.

ISBN：978 -7 -80714 -673 -5　CNY43.00

275. 碌曲史话/罗爱昌主编.—兰州：甘肃文化出版社.

ISBN：978 -7 -80714 -672 -8　CNY29.00

276. 合作史话/何建平主编.—兰州：甘肃文化出版社.

ISBN：978 -7 -80714 -669 -8　CNY25.00

277. 玛曲史话/宁文芳主编.—兰州：甘肃文化出版社.

ISBN：978 -7 -80714 -671 -1　CNY25.00

278. 肃北史话/任文军主编.—兰州：甘肃文化出版社.

ISBN：978 -7 -80714 -685 -8　CNY28.00

科学技术

279. 中国生态系统定位观测与研究数据集：森林生态系统卷（西藏林芝站）（2001 -2007）/孙鸿烈［等］总主编；徐阿生、罗大庆主编．—北京：中国农业出版社．

ISBN：978 -7 -109 -14971 -7　CNY45.00

280. 中国耕地质量等级调查与评定·西藏卷/王保生、王峻主编．—北京：中国大地出版社．

ISBN：978 -7 -80246 -332 -5　CNY25.00

281. 青藏高原地区草地管理利用研究/曹建军著．—2 版．—兰州：兰州大学出版社．

ISBN：978 -7 -311 -03496 -2　CNY13.00

282. 西藏两栖爬行动物多样性/李丕鹏、赵尔宓、董丙君编著．—北京：科学出版社．

ISBN：978 -7 -03 -026840 -2（精装）　CNY176.00

283. 西藏土地沙漠化及其防治/李森等著．—北京：科学出版社．

ISBN：978 -7 -03 -027434 -2（精装）　CNY120.00

284. 西藏畜禽品种遗传资源/石达主编．—北京：中国农业大学出版社．

ISBN：978 -7 -81117 -947 -7（精装）　CNY60.00

285. 西藏水利科学研究论文集．第一卷/本书编委会编．—拉萨：西藏人民出版社．

ISBN：978 -7 -223 -03000 -7　CNY38.00

286. 西藏农产品质量安全知识手册/西藏农科院农业质量标准与检测研究所编．—拉萨：西藏人民出版社．

ISBN：978 -7 -223 -02993 -3　CNY18.00

287. 西藏草原保护与利用技术/魏学红、孙磊主编．—拉萨：西藏藏文古籍出版社．

ISBN：978 -7 -80589 -117 -0　CNY17.50

288. 云南藏区青稞生产技术探索/和顺荣主编．—昆明：云南科技出版社．

ISBN：978 -7 -5416 -4196 -1　CNY46.00

藏医藏药

289. 高原病护理学/刘晓琴、吴云华主编 . —拉萨：西藏人民出版社 .
ISBN：978 -7 -223 -02975 -9　CNY15. 00

290. 高原地区常见疾病健康教育指导/敖德秀、刘晓琴、黄萍主编 . —拉萨：西藏人民出版社 .
ISBN：978 -7 -223 -02884 -4　CNY28. 00

291. 四部医典八十幅唐卡及其解说/才让当智、加羊宗智、华措吉编译 . —拉萨：西藏人民出版社 .
ISBN：978 -7 -223 -02763 -2　CNY98. 00

292. 西藏红景天繁殖与应用/李宝海、李顺凯、白玛玉珍主编 . —拉萨：西藏人民出版社 .
ISBN：978 -7 -223 -02800 -4　CNY25. 00

293. 海西蒙古族藏族自治州中藏药材资源/谢长礼主编；海西州农业资源区划大队编著 . —西宁：青海人民出版社 .
ISBN：978 -7 -225 -03660 -1　CNY38. 00

294. 国医大师强巴赤列的藏医生涯/次旦久美著 . —北京：中国藏学出版社 .
ISBN：978 -7 -80253 -271 -7　CNY25. 00

295. 藏医养生密码：藏医养生大智慧/薛慧著 . —南昌：江西高校出版社 .
ISBN：978 -7 -81132 -653 -6　CNY26. 00

296. 青海省藏药炮制规范（2010 年版）/张晓峰、魏富财主编；青海省食品药品监督管理局编 . —西宁：青海人民出版社 .
ISBN：978 -7 -225 -03687 -8　CNY80. 00

藏文部分

མཚན་ཉིད་རིག་པ་དང་ཆོས་ལུགས།(B 哲学宗教)

1. གཡུང་དྲུང་བོན་གྱི་མཚན་ཉིད་རྩ་གཞུང་ཕྱོགས་སྒྲིག /ཧོར་ཏུ་ཡོན་ཏན་ཕུན་ཚོགས་ཀྱིས་བསྒྲིགས། སི་ཁྲོན་དཔེ་སྐྲུན་ཚོགས་པ། སི་ཁྲོན་མི་རིགས་དཔེ་སྐྲུན་ཁང་། 2010. 7

ISBN:978 -7 -5409 -4497 -1

2. སྤྱི་འགྱུར་༧རྒྱལ་བ་རྫོགས་ཆེན་པའི་དཔེ་ཚོགས།——རྫོགས་ཆེན་ཟབ་ཆོས་ཕྱོགས་བསྒྲིགས་མན་ངག་ནོར་བུའི་གཏེར་མཛོད། /དཔལ་སྤྲུལ་བཅས་ནས། སི་ཁྲོན་དཔེ་སྐྲུན་ཚོགས་པ། སི་ཁྲོན་མི་རིགས་དཔེ་སྐྲུན་ཁང་། 2010. 1

ISBN:978 -7 -5409 -4400 -1

3. བོད་ཀྱི་བསྟན་རྩིས་ཀུན་གསལ་བཻཌཱུརྱའི་མགུལ་རྒྱན། /གོ་འཇོ་བསོད་ནམས་དཔལ་ལྡན་གྱིས་བརྩམས། ཀྲུང་གོའི་བོད་རིག་པ་དཔེ་སྐྲུན་ཁང་། 2010. 10

ISBN:978 -7 -80253 -284 -7

4. རེབ་གོང་ཆོས་འབྱུང་གདན་ས་གསུམ་གྱི་གདན་རབས་བཞུགས། /རྫོང་ཚང་འཇིགས་མེད་ལུང་རིགས་རྒྱ་མཚོས་བརྩམས། ཀྲུང་གོའི་བོད་རིག་པ་དཔེ་སྐྲུན་ཁང་། 2010. 5

ISBN:978 -7 -80253 -256 -4

5. ལབ་ཆོས་འབྱུང་།(སྟོད་ཆ།) /ལབ་པན་འདུམ་བློ་བཟང་བློ་གྲོས་ཀྱིས་བརྩམས། ཀྲུང་གོའི་བོད་རིག་པ་དཔེ་སྐྲུན་ཁང་། 2010. 6

ISBN:978 -7 -80253 -262 -5

6. རྒྱལ་དབང་སྐུ་ཕྲེང་རིམ་བྱོན་གྱི་མཛད་རྣམ།(༡)——སྐུ་ཕྲེང་དང་པོ་ནས་བཞི་པའི་བར་གྱི་རྣམ་ཐར། /རྒྱལ་དབང་ལྔ་པ་ཆེན་པོ་སོགས་ཀྱིས་བརྩམས། ཀྲུང་གོའི་བོད་རིག་པ་དཔེ་སྐྲུན་ཁང་། 2010. 2

ISBN:978 -7 -80253 -232 -8

7. རྒྱལ་དབང་སྐུ་ཕྲེང་རིམ་བྱོན་གྱི་མཛད་རྣམ།(༧)——སྐུ་ཕྲེང་དྲུག་པ་ཚངས་དབྱངས་རྒྱ་མཚོའི་རྣམ་ཐར། /སྡེ་སྲིད་སངས་རྒྱས་རྒྱ་མཚོས་བརྩམས། ཀྲུང་གོའི་བོད་རིག་པ་དཔེ་སྐྲུན་ཁང་། 2010. 7

ISBN:978 - 7 - 80253 - 267 - 0

8. རྒྱལ་དབང་སྐུ་ཕྲེང་རིམ་བྱོན་གྱི་མཛད་རྣམ།(༨—༡༠)——སྐུ་ཕྲེང་བདུན་པ་བློ་བཟང་བསྐལ་བཟང་རྒྱ་མཚོའི་རྣམ་ཐར།(སྟོད་ཆ། སྨད་ཆ།) /ལྕང་སྐྱ་རོལ་པའི་རྡོ་རྗེས་བརྩམས། ཀྲུང་གོའི་བོད་རིག་པ་དཔེ་སྐྲུན་ཁང་། 2010. 7

ISBN:978 - 7 - 80253 - 265 - 6

9. ཀུན་མཁྱེན་དགོངས་རྒྱན།(༡)——བཀའ་བསྡུ་བཞི་བའི་འགྲེལ་བ་ལུང་རིགས་གཏེར་མཛོད་ངེས་གསང་ཀུན་གསལ་ཐུབ་བསྟན་མཛེས་རྒྱན་ཞེས་བྱ་བ་བཞུགས་སོ།། ཀུན་མཁྱེན་དགོངས་རྒྱན་དེབ་ཕྲེང་དང་པོ། /མཁན་དངོས་གྲུབ་དཔལ་གྱིས་བརྩམས། མི་རིགས་དཔེ་སྐྲུན་ཁང་། 2010. 4

ISBN:978 - 7 - 105 - 10680 - 6

10. ཀུན་མཁྱེན་དགོངས་རྒྱན།(༢)——རི་ཆོས་ངེས་དོན་རྒྱ་མཚོའི་བསྡུས་དོན་ངེས་དོན་མཛེས་རྒྱན་ཚངས་པའི་སྒྲ་དབྱངས་ཞེས་བྱ་བ་བཞུགས་སོ།། ཀུན་མཁྱེན་དགོངས་རྒྱན་དེབ་ཕྲེང་གཉིས་པ། /མཁན་དངོས་གྲུབ་དཔལ་གྱིས་བརྩམས། མི་རིགས་དཔེ་སྐྲུན་ཁང་། 2010. 4

ISBN:978 - 7 - 105 - 10679 - 0

11. ཀུན་མཁྱེན་དགོངས་རྒྱན།(༣)——གཞན་སྟོང་བགྲོ་གླེང་གི་རྩོམ་གཞིའི་དྲིས་ལན་དང་གྲུབ་མཐའ་ལེགས་བཤད་འདོད་འཇོ་ཞེས་བྱ་བ་བཞུགས་སོ།། ཀུན་མཁྱེན་དགོངས་རྒྱན་དེབ་ཕྲེང་གཉིས་པ། /མཁན་དངོས་གྲུབ་དཔལ་གྱིས་བརྩམས། མི་རིགས་དཔེ་སྐྲུན་ཁང་། 2010. 4

ISBN:978 - 7 - 105 - 10678 - 3

12. ཀུན་མཁྱེན་དགོངས་རྒྱན།(༤)——སྐྱབས་འགྲོའི་རྣམ་བཤད་སྡོམ་གསུམ་བདུད་རྩིའི་ཆུ་གཏེར་གཞན་སྟོང་བགྲོ་གླེང་ཐེངས་གཉིས་པའི་དྲིས་ལན་དཔག་བསམ་ལྗོན་ཤིང་ཞེས་བྱ་བ་བཞུགས་སོ།། ཀུན་མཁྱེན་དགོངས་རྒྱན་དེབ་ཕྲེང་བཞི་པ། /འབྲས་རབ་འབྱམས་པ་དངོས་གྲུབ་དཔལ་གྱིས་བརྩམས། མི་རིགས་དཔེ་སྐྲུན་ཁང་། 2010. 4

ISBN:978 - 7 - 105 - 10677 - 6

13. ཀུན་མཁྱེན་དགོངས་རྒྱན།(༥)——ཁྱབ་བདག་རྡོ་རྗེ་འཆང་ཆེན་པོ་ངག་དབང་བཤད་སྒྲུབ་དཔལ་གྱི་རྣམ་ཐར་དང་ངག་དབང་བསྟན་འགྲུས་ཀྱི་རྣམ་ཐར་ཞེས་བྱ་བ་བཞུགས་སོ།། ཀུན་མཁྱེན་དགོངས་རྒྱན་དེབ་ཕྲེང་ལྔ་པ། /འབྲས་རབ་འབྱམས་པ་དངོས་གྲུབ་དཔལ་གྱིས་བརྩམས། མི་རིགས་དཔེ་སྐྲུན་ཁང་། 2010. 3

ISBN:978 - 7 - 105 - 10676 - 9

14. ཀུན་མཁྱེན་དགོངས་རྒྱན།(༦)——ཚད་མའི་བསྟན་བཅོས་བསྡུས་གྲྭ་དང་བློ་རིག་ལེགས་བཤད་གསེར་གྱི་ཉི་མ

ཞེས་བྱ་བ་བཞུགས་སོ།། ཀུན་མཁྱེན་དགོངས་རྒྱན་དེབ་ཕྲེང་དྲུག་པ། /འབྲས་རབ་འབྱམས་པ་དངོས་གྲུབ་དཔལ་ཀྱིས་བརྩམས། མི་རིགས་དཔེ་སྐྲུན་ཁང་། 2010. 4

ISBN:978 -7 -105 -10675 -2

15. ཀུན་མཁྱེན་དགོངས་རྒྱན།(༧)——རྟགས་རིགས་དང་ཕྱོགས་སྔའི་རྩོད་ལན་དང་ལུང་འགལ་ཕྱོགས་ཆོས་འཁོར་ལོའི་རིའུ་མིག་གཞན་སྟོང་བསྒྲོ་གླེང་ཐེངས་གསུམ་པའི་དྲིས་ལན་ཞེས་བྱ་བ་བཞུགས་སོ།། ཀུན་མཁྱེན་དགོངས་རྒྱན་དེབ་ཕྲེང་བདུན་པ། /མཁན་དངོས་གྲུབ་དཔལ་གྱིས་བརྩམས། མི་རིགས་དཔེ་སྐྲུན་ཁང་། 2010. 3

ISBN:978 -7 -105 -10674 -5

16. རྗེ་འཇམ་དབྱངས་རྒྱ་མཚོ་མཆོག་གི་གསུང་འབུམ་བཞུགས་སོ།། /གླེགས་བམ་གསུམ་པ། མི་རིགས་དཔེ་སྐྲུན་ཁང་། 2010. 5

ISBN:978 -7 -105 -10797 -1

17. ཇོ་ནང་དཔེ་ཚོགས།(སྤྱིའི་དེབ་ཉེར་གསུམ་པ།)——བསྟན་འགྱུར་དཀར་ཆག(ཇོ་ནང་ཕྱོགས་ལས་རྣམ་རྒྱལ་གྱི་གསུང་པོད་བདུན་པ།) /གཙོ་སྒྲིག་པ། ངག་དབང་ཀུན་དགའ་འཇམ་དབྱངས་བློ་གྲོས། —མི་རིགས་དཔེ་སྐྲུན་ཁང་། 2010. 8

ISBN:978 -7 -105 -11122 -0

18. ཇོ་ནང་དཔེ་ཚོགས།(སྤྱིའི་དེབ་ཉེར་བཞི་པ།)——དུས་འཁོར་རྒྱུད་སྙིང་བསྡུས་པ།(ཀུན་སྤངས་ཐུགས་རྗེ་བརྩོན་འགྲུས་ཀྱི་གསུང་པོད་དང་པོ།) /གཙོ་སྒྲིག་པ། ངག་དབང་ཀུན་དགའ་འཇམ་དབྱངས་བློ་གྲོས། —མི་རིགས་དཔེ་སྐྲུན་ཁང་། 2010. 8

ISBN:978 -7 -105 -11121 -3

19. ཇོ་ནང་དཔེ་ཚོགས།(སྤྱིའི་དེབ་ཉེར་ལྔ་པ།)——གསལ་སྒྲོན་རྣམ་བཞི།(གྲུབ་ཆེན་ཡུ་མོ་ཡབ་སྲས་ཀྱི་གསུང་པོད་དང་པོ།) /གཙོ་སྒྲིག་པ། ངག་དབང་ཀུན་དགའ་འཇམ་དབྱངས་བློ་གྲོས། —མི་རིགས་དཔེ་སྐྲུན་ཁང་། 2010. 8

ISBN:978 -7 -105 -11120 -6

20. ཇོ་ནང་དཔེ་ཚོགས།(སྤྱིའི་དེབ་ཉེར་དྲུག་པ།)——མདོ་སྔགས་རྒྱན་གྱི་རྣམ་བཤད།(ས་བཟང་མ་ཏི་པཎ་ཆེན་གྱི་གསུང་པོད་བདུན་པ།) /གཙོ་སྒྲིག་པ། ངག་དབང་ཀུན་དགའ་འཇམ་དབྱངས་བློ་གྲོས། —མི་རིགས་དཔེ་སྐྲུན་ཁང་། 2010. 8

ISBN:978 -7 -105 -11119 -0

21. ཇོ་ནང་དཔེ་ཚོགས།(སྤྱིའི་དེབ་ཉེར་བདུན་པ།)——བྱ་བ་ཀུན་ལས་བཏུས་པ།(ས་བཟང་མ་ཏི་པཎ་ཆེན་གྱི་གསུང་

པོད་བརྒྱད་པ།) /གཙོ་སྒྲིག་པ། ངག་དབང་ཀུན་དགའ་འཇམ་དབྱངས་བློ་གྲོས། —མི་རིགས་དཔེ་སྐྲུན་ཁང་། 2010. 8

ISBN:978 – 7 – 105 – 11118 – 3

22. ཇོ་ནང་དཔེ་ཚོགས།(སྤྱིའི་དེབ་ཉེར་དགུ་པ།)——ང་སྟོད་རྒྱུད་གསུམ་གསལ་བྱེད།(འབྲི་གུང་ལོ་ཙཱ་བ་མ་ཎི་ཀ་ཤྲཱི་ཛྙཱ་ནའི་གསུང་པོད་དང་པོ།) /གཙོ་སྒྲིག་པ། ངག་དབང་ཀུན་དགའ་འཇམ་དབྱངས་བློ་གྲོས། —མི་རིགས་དཔེ་སྐྲུན་ཁང་། 2010. 8

ISBN:978 – 7 – 105 – 11116 – 9

23. ཇོ་ནང་དཔེ་ཚོགས།(སྤྱིའི་དེབ་སུམ་ཅུ་པ།)——བསྟན་པ་སྤྱི་འགྲེལ་གྱི་འགྲེལ་བ།(ཕྱ་རུང་པ་ལྷའི་རྒྱལ་མཚན་གྱི་གསུང་པོད་དང་པོ།) /གཙོ་སྒྲིག་པ། ངག་དབང་ཀུན་དགའ་འཇམ་དབྱངས་བློ་གྲོས། —མི་རིགས་དཔེ་སྐྲུན་ཁང་། 2010. 8

ISBN:978 – 7 – 105 – 11115 – 2

24. ཇོ་ནང་དཔེ་ཚོགས།(སྤྱིའི་དེབ་སོ་གཅིག་པ།)——རྒྱུད་བླ་མའི་འགྲེལ་བ།(རིན་ཆེན་ཡེ་ཤེས་དང་ཡེ་ཤེས་རྡོ་རྗེ་གཉིས་ཀྱི་གསུང་པོད་དང་པོ།) /གཙོ་སྒྲིག་པ། ངག་དབང་ཀུན་དགའ་འཇམ་དབྱངས་བློ་གྲོས། —མི་རིགས་དཔེ་སྐྲུན་ཁང་། 2010. 8

ISBN:978 – 7 – 105 – 11114 – 5

25. ཇོ་ནང་དཔེ་ཚོགས།(སྤྱིའི་དེབ་སོ་གཉིས་པ།)——འོད་གསལ་རྒྱན་གྱི་བཤད་པ།(ཆོས་རྗེ་ཉ་དབོན་པའི་གསུང་པོད་གསུམ་པ།) /གཙོ་སྒྲིག་པ། ངག་དབང་ཀུན་དགའ་འཇམ་དབྱངས་བློ་གྲོས། —མི་རིགས་དཔེ་སྐྲུན་ཁང་། 2010. 8

ISBN:978 – 7 – 105 – 11113 – 8

26. ཇོ་ནང་དཔེ་ཚོགས།(སྤྱིའི་དེབ་སོ་གསུམ་པ།)——བཤེས་འཕྲིན་རྣམ་བཤད།(རྗེ་བཙུན་ཏཱ་ར་ནཱ་ཐའི་གསུང་པོད་གཉིས་པ།) /གཙོ་སྒྲིག་པ། ངག་དབང་ཀུན་དགའ་འཇམ་དབྱངས་བློ་གྲོས། —མི་རིགས་དཔེ་སྐྲུན་ཁང་། 2010. 8

ISBN:978 – 7 – 105 – 11112 – 1

27. སྙོ་ཐྲག་གནས་ཡིག་དང་གསུམ་པ་རྫོ་འབྱེད་པའི་ཉི་ཟེར་ཞེས་བྱ་བ་བཞུགས། /རྩོམ་སྒྲིག་མཁན། འཇམ་དཔལ་བརྟན་འགྲུབ། —མི་རིགས་དཔེ་སྐྲུན་ཁང་། 2010. 12

ISBN:978 – 7 – 105 – 11266 – 1

28. གནའ་རབས་བོད་ཀྱི་གཏན་ཚིགས་རིགས་པ་སྟེ་ལྡེའུ་རྣམ་དཔྱད། /རྩོམ་པ་པོ། ཚེ་རིང་མགོན། —ཀན་སུའུ་མི་

རིགས་དཔེ་སྐྲུན་ཁང་། 2010ལོར།

ISBN:978－7－5421－1644－4

29. བསྡུས་ཚད་བློ་རྟགས་ཀྱི་སྐོར།(༦) /གཙོ་སྒྲིག་པ། སྟོང་སྐོར་ཚེ་རིང་ཐར། —མི་རིགས་དཔེ་སྐྲུན་ཁང་། 2010. 7

ISBN:978－7－105－11019－3

30. སྟོན་པའི་མཛད་རྣམ་དང་ལོ་རྒྱུས་ཀྱི་སྐོར།(༡) /གཙོ་སྒྲིག་པ། སྟོང་སྐོར་ཚེ་རིང་ཐར། —མི་རིགས་དཔེ་སྐྲུན་ཁང་། 2010. 7

ISBN:978－7－105－11019－3

31. བྱང་ཆུབ་ལམ་རིམ་བློ་སྦྱོང་གི་སྐོར།(༧) /གཙོ་སྒྲིག་པ། སྟོང་སྐོར་ཚེ་རིང་ཐར། —མི་རིགས་དཔེ་སྐྲུན་ཁང་། 2010. 7

ISBN:978－7－105－11019－3

32. ཐེག་རིམ་དང་དབུ་མའི་སྐོར།(༨) /གཙོ་སྒྲིག་པ། སྟོང་སྐོར་ཚེ་རིང་ཐར། —མི་རིགས་དཔེ་སྐྲུན་ཁང་། 2010. 7

ISBN:978－7－105－11019－3

33. ཐེག་པ་ཆེན་པོ་ས་ལམ་གྱི་སྐོར།(༩) /གཙོ་སྒྲིག་པ། སྟོང་སྐོར་ཚེ་རིང་ཐར། —མི་རིགས་དཔེ་སྐྲུན་ཁང་། 2010. 7

ISBN:978－7－105－11019－3

34. ཤེར་ཕྱིན་སྔ་དུས་ཀྱི་སྐོར།(༡༠) /གཙོ་སྒྲིག་པ། སྟོང་སྐོར་ཚེ་རིང་ཐར། —མི་རིགས་དཔེ་སྐྲུན་ཁང་། 2010. 7

ISBN:978－7－105－11019－3

35. ཤེར་ཕྱིན་ཕྱི་དུས་ཀྱི་སྐོར།(༡༡) /གཙོ་སྒྲིག་པ། སྟོང་སྐོར་ཚེ་རིང་ཐར། —མི་རིགས་དཔེ་སྐྲུན་ཁང་། 2010. 7

ISBN:978－7－105－11019－3

36. གསང་སྔགས་མ་རྒྱུད་ཀྱི་སྐོར།(༡༨) /གཙོ་སྒྲིག་པ། སྟོང་སྐོར་ཚེ་རིང་ཐར། —མི་རིགས་དཔེ་སྐྲུན་ཁང་། 2010. 7

ISBN:978－7－105－11019－3

37. སྤྱི་སྤུངས་བཞེན་ཐུབ་ཀྱི་སྐོར།(༡༥) /གཙོ་སྒྲིག་པ། སྟོང་སྐོར་ཚེ་རིང་ཐར། —མི་རིགས་དཔེ་སྐྲུན་ཁང་།

2010. 7

ISBN:978 – 7 – 105 – 11019 – 3

38. གསང་སྔགས་རྒྱུད་དྲུག་གི་སྐོར།(༡༦) /གཙོ་སྒྲིག་པ། སྟོང་སྐོར་ཚེ་རིང་ཐར། —མི་རིགས་དཔེ་སྐྲུན་ཁང་། 2010. 7

ISBN:978 – 7 – 105 – 11019 – 3

39. གསང་སྔགས་བཀའ་འགྲེལ་གྱི་སྐོར།(༡༧) /གཙོ་སྒྲིག་པ། སྟོང་སྐོར་ཚེ་རིང་ཐར། —མི་རིགས་དཔེ་སྐྲུན་ཁང་། 2010. 7

ISBN:978 – 7 – 105 – 11019 – 3

40. རྫོགས་ཆེན་ཚད་མའི་སྐོར།(༡༩) /གཙོ་སྒྲིག་པ། སྟོང་སྐོར་ཚེ་རིང་ཐར། —མི་རིགས་དཔེ་སྐྲུན་ཁང་། 2010. 7

ISBN:978 – 7 – 105 – 11019 – 3

41. རྫོགས་ཆེན་མན་ངག་བཀའ་བརྟེན་གྱི་སྐོར།(༢༠) /གཙོ་སྒྲིག་པ། སྟོང་སྐོར་ཚེ་རིང་ཐར། —མི་རིགས་དཔེ་སྐྲུན་ཁང་། 2010. 7

ISBN:978 – 7 – 105 – 11019 – 3

42. རྫོགས་ཆེན་སྐུ་གསུམ་རང་ཤར།(༢༡) /གཙོ་སྒྲིག་པ། སྟོང་སྐོར་ཚེ་རིང་ཐར། —མི་རིགས་དཔེ་སྐྲུན་ཁང་། 2010. 7

ISBN:978 – 7 – 105 – 11019 – 3

43. བྱང་སེམས་གབ་པའི་རྩ་འགྲེལ།(༢༢) /གཙོ་སྒྲིག་པ། སྟོང་སྐོར་ཚེ་རིང་ཐར། —མི་རིགས་དཔེ་སྐྲུན་ཁང་། 2010. 7

ISBN:978 – 7 – 105 – 11019 – 3

44. རྫོགས་ཆེན་ཡང་རྩེ་ཀློང་ཆེན།(༢༣) /གཙོ་སྒྲིག་པ། སྟོང་སྐོར་ཚེ་རིང་ཐར། —མི་རིགས་དཔེ་སྐྲུན་ཁང་། 2010. 7

ISBN:978 – 7 – 105 – 11019 – 3

45. རྫོགས་ཆེན་སྙན་བརྒྱུད་བཀའ་རྒྱུད་སྐོར་བཞི།(༢༤) /གཙོ་སྒྲིག་པ། སྟོང་སྐོར་ཚེ་རིང་ཐར། —མི་རིགས་དཔེ་སྐྲུན་ཁང་། 2010. 7

ISBN:978 – 7 – 105 – 11019 – 3

46. རྫོགས་ཆེན་ཡེ་ཁྲི་མཐའ་སེལ།(༢༥) /གཙོ་སྒྲིག་པ། སྟོང་སྐོར་ཚེ་རིང་ཐར། —མི་རིགས་དཔེ་སྐྲུན་ཁང་།

2010. 7

ISBN:978 –7 –105 –11019 –3

47. སྣང་སྲིད་མཛོད་ཕུགས་ཀྱི་སྐོར།（༡༢） /གཙོ་སྒྲིག་པ། སྟོང་སྐོར་ཚེ་རིང་ཐར། —མི་རིགས་དཔེ་སྐྲུན་ཁང་། 2010. 7

ISBN:978 –7 –105 –11019 –3

48. འདུལ་བ་རྒྱས་བསྡུས་ཀྱི་སྐོར།（༡༣） /གཙོ་སྒྲིག་པ། སྟོང་སྐོར་ཚེ་རིང་ཐར། —མི་རིགས་དཔེ་སྐྲུན་ཁང་། 2010. 7

ISBN:978 –7 –105 –11019 –3

49. སྡེ་སྣོད་མཛོད་རྩ་འགྲེལ།（༡༨） /གཙོ་སྒྲིག་པ། སྟོང་སྐོར་ཚེ་རིང་ཐར། —མི་རིགས་དཔེ་སྐྲུན་ཁང་། 2010. 7

ISBN:978 –7 –105 –11019 –3

50. བཀའ་བསྡུ་བཞི་པའི་དོན་བསྟན་རྩིས་ཆེན་པོ་སོགས་བཞུགས་སོ།། /དོལ་པོ་པ་ཤེས་རབ་རྒྱལ་མཚན་གྱིས་བརྩམས། བོད་ལྗོངས་མི་དམངས་དཔེ་སྐྲུན་ཁང་། 2010. 1

ISBN:978 –7 –223 –02759 –5

51. གསུང་ངག་རིན་པོ་ཆེ་ལམ་འབྲས་བུ་དང་བཅས་པའི་ཁྲིད་རིམ་སྙིང་པོའི་ལེགས་བཤད་བཞུགས་སོ།། /པཎ་ཆེན་ངག་དབང་ཆོས་གྲགས་ཀྱིས་བརྩམས། བོད་ལྗོངས་མི་དམངས་དཔེ་སྐྲུན་ཁང་། 2010. 1

ISBN:978 –7 –223 –02757 –1

52. དམ་པའི་ཆོས་དྲན་པ་ཉེ་བར་བཞག་པའི་མདོ་ཡི་དོན་སྣང་བར་བྱེད་པའི་བསྟན་བཅོས་བཞུགས་སོ།། /ཀརྨ་པ་རང་བྱུང་རྡོ་རྗེ་སོགས་ཀྱིས་བརྩམས། བོད་ལྗོངས་མི་དམངས་དཔེ་སྐྲུན་ཁང་། 2010. 1

ISBN:978 –7 –223 –02758 –8

53. ཞི་བྱེད་དང་ཤངས་པའི་ཆོས་སྐོར་བཞུགས་སོ།། /མཁས་གྲུབ་ཁྱུང་པོ་རྣལ་འབྱོར་སོགས་ཀྱིས་བརྩམས། བོད་ལྗོངས་མི་དམངས་དཔེ་སྐྲུན་ཁང་། 2010. 1

ISBN:978 –7 –223 –02754 –0

54. ཕྱག་རྒྱ་ཆེན་པོའི་ལྟ་བ་སྤྱི་ཁྱབ་ཏུ་ངོ་སྤྲོད་པའི་ཁྲིད་ཡིག་ཕྱོགས་སྒྲིག་བཞུགས་སོ།། /གཉལ་སྟོན་དཔལ་འབྱོར་ལྷུན་གྲུབ་སོགས་ཀྱིས་བརྩམས། བོད་ལྗོངས་མི་དམངས་དཔེ་སྐྲུན་ཁང་། 2010. 1

ISBN:978 –7 –223 –02755 –7

55. བྱང་ཆུབ་ལམ་རིམ་ཆེན་མོ་བོད་རྒྱ་ཤན་སྦྱར་མ།（དེབ་༡——༣） /རྗེ་ཙོང་ཁ་པས་བརྩམས་པ། ལོ་ཙཱ་བ་ཆོས་

འཕགས་ཀྱིས་རྒྱ་ཡིག་ཏུ་བསྒྱུར། —ཀྲུང་གོའི་བོད་རིག་པ་དཔེ་སྐྲུན་ཁང་། 2010ལོར།

ISBN:978 -7 -80253 -255 -8

56. མེས་པོའི་ཤུལ་བཞག(༡༣༢——༡༥༡)ཨེ་ཝྃ་བཀའ་འབུམ།(༡——༢༠) /དཔལ་བརྩེགས་བོད་ཡིག་དཔེ་རྙིང་ཞིབ་འཇུག་ཁང་གིས་བསྒྲིགས། —ཀྲུང་གོའི་བོད་རིག་པ་དཔེ་སྐྲུན་ཁང་། 2010ལོར།

ISBN:978 -7 -80253 -272 -4

57. རྗེ་བཙུན་པར་ཕྱིན་མཐའ་དཔྱོད། /རྗེ་བཙུན་ཆོས་ཀྱི་རྒྱལ་མཚན་དཔལ་བཟང་པོས་མཛད། —མཚོ་སྔོན་མི་རིགས་དཔེ་སྐྲུན་ཁང་། 2010ལོར།

ISBN:978 -7 -5420 -1489 -4

58. ཀློང་ཆེན་སྙིང་ཐིག་གི་སྔོན་འགྲོའི་ངག་འདོན་རྩ་འགྲེལ་བཞུགས། /འཇིགས་མེད་འཕྲིན་ལས་འོད་ཟེར་དང་མཁྱེན་བརྩེ་དབང་པོ། ཆོས་ཀྱི་གྲགས་པ་གསུམ་གྱི་གསུངས། —སི་ཁྲོན་དཔེ་སྐྲུན་ཚོགས་པ། སི་ཁྲོན་མི་རིགས་དཔེ་སྐྲུན་ཁང་། 2010ལོར།

ISBN:978 -7 -5409 -4521 -3

59. མ་ཎི་བཀའ་འབུམ། /སྲོང་བཙན་སྒམ་པོས་མཛད། གྲུབ་ཐོབ་དངོས་གྲུབ་ཀྱིས་གཏེར་ནས་བཏོན། —བོད་ལྗོངས་མི་དམངས་དཔེ་སྐྲུན་ཁང་། 2010ལོར།

ISBN:978 -7 -223 -03011 -3

60. བོད་ཀྱི་བསྟན་འགྱུར་ཆེན་མོའི་དཀར་ཆག /གྲུབ་དབང་བསྟན་པའི་ཉི་མས་མཛད། —བོད་ལྗོངས་མི་དམངས་དཔེ་སྐྲུན་ཁང་། 2010ལོར།

ISBN:978 -7 -223 -02835 -6

61. ལས་རིམ་བློ་ས་བརྒྱུད་པའི་རྣམ་ཐར། /ཡོངས་འཛིན་ཡེ་ཤེས་རྒྱལ་མཚན་གྱིས་མཛད། —བོད་ལྗོངས་མི་དམངས་དཔེ་སྐྲུན་ཁང་། 2010ལོར།

ISBN:978 -7 -223 -02992 -6

62. བློ་སྦྱོང་བརྒྱ་རྩ་ཕྱོགས་སྒྲིག /ཇོ་བོ་རྗེ་དཔལ་ལྡན་ཨ་ཏི་ཤ་སོགས། —བོད་ལྗོངས་མི་དམངས་དཔེ་སྐྲུན་ཁང་། 2010ལོར།

ISBN:978 -7 -223 -02856 -1

63. དབུ་མའི་སྐོར་གྱི་རྒྱ་གཞུང་རྩ་འགྲེལ་བདམས་སྒྲིག /སློབ་དཔོན་ཀླུ་སྒྲུབ་སོགས། —བོད་ལྗོངས་མི་དམངས་དཔེ་སྐྲུན་ཁང་། 2010ལོར།

ISBN:978 -7 -223 -02988 -9

64. དབུ་མ་རྩ་འགྲེལ་ཤེས་རབ་སྒྲོན་མ་བཞུགས་སོ།། /སློབ་དཔོན་ལེགས་ལྡན་འབྱེད། —བོད་ལྗོངས་མི་དམངས་དཔེ་སྐྲུན་ཁང་། 2010ལོར།

ISBN:978 –7 –223 –02987 –2

65. ཀྲུང་གོའི་བོད་བརྒྱུད་ནང་དགོན་དཀར་ཆག་ལས་ཀན་སུའུ་གླེགས་བམ། /རྡོར་ཐུག —ཀན་སུའུ་མི་རིགས་དཔེ་སྐྲུན་ཁང་། 2010ལོར།

ISBN:978 –7 –5421 –1123 –4

66. རྗེ་བཙུན་འབྲོག་མི་བྱམས་པ་བློ་གྲོས་དཔལ་བཟང་པོའི་རྣམ་ཐར། /རྡོ་རྗེ་དབང་འདུས་ཀྱིས་བརྩམས། —མི་རིགས་དཔེ་སྐྲུན་ཁང་། 2010. 6

ISBN:978 –7 –105 –10914 –2

ཆབ་སྲིད་དང་བཅའ་ཁྲིམས།དམག་དོན།(DE 政治法律军事)

67. བོད་ཀྱི“ལྟ་བ་བཞི་དང་སྨྲ་བ་གཉིས”ཀྱི་སློབ་དེབ། /གཙོ་སྒྲིག་པ། ཉིའུ་ཀྲི་ཀྲུའུ། ཡིག་སྒྱུར་བ། རྣམ་རྒྱལ་སྒྲོལ་དཀར། —བོད་ལྗོངས་མི་དམངས་དཔེ་སྐྲུན་ཁང་། 2010. 10

ISBN:978 –7 –223 –02985 –8

68. སྤྱི་ཚོགས་རིང་ལུགས་ཀྱི་གྲོང་གསེབ་གསར་པ་འཛུགས་སྐྲུན་བྱེད་པའི་བཅའ་ཁྲིམས་སློབ་སྟོན་སྐོར་གྱི་དཔེ་ཚོགས། (རྒྱལ་ཁབ་ཀྱི་དཔེ་སྐྲུན་ཐེབས་རྩིས་རོགས་དངུལ་ཐོབ་པའི་རྣམ་གྲངས།)——བཅའ་ཁྲིམས་རོགས་སྐྱོར་ཐད་ཀྱི་ཉེར་མཁོའི་ཁྲིད་སྟོན་དཔེ་དེབ། /ཞུས་ཧྭན་གྱིས་སྒྲིག ཚེ་རིང་སྐྱིད་ཀྱིས་བསྒྱུར། —མི་རིགས་དཔེ་སྐྲུན་ཁང་། 2010. 12

ISBN:978 –7 –105 –11329 –3

69. སྤྱི་ཚོགས་རིང་ལུགས་ཀྱི་གྲོང་གསེབ་གསར་པ་འཛུགས་སྐྲུན་བྱེད་པའི་བཅའ་ཁྲིམས་སློབ་སྟོན་སྐོར་གྱི་དཔེ་ཚོགས། (རྒྱལ་ཁབ་ཀྱི་དཔེ་སྐྲུན་ཐེབས་རྩིས་རོགས་དངུལ་ཐོབ་པའི་རྣམ་གྲངས།)——ཁོར་ཡུག་སྦགས་བཙོག་དང་སྲུང་སྐྱོབ་ཀྱི་སྐོར། /ཀྲུའུ་མིན་ཆང་གིས་རྩོམ་སྒྲིག་བྱས། ཚེ་རིང་བཀྲ་ཤིས་ཀྱིས་བསྒྱུར། —མི་རིགས་དཔེ་སྐྲུན་ཁང་། 2010. 12

ISBN:978 –7 –105 –11321 –7

70. སྤྱི་ཚོགས་རིང་ལུགས་ཀྱི་གྲོང་གསེབ་གསར་པ་འཛུགས་སྐྲུན་བྱེད་པའི་བཅའ་ཁྲིམས་སློབ་སྟོན་སྐོར་གྱི་དཔེ་ཚོགས། (རྒྱལ་ཁབ་ཀྱི་དཔེ་སྐྲུན་ཐེབས་རྩིས་རོགས་དངུལ་ཐོབ་པའི་རྣམ་གྲངས།)——གྲོང་གསེབ་ཀྱི་རྒྱུན་འབྱུང་བྱས་ཉེས་

དང་དེ་དག་གི་སྔོན་འགོག་ཐབས་ལམ། /ལིའུ་ཕའི་ཡིས་རྩོམ་སྒྲིག་བྱས། སྟག་ལྷས་བསྒྱུར། —མི་རིགས་དཔེ་སྐྲུན་ཁང་། 2010. 12

ISBN:978 – 7 – 105 – 11330 – 9

71. སྤྱི་ཚོགས་རིང་ལུགས་ཀྱི་གྲོང་གསེབ་གསར་པ་འཛུགས་སྐྲུན་བྱེད་པའི་བཅའ་ཁྲིམས་སློབ་སྟོན་སྐོར་གྱི་དཔེ་ཚོགས། (རྒྱལ་ཁབ་ཀྱི་དཔེ་སྐྲུན་ཐེབས་རྩིས་རོགས་དངུལ་སྤྲད་པའི་རྣམ་གྲངས།)——གྲོང་གསེབ་ཀྱི་ཏང་རྩ་འཛུགས་འཛུགས་སྐྱོང་བྱེད་ཕྱོགས། /ཏུའུ་མིང་ཧྲེང་གིས་གཙོ་སྒྲིག་བྱས། སྐལ་བཟང་བཀྲ་ཤིས་ཀྱིས་བསྒྱུར། —མི་རིགས་དཔེ་སྐྲུན་ཁང་། 2010. 12

ISBN:978 – 7 – 105 – 11319 – 4

72. སྤྱི་ཚོགས་རིང་ལུགས་ཀྱི་གྲོང་གསེབ་གསར་པ་འཛུགས་སྐྲུན་བྱེད་པའི་བཅའ་ཁྲིམས་སློབ་སྟོན་སྐོར་གྱི་དཔེ་ཚོགས། (རྒྱལ་ཁབ་ཀྱི་དཔེ་སྐྲུན་ཐེབས་རྩིས་རོགས་དངུལ་སྤྲད་པའི་རྣམ་གྲངས།)——གྲོང་གསེབ་ཀྱི་སློབ་གསོའི་སྐོར་གྱི་ཁྲིམས་ལུགས་དང་སྲིད་ཇུས། /ཞུང་ཕོས་རྩོམ་སྒྲིག་བྱས། སྙིང་པོ་རྒྱལ་གྱིས་བསྒྱུར། —མི་རིགས་དཔེ་སྐྲུན་ཁང་། 2010. 12

ISBN:978 – 7 – 105 – 11318 – 7

73. སྤྱི་ཚོགས་རིང་ལུགས་ཀྱི་གྲོང་གསེབ་གསར་པ་འཛུགས་སྐྲུན་བྱེད་པའི་བཅའ་ཁྲིམས་སློབ་སྟོན་སྐོར་གྱི་དཔེ་ཚོགས། (རྒྱལ་ཁབ་ཀྱི་དཔེ་སྐྲུན་ཐེབས་རྩིས་རོགས་དངུལ་སྤྲད་པའི་རྣམ་གྲངས།)——ཞིང་པའི་ཡིག་སྐྲུར་ངོ་གཏུག་སྐོར་གྱི་བཅའ་ཁྲིམས་མཇུབ་སྟོན། /ལི་ཧུང་པའོ་ཡིས་རྩོམ་སྒྲིག་བྱས། བསོད་ནམས་དར་རྒྱས་ཀྱིས་བསྒྱུར། —མི་རིགས་དཔེ་སྐྲུན་ཁང་། 2010. 12

ISBN:978 – 7 – 105 – 11323 – 1

74. སྤྱི་ཚོགས་རིང་ལུགས་ཀྱི་གྲོང་གསེབ་གསར་པ་འཛུགས་སྐྲུན་བྱེད་པའི་བཅའ་ཁྲིམས་སློབ་སྟོན་སྐོར་གྱི་དཔེ་ཚོགས། (རྒྱལ་ཁབ་ཀྱི་དཔེ་སྐྲུན་ཐེབས་རྩིས་རོགས་དངུལ་སྤྲད་པའི་རྣམ་གྲངས།)——ས་ཞིང་བཤུག་སྤྲོད་དང་ཁང་པ་ནོ་འཚོང་། /ལི་ཏ་ཕེས་རྩོམ་སྒྲིག་བྱས། མགོན་པོ་རྒྱལ་གྱིས་བསྒྱུར། —མི་རིགས་དཔེ་སྐྲུན་ཁང་། 2010. 12

ISBN:978 – 7 – 105 – 11351 – 4

75. སྤྱི་ཚོགས་རིང་ལུགས་ཀྱི་གྲོང་གསེབ་གསར་པ་འཛུགས་སྐྲུན་བྱེད་པའི་བཅའ་ཁྲིམས་སློབ་སྟོན་སྐོར་གྱི་དཔེ་ཚོགས། (རྒྱལ་ཁབ་ཀྱི་དཔེ་སྐྲུན་ཐེབས་རྩིས་རོགས་དངུལ་སྤྲད་པའི་རྣམ་གྲངས།)——གྲོང་གསེབ་ལས་བྱེད་པའི་བཅའ་ཁྲིམས་དང་སྲིད་ཇུས་ཀྱི་མཇུབ་སྟོན། /ཧའོ་ཀྲན་ཧོང་དང་ཞུན་ཕེ་ཡིས་རྩོམ་སྒྲིག་བྱས། ལྷ་དཔལ་ཚེ་རིང་གིས་བསྒྱུར། —མི་རིགས་དཔེ་སྐྲུན་ཁང་། 2010. 12

ISBN:978 – 7 – 105 – 11322 – 4

76. ཀྲུང་ཧྭ་མི་དམངས་སྤྱི་མཐུན་རྒྱལ་ཁབ་ཀྱི་བཅའ་ཁྲིམས་ཀྱི་དོན་འགྲེལ་དང་ཉེར་སྤྱོད་ཕྱོགས་སྟོན་དཔེ་ཚོགས།——《གྲོང་གསེབ་ཀྱི་ས་ཞིང་འགན་གཙང་ལེན་ཕྱོགས་སྐོར་གྱི་ཀྲུང་ཧྭ་མི་དམངས་སྤྱི་མཐུན་རྒྱལ་ཁབ་ཀྱི་བཅའ་ཁྲིམས་》ཀྱི་དོན་འགྲེལ་དང་ཉེར་སྤྱོད་ཕྱོགས་སྟོན། /ཀྲུང་གོའི་མི་རིགས་ཡིག་སྒྱུར་ལྟེ་གནས་ཀྱིས་བསྒྱུར། —མི་རིགས་དཔེ་སྐྲུན་ཁང་། 2010. 1

ISBN:978 –7 –105 –10600 –4

77. ཀྲུང་ཧྭ་མི་དམངས་སྤྱི་མཐུན་རྒྱལ་ཁབ་ཀྱི་བཅའ་ཁྲིམས་ཀྱི་དོན་འགྲེལ་དང་ཉེར་སྤྱོད་ཕྱོགས་སྟོན་དཔེ་ཚོགས།——《མི་རིགས་ས་ཁོངས་རང་སྐྱོང་བྱེད་ཕྱོགས་སྐོར་གྱི་ཀྲུང་ཧྭ་མི་དམངས་སྤྱི་མཐུན་རྒྱལ་ཁབ་ཀྱི་བཅའ་ཁྲིམས་》ཀྱི་དོན་འགྲེལ་དང་ཉེར་སྤྱོད་ཕྱོགས་སྟོན། /ཀྲུང་གོའི་མི་རིགས་ཡིག་སྒྱུར་ལྟེ་གནས་ཀྱིས་བསྒྱུར། —མི་རིགས་དཔེ་སྐྲུན་ཁང་། 2010. 1

ISBN:978 –7 –105 –10597 –7

78. ཀྲུང་ཧྭ་མི་དམངས་སྤྱི་མཐུན་རྒྱལ་ཁབ་ཀྱི་བཅའ་ཁྲིམས་ཀྱི་དོན་འགྲེལ་དང་ཉེར་སྤྱོད་ཕྱོགས་སྟོན་དཔེ་ཚོགས།——《རྒྱལ་ཁབ་ཀྱི་སྤྱི་སྤྱོད་སྐད་ཡིག་སྐོར་གྱི་ཀྲུང་ཧྭ་མི་དམངས་སྤྱི་མཐུན་རྒྱལ་ཁབ་ཀྱི་བཅའ་ཁྲིམས་》ཀྱི་དོན་འགྲེལ་དང་ཉེར་སྤྱོད་ཕྱོགས་སྟོན། /ཀྲུང་གོའི་མི་རིགས་ཡིག་སྒྱུར་ལྟེ་གནས་ཀྱིས་བསྒྱུར། —མི་རིགས་དཔེ་སྐྲུན་ཁང་། 2010. 1

ISBN:978 –7 –105 –10607 –3

79. གཉེན་སྒྲིག་སྐོར་གྱི་ཀྲུང་ཧྭ་མི་དམངས་སྤྱི་མཐུན་རྒྱལ་ཁབ་ཀྱི་བཅའ་ཁྲིམས།（བོད་རྒྱ་ཤན་སྦྱར།） /ཀྲུང་གོའི་མི་རིགས་ཡིག་སྒྱུར་ལྟེ་གནས་ཀྱིས་བསྒྱུར། —མི་རིགས་དཔེ་སྐྲུན་ཁང་། 2010. 8

ISBN:978 –7 –105 –11103 –9

80. ཚད་ཁེའི་སྐོར་གྱི་ཀྲུང་ཧྭ་མི་དམངས་སྤྱི་མཐུན་རྒྱལ་ཁབ་ཀྱི་བཅའ་ཁྲིམས།（བོད་རྒྱ་ཤན་སྦྱར།） /ཀྲུང་གོའི་མི་རིགས་ཡིག་སྒྱུར་ལྟེ་གནས་ཀྱིས་བསྒྱུར། —མི་རིགས་དཔེ་སྐྲུན་ཁང་། 2010. 8

ISBN:978 –7 –105 –11100 –8

81. ཚོང་རྟགས་སྐོར་གྱི་ཀྲུང་ཧྭ་མི་དམངས་སྤྱི་མཐུན་རྒྱལ་ཁབ་ཀྱི་བཅའ་ཁྲིམས།（བོད་རྒྱ་ཤན་སྦྱར།） /ཀྲུང་གོའི་མི་རིགས་ཡིག་སྒྱུར་ལྟེ་གནས་ཀྱིས་བསྒྱུར། —མི་རིགས་དཔེ་སྐྲུན་ཁང་། 2010. 8

ISBN:978 –7 –105 –11099 –5

82. ཀྲུང་ཧྭ་མི་དམངས་སྤྱི་མཐུན་རྒྱལ་ཁབ་ཀྱི་ཡུལ་མིའི་ཐོབ་ཐང་ལག་ཁྱེར་སྐོར་གྱི་བཅའ་ཁྲིམས།（བོད་རྒྱ་ཤན་སྦྱར།） /ཀྲུང་གོའི་མི་རིགས་ཡིག་སྒྱུར་ལྟེ་གནས་ཀྱིས་བསྒྱུར། —མི་རིགས་དཔེ་སྐྲུན་ཁང་། 2010. 8

ISBN:978 –7 –105 –11094 –0

83. མེ་གསོད་མེ་འགོག་སྐོར་གྱི་ཀྲུང་ཧྭ་མི་དམངས་སྤྱི་མཐུན་རྒྱལ་ཁབ་ཀྱི་བཅའ་ཁྲིམས།（བོད་རྒྱ་ཤན་སྦྱར།） ／ཀྲུང་གོའི་མི་རིགས་ཡིག་སྒྱུར་ལྟེ་གནས་ཀྱིས་བསྒྱུར། —མི་རིགས་དཔེ་སྐྲུན་ཁང་། 2010. 8

ISBN：978 –7 –105 –11084 –1

84. ལྕགས་ལམ་སྐོར་གྱི་ཀྲུང་ཧྭ་མི་དམངས་སྤྱི་མཐུན་རྒྱལ་ཁབ་ཀྱི་བཅའ་ཁྲིམས།（བོད་རྒྱ་ཤན་སྦྱར།） ／ཀྲུང་གོའི་མི་རིགས་ཡིག་སྒྱུར་ལྟེ་གནས་ཀྱིས་བསྒྱུར། —མི་རིགས་དཔེ་སྐྲུན་ཁང་། 2010. 8

ISBN：978 –7 –105 –11069 –8

85. ཐོན་རྫས་ཀྱི་སྤུས་ཀའི་སྐོར་གྱི་ཀྲུང་ཧྭ་མི་དམངས་སྤྱི་མཐུན་རྒྱལ་ཁབ་ཀྱི་བཅའ་ཁྲིམས།（བོད་རྒྱ་ཤན་སྦྱར།） ／ཀྲུང་གོའི་མི་རིགས་ཡིག་སྒྱུར་ལྟེ་གནས་ཀྱིས་བསྒྱུར། —མི་རིགས་དཔེ་སྐྲུན་ཁང་། 2010. 8

ISBN：978 –7 –105 –11066 –7

86. རིན་གོང་སྐོར་གྱི་ཀྲུང་ཧྭ་མི་དམངས་སྤྱི་མཐུན་རྒྱལ་ཁབ་ཀྱི་བཅའ་ཁྲིམས།（བོད་རྒྱ་ཤན་སྦྱར།） ／ཀྲུང་གོའི་མི་རིགས་ཡིག་སྒྱུར་ལྟེ་གནས་ཀྱིས་བསྒྱུར། —མི་རིགས་དཔེ་སྐྲུན་ཁང་། 2010. 8

ISBN：978 –7 –105 –11067 –4

87. དབང་པོ་སྐྱོན་ཅན་འགན་སྲུང་བྱེད་ཕྱོགས་སྐོར་གྱི་ཀྲུང་ཧྭ་མི་དམངས་སྤྱི་མཐུན་རྒྱལ་ཁབ་ཀྱི་བཅའ་ཁྲིམས།（བོད་རྒྱ་ཤན་སྦྱར།） ／ཀྲུང་གོའི་མི་རིགས་ཡིག་སྒྱུར་ལྟེ་གནས་ཀྱིས་བསྒྱུར། —མི་རིགས་དཔེ་སྐྲུན་ཁང་། 2010. 8

ISBN：978 –7 –105 –11062 –9

88. རྒན་འཁོགས་ཀྱི་ཁེ་དབང་འགན་སྲུང་བྱེད་ཕྱོགས་སྐོར་གྱི་ཀྲུང་ཧྭ་མི་དམངས་སྤྱི་མཐུན་རྒྱལ་ཁབ་ཀྱི་བཅའ་ཁྲིམས།（བོད་རྒྱ་ཤན་སྦྱར།） ／ཀྲུང་གོའི་མི་རིགས་ཡིག་སྒྱུར་ལྟེ་གནས་ཀྱིས་བསྒྱུར། —མི་རིགས་དཔེ་སྐྲུན་ཁང་། 2010. 8

ISBN：978 –7 –105 –11063 –6

89. བཟོ་སྐྲུན་སྐོར་གྱི་ཀྲུང་ཧྭ་མི་དམངས་སྤྱི་མཐུན་རྒྱལ་ཁབ་ཀྱི་བཅའ་ཁྲིམས།（བོད་རྒྱ་ཤན་སྦྱར།） ／ཀྲུང་གོའི་མི་རིགས་ཡིག་སྒྱུར་ལྟེ་གནས་ཀྱིས་བསྒྱུར། —མི་རིགས་དཔེ་སྐྲུན་ཁང་། 2010. 8

ISBN：978 –7 –105 –11068 –1

90. ཀྲུང་ཧྭ་མི་དམངས་སྤྱི་མཐུན་རྒྱལ་ཁབ་ཀྱི་ཤུལ་འཛིན་བཅའ་ཁྲིམས།（བོད་རྒྱ་ཤན་སྦྱར།） ／ཀྲུང་གོའི་མི་རིགས་ཡིག་སྒྱུར་ལྟེ་གནས་ཀྱིས་བསྒྱུར། —མི་རིགས་དཔེ་སྐྲུན་ཁང་། 2010. 8

ISBN：978 –7 –105 –11102 –2

91. ཀྲུང་ཧྭ་མི་དམངས་སྤྱི་མཐུན་རྒྱལ་ཁབ་ཀྱི་དམངས་ཁྲིམས་ཀྱི་སྤྱི་འགྲོས་རྩ་སྒྲོམ།（བོད་རྒྱ་ཤན་སྦྱར།） ／ཀྲུང་གོའི་མི་རིགས་ཡིག་སྒྱུར་ལྟེ་གནས་ཀྱིས་བསྒྱུར། —མི་རིགས་དཔེ་སྐྲུན་ཁང་། 2010. 8

ISBN:978 –7 –105 –11104 –6

92. མི་དམངས་ཉེན་རྟོག་པའི་སྐོར་གྱི་ཀྲུང་ཧྭ་མི་དམངས་སྤྱི་མཐུན་རྒྱལ་ཁབ་ཀྱི་བཅའ་ཁྲིམས།(བོད་རྒྱ་ཤན་སྦྱར།) / ཀྲུང་གོའི་མི་རིགས་ཡིག་སྒྱུར་ལྟེ་གནས་ཀྱིས་བསྒྱུར། —མི་རིགས་དཔེ་སྐྲུན་ཁང་། 2010. 8

ISBN:978 –7 –105 –11095 –7

93. གཞུང་དཔང་བྱེད་ཐབས་སྐོར་གྱི་ཀྲུང་ཧྭ་མི་དམངས་སྤྱི་མཐུན་རྒྱལ་ཁབ་ཀྱི་བཅའ་ཁྲིམས།(བོད་རྒྱ་ཤན་སྦྱར།) / ཀྲུང་གོའི་མི་རིགས་ཡིག་སྒྱུར་ལྟེ་གནས་ཀྱིས་བསྒྱུར། —མི་རིགས་དཔེ་སྐྲུན་ཁང་། 2010. 8

ISBN:978 –7 –105 –11079 –7

94. དགེ་རྒན་སྐོར་གྱི་ཀྲུང་ཧྭ་མི་དམངས་སྤྱི་མཐུན་རྒྱལ་ཁབ་ཀྱི་བཅའ་ཁྲིམས།(བོད་རྒྱ་ཤན་སྦྱར།) /ཀྲུང་གོའི་མི་རིགས་ཡིག་སྒྱུར་ལྟེ་གནས་ཀྱིས་བསྒྱུར། —མི་རིགས་དཔེ་སྐྲུན་ཁང་། 2010. 8

ISBN:978 –7 –105 –11075 –9

95. སློབ་གསོའི་སྐོར་གྱི་ཀྲུང་ཧྭ་མི་དམངས་སྤྱི་མཐུན་རྒྱལ་ཁབ་ཀྱི་བཅའ་ཁྲིམས།(བོད་རྒྱ་ཤན་སྦྱར།) /ཀྲུང་གོའི་མི་རིགས་ཡིག་སྒྱུར་ལྟེ་གནས་ཀྱིས་བསྒྱུར། —མི་རིགས་དཔེ་སྐྲུན་ཁང་། 2010. 8

ISBN:978 –7 –105 –11076 –6

96. སྨན་རྫས་དོ་དམ་བྱེད་ཕྱོགས་སྐོར་གྱི་ཀྲུང་ཧྭ་མི་དམངས་སྤྱི་མཐུན་རྒྱལ་ཁབ་ཀྱི་བཅའ་ཁྲིམས།(བོད་རྒྱ་ཤན་སྦྱར།) / ཀྲུང་གོའི་མི་རིགས་ཡིག་སྒྱུར་ལྟེ་གནས་ཀྱིས་བསྒྱུར། —མི་རིགས་དཔེ་སྐྲུན་ཁང་། 2010. 8

ISBN:978 –7 –105 –11074 –2

97. ངལ་རྩོལ་སྐོར་གྱི་ཀྲུང་ཧྭ་མི་དམངས་སྤྱི་མཐུན་རྒྱལ་ཁབ་ཀྱི་བཅའ་ཁྲིམས།(བོད་རྒྱ་ཤན་སྦྱར།) /ཀྲུང་གོའི་མི་རིགས་ཡིག་སྒྱུར་ལྟེ་གནས་ཀྱིས་བསྒྱུར། —མི་རིགས་དཔེ་སྐྲུན་ཁང་། 2010. 8

ISBN:978 –7 –105 –11060 –5

98. གཞུང་ལམ་སྐོར་གྱི་ཀྲུང་ཧྭ་མི་དམངས་སྤྱི་མཐུན་རྒྱལ་ཁབ་ཀྱི་བཅའ་ཁྲིམས།(བོད་རྒྱ་ཤན་སྦྱར།) /ཀྲུང་གོའི་མི་རིགས་ཡིག་སྒྱུར་ལྟེ་གནས་ཀྱིས་བསྒྱུར། —མི་རིགས་དཔེ་སྐྲུན་ཁང་། 2010. 8

ISBN:978 –7 –105 –11081 –0

99. ཁོར་ཡུག་སྲུང་སྐྱོབ་བྱེད་ཕྱོགས་སྐོར་གྱི་ཀྲུང་ཧྭ་མི་དམངས་སྤྱི་མཐུན་རྒྱལ་ཁབ་ཀྱི་བཅའ་ཁྲིམས།(བོད་རྒྱ་ཤན་སྦྱར།) /ཀྲུང་གོའི་མི་རིགས་ཡིག་སྒྱུར་ལྟེ་གནས་ཀྱིས་བསྒྱུར། —མི་རིགས་དཔེ་སྐྲུན་ཁང་། 2010. 8

ISBN:978 –7 –105 –11072 –8

100. ཕྱུགས་གསོའི་སྐོར་གྱི་ཀྲུང་ཧྭ་མི་དམངས་སྤྱི་མཐུན་རྒྱལ་ཁབ་ཀྱི་བཅའ་ཁྲིམས།(བོད་རྒྱ་ཤན་སྦྱར།) /ཀྲུང་གོའི་མི་རིགས་ཡིག་སྒྱུར་ལྟེ་གནས་ཀྱིས་བསྒྱུར། —མི་རིགས་དཔེ་སྐྲུན་ཁང་། 2010. 8

ISBN:978－7－105－11058－2

101. ཟས་རིགས་གཙོད་མེད་སྐོར་གྱི་ཀྲུང་ཧྭ་མི་དམངས་སྤྱི་མཐུན་རྒྱལ་ཁབ་ཀྱི་བཅའ་ཁྲིམས།（བོད་རྒྱ་ཤན་སྦྱར།） /ཀྲུང་གོའི་མི་རིགས་ཡིག་སྒྱུར་ལྟེ་གནས་ཀྱིས་བསྒྱུར། —མི་རིགས་དཔེ་སྐྲུན་ཁང་། 2010. 8

ISBN:978－7－105－11073－5

102. རྩོམ་གྱི་བདག་དབང་སྐོར་གྱི་ཀྲུང་ཧྭ་མི་དམངས་སྤྱི་མཐུན་རྒྱལ་ཁབ་ཀྱི་བཅའ་ཁྲིམས།（བོད་རྒྱ་ཤན་སྦྱར།） /ཀྲུང་གོའི་མི་རིགས་ཡིག་སྒྱུར་ལྟེ་གནས་ཀྱིས་བསྒྱུར། —མི་རིགས་དཔེ་སྐྲུན་ཁང་། 2010. 8

ISBN:978－7－105－11101－5

103. ཉེན་འགོག་འགན་ལེན་བྱེད་ཕྱོགས་སྐོར་གྱི་ཀྲུང་ཧྭ་མི་དམངས་སྤྱི་མཐུན་རྒྱལ་ཁབ་ཀྱི་བཅའ་ཁྲིམས།（བོད་རྒྱ་ཤན་སྦྱར།） /ཀྲུང་གོའི་མི་རིགས་ཡིག་སྒྱུར་ལྟེ་གནས་ཀྱིས་བསྒྱུར། —མི་རིགས་དཔེ་སྐྲུན་ཁང་། 2010. 8

ISBN:978－7－105－11097－1

104. ཀུང་ཤིའི་སྐོར་གྱི་ཀྲུང་ཧྭ་མི་དམངས་སྤྱི་མཐུན་རྒྱལ་ཁབ་ཀྱི་བཅའ་ཁྲིམས།（བོད་རྒྱ་ཤན་སྦྱར།） /ཀྲུང་གོའི་མི་རིགས་ཡིག་སྒྱུར་ལྟེ་གནས་ཀྱིས་བསྒྱུར། —མི་རིགས་དཔེ་སྐྲུན་ཁང་། 2010. 8

ISBN:978－7－105－11098－8

105. ཉེས་དོན་གཏུག་བཤེར་བྱེད་ཕྱོགས་སྐོར་གྱི་ཀྲུང་ཧྭ་མི་དམངས་སྤྱི་མཐུན་རྒྱལ་ཁབ་ཀྱི་བཅའ་ཁྲིམས།（བོད་རྒྱ་ཤན་སྦྱར།） /ཀྲུང་གོའི་མི་རིགས་ཡིག་སྒྱུར་ལྟེ་གནས་ཀྱིས་བསྒྱུར། —མི་རིགས་དཔེ་སྐྲུན་ཁང་། 2010. 8

ISBN:978－7－105－11059－9

106. བདེ་འཇགས་དོ་དམ་གྱི་ཆད་པ་གཅོད་ཕྱོགས་སྐོར་གྱི་ཀྲུང་ཧྭ་མི་དམངས་སྤྱི་མཐུན་རྒྱལ་ཁབ་ཀྱི་བཅའ་ཁྲིམས།（བོད་རྒྱ་ཤན་སྦྱར།） /ཀྲུང་གོའི་མི་རིགས་ཡིག་སྒྱུར་ལྟེ་གནས་ཀྱིས་བསྒྱུར། —མི་རིགས་དཔེ་སྐྲུན་ཁང་། 2010. 8

ISBN:978－7－105－11093－3

107. མེ་མདའ་དོ་དམ་བྱེད་ཕྱོགས་སྐོར་གྱི་ཀྲུང་ཧྭ་མི་དམངས་སྤྱི་མཐུན་རྒྱལ་ཁབ་ཀྱི་བཅའ་ཁྲིམས།（བོད་རྒྱ་ཤན་སྦྱར།） /ཀྲུང་གོའི་མི་རིགས་ཡིག་སྒྱུར་ལྟེ་གནས་ཀྱིས་བསྒྱུར། —མི་རིགས་དཔེ་སྐྲུན་ཁང་། 2010. 8

ISBN:978－7－105－11080－3

108. བཙོན་ཁང་སྐོར་གྱི་ཀྲུང་ཧྭ་མི་དམངས་སྤྱི་མཐུན་རྒྱལ་ཁབ་ཀྱི་བཅའ་ཁྲིམས།（བོད་རྒྱ་ཤན་སྦྱར།） /ཀྲུང་གོའི་མི་རིགས་ཡིག་སྒྱུར་ལྟེ་གནས་ཀྱིས་བསྒྱུར། —མི་རིགས་དཔེ་སྐྲུན་ཁང་། 2010. 8

ISBN:978－7－105－11078－0

109. ས་ཆ་བདག་སྐྱོང་བྱེད་ཕྱོགས་སྐོར་གྱི་ཀྲུང་ཧྭ་མི་དམངས་སྤྱི་མཐུན་རྒྱལ་ཁབ་ཀྱི་བཅའ་ཁྲིམས།（བོད་རྒྱ་ཤན་སྦྱར།） /ཀྲུང་གོའི་མི་རིགས་ཡིག་སྒྱུར་ལྟེ་གནས་ཀྱིས་བསྒྱུར། —མི་རིགས་དཔེ་སྐྲུན་ཁང་། 2010. 8

ISBN:978 -7 -105 -11070 -4

110. གཏེར་ཁའི་ཐོན་ཁུངས་སྐོར་གྱི་ཀྲུང་ཧྭ་མི་དམངས་སྤྱི་མཐུན་རྒྱལ་ཁབ་ཀྱི་བཅའ་ཁྲིམས།(བོད་རྒྱ་ཤན་སྦྱར།) /ཀྲུང་གོའི་མི་རིགས་ཡིག་སྒྱུར་ལྟེ་གནས་ཀྱིས་བསྒྱུར། —མི་རིགས་དཔེ་སྐྲུན་ཁང་། 2010. 8

ISBN:978 -7 -105 -11082 -7

111. ཀྲུང་ཧྭ་མི་དམངས་སྤྱི་མཐུན་རྒྱལ་ཁབ་ཀྱི་ཕྱིར་སྐྱོད་ལག་ཁྱེར་སྐོར་གྱི་བཅའ་ཁྲིམས།(བོད་རྒྱ་ཤན་སྦྱར།) /ཀྲུང་གོའི་མི་རིགས་ཡིག་སྒྱུར་ལྟེ་གནས་ཀྱིས་བསྒྱུར། —མི་རིགས་དཔེ་སྐྲུན་ཁང་། 2010. 8

ISBN:978 -7 -105 -11083 -4

112. འཛད་སྤྱོད་པའི་ཁེ་དབང་སྲུང་སྐྱོབ་བྱེད་ཕྱོགས་སྐོར་གྱི་ཀྲུང་ཧྭ་མི་དམངས་སྤྱི་མཐུན་རྒྱལ་ཁབ་ཀྱི་བཅའ་ཁྲིམས།(བོད་རྒྱ་ཤན་སྦྱར།) /ཀྲུང་གོའི་མི་རིགས་ཡིག་སྒྱུར་ལྟེ་གནས་ཀྱིས་བསྒྱུར། —མི་རིགས་དཔེ་སྐྲུན་ཁང་། 2010. 8

ISBN:978 -7 -105 -11065 -0

113. བུད་མེད་ཀྱི་ཁེ་དབང་འགན་སྲུང་བྱེད་ཕྱོགས་སྐོར་གྱི་ཀྲུང་ཧྭ་མི་དམངས་སྤྱི་མཐུན་རྒྱལ་ཁབ་ཀྱི་བཅའ་ཁྲིམས།(བོད་རྒྱ་ཤན་སྦྱར།) /ཀྲུང་གོའི་མི་རིགས་ཡིག་སྒྱུར་ལྟེ་གནས་ཀྱིས་བསྒྱུར། —མི་རིགས་དཔེ་སྐྲུན་ཁང་། 2010. 8

ISBN:978 -7 -105 -11064 -3

114. ཆུ་ཡི་སྦགས་བཙོག་འགོག་སེལ་བྱེད་ཕྱོགས་སྐོར་གྱི་ཀྲུང་ཧྭ་མི་དམངས་སྤྱི་མཐུན་རྒྱལ་ཁབ་ཀྱི་བཅའ་ཁྲིམས།(བོད་རྒྱ་ཤན་སྦྱར།) /ཀྲུང་གོའི་མི་རིགས་ཡིག་སྒྱུར་ལྟེ་གནས་ཀྱིས་བསྒྱུར། —མི་རིགས་དཔེ་སྐྲུན་ཁང་། 2010. 8

ISBN:978 -7 -105 -11071 -1

115. རྩྭ་ཐང་སྐོར་གྱི་ཀྲུང་ཧྭ་མི་དམངས་སྤྱི་མཐུན་རྒྱལ་ཁབ་ཀྱི་བཅའ་ཁྲིམས།(བོད་རྒྱ་ཤན་སྦྱར།) /ཀྲུང་གོའི་མི་རིགས་ཡིག་སྒྱུར་ལྟེ་གནས་ཀྱིས་བསྒྱུར། —མི་རིགས་དཔེ་སྐྲུན་ཁང་། 2010. 8

ISBN:978 -7 -105 -11057 -5

116. གྲོང་གསེབ་ཀྱི་རྒྱུན་སྤྱོད་བཅའ་ཁྲིམས་སྐོར་གྱི་རྒྱུན་ཤེས་ལག་དེབ། /བཀྲ་ཤིས་དང་མ་ཧུའོ་ཧྲང་གིས་བསྒྱུར། —ཀྲུང་གོའི་བོད་རིག་པ་དཔེ་སྐྲུན་ཁང་། 2010ལོར།

ISBN:978 -7 -80253 -227 -4

117. བོད་བཙན་པོའི་རྒྱལ་རབས་ཀྱི་ཆབ་སྲིད་ལམ་ལུགས་ཞིབ་འཇུག /ཚེ་རྡོ་ཡུལ་ལྷ་ཐར་གྱིས་བརྩམས། —མི་རིགས་དཔེ་སྐྲུན་ཁང་། 2010. 7

ISBN:978 -7 -105 -11018 -6

118. "ལྟ་ཚུལ" རྣམ་པ་བདུན།——རིགས་གཞུང་ཚ་གནད་སྐོར་གྱི་དྲི་བ་དྲིས་ལན། /ཀྲུང་གུང་ཀྲུང་དབྱང་དྲིལ་

བསྒྲགས་པུའུ་ཡི་རིགས་གཞུང་ཚུས། ཆོས་ཕྲུག་རྒྱལ་གྱིས་བསྒྱུར། —མི་རིགས་དཔེ་སྐྲུན་ཁང་། 2010. 7

ISBN:978 -7 -105 -11034 -6

དཔལ་འབྱོར།(F 经济)

119. ཚོང་རའི་གཉེར་སྐྱོང་གི་རྩ་བའི་རིགས་པ་གསར་བསྒྲིགས། /ཟླ་བ་ཚེ་རིང་གིས་བསྒྱུར། ཟློ་བརྟན་གྱིས་ཞུས། —མི་རིགས་དཔེ་སྐྲུན་ཁང་། 2010. 4

ISBN:978 -7 -105 -10686 -8

སྐྱེ་ཁམས་ཁོར་ཡུག(X 生态环境)

120. ཁོར་ཡུག་སྲུང་སྐྱོང་སྐོར་གྱི་རྒྱུན་ཤེས། /ཟླ་བ་དགྲ་འདུལ་དང་བུ་ཆུང་སོགས་ཀྱིས་བསྒྱུར། —ཀྲུང་གོའི་བོད་རིག་པ་དཔེ་སྐྲུན་ཁང་། 2010ལོར།

ISBN:978 -7 -80253 -318 -9

རིག་གནས་དང་སློབ་གསོ།(CG 文化、教育)

121. ཟླ་སྟོང་དཀར་པོ་ལས་(༡—༨) ཨ་འཛི་མཆོག་སྤྲུལ་ནོར་བུ་དབང་རྒྱལ་གྱི་བཀའ་འབུམ་བཞུགས་སོ།། /བསྡུ་སྒྲིག་པ། ས་སྐྱ་སྨན་གྲོང་པ་མཐུ་སྟོབས་རྡོ་རྗེ། —སི་ཁྲོན་དཔེ་སྐྲུན་ཚོགས་པ། སི་ཁྲོན་མི་རིགས་དཔེ་སྐྲུན་ཁང་། 2010. 12

ISBN:978 -7 -5409 -4587 -9

122. ཀྲུང་ཧྭ་མི་རིགས་ཀྱི་སྲོལ་རྒྱུན་སྤྱོད་བཟང་། /སྐལ་བཟང་བདེ་སྐྱིད་ཀྱིས་བསྒྱུར། —ཀྲུང་གོའི་བོད་རིག་པ་དཔེ་སྐྲུན་ཁང་། 2010ལོར།

ISBN:978 -7 -80253 -319 -6

123. རྩོམ་ཉམས་དཔེ་ཁྲིད། /རྩོམ་པ་པོ། དོན་འགྲུབ་ཚེ་རིང་། —མི་རིགས་དཔེ་སྐྲུན་ཁང་། 2010ལོར།

ISBN:978 -7 -105 -09600 -8

124. རྩོམ་གྱི་འབྲས་བུ་ཐོགས་པའི་མེ་ཏོག་ཚལ། /རྩོམ་པ་པོ། རིན་ཆེན་མཚོ། —མི་རིགས་དཔེ་སྐྲུན་ཁང་། 2010ལོར།

ISBN:978 -7 -105 -08900 -0

125. ཁ་མཚར་མཐོང་བ་འཛུམ་ཤོར། /རྩོམ་སྒྲིག་པ། ཤ་པོ་བསོད་ནམས། —མཚོ་སྔོན་མི་རིགས་དཔེ་སྐྲུན་ཁང་། 2010ལོར།

ISBN:978 -7 -5420 -1415 -3

126. བོད་ཀྱི་མིང་གྲགས་མི་སྣ་གཞོན་དུས། /རྩོམ་སྒྲིག་པ། ཤ་པོ་བསོད་ནམས། —མཚོ་སྔོན་མི་རིགས་དཔེ་སྐྲུན་ཁང་། 2010ལོར།

ISBN:978 -7 -5420 -1413 -9

127. བོད་ཀྱི་སྲོག་ཆགས་གཏམ། /ཕག་མོ་དོན་གྲུབ་ཀྱིས་སྒྲིག་རྩོམ་བྱས། —མཚོ་སྔོན་མི་རིགས་དཔེ་སྐྲུན་ཁང་། 2010ལོར།

ISBN:978 -7 -5420 -1412 -2

128. བོད་ཀྱི་ལོ་རྒྱུས་མི་སྣ་གྲགས་ཅན། /རྩོམ་སྒྲིག་པ། ཤ་པོ་བསོད་ནམས། —མཚོ་སྔོན་མི་རིགས་དཔེ་སྐྲུན་ཁང་། 2010ལོར།

ISBN:978 -7 -5420 -1414 -6

129. བྱིས་རྩོམ་མེ་ཏོག་ཆུན་པོ། /རྩོམ་སྒྲིག་པ། ཤ་པོ་བསོད་ནམས། —མཚོ་སྔོན་མི་རིགས་དཔེ་སྐྲུན་ཁང་། 2010ལོར།

ISBN:978 -7 -5420 -1411 -5

130. བསྐལ་བཟང་མེ་ཏོག་དཔེ་ཚོགས།——གྲངས་རིག /གུ་རུ། མ་ཊི་འབུམ་གཉིས་ཀྱིས་གཙོ་སྒྲིག་བྱས། —སི་ཁྲོན་དཔེ་སྐྲུན་ཚོགས་པ། སི་ཁྲོན་མི་རིགས་དཔེ་སྐྲུན་ཁང་། 2010ལོར།

ISBN:978 -7 -5409 -4499 -5

131. བྱིས་པའི་རབ་བྱེད། /གཙོད་པ་ཀླུ་རྒྱལ་དང་འབྲུག་མོ་བྱམས་གཉིས་ཀྱིས་གཙོ་སྒྲིག་བྱས། —ཀན་སུའུ་མི་རིགས་དཔེ་སྐྲུན་ཁང་། 2010ལོར།

ISBN:978 -7 -5421 -1399 -3

132. གཞོན་ནུའི་རབ་བྱེད། /ཉི་གཞོན་གྱིས་གཙོ་སྒྲིག་བྱས། —ཀན་སུའུ་མི་རིགས་དཔེ་སྐྲུན་ཁང་། 2010ལོར།

ISBN:978 -7 -5421 -1513 -3

133. ན་གཞོན་རབ་བྱེད། /བདུད་ལྷ་རྒྱལ་དང་མེ་ལྷ་གཉིས་ཀྱིས་གཙོ་སྒྲིག་བྱས། —ཀན་སུའུ་མི་རིགས་དཔེ་སྐྲུན་ཁང་། 2010ལོར།

ISBN:978 -7 -5421 -1478 -5

134. དགེ་ཆོས་རྒྱང་མཇལ། /ཞེ་ལྡེས་བརྩམས། —ཀན་སུའུ་མི་རིགས་དཔེ་སྐྲུན་ཁང་། 2010ལོར།

ISBN:978 -7 -5421 -1704 -5

135. བདེན་པའི་ལེའུ། /བླ་ནག་པ་སྐལ་ལྡན་རྒྱ་མཚོས་བརྩམས། —ཀན་སུའུ་མི་རིགས་དཔེ་སྐྲུན་ཁང་། 2010ལོར།

ISBN:978 -7 -5421 -1767 -0

136. ཟབ་མོ་དབུ་མའི་རྩོད་ཟློག་མུན་སེལ་ཉི་མ། /ཐུབ་བསྟན་བློ་གྲོས་ཉི་མས་བརྩམས། —ཀན་སུའུ་མི་རིགས་དཔེ་སྐྲུན་ཁང་། 2010ལོར།

ISBN:978 -7 -5421 -1893 -6

137. བློ་གསར་ཤེས་རྟོགས།(PSTTM ཕྱ་མདོ་བོད་སྨན་སྦྱོང་བརྡར་ལྟེ་གནས་ཀྱི་སློབ་མའི་རྩོམ་བཏུས།) /རྩོམ་པ་པོ། པ་སྒྲོལ་སོགས། —མི་རིགས་དཔེ་སྐྲུན་ཁང་། 2010ལོར།

ISBN:978 -7 -105 -10775 -9

138. གངས་ཏི་སེ་བོན་གཞུང་རིག་མཛོད་དཔེ་ཚོགས་ལེགས་སྒྲུབ་ཀྱི་དྲན་རྟེན་ཟིན་པོ།། /གཙོ་གཉེར་སྟེ་ཁག རྩེ་ཞིག་གཡུང་དྲུང་བོན་བསྟན་འཕེལ་རྒྱས་གླིང་། —མི་རིགས་དཔེ་སྐྲུན་ཁང་། 2010. 7

ISBN:978 -7 -105 -11030 -8

139. ངའི་ཆུར་བ་སུས་ཁྱེར་སོང་། /སི་པེན་སེ་ཡའོ་ཧྲན་ཞིན་གྱིས་བརྩམས། —མི་རིགས་དཔེ་སྐྲུན་ཁང་། 2010. 6

ISBN:978 -7 -105 -08901 -7

སྐད་ཡིག(H 语言文字)

140. ཇོ་ནང་དཔེ་ཚོགས།(སྤྱིའི་དེབ་ཉེར་བརྒྱད་པ།)——ཀ་ལ་པའི་མདོའི་རྣམ་བཤད།(ས་བཟང་མ་ཏི་པཎ་ཆེན་གྱི་གསུང་པོད་དགུ་པ།) /གཙོ་སྒྲིག་པ། ངག་དབང་ཀུན་དགའ་འཇམ་དབྱངས་བློ་གྲོས། —མི་རིགས་དཔེ་སྐྲུན་ཁང་། 2010. 8

ISBN:978 -7 -105 -11117 -6

141. ལེགས་སྦྱར་སྒྲ་རིག་པའི་རྣམ་བཤད་བློ་གསལ་འཇུག་ངོགས་ཞེས་བྱ་བ་བཞུགས་སོ། /ཁྲུ་བྲུག་གིས་རྩོམ་སྒྲིག་བྱས། —མི་རིགས་དཔེ་སྐྲུན་ཁང་། 2010. 9

ISBN:978 -7 -105 -11156 -5

142. བརྡ་དག་སྒྲ་སྦྱོར་གྱི་སྐོར། (༢) /གཙོ་སྒྲིག་པ། སྟོང་སྐོར་ཚེ་རིང་ཐར། —མི་རིགས་དཔེ་སྐྲུན་ཁང་། 2010. 7

ISBN:978 -7 -105 -11019 -3

143. སོ་ནྡྲ་སྒྲིང་། /ཁྲི་བསམ་གཏན་དང་ཚེ་རིང་མཚོ་གཉིས་ཀྱིས་བསྒྲིགས། —ཀན་སུའུ་མི་རིགས་དཔེ་སྐྲུན་ཁང་། 2010. 2

ISBN:978 -7 -5421 -1674 -1

144. སུམ་རྟགས་རྩ་བ་ཕྱོགས་བསྒྲིགས། /ཐོན་མི་སམྦྷོ་ཊ་སོགས་ཀྱིས་མཛད། —སི་ཁྲོན་དཔེ་སྐྲུན་ཚོགས་པ། སི་ཁྲོན་མི་རིགས་དཔེ་སྐྲུན་ཁང་། 2010ལོར།

ISBN:978 -7 -5409 -3474 -3

145. བསྐལ་བཟང་མེ་ཏོག་དཔེ་ཚོགས།——རྒྱ་ཡིག /གཙོ་སྒྲིག་པ། གུ་རུ། མ་ཊི་འབུམ། —སི་ཁྲོན་དཔེ་སྐྲུན་ཚོགས་པ་། སི་ཁྲོན་མི་རིགས་དཔེ་སྐྲུན་ཁང་། 2010ལོར།

ISBN:978 -7 -5409 -4347 -9

146. བོད་སྐད་ཚིག་ཀྲང་ཞིས་སྟོང་བསླབ། /སྐལ་བཟང་ཆོས་འཕེལ་གྱིས་བསྒྱུར། —སི་ཁྲོན་དཔེ་སྐྲུན་ཚོགས་པ་། སི་ཁྲོན་མི་རིགས་དཔེ་སྐྲུན་ཁང་། 2010ལོར།

ISBN:978 -7 -5409 -4301 -1

147. རྩོམ་གྱི་འབྲས་བུ་ཐོགས་པའི་མེ་ཏོག་ཚལ།——སློབ་བུར་འཚམ་པའི་རྩོམ་དཔེ། /རིན་ཆེན་མཆོས་བརྩམས། —མི་རིགས་དཔེ་སྐྲུན་ཁང་། 2010. 5

ISBN:978 -7 -105 -08900 -0

རྩོམ་རིག་སྒྱུ་རྩལ།(IJ 文学艺术)

148. མཁའ་ལ་འགྱུ་བའི་སྤྲིན་དཀར། /ཇ་བ་ཀུན་གྲོལ་རྒྱ་མཚོས་བརྩམས། —སི་ཁྲོན་དཔེ་སྐྲུན་ཚོགས་པ། སི་ཁྲོན་མི་རིགས་དཔེ་སྐྲུན་ཁང་། 2010. 6

ISBN:978 -7 -5409 -4465 -0

149. བོད་ཀྱི་ལག་ཤེས་ཀུན་འདུས་ཆེན་མོ།(སྟོད་ཆ། སྨད་ཆ།) /དཀོན་མཆོག་བསྟན་འཛིན། འཕྲིན་ལས་རྒྱལ་མཚན། པདྨ་གཡུ་སྒྲོན་བཅས་ཀྱིས་བརྩམས། —ཀྲུང་གོའི་བོད་རིག་པ་དཔེ་སྐྲུན་ཁང་། 2010. 7

ISBN:978 -7 -80253 -253 -3

150. བོད་ཀྱི་སྲོལ་རྒྱུན་དམངས་གཞས་བདམས་བསྒྲིགས། /གཙོ་སྒྲིག་པ། རྡོ་རྗེ་ཚེ་རིང་། གཙོ་སྒྲིག་གཞོན་པ། བསྟན་འཛིན་ཟླ་བ། ལྷག་པ་ཚེ་རིང་། —ཀྲུང་གོའི་བོད་རིག་པ་དཔེ་སྐྲུན་ཁང་། 2010. 8

ISBN:978 -7 -80253 -275 -5

151. སྨན་ངག་འགྲེལ་པ་གངས་ཅན་གཞོན་ནུའི་རོལ་མཚོ། /ཐུབ་བསྟན་ཕུན་ཚོགས་ཀྱིས་རྩོམ་སྒྲིག་བྱས། —མི་རིགས་དཔེ་སྐྲུན་ཁང་། 2010. 4

ISBN:978 -7 -105 -10658 -5

152. སྨན་ངག་མངོན་བརྗོད་ཀྱི་སྐོར།(༣) /གཙོ་སྒྲིག་པ། སྟོང་སྐོར་ཚེ་རིང་ཐར། —མི་རིགས་དཔེ་སྐྲུན་ཁང་། 2010. 7

ISBN:978 -7 -105 -11019 -3

153. བརྩེ་དུང་གི་ཐ་རླབས། /གཙོད་པ་དོན་གྲུབ་ཀྱིས་བརྩམས། —ཀན་སུའུ་མི་རིགས་དཔེ་སྐྲུན་ཁང་། 2010. 1

ISBN:978 -7 -5421 -1640 -6

154. ཚེ་རིང་དོན་གྲུབ་ཀྱི་སྨྲང་ཐུང་གསར་པ་བདམས་བསྒྲིགས། /ཚེ་རིང་དོན་གྲུབ་ཀྱིས་བརྩམས། —ཀན་སུའུ་མི་རིགས་དཔེ་སྐྲུན་ཁང་། 2010. 2

ISBN:978 -7 -5421 -1520 -1

155. རྨ་སྟོའི་དམངས་ཁྲོད་རིག་གནས་དཔེ་ཚོགས་གསེར་གྱི་ཐང་མ། གཏམ་རྒྱུད། /རྡོ་རྗེ་སྐྱིད་དང་ཤ་བོ་བཙོན་ཐར། ཚེ་དབང་རྡོ་རྗེ་བཅས་ཀྱིས་རྩོམ་སྒྲིག་བྱས། —ཀན་སུའུ་མི་རིགས་དཔེ་སྐྲུན་ཁང་། 2010. 1

ISBN:978 -7 -5421 -1653 -6

156. བོད་ཀྱི་ལྷ་མོའི་ཟློས་གར་གྱི་འཁྲབ་གཞུང་ཕྱོགས་བསྒྲིགས་ཀུན་ཕན་བདུད་རྩིའི་ཆར་འབེབས། /འཕྲིན་ལས་ཆོས་གྲགས་ཀྱིས་བསྒྲིགས། —ཀྲུང་གོའི་བོད་རིག་པ་དཔེ་སྐྲུན་ཁང་། 2010ལོར།

ISBN:978 -7 -80253 -263 -2

157. ཆབ་མདོའི་ཐོ་ཆེན། /རྩོམ་སྒྲིག་ཨུ་ལྷན་གྱིས་བསྒྲིགས། —ཀྲུང་གོའི་བོད་རིག་པ་དཔེ་སྐྲུན་ཁང་། 2010ལོར།

ISBN:978 -7 -80253 -280 -9

158. བོད་ཀྱི་ལྷ་མོའི་ཟློས་གར་གྱི་འཁྲབ་གཞུང་ཕྱོགས་བསྒྲིགས།། /བོད་རང་སྐྱོང་ལྗོངས་མང་ཚོགས་སྒྱུ་རྩལ་ཁང་གིས་བསྒྲིགས། —ཀྲུང་གོའི་བོད་རིག་པ་དཔེ་སྐྲུན་ཁང་། 2010. 6

ISBN:978 -7 -80253 -263 -2

159. འཇིག་རྟེན་སྐྱེ་བོའི་བློ་སྒོ་འབྱེད་པའི་དཔེ་མཚོན་བྱིས་སྲུང་༡༠༡། /རྡོ་རྗེ་རིན་ཆེན་གྱིས་བསྒྱུར། —ཀྲུང་གོའི་བོད་རིག་པ་དཔེ་སྐྲུན་ཁང་། 2010ལོར།

ISBN:978 -7 -80057 -880 -1

160. བོད་ཀྱི་རྒྱན་གོས་ངོ་སྤྲོད། /རྩོམ་པ་པོ། ཕྱུག་འཚོ་སྐྱིད། —མཚོ་སྔོན་མི་རིགས་དཔེ་སྐྲུན་ཁང་། 2010ལོར།

ISBN:978 -7 -5420 -1529 -7

161. སྐར་མའི་གོ་ལའི་སྟེང་དུ་ལྷ་སྐོར་དུ་ཕྱིན་པ། /རྩོམ་སྒྲིག་པ། མཁའ་འབུམ་ཡག —མཚོ་སྔོན་མི་རིགས་དཔེ་སྐྲུན་ཁང་། 2010ལོར།

ISBN:978 -7 -5420 -1529 -7

162. སྨོམ་པ་སྲུང་བ། /རྩོམ་པ་པོ། ཙ་ནེ་ཡུམ་ཚེ་རིང་། —མཚོ་སྔོན་མི་རིགས་དཔེ་སྐྲུན་ཁང་། 2010ལོར།

ISBN:978 -7 -5420 -1536 -5

163. དིང་གླིང་ཁེར་འབུད། /རྩོམ་པ་པོ། ཁྲི་སེམས་དཔའ། —མཚོ་སྔོན་མི་རིགས་དཔེ་སྐྲུན་ཁང་། 2010ལོར།

ISBN:978 -7 -5420 -1538 -9

164. བོད་ཡུལ་ལ་སྦྱིངས་པའི་འཁྲིན། /ཏ་མགྲིན་སྐྱབས། —སི་ཁྲོན་དཔེ་སྐྲུན་ཚོགས་པ། སི་ཁྲོན་མི་རིགས་དཔེ་སྐྲུན་ཁང་། 2010ལོར།

ISBN:978 -7 -5409 -4416 -2

165. བོད་ཀྱི་ངག་རྒྱུན་གཏམ་བཤད་ཕྱོགས་བསྒྲིགས། /ཏ་མགྲིན་སྐྱབས་ཀྱིས་རྩོམ་སྒྲིག་བྱས། —སི་ཁྲོན་དཔེ་སྐྲུན་ཚོགས་པ། སི་ཁྲོན་མི་རིགས་དཔེ་སྐྲུན་ཁང་། 2010ལོར།

ISBN:978 -7 -5409 -4415 -5

166. མགུར་སྨྲུ་ཡིད་ཀྱི་ལྷུགས་ཀྱུ། /སངས་རྒྱས་དཔའ་བོས་རྩོམ་སྒྲིག་བྱས། —སི་ཁྲོན་དཔེ་སྐྲུན་ཚོགས་པ། སི་ཁྲོན་མི་རིགས་དཔེ་སྐྲུན་ཁང་། 2010ལོར།

ISBN:978 -7 -5409 -4345 -5

167. སྲས་མོ་གངས་དཀར་གྱི་གཏམ་རྒྱུད། /བསོད་ནམས་ལྷ་མཚོས་བསྒྱུར། —སི་ཁྲོན་དཔེ་སྐྲུན་ཚོགས་པ། སི་ཁྲོན་མི་རིགས་དཔེ་སྐྲུན་ཁང་། 2010ལོར།

ISBN:978 -7 -5409 -4708 -8

168. རི་བོང་དང་ཙུས་སྦྲུལ་རྒྱུག་རེས་བྱས་པའི་གཏམ་རྒྱུད། /འཇིགས་བྱེད་ཚེ་རིང་གིས་བསྒྱུར། —སི་ཁྲོན་དཔེ་སྐྲུན་ཚོགས་པ། སི་ཁྲོན་མི་རིགས་དཔེ་སྐྲུན་ཁང་། 2010ལོར།

ISBN:978 -7 -5409 -4716 -3

169. གག་ཅིའུ་མདོག་ཉེས་མའི་གཏམ་རྒྱུད། /བཀྲ་ཤིས་ཉི་མས་བསྒྱུར། —སི་ཁྲོན་དཔེ་སྐྲུན་ཚོགས་པ། སི་ཁྲོན་མི་རིགས་དཔེ་སྐྲུན་ཁང་། 2010ལོར།

ISBN:978 -7 -5409 -4702 -6

170. ཞྭ་མོ་དམར་ཆུང་གི་གཏམ་རྒྱུད། /ནམ་མཁའ་འཚོས་བསྒྱུར། —སི་ཁྲོན་དཔེ་སྐྲུན་ཚོགས་པ། སི་ཁྲོན་མི་རིགས་

དཔེ་སྐྲུན་ཁང་། 2010ལོར།

ISBN:978 -7 -5409 -4721 -7

171. མི་རབས་ཤིག་གི་ཉིན་འགའ། /གྲུར་མགོན་ཚེ་རིང་གིས་བརྩམས། —ཀན་སུའུ་མི་རིགས་དཔེ་སྐྲུན་ཁང་། 2010ལོར།

ISBN:978 -7 -5421 -1762 -5

172. ཨ་མདོའི་གཏམ་དཔེ་མཁས་པའི་མགྲིན་རྒྱན། /ན་འབན་ཨ་ནུ་ཐར་བ་དང་མགོན་པོ་ཚེ་བརྟན་གྱིས་སྒྲིག་རྩོམ་བྱས། —ཀན་སུའུ་མི་རིགས་དཔེ་སྐྲུན་ཁང་། 2010ལོར།

ISBN:978 -7 -5421 -1522 -5

173. བོད་ཀྱི་དམངས་རྩོམ་གཅེས་བསྡུས་དང་དེ་དག་གི་ཕྲན་བཤད། /འབའ་སྟོད་པདྨ་དབང་རྒྱལ་དང་བློ་བྱམས་རྒྱལ་གྱིས་སྒྲིག་རྩོམ་བྱས། —ཀན་སུའུ་མི་རིགས་དཔེ་སྐྲུན་ཁང་། 2010ལོར།

ISBN:978 -7 -5421 -1670 -3

174. འདོད་ཁམས། /སྐྱ་ཙ་ཡོན་ཏན་རྒྱ་མཚོས་བརྩམས། —ཀན་སུའུ་མི་རིགས་དཔེ་སྐྲུན་ཁང་། 2010ལོར།

ISBN:978 -7 -5421 -1804 -2

175. གྲུབ་རྗེ་ཞེར་དཀར་སྒྲུང་འདུས།(སི་ཁྲོན་ཞིང་ཆེན་གེ་སར་གཞུང་ལས་ཁང་གི་གེ་སྒྲུང་དཔེ་ཚོགས། ༤) /བསྡུ་སྒྲིག་པ། སི་ཁྲོན་ཞིང་ཆེན་《གེ་སར་》ལས་དོན་འགོ་ཁྲིད་ཚོ་ཆུང་གཞུང་ལས་ཁང་། —མི་རིགས་དཔེ་སྐྲུན་ཁང་། 2010. 4

ISBN:978 -7 -105 -10685 -1

176. བོད་ལུགས་བཟོ་རྩལ་མཛེས་རིས་སློབ་དེབ། /སྐལ་བཟང་ཚེ་བརྟན་གྱིས་བརྩམས། —མི་རིགས་དཔེ་སྐྲུན་ཁང་། 2010. 4

ISBN:978 -7 -105 -10684 -4

177. སྙན་ངག་ལེགས་བཤད་གཏེར་འབུམ།། /རྡོ་དགོན་གསང་བདག་རྡོ་རྗེས་བརྩམས། —མི་རིགས་དཔེ་སྐྲུན་ཁང་། 2010. 11

ISBN:978 -7 -105 -11211 -1

178. སྤང་སྤོངས་མེ་ཏོག་འཁྲིགས་པའི་ལྷིང་ཁང་།——དཔལ་མགོན་གྱི་སྒྲ་སྙན་རྟུང་ལེན་གཅེས་བསྡུས། /དཔལ་མགོན་གྱིས་རྩོམ་སྒྲིག་བྱས། —མི་རིགས་དཔེ་སྐྲུན་ཁང་། 2010. 4

ISBN:978 -7 -105 -10688 -2

179. འགྱུར་སྒྲུང་ཡིད་འགུག་ནོར་བུའི་ཕྲེང་མཛེས། /ཡོན་ཏན་ལྷུན་གྲུབ་ཀྱིས་སྒྲིག་སྒྱུར་བྱས། —མི་རིགས་དཔེ་སྐྲུན་

ཁང་། 2010. 5

ISBN:978 -7 -105 -10839 -8

180. ཀུ་རུ་རྒྱལ་མཚན་གྱི་གཏེར་སྐྱུང་དེབ་ཕྲེང་།——འཛམ་གླིང་སྐྱེས་མཆོག་སེང་ཆེན་ནོར་བུ་དགྲ་འདུལ་གྱི་རྣམ་པར་ཐར་པ་མུ་ཏིག་ཕྲེང་མཛེས་ལས། འཛམ་གླིང་སྤྱི་བསང་། /རྩོམ་པ་པོ། ཀུ་རུ་རྒྱལ་མཚན་གྱིས་བརྩམས། —ཀན་སུའུ་མི་རིགས་དཔེ་སྐྲུན་ཁང་། 2010. 11

ISBN:978 -7 -5421 -1783 -0

181. ཀུ་རུ་རྒྱལ་མཚན་གྱི་གཏེར་སྐྱུང་དེབ་ཕྲེང་།——འཛམ་གླིང་སྐྱེས་མཆོག་སེང་ཆེན་ནོར་བུ་དགྲ་འདུལ་གྱི་རྣམ་པར་ཐར་པ་མུ་ཏིག་ཕྲེང་མཛེས་ལས། ཤང་ཤང་སྨན་རྫོང་། /རྩོམ་པ་པོ། ཀུ་རུ་རྒྱལ་མཚན་གྱིས་བརྩམས། —ཀན་སུའུ་མི་རིགས་དཔེ་སྐྲུན་ཁང་། 2010. 11

ISBN:978 -7 -5421 -1782 -3

182. ཀུ་རུ་རྒྱལ་མཚན་གྱི་གཏེར་སྐྱུང་དེབ་ཕྲེང་།——འཛམ་གླིང་སྐྱེས་མཆོག་སེང་ཆེན་ནོར་བུ་དགྲ་འདུལ་གྱི་རྣམ་པར་ཐར་པ་མུ་ཏིག་ཕྲེང་མཛེས་ལས། ལི་ཡུལ་མཚལ་རྫོང་། / རྩོམ་པ་པོ། ཀུ་རུ་རྒྱལ་མཚན་གྱིས་བརྩམས། —ཀན་སུའུ་མི་རིགས་དཔེ་སྐྲུན་ཁང་། 2010. 11

ISBN:978 -7 -5421 -1769 -4

183. ཀུ་རུ་རྒྱལ་མཚན་གྱི་གཏེར་སྐྱུང་དེབ་ཕྲེང་།——འཛམ་གླིང་སྐྱེས་མཆོག་སེང་ཆེན་ནོར་བུ་དགྲ་འདུལ་གྱི་རྣམ་པར་ཐར་པ་མུ་ཏིག་ཕྲེང་མཛེས་ལས། དཀའ་ལྡན་ཁྲུང་ཆེན་རྫོང་། /རྩོམ་པ་པོ། ཀུ་རུ་རྒྱལ་མཚན་གྱིས་བརྩམས། —ཀན་སུའུ་མི་རིགས་དཔེ་སྐྲུན་ཁང་། 2010. 11

ISBN:978 -7 -5421 -1781 -6

184. ཨ་ཆུང་དམུ་ཏ།(སྟོད་ཆ། སྨད་ཆ།)/ སྒྲིག་པ་པོ། འཇམ་དཔལ་རྒྱ་མཚོ། —མི་རིགས་དཔེ་སྐྲུན་ཁང་། 2010. 12

ISBN:978 -7 -105 -11237 -1

185. ཁྲི་གླིང་ལྕགས་རྫོང་། /སྒྲིག་པ་པོ། བསྟན་འཛིན་ཕུན་ཚོགས། —མི་རིགས་དཔེ་སྐྲུན་ཁང་། 2010. 12

ISBN:978 -7 -105 -11260 -9

186. སྨུག་གུ་དྲིལ་རྫོང་། / སྒྲིག་པ་པོ། དམ་ཆོས། —མི་རིགས་དཔེ་སྐྲུན་ཁང་། 2010. 12

ISBN:978 -7 -105 -11261 -6

187. གོ་ར་ཚྭ་རྫོང་།(སྟོད་ཆ། སྨད་ཆ།)/ སྒྲིག་པ་པོ། གཙོད་པ་དོན་གྲུབ། རྡོ་རྗེ་ངག་དབང་དགེ་ལེགས། སྙིང་པོ་ཚེ་རིང་། —མི་རིགས་དཔེ་སྐྲུན་ཁང་། 2010. 12

ISBN:978 -7 -105 -11238 -8

188. རྗེ་གླིང་གཡུལ་འགྱེད། /སྒྲིག་པ་པོ། བསོད་རྒྱལ་འབུམ། དབང་ཆེན་ཚེ་རིང་། —མི་རིགས་དཔེ་སྐྲུན་ཁང་། 2010. 12

ISBN:978 -7 -105 -11239 -5

189. ཤང་ཤང་སྨན་རྫོང་། / སྒྲིག་པ་པོ། ཤེས་ཚང་ལྷ་མོ་དོན་གྲུབ། —མི་རིགས་དཔེ་སྐྲུན་ཁང་། 2010. 12

ISBN:978 -7 -105 -11262 -3

190. སུམ་གླིང་གཡུལ་འགྱེད། / སྒྲིག་པ་པོ། ཕུན་ཚོགས། —མི་རིགས་དཔེ་སྐྲུན་ཁང་། 2010. 12

ISBN:978 -7 -105 -11263 -0

191. ཛ་རོང་འབྲུ་རྫོང་། / སྒྲིག་པ་པོ། འཇམ་དབྱངས་ཆོས་སྒྲོན། —མི་རིགས་དཔེ་སྐྲུན་ཁང་། 2010. 12

ISBN:978 -7 -105 -11264 -7

192. ཨ་སྟག་ཤ་རྫོང་། /སྒྲིག་པ་པོ། བསོད་ནམས་སྒྲོལ་མ། དབང་མོ་མཚོ། —མི་རིགས་དཔེ་སྐྲུན་ཁང་། 2010. 12

ISBN:978 -7 -105 -11240 -1

193. འདོད་ཁམས། /རྩོམ་པ་པོ། སྐྱུ་ཙ་ཡོན་ཏན་རྒྱ་མཚོ། —ཀན་སུའུ་མི་རིགས་དཔེ་སྐྲུན་ཁང་། 2010. 12

ISBN:978 -7 -5421 -1804 -2

194. ཚེ་རིང་དོན་གྲུབ་ཀྱི་བརྩམས་སྒྲུང་ཞིབ་འཇུག / རྩོམ་པ་པོ། ཆབ་བྲག་མགོན་པོ་སྐྱབས་ཀྱིས་གཙོ་སྒྲིག་བྱས། —ཀན་སུའུ་མི་རིགས་དཔེ་སྐྲུན་ཁང་། 2010. 12

ISBN:978 -7 -5421 -1814 -1

195. ཁ་བའི་རོལ་དབྱངས། / རྩོམ་པ་པོ། དཔའ་རྩེས་གཙོ་སྒྲིག་བྱས། —ཀན་སུའུ་མི་རིགས་དཔེ་སྐྲུན་ཁང་། 2010. 9

ISBN:978 -7 -5421 -1747 -2

196. རྩོམ་བསྡུས་བྱུ་རུའི་དོ་ཤལ། / རྩོམ་པ་པོ། ཉ་ནག་པ་བ་རེས་ཀྱིས་བརྩམས། —ཀན་སུའུ་མི་རིགས་དཔེ་སྐྲུན་ཁང་། 2010. 12

ISBN:978 -7 -5421 -1817 -2

197. དྲི་རྟགས་དམར་པོ། / རྩོམ་པ་པོ། ཟླ་བ་ནོར་བུས་བརྩམས། —ཀན་སུའུ་མི་རིགས་དཔེ་སྐྲུན་ཁང་། 2010. 9

ISBN:978 -7 -5421 -1740 -3

ལོ་རྒྱུས་དང་དམངས་སྲོལ།(K 历史考古地理民俗文献)

198.《བོད་ཀྱི་ལོ་བརྒྱའི་ལོ་རྒྱུས་ཞིབ་འཇུག》དཔེ་ཚོགས་ལས།(༧) ལོ་རྒྱུས་དཔང་མིའི་ངག་ནས་གསུངས་པའི་བོད་ཀྱི་ལོ་བརྒྱའི་འཕེལ་འགྱུར། སྟོད་ཆ། /སྤྱི་ཁྱབ་གཙོ་སྒྲིག་པ། པད་མ་རྣམ་རྒྱལ། སྲུན་ཡུང་། འགྲོང་བུ་ཚེ་རིང་། — ཀྲུང་གོའི་བོད་རིག་པ་དཔེ་སྐྲུན་ཁང་། ,2010. 11

ISBN:978 –7 –80253 –288 –5

199. མཁར་རྫེའུ་བསམ་གཏན་རྒྱལ་མཚན་གྱི་གསུང་རྩོམ་ཕྱོགས་བསྒྲིགས། མདའ་དང་འཕང་།——བོད་ཀྱི་ལོ་རྒྱུས་དང་། གཏམ་རྒྱུད། ཆོས་ལུགས་ཚོག་དང་དད་མོས་ལ་དཔྱད་པ།(སྟོད་ཆ།) /བདེ་ཁང་བསོད་ནམས་ཆོས་རྒྱལ་གྱིས་དབྱིན་ཡིག་ནས་བོད་ཡིག་ཏུ་བསྒྱུར། —ཀྲུང་གོའི་བོད་རིག་པ་དཔེ་སྐྲུན་ཁང་། 2010. 11

ISBN:978 –7 –80253 –293 –9

200. དཔྱིད་ཀྱི་རྒྱལ་མོའི་གླུ་དབྱངས་ཀྱི་འགྲེལ་བ་རང་སྒྲོང་གསལ་བའི་མེ་ལོང་།། /འབྲུག་ཐར་གྱིས་བརྩམས། —མི་རིགས་དཔེ་སྐྲུན་ཁང་། 2010. 8

ISBN:978 –7 –105 –11088 –9

201. བོད་ཀྱི་ལོ་རྒྱུས་ཀུན་དགའི་མེ་ལོང་ཞེས་བྱ་བ་བཞུགས་སོ།། /དམུ་དགེ་བསམ་གཏན་གྱིས་བརྩམས། —མི་རིགས་དཔེ་སྐྲུན་ཁང་། 2010. 1

ISBN:978 –7 –105 –10592 –2

202. བོད་ཀྱི་ལོ་རྩའི་རིག་ལམ་རྣམ་བཤད་བློ་གསལ་འཇུག་ངོགས། /འཕྲིན་ལས་ཆོས་གྲགས་ཀྱིས་བརྩམས། —ཀྲུང་གོའི་བོད་རིག་པ་དཔེ་སྐྲུན་ཁང་། 2010ལོར།

ISBN:978 –7 –80253 –200 –7

203. བོད་ཡུལ་གྱི་གེ་སར་རྒྱལ་པོའི་ཤུལ་རྟེན་གྱི་རྣམ་བཤད་རབ་གསལ་མེ་ལོང་། /གཙོད་པ་དོན་གྲུབ་ཀྱིས་བརྩམས། —ཀྲུང་གོའི་བོད་རིག་པ་དཔེ་སྐྲུན་ཁང་། 2010ལོར།

ISBN:978 –7 –80253 –161 –1

204. བོད་བཙན་པོའི་ལོ་རྒྱུས་དང་འབྲེལ་བའི་མཐའ་དཔྱོད་གཅེས་བསྡུས། /ཆ་རིས་སྐལ་བཟང་ཐོགས་མེད་ཀྱིས་སྒྲིག་བསྒྱུར་བྱས། —མི་རིགས་དཔེ་སྐྲུན་ཁང་། 2010. 4

ISBN:978 –7 –105 –10673 –8

205. ཏ་ལའི་བླ་མ་སྐུ་ཕྲེང་བཅུ་གསུམ་པས་སྲིད་ལུགས་གསར་བསྒྱུར་གྱི་མཛད་སྒོ་སྤེལ་བ་ལས་འཕྲོས་པའི་ལོ་རྒྱུས་ཀྱི་གཏམ་

ནོར་བུའི་མེ་ལོང་ཞེས་བྱ་བ་བཞུགས་སོ། /ནོར་བུ་བསམ་འཕེལ་གྱིས་བརྩམས། —མི་རིགས་དཔེ་སྐྲུན་ཁང་། 2010. 6

ISBN:978 -7 -105 -10913 -5

ཚན་རིག་ལག་རྩལ།(QSTUV 科学技术)

206. Windows Vista འཇུག་ངོགས། /བཀྲ་ཤིས་རྒྱལ། ཕུར་བུ་ཚེ་རིང་། དབང་གྲགས་སྐྱབས་སོགས་ཀྱིས་སྒྲིག་རྩོམ་བྱས། —ཀྲུང་གོའི་བོད་རིག་པ་དཔེ་སྐྲུན་ཁང་། 2010. 1

ISBN:978 -7 -80253 -202 -1

207. Internet འཇུག་ངོགས། /དབང་གྲགས་སྐྱབས། བཀྲ་ཤིས་རྒྱལ། དཀོན་སྐྱེ་སོགས་ཀྱིས་སྒྲིག་རྩོམ་བྱས། —ཀྲུང་གོའི་བོད་རིག་པ་དཔེ་སྐྲུན་ཁང་། 2010. 2

ISBN:978 -7 -80253 -205 -2

208. Word 2007 འཇུག་ངོགས། /དཀོན་སྐྱེ་དང་། ཕུར་བུ་ཚེ་རིང་། བསོད་ནམས་རྒྱ་མཚོ་སོགས་ཀྱིས་སྒྲིག་རྩོམ་བྱས། —ཀྲུང་གོའི་བོད་རིག་པ་དཔེ་སྐྲུན་ཁང་། 2010. 2

ISBN:978 -7 -80253 -203 -8

209. Excel 2007 འཇུག་ངོགས། /བསོད་ནམས་རྒྱ་མཚོ། དབང་གྲགས་སྐྱབས། དཀོན་སྐྱེ་སོགས་ཀྱིས་སྒྲིག་རྩོམ་བྱས། —ཀྲུང་གོའི་བོད་རིག་པ་དཔེ་སྐྲུན་ཁང་། 2010. 2

ISBN:978 -7 -80253 -201 -4

210. PowerPoint 2007 འཇུག་ངོགས། /ཕུར་བུ་ཚེ་རིང་དང་། དཀོན་སྐྱེ། བསོད་ནམས་རྒྱ་མཚོ་སོགས་ཀྱིས་སྒྲིག་རྩོམ་བྱས། —ཀྲུང་གོའི་བོད་རིག་པ་དཔེ་སྐྲུན་ཁང་། 2010. 1

ISBN:978 -7 -80253 -204 -5

211. སོ་ཕྱུགས་ཀྱི་རིམས་འགོག་ཉེར་སྤྱོད་ལག་རྩལ་སྐོར་གྱི་རྒྱུན་ཤེས། /ལྷ་བ་དགྲ་འདུལ་དང་བུ་ཆུང་སོགས་ཀྱིས་བསྒྱུར། —ཀྲུང་གོའི་བོད་རིག་པ་དཔེ་སྐྲུན་ཁང་། 2010ལོར།

ISBN:978 -7 -80253 -240 -3

212. རྩི་ཚལ་འདེབས་གསོ་ལག་རྩལ་སྐོར་གྱི་རྒྱུན་ཤེས། /ལྷ་བ་དགྲ་འདུལ་དང་བུ་ཆུང་སོགས་ཀྱིས་བསྒྱུར། —ཀྲུང་གོའི་བོད་རིག་པ་དཔེ་སྐྲུན་ཁང་། 2010ལོར།

ISBN:978 -7 -80253 -324 -0

213. མེ་ཏོག་འདེབས་གསོ་ལག་རྩལ་སྐོར་གྱི་རྒྱུན་ཤེས། /པ་སངས་དབང་ཆེན་དང་ཚེ་རིང་རྡོ་རྗེ་སོགས་ཀྱིས་བསྒྱུར། —ཀྲུང་གོའི་བོད་རིག་པ་དཔེ་སྐྲུན་ཁང་། 2010ལོར།

ISBN:978-7-80253-315-8

214. པད་ཁ་སྤུས་ལེགས་ཐོན་ཚད་མཐོ་རུ་གཏོང་བའི་འདེབས་འཛུགས་ལག་རྩལ། /དཔལ་མཆོག་སྒྲོལ་མས་བསྒྱུར། —ཀྲུང་གོའི་བོད་རིག་པ་དཔེ་སྐྲུན་ཁང་། 2010ལོར།

ISBN:978-7-80253-312-7

215. སྲན་ཆེན་སྤུས་ལེགས་ཐོན་ཚད་མཐོ་རུ་གཏོང་བའི་འདེབས་འཛུགས་ལག་རྩལ། /རིག་འཛིན་གྱིས་བསྒྱུར། —ཀྲུང་གོའི་བོད་རིག་པ་དཔེ་སྐྲུན་ཁང་། 2010ལོར།

ISBN:978-7-80253-313-4

216. ཁྱིམ་སྤྱོད་གློག་ཆས་བཀོལ་སྤྱོད་དང་བདག་སྐྱོང་བྱེད་སྟངས་སྐོར་གྱི་རྒྱུན་ཤེས། /པ་སངས་དབང་ཆེན་དང་ཚེ་རིང་རྡོ་རྗེས་བསྒྱུར། —ཀྲུང་གོའི་བོད་རིག་པ་དཔེ་སྐྲུན་ཁང་། 2010ལོར།

ISBN:978-7-80253-316-5

217. རྒུན་འབྲུམ་རིགས་གསར་འདེབས་འཛུགས་ལག་རྩལ་སྐོར་གྱི་རྒྱུན་ཤེས། /བསོད་ནམས་བཀྲ་ཤིས་དང་རྡོ་རྗེ་འཚོ་ཡིས་བསྒྱུར། —ཀྲུང་གོའི་བོད་རིག་པ་དཔེ་སྐྲུན་ཁང་། 2010ལོར།

ISBN:978-7-80253-314-1

218. ལོ་ཏོག་ལེགས་ཐོན་ཡོང་ཐབས་སྐོར་གྱི་འདེབས་གསོ་ལག་རྩལ། /ལྷ་པ་དགྲ་འདུལ་དང་བུ་ཆུང་སོགས་ཀྱིས་བསྒྱུར། —ཀྲུང་གོའི་བོད་རིག་པ་དཔེ་སྐྲུན་ཁང་། 2010ལོར།

ISBN:978-7-80253-238-0

219. འཚོ་བའི་རྒྱུན་ཤེས་དཀའ་གནད་ཀུན་གྲོལ། /ལྷ་པ་དགྲ་འདུལ་དང་བུ་ཆུང་སོགས་ཀྱིས་བསྒྱུར། —ཀྲུང་གོའི་བོད་རིག་པ་དཔེ་སྐྲུན་ཁང་། 2010ལོར།

ISBN:978-7-80253-310-3

220. ཞིང་སྤྱོད་འཕྲུལ་འཁོར་བེད་སྤྱོད་དང་བདག་སྐྱོང་བྱེད་སྟངས་སྐོར་གྱི་རྒྱུན་ཤེས། /ལྷ་པ་དགྲ་འདུལ་དང་བུ་ཆུང་སོགས་ཀྱིས་བསྒྱུར། —ཀྲུང་གོའི་བོད་རིག་པ་དཔེ་སྐྲུན་ཁང་། 2010ལོར།

ISBN:978-7-80253-311-0

221. ང་སྔོར་རྩྭ་ར་དང་ཕྱུགས་རྩྭ་འདེབས་གསོའི་ལག་རྩལ་སྐོར་གྱི་རྒྱུན་ཤེས། /ལྷ་པ་དགྲ་འདུལ་དང་བུ་ཆུང་སོགས་ཀྱིས་བསྒྱུར། —ཀྲུང་གོའི་བོད་རིག་པ་དཔེ་སྐྲུན་ཁང་། 2010ལོར།

ISBN:978-7-80253-241-0

222. ཞིང་ཏོག་འདེབས་འཛུགས་ལག་རྩལ་སྐོར་གྱི་རྒྱུན་ཤེས། /ཟླ་བ་དགྲ་འདུལ་དང་བུ་ཆུང་སོགས་ཀྱིས་བསྒྱུར། —ཀྲུང་གོའི་བོད་རིག་པ་དཔེ་སྐྲུན་ཁང་། 2010ལོར།

ISBN:978 -7 -80253 -317 -2

223. ཁྱིམ་གསོ་སྒོ་ཕྱུགས་གཉེར་སྐྱོང་བྱེད་སྟངས་སྐོར་གྱི་རྒྱུན་ཤེས་ལག་དེབ། /ཟླ་བ་དགྲ་འདུལ་དང་བུ་ཆུང་སོགས་ཀྱིས་བསྒྱུར། —ཀྲུང་གོའི་བོད་རིག་པ་དཔེ་སྐྲུན་ཁང་། 2010ལོར།

ISBN:978 -7 -80253 -242 -3

224. ཞི་ཀྭ་རིགས་གསར་འདེབས་འཛུགས་ལག་རྩལ་སྐོར་གྱི་རྒྱུན་ཤེས། /མཁའ་འགྲོ་ཚེ་རིང་དང་ཐུགས་བྱམས་ཀྱིས་བསྒྱུར། —ཀྲུང་གོའི་བོད་རིག་པ་དཔེ་སྐྲུན་ཁང་། 2010ལོར།

ISBN:978 -7 -80253 -323 -3

གནམ་རིག་སྐར་རྩིས།(P 天文历算)

225. སྐར་རྩིས་ཀྱི་རི་མོ་བློ་གསལ་བདེ་ལམ། /དཔལ་བཟང་རྒྱ་མཚོས་བརྩམས། —སི་ཁྲོན་དཔེ་སྐྲུན་ཚོགས་པ། སི་ཁྲོན་མི་རིགས་དཔེ་སྐྲུན་ཁང་། 2010. 3

ISBN:978 -7 -5409 -4429 -2

226. བོད་ལྗོངས་སྨན་རྩིས་ཁང་གི་ལོ་ཐོ། སྤྱི་ལོ2011ལོ། /བོད་ལྗོངས་སྨན་རྩིས་ཁང་ནས་བརྩམས། —སི་ཁྲོན་མི་རིགས་དཔེ་སྐྲུན་ཁང་། བོད་ལྗོངས་མི་དམངས་དཔེ་སྐྲུན་ཁང་། 2010. 11

ISBN:978 -7 -5409 -4564 -0

227. བཟོ་རིག་དང་རྩིས་ཀྱི་སྐོར།(༤) /གཙོ་སྒྲིག་པ། སྟོང་སྐོར་ཚེ་རིང་ཐར། —མི་རིགས་དཔེ་སྐྲུན་ཁང་། 2010. 7

ISBN:978 -7 -105 -11019 -3

228. ལྷ་སའི་གནའ་ཤུལ་ལོ་རྒྱུས་པདྨའི་དགའ་ཚལ། /རྩོམ་པ་པོ། བསམ་ཨོད། —བོད་ལྗོངས་མི་དམངས་དཔེ་སྐྲུན་ཁང་། 2010ལོར།

ISBN:978 -7 -223 -03013 -7

གསོ་རིག(R 藏医藏药)

229. རིན་པོ་ཆེ་དང་ས་རྫོའི་སྨན་གྱི་ངོས་འཛིན་གསལ་སྟོན་མེ་ལོང་། /སྐལ་ལྡན་ཉི་མས་བརྩམས། —མི་རིགས་དཔེ་

སྐྲུན་ཁང་། 2010. 10

ISBN:978 –7 –105 –11180 –0

230. ནད་ཐོག་ལག་ལེན་དངོས་ཀྱི་སྨན་པའི་བལྟ་བདེའི་ལག་དེབ་གཞོན་སྐྱེས་དགའ་བའི་མེ་ལོང་། /གཙོ་སྒྲིག་པ། ཀྲུང་འགག་བློ་བཟང་བསྟན་འཛིན། སྨན་པ་བུ་དེས་ཚེ་རིང་། —མི་རིགས་དཔེ་སྐྲུན་ཁང་། 2010. 10

ISBN:978 –7 –105 –11171 –8

231. གསོ་རིག་འབུམ་བཞི།(༥) /གཙོ་སྒྲིག་པ། སྟོང་སྐོར་ཚེ་རིང་ཐར། —མི་རིགས་དཔེ་སྐྲུན་ཁང་། 2010. 7

ISBN:978 –7 –105 –11019 –3

232. ཡུལ་ཤུལ་རིག་གནས་དཔེ་ཚོགས། (དེབ་བཅུ་གསུམ་པ།)——ཡུལ་མདོ་ཁམས་སྟོད་ཀྱི་མཁས་དབང་རྣམ་པས་མཛད་པའི་གསོ་རིག་བསྟན་བཅོས་འགའ་ཕྱོགས་གཅིག་ཏུ་བསྒྲིགས་པ་བདུད་རྩིའི་རྒྱ་མཚོ་ཞེས་བྱ་བ་བཞུགས་སོ།། /སྦྱིན་པ་རིན་ཆེན་གྱིས་གཙོ་སྒྲིག་བྱས། —ཀན་སུའུ་མི་རིགས་དཔེ་སྐྲུན་ཁང་། 2010. 1

ISBN:978 –7 –5421 –1646 –8

233. བུད་མེད་བདེ་ཐང་སྐོར་གྱི་དྲིས་ལན་གནད་བརྒྱ་མ། /ལྷ་མོ་སྐྱིད་ཀྱིས་རྩོམ་སྒྲིག་བྱས། —ཀྲུང་གོའི་བོད་རིག་པ་དཔེ་སྐྲུན་ཁང་། 2010ལོར།

ISBN:978 –7 –80253 –316 –5

234. བྱིས་པའི་བདེ་སྲུང་སྐོར་གྱི་རྒྱུན་ཤེས་དྲིས་ལན་བརྒྱ་རྩ་གཅིག /ལྷུན་གྲུབ་རྡོ་རྗེས་རྩོམ་སྒྲིག་བྱས། —ཀྲུང་གོའི་བོད་རིག་པ་དཔེ་སྐྲུན་ཁང་། 2010ལོར།

ISBN:978 –7 –80253 –235 –9

235. རང་ཁྱིམ་དུ་ནད་རིགས་འགོག་བཅོས་བྱེད་ཐབས་སྐོར་གྱི་རྒྱུན་ཤེས། /བླ་བ་དགྲ་འདུལ་དང་བུ་ཆུང་སོགས་ཀྱིས་བསྒྱུར། —ཀྲུང་གོའི་བོད་རིག་པ་དཔེ་སྐྲུན་ཁང་། 2010ལོར།

ISBN:978 –7 –80253 –239 –7

236. དཔལ་ལྡན་རྒྱུད་བཞིའི་སྨན་གྱི་སྦྱོར་སྡེ་ཆེན་མོ། /པང་སར་བསོད་ནམས་འཆི་མེད། —བོད་ལྗོངས་མི་དམངས་དཔེ་སྐྲུན་ཁང་། 2010ལོར།

ISBN:978 –7 –223 –02917 –9

237. བོད་ཀྱི་གསོ་རིག་སྐོར་གྱི་ཤེས་བྱ་དྲིས་ལན་བློ་གསལ་ཉེར་མཁོ། /ལྷ་མོ་སྐྱིད་ཀྱིས་བསྒྲིགས། —མི་རིགས་དཔེ་སྐྲུན་ཁང་། 2010. 3

ISBN:978 –7 –105 –10652 –3

藏文梵夹本部分

ལོ་རྒྱུས་རྣམ་ཐར།(历史传记)

1. བོད་ཀྱི་ལོ་རྒྱུས་རྣམ་ཐར་ཕྱོགས་བསྒྲིགས།(༡) གླེགས་བམ་ཀ་པ། བཀའ་གདམས་ཆོས་འབྱུང་གསལ་བའི་སྒྲོན་མེ།(སྟོད་ཆ། ཁྲིས་མ།) /དཔལ་བརྩེགས་བོད་ཡིག་དཔེ་རྙིང་ཞིབ་འཇུག་ཁང་གིས་བསྒྲིགས། —ཀྲུང་གོའི་བོད་རིག་པ་དཔེ་སྐྲུན་ཁང་། 2010. 2

ISBN:978 –7 –5420 –1465 –8

2. བོད་ཀྱི་ལོ་རྒྱུས་རྣམ་ཐར་ཕྱོགས་བསྒྲིགས།(༢) གླེགས་བམ་ཁ་པ། བཀའ་གདམས་ཆོས་འབྱུང་གསལ་བའི་སྒྲོན་མེ།(སྨད་ཆ། ཁྲིས་མ།) /དཔལ་བརྩེགས་བོད་ཡིག་དཔེ་རྙིང་ཞིབ་འཇུག་ཁང་གིས་བསྒྲིགས། —ཀྲུང་གོའི་བོད་རིག་པ་དཔེ་སྐྲུན་ཁང་། 2010. 2

ISBN:978 –7 –5420 –1465 –8

3. བོད་ཀྱི་ལོ་རྒྱུས་རྣམ་ཐར་ཕྱོགས་བསྒྲིགས།(༣) གླེགས་བམ་ག་པ། བཀའ་གདམས་ཆོས་འབྱུང་གསལ་བའི་སྒྲོན་མེ།(པར་མ།) /དཔལ་བརྩེགས་བོད་ཡིག་དཔེ་རྙིང་ཞིབ་འཇུག་ཁང་གིས་བསྒྲིགས། —ཀྲུང་གོའི་བོད་རིག་པ་དཔེ་སྐྲུན་ཁང་། 2010. 2

ISBN:978 –7 –5420 –1465 –8

4. བོད་ཀྱི་ལོ་རྒྱུས་རྣམ་ཐར་ཕྱོགས་བསྒྲིགས།(༤) གླེགས་བམ་ང་པ། བཀའ་གདམས་རིན་པོ་ཆེའི་ཆོས་འབྱུང་རྣམ་ཐར་ཉིན་མོར་བྱེད་པའི་འོད་སྟོང་། /བསྟན་པ་རིན་པོ་ཆེ་ལྷ་ཆོས་ཕུན་སུམ་ཚོགས་པའི་ལོ་རྒྱུས་ངོ་མཚར་རྨད་དུ་བྱུང་བའི་དཔལ་འགྱུར་ཅེས་བྱ་བ།(ཁྲིས་མ།) དཔལ་བརྩེགས་བོད་ཡིག་དཔེ་རྙིང་ཞིབ་འཇུག་ཁང་གིས་བསྒྲིགས། —ཀྲུང་གོའི་བོད་རིག་པ་དཔེ་སྐྲུན་ཁང་། 2010. 2

ISBN:978 –7 –5420 –1465 –8

5. བོད་ཀྱི་ལོ་རྒྱུས་རྣམ་ཐར་ཕྱོགས་བསྒྲིགས།(༥) གླེགས་བམ་ཅ་པ། རིན་ཆེན་སྤུངས་པའི་ལོ་རྒྱུས་དང་དཔལ་ལྡན་ཨ་ཏི་

ཤའི་རྣམ་པར་ཐར་པ་ཆོས་ཀྱི་འབྱུང་གནས་སོགས།(ཁྲིས་མ།) /དཔལ་བརྩེགས་བོད་ཡིག་དཔེ་རྙིང་ཞིབ་འཇུག་ཁང་གིས་བསྒྲིགས། —ཀྲུང་གོའི་བོད་རིག་པ་དཔེ་སྐྲུན་ཁང་། 2010. 2

ISBN:978 –7 –5420 –1465 –8

6. བོད་ཀྱི་ལོ་རྒྱུས་རྣམ་ཐར་ཕྱོགས་བསྒྲིགས།(༤) གླེགས་བམ་ཆ་པ། རྗེ་བོ་རྗེ་དཔལ་ལྡན་ཨ་ཏི་ཤའི་རྣམ་པར་ཐར་པ་གཙང་མཁན་ཆེན་གྱིས་བསྒྲིགས་པ་དང་སྐྱེས་མཆོག་རིན་ཆེན་དཔལ་བཟང་པོའི་རྣམ་ཐར། རྗོག་ལོ་ཙ་བ་ཆེན་པོའི་རྣམ་ཐར་སོགས།(ཁྲིས་མ།) /དཔལ་བརྩེགས་བོད་ཡིག་དཔེ་རྙིང་ཞིབ་འཇུག་ཁང་གིས་བསྒྲིགས། —ཀྲུང་གོའི་བོད་རིག་པ་དཔེ་སྐྲུན་ཁང་། 2010. 2

ISBN:978 –7 –5420 –1465 –8

7. བོད་ཀྱི་ལོ་རྒྱུས་རྣམ་ཐར་ཕྱོགས་བསྒྲིགས།(༧) གླེགས་བམ་ཇ་པ། དཔལ་ལྡན་གསང་ཕུའི་གདན་རབས་གསལ་བའི་མེ་ལོང་དང་ཟླུལ་ཕུ་མཁན་ཆེན་གྱི་རྣམ་ཐར། རྒྱལ་སྲས་རིན་པོ་ཆེའི་རྣམ་ཐར་སོགས།(ཁྲིས་མ།) /དཔལ་བརྩེགས་བོད་ཡིག་དཔེ་རྙིང་ཞིབ་འཇུག་ཁང་གིས་བསྒྲིགས། —ཀྲུང་གོའི་བོད་རིག་པ་དཔེ་སྐྲུན་ཁང་། 2010. 2

ISBN:978 –7 –5420 –1465 –8

8. བོད་ཀྱི་ལོ་རྒྱུས་རྣམ་ཐར་ཕྱོགས་བསྒྲིགས།(༨) གླེགས་བམ་ཉ་པ། རྒྱལ་རབས་གསལ་བའི་མེ་ལོང་དང་རྒྱལ་རབས་མེ་ལོང་གསལ་བྱེད་ཞུང་དུ་རྣམ་གསལ་ཞེས་བྱ་བ།(ཁྲིས་མ།) /དཔལ་བརྩེགས་བོད་ཡིག་དཔེ་རྙིང་ཞིབ་འཇུག་ཁང་གིས་བསྒྲིགས། —ཀྲུང་གོའི་བོད་རིག་པ་དཔེ་སྐྲུན་ཁང་། 2010. 2

ISBN:978 –7 –5420 –1465 –8

9. བོད་ཀྱི་ལོ་རྒྱུས་རྣམ་ཐར་ཕྱོགས་བསྒྲིགས།(༩) གླེགས་བམ་ཏ་པ། རྒྱལ་རབས་གོང་མའི་ལེགས་བཤད་རྣམ་དབྱེ་ཡིད་འཛིན་ལྟ་བདེ་གོ་གསལ་རྒྱ་བོད་ཡིག་ཚང་མཁས་པ་དགའ་བྱེད།(ཁྲིས་མ་དབུ་མེད།) /དཔལ་བརྩེགས་བོད་ཡིག་དཔེ་རྙིང་ཞིབ་འཇུག་ཁང་གིས་བསྒྲིགས། —ཀྲུང་གོའི་བོད་རིག་པ་དཔེ་སྐྲུན་ཁང་། 2010. 2

ISBN:978 –7 –5420 –1465 –8

10. བོད་ཀྱི་ལོ་རྒྱུས་རྣམ་ཐར་ཕྱོགས་བསྒྲིགས།(༡༠) གླེགས་བམ་ཐ་པ། རྒྱ་བོད་ཀྱི་ཡིག་ཚང་མཁས་པ་དགའ་བྱེད་ཆེན་མོ་འཛམ་གླིང་གསལ་བའི་མེ་ལོང་།(སྟོད་ཆ། ཁྲིས་མ།) /དཔལ་བརྩེགས་བོད་ཡིག་དཔེ་རྙིང་ཞིབ་འཇུག་ཁང་གིས་བསྒྲིགས། —ཀྲུང་གོའི་བོད་རིག་པ་དཔེ་སྐྲུན་ཁང་། 2010. 2

ISBN:978 –7 –5420 –1465 –8

11. བོད་ཀྱི་ལོ་རྒྱུས་རྣམ་ཐར་ཕྱོགས་བསྒྲིགས།(༡༡) གླེགས་བམ་ད་པ། ཡར་ཀླུང་ཇོ་བོ་ཤཱཀྱ་རིན་ཆེན་བདེས་མཛད་པའི་ཆོས་འབྱུང་དང་ར་སྒྲེང་དགོན་གྱི་གདན་རབས། ཆོས་འབྱུང་ཀུན་དགའ་སྙིང་པོ་ཞེས་བྱ་བ་སོགས།(ཁྲིས་མ།) /དཔལ་བརྩེགས་བོད་ཡིག་དཔེ་རྙིང་ཞིབ་འཇུག་ཁང་གིས་བསྒྲིགས། —ཀྲུང་གོའི་བོད་རིག་པ་དཔེ་སྐྲུན་ཁང་།

2010. 2

ISBN:978 – 7 – 5420 – 1465 – 8

12. བོད་ཀྱི་ལོ་རྒྱུས་རྣམ་ཐར་ཕྱོགས་བསྒྲིགས།(༡༢) གླེགས་བམ་ན་པ། བཀའ་བརྒྱུད་རིན་པོ་ཆེའི་ལོ་རྒྱུས་ཕྱོགས་གཅིག་ཏུ་བསྒྲིགས་པའི་གསལ་འདེབས་རྒྱས་པ། མིང་གཞན་ལྷོ་རོང་ཆོས་འབྱུང་།(སྟོད་ཆ། ཁྲིས་མ།) /དཔལ་བརྩེགས་བོད་ཡིག་དཔེ་རྙིང་ཞིབ་འཇུག་ཁང་གིས་བསྒྲིགས། —ཀྲུང་གོའི་བོད་རིག་པ་དཔེ་སྐྲུན་ཁང་། 2010. 2

ISBN:978 – 7 – 5420 – 1465 – 8

13. བོད་ཀྱི་ལོ་རྒྱུས་རྣམ་ཐར་ཕྱོགས་བསྒྲིགས།(༡༣) གླེགས་བམ་པ་པ། བཀའ་བརྒྱུད་རིན་པོ་ཆེའི་ལོ་རྒྱུས་ཕྱོགས་གཅིག་ཏུ་བསྒྲིགས་པའི་གསལ་འདེབས་རྒྱས་པ། མིང་གཞན་ལྷོ་རོང་ཆོས་འབྱུང་།(སྨད་ཆ། ཁྲིས་མ།) /དཔལ་བརྩེགས་བོད་ཡིག་དཔེ་རྙིང་ཞིབ་འཇུག་ཁང་གིས་བསྒྲིགས། —ཀྲུང་གོའི་བོད་རིག་པ་དཔེ་སྐྲུན་ཁང་། 2010. 2

ISBN:978 – 7 – 5420 – 1465 – 8

14. བོད་ཀྱི་ལོ་རྒྱུས་རྣམ་ཐར་ཕྱོགས་བསྒྲིགས།(༡༤) གླེགས་བམ་ཕ་པ། དེབ་ཐེར་སྔོན་པོ།(སྟོད་ཆ། ཁྲིས་པར་འདྲེས་མ།) /དཔལ་བརྩེགས་བོད་ཡིག་དཔེ་རྙིང་ཞིབ་འཇུག་ཁང་གིས་བསྒྲིགས། —ཀྲུང་གོའི་བོད་རིག་པ་དཔེ་སྐྲུན་ཁང་། 2010. 2

ISBN:978 – 7 – 5420 – 1465 – 8

15. བོད་ཀྱི་ལོ་རྒྱུས་རྣམ་ཐར་ཕྱོགས་བསྒྲིགས།(༡༥) གླེགས་བམ་བ་པ། དེབ་ཐེར་སྔོན་པོ།(སྨད་ཆ། ཁྲིས་པར་འདྲེས་མ།) /དཔལ་བརྩེགས་བོད་ཡིག་དཔེ་རྙིང་ཞིབ་འཇུག་ཁང་གིས་བསྒྲིགས། —ཀྲུང་གོའི་བོད་རིག་པ་དཔེ་སྐྲུན་ཁང་། 2010. 2

ISBN:978 – 7 – 5420 – 1465 – 8

16. བོད་ཀྱི་ལོ་རྒྱུས་རྣམ་ཐར་ཕྱོགས་བསྒྲིགས།(༡༦) གླེགས་བམ་མ་པ། དམ་པའི་ཆོས་ཀྱི་འཁོར་ལོས་སྒྱུར་བ་རྣམས་ཀྱི་བྱུང་བ་གསལ་བར་བྱེད་པ་མཁས་པའི་དགའ་སྟོན།(སྟོད་ཆ། པར་མ།) /དཔལ་བརྩེགས་བོད་ཡིག་དཔེ་རྙིང་ཞིབ་འཇུག་ཁང་གིས་བསྒྲིགས། —ཀྲུང་གོའི་བོད་རིག་པ་དཔེ་སྐྲུན་ཁང་། 2010. 2

ISBN:978 – 7 – 5420 – 1465 – 8

17. བོད་ཀྱི་ལོ་རྒྱུས་རྣམ་ཐར་ཕྱོགས་བསྒྲིགས།(༡༧) གླེགས་བམ་ཙ་པ། དམ་པའི་ཆོས་ཀྱི་འཁོར་ལོས་སྒྱུར་བ་རྣམས་ཀྱི་བྱུང་བ་གསལ་བར་བྱེད་པ་མཁས་པའི་དགའ་སྟོན།(སྨད་ཆ། པར་མ།) /དཔལ་བརྩེགས་བོད་ཡིག་དཔེ་རྙིང་ཞིབ་འཇུག་ཁང་གིས་བསྒྲིགས། —ཀྲུང་གོའི་བོད་རིག་པ་དཔེ་སྐྲུན་ཁང་། 2010. 2

ISBN:978 – 7 – 5420 – 1465 – 8

18. བོད་ཀྱི་ལོ་རྒྱུས་རྣམ་ཐར་ཕྱོགས་བསྒྲིགས།(༡༨) གླེགས་བམ་ཚ་པ། ཆོས་འབྱུང་བསྟན་པའི་པད་མ་རྒྱས་པའི་ཉིན་

བྱེད།(པར་མ།) /དཔལ་བརྩེགས་བོད་ཡིག་དཔེ་རྙིང་ཞིབ་འཇུག་ཁང་གིས་བསྒྲིགས། —ཀྲུང་གོའི་བོད་རིག་པ་དཔེ་སྐྲུན་ཁང་། 2010. 2

ISBN:978 –7 –5420 –1465 –8

19. བོད་ཀྱི་ལོ་རྒྱུས་རྣམ་ཐར་ཕྱོགས་བསྒྲིགས།(༡༩) གླེགས་བམ་ཛ་པ། དུས་ཀྱི་འཁོར་ལོའི་བརྒྱུད་པ་རིན་པོ་ཆེའི་རྟོགས་པ་བརྗོད་པ་དཔག་བསམ་སྙེ་མ།(ཁྲིས་མ།) /དཔལ་བརྩེགས་བོད་ཡིག་དཔེ་རྙིང་ཞིབ་འཇུག་ཁང་གིས་བསྒྲིགས། —ཀྲུང་གོའི་བོད་རིག་པ་དཔེ་སྐྲུན་ཁང་། 2010. 2

ISBN:978 –7 –5420 –1465 –8

20. བོད་ཀྱི་ལོ་རྒྱུས་རྣམ་ཐར་ཕྱོགས་བསྒྲིགས།(༢༠) གླེགས་བམ་ཝ་པ། དཔལ་གཤིན་རྗེ་གཤེད་སྐོར་གྱི་དམ་པའི་ཆོས་བྱུང་ཚུལ་ལེགས་པར་བཤད་པ་འཇམ་དཔལ་ཆོས་ཀུན་གསལ་བའི་ཉིན་བྱེད། དཔལ་རྡོ་རྗེ་ནག་པོ་ཆེན་པོའི་ཟབ་མོའི་ཆོས་སྐོར་རྣམས་བྱུང་བའི་ཚུལ་ལེགས་པར་བཤད་པ་བསྟན་སྲུང་ཆོས་ཀུན་གསལ་བའི་ཉིན་བྱེད།(སྟོད་ཆ། ཁྲིས་མ།) /དཔལ་བརྩེགས་བོད་ཡིག་དཔེ་རྙིང་ཞིབ་འཇུག་ཁང་གིས་བསྒྲིགས། —ཀྲུང་གོའི་བོད་རིག་པ་དཔེ་སྐྲུན་ཁང་། 2010. 2

ISBN:978 –7 –5420 –1465 –8

21. བོད་ཀྱི་ལོ་རྒྱུས་རྣམ་ཐར་ཕྱོགས་བསྒྲིགས།(༢༡) གླེགས་བམ་ཞ་པ། དཔལ་རྡོ་རྗེ་ནག་པོ་ཆེན་པོའི་ཟབ་མོའི་ཆོས་སྐོར་རྣམས་བྱུང་བའི་ཚུལ་ལེགས་པར་བཤད་པ་བསྟན་སྲུང་ཆོས་ཀུན་གསལ་བའི་ཉིན་བྱེད་ཅེས་བྱ་བ་སོགས།(སྨད་ཆ། ཁྲིས་མ།) /དཔལ་བརྩེགས་བོད་ཡིག་དཔེ་རྙིང་ཞིབ་འཇུག་ཁང་གིས་བསྒྲིགས། —ཀྲུང་གོའི་བོད་རིག་པ་དཔེ་སྐྲུན་ཁང་། 2010. 2

ISBN:978 –7 –5420 –1465 –8

22. བོད་ཀྱི་ལོ་རྒྱུས་རྣམ་ཐར་ཕྱོགས་བསྒྲིགས།(༢༢) གླེགས་བམ་ཟ་པ། བླ་མ་རྗོག་པ་ཡབ་སྲས་རིམ་པར་བྱོན་པའི་རྣམ་ཐར་རིན་པོ་ཆེའི་རྒྱན་གྱི་ཕྲེང་བ་དང་རྗེ་མར་པ་ནས་བརྒྱུད་པའི་རྗོག་གཞུང་པ་ཡབ་སྲས་ཀྱི་བླ་མའི་རྣམ་ཐར་ནོར་བུའི་ཕྲེང་བ་སོགས། (ཁྲིས་མ།) /དཔལ་བརྩེགས་བོད་ཡིག་དཔེ་རྙིང་ཞིབ་འཇུག་ཁང་གིས་བསྒྲིགས། —ཀྲུང་གོའི་བོད་རིག་པ་དཔེ་སྐྲུན་ཁང་། 2010. 2

ISBN:978 –7 –5420 –1465 –8

23. བོད་ཀྱི་ལོ་རྒྱུས་རྣམ་ཐར་ཕྱོགས་བསྒྲིགས།(༢༣) གླེགས་བམ་འ་པ། བརྒྱུད་པ་ཡིད་བཞིན་ནོར་བུ་ལས་སློབ་དཔོན་ཆེན་པོ་ཏི་ལློ་པའི་རྣམ་ཐར་སོགས། (ཁྲིས་མ།) /དཔལ་བརྩེགས་བོད་ཡིག་དཔེ་རྙིང་ཞིབ་འཇུག་ཁང་གིས་བསྒྲིགས། —ཀྲུང་གོའི་བོད་རིག་པ་དཔེ་སྐྲུན་ཁང་། 2010. 2

ISBN:978 –7 –5420 –1465 –8

24. བོད་ཀྱི་ལོ་རྒྱུས་རྣམ་ཐར་ཕྱོགས་བསྒྲིགས།(༢༤) གླེགས་བམ་ཡ་པ། ཀམ་ཚང་གསེར་ཕྲེང་གླེགས་བམ་དང་པོ། བཀའ་བརྒྱུད་རིན་པོ་ཆེའི་རྣམ་པར་ཐར་པ་རབ་གསལ་མཆོག་ཏུ་གྲུབ་པ་རྒྱན་གྱི་ཕྲེང་བ། (ཁྲིས་མ།) /དཔལ་བརྩེགས་བོད་ཡིག་དཔེ་རྙིང་ཞིབ་འཇུག་ཁང་གིས་བསྒྲིགས། —ཀྲུང་གོའི་བོད་རིག་པ་དཔེ་སྐྲུན་ཁང་། 2010. 2

ISBN:978 –7 –5420 –1465 –8

25. བོད་ཀྱི་ལོ་རྒྱུས་རྣམ་ཐར་ཕྱོགས་བསྒྲིགས།(༢༥) གླེགས་བམ་ར་པ། ཀམ་ཚང་གསེར་ཕྲེང་གླེགས་བམ་གཉིས་པ། ཞྭ་དམར་མཁའ་སྤྱོད་དབང་པོ་སོགས་ཀྱི་གསུང་།(ཁྲིས་མ།) /དཔལ་བརྩེགས་བོད་ཡིག་དཔེ་རྙིང་ཞིབ་འཇུག་ཁང་གིས་བསྒྲིགས། —ཀྲུང་གོའི་བོད་རིག་པ་དཔེ་སྐྲུན་ཁང་། 2010. 2

ISBN:978 –7 –5420 –1465 –8

26. བོད་ཀྱི་ལོ་རྒྱུས་རྣམ་ཐར་ཕྱོགས་བསྒྲིགས།(༢༦) གླེགས་བམ་ལ་པ། འབའ་ར་གསེར་ཕྲེང་གླེགས་བམ་དང་པོ། རྗེ་བཙུན་ཏི་ལློ་པའི་རྣམ་པར་ཐར་པ་སོགས།(ཁྲིས་མ།) /དཔལ་བརྩེགས་བོད་ཡིག་དཔེ་རྙིང་ཞིབ་འཇུག་ཁང་གིས་བསྒྲིགས། —ཀྲུང་གོའི་བོད་རིག་པ་དཔེ་སྐྲུན་ཁང་། 2010. 2

ISBN:978 –7 –5420 –1465 –8

27. བོད་ཀྱི་ལོ་རྒྱུས་རྣམ་ཐར་ཕྱོགས་བསྒྲིགས།(༢༧) གླེགས་བམ་ཤ་པ། འབའ་ར་གསེར་ཕྲེང་གླེགས་བམ་གཉིས་པ། ཐུགས་སྲས་སྤྱན་སྔ་རིན་ཆེན་ལྡན་གྱི་རྣམ་ཐར་རིན་ཆེན་མགུལ་རྒྱན་སོགས།(ཁྲིས་མ།) /དཔལ་བརྩེགས་བོད་ཡིག་དཔེ་རྙིང་ཞིབ་འཇུག་ཁང་གིས་བསྒྲིགས། —ཀྲུང་གོའི་བོད་རིག་པ་དཔེ་སྐྲུན་ཁང་། 2010. 2

ISBN:978 –7 –5420 –1465 –8

28. བོད་ཀྱི་ལོ་རྒྱུས་རྣམ་ཐར་ཕྱོགས་བསྒྲིགས།(༢༨) གླེགས་བམ་ས་པ། འབའ་ར་གསེར་ཕྲེང་གླེགས་བམ་གསུམ་པ། རབ་འབྱམས་པ་ལྷུན་གྲུབ་རྒྱལ་མཚན་སོགས་ཀྱི་གསུང་།(ཁྲིས་མ།) /དཔལ་བརྩེགས་བོད་ཡིག་དཔེ་རྙིང་ཞིབ་འཇུག་ཁང་གིས་བསྒྲིགས། —ཀྲུང་གོའི་བོད་རིག་པ་དཔེ་སྐྲུན་ཁང་། 2010. 2

ISBN:978 –7 –5420 –1465 –8

29. བོད་ཀྱི་ལོ་རྒྱུས་རྣམ་ཐར་ཕྱོགས་བསྒྲིགས།(༢༩) གླེགས་བམ་ཧ་པ། འབའ་ར་གསེར་ཕྲེང་གླེགས་བམ་བཞི་པ། མི་འགྱུར་ནམ་མཁའ་ཚེ་དབང་འཇིགས་མེད་བསྟན་འཛིན་སོགས་ཀྱི་གསུང་།(ཁྲིས་མ།) /དཔལ་བརྩེགས་བོད་ཡིག་དཔེ་རྙིང་ཞིབ་འཇུག་ཁང་གིས་བསྒྲིགས། —ཀྲུང་གོའི་བོད་རིག་པ་དཔེ་སྐྲུན་ཁང་། 2010. 2

ISBN:978 –7 –5420 –1465 –8

30. བོད་ཀྱི་ལོ་རྒྱུས་རྣམ་ཐར་ཕྱོགས་བསྒྲིགས།(༣༠) གླེགས་བམ་ཨ་པ། བསྟན་པ་དང་བསྟན་འཛིན་གྱི་ལོ་རྒྱུས་ཡོངས་འདུས་མེ་ཏོག་གསར་པའི་དོ་ཤལ་ཞེས་བྱ་བ་སོགས།(པར་མ།) /དཔལ་བརྩེགས་བོད་ཡིག་དཔེ་རྙིང་ཞིབ་འཇུག་ཁང་གིས་བསྒྲིགས། —མཚོ་སྔོན་མི་རིགས་དཔེ་སྐྲུན་ཁང་། 2010. 2

ISBN:978 -7 -5420 -1465 -8

ཆོས་ལུགས།(宗教)

1. གསུང་རྒྱུན་བོན་གྱི་བཀའ་བརྟེན་དཔེ་རྙིང་ཕྱོགས་བསྒྲིགས་བཞུགས་སོ།(༡):མཆོད་གཏོར་དང་ཆར་འབོད་གླུ་མཆོད་སྐོར།(ཁྲིས་གཟུགས།) /འོད་ཟེར་སྤྱིན་པ་ཕུན་ཚོགས་ཀྱིས་བསྒྲིགས། —ཀན་སུའུ་མི་རིགས་དཔེ་སྐྲུན་ཁང་། 2010. 3

ISBN:978 -7 -5421 -1325 -2

2. གསུང་རྒྱུན་བོན་གྱི་བཀའ་བརྟེན་དཔེ་རྙིང་ཕྱོགས་བསྒྲིགས་བཞུགས་སོ།(༢) :མཆོད་གཏོར་རྒྱ་ཆེའི་འགྲེལ་དང་མཛོད་སྔ་འགྲེལ།(སློག་གཟུགས།) /འོད་ཟེར་སྤྱིན་པ་ཕུན་ཚོགས་ཀྱིས་བསྒྲིགས། —ཀན་སུའུ་མི་རིགས་དཔེ་སྐྲུན་ཁང་། 2010. 3

ISBN:978 -7 -5421 -1325 -2

3. གསུང་རྒྱུན་བོན་གྱི་བཀའ་བརྟེན་དཔེ་རྙིང་ཕྱོགས་བསྒྲིགས་བཞུགས་སོ།(༣):འདུལ་བ་གསང་ལུང་དང་འདུལ་བའི་གཏམ་རྒྱུད།(ཁྲིས་གཟུགས།) /འོད་ཟེར་སྤྱིན་པ་ཕུན་ཚོགས་ཀྱིས་བསྒྲིགས། —ཀན་སུའུ་མི་རིགས་དཔེ་སྐྲུན་ཁང་། 2010. 3

ISBN:978 -7 -5421 -1325 -2

4. གསུང་རྒྱུན་བོན་གྱི་བཀའ་བརྟེན་དཔེ་རྙིང་ཕྱོགས་བསྒྲིགས་བཞུགས་སོ།(༤) :མཁས་བཞིའི་མཛོད་འགྲེལ།(སྟོད་ཆ་དང་སྨད་ཆ། སློག་གཟུགས།) /འོད་ཟེར་སྤྱིན་པ་ཕུན་ཚོགས་ཀྱིས་བསྒྲིགས། —ཀན་སུའུ་མི་རིགས་དཔེ་སྐྲུན་ཁང་། 2010. 3

ISBN:978 -7 -5421 -1325 -2

5. གསུང་རྒྱུན་བོན་གྱི་བཀའ་བརྟེན་དཔེ་རྙིང་ཕྱོགས་བསྒྲིགས་བཞུགས་སོ།(༥) :མདོ་སྔགས་སེམས་གསུམ་གྱི་རྩ་གཞུང་ཁག(སློག་གཟུགས།) /འོད་ཟེར་སྤྱིན་པ་ཕུན་ཚོགས་ཀྱིས་བསྒྲིགས། —ཀན་སུའུ་མི་རིགས་དཔེ་སྐྲུན་ཁང་། 2010. 3

ISBN:978 -7 -5421 -1325 -2

6. གསུང་རྒྱུན་བོན་གྱི་བཀའ་བརྟེན་དཔེ་རྙིང་ཕྱོགས་བསྒྲིགས་བཞུགས་སོ།(༦) :རྣམ་པར་རྒྱལ་བ།(ཁྲིས་གཟུགས།) /འོད་ཟེར་སྤྱིན་པ་ཕུན་ཚོགས་ཀྱིས་བསྒྲིགས། —ཀན་སུའུ་མི་རིགས་དཔེ་སྐྲུན་ཁང་། 2010. 3

ISBN:978 -7 -5421 -1325 -2

7. གཡུང་དྲུང་བོན་གྱི་བཀའ་བརྟེན་དཔེ་རྙིང་ཕྱོགས་བསྒྲིགས་བཞུགས་སོ།(༧) ：ཀུན་གསལ་བྱམས་མའི་ལས་ཚོགས།(ཁྲིས་གཟུགས།) /འོད་ཟེར་སྨིན་པ་ཕུན་ཚོགས་ཀྱིས་བསྒྲིགས། —ཀན་སུའུ་མི་རིགས་དཔེ་སྐྲུན་ཁང་། 2010. 3

ISBN:978 -7 -5421 -1325 -2

8. གཡུང་དྲུང་བོན་གྱི་བཀའ་བརྟེན་དཔེ་རྙིང་ཕྱོགས་བསྒྲིགས་བཞུགས་སོ།(༨) ：རྣམ་དག་པད་མ་གླིང་ཡངས།(ཁྲིས་གཟུགས།) /འོད་ཟེར་སྨིན་པ་ཕུན་ཚོགས་ཀྱིས་བསྒྲིགས། —ཀན་སུའུ་མི་རིགས་དཔེ་སྐྲུན་ཁང་། 2010. 3

ISBN:978 -7 -5421 -1325 -2

9. གཡུང་དྲུང་བོན་གྱི་བཀའ་བརྟེན་དཔེ་རྙིང་ཕྱོགས་བསྒྲིགས་བཞུགས་སོ།(༩) ：རྒྱས་པ་ཀུན་སྣང་དང་། སྲག་གཞུང་སོགས།(ཁྲིས་གཟུགས།) /འོད་ཟེར་སྨིན་པ་ཕུན་ཚོགས་ཀྱིས་བསྒྲིགས། —ཀན་སུའུ་མི་རིགས་དཔེ་སྐྲུན་ཁང་། 2010. 3

ISBN:978 -7 -5421 -1325 -2

10. གཡུང་དྲུང་བོན་གྱི་བཀའ་བརྟེན་དཔེ་རྙིང་ཕྱོགས་བསྒྲིགས་བཞུགས་སོ།(༡༠) ：བཟླས་ཚིག་རིན་ཆེན་སྒྲོན་མ།(ཁྲིས་གཟུགས།) /འོད་ཟེར་སྨིན་པ་ཕུན་ཚོགས་ཀྱིས་བསྒྲིགས། —ཀན་སུའུ་མི་རིགས་དཔེ་སྐྲུན་ཁང་། 2010. 3

ISBN:978 -7 -5421 -1325 -2

11. གཡུང་དྲུང་བོན་གྱི་བཀའ་བརྟེན་དཔེ་རྙིང་ཕྱོགས་བསྒྲིགས་བཞུགས་སོ།(༡༡) ：བསྟོད་པ་རྣམ་རྒྱལ་ཁང་བཟང་དང་། ཟླ་སྒྲུབ་སྐོར།(ཁྲིས་གཟུགས།) /འོད་ཟེར་སྨིན་པ་ཕུན་ཚོགས་ཀྱིས་བསྒྲིགས། —ཀན་སུའུ་མི་རིགས་དཔེ་སྐྲུན་ཁང་། 2010. 3

ISBN:978 -7 -5421 -1325 -2

12. གཡུང་དྲུང་བོན་གྱི་བཀའ་བརྟེན་དཔེ་རྙིང་ཕྱོགས་བསྒྲིགས་བཞུགས་སོ།(༡༢) ：མངའ་དབུལ་དང་རབ་གནས་སྐོར་གསུམ།(ཁྲིས་གཟུགས།) /འོད་ཟེར་སྨིན་པ་ཕུན་ཚོགས་ཀྱིས་བསྒྲིགས། —ཀན་སུའུ་མི་རིགས་དཔེ་སྐྲུན་ཁང་། 2010. 3

ISBN:978 -7 -5421 -1325 -2

13. གཡུང་དྲུང་བོན་གྱི་བཀའ་བརྟེན་དཔེ་རྙིང་ཕྱོགས་བསྒྲིགས་བཞུགས་སོ།(༡༣) ：སྟོང་གསུམ་འབྲུགས་པ་ཡོ་བཅོས་དང་། ཀོ་ལྡེ་མ།(ཁྲིས་གཟུགས།) /འོད་ཟེར་སྨིན་པ་ཕུན་ཚོགས་ཀྱིས་བསྒྲིགས། —ཀན་སུའུ་མི་རིགས་དཔེ་སྐྲུན་ཁང་། 2010. 3

ISBN:978 -7 -5421 -1325 -2

14. གཡུང་དྲུང་བོན་གྱི་བཀའ་བརྟེན་དཔེ་རྙིང་ཕྱོགས་བསྒྲིགས་བཞུགས་སོ།(༡༤) ：ས་བདག་ཉེ་ལམ་སྣེ་བཞི།(ཁྲིས་

གཟུགས།) /འོད་ཟེར་སྒྲིན་པ་ཕུན་ཚོགས་ཀྱིས་བསྒྲིགས། —ཀན་སུའུ་མི་རིགས་དཔེ་སྐྲུན་ཁང་། 2010. 3

ISBN:978 -7 -5421 -1325 -2

15. གཡུང་དྲུང་བོན་གྱི་བཀའ་བརྟེན་དཔེ་རྙིང་ཕྱོགས་བསྒྲིགས་བཞུགས་སོ།(༡༥) :ས་བདག་གླུ་གཉན་བང་གོང་དང་གླུ་འབུམ་སྐོར།(ཁྲིས་གཟུགས།) /འོད་ཟེར་སྒྲིན་པ་ཕུན་ཚོགས་ཀྱིས་བསྒྲིགས། —ཀན་སུའུ་མི་རིགས་དཔེ་སྐྲུན་ཁང་། 2010. 3

ISBN:978 -7 -5421 -1325 -2

16. གཡུང་དྲུང་བོན་གྱི་བཀའ་བརྟེན་དཔེ་རྙིང་ཕྱོགས་བསྒྲིགས་བཞུགས་སོ།(༡༦) :གསང་བ་དོན་འགྲེལ།(སློག་གཟུགས།) /འོད་ཟེར་སྒྲིན་པ་ཕུན་ཚོགས་ཀྱིས་བསྒྲིགས། —ཀན་སུའུ་མི་རིགས་དཔེ་སྐྲུན་ཁང་། 2010. 3

ISBN:978 -7 -5421 -1325 -2

17. གཡུང་དྲུང་བོན་གྱི་བཀའ་བརྟེན་དཔེ་རྙིང་ཕྱོགས་བསྒྲིགས་བཞུགས་སོ།(༡༧) :རྩ་རྒྱུད་ཉི་ཟེར་སྒྲོན་མ།(ཁྲིས་གཟུགས།) /འོད་ཟེར་སྒྲིན་པ་ཕུན་ཚོགས་ཀྱིས་བསྒྲིགས། —ཀན་སུའུ་མི་རིགས་དཔེ་སྐྲུན་ཁང་། 2010. 3

ISBN:978 -7 -5421 -1325 -2

18. གཡུང་དྲུང་བོན་གྱི་བཀའ་བརྟེན་དཔེ་རྙིང་ཕྱོགས་བསྒྲིགས་བཞུགས་སོ།(༡༨) :ཁྲོ་བོ་ངོ་མཚར་རྒྱས་པ་དང་སྲུང་བཟློག(ཁྲིས་གཟུགས།) /འོད་ཟེར་སྒྲིན་པ་ཕུན་ཚོགས་ཀྱིས་བསྒྲིགས། —ཀན་སུའུ་མི་རིགས་དཔེ་སྐྲུན་ཁང་། 2010. 3

ISBN:978 -7 -5421 -1325 -2

19. གཡུང་དྲུང་བོན་གྱི་བཀའ་བརྟེན་དཔེ་རྙིང་ཕྱོགས་བསྒྲིགས་བཞུགས་སོ།(༡༩) :ཞི་ཁྲོ་བསྐུས་འཁྲིད་དང་ཁྲོ་བོའི་སྨན་སོགས།(ཁྲིས་གཟུགས།) /འོད་ཟེར་སྒྲིན་པ་ཕུན་ཚོགས་ཀྱིས་བསྒྲིགས། —ཀན་སུའུ་མི་རིགས་དཔེ་སྐྲུན་ཁང་། 2010. 3

ISBN:978 -7 -5421 -1325 -2

20. གཡུང་དྲུང་བོན་གྱི་བཀའ་བརྟེན་དཔེ་རྙིང་ཕྱོགས་བསྒྲིགས་བཞུགས་སོ།(༢༠) :མཁའ་ཀློང་རབ་འབྱམས།(ཁྲིས་གཟུགས།) /འོད་ཟེར་སྒྲིན་པ་ཕུན་ཚོགས་ཀྱིས་བསྒྲིགས། —ཀན་སུའུ་མི་རིགས་དཔེ་སྐྲུན་ཁང་། 2010. 3

ISBN:978 -7 -5421 -1325 -2

21. གཡུང་དྲུང་བོན་གྱི་བཀའ་བརྟེན་དཔེ་རྙིང་ཕྱོགས་བསྒྲིགས་བཞུགས་སོ།(༢༡) :དབལ་མོ་ལས་ཐིག་དང་དྲེའུ་དམར་སྐོར།(ཁྲིས་གཟུགས།) /འོད་ཟེར་སྒྲིན་པ་ཕུན་ཚོགས་ཀྱིས་བསྒྲིགས། —ཀན་སུའུ་མི་རིགས་དཔེ་སྐྲུན་ཁང་། 2010. 3

ISBN:978 -7 -5421 -1325 -2

22. གཡུང་དྲུང་བོན་གྱི་བཀའ་བརྟེན་དཔེ་རྙིང་ཕྱོགས་བསྒྲིགས་བཞུགས་སོ། (༢༢) ：འདུར་རྒྱུད་སྐོར། (ཁྲིས་གཟུགས།) /བོད་ཇེར་སྦྱིན་པ་ཕུན་ཚོགས་ཀྱིས་བསྒྲིགས། —ཀན་སུའུ་མི་རིགས་དཔེ་སྐྲུན་ཁང་། 2010. 3

ISBN:978 －7 －5421 －1325 －2

23. གཡུང་དྲུང་བོན་གྱི་བཀའ་བརྟེན་དཔེ་རྙིང་ཕྱོགས་བསྒྲིགས་བཞུགས་སོ། (༢༣) ：གཙོ་མཆོག་དགྲ་འདུལ་དགྲ་ཟླུབ་དགྲ་ཆས་སྐོར། (ཁྲིས་གཟུགས།) /བོད་ཇེར་སྦྱིན་པ་ཕུན་ཚོགས་ཀྱིས་བསྒྲིགས། —ཀན་སུའུ་མི་རིགས་དཔེ་སྐྲུན་ཁང་། 2010. 3

ISBN:978 －7 －5421 －1325 －2

24. གཡུང་དྲུང་བོན་གྱི་བཀའ་བརྟེན་དཔེ་རྙིང་ཕྱོགས་བསྒྲིགས་བཞུགས་སོ། (༢༤) ：ངོ་མཚར་རྒྱས་ཟློག (ཁྲིས་གཟུགས།) /བོད་ཇེར་སྦྱིན་པ་ཕུན་ཚོགས་ཀྱིས་བསྒྲིགས། —ཀན་སུའུ་མི་རིགས་དཔེ་སྐྲུན་ཁང་། 2010. 3

ISBN:978 －7 －5421 －1325 －2

25. གཡུང་དྲུང་བོན་གྱི་བཀའ་བརྟེན་དཔེ་རྙིང་ཕྱོགས་བསྒྲིགས་བཞུགས་སོ། (༢༥) ：ཁྲོ་བོ་ཞུད་དུ་འབར་བ། (ཁྲིས་གཟུགས།) /བོད་ཇེར་སྦྱིན་པ་ཕུན་ཚོགས་ཀྱིས་བསྒྲིགས། —ཀན་སུའུ་མི་རིགས་དཔེ་སྐྲུན་ཁང་། 2010. 3

ISBN:978 －7 －5421 －1325 －2

26. གཡུང་དྲུང་བོན་གྱི་བཀའ་བརྟེན་དཔེ་རྙིང་ཕྱོགས་བསྒྲིགས་བཞུགས་སོ། (༢༦) ：དབལ་གསས་སྒྲུབ་སྐོར། (ཁྲིས་གཟུགས།) /བོད་ཇེར་སྦྱིན་པ་ཕུན་ཚོགས་ཀྱིས་བསྒྲིགས། —ཀན་སུའུ་མི་རིགས་དཔེ་སྐྲུན་ཁང་། 2010. 3

ISBN:978 －7 －5421 －1325 －2

27. གཡུང་དྲུང་བོན་གྱི་བཀའ་བརྟེན་དཔེ་རྙིང་ཕྱོགས་བསྒྲིགས་བཞུགས་སོ། (༢༧) ：དབལ་གསས་གསང་སྒྲུབ། མཁས་བའི་ཕྱག་བཞེས། (ཁྲིས་གཟུགས།) /བོད་ཇེར་སྦྱིན་པ་ཕུན་ཚོགས་ཀྱིས་བསྒྲིགས། —ཀན་སུའུ་མི་རིགས་དཔེ་སྐྲུན་ཁང་། 2010. 3

ISBN:978 －7 －5421 －1325 －2

28. གཡུང་དྲུང་བོན་གྱི་བཀའ་བརྟེན་དཔེ་རྙིང་ཕྱོགས་བསྒྲིགས་བཞུགས་སོ། (༢༨) ：སྟེ་བརྒྱད་བཟློག་མདོས། (ཁྲིས་གཟུགས།) /བོད་ཇེར་སྦྱིན་པ་ཕུན་ཚོགས་ཀྱིས་བསྒྲིགས། —ཀན་སུའུ་མི་རིགས་དཔེ་སྐྲུན་ཁང་། 2010. 3

ISBN:978 －7 －5421 －1325 －2

29. གཡུང་དྲུང་བོན་གྱི་བཀའ་བརྟེན་དཔེ་རྙིང་ཕྱོགས་བསྒྲིགས་བཞུགས་སོ། (༢༩) ：དབལ་གསས་གསང་སྒྲུབ། མཁས་བའི་ཕྱག་བཞེས། (ཁྲིས་གཟུགས།) /བོད་ཇེར་སྦྱིན་པ་ཕུན་ཚོགས་ཀྱིས་བསྒྲིགས། —ཀན་སུའུ་མི་རིགས་དཔེ་སྐྲུན་ཁང་། 2010. 3

ISBN:978 －7 －5421 －1325 －2

30. གཡུང་དྲུང་བོན་གྱི་བཀའ་བརྟེན་དཔེ་རྙིང་ཕྱོགས་བསྒྲིགས་བཞུགས་སོ།(༣༠) : ཉེ་བརྒྱུད་བཟློག་མདོས།(ཁྲིས་གཟུགས) /འོད་ཟེར་སྦྱིན་པ་ཕུན་ཚོགས་ཀྱིས་བསྒྲིགས། —ཀན་སུའུ་མི་རིགས་དཔེ་སྐྲུན་ཁང་། 2010. 3
ISBN:978 -7 -5421 -1325 -2

31. གཡུང་དྲུང་བོན་གྱི་བཀའ་བརྟེན་དཔེ་རྙིང་ཕྱོགས་བསྒྲིགས་བཞུགས་སོ།(༣༡) : བསོད་ཟློའི་ལྷ་ཁྲོད། སྨྲ་སེང་སྒྲུབ་སྐོར།(ཁྲིས་གཟུགས) /འོད་ཟེར་སྦྱིན་པ་ཕུན་ཚོགས་ཀྱིས་བསྒྲིགས། —ཀན་སུའུ་མི་རིགས་དཔེ་སྐྲུན་ཁང་། 2010. 3
ISBN:978 -7 -5421 -1325 -2

32. གཡུང་དྲུང་བོན་གྱི་བཀའ་བརྟེན་དཔེ་རྙིང་ཕྱོགས་བསྒྲིགས་བཞུགས་སོ།(༣༢) : སེ་དོར་ལྷ་ཁྲོད།(ཁྲིས་གཟུགས) /འོད་ཟེར་སྦྱིན་པ་ཕུན་ཚོགས་ཀྱིས་བསྒྲིགས། —ཀན་སུའུ་མི་རིགས་དཔེ་སྐྲུན་ཁང་། 2010. 3
ISBN:978 -7 -5421 -1325 -2

33. གཡུང་དྲུང་བོན་གྱི་བཀའ་བརྟེན་དཔེ་རྙིང་ཕྱོགས་བསྒྲིགས་བཞུགས་སོ།(༣༣) : སྟག་སླག་ལྷ་ཁྲོད། གབ་པ་གསང་ཆེན (ཁྲིས་གཟུགས) /འོད་ཟེར་སྦྱིན་པ་ཕུན་ཚོགས་ཀྱིས་བསྒྲིགས། —ཀན་སུའུ་མི་རིགས་དཔེ་སྐྲུན་ཁང་། 2010. 3
ISBN:978 -7 -5421 -1325 -2

34. གཡུང་དྲུང་བོན་གྱི་བཀའ་བརྟེན་དཔེ་རྙིང་ཕྱོགས་བསྒྲིགས་བཞུགས་སོ།(༣༤) : ཕུར་པའི་རྒྱུད་འགྲེལ།(སློག་གཟུགས) /འོད་ཟེར་སྦྱིན་པ་ཕུན་ཚོགས་ཀྱིས་བསྒྲིགས། —ཀན་སུའུ་མི་རིགས་དཔེ་སྐྲུན་ཁང་། 2010. 3
ISBN:978 -7 -5421 -1325 -2

35. གཡུང་དྲུང་བོན་གྱི་བཀའ་བརྟེན་དཔེ་རྙིང་ཕྱོགས་བསྒྲིགས་བཞུགས་སོ།(༣༥) : ཕུར་པའི་སྒྲུབ་སྐོར་དང་། ཁྲོ་བོ་སྒྲུག་ནག་འཁྲིལ་བ།(སྟོད་ཆ་དང་སྨད་ཆ། ཁྲིས་གཟུགས) /འོད་ཟེར་སྦྱིན་པ་ཕུན་ཚོགས་ཀྱིས་བསྒྲིགས། —ཀན་སུའུ་མི་རིགས་དཔེ་སྐྲུན་ཁང་། 2010. 3
ISBN:978 -7 -5421 -1325 -2

36. གཡུང་དྲུང་བོན་གྱི་བཀའ་བརྟེན་དཔེ་རྙིང་ཕྱོགས་བསྒྲིགས་བཞུགས་སོ།(༣༦) : སྙན་རྒྱུད་གསང་ཕུར་དང་བློ་ལྡན་མཐའ་སྐང་།(ཁྲིས་གཟུགས) /འོད་ཟེར་སྦྱིན་པ་ཕུན་ཚོགས་ཀྱིས་བསྒྲིགས། —ཀན་སུའུ་མི་རིགས་དཔེ་སྐྲུན་ཁང་། 2010. 3
ISBN:978 -7 -5421 -1325 -2

37. གཡུང་དྲུང་བོན་གྱི་བཀའ་བརྟེན་དཔེ་རྙིང་ཕྱོགས་བསྒྲིགས་བཞུགས་སོ།(༣༧) : དཔལ་ཕུར་ཡང་སྙིང་།(ཁྲིས་གཟུགས) /འོད་ཟེར་སྦྱིན་པ་ཕུན་ཚོགས་ཀྱིས་བསྒྲིགས། —ཀན་སུའུ་མི་རིགས་དཔེ་སྐྲུན་ཁང་། 2010. 3

ISBN:978 -7 -5421 -1325 -2

38. གཡུང་དྲུང་བོན་གྱི་བཀའ་བརྟེན་དཔེ་རྙིང་ཕྱོགས་བསྒྲིགས་བཞུགས་སོ།（༣༨） ：མ་རྒྱུད་རྒྱུད་འགྲེལ།（སློག་གཟུགས།） /འོད་ཟེར་སྒྲིན་པ་ཕུན་ཚོགས་ཀྱིས་བསྒྲིགས། —ཀན་སུའུ་མི་རིགས་དཔེ་སྐྲུན་ཁང་། 2010. 3

ISBN:978 -7 -5421 -1325 -2

39. གཡུང་དྲུང་བོན་གྱི་བཀའ་བརྟེན་དཔེ་རྙིང་ཕྱོགས་བསྒྲིགས་བཞུགས་སོ།（༣༩） ：མ་རྒྱུད་སྒྲུབ་གཞུང་དང་ཟབ་ཟབ་མ།（བྲིས་གཟུགས།） /འོད་ཟེར་སྒྲིན་པ་ཕུན་ཚོགས་ཀྱིས་བསྒྲིགས། —ཀན་སུའུ་མི་རིགས་དཔེ་སྐྲུན་ཁང་། 2010. 3

ISBN:978 -7 -5421 -1325 -2

40. གཡུང་དྲུང་བོན་གྱི་བཀའ་བརྟེན་དཔེ་རྙིང་ཕྱོགས་བསྒྲིགས་བཞུགས་སོ།（༤༠） ：མེ་རི་བཀའ་གཏེར་གཉིས།（བྲིས་གཟུགས།） /འོད་ཟེར་སྒྲིན་པ་ཕུན་ཚོགས་ཀྱིས་བསྒྲིགས། —ཀན་སུའུ་མི་རིགས་དཔེ་སྐྲུན་ཁང་། 2010. 3

ISBN:978 -7 -5421 -1325 -2

41. གཡུང་དྲུང་བོན་གྱི་བཀའ་བརྟེན་དཔེ་རྙིང་ཕྱོགས་བསྒྲིགས་བཞུགས་སོ།（༤༡） ：གེ་ཁོད་སྒྲུབ་སྐོར་རྒྱས་འབྲིང་བསྡུས་གསུམ།（སྟོད་ཆ་དང་སྨད་ཆ། བྲིས་གཟུགས།） /འོད་ཟེར་སྒྲིན་པ་ཕུན་ཚོགས་ཀྱིས་བསྒྲིགས། —ཀན་སུའུ་མི་རིགས་དཔེ་སྐྲུན་ཁང་། 2010. 3

ISBN:978 -7 -5421 -1325 -2

42. གཡུང་དྲུང་བོན་གྱི་བཀའ་བརྟེན་དཔེ་རྙིང་ཕྱོགས་བསྒྲིགས་བཞུགས་སོ།（༤༢） ：ཁྲག་འཐུང་རོལ་བའི་སྒྲུབ་སྐོར།（བྲིས་གཟུགས།） /འོད་ཟེར་སྒྲིན་པ་ཕུན་ཚོགས་ཀྱིས་བསྒྲིགས། —ཀན་སུའུ་མི་རིགས་དཔེ་སྐྲུན་ཁང་། 2010. 3

ISBN:978 -7 -5421 -1325 -2

43. གཡུང་དྲུང་བོན་གྱི་བཀའ་བརྟེན་དཔེ་རྙིང་ཕྱོགས་བསྒྲིགས་བཞུགས་སོ།（༤༣） ：ཚེ་མཆོག་རོལ་པ་དང་འབུམ་པ།（བྲིས་གཟུགས།） /འོད་ཟེར་སྒྲིན་པ་ཕུན་ཚོགས་ཀྱིས་བསྒྲིགས། —ཀན་སུའུ་མི་རིགས་དཔེ་སྐྲུན་ཁང་། 2010. 3

ISBN:978 -7 -5421 -1325 -2

44. གཡུང་དྲུང་བོན་གྱི་བཀའ་བརྟེན་དཔེ་རྙིང་ཕྱོགས་བསྒྲིགས་བཞུགས་སོ།（༤༤） ：ལི་ཤུའི་ཟླ་སྒྲུབ།（བྲིས་གཟུགས།） /འོད་ཟེར་སྒྲིན་པ་ཕུན་ཚོགས་ཀྱིས་བསྒྲིགས། —ཀན་སུའུ་མི་རིགས་དཔེ་སྐྲུན་ཁང་། 2010. 3

ISBN:978 -7 -5421 -1325 -2

45. གཡུང་དྲུང་བོན་གྱི་བཀའ་བརྟེན་དཔེ་རྙིང་ཕྱོགས་བསྒྲིགས་བཞུགས་སོ།（༤༥） ：གཡུ་འབྲང་ཕྱུག་མོ་དང་ཨ་མ་ར་

ཡའི་སྐོར།(བྲིས་གཟུགས།) /འོད་ཟེར་སྦྱིན་པ་ཕུན་ཚོགས་ཀྱིས་བསྒྲིགས། —ཀན་སུའུ་མི་རིགས་དཔེ་སྐྲུན་ཁང་། 2010. 3

ISBN:978 –7 –5421 –1325 –2

46. གཡུང་དྲུང་བོན་གྱི་བཀའ་བརྟེན་དཔེ་རྙིང་ཕྱོགས་བསྒྲིགས་བཞུགས་སོ།(༤༦) : སྤྱི་འདུལ་ཡི་དམ་རྒྱ་མཚོ།(བྲིས་གཟུགས།) /འོད་ཟེར་སྦྱིན་པ་ཕུན་ཚོགས་ཀྱིས་བསྒྲིགས། —ཀན་སུའུ་མི་རིགས་དཔེ་སྐྲུན་ཁང་། 2010. 3

ISBN:978 –7 –5421 –1325 –2

47. གཡུང་དྲུང་བོན་གྱི་བཀའ་བརྟེན་དཔེ་རྙིང་ཕྱོགས་བསྒྲིགས་བཞུགས་སོ།(༤༧) : སྤྲི་འདུལ་ཧ་དབུ་དམར་ཆུང་།(བྲིས་གཟུགས།) /འོད་ཟེར་སྦྱིན་པ་ཕུན་ཚོགས་ཀྱིས་བསྒྲིགས། —ཀན་སུའུ་མི་རིགས་དཔེ་སྐྲུན་ཁང་། 2010. 3

ISBN:978 –7 –5421 –1325 –2

48. གཡུང་དྲུང་བོན་གྱི་བཀའ་བརྟེན་དཔེ་རྙིང་ཕྱོགས་བསྒྲིགས་བཞུགས་སོ།(༤༨) : གཤེན་དམར་སྤྱི་འདུལ།(བྲིས་གཟུགས།) /འོད་ཟེར་སྦྱིན་པ་ཕུན་ཚོགས་ཀྱིས་བསྒྲིགས། —ཀན་སུའུ་མི་རིགས་དཔེ་སྐྲུན་ཁང་། 2010. 3

ISBN:978 –7 –5421 –1325 –2

49. གཡུང་དྲུང་བོན་གྱི་བཀའ་བརྟེན་དཔེ་རྙིང་ཕྱོགས་བསྒྲིགས་བཞུགས་སོ།(༤༩) : གཤེན་ནག་སྐོར།(བྲིས་གཟུགས།) /འོད་ཟེར་སྦྱིན་པ་ཕུན་ཚོགས་ཀྱིས་བསྒྲིགས། —ཀན་སུའུ་མི་རིགས་དཔེ་སྐྲུན་ཁང་། 2010. 3

ISBN:978 –7 –5421 –1325 –2

50. གཡུང་དྲུང་བོན་གྱི་བཀའ་བརྟེན་དཔེ་རྙིང་ཕྱོགས་བསྒྲིགས་བཞུགས་སོ།(༥༠) : ཞི་ཁྲོ་རྩ་གསུམ་ཀུན་འདུས།(བྲིས་གཟུགས།) /འོད་ཟེར་སྦྱིན་པ་ཕུན་ཚོགས་ཀྱིས་བསྒྲིགས། —ཀན་སུའུ་མི་རིགས་དཔེ་སྐྲུན་ཁང་། 2010. 3

ISBN:978 –7 –5421 –1325 –2

51. གཡུང་དྲུང་བོན་གྱི་བཀའ་བརྟེན་དཔེ་རྙིང་ཕྱོགས་བསྒྲིགས་བཞུགས་སོ།(༥༡) : སྟག་ལའི་སྒྲུབ་སྐོར།(བྲིས་གཟུགས།) /འོད་ཟེར་སྦྱིན་པ་ཕུན་ཚོགས་ཀྱིས་བསྒྲིགས། —ཀན་སུའུ་མི་རིགས་དཔེ་སྐྲུན་ཁང་། 2010. 3

ISBN:978 –7 –5421 –1325 –2

52. གཡུང་དྲུང་བོན་གྱི་བཀའ་བརྟེན་དཔེ་རྙིང་ཕྱོགས་བསྒྲིགས་བཞུགས་སོ།(༥༢) : སྟག་ལ་བདག་རྫོགས།(བྲིས་གཟུགས།) /འོད་ཟེར་སྦྱིན་པ་ཕུན་ཚོགས་ཀྱིས་བསྒྲིགས། —ཀན་སུའུ་མི་རིགས་དཔེ་སྐྲུན་ཁང་། 2010. 3

ISBN:978 –7 –5421 –1325 –2

53. གཡུང་དྲུང་བོན་གྱི་བཀའ་བརྟེན་དཔེ་རྙིང་ཕྱོགས་བསྒྲིགས་བཞུགས་སོ།(༥༣) : སྟག་ལ་ཕུར་བུ་རྩེ་མེད། ཡབ་སྲས་ཐུགས་སྒྲུབ (བྲིས་གཟུགས།) /འོད་ཟེར་སྦྱིན་པ་ཕུན་ཚོགས་ཀྱིས་བསྒྲིགས། —ཀན་སུའུ་མི་རིགས་དཔེ་སྐྲུན་

ཁང་། 2010. 3

ISBN:978 -7 -5421 -1325 -2

54. གཡུང་དྲུང་བོན་གྱི་བཀའ་བརྟེན་དཔེ་རྙིང་ཕྱོགས་བསྒྲིགས་བཞུགས་སོ།(༥༤) :རིག་འཛིན་འདུས་པ་དང་ཐབས་ཆེན་མཁའ་རྒྱུད།(བྲིས་གཟུགས།) /བོད་ཟེར་སྒྲིན་པ་ཕུན་ཚོགས་ཀྱིས་བསྒྲིགས། —ཀན་སུའུ་མི་རིགས་དཔེ་སྐྲུན་ཁང་། 2010. 3

ISBN:978 -7 -5421 -1325 -2

55. གཡུང་དྲུང་བོན་གྱི་བཀའ་བརྟེན་དཔེ་རྙིང་ཕྱོགས་བསྒྲིགས་བཞུགས་སོ།(༥༥) :དྲན་པ་ལྷགས་མཁར།(བྲིས་གཟུགས།) /བོད་ཟེར་སྒྲིན་པ་ཕུན་ཚོགས་ཀྱིས་བསྒྲིགས། —ཀན་སུའུ་མི་རིགས་དཔེ་སྐྲུན་ཁང་། 2010. 3

ISBN:978 -7 -5421 -1325 -2

56. གཡུང་དྲུང་བོན་གྱི་བཀའ་བརྟེན་དཔེ་རྙིང་ཕྱོགས་བསྒྲིགས་བཞུགས་སོ།(༥༦) :དྲན་པའི་སྒྲུབ་སྐོར།(བྲིས་གཟུགས།) /བོད་ཟེར་སྒྲིན་པ་ཕུན་ཚོགས་ཀྱིས་བསྒྲིགས། —ཀན་སུའུ་མི་རིགས་དཔེ་སྐྲུན་ཁང་། 2010. 3

ISBN:978 -7 -5421 -1325 -2

57. གཡུང་དྲུང་བོན་གྱི་བཀའ་བརྟེན་དཔེ་རྙིང་ཕྱོགས་བསྒྲིགས་བཞུགས་སོ།(༥༧) :ཚེ་དབང་རྒྱ་གར་མ།(སློག་གཟུགས།) /བོད་ཟེར་སྒྲིན་པ་ཕུན་ཚོགས་ཀྱིས་བསྒྲིགས། —ཀན་སུའུ་མི་རིགས་དཔེ་སྐྲུན་ཁང་། 2010. 3

ISBN:978 -7 -5421 -1325 -2

58. གཡུང་དྲུང་བོན་གྱི་བཀའ་བརྟེན་དཔེ་རྙིང་ཕྱོགས་བསྒྲིགས་བཞུགས་སོ།(༥༨) :ཚེ་དབང་བོད་ཡུལ་མ།(བྲིས་གཟུགས།) /བོད་ཟེར་སྒྲིན་པ་ཕུན་ཚོགས་ཀྱིས་བསྒྲིགས། —ཀན་སུའུ་མི་རིགས་དཔེ་སྐྲུན་ཁང་། 2010. 3

ISBN:978 -7 -5421 -1325 -2

59. གཡུང་དྲུང་བོན་གྱི་བཀའ་བརྟེན་དཔེ་རྙིང་ཕྱོགས་བསྒྲིགས་བཞུགས་སོ།(༥༩) :ཚོ་ཁྲུང་རྣམ་གསུམ།(བྲིས་གཟུགས།) /བོད་ཟེར་སྒྲིན་པ་ཕུན་ཚོགས་ཀྱིས་བསྒྲིགས། —ཀན་སུའུ་མི་རིགས་དཔེ་སྐྲུན་ཁང་། 2010. 3

ISBN:978 -7 -5421 -1325 -2

60. གཡུང་དྲུང་བོན་གྱི་བཀའ་བརྟེན་དཔེ་རྙིང་ཕྱོགས་བསྒྲིགས་བཞུགས་སོ།(༦༠) :ཨ་དཀར་ཞི་གཙོད།(བྲིས་གཟུགས།) /བོད་ཟེར་སྒྲིན་པ་ཕུན་ཚོགས་ཀྱིས་བསྒྲིགས། —ཀན་སུའུ་མི་རིགས་དཔེ་སྐྲུན་ཁང་། 2010. 3

ISBN:978 -7 -5421 -1325 -2

61. གཡུང་དྲུང་བོན་གྱི་བཀའ་བརྟེན་དཔེ་རྙིང་ཕྱོགས་བསྒྲིགས་བཞུགས་སོ།(༦༡) :དྲུང་མུ་གཙོད་ཆེན།(བྲིས་གཟུགས།) /བོད་ཟེར་སྒྲིན་པ་ཕུན་ཚོགས་ཀྱིས་བསྒྲིགས། —ཀན་སུའུ་མི་རིགས་དཔེ་སྐྲུན་ཁང་། 2010. 3

ISBN:978 -7 -5421 -1325 -2

62. གཡུང་དྲུང་བོན་གྱི་བཀའ་བརྟེན་དཔེ་རྙིང་ཕྱོགས་བསྒྲིགས་བཞུགས་སོ།(༤༢) ：མཁའ་འགྲོ་གསང་གཅོད་དང་། བོན་ཞིག་ཁྲོ་བོ།(སྟོད་ཆ་དང་སྨད་ཆ། ཁྲིས་གཟུགས།) /བོད་ཟེར་སྤྲིན་པ་ཕུན་ཚོགས་ཀྱིས་བསྒྲིགས། —ཀན་སུའུ་མི་རིགས་དཔེ་སྐྲུན་ཁང་། 2010. 3

ISBN:978 –7 –5421 –1325 –2

63. གཡུང་དྲུང་བོན་གྱི་བཀའ་བརྟེན་དཔེ་རྙིང་ཕྱོགས་བསྒྲིགས་བཞུགས་སོ།(༤༣) ：རྟགས་ཀྱི་རྫོང་འཕྲང་སྐོར།(སློག་གཟུགས།) /བོད་ཟེར་སྤྲིན་པ་ཕུན་ཚོགས་ཀྱིས་བསྒྲིགས། —ཀན་སུའུ་མི་རིགས་དཔེ་སྐྲུན་ཁང་། 2010. 3

ISBN:978 –7 –5421 –1325 –2

64. གཡུང་དྲུང་བོན་གྱི་བཀའ་བརྟེན་དཔེ་རྙིང་ཕྱོགས་བསྒྲིགས་བཞུགས་སོ།(༤༤) ：བསྒྲགས་པ་གླིང་གྲགས་དང་། ནམ་མཁའི་ནོ་པེ་ཀ(སློག་གཟུགས།) /བོད་ཟེར་སྤྲིན་པ་ཕུན་ཚོགས་ཀྱིས་བསྒྲིགས། —ཀན་སུའུ་མི་རིགས་དཔེ་སྐྲུན་ཁང་། 2010. 3

ISBN:978 –7 –5421 –1325 –2

65. གཡུང་དྲུང་བོན་གྱི་བཀའ་བརྟེན་དཔེ་རྙིང་ཕྱོགས་བསྒྲིགས་བཞུགས་སོ།(༤༥) ：ཁ་བྱུང་སྐོར།(སློག་གཟུགས།) /བོད་ཟེར་སྤྲིན་པ་ཕུན་ཚོགས་ཀྱིས་བསྒྲིགས། —ཀན་སུའུ་མི་རིགས་དཔེ་སྐྲུན་ཁང་། 2010. 3

ISBN:978 –7 –5421 –1325 –2

66. གཡུང་དྲུང་བོན་གྱི་བཀའ་བརྟེན་དཔེ་རྙིང་ཕྱོགས་བསྒྲིགས་བཞུགས་སོ།(༤༦) ：མཁའ་འགྲོའི་སྒྲུབ་སྐོར།(ཁྲིས་གཟུགས།) /བོད་ཟེར་སྤྲིན་པ་ཕུན་ཚོགས་ཀྱིས་བསྒྲིགས། —ཀན་སུའུ་མི་རིགས་དཔེ་སྐྲུན་ཁང་། 2010. 3

ISBN:978 –7 –5421 –1325 –2

67. གཡུང་དྲུང་བོན་གྱི་བཀའ་བརྟེན་དཔེ་རྙིང་ཕྱོགས་བསྒྲིགས་བཞུགས་སོ།(༤༧) ：དྲེའུ་དམར་རྒྱུད་དང་འགྲེལ་སྐོར།(ཁྲིས་གཟུགས།) /བོད་ཟེར་སྤྲིན་པ་ཕུན་ཚོགས་ཀྱིས་བསྒྲིགས། —ཀན་སུའུ་མི་རིགས་དཔེ་སྐྲུན་ཁང་། 2010. 3

ISBN:978 –7 –5421 –1325 –2

68. གཡུང་དྲུང་བོན་གྱི་བཀའ་བརྟེན་དཔེ་རྙིང་ཕྱོགས་བསྒྲིགས་བཞུགས་སོ།(༤༨) ：སྲུང་མའི་བསྐང་མདོས་དང་སྟང་ཞི།(ཁྲིས་གཟུགས།) /བོད་ཟེར་སྤྲིན་པ་ཕུན་ཚོགས་ཀྱིས་བསྒྲིགས། —ཀན་སུའུ་མི་རིགས་དཔེ་སྐྲུན་ཁང་། 2010. 3

ISBN:978 –7 –5421 –1325 –2

69. གཡུང་དྲུང་བོན་གྱི་བཀའ་བརྟེན་དཔེ་རྙིང་ཕྱོགས་བསྒྲིགས་བཞུགས་སོ།(༤༩) ：དཔལ་མོའི་སྐོར།(ཁྲིས་གཟུགས།) /བོད་ཟེར་སྤྲིན་པ་ཕུན་ཚོགས་ཀྱིས་བསྒྲིགས། —ཀན་སུའུ་མི་རིགས་དཔེ་སྐྲུན་ཁང་། 2010. 3

ISBN:978 -7 -5421 -1325 -2

70. གཡུང་དྲུང་བོན་གྱི་བཀའ་བརྟེན་དཔེ་རྙིང་ཕྱོགས་བསྒྲིགས་བཞུགས་སོ།(༧༠) :བོན་སྐྱོང་རྣམས་ཀྱི་སྒྲུབ་སྐོར།(ཁྲིས་གཟུགས།) /འོད་ཟེར་སྙིན་པ་ཕུན་ཚོགས་ཀྱིས་བསྒྲིགས། —ཀན་སུའུ་མི་རིགས་དཔེ་སྐྲུན་ཁང་། 2010. 3

ISBN:978 -7 -5421 -1325 -2

71. གཡུང་དྲུང་བོན་གྱི་བཀའ་བརྟེན་དཔེ་རྙིང་ཕྱོགས་བསྒྲིགས་བཞུགས་སོ།(༧༡) :སྲ་སླ་ཤུགས་མགོན།(ཁྲིས་གཟུགས།) /འོད་ཟེར་སྙིན་པ་ཕུན་ཚོགས་ཀྱིས་བསྒྲིགས། —ཀན་སུའུ་མི་རིགས་དཔེ་སྐྲུན་ཁང་། 2010. 3

ISBN:978 -7 -5421 -1325 -2

72. གཡུང་དྲུང་བོན་གྱི་བཀའ་བརྟེན་དཔེ་རྙིང་ཕྱོགས་བསྒྲིགས་བཞུགས་སོ།(༧༢) :སྐོང་འབུམ་སྐོར།(ཁྲིས་གཟུགས།) /འོད་ཟེར་སྙིན་པ་ཕུན་ཚོགས་ཀྱིས་བསྒྲིགས། —ཀན་སུའུ་མི་རིགས་དཔེ་སྐྲུན་ཁང་། 2010. 3

ISBN:978 -7 -5421 -1325 -2

73. གཡུང་དྲུང་བོན་གྱི་བཀའ་བརྟེན་དཔེ་རྙིང་ཕྱོགས་བསྒྲིགས་བཞུགས་སོ།(༧༣) :བོན་སྐྱོང་བསྐང་གསོལ་དང་འཁྲུག་བཅོས།(ཁྲིས་གཟུགས།) /འོད་ཟེར་སྙིན་པ་ཕུན་ཚོགས་ཀྱིས་བསྒྲིགས། —ཀན་སུའུ་མི་རིགས་དཔེ་སྐྲུན་ཁང་། 2010. 3

ISBN:978 -7 -5421 -1325 -2

74. གཡུང་དྲུང་བོན་གྱི་བཀའ་བརྟེན་དཔེ་རྙིང་ཕྱོགས་བསྒྲིགས་བཞུགས་སོ།(༧༤) :ཀླུ་ཆོ་ཁྲིམ་འདུར།(ཁྲིས་གཟུགས།) /འོད་ཟེར་སྙིན་པ་ཕུན་ཚོགས་ཀྱིས་བསྒྲིགས། —ཀན་སུའུ་མི་རིགས་དཔེ་སྐྲུན་ཁང་། 2010. 3

ISBN:978 -7 -5421 -1325 -2

75. གཡུང་དྲུང་བོན་གྱི་བཀའ་བརྟེན་དཔེ་རྙིང་ཕྱོགས་བསྒྲིགས་བཞུགས་སོ།(༧༥) :ཕོད་པོ་གཏད་སླུག(ཁྲིས་གཟུགས།) /འོད་ཟེར་སྙིན་པ་ཕུན་ཚོགས་ཀྱིས་བསྒྲིགས། —ཀན་སུའུ་མི་རིགས་དཔེ་སྐྲུན་ཁང་། 2010. 3

ISBN:978 -7 -5421 -1325 -2

76. གཡུང་དྲུང་བོན་གྱི་བཀའ་བརྟེན་དཔེ་རྙིང་ཕྱོགས་བསྒྲིགས་བཞུགས་སོ།(༧༦) :བརྒྱ་བཞི་སོགས་གཏོ་ཡི་སྐོར(ཁྲིས་གཟུགས།) /འོད་ཟེར་སྙིན་པ་ཕུན་ཚོགས་ཀྱིས་བསྒྲིགས། —ཀན་སུའུ་མི་རིགས་དཔེ་སྐྲུན་ཁང་། 2010. 3

ISBN:978 -7 -5421 -1325 -2

77. གཡུང་དྲུང་བོན་གྱི་བཀའ་བརྟེན་དཔེ་རྙིང་ཕྱོགས་བསྒྲིགས་བཞུགས་སོ།(༧༧) :མགོ་གསུམ་སོགས་གཏོ་ནག(ཁྲིས་གཟུགས།) /འོད་ཟེར་སྙིན་པ་ཕུན་ཚོགས་ཀྱིས་བསྒྲིགས། —ཀན་སུའུ་མི་རིགས་དཔེ་སྐྲུན་ཁང་། 2010. 3

ISBN:978 -7 -5421 -1325 -2

78. གཡུང་དྲུང་བོན་གྱི་བཀའ་བརྟེན་དཔེ་རྙིང་ཕྱོགས་བསྒྲིགས་བཞུགས་སོ།(༧༨) :ཀུན་བཟང་མཉུང་ཆེན།(བྲིས་གཟུགས།) /འོད་ཟེར་སྦྱིན་པ་ཕུན་ཚོགས་ཀྱིས་བསྒྲིགས། —ཀན་སུའུ་མི་རིགས་དཔེ་སྐྲུན་ཁང་། 2010. 3

ISBN:978 -7 -5421 -1325 -2

79. གཡུང་དྲུང་བོན་གྱི་བཀའ་བརྟེན་དཔེ་རྙིང་ཕྱོགས་བསྒྲིགས་བཞུགས་སོ།(༧༩) :རྫོགས་ཆེན་བསྒྲགས་གསུམ་འགྲེལ།(སྟོད་ཆ་དང་སྨད་ཆ། གློག་གཟུགས།) /འོད་ཟེར་སྦྱིན་པ་ཕུན་ཚོགས་ཀྱིས་བསྒྲིགས། —ཀན་སུའུ་མི་རིགས་དཔེ་སྐྲུན་ཁང་། 2010. 3

ISBN:978 -7 -5421 -1325 -2

80. གཡུང་དྲུང་བོན་གྱི་བཀའ་བརྟེན་དཔེ་རྙིང་ཕྱོགས་བསྒྲིགས་བཞུགས་སོ།(༨༠) :གབ་འགྲེལ་རྒྱ་ཆེར་བཤད་པ།(གློག་གཟུགས།) /འོད་ཟེར་སྦྱིན་པ་ཕུན་ཚོགས་ཀྱིས་བསྒྲིགས། —ཀན་སུའུ་མི་རིགས་དཔེ་སྐྲུན་ཁང་། 2010. 3

ISBN:978 -7 -5421 -1325 -2

81. གཡུང་དྲུང་བོན་གྱི་བཀའ་བརྟེན་དཔེ་རྙིང་ཕྱོགས་བསྒྲིགས་བཞུགས་སོ།(༨༡) :གབ་འགྲེལ་རིག་པའི་རྒྱ་མཚོ།(གློག་གཟུགས།) /འོད་ཟེར་སྦྱིན་པ་ཕུན་ཚོགས་ཀྱིས་བསྒྲིགས། —ཀན་སུའུ་མི་རིགས་དཔེ་སྐྲུན་ཁང་། 2010. 3

ISBN:978 -7 -5421 -1325 -2

82. གཡུང་དྲུང་བོན་གྱི་བཀའ་བརྟེན་དཔེ་རྙིང་ཕྱོགས་བསྒྲིགས་བཞུགས་སོ།(༨༢) :རྫོགས་ཆེན་གསེར་གདམས།(གློག་གཟུགས།) /འོད་ཟེར་སྦྱིན་པ་ཕུན་ཚོགས་ཀྱིས་བསྒྲིགས། —ཀན་སུའུ་མི་རིགས་དཔེ་སྐྲུན་ཁང་། 2010. 3

ISBN:978 -7 -5421 -1325 -2

83. གཡུང་དྲུང་བོན་གྱི་བཀའ་བརྟེན་དཔེ་རྙིང་ཕྱོགས་བསྒྲིགས་བཞུགས་སོ།(༨༣) :རྫོགས་ཆེན་སྙན་རྒྱུད་སྐུ་ཕྱག(གློག་གཟུགས།) /འོད་ཟེར་སྦྱིན་པ་ཕུན་ཚོགས་ཀྱིས་བསྒྲིགས། —ཀན་སུའུ་མི་རིགས་དཔེ་སྐྲུན་ཁང་། 2010. 3

ISBN:978 -7 -5421 -1325 -2

84. གཡུང་དྲུང་བོན་གྱི་བཀའ་བརྟེན་དཔེ་རྙིང་ཕྱོགས་བསྒྲིགས་བཞུགས་སོ།(༨༤) :རྫོགས་ཆེན་ནམ་མཁའ་སྤྱི་གཅོད།(གློག་གཟུགས།) /འོད་ཟེར་སྦྱིན་པ་ཕུན་ཚོགས་ཀྱིས་བསྒྲིགས། —ཀན་སུའུ་མི་རིགས་དཔེ་སྐྲུན་ཁང་། 2010. 3

ISBN:978 -7 -5421 -1325 -2

85. གཡུང་དྲུང་བོན་གྱི་བཀའ་བརྟེན་དཔེ་རྙིང་ཕྱོགས་བསྒྲིགས་བཞུགས་སོ།（༨༥） : རྫོགས་ཆེན་དྲང་ངེས་གཉིས།（སློག་གཟུགས།） /འོད་ཟེར་སྦྱིན་པ་ཕུན་ཚོགས་ཀྱིས་བསྒྲིགས། —ཀན་སུའུ་མི་རིགས་དཔེ་སྐྲུན་ཁང་། 2010. 3

ISBN:978 -7 -5421 -1325 -2

86. གཡུང་དྲུང་བོན་གྱི་བཀའ་བརྟེན་དཔེ་རྙིང་ཕྱོགས་བསྒྲིགས་བཞུགས་སོ།（༨༦） : རྫོགས་ཆེན་དྲན་པ་ཆོག་དྲུག（སློག་གཟུགས།） /འོད་ཟེར་སྦྱིན་པ་ཕུན་ཚོགས་ཀྱིས་བསྒྲིགས། —ཀན་སུའུ་མི་རིགས་དཔེ་སྐྲུན་ཁང་། 2010. 3

ISBN:978 -7 -5421 -1325 -2

87. གཡུང་དྲུང་བོན་གྱི་བཀའ་བརྟེན་དཔེ་རྙིང་ཕྱོགས་བསྒྲིགས་བཞུགས་སོ།（༨༧） : རྫོགས་ཆེན་རིག་པ་གཅེར་མཐོང་།（སློག་གཟུགས།） /འོད་ཟེར་སྦྱིན་པ་ཕུན་ཚོགས་ཀྱིས་བསྒྲིགས། —ཀན་སུའུ་མི་རིགས་དཔེ་སྐྲུན་ཁང་། 2010. 3

ISBN:978 -7 -5421 -1325 -2

88. གཡུང་དྲུང་བོན་གྱི་བཀའ་བརྟེན་དཔེ་རྙིང་ཕྱོགས་བསྒྲིགས་བཞུགས་སོ།（༨༨） : རྫོགས་ཆེན་གསེར་ཐུར།（སློག་གཟུགས།） /འོད་ཟེར་སྦྱིན་པ་ཕུན་ཚོགས་ཀྱིས་བསྒྲིགས། —ཀན་སུའུ་མི་རིགས་དཔེ་སྐྲུན་ཁང་། 2010. 3

ISBN:978 -7 -5421 -1325 -2

89. གཡུང་དྲུང་བོན་གྱི་བཀའ་བརྟེན་དཔེ་རྙིང་ཕྱོགས་བསྒྲིགས་བཞུགས་སོ།（༨༩） : རྫོགས་ཆེན་ལྟ་བ་ཐོག་བབ།（སློག་གཟུགས།） /འོད་ཟེར་སྦྱིན་པ་ཕུན་ཚོགས་ཀྱིས་བསྒྲིགས། —ཀན་སུའུ་མི་རིགས་དཔེ་སྐྲུན་ཁང་། 2010. 3

ISBN:978 -7 -5421 -1325 -2

90. གཡུང་དྲུང་བོན་གྱི་བཀའ་བརྟེན་དཔེ་རྙིང་ཕྱོགས་བསྒྲིགས་བཞུགས་སོ།（༩༠） : རྫོགས་ཆེན་མུ་མེད་བདལ་བ།（སློག་གཟུགས།） /འོད་ཟེར་སྦྱིན་པ་ཕུན་ཚོགས་ཀྱིས་བསྒྲིགས། —ཀན་སུའུ་མི་རིགས་དཔེ་སྐྲུན་ཁང་། 2010. 3

ISBN:978 -7 -5421 -1325 -2

91. གཡུང་དྲུང་བོན་གྱི་བཀའ་བརྟེན་དཔེ་རྙིང་ཕྱོགས་བསྒྲིགས་བཞུགས་སོ།（༩༡） : རྫོགས་ཆེན་ཚད་མའི་བོན་སྐེ།（སློག་གཟུགས།） /འོད་ཟེར་སྦྱིན་པ་ཕུན་ཚོགས་ཀྱིས་བསྒྲིགས། —ཀན་སུའུ་མི་རིགས་དཔེ་སྐྲུན་ཁང་། 2010. 3

ISBN:978 -7 -5421 -1325 -2

92. གཡུང་དྲུང་བོན་གྱི་བཀའ་བརྟེན་དཔེ་རྙིང་ཕྱོགས་བསྒྲིགས་བཞུགས་སོ།（༩༢） : རྫོགས་ཆེན་གསེར་ཞུན་དང་།

ཞལ་ག(སློག་གཟུགས།) /འོད་ཟེར་སྒྲིན་པ་ཕུན་ཚོགས་ཀྱིས་བསྒྲིགས། —ཀན་སུའུ་མི་རིགས་དཔེ་སྐྲུན་ཁང་། 2010. 3

ISBN:978 -7 -5421 -1325 -2

93. གཡུང་དྲུང་བོན་གྱི་བཀའ་བརྟེན་དཔེ་རྙིང་ཕྱོགས་བསྒྲིགས་བཞུགས་སོ།(༩༣) : ཕ་རྒྱུད་རིག་པ་ཁུ་བྱུག(བྲིས་གཟུགས།) /འོད་ཟེར་སྒྲིན་པ་ཕུན་ཚོགས་ཀྱིས་བསྒྲིགས། —ཀན་སུའུ་མི་རིགས་དཔེ་སྐྲུན་ཁང་། 2010. 3

ISBN:978 -7 -5421 -1325 -2

94. གཡུང་དྲུང་བོན་གྱི་བཀའ་བརྟེན་དཔེ་རྙིང་ཕྱོགས་བསྒྲིགས་བཞུགས་སོ།(༩༤) : དབྱིལ་སྟོན་གདུགས་དཀར།(བྲིས་གཟུགས།) /འོད་ཟེར་སྒྲིན་པ་ཕུན་ཚོགས་ཀྱིས་བསྒྲིགས། —ཀན་སུའུ་མི་རིགས་དཔེ་སྐྲུན་ཁང་། 2010. 3

ISBN:978 -7 -5421 -1325 -2

95. གཡུང་དྲུང་བོན་གྱི་བཀའ་བརྟེན་དཔེ་རྙིང་ཕྱོགས་བསྒྲིགས་བཞུགས་སོ།(༩༥) : སྐྱབས་སྟོན་བྱམས་མ།(བྲིས་གཟུགས།) /འོད་ཟེར་སྒྲིན་པ་ཕུན་ཚོགས་ཀྱིས་བསྒྲིགས། —ཀན་སུའུ་མི་རིགས་དཔེ་སྐྲུན་ཁང་། 2010. 3

ISBN:978 -7 -5421 -1325 -2

96. གཡུང་དྲུང་བོན་གྱི་བཀའ་བརྟེན་དཔེ་རྙིང་ཕྱོགས་བསྒྲིགས་བཞུགས་སོ།(༩༦) : ཟིན་བྲིས་དང་བཅའ་ཟིན་སྐོར།(བྲིས་གཟུགས།) /འོད་ཟེར་སྒྲིན་པ་ཕུན་ཚོགས་ཀྱིས་བསྒྲིགས། —ཀན་སུའུ་མི་རིགས་དཔེ་སྐྲུན་ཁང་། 2010. 3

ISBN:978 -7 -5421 -1325 -2

97. གཡུང་དྲུང་བོན་གྱི་བཀའ་བརྟེན་དཔེ་རྙིང་ཕྱོགས་བསྒྲིགས་བཞུགས་སོ།(༩༧) : གཡང་འབོད་དང་། ཚད་སོབ་སྐོར།(བྲིས་གཟུགས།) /འོད་ཟེར་སྒྲིན་པ་ཕུན་ཚོགས་ཀྱིས་བསྒྲིགས། —ཀན་སུའུ་མི་རིགས་དཔེ་སྐྲུན་ཁང་། 2010. 3

ISBN:978 -7 -5421 -1325 -2

98. གཡུང་དྲུང་བོན་གྱི་བཀའ་བརྟེན་དཔེ་རྙིང་ཕྱོགས་བསྒྲིགས་བཞུགས་སོ།(༩༨) : འཚོགས་འདོན་སྐོར།(བྲིས་གཟུགས།) /འོད་ཟེར་སྒྲིན་པ་ཕུན་ཚོགས་ཀྱིས་བསྒྲིགས། —ཀན་སུའུ་མི་རིགས་དཔེ་སྐྲུན་ཁང་། 2010. 3

ISBN:978 -7 -5421 -1325 -2

99. གཡུང་དྲུང་བོན་གྱི་བཀའ་བརྟེན་དཔེ་རྙིང་ཕྱོགས་བསྒྲིགས་བཞུགས་སོ།(༩༩) : ངན་སོང་སྒོ་གཅོད་དང་མུན་སེལ་སྒྲོན་མ།(བྲིས་གཟུགས།) /འོད་ཟེར་སྒྲིན་པ་ཕུན་ཚོགས་ཀྱིས་བསྒྲིགས། —ཀན་སུའུ་མི་རིགས་དཔེ་སྐྲུན་ཁང་། 2010. 3

ISBN:978 -7 -5421 -1325 -2

100. གཡུང་དྲུང་བོན་གྱི་བཀའ་བརྟེན་དཔེ་རྙིང་ཕྱོགས་བསྒྲིགས་བཞུགས་སོ།（༡༠༠） ：ཚ་གསུམ་བདེར་བཤེགས་འདུས་པ།（ཁྲིས་གཟུགས།） /བོད་ཟེར་སྦྱིན་པ་ཕུན་ཚོགས་ཀྱིས་བསྒྲིགས། —ཀན་སུའུ་མི་རིགས་དཔེ་སྐྲུན་ཁང་། 2010. 3

ISBN：978 – 7 – 5421 – 1325 – 2

101. གཡུང་དྲུང་བོན་གྱི་བཀའ་བརྟེན་དཔེ་རྙིང་ཕྱོགས་བསྒྲིགས་བཞུགས་སོ།（༡༠༡） ：ཨ་ཁྲིད་སྐོར།（སློག་གཟུགས།） /བོད་ཟེར་སྦྱིན་པ་ཕུན་ཚོགས་ཀྱིས་བསྒྲིགས། —ཀན་སུའུ་མི་རིགས་དཔེ་སྐྲུན་ཁང་། 2010. 3

ISBN：978 – 7 – 5421 – 1325 – 2

102. གཡུང་དྲུང་བོན་གྱི་བཀའ་བརྟེན་དཔེ་རྙིང་ཕྱོགས་བསྒྲིགས་བཞུགས་སོ།（༡༠༢） ：རྫོགས་ཆེན་ཡང་རྩེ་ཀློང་ཆེན།（སློག་གཟུགས།） /བོད་ཟེར་སྦྱིན་པ་ཕུན་ཚོགས་ཀྱིས་བསྒྲིགས། —ཀན་སུའུ་མི་རིགས་དཔེ་སྐྲུན་ཁང་། 2010. 3

ISBN：978 – 7 – 5421 – 1325 – 2

103. གཡུང་དྲུང་བོན་གྱི་བཀའ་བརྟེན་དཔེ་རྙིང་ཕྱོགས་བསྒྲིགས་བཞུགས་སོ།（༡༠༣） ：རྫོགས་ཆེན་ཡང་རྩེའི་འགྲེལ་བ།（སློག་གཟུགས།） /བོད་ཟེར་སྦྱིན་པ་ཕུན་ཚོགས་ཀྱིས་བསྒྲིགས། —ཀན་སུའུ་མི་རིགས་དཔེ་སྐྲུན་ཁང་། 2010. 3

ISBN：978 – 7 – 5421 – 1325 – 2

104. གཡུང་དྲུང་བོན་གྱི་བཀའ་བརྟེན་དཔེ་རྙིང་ཕྱོགས་བསྒྲིགས་བཞུགས་སོ།（༡༠༤） ：མདོ་གཡུང་དྲུང་ཀློང་རྒྱས་དང་། ས་སྙིང་།（ཁྲིས་གཟུགས།） /བོད་ཟེར་སྦྱིན་པ་ཕུན་ཚོགས་ཀྱིས་བསྒྲིགས། —ཀན་སུའུ་མི་རིགས་དཔེ་སྐྲུན་ཁང་། 2010. 3

ISBN：978 – 7 – 5421 – 1325 – 2

105. གཡུང་དྲུང་བོན་གྱི་བཀའ་བརྟེན་དཔེ་རྙིང་ཕྱོགས་བསྒྲིགས་བཞུགས་སོ།（༡༠༥） ：མ་མོ་སྲིད་གཏོང་དང་། ཁྲིད་ཡིག་དམར་མོ་མཛུབ་ཚུགས།（ཁྲིས་གཟུགས།） /བོད་ཟེར་སྦྱིན་པ་ཕུན་ཚོགས་ཀྱིས་བསྒྲིགས། —ཀན་སུའུ་མི་རིགས་དཔེ་སྐྲུན་ཁང་། 2010. 3

ISBN：978 – 7 – 5421 – 1325 – 2

106. གཡུང་དྲུང་བོན་གྱི་བཀའ་བརྟེན་དཔེ་རྙིང་ཕྱོགས་བསྒྲིགས་བཞུགས་སོ།（༡༠༦） ：ཞི་ཁྲོ་དགོངས་འདུས་དང་ཚེ་གཡང་ཁ་སྐྱོད།（ཁྲིས་གཟུགས།） /བོད་ཟེར་སྦྱིན་པ་ཕུན་ཚོགས་ཀྱིས་བསྒྲིགས། —ཀན་སུའུ་མི་རིགས་དཔེ་སྐྲུན་ཁང་། 2010. 3

ISBN：978 – 7 – 5421 – 1325 – 2

107. གཡུང་དྲུང་བོན་གྱི་བཀའ་བརྟེན་དཔེ་རྙིང་ཕྱོགས་བསྒྲིགས་བཞུགས་སོ།（༡༠༧）：གསར་མའི་སྐོང་འབུམ།（བྲིས་གཟུགས།）/བོད་ཟེར་སྤྲིན་པ་ཕུན་ཚོགས་ཀྱིས་བསྒྲིགས། —ཀན་སུའུ་མི་རིགས་དཔེ་སྐྲུན་ཁང་། 2010. 3

ISBN:978 - 7 - 5421 - 1325 - 2

108. གཡུང་དྲུང་བོན་གྱི་བཀའ་བརྟེན་དཔེ་རྙིང་ཕྱོགས་བསྒྲིགས་བཞུགས་སོ།（༡༠༨）：གཟུངས་འདུས།（བྲིས་གཟུགས།）/བོད་ཟེར་སྤྲིན་པ་ཕུན་ཚོགས་ཀྱིས་བསྒྲིགས། —ཀན་སུའུ་མི་རིགས་དཔེ་སྐྲུན་ཁང་། 2010. 3

ISBN:978 - 7 - 5421 - 1325 - 2

109. གཡུང་དྲུང་བོན་གྱི་བཀའ་བརྟེན་དཔེ་རྙིང་ཕྱོགས་བསྒྲིགས་བཞུགས་སོ།（༡༠༩）：གཟུངས་སྔགས་ཆ་ལག་སྐོར།（སྐྲོག་གཟུགས།）/བོད་ཟེར་སྤྲིན་པ་ཕུན་ཚོགས་ཀྱིས་བསྒྲིགས། —ཀན་སུའུ་མི་རིགས་དཔེ་སྐྲུན་ཁང་། 2010. 3

ISBN:978 - 7 - 5421 - 1325 - 2

110. གཡུང་དྲུང་བོན་གྱི་བཀའ་བརྟེན་དཔེ་རྙིང་ཕྱོགས་བསྒྲིགས་བཞུགས་སོ།（༡༡༠）：བཀའ་དང་བཀའ་བརྟེན་དཀར་ཆག（བྲིས་གཟུགས།）/བོད་ཟེར་སྤྲིན་པ་ཕུན་ཚོགས་ཀྱིས་བསྒྲིགས། —ཀན་སུའུ་མི་རིགས་དཔེ་སྐྲུན་ཁང་། 2010. 3

ISBN:978 - 7 - 5421 - 1325 - 2

外文部分

1. *Tibet:hitting the high roads/* by Jia Lin. [monograph]. Beijing:Foreign Languages Press, 2010. 217 p.
ISBN:978-7-119-06043-9
2. *A history of development of Tibet/* [Zheng Shan; English translation, Chen Guansheng and Li Peizhu]. [monograph]. Beijing: Foreign Languages Press, 2010. vii, 508 p.
ISBN:978-7-119-06538-0
3. *Thangka/* [editor-in-chief, Li Xin; texts, Duan Mei; translator, Zhang Yiqian] [monograph]. Beijing:Shanghai People's Fine Arts Pulbishing House, 2010. 23 p.
ISBN:978-7-532-26576-3
4. *Tibet:700 years of history/* ["Xizang qi bai nian" bian wei hui bian ; translated by Wang Guozhen, Sang Yidan]. [monograph]. Beijing: China Intercontinental Press, 2010. 2 v.
ISBN:978-7-508-51717-9
5. *Tibet:faits et chiffres 2010/* [monograph]. Beijing: China Intercontinental Press, 2010. 217 p.
ISBN:978-7-508-51859-6
6. *Tibet:facts and figures 2010/* [monograph]. Beijing: China Intercontinental Press, 2010. 209 p.
ISBN:978-7-508-51858-9
7. *Tibet:fakten und zahlen 2010/* [monograph]. Beijing:China Intercontinental Press, 2010. 217 p.
ISBN:978-7-508-51860-2
8. ТИБЕТ:фАКТЫ И ЦИфРЫ 2010/ [monograph]. Beijing:China Intercontinental Press, 2010. 209 p.
ISBN:978-7-508-51861-9

9. *Tíbet:hechos y cifras 2010/*[monograph]. Beijing: China Intercontinental Press, 2010. 217 p.

ISBN:978 -7 -508 -51856 -5

10. *Population and society in Tibet/* Ma Rong. [monograph]. -Hong Kong University Press, 2010. 350 p.

ISBN:978 -9 -622 -09202 -0

藏学论文资料要目

汉文部分

一、政治法律

关于在西藏推进政府社会管理职能创新的思考/陈丽《中国藏学》2010:1

西方视角中的西藏形象与话语/刘康《中国藏学》2010:1

“中华人民共和国昌都地区人民解放委员会”隶属关系的历史沿革/王小彬《中国藏学》2010:3

论党的建设在西藏经济社会发展中的作用/贺新元《西藏研究》2010:1

西方对中国西藏的媒体建构之文化解读——兼论西藏对外形象重塑的思考/刘新慧《西藏研究》2010:2

从制度理论角度解析中央西藏工作座谈会内涵/孙勇《西藏研究》2010:2

维护西藏社会稳定中的社会化问题/方晓玲《西藏研究》2010:3

简论对外传播与国家形象——兼论某些西方媒体对拉萨“3·14”事件的报道/周志琴《西藏研究》2010:3

西藏自我发展能力刍议/张佳丽、贺新元《西藏研究》2010:4

欧美学刊有关西藏人权文章述评/黎尔平《西藏研究》2010:4

努力推进西藏跨越式发展和长治久安/张庆黎《求是》2010:12

毛泽东尊重、团结、争取达赖喇嘛的工作方针(1951—1959.3)/张双智、张皓《毛泽东思想研究》2010:4

云南藏区稳定发展的基本经验/郭家骥《学术探索》2010:4

试论新中国建国前后地方和平解放范式的普适意义——兼议新中国建国历程中的西藏和平解放/孙勇《中央民族大学学报》(哲社版)2010:5

不战而进:和平解放西藏决策的出台/杜玉芳《中共党史研究》2010:6

解决"西藏问题"的柔性思考/周兴维《民族学刊》2010:2

西藏跨越式发展踏上新征途——第五次西藏工作座谈会解读/朱晓明《中国西藏》2010:2

一块匾牌后面的"藏独"暴力之路/益多《中国西藏》2010:6

"大民族主义"抑或"普适主义"——张荫棠《训俗浅言》、《藏俗改良》析论/康欣平《西藏民族学院学报》(哲社版)2010:1

邓小平民族区域自治思想在西藏的实践和完善/田丽静《西藏民族学院学报》(哲社版)2010:3

近年来民族区域自治制度研究述评及展望/颜克伟、张吉《西藏民族学院学报》(哲社版)2010:4

宗教信仰自由权在西藏的体现与保障——纪念西藏自治区成立四十五周年/姚俊开《西藏民族学院学报》(哲社版)2010:4

社会工作与西藏和谐社会建设/刘红旭《西藏民族学院学报》(哲社版)2010:6

浅谈当今世界的民族、宗教问题及其对西藏政局的影响/许广智《西藏大学学报》(社科版)2010:2

坚持和巩固马克思主义在西藏意识形态领域的指导地位/贺新元、王虎《西藏大学学报》(社科版)2010:3

构建西藏和四省藏区长治久安机制的思考/王春焕《西藏大学学报》(社科版)2010:4

构建社会主义和谐西藏的现实困境及推进路径/陈丽《西藏大学学报》(社科版)2010:4

独特重要的战略地位——巨大亲切的特殊关怀/冯志端《西藏党史资料》2010:3

结合学习中央第五次西藏工作座谈会精神　简略回顾党在西藏工作的基本经验/汪德军《西藏党史资料》2010:3

西藏农牧区基层党组织建设若干问题研究/西藏自治区党校第十七期中青班第四课课题组《西藏发展论坛》2010:1

弘扬"老西藏"精神　建设社会主义核心价值体系——纪念"老西藏"精神

提出20周年/王春焕《西藏发展论坛》2010:3

把握西藏阶段性特征　推进主要矛盾和特殊矛盾的解决/房玉国《西藏发展论坛》2010:2

建立和完善实现西藏科学发展的长效机制/唐章全《西藏发展论坛》2010:2

维护西藏社会稳定面临的问题及依法治理对策思考/潘建生《西藏发展论坛》2010:2

影响西藏长期稳定的国际因素浅析/冯志端《西藏发展论坛》2010:2

中央第五次西藏工作座谈会关于西藏发展的基本思路和战略定位的意义和内涵/苏山《西藏发展论坛》2010:3

关于依法管理西藏宗教事务的思考/阙成平《西藏发展论坛》2010:4

对西藏特殊矛盾的几点认识/孙勇《西藏发展论坛》2010:6

抗日战争时期中国共产党的宗教工作研究/侯亮《青海民族研究》2010:2

着力增强社会主义核心价值体系在我国藏区的影响力/拉毛措《青海社会科学》2010:2

博弈论视角下的中印边界争端(1949—1962)/马勇、许娟《青海社会科学》2010:2

青海藏区基层党建工作的调查与思考/唐萍《青海社会科学》2010:5

青海世居少数民族习惯法的正向功能探析/高永宏《青海社会科学》2010:6

新时期民族问题研究二三题/穆赤·云登嘉措《青海民族大学学报》(社科版)2010:2

西北少数民族地区依法行政研究——以政府权力运行的历史变迁为视角/康耀坤、马洪雨《青海民族大学学报》(社科版)2010:4

青藏地区在中印地缘战略中的突出地位及国土安全分析/郭洪纪《青海师范大学学报》(哲社版)2010:5

基于“软实力”建设的西藏社会稳定长效机制研究/杨明洪《西南民族大学学报》(人文社科版)2010:5

民族区域自治制度是实现甘孜州跨越式发展和长治久安的根本保障/伍翔《四川民族学院学报》2010:4

解析当代甘南牧区民间纠纷调解中的藏族部落习惯法/蒙小莺、蒙小燕《中国藏学》2010:1

藏族“赔命价”习惯法与日耳曼民族“赎罪金”制度的比较研究/淡乐蓉《中国藏学》2010:1

藏族习惯法中的神明裁判探析/后宏伟、刘艺工《西藏研究》2010:5

建设平安西藏的法治基础研究/唐小民《西藏发展论坛》2010:2

藏族地区信访制度的回顾与展望/陈永进《攀登》2009:6

和谐视野中的果洛藏区习惯法审视/王海聪《青海师范大学学报》(哲社版)2010:5

元明两朝对藏传佛教宗教事务的法律调整及其历史启示/牛绿花《青海社会科学》2010:4

试论藏族的一妻多夫制与国家法的调适/张祺炜《四川民族学院学报》2010:4

甘孜州未成年人权益维护的实证分析/叶晓彬《四川民族学院学报》2010:3

二、社会经济

西藏经济增长:事实、机理及政策选择/宗刚、李鹏《中国藏学》2010:1

西藏城乡差距变化的收入来源构成及对策研究/杨涛《中国藏学》2010:1

藏传佛教尼僧寺院经济结构与模式初探/谢热桑沫《中国藏学》2010:1

西藏城市化进程中的民族问题及其对策研究/赵君《中国藏学》2010:1

门巴族、珞巴族的历史发展与当代社会变迁/陈立明《中国藏学》2010:2

西藏村落公共空间与村民阶序——以曲水县茶巴朗村为例/陈默《中国藏学》2010:2

略论旅游发展对西藏手工业的影响/陈丹《中国藏学》2010:2

玉树灾后重建与传统文化保护/陈玮、鲁顺元《中国藏学》2010:3

西藏铜佛像制作“昌都工匠群”的考察/李晓岑、袁凯铮、叶星生、华觉明《中国藏学》2010:3

西藏村民整体搬迁绩效评估:基于德吉村连续四年的观察——兼论大型社会工程命运的斯科特逻辑/杨明洪《中国藏学》2010:3

昌都地区地域经济发展战略研究/许成仓《中国藏学》2010:3

西藏农村民间救助活动的比较制度分析——以巴日库村“吉度”现象为例/丹增遵珠《中国藏学》2010:4

西藏入境旅游市场竞争态势分析/张阿兰、德吉央宗、贡秋扎西《西藏研究》2010:1

西藏三大经济区差异和协调发展的实证分析/陈朴、杨本锋《西藏研究》2010:1

藏彝走廊的汉族移民与汉藏互动——以九龙为个案的考察研究/王玉琴

《西藏研究》2010：1

甘肃南部林区族群生存文化的生态人类学研究——以舟曲县三个藏汉村寨为例/马宁《西藏研究》2010：1

西藏国有企业现代化的路径依赖及经验总结/杜青龙、陈文朝《西藏研究》2010：2

西藏农牧民消费结构变化分析/多庆《西藏研究》2010：3

西藏冬虫夏草资源可持续利用探讨/刘天平、卓嘎、郭建斌《西藏研究》2010：3

传统与现代：论安多藏族牧区社会冲突治理——基于两类常见纠纷的思考/冯海英《西藏研究》2010：4

西藏传统文化动漫化的产业孕育刍议/邓明文《西藏研究》2010：4

少数民族地区人口城镇化问题研究——以四川藏区为例/沈茂英《西藏研究》2010：5

西藏城乡发展差距分析/邓发旺、徐爱燕《西藏研究》2010：5

基于企业文化对西藏上市公司可持续发展的策略研究/陈刚《西藏研究》2010：5

西藏牧区妇女社会地位的变迁——以西藏那曲地区聂荣县为例/《民主改革以来西藏妇女社会地位变迁研究》课题组《西藏研究》2010：6

雪灾与救助——青海南部藏族牧区的案例分析/扎洛《民族研究》2010：6

藏北牧区定居点向村落变迁初探——以那曲县达嘎多、宗热格两村为例/郎维伟、赵书彬《西藏研究》2010：6

大力发展乡村旅游是构建西藏地区和谐社会的重要途径/曹水群《西藏民族学院学报》（哲社版）2010：2

改革开放30年来的西藏非公有制经济发展问题探析/孙英敏《西藏民族学院学报》（哲社版）2010：2

西藏旅游业发展危机事件研究/章杰宽《西藏民族学院学报》（哲社版）2010：2

西藏旅游产品开发思考/邓发旺、徐爱燕《西藏民族学院学报》（哲社版）2010：2

基于人力资源角度对西藏国有企业改革发展状况的研究/王建伟、周新革《西藏民族学院学报》（哲社版）2010：2

西藏地方政府政效管理与科学发展观/卫立浩《西藏民族学院学报》（哲社版）2010：2

西藏社区服务建设中存在的问题及对策/朱新林《西藏民族学院学报》（哲社版）2010：2

论西藏的地区现代化问题/杨亚波《西藏民族学院学报》（哲社版）2010：2

高原藏区生态法治基本原则新探——基于藏族传统生态文明的视角/吕志祥、刘嘉尧《西藏民族学院学报》（哲社版）2010：2

西藏上市公司财务管理中存在的问题研究——基于可持续发展视角的分析/秦国华《西藏民族学院学报》（哲社版）2010：3

科学发展视角下对西藏税收政策的再思考/魏小文《西藏民族学院学报》（哲社版）2010：3

试析西藏上市公司社会责任水平——以西藏国有控股上市公司为例/唐静《西藏民族学院学报》（哲社版）2010：5

西藏上市公司营运资金管理研究/秦国华《西藏民族学院学报》（哲社版）2010：5

符号视角下西藏商品品牌传播——以西藏5100天然矿泉水广告为例/刘小三《西藏民族学院学报》（哲社版）2010：5

基于六要素的西藏旅游产业市场竞争力研究/孟来果、秦国华《西藏民族学院学报》（哲社版）2010：6

西藏国有企业发展状况研究——以西藏国有工业企业为例/周喜革《西藏民族学院学报》（哲社版）2010：6

西藏非物质文化遗产旅游价值探析/姬梅《西藏民族学院学报》（哲社版）2010：6

新世纪以来西藏经济发展的阶段性成就与经验/毛阳海《西藏民族学院学报》（哲社版）2010：6

青藏铁路对西藏民俗文化旅游的影响及对策/觉安拉姆、阿贵、泽勇、泽仁卓玛《西藏大学学报》（社科版）2010：1

中尼边境负责任旅游合作开发与展望——以西藏日喀则地区樟木镇为例/图登克珠、刘雅静《西藏大学学报》（社科版）2010：1

西藏实施西部大开发战略十年的成就和经验/朱玉福《西藏大学学报》（社科版）2010：1

西藏物流产业发展特性探析/尕藏才旦、尼古拉·查强、辛馨《西藏大学学报》（社科版）2010：1

西藏大学生对西藏非物质文化遗产的认识情况调查/马宁《西藏大学学报》（社科版）2010：1

边疆民族地区城市社区管理模式选择研究——以拉萨市社区管理个案为例/高大洪、郭海亮、周联贵《西藏大学学报》（社科版）2010：1

提升法治理念　构建平安和谐西藏/边巴拉姆、仲布·次仁多杰《西藏大学学报》（社科版）2010：2

珞巴族传统文化及其生存现状考察——从西藏米林县琼林村的旅游开发谈起/蔡光洁《西藏大学学报》（社科版）2010：2

藏区村寨年龄组织个案调查——以松潘热务沟卡卡村为例/叶静、珠穆《西藏大学学报》（社科版）2010：2

西藏妇女人口素质与可持续发展/杨瑞敏《西藏大学学报》（自然科学版）2010：1

西藏生态产业经营模式与发展战略研究/罗华《西藏大学学报》（社科版）2010：2

改革开放以来西藏产业结构演变及对经济增长的贡献分析/杨斌、潘明清《西藏大学学报》（社科版）2010：2

青藏铁路背景下的"两南兴藏"/杨晓纯《西藏大学学报》(社科版)2010:2

西藏交通与环境可持续发展/次仁欧珠《西藏大学学报》（自然科学版）2010：1

西藏入境旅游客源市场开发研究/张阿兰、德吉央宗、贡秋扎西、尼美旦真《西藏大学学报》（社科版）2010：2

西藏妇女生育健康　生育意愿的现状调查/次仁央宗《西藏大学学报》（社科版）2010：3

"藏穆之路"的回藏关系——云南省香格里拉三坝乡安南村田野调查/次旦顿珠、益西曲珍《西藏大学学报》（社科版）2010：4

论藏族村落中的民间组织及其功能——以舟曲县武坪乡那下村为例/贡保扎西、琼措《西藏大学学报》（社科版）2010：4

反思西藏社会现代化中的文化变迁/张虎生、陈映婕《西藏大学学报》（社科版）2010：4

西藏非物质文化遗产旅游产品化模式研究/姬梅、朱普选《西藏大学学报》（社科版）2010：3

西藏优化区域经济格局基本思路研究/德吉央宗《西藏大学学报》（社科版）2010：3

论西藏农牧区的扶贫开发与可持续发展/杨红卫《西藏大学学报》（社科版）2010：3

西部地区小额贷款公司发展中存在的问题及解决对策/胡秋灵、孙瑞霞《西藏大学学报》（社科版）2010：3

西藏生态旅游资源开发及保护过程中存在的问题分析/旦增卓嘎、周玲强《西藏大学学报》（社科版）2010：3

市场失灵视阈下西藏地区旅游资源可持续消费探析/耿香玲《西藏大学学报》（社科版）2010：3

论藏族生态产业及其发展重点/徐爱燕、安玉琴、王大海《西藏大学学报》（社科版）2010：4

西部大开发十年农村金融发展比较——基于五个自治区的分析/胡秋灵、卓耀《西藏大学学报》（社科版）2010：4

西藏现代物流产业与区域经济增长的互动关系研究/辛馨、李贵书《西藏大学学报》（社科版）2010：4

基于偏离份额分析的区域产业效率评价——以西藏为例/杨峰、李国政《西藏大学学报》（社科版）2010：4

拉萨旅游人数与气象条件分析/德庆卓嘎、次仁卓玛、格央、尼琼《西藏大学学报》（自然科学版）2010：2

当前西藏农牧民增收的若干思考/荣欣《西藏发展论坛》2010：1

西藏三大需求与经济增长的关系分析/王乃霞《西藏发展论坛》2010：1

以主导产业认识西藏旅游产业的若干思考/赵树明、许立《西藏发展论坛》2010：2

试论当前寺院对西藏城镇发展的影响/李霞、陈丽霞《西藏发展论坛》2010：3

关于加快发展西藏生态经济的几点思考/李芳利《西藏发展论坛》（哲社版）2010：4

西藏产业结构与就业结构的演变及关联性分析/王娜《西藏发展论坛》（哲社版）2010：4

基于经验视角的西藏乡村旅游产品设计/曹水群《西藏发展论坛》（哲社版）2010：5

“十一五”时期西藏经济社会发展的分析与评价/土多旺久《西藏发展论坛》（哲社版）2010：6

略论藏族生态文化的价值维度/史云峰《西藏民族学院学报》(哲社版) 2010:6

关于西藏农牧区党员宗教认识情况的调查报告/达宝次仁《西藏发展论坛》

（哲社版）2010：6

论农牧区妇女在西藏新农村建设中的角色和作用/张佳丽《西藏发展论坛》（哲社版）2010：6

结合特殊区情，完善西藏社会保障制度/刘宝臣《西藏发展论坛》（哲社版）2010：6

西藏农牧区基础公共产品供给探析/卓嘎措姆《西藏科技》2010：1

知识管理及西藏人力资源管理创新研究/刘灿辉《西藏科技》2010：1

拉萨民俗村旅游资源开发的现状与对策研究——以桑木民俗村为例/程忠红、韩富贵《西藏科技》2010：2

西藏公共基础设施建设研究/钟振明、房玉国《西藏科技》2010：10

西藏城镇居民、农牧民生活现状的实证调查分析/周联贵《西藏科技》2010：12

甘南旅游资源与文化资源整合战略研究/王生鹏、孙永龙《西北民族大学学报》（哲社版）2010：3

甘南藏族自治州畜牧业收益与数量关系研究/张唯实《西北民族大学学报》（哲社版）2010：3

多民族杂居移民村落中的族际通婚——对青海海西州乌兰县铜普镇四个移民村的个案调查/刘瑶瑶《青海民族研究》2010：1

三江源自然保护区生态移民社区的居民需要——以玉树县上拉秀乡家吉娘生态移民社区为例/荣增举《青海民族研究》2010：3

拉萨藏回及其文化思考/杨晓春、马艳《青海民族研究》2010：4

试论藏族盟誓仪式的动机和功能/牛绿花《青海民族研究》2010：4

鲁沙尔镇刘琦山神信仰的考察与分析/冉庆美、张前程、王克昌《青海民族研究》2010：4

族际通婚对族群认同的影响——以贵德县加莫太村为个案/李丽琴《青海民族大学学报》（社科版）2010：1

青海卡力岗回族语言认同的调查——以化隆县德恒隆乡德一村为例/马伟华《青海民族大学学报》（社科版）2010：2

环青海湖地区城镇化建设的生态经济效应分析/丁生喜、王晓鹏《青海民族大学学报》（社科版）2010：2

循环经济理念与三江源生态产业发展/盛国滨《青海民族大学学报》（社科版）2010：2

确立藏族聚居区特色生态法治基本原则的路径选择/刘嘉尧、吕志祥《青

海民族大学学报》（社科版）2010：3

青南地区牧民增收的几点思考——以玉树州为例/李葶《青海社会科学》2010：2

灾后重建的文化要素与文化旅游业发展——结合青海玉树建设/长荣刚《青海社会科学》2010：3

民族文化教育与青海藏族自治地方社会稳定/杨虎得《青海社会科学》2010：2

青海卡力岗人族群认同及其变迁的考察——以化隆县德恒隆乡德一村为例/马伟华《青海社会科学》2010：2

青海建设高原旅游名省探研/马生林《青海社会科学》2010：3

在建构中寻求认同　在信仰中追溯记忆——以卓仓藏族为个案/羊措、羊中太《青海社会科学》2010：4

青海民和妇女念唱嘛呢经的调查研究/商文娇《青海社会科学》2010：4

青海藏区与其它藏区经济社会的共同性与差异性分析/谢热《青海社会科学》2010：5

金融支持城乡一体化建设研究——以青海省海西州为例/薛建峰、田铁社、冯丽勤《青海社会科学》2010：6

青海藏区实施跨越式发展战略研究/马生林《青海社会科学》2010：6

石堡城的历史文化资源与旅游开发/王昱《青海民族研究》2010：4

试论青海玉树灾区实现经济及社会可持续发展的路径选择/绽小林《青海师范大学学报》（哲社版）2010：5

青海发展生态畜牧业问题研究/邵春益《青海环境》2010：1

甘青地貌、族群、文化与宗教——来华传教士笔下的甘青社会/颜小华《兰州大学学报》（社科版）2010：6

民族地区发展循环经济的思考——以甘南藏族自治州为例/卓玛措《甘肃民族师范学院学报》2010：2

西藏现代化过程中应关注和研究的问题/格勒、罗布江村《西南民族大学学报》（人文社科版）2010：4

四川甘洛县新市坝镇尔苏藏族族外婚姻情况研究/王德和《西南民族大学学报》（人文社科版）2010：2

藏彝走廊与丝绸之路/段渝《西南民族大学学报》（人文社科版）2010：2

土地制度与嘉绒藏族房名的获得——对四川省雅安市宝兴县硗碛藏族乡的田野调查/李锦《西南民族大学学报》（人文社科版）2010：5

旅游生态环境可持续发展与不同利益群体认知研究——九寨沟风景生态旅游的社会认知差异分析/胡北明、王挺之《西南民族大学学报》（人文社科版）2010：5

西藏农牧区公共品特殊性问题：基于供给与需求视角的分析/安七一《西南民族大学学报》（人文社科版）2010：6

西藏经济现代化的演化：基于社会发展动力理论的考察/张艳红《西南民族大学学报》（人文社科版）2010：7

红原县草原旅游产业发展研究/周兴维《西南民族大学学报》（人文社科版）2010：10

少数民族地区城镇化问题研究——以四川藏区为例/沈茂英《西南民族大学学报》（人文社科版）2010：10

关于藏彝走廊的民族与文化格局——试论藏彝走廊的文化分区/石硕《西南民族大学学报》（人文社科版）2010：12

藏彝走廊的族群互动研究：汉彝文化边缘的冕宁多续藏族/袁晓文《西南民族大学学报》（人文社科版）2010：12

扎坝地区水库移民问题研究/冯敏《四川民族学院学报》2010：2

基于SWOT分析的甘孜州旅游发展研究/唐德华、王兴贵、李云松《四川民族学院学报》2010：5

少数民族地区农民收入增长的制约因素分析——以阿坝州为例/杨骁《阿坝师范高等专科学校学报》2010：3

青藏铁路通车对西藏失地农牧民的影响探析——以拉萨堆龙德庆县柳梧村为例/朱玉福、尼玛扎西《阿坝师范高等专科学校学报》2010：2

从西藏旅游业的发展看农牧民的增收/安平《中央民族大学学报》（哲社版）2010：3

经济结构调整的助推器——论全球视野下的西藏文化产业/李春华、傅西红《西藏日报》2010-2-6③

藏、汉大学生社会比较与时间比较下对职业可能自我的评价/毛瑞、万明钢《民族教育研究》2010：2

中国西南地区的北方游牧民族——以藏彝走廊为核心/曾现江《思想战线》2010：1

纳西族与藏族文化和谐交融现象分析：以丽江塔城乡洛固村为例/王磊《昆明理工大学学报》（社科版）2010：2

浅析“三江源”区生态移民后续产业发展存在的问题及对策/李芙琴《草

业畜牧》2010：8

西藏村庄迁移与社区重建：扎囊县拉其乡德吉新村的案例调查/杨明洪《民族学刊》2010：1

三、历史地理

考古学所见西藏文明的历史轨迹/霍巍《民族研究》2010：3

唐禄赞萨逻墓志考释/李宗俊《民族研究》2010：3

青藏高原旧石器若干问题的讨论/汤惠生《青海民族大学学报》（社科版）2010：2

昌都卡若：西藏史前社会研究的新起点——纪念昌都卡若遗址科学考古发掘30周年/霍巍《中国藏学》2010：3

古水水电站——西藏境内淹没区考古调查简报/哈比布《西藏研究》2010：2

唃厮啰遗城"雍仲卡尔"考释/洲塔、樊秋丽《中国藏学》2010：1

清乾隆五十八年（1793）藏内善后章程的形成经过/邓锐龄《中国藏学》2010：1

关于《大清乾隆五十八年"善后章程二十九条"》的题名问题/李保文《中国藏学》2010：1

三世章嘉入藏主持认定七世达赖喇嘛转世灵童的真相/邓建新《中国藏学》2010：1

中国西藏地方与廓尔喀的官方文书/王剑智《中国藏学》2010：S1

清代西藏的物质生活/黄维忠、张运珍《中国藏学》2010：S1

吐蕃统治敦煌的监军、监使/陆离《中国藏学》2010：2

美国托尔斯泰—杜兰"使团"1942—1943年入藏考/胡岩《中国藏学》2010：2

唐代吐蕃的氏族/林冠群《中国藏学》2010：2

中国西藏文化博物馆展品中的三枚清代摄政王印章初考/邹西成《中国藏学》2010：3

论吐蕃政治文明进程/何峰《中国藏学》2010：3

论昌都地区在推进西藏归入中国版图历史进程中的重要作用/土呷《中国藏学》2010：3

近代昌都地区汉人社会生活初探/王川、刘波《中国藏学》2010：3

噶尔世家对唐军事战略研究/扎西当知《中国藏学》2010：3

巴基斯坦卡杜县发现的吐蕃王朝时期的藏文碑刻/陈庆英、马丽华、穆罕默德·尤素夫·侯赛因阿巴迪《中国藏学》2010：4

向生·西绕松布与西藏昌都强巴林寺建寺年代新考/土呷《中国藏学》2010：4

西戎沿革及吐蕃后裔习俗考略/兰本加《中国藏学》2010：4

国民政府化解尼藏战争危机的历史意义/刘丽楣《中国藏学》2010：4

试论15至18世纪格鲁派在康区的势力扩展——以寺院为中心/王开队《中国藏学》2010：4

拉喇嘛与国王：早期古格王国政教合一制初探/黄博《中国藏学》2010：4

尼泊尔与我国西藏早期关系初探/赵萍《西藏研究》2010：1

成都将军的设置及其在治理川西藏区中的作用/彭陟焱《西藏研究》2010：1

清代至民国时期汉族移民在巴塘活动之面面观/友珍《西藏研究》2010：1

程凤翔第一次进兵察瓦岗/格珍《西藏研究》2010：1

明代吐蕃十八族考/武沫《西藏研究》2010：2

清代西藏地方兵制考/郭胜利《西藏研究》2010：2

藏族古代军事行动中的宗教因素探讨/次旦扎西、晋美《西藏研究》2010：2

从《康藏前锋》看民国时期康区教育/姚乐野、秦慧《西藏研究》2010：3

论宋元时期藏区通行的货币/杨惠玲、尚明瑞《西藏研究》2010：4

《东方杂志》所见之清末藏事评议：以1904年英军侵藏为例/陈学然《西藏研究》2010：5

论英国早期的两次涉藏事件/何文华《西藏研究》2010：5

近代甘青藏区度量衡制问题探析/李建国《西藏研究》2010：5

试析国民政府初期西藏会议的筹备与失败/徐百永《西藏研究》2010：5

明中后期乌思藏朝贡使进京朝贡改道原因探析/喜富裕《西藏研究》2010：4

1888—1911年英俄在西藏的角逐/冯建勇《西藏研究》2010：6

吐蕃军队作战的特点/杨永红《西藏研究》2010：6

近代内地传教士叶长青与川边社会——以《教务杂志》史料为中心的介绍探讨/冯宪华《西藏研究》2010：6

有关《册府元龟》《旧唐书》中唐蕃战争的季节考析/冉永忠《西藏民族学院学报》（哲社版）2010：1

《贤者喜宴——吐蕃史》的内容及其史料价值/周润年、黄颢《西藏民族学院学报》（哲社版）2010：1

外戚集团对吐蕃政治的影响探析/张海龙《西藏民族学院学报》（哲社版）2010：1

尼泊尔林布族的社会变迁——喜马拉雅山地文化的女性视角/雷克斯著，周云水编译《西藏民族学院学报》（哲社版）2010：1

论大小金川战争中碉楼的作用/彭陟焱《西藏民族学院学报》（哲社版）2010：2

论北宋真宗、仁宗时期关于甘青蕃部的民族立法问题/陈武强《西藏民族学院学报》（哲社版）2010：2

试析清代西藏摄政官职的缘起/李凤珍《西藏民族学院学报》（哲社版）2010：2

青海卫拉特诸部落的起源/［日］佐藤长著，孟秋丽译《西藏民族学院学报》（哲社版）2010：1－3

拉达克王国：公元950—1842年（六）——十八世纪上半叶的拉达克/［意］L·伯戴克著，彭陟焱译，扎洛校《西藏民族学院学报》（哲社版）2010：3

拉达克王国：公元950—1842年（七）——拉达克力量的衰退/［意］L·伯戴克著，彭陟焱译，扎洛校《西藏民族学院学报》（哲社版）2010：4

青海卫拉特诸部落的起源（续三、四）/［日］佐藤长著，孟秋丽译《西藏民族学院学报》（哲社版）2010：5/6

清代昌都强巴林寺帕克巴拉活佛朝觐年班制度/张双智、张羽新《西藏民族学院学报》（哲社版）2010：5

为什么说“西藏自古以来就是中国的一部分”/罗广武《西藏民族学院学报》（哲社版）2010：6

清代达木蒙古史事钩沉/曹培《西藏民族学院学报》（哲社版）2010：6

拉达克王国：公元950—1842年（八）——道格拉人占领拉达克/［意］L·伯戴克著，彭陟焱译，扎洛校《西藏民族学院学报》（哲社版）2010：6

从西方文献看19世纪下半叶中国内地会在康区的活动及与康藏社会的互动/赵艾东《西藏大学学报》（社科版）2010：2

古代汉文史籍中的吐蕃大臣名考/旺多《西藏大学学报》（社科版）2010：1

吐蕃军队兵器简论/次旦扎西、杨永红《西藏大学学报》（社科版）2010：1

西藏古代兵器的制作及武艺发展/佘静芳《西藏大学学报》(社科版)2010:1

明代进藏人员论析/刘永文、韩殿栋、李军《西藏大学学报》2010：1

试论张荫棠查办藏事前后的外交思想/赵君《西藏大学学报》（社科版）2010：1

现代著名藏学家李思纯与陈寅恪交往述论/王川《西藏大学学报》（社科版）2010：1

新政改革与大臣体制/罗布《西藏大学学报》（社科版）2010：1

宋代西北吐蕃联姻问题探析/刘兴亮《西藏大学学报》（社科版）2010：2

河州土司何锁南考辨/洲塔、何威《西藏大学学报》（社科版）2010：2

班禅囊玛岗及西藏割据时期的历史疑难问题——访著名藏族学者诺章·吴坚先生/亚东·达瓦次仁《西藏大学学报》（社科版）2010：2

蒙古前四汗时期蒙藏关系新探——以“斡腹之谋”为视角/石坚军《西藏大学学报》（社科版）2010：3

北宋前中期吐蕃内附族帐考/陈武强《西藏大学学报》（社科版）2010：3

吐蕃末期名僧拉隆·贝吉多杰生平拾零/扎西当知《西藏大学学报》2010：3

权力政治与地方自治：20世纪30年代的“康人治康”运动/友珍《西藏大学学报》（社科版）2010：3

“唐蕃甥舅会盟碑”相关疑难问题探讨——访著名藏族学者高瑞先生/扎西当知《西藏大学学报》（社科版）2010：4

吐蕃东渐与藏彝走廊的族群互动及族群分布格局演变/曾现江《西藏大学学报》（社科版）2010：4

浅谈乾隆皇帝在两次廓尔喀战争中的军粮政策/周燕、李文萍《西藏大学学报》（社科版）2010：4

试论川铸藏元产生的历史背景及其意义/焦兴青《西藏大学学报》（社科版）2010：4

历史上官营茶马贸易对汉藏关系的影响/王晓燕《青海民族研究》2010：1

论土司与土司学——兼及土司文化及其研究价值/成臻铭《青海民族研究》2010：1

论吐蕃治下的吐谷浑/杨铭《青海民族研究》2010：2

论清代及民国时期丹噶尔（湟源）民族贸易与地方经济社会/郭凤霞、杜常顺《青海民族研究》2010：2

论清代“环湖八族”形成的历史背景/索南多杰、德旦项毛《青海民族研

究》2010：2

17至18世纪清朝与格鲁派上层的互动研究/马啸《青海民族研究》2010：3

论北宋对西北边防军政情报的控制——从法制的视角/陈武强《青海民族研究》2010：3

明代以来青海草场冲突纠纷及解决路径述略/鄂崇荣《青海民族研究》2010：3

论秦汉时期河湟羌人的经济社会结构及与青海草原生态环境的互动关系/张生寅《青海民族研究》2010：3

元明清中央政府治藏失误及其对藏区社会的影响/星全成《青海民族研究》2010：4

论清至民国初年玉树藏族部落的变迁及其原因/杨卫《青海民族研究》2010：4

三世章嘉对缓和青海政教关系的贡献/邓建新《青海民族大学学报》（社科版）2010：2

从衣单口粮制度看清代青海藏传佛教寺院的兴衰/张敏、康建国《青海民族大学学报》（社科版）2010：2

吐蕃在唐蕃战争中的战略战术思想初探/刘力钢《青海民族大学学报》（社科版）2010：2

康熙、雍正年间茶马互市与民族关系/李英华、姚继荣《青海民族大学学报》（社科版）2010：2

清末民初玉树地区经济问题研究/杨卫《青海民族大学学报》（社科版）2010：2

清朝与西藏早期政治互动研究——以满藏互使的派遣为中心/马啸《青海民族大学学报》（社科版）2010：2

藏文化视野下的南诏境内族属解读/拉先《青海民族大学学报》（社科版）2010：1

明代卫所制度与青海高原屯寨文化的形成/先巴《青海民族大学学报》（社科版）2010：3

有泰与清末西藏政局的演变/康欣平《青海民族大学学报》（社科版）2010：3

达赖喇嘛系统在清朝治理西藏中的作用/陈柏萍《青海民族大学学报》（社科版）2010：3

十三至十九世纪初西藏地方上层斗争及其影响/星全成《青海民族大学学

报》（社科版）2010：3

明代“西番诸卫”与河湟洮岷边地社会/杜常顺、郭凤霞《青海民族大学学报》（社科版）2010：4

青海门源岗龙石窟的年代与族属/许新国《青海民族大学学报》（社科版）2010：4

吐蕃通往勃律、罽宾之道略考/田峰《青海民族大学学报》（社科版）2010：4

承风戍考辨——兼论隋唐时入青海的南北两道/王英《青海民族大学学报》（社科版）2010：4

清朝对藏传佛教事务的法律调整及其历史启示/牛绿花《青海师范大学学报》（哲社版）2010：3

清初河湟地区基层组织变迁及其对藏族社会的影响/洲塔、何威《青海社会科学》2010：3

毛泽东与班禅及达赖的交往记录——新中国成立后中央关注西藏发展的一个侧面/周良书《青海社会科学》2010：3

建文帝圆寂青海乐都瞿昙寺考/杨森林、杨慰《青海社会科学》2010：5

石堡城唐蕃争夺战及其方位/王昱《青海社会科学》2010：6

塔尔寺与塔尔寺六族研究状况述要/张海云《青海师范大学学报》（哲社版）2010：6

远古象雄人起源概说/南卡诺布著，阿旺嘉措译注《西北民族大学学报》2010：2

P. T. 1047 写卷卜辞与吐蕃相关史事考释/陈楠《西北民族大学学报》（哲社版）2010：4

关于唐代吐蕃军事占领区建制的几个问题/黄维忠《西北民族大学学报》（哲社版）2010：4

吐蕃王朝的分裂与灭亡/林冠群《西北民族大学学报》（哲社版）2010：4

西藏地方政府的摄政及摄政制度探析/央珍、喜饶尼玛《西北民族大学学报》（哲社版）2010：5

论佛教对吐蕃社会文化的影响/罗桑开珠《西北民族大学学报》（哲社版）2010：5

“角色理论”视野下藏边民族纠纷解决新探——以光绪朝循化厅所辖藏区为例/胡小鹏、高晓波《西北师大学报》（社科版）2010：6

西藏问题的近代迷思/袁剑《西北民族研究》2010：3

莫高窟吐蕃期洞窟第 359 窟供养人画像研究——兼谈粟特九姓胡人对吐蕃

统治敦煌的态度/沙武田《敦煌研究》2010:5

唐、宋时期甘肃茶马古道互市与茶马古道/何双全、谢晓燕《丝绸之路》2010:18

从土司封号看嘉绒藏族土司与宗教的关系/邹立波《西南民族大学学报》(人文社科版)2010:2

南诏吐蕃联盟关系走向破裂的记录——赵昌奏状的研究/赵心愚《西南民族大学学报》(人文社科版)2010:10

评析民国时期中央三次组团入藏的意义/龙珠多杰《四川民族学院学报》2010:1

浅谈甘孜藏区的政教联盟制度/根呷翁姆《四川民族学院学报》2010:1

普米族族源考/冯丁丁、段红云《四川民族学院学报》2010:1

论明朝的藏区宗教政策对甘孜藏区经济发展的影响/胡巧竞《四川民族学院学报》2010:2

略论清中期藏传佛教文化在内地的发展/向华娟《四川民族学院学报》2010:2

吐蕃族源"西羌说"的困境/陆军《四川民族学院学报》2010:3

西夏党项族尚武精神在岩画中的演绎/崔凤祥、崔星《四川民族学院学报》2010:3

试论嘉绒、嘉良夷、冉駹与戈人的关系——兼论嘉绒藏族的族源/李青《四川民族学院学报》2010:4

白马藏族族属及其现状调查报告——以"格厘村"为个案研究/李加才让《四川民族学院学报》2010:5

安多、康区区域的形成及其民族来源综论/高晓波《四川民族学院学报》2010:6

论沈宗濂入藏/魏少辉《四川民族学院学报》2010:6

清代在甘青地区的民族政策及历史作用/杨虎得《中南民族大学学报》(人文社科版)2010:2

吐蕃中节度考/朱悦梅《民族研究》2010:3

20世纪30年代内蒙自治声中蒙藏委员会改组刍议/杨思机《民族研究》2010:5

民国时期第七世章嘉呼图克图在内蒙古的宣化活动述略/秦永章《民族研究》2010:6

十九世纪滇藏关系解释方式的思考/[美]大卫·阿提威著,尼玛扎西、彭文

斌、刘源译《民族学刊》2010:2

清代甘青藏区建制及社会研究/周伟洲《中国边疆史地研究》2009:3

“留藏学法团”与民国时期汉藏文化交流/王海燕、喜饶尼玛《边疆史地研究》2010:2

从日本的“唐船风说书”看康熙二十九年的乌兰布通之战/华立《中国边疆史地研究》2010:3

英印色拉(Sela)为界的“麦克马洪线”变更计划及政策分歧/张永攀《中国边疆史地研究》2010:3

清乾隆富察家族与涉藏事务/白丽娜《中国边疆史地研究》2010:3

《西藏志》所载清代后期入藏路线考/房建昌《中国边疆史地研究》2010:3

敦煌地区早期宗教问题/颜廷亮《敦煌研究》2010:1

论历史上滇藏茶马古道文化交融及其发展途径/王丽萍、秦树才《学术探索》2010:4

甘肃事变中地方实力派与中央政府的博弈/邵玮楠、王敦琴《历史档案》2010:1

世纪老人的关切——回忆阿沛老人的一些事/拉巴平措《中国西藏》2010:2

深切缅怀伟大的爱国主义者阿沛·阿旺晋美/魏克《西藏党史资料》2010:2

永远值得我们尊敬和学习的典范——深切怀念藏族人民的好儿子阿沛·阿旺晋美/帕巴拉·格列朗杰《新华文摘》2010:6

开创西藏藏语电视剧翻译制作事业的领军人物——访著名藏语剧本翻译家嘉央先生/格朗采访、达瓦译《西藏大学学报》(社科版)2010:1

忆西藏著名爱国人士——詹东·计晋美/仁真旺姆《中国西藏》2010:3

西藏岁月永峥嵘——访老红军惠毅然/余春水《西藏党史资料》2010:2

汪锋同志与西藏工作(二)/王小彬《西藏党史资料》2010:2

阴法唐将军的西藏往事/人民论坛赴藏采访组《人民论坛》2010:6

孔庆宗时期蒙藏委员会驻藏办事处对在藏汉人的管辖及其意义/王川《上海大学学报》(社科版)2010:4

清代归化城的藏传佛教寺院经济/赖惠敏《内蒙古师范大学学报》(哲社版)2010:3

乾隆年间蒙古准噶尔部第一次进藏熬茶考/吕文利、张蕊《内蒙古师范大学学报》(哲社版)2010:4

五份新见藏文注音西夏文残片校释/戴忠沛《宁夏社会科学》2009:6

南京国民政府蒙藏委员会治藏措施评述/张子新、喜饶尼玛《云南民族大学

学报》(哲社版)2010:4

远谋与近虑的兼容:对"驱准保藏"前后清朝西南边政决策调整的透视/马国君《广西民族研究》2010:3

史前人类向青藏高原东北缘的三次扩张与环境演变/侯光良、许长军等《地理研究》2010:1/《地理学报》2010:1

青藏铁路对西藏生态环境的影响分析/朱玉福、唐文武《西藏民族学院学报》(哲社版)2010:3

青海自然保护区可持续发展研究/王海洁、张建英《青海社会科学》2010:3

藏族传统生态文明与藏族聚居区的生态法治建设/吕志祥、刘嘉尧《攀登》2010:3

青藏铁路沿线生态环境保护及对策/顾延生、陈雪梅、景芳《柴达木开发研究》2010:3

西部地区野生植物资源与保护开发——以三江源自然保护区为例/彭启芳《草业与畜牧》2010:6

基于生态足迹的西藏自然保护区生态承载力分析:以贡布自然保护区为例/胡世辉、章力建《资源科学》2010:1

四、民主改革专题

在伟大的新生中走向更加美好的明天/张庆黎、白玛赤林《求是》2010:7

藏区现代化的光辉起点——写在"3·28"西藏百万农奴解放纪念日/中国藏学研究中心《求是》2010:8

西藏人权与农奴解放——从农奴旺杰平措无辜挨打酿成官司说起/范向东《中国西藏》2010:2

西藏农奴解放与世界文明进步的历程/张云《中国西藏》2010:2

农奴的解放——人民的胜利——庆祝"西藏百万农奴解放纪念日"设立一周年评论之一/本报评论员《西藏日报》2010-3-17①

"3·28"开启西藏历史新纪元——庆祝"百万农奴解放纪念日"设立一周年评论之二/本报评论员《西藏日报》2010-3-22①

西藏人权事业的新起点——庆祝"西藏百万农奴解放纪念日"设立一周年评论之三/本报评论员《西藏日报》2010-3-23①

西藏人民的共同心愿——庆祝"西藏百万农奴解放纪念日"设立一周年评论之四/本报评论员《西藏日报》2010-3-24①

铭记历史　珍惜现在——庆祝“西藏百万农奴解放纪念日”设立一周年评论之五/本报评论员《西藏日报》2010－3－25①

“人的全面发展”折射西藏历史进步——献给西藏百万农奴解放51周年/李柯勇、边巴次仁、刘敏、德吉、张亚东《西藏日报》2010－3－28②

五、宗教

《山法了义海论》所引佛教经论藏汉译文比较研究之一、二、三/班班多杰《中国藏学》2010：1－3

由兰州永登县博物馆藏明清唐卡看15—17世纪河湟地区藏传佛教信仰的变迁/杨鸿蛟《中国藏学》2010：1

国外大黑天研究述评/黄杰华《中国藏学》2010：1

藏传佛教对西方心理学的影响/高颖，Mary Phillips《中国藏学》2010：1

因明与法律推理/张忠义《中国藏学》2010：1

吐蕃僧诤中“离妄想”观念辨/汤绍波《中国藏学》2010：2

论阿底峡道次第理论及其传承/郑堆《中国藏学》2010：2

图像与宗派：吉祥天母样式研究/李翎《中国藏学》2010：2

江孜十万佛塔题记再考察/萨尔吉《中国藏学》2010：3

佐海寺与青海湖周边的苯教/才让太《中国藏学》2010：4

白马藏区神职人员的渊源及其现状调查研究/拉先《中国藏学》2010：4

浅议西藏卓卡寺藏经与敦煌《大般若经》的关系/张延清《西藏研究》2010：1

外来僧人对吐蕃佛教及佛经翻译方面的贡献/旺多《西藏研究》2010：1

从萨迦寺、仁钦岗寺与周围社会互动关系看藏传佛教信仰的现代化转换/孙悟湖、周拉、索次《西藏研究》2010：3

自性与无自性之间——宗喀巴宗教哲学思想透视/朱连增《西藏研究》2010：4

藏传佛教香巴噶举派综述/札细·米玛次仁《西藏研究》2010：4

伊犁藏传佛教寺院考述/胡芳艳、曹生龙《西藏研究》2010：5

藏译《思择炎》所破胜论派解脱思想释读/何欢欢《西藏研究》2010：6

藏传佛教噶举派与天台宗哲学思想之比较/谢丰泰《西藏民族学院学报》（哲社版）2010：1

拉达克藏传佛教寺院建筑地域性艺术特征研究/周晶、李天《西藏民族学

院学报》（哲社版）2010：1

918年抑或978年——《青史》所载藏传佛教后弘期起始年考/陆军《西藏民族学院学报》（哲社版）2010：3

噶举佛性论与程朱人性论的通融性及其意义探讨/张屹《西藏民族学院学报》（哲社版）2010：3

西藏格鲁派四大寺与甘肃拉卜楞寺的法缘关系研究/华锐·东智《西藏民族学院学报》（哲社版）2010：4

佛教在构建和谐社会中的作用——以甘南藏族自治州为例/马玉堂、郭艳《西藏民族学院学报》（哲社版）2010：4

藏族传统宗教的政治属性/索南才让《西藏民族学院学报》(哲社版)2010:5

关于藏传佛教文化构建西藏和谐社会的几点思考/乔根锁《西藏民族学院学报》（哲社版）2010：5

概说西藏宗教中的法器与护符/孙林《西藏民族学院学报》(哲社版)2010:5

青海明代藏传佛教寺院的时空分布/朱普选《西藏民族学院学报》(哲社版)2010:5

《解脱庄严宝论》的佛教哲学之探析/孙留庄《西藏民族学院学报》(哲社版)2010:6

和谐范畴的多维考察与意义解读——兼论佛教众生观对当前构建和谐社会理念的启示/王宝坤、辛雷乾《西藏民族学院学报》（哲社版）2010：6

论藏族对印度因明学的继承发展及特点/拉先《西藏大学学报》（社科版）2010：1

阿底峡在西藏传法历史考/郑堆《西藏大学学报》（社科版）2010：2

藏族军事领域中的宗教因素/吉俊洪、鲍栋《西藏大学学报》2010：3

苯教神学研究：苯教神祇体系及特征分析/拉巴次仁《西藏大学学报》2010：3

试论唯识宗哲学与因明学认识论关系/阿旺旦增《西藏大学学报》2010：3

西藏宗教文化传播渠道分析/袁爱中《西藏大学学报》（社科版）2010：4

藏传佛教东传与历代高僧祝国利民的史绩/冯智《西藏大学学报》（社科版）2010：4

论明武宗崇奉藏传佛教/何孝荣《世界宗教研究》2010：2

分化与重组：论场景转换下的都市藏族移民宗教行为变化/吴碧君《宗教学研究》2010：2

论苯教的宇宙观/诺日才让《青海民族大学学报》（社科版）2010：1

宗教教职人员与边疆稳定内在逻辑关系解读/绽小林、郭华《青海民族大学学报》（社科版）2010：3

现代化进程中青海藏族民众的宗教信仰心态与行为研究/石德生《青海民族大学学报》（社科版）2010：3

居处模式的改变与藏族老年妇女的信仰生活——以川西鱼通人的“哑巴会”为例/郭建勋《青海民族大学学报》（社科版）2010：4

发掘佛经的“和善”文化精神　加强爱国主义教育/洪军《青海民族大学学报》（社科版）2010：4

都市藏族移民宗教信仰的现代转换/吴碧君《青海社会科学》2010：3

近代青海地区基督教传播的特点及社会影响/马明忠《青海民族研究》2010：2

试论“燕行录”中藏传佛教消极形象产生的原因/师存勋《青海民族研究》2010：2

瞿昙寺衰落原因分析/徐世栋、徐世梁《青海民族研究》2010：2

藏传佛教文化的世俗化/李姝睿《青海师范大学学报》（哲社版）2010：6

会供羯磨仪轨：建立人与神之间的情感联结——对觉域派会供羯磨仪轨的文化解读/德吉卓玛《青海民族研究》2010：3

西藏昌都伊斯兰教的传承与发展/敏文杰《西北民族研究》2010：1

在神的怀抱里：一个安多藏族村落的生态——显圣景观/郁丹《西北民族研究》2010：2

西藏昌都强巴林寺的辩经/袁银枝《西北民族大学学报》2010：2

拉卜楞红教寺及其法会考述/扎扎、赵曙青《西北民族大学学报》2010：2

莲花戒与摩诃衍的思想比较研究/周拉《西北民族大学学报》2010：2

吐蕃敦煌抄经制度中的惩治举措/张延清《敦煌研究》2010：3

从释迦三尊到华严三圣的图像转变看大乘菩萨思想的发展/殷光明《敦煌研究》2010：3

试论临洮地区藏传佛教的传播历史及其现状/任弼霞《丝绸之路》2010：6（下）

藏传因明学名著翻译的学术意义/万果《西南民族大学学报》（人文社科版）2010：3

国民政府时期西康地区宗教样态二十年（1928—1948）变迁研究——兼论国民政府宗教政策和西康早期现代化/范召全、陈昌文《世界宗教研究》2010：4

吐蕃和平占领沙州城的宗教因素/张延清《西南民族大学学报》（人文社科版）2010：4

藏传佛教对藏语的影响/根呷翁姆《西南民族大学学报》（人文社科版）2010：5

论汉文化对西藏本教的影响——以《纳萨依杰》《依杰》《三界调合真经》《嘉纳噶杜》为例/同美《西南民族大学学报》（人文社科版）2010：6

萨班对十二、十三世纪藏传佛教的批判——《三律仪辨别论》评述/张炜明、陈兵《西南民族大学学报》（人文社科版）2010：10

《土观宗派源流》对宁玛派教法之判教/陆军《四川民族学院学报》2010：5

藏传佛教与康藏文化的关系/郎维伟《四川民族学院学报》2010：6

藏传佛教前弘期的佛经翻译及特点/扎西卓玛《云南民族大学学报》（哲社版）2010：3

甘南藏传佛教信仰以及寺院经济的现状考察/丁莉霞《世界宗教文化》2010：3

当代藏区尼众道场的经营与变迁——以个案调查为例/德吉卓玛《世界宗教文化》2010：3

汉藏佛学研究之管窥/沈卫荣《法音》2010：3

新发现的梵文贝叶经《中论颂》与《佛护释》/叶少勇《北京大学学报》（哲社版）2010：1

藏传佛教格鲁派金刚法舞研究：以拉卜楞寺正月法舞为例/才让《北方民族大学学报》（哲社版）2010：1

古代藏族汉地佛教史观若干问题探析/朱丽霞《北方民族大学学报》（哲社版）2010：3

吐蕃佛教的社会地位研究/罗桑开珠《中央民族大学学报》（哲社版）2010：2

当代藏传佛教“部落寺院”与教众供养关系初探——以西仓寺院与西仓藏族调查分析为例/蒙小莺、蒙小燕《世界宗教研究》2010：2

改革开放后新疆藏传佛教的恢复——以精河县托林旦达盖村蒙古族为个案/陆军《阿坝师范高等专科学校学报》2010：2

世俗化大潮下藏传佛教在新疆的发展变迁——以精河县托林旦达盖村蒙古族为个案/陆军《四川民族学院学报》2010：1

印度密宗宗派对西藏的影响/孙林《宗教学研究》2010：2

藏传佛教缘起思想及其宇宙生成论意义/刘俊哲《民族学刊》2010：2

当代内地“汉式藏传佛教”寺院的教育制度/仁可《五台山研究》2010：2

六、文化艺术

世人了解西藏文化的窗口——中国藏学研究中心西藏文化博物馆巡礼/格勒、张春燕《中国藏学》2010：S0

展示西藏文化的窗口——西藏文化博物馆创建纪实/格勒、张春燕《中国西藏》2010：1

西藏文化博物馆的历史机遇与挑战/毕华《中国藏学》2010：S0

西藏文化博物馆展览精品选登/中国藏学研究中心西藏文化博物馆《中国藏学》2010：S0

高原文明的足印/陈庆英《中国藏学》2010：S0

吐蕃佛教文化中的儒家文化——以敦煌文献为中心/韩锋《中国藏学》2010：1

云南德钦县佳碧村藏族民居文化探微/褚潇白《中国藏学》2010：3

认知·传承·嬗变：尔地村传统民间文化调查/贾曼、扎西加措《中国藏学》2010：3

论嘎玛藏族传统首饰纹样的文化特点/宋宁《中国藏学》2010：3

昌都民居的地域特色与装饰艺术风格——以贡觉县三岩民居和左贡东坝民居为例/汪永平、沈飞、王璇《中国藏学》2010：3

藏族寺院建筑选址文化探微/龙珠多杰《中国藏学》2010：4

试从藏族文化视角解读元大都十一城门之谜/张双智《中国藏学》2010：4

创新产业投资机制，提升西藏传媒软实力/陈清华《西藏研究》2010：2

嘉绒藏族的姓氏文化与村落社会的传统互助——以甘孜州沈村藏族为例/郎维伟、张朴《西藏研究》2010：2

山水一线间的亚东驿站研究/焦自云、汪永平《西藏研究》2010：2

西藏文化产业发展探讨/李春华《西藏研究》2010：3

西藏珠峰自然保护区人文遗产综合考察/顿珠拉杰《西藏研究》2010：3

藏族传统时间观念探析/杨晓荣、雷文华《西藏研究》2010：4

大慈法王像缂丝唐卡/张春燕《中国西藏》2010：3

藏族传统数字文化探析/范春文、王琼《西藏大学学报》（社科版）2010：2

论拉萨古地名中的美化历史地名现象/达瓦、阿贵《西藏大学学报》（社

科版）2010：2

沟通人神：藏族服饰的象征意义及解读/李玉琴《西藏大学学报》（社科版）2010：2

《边政公论》对康藏文化习俗的介绍/韩殿栋、刘永文、王志华《西藏大学学报》（社科版）2010：2

基于功能演变视角的历史文化街区保护与发展研究——以拉萨老城区为例/胡海燕、图登克珠、次仁德吉《西藏大学学报》（社科版）2010：3

藏族节庆文化产业化的意义及其途径研究——以西藏节庆文化为例/旺宗《西藏大学学报》（社科版）2010：3

西藏非物质文化遗产保护中的问题与对策/马宁《西藏民族学院学报》（哲社版）2010：3

略论藏民族文化对西藏古代体育的影响/丁玲辉《西藏民族学院学报》（哲社版）2010：5

论民族高校图书馆工作的民族特色建设——以西藏民族学院图书馆为例/宁沛林《西藏民族学院学报》（哲社版）2010：6

近代以前藏传佛教寺院的出版文化/梁成秀《西藏民族学院学报》（哲社版）2010：6

论民族高校校报在和谐校园建设中的重要作用——以西藏民族学院学报为例/闵黎《西藏民族学院学报》（哲社版）2010：6

阿坝州藏羌文化生态保护利用的价值及对策/庄春晖《西藏艺术研究》2010：3

阿坝州“茶马古道”形成的缘由及其保护利用路径/庄春辉《西藏艺术研究》2010：4

建立国家级“拉萨河文化生态保护区”的设想与事项/刘志群、邢爱青《西藏艺术研究》2010：4

藏族文化建设的现状与对策/唐建军《西藏艺术研究》2010：4

论藏族古籍文献装帧艺术/德吉白珍《西藏艺术研究》2010：4

发展西藏文化产业的问题、有利条件及对策探讨/王雅男、毛阳海《西藏发展论坛》（哲社版）2010：5

当代西藏新闻传播事业的回顾与思考/王梦敏《西藏发展论坛》（哲社版）2010：6

神秘的藏族古印章/邹西成《西藏人文地理》2010：5

拉萨城的礼仪/索穷《西藏人文地理》2010：3

新时期西藏文化产业现状分析及发展策略/闫小军、张有学《西藏科技》2010：1

热贡文化生态保护区建设问题探析/杨自沿、仲新春《青海社会科学》2010：3

玉树嘉纳嘛呢石及其文化价值/罗桑开珠《青海民族大学学报》（社科版）2010：2

藏族“拉则”文化意蕴解析/才项多杰《青海民族大学学报》（社科版）2010：3

论藏族龙神崇拜的发展演变及特点/魏强《青海民族大学学报》（社科版）2010：3

藏传佛教寺院的文化功能探析——兼谈寺院的出版文化功能/梁成秀《青海民族大学学报》（社科版）2010：4

甘洛县新市坝镇尔苏藏族的琅玕比研究/王德和、古涛《青海民族研究》2010：2

从语言学论证茶文化初传藏区的时间与空间/杨海潮《青海民族研究》2010：3

茶文化形成的民俗文化学分析/唐仲山《青海民族研究》2010：3

从忠勇之士到藏族战神——关帝在藏族人生活中的信仰/王丹、林继富《青海民族研究》2010：4

昆仑文化与藏族文化关系研究/林继富《青海社会科学》2010：5

保护和开发热贡文化资源探析/吴琼《青海社会科学》2010：5

藏区民族文化遗产保护的几点思考/辛峰《青海社会科学》2010：5

青海藏文图书出版业的现状及其发展对策/吴解勋《攀登》2010：1

从婚俗文化看社会转型过程中藏族生育文化的变迁——以青海卓仓藏族为例/洲塔、王云《兰州大学学报》（社科版）2010：2

青海藏族阿柔部落婚姻研究/王云《西北师大学报》（社科版）2010：3

平武厄哩赛白马藏族“跳曹盖”仪式的田野考察/邱月《西北民族大学学报》（哲社版）2010：1

藏族雍仲符号原形探究/扎巴《西北民族大学学报》2010：2

论藏族天葬文化的环境因素/华智海《西北民族大学学报》(哲社版)2010:3

甘青地区藏族的端午节传说研究/白晓霞《西北民族大学学报》（哲社版）2010：5

西藏非物质文化遗产的影像化传播路径/常凌翀《兰州学刊》2010：12

论苯教神灵禁忌对高原藏族生态文化的影响/马春晖《丝绸之路》2010：8

川西贵琼人碉房中的锅庄石及其象征意义/郭建勋《西南民族大学学报》（人文社科版）2010：4

藏族婚礼中箭的交换及其文化内涵/才项多杰《西南民族大学学报》（人文社科版）2010：5

藏地纪录片发展史略/张明《西南民族大学学报》（人文社科版）2010：3

当代西藏电影分类及理论研究/李美萍《西南民族大学学报》（人文社科版）2010：6

新媒体语境下西藏非物质文化遗产的数字化保护与传承探究/常凌翀《西南民族大学学报》（人文社科版）2010：11

藏族传统图案中的和谐理念及审美观/凌立《四川民族学院学报》2010：1

试论藏族谚语中的酥油食俗/任萍《四川民族学院学报》2010：2

浅析藏族"吉祥八宝"的寓意/益西《四川民族学院学报》2010：4

藏族传统吉祥八宝图的文化内涵及其象征/拉都《四川民族学院学报》2010：5

甘肃藏、汉民族共有的"扎拉"节及其功能研究/马清虎《中南民族大学学报》（人社科版）2010：5

陇南白马藏族傩面具及装饰的符号特征与文化含义/余永红《民族艺术研究》2010：3

藏族尚红文化的宗教缘起/侯萍《中华文化画报》2010：11

藏医学名著《四部医典》的编撰特点和编辑学意义略论/梁成秀《中央民族大学学报》（哲社版）2010：2

程式与新风：藏传佛教艺术的演进轨迹/熊文彬《中国藏学》2010：S0

《白琉璃》造像量度画本/熊文彬、一西平措《中国藏学》2010：S0

北京法海寺壁画中的藏传佛教艺术因素探析/郭丽平《中国藏学》2010：S0

藏传佛教后弘期早期擦擦的特征——兼谈吐蕃擦擦/张建林《中国藏学》2010：S0

西藏萨迦寺壁画保护修复研究/段修业、汪万福、格桑、丹不拉《中国藏学》2010：S0

现代西藏油画中的文化表达/尼玛扎西《中国藏学》2010：4

劳度叉斗圣变未出现于敦煌吐蕃时期洞窟原因试析/李晓青、沙武田《西藏研究》2010：2

十六天魔舞源流考/黎国韬《西藏研究》2010：2

夏鲁寺壁画中多闻天子图像考察/贾玉平《西藏研究》2010：3

藏族传统绘画的审美特征/纵瑞彬《西藏民族学院学报》(哲社版)2010:1

神幻之影——拉萨大昭寺吐蕃木雕的艺术风格与源流/霍巍《西藏大学学报》(社科版) 2010：1

藏传噶玛噶孜画派唐卡对汉地青绿山水技艺的吸纳/康·格桑益西《西藏大学学报》(社科版) 2010：1

藏族模制微型雕塑嚓嚓及其工艺特征/白日·洛桑扎西、大尼玛《西藏大学学报》(社科版) 2010：1

羌姆表演中的艺术特征/万代吉《西藏大学学报》(社科版) 2010：2

元朝后藏地区坛城壁画考述/张亚莎《西藏大学学报》(社科版) 2010：2

藏族民间舞蹈与体育的萌芽和发展/泽吉、红涛《西藏大学学报》2010：3

分析20世纪上半叶拉萨街头时政歌谣的特征及其英译特点/索朗旺姆、尼玛普赤、央宗《西藏大学学报》2010：3

安多热贡艺术的形成历史及社会功能研究——以"五屯艺人"为论述中心/李加才让《西藏大学学报》2010:3

藏族传统绘画新勉唐派的起源、传承和绘画特征——访扎什伦布寺大画师阿顿/朗杰、巴桑次仁《西藏大学学报》(社科版) 2010：3

现代藏族艺术中的更顿群培和安多强巴——艺术创作方法比较研究/边巴琼达《西藏大学学报》(社科版) 2010：4

西藏绘画艺术之唐卡/勒毛草《西藏艺术研究》2010：1

论学院民族民间舞蹈创作的自由度/格桑欧珠《西藏艺术研究》2010：1

阿坝州觉囊"梵音"的衍生特质及其保护利用路径/庄春辉《西藏艺术研究》2010：1

透视音乐中的西藏历史/格桑《西藏艺术研究》2010：1

漫谈藏族"毕旺"拉弦琴的历史文化/康·格桑梅朵《西藏艺术研究》2010：1

对西藏民族艺术研究所职能扩展与提升问题的几点思考/梁伟《西藏艺术研究》2010：1

加强我区当代艺术理论研究刻不容缓/刘志群、梁伟、阿旺旦增《西藏艺术研究》2010：2

人类绝顶超低声，藏传佛教格鲁派大寺院中的"左盖"/格桑曲杰《西藏艺术研究》2010：3

小议热巴艺术/杨从彪《西藏艺术研究》2010：3

西藏电声乐队的产生及发展/旦增达娃《西藏艺术研究》2010：3

试论唐卡艺术的审美价值/赵玉芹《西藏艺术研究》2010：3

舞蹈艺术的特质与彰显/丹增贡布《西藏艺术研究》2010：3

藏传佛教艺术中一朵美丽的小花——擦擦/李原《西藏艺术研究》2010：3

欧洲室内乐形式与藏族传统囊玛音乐的相似性和差异性/次旦卓嘎《西藏艺术研究》2010：3

西藏传统民间舞蹈的现状与走向——以个案为例/拉巴卓玛《西藏艺术研究》2010：4

玛拉木望果节中古老仪式歌舞“百谐”研究/次珍《西藏艺术研究》2010：4

试论藏族牧区舞蹈的传承与发展/向阳花《西藏艺术研究》2010：4

将藏族音乐文化引入学校教育的思考/许小娟《西藏艺术研究》2010：4

不易读懂的历史，千年不绝的回音——西藏岩画的文化背景/米虆《西藏人文地理》2010：5

西藏岩画——发现的故事/李永宪《西藏人文地理》2010：5

西藏的石构遗迹与岩画/张建林《西藏人文地理》2010：5

图像解析——高原岩画内容探微/子马《西藏人文地理》2010：5

岩画的类型与部族的迁徙/张亚莎《西藏人文地理》2010：5

高原重要的岩画点独特信息的传达/桑地《西藏人文地理》2010：5

莫高窟吐蕃样式壁画与绢画的初步分析/谢继胜、赵媛《西北民族大学学报》（哲社版）2010：4

敦煌出土胎藏大日八大菩萨像/［日］田中公明著，刘永增译《敦煌研究》2010：5

论塔尔寺羌姆——“法王舞”的构成要素及其美学价值/李华《青海民族研究》2010：3

浅析藏族审美文化形成的原因/杨玉孟《青海民族大学学报》（教育科学版）2010：2

稻城亚丁区域藏族民歌的形态研究/张莉、张超《西南民族大学学报》（人文社科版）2010：4

藏族手工艺及其开发前景/根秋登子、白玛英诊《西南民族大学学报》（人文社科版）2010：4

藏传佛教金刚法舞的起源研究/才让《民族艺术》2010：1

四川藏戏沿革与主要演出特色/严福昌《四川戏剧》2010：1

藏族服饰艺术的文化解读/张俏梅《艺术百家》2009：8

藏族原始“拟兽舞”考察/李延浩、杨向东《北京舞蹈学院学报》2001：2

藏族格萨尔彩绘石刻的装饰性特征/谢祝清、唐星明《艺术探索》2010：3

甘孜州乡城传统藏式民居的艺术特点/蔡光洁《艺术探索》2010：4

藏族门饰艺术浅析/张艺《艺术探索》2010：1

藏族寺院建筑装饰纹样的符号内涵和文化特征/周晓飞《艺术探索》2010：4

藏族服饰材质研究/田海鹰《美术大观》2010：9

白马藏族美术文化中的“凸目”现象再探析/余永红《装饰》2010：2

藏传佛教艺术中的观音形象/余锦华《云南民族大学学报》(哲社版)2010:5

七、教育体育

教育在西藏民族传统体育文化传承中的作用/佘静芳《中国藏学》2010：2

论昌都地区双语教育的兴起和发展/姚便芳《中国藏学》2010：3

西藏高等学校专业建设的现代化发展/刘凯《西藏研究》2010：1

试析康巴和安多方言双语教育面临的挑战——基于四川省丹巴县双语教育的教育人类学考察/龙藜、巴登尼玛《西藏研究》2010：2

西藏地区英语衔接教学现状研究——基于西藏大学本科生英文写作调研分析/邢爱青《西藏研究》2010：3

西藏高校毕业生就业制度改革的现状分析及对策思考/宋瑞、普布次仁、王生彦《西藏研究》2010：4

西藏民俗体育的内涵、特点与发展/佘静芳《西藏民族学院学报》（哲社版）2010：1

西藏体育旅游资源优势与发展对策研究/沈阳《西藏民族学院学报》（哲社版）2010：1

西藏高校大学生思想政治教育中优势思维的确立和养成教育的实践/高峰、陈敦山《西藏民族学院学报》（哲社版）2010：1

试析西藏岩石壁画中蕴含的原始体育因素/杨海航《西藏民族学院学报》（哲社版）2010：3

民国中后期西藏工布江达“江达小学”的创办及历史作用/王川《西藏民

族学院学报》（哲社版）2010：5

对现行西藏教育支出结构的分析/德吉央宗、张阿兰《西藏民族学院学报》（哲社版）2010：6

西藏教育的现状与发展对策/周润年《西藏民族学院学报》(哲社版)2010:6

西藏古代传统健身法的健身价值探讨/杨海航《西藏大学学报》（社科版）2010：4

藏式斯诺克——吉韧/塔杰《中国西藏》2010：1

阿里地区中小学音乐教育的现状及对策思考/嘎热多吉《西藏艺术研究》2010：3

漫谈藏族传统体育——大象拔河/魏强《西藏艺术研究》2010：4

西藏职业教育发展现状及对策分析/洁安娜姆《西藏发展论坛》（哲社版）2010：4

西藏教育事业发展的理论探索与思考/韩晓悟、杨志《西藏教育》2010：2

西藏高校体育教育引入藏族传统体育的思考/余静芳《西藏教育》2010：5

西藏教育的深刻变革与转折/王春焕《西藏教育》2010：6

拉萨市小学音乐教育现状调查/况云丽《西藏教育》2010：4

我区中小学双语教学存在的问题与对策/江长洲《西藏教育》2010：4

西藏中小学体育与健康课程现状调查/谢舒《西藏教育》2010：7

西藏高寒边远地区远程教育资源应用现状及其对策/彭晚红《西藏教育》2010：7

加快西藏职业教育发展的几点思考/李芳利《西藏教育》2010：8

西藏大学师资队伍现状研究/陈进、孙红云等《西藏教育》2010：8

西藏高校创新教育与创新人才培养模式研究/美朗宗贞《西藏教育》2010：9

基于经济学视角的西藏农牧区中小学辍学问题分析/马伟珍《西藏教育》2010：10

拉萨市民办基础教育发展现状及思考/余超《西藏教育》2010：10

对西藏中等职业技术学校培养技能型人才的思考/琼达、卓嘎《西藏教育》2010：12

对西藏教育“三包”政策的分析与思考/许小娟、谢会时《西藏教育》2010：12

新时期西藏大学生爱国主义教育浅析/庄玉霞《西藏教育》2010：12

在体育文化全球化浪潮中西藏体育文化发展走向新探析/曹瑞化、王中新

《西藏体育》2010：1

西藏登山事业的辉煌成就（上、下）/尹逊平《西藏体育》2010：1、2

西藏传统娱乐骰子游戏/沈未兰《西藏人文地理》2009：11－12

新形势下西藏高校新闻媒体的思想政治教育功能/常凌翀《西藏科技》2010：5

西藏学前教育五十年/严仲连、姚伟《西北民族大学学报》(哲社版)2010:4

义务教育阶段学生的父母参与：不同民族的比较——来自西北少数民族农村社区的调查/孙百才、叶月婵《西北师大学报》（社科版）2010：6

藏族大学生不同年级和专业信仰的跨文化比较/宋兴川、乐国安、胡海军《青海民族大学学报》（社科版）2010：1

藏族大学生自尊现状调查报告/陈文丽、李子华《青海民族大学学报》（社科版）2010：1

藏族古代田径运动的演变与发展述略/佘静芳、丁玲辉《青海民族大学学报》（社科版）2010：2

论青海地方法规架构中的藏汉双语教育/何波《青海社会科学》2010：3

藏族游牧背景下教育模式的田野调查与宏观分析——以刚察县为个案/贾荣敏《青海社会科学》2010：5

稳妥推进“双语”教育科学发展/马连龙《青海社会科学》2010：6

藏语双语教育政策的基本内涵/何波《青海师范大学学报》(哲社版)2010:6

藏族传统体育文化的渊源及可持续发展研究/赵永魁《青海师范大学学报》（哲社版）2010：3

论传统社会的仪式性功能——以藏族三种民族传统体育运动为例/许韶明《西南民族大学学报》（人文社科版）2010：4

四川民汉双语教学及其成效研究/吉克跃林《西南民族大学学报》（人文社科版）2010：10

困境与出路——甘孜藏区“9＋3”教育模式的内地实践/巴呷《四川民族学院学报》2010：3

藏区高校维稳工作中的思想政治教育探析/金学明《四川民族学院学报》2010：5

藏汉双语教学评价初探/甲任《阿坝师范高等专科学校学报》2010：2

立足“三个面向”，科学构建专业课程——浅谈藏汉双语专业的课程建设/严木初、郭三黎《阿坝师范高等专科学校学报》2010：3

我国少数民族地区乡土教材百年发展历史与文化功能述略/李素梅、藤星

《中央民族大学学报》（哲社版）2010：5

西藏现代教育的发展道路与历史经验/马汉斌、陈崇凯《民族教育研究》2010：1

简析民国时期甘青地区蒙藏民族的现代教育/李晓英《民族教育研究》2010：1

西藏中小学校长培训问题分析及对策研究/杨卫红《民族教育研究》2010：4

西藏基础教育知识与能力并重教学现状调查及对策研究/胡萍、兰秀英、陈代芳、罗媛《民族教育研究》2010：5

新中国60年民族教育观的变迁与创新/彭泽平、靳玉乐《民族教育研究》2010：6

如何提高藏区学生的数学素养/南京措《中国民族教育》2010－7－8

创新援藏形式——北大等7校组团支援西藏大学/董洪亮《人民日报》2010－11－22②

八、文学

《格萨尔》拉达克本与贵德分章本情节结构之比较/李连荣《中国藏学》2010：1

传统《格萨尔》早期版本梳理概况/曼秀·仁青道吉《中国藏学》2010：1

原型与《格萨尔》传唱/韩伟《中国藏学》2010：4

《格萨尔》与印度两大史诗的语言模式比较/王恒来《西藏研究》2010：4

康巴之魂——藏族作家达真《康巴》论/王锐《西藏研究》2010：5

《萨迦格言》中的“学者”形象略论/傅映兰、丁小平《西藏研究》2010：6

让爱照亮生命——对藏族作家次仁罗布作品的研读/普布昌居《西藏研究》2010：6

一份杂志，一段文学——20世纪80年代的《西藏文学》与西藏新小说/徐琴、冉小平《西藏民族学院学报》（哲社版）2010：1

扎西达娃的时间叙事/吕岩《西藏民族学院学报》（哲社版）2010：1

评降边嘉措的《最后一个女土司》/白晓霞《西藏民族学院学报》（哲社版）2010：1

多民族文学研究的新视角——论文学平行本质兼及扎拉嘎的学术研究/于宏《西藏民族学院学报》（哲社版）2010：3

身份认同与“变脸”叙事的双重裂合——论《角色无界》兼及《尘埃落定》/朱崇科《西藏民族学院学报》（哲社版）2010：3

关于仓央嘉措诗作“道”歌与“情”歌之辨/王艳茹《西藏民族学院学报》（哲社版）2010：4

中国古典小说中所见的藏事痕迹/邓锐龄《西藏民族学院学报》（哲社版）2010：5

试论《猴鸟故事》及其作者/桑木丹著，张天锁摘译《西藏民族学院学报》（哲社版）2010：5

寻梦者：试论白玛娜珍小说中的女性形象内涵/普布昌居、次旺罗布、马元明《西藏大学学报》2010：3

从《格萨尔》史诗看汉藏工艺美术交流/奇洁《西藏艺术研究》2010：1

浅谈《格萨尔》中绝大多数妇女的社会地位及其婚姻状态/卡先也《西藏艺术研究》2010：1

浅析格萨尔王传之《世界公桑》的文化现象/罗央《西藏艺术研究》2010：3

从“雅则红城”分析白黄黑帐霍尔的民族归属/阿顿·华多太《西藏艺术研究》2010：3

辛巴石堡城遗址考记/角巴顿珠《西藏艺术研究》2010：4

浅析西藏当代散文之优缺点及其发展/仓木决《西藏文艺》2010：1

试论《世俗西藏》叙述的情趣美/普布昌居《西藏文学》2010：2

生活着的西藏真实写照/李美皆《西藏文学》2010：3

转型时期西藏农村生活的锦绣画卷——评尼玛潘多长篇小说《紫青稞》/朱霞《西藏文学》2010：3

紫青稞与乡土西藏——评尼玛潘多的长篇小说《紫青稞》/郭艳《西藏文学》2010：3

民间文化与藏族长篇小说中的“成长主题”/白晓霞《西藏文学》2010：4

因爱——《雪域作家的智慧和追求》序/汪璐《西藏文学》2010：4

遵循“三贴近”原则创作的一部好戏——评话剧《扎西岗》/杨世君《西藏文学》2010：4

展示社会风貌　传递时代精神——浅谈近几年西藏报告文学创作/于宏

《西藏文学》2010：6

别具一格的果洛藏族歌舞剧/陈玲《西藏文学》2010：6

族群记忆与本土认同——以《大地的阶梯》为例/丹珍草《西藏文学》2010：6

普村女人的昨天和今天——喜读尼玛潘多长篇小说《紫青稞》/李佳俊《西藏文学》2010：6

人与诸神的笑声——西藏民间喜剧/魏毅《西藏人文地理》2010：11—12

变化中的现代性渴望——当代藏族文学的社会、文化现代性追求/于宏《西北民族大学学报》（哲社版）2010：3

藏族英雄史诗《格萨尔》中的民族体育事象研究/李军《西北民族大学学报》（哲社版）2010：3

20世纪80年代的魔幻化书写及其局限——以扎西达娃的小说为中心/王德领《兰州大学学报》（社科版）2010：6

汉族作家视野中的西藏文化想象/李翠芳《青海民族大学学报》（社科版）2010：2

青藏地区谜语特征探微/蒲生华《青海民族大学学报》（社科版）2010：3

天祝“花儿”与“拉伊”程式语对比分析/韦仁忠《青海民族大学学报》（社科版）2010：3

青藏地区民间传说的文化史价值/胡芳《青海社会科学》2010：1

关于“格萨尔”是否历史人物之我见/角巴东主、才项多杰《青海社会科学》2010：3

格萨尔石刻文化的人类学解读——论康区宁玛派与格萨尔文化的渊源关系/公保才让《青海社会科学》2010：3

当前中国西部儿童文学的文化多样性/李利芳《青海社会科学》2010：4

数字:《格萨尔》史诗象征系统的一个典范/韩伟《青海社会科学》2010:4

《格萨尔》说唱艺人表演程式内部成因/索南措《青海社会科学》2010：6

论藏文《诗镜》生命美学意蕴/徐其超《西南民族大学学报》（人文社科版）2010：12

藏族“生命”美学与诗歌创作考量——以丹真贡布的诗歌为例/德吉草《西南民族大学学报》（人文社科版）2010：12

20世纪90年代中国小说的西藏书写/王泉《四川民族学院学报》2010：2

清代汉藏文学艺术交流/央珍、喜饶尼玛《中央民族大学学报》（哲社版）2010：5

藏语格言诗风格研究/廖艳莎《语文学刊》2010：5

九、语言文字

《第六代达赖喇嘛仓央嘉措情歌》赵元任藏语记音解读/瞿霭堂、劲松《中国藏学》2010：3

嘉绒语的借代关系/彭学云《中国藏学》2010：3

更敦群培大师对藏语言文字研究的学术贡献/完玛冷智《中国藏学》2010：3

康巴方言玉树话的语音特征研究/桑塔、达哇彭措《西藏研究》2010：2

双语、符号转换及其产生背景研究/格桑益希《西藏研究》2010：5

藏文字符的分类与功能描述/江荻、燕海雄《西藏研究》2010：5

清代笔记中的藏语、蒙古语/王宝红《西藏民族学院学报》(哲社版)2010：4

论《格萨尔》文学翻译之科学性把握/扎西东珠、何罗哲《西藏民族学院学报》（哲社版）2010：4

汉藏语言对“字”概念的认知异同对应关系/多拉《西藏大学学报》（社科版）2010：2

试论章嘉·若比多吉的翻译思想/格桑更堆《西藏大学学报》（社科版）2010：2

“十八土司”属地及语言探析/王玉琴、德吉卓嘎《西藏大学学报》（社科版）2010：3

藏语动词语法化研究/王志敬《西藏大学学报》（社科版）2010：4

浅谈藏语译制片中如何把握影片人物性格，做好配音工作/次旦央宗《西藏艺术研究》2010：1

西藏汉藏翻译队伍状况调查与分析/罗爱军、格朗等《西藏科技》2010：5

浅谈藏语文翻译工作的几点思考/达娃占堆《西藏科技》2010：11

英、汉、藏谚语共性和特性的对比/益西旦增、次仁德吉《西藏科技》2010：11

当代翻译工作者应具备的几点要素/次顿《西藏文艺》2010：1

充分发挥《汉语拼音方案》在民族地区汉语教学中的作用——以西藏地区（卫藏方言区）为例/朱红《西藏教育》2010：3

普里克藏语介绍/T · Grahame Bailey 原著，瞿霭堂、劲松诠释《民族语文》2010：1

藏缅语工具格的类型及源流/朱艳华《民族语文》2010：1

汉藏语中的塞尾爆破现象/沈向荣、刘博《民族语文》2010：1

安多藏语送气擦音的试验研究/王双成、陈忠敏《民族语文》2010：2

彝藏语言同源词识别释例/马锦卫《民族语文》2010：2

日本唐五代汉藏对音译音研究/李无未《民族语文》2010：5

安多藏语 i 的舌尖化及其类型学意义/王双成《语言研究》2010：4

敦煌藏文与标记 vi 相关的句法转换/王志敬《语言研究》2010：4

藏语拉萨话元音单音节噪音声学参数分析/陈小莹、华侃、于红志《语文学刊》2010：8

试论汉藏翻译中应遵循的基本原则及其他/李萍《民族翻译》2010：1

略述藏汉翻译中多义词的翻译/谢日尖产《民族翻译》2010：1

汉藏与传统翻译原则比较研究/南小民、达瓦次仁《民族翻译》2010：2

关于《水浒传》藏译本翻译中的几个问题/达哇才让《民族翻译》2010：2

藏、汉、英颜色词语的文化象征意义比较与翻译/才让草《民族翻译》2010：2

藏文专用名词的英译不统一及其解决方法——以《拉萨旅游指南》为例/索朗旺姆《民族翻译》2010：3

藏缅语因果复句关联标记研究——兼与汉语比较/戴庆夏、范丽君《中央民族大学学报》（哲社版）2010：2

汉藏语“阴转阳”条件试析/韦名应《中央民族大学学报》（哲社版）2010：5

论四川省盐源县各民族的语言和谐/乔翔、余金枝《中央民族大学学报》（哲社版）2010：6

西南民族象形文字链/宋兆麟《西北民族研究》2010：3

藏文字母起源的再思考/萨尔吉《西北民族大学学报》2010：2

汉、藏、英语比喻文化内涵比较与翻译/才让草《西北民族大学学报》（哲社版）2010：3

关于汉藏招牌翻译之管见/才让措《西北民族大学学报》（哲社版）2010：3

浅谈试验语音学对藏语语音研究的贡献/索南楞智《甘肃民族师范学院学报》2009：2

试论藏文书法教学/桑吉扎西《甘肃民族师范学院学报》2009：2

藏汉成语翻译之我见/尕藏卓玛《甘肃民族师范学院学报》2009：2

青藏地区谚语的特征与功能探析/蒲生华《青海师范大学学报》（哲社版）2010：5

试论藏语借词及其文化背景/东主才让《青海民族大学学报》（社科版）2010：2

从同族词个案探究汉藏语系的一种构词手段/宋金兰、江海燕《青海民族研究》2010：2

藏语固定短语 A ma B 形式研究/罗聿言、梁晓军《西南民族大学学报》（人文社科版）2010：12

藏语方言词汇对比研究——德格话与松潘话的比较/王诗文、泽登孝、胡巧竟《西南民族大学学报》（人文社科版）2010：12

拉萨藏语与香格里拉藏语语音之比较/赵金灿《四川民族学院学报》2010：1

甘孜州藏族儿童入学语言准备现状调查研究/杨红《四川民族学院学报》2010：2

道孚语调查（上、下）/根呷翁姆《四川民族学院学报》2010：3－4

康巴特色菜名翻译/曹容《四川民族学院学报》2010：4

康巴文化负载词的英译研究——兼谈关联理论的应用/黄信、颜晓英《四川民族学院学报》2010：4

汉藏拟声词的比较与翻译探究/付挺刚《四川民族学院学报》2010：5

雅江县河口语特征初探/李春梅《四川民族学院学报》2010：6

藏汉语偏正短语语序之比较/林秀艳《阿坝师范高等专科学校学报》2010：1

十、民俗

再论康巴地区三岩藏人的居室葬/岳小国《中国藏学》2010：3

“年”与“གཉན”汉藏民族的原始信仰及其民俗演化/扎西东珠《西藏研究》2010：3

藏族邦典民俗文化功能及其保护与发展/索朗措姆、刘智斌《西藏研究》2010：3

略论藏族农耕民俗的生态文化学意蕴/史云峰《西藏研究》2010：4

浅谈藏族丧葬文化/边巴次仁《西藏研究》2010：6

论藏族与傣族丧葬习俗之异同/王友富、何永兴《西藏民族学院学报》

（哲社版）2010：3

试论藏族的食物禁忌/王兰、切排《西藏民族学院学报》(哲社版)2010:1

解析西藏节庆民俗传播/刘新利《西藏民族学院学报》（哲社版）2010：6

略谈藏族传统节日中的民族体育活动/卞利强、洛桑《西藏大学学报》（社科版）2010：3

“家西番”传统婚俗文化及其变迁/芦兰花、佘粮才《西藏大学学报》（社科版）2010：3

浅谈藏族古老而神秘的服饰——普兰妇女传统服饰的穿戴习俗及价值/伍金坚参《西藏艺术研究》2010：4

藏族食具分类与文化内涵/索朗卓玛《西藏艺术研究》2010：4

藏族民俗文化中海螺的民俗符号解读——以口承语言民俗为参照/尹伟《青海民族研究》2010：1

热贡地区土族“六月会”祭祀活动的仪式分析——以同仁县尕沙日村为个案/王康康、祁进玉《青海民族大学学报》（社科版）2010：4

青海黄南藏族村落祭神仪式分析/索端智《青海民族大学学报》（社科版）2010：4

蒙藏风格参半的青海河南蒙古族自治县婚俗调查/艾丽曼《青海师范大学学报》（哲社版）2010：2

甘洛县尔苏藏族的丧葬习俗调查研究/王德和《西南民族大学学报》（人文社科版）2010：9

藏族传统社会天葬习俗的缘由辨析/余士麟《西南民族大学学报》（人文社科版）2010：12

藏族婚礼中箭的交换及其文化内涵/才项多杰《西南民族大学学报》（人文社科版）2010：5

试论西藏民俗的社会功能/徐东明、董希媚《四川民族学院学报》2010：1

论藏族山神崇拜习俗/魏强《中央民族大学学报》（哲社版）2010：6

嘉绒藏族婚俗中宗教活动的教育功能/李涯、巴登尼玛《民族教育研究》2010：6

古老神秘的嘉绒农耕/杨素筠《中国民族》2010：11

十一、科技、藏医药

羌塘无人区野生动物冲突的危害以及防范措施/达瓦次仁《中国藏学》2010：4

浅谈藏医对糖尿病的认识及治疗/东知项杰、拉玛阿拉、俄措卓玛《中国藏学》2010：4

略论藏医对肝和肝病的认识/西珠嘉措《中国藏学》2010：4

青海、四川、甘肃三省藏医医生从业状况调查报告/仲格嘉、黄福开、冯岭、吴金鹏、张伟《中国藏学》2010：4

藏医古籍信息化平台建设/冯岭、仁旺次仁、黄启舟、李传新、黄文浩《中国藏学》2010：4

藏医白脉疗法在中风病治疗康复中的作用/仁旺次仁、扎桑《中国藏学》2010：4

藏医名老专家医技医术传承研究特点与方法/黄福开、王春雷《中国藏学》2010：4

论藏医放血疗法对高脂血症的治疗/角加才仁《中国藏学》2010：4

西藏山南当许镇蚌巴奇塔出土藏文医书浅析/刘英华、罗秉芬《中国藏学》2010：4

西藏地区信息资源共建共享研究综述/张淼《西藏民族学院学报》（哲社版）2010：1

西藏网站在藏学研究中的作用/岳凤芝《西藏民族学院学报》（哲社版）2010：1

四川藏区艾滋病预防干预的人类学实践——以扎巴藏族走婚人群为例/尚云川、范琼雯《西藏民族学院学报》（哲社版）2010：6

慢性高原缺氧综合症/王岩飞《西藏医药杂志》2010：1

略论传统科技在藏族历史典籍中的表现/史云峰《西藏发展论坛》（哲社版）2010：5

涉藏网站建设现状及进一步发展之思考/旺秀才丹《西南民族大学学报》（人文社科版）2010：2

西藏藏医学院藏医药科研工作20年回顾与展望/索朗其美、松桂花、泽仁达瓦《西藏科技》2010：1

浅析藏药临床研究中面临的问题/巴桑德吉、贡布《西藏科技》2010：8

田野调查法在藏医古籍保护中的运用/潘秋平、罗国安、冯岭《西南民族大学学报》（人文社科版）2010：11

《四部医典》中隐述的放血穴位及其适应症/扎西多吉《中国藏医药》2010：1

外治治疗癫痫病人疗效总结/尼玛才让《中国藏医药》2010：1

论矿物类藏药/德荣·角加才仁《中国藏医药》2010：1

浅谈保护青藏高原濒临灭绝的药用植物/格桑顿珠《中国藏医药》2010：1

浅谈藏医脉泄疗法的先行工作及其重要性/彭毛措《中国藏医药》2010：1

探索与剖析——论藏医药学理论价值学术特点/香多·李先加、华欠桑多《中国藏医药》2010：1

略述藏医治疗肩周炎/阿中措《中国藏医药》2010：1

敦煌文献《兄弟教诲录》与《四部医典》中记载的行为起居比较研究/才旦加《中国藏医药》2010：1

藏中医脉诊比较研究/本措卓玛《中国藏医药》2010：1

藏医学对胃及其疾病的理解和诊疗方法/波周塔、索朗卓玛《中国藏医药》2010：1

藏医学对人体生态观的认识/三智加《青海医学院学报》2010：2

论藏医药文化的传承与发展/邓春生、张宏伟《云南民族大学学报》（哲社版）2010：2

中藏医时间医学之比较研究/李杰《中国民族医药杂志》2010：3

藏医理论基础三因学说概论/久仙加《中国民族医药杂志》2010：2

部分濒危野生藏药药用植物的栽培研究/格桑顿珠、格桑次仁《中国民族医药杂志》2010：3

藏医火灸流源及其应用刍议/西珠嘉措《中国民族医药杂志》2010：4

浅谈藏医药产业发展的思路及政策趋向/樊海岩《中国民族医药杂志》2010：4

我国南派藏医药的形成与发展概述/华桦、阳宝寿、赵军宁《中国民族医药杂志》2010：5

藏药外治疗法的特色及发展战略/包旭红、李福银、张樱山《中国民族医药杂志》2010：5

浅谈藏药的组方方法与中药组方方法的关系/顿珠、边巴次仁《中国民族医药杂志》2010：9

藏医治疗学概述/泽旦加《中国民族医药杂志》2010：9

藏医独特疗法与高原环境的关系/胡燕芹、彭毛东主《中国民族医药杂志》

2010：8

藏医学简史/万珠《中国民族医药杂志》2010：11

藏医80幅曼唐的教学应用研究/扎西东主、官却南见、俞科贤、索南卓玛等《中国民族医药杂志》2010：12

十二、文献、书评、书讯

中国梵文贝叶经概况/李学竹《中国藏学》2010：S0

西藏梵文《法华经》写本及《法华经》汉藏译本/桑德《中国藏学》2010：3

藏文档案文献的文体类型述略/王巨荣《中国藏学》2010：3

近代游访拉卜楞的西方人及其旅行文献综述/妥超群、刘铁程《中国藏学》2010：4

崔比科夫游记中的蒙藏地名考/阿音娜《中国藏学》2010：4

简论梵学研究与西藏梵文文献/桑德《西藏研究》2010：1

浅议西藏公共图书馆读者服务工作——以西藏自治区图书馆为例/白玛才措《西藏研究》2010：1

伪造的吴丰培先生所藏《道光拉萨厅志》手抄本/房建昌《西藏研究》2010：6

近代《泰晤士报》涉藏报道初探/郭永虎《西藏研究》2010：6

建设藏文古籍机读目录需要解决的基本问题/先巴《西藏研究》2010：6

兰毗尼石柱的藏汉文字记载/王璐《中国西藏》2010：3

西藏自治区图书馆文献信息资源共建共享发展现状对策研究/李子、张淼、邓玲《西藏民族学院学报》（哲社版）2010：5

论西藏高校图书馆藏学文献专题数据库的构建/岳凤芝《西藏大学学报》（自然科学版）2010：2

敦煌吐鲁番文献中藏汉天文历算文化关系研究/傅千吉、肖鹏《西藏大学学报》（社科版）2010：4

关于榆林窟第25窟壁画藏文题记释读的两个问题/陆离《西北民族大学学报》（哲社版）2010：4

从历史过程中认识分裂与反分裂斗争的规律/朱晓明《中国藏学》2010：2

《藏传佛教大活佛系统与清朝治理蒙藏方略》评介/陈立健《中国藏学》2010：2

藏族当代史的新探索——《民国藏事通鉴》评介/冉光荣《中国藏学》2010：2

《元代至民国治藏政策法规汇要》评介/边吉《中国藏学》2010：4

《藏族医学史》简介/蔡景峰《中国藏学》2010：4

读《雪山下的丑行——西藏暴乱的来龙去脉》/廖祖桂《中国藏学》2010：4

戈伦夫《现代西藏的诞生》一误考辨/王川《民族研究》2010：1

西藏登山运动发展历程的真实再现——评邵胜林教授《西藏登山运动史》/芮庆方《西藏民族学院学报》（哲社版）2010：2

《西藏那曲地区传统畜牧业提升改造研究》一书研究方法评述/代卫川《西藏发展论坛》2010：1

一项河湟藏族民间信仰研究的硕果——《村落·信仰·仪式——河湟流域藏族民间信仰文化研究》读后/谢佐《青海社会科学》2010：5

评介《青藏铁路沿线生态与环境安全》/赵齐《地理学报》2010：5

藏传佛教艺术研究的开山之作《梵天佛地》/扎西次仁《康巴文苑》2010：1—2 合刊

党政干部了解西藏知识的一部好书——读《西藏知识干部读本》/张云《人民日报》2010－9－28

《西藏知识干部读本》出版/《人民日报》2010－9－22②

《中国政府西藏白皮书汇编》出版/《人民日报》2010－9－29⑤

西藏经济社会发展研究的一部力作——读靳薇著《西藏——援助与发展》/龚学增《中国民族报》2010－3－12⑥

2009 年全国藏学研究论文资料要目索引/中国藏学研究中心图书馆《中国藏学》2010：1－2

十三、综合、动态及其他

第四届西藏考古与艺术国际学术讨论会综述/贾维维、石岩刚《中国藏学》2010：1

西方“朝圣”视野下藏族“神圣”地理研究及其分析/才贝《中国藏学》2010：1

澳大利亚和新西兰主要涉藏研究机构和人员现状研究/周卫红《中国藏学》2010：2

俄罗斯主要涉藏研究机构和人员概况/肖杰《中国藏学》2010：3

有关近代西藏历史和汉藏关系的研究资料和研究回顾/朱丽双《中国藏学》2010：3

近二十年（1989—2009）昌都研究综述/梁艳《中国藏学》2010：3

第二届海峡两岸藏学研讨会综述/梁俊艳《中国藏学》2010：3

20 世纪国内藏戏研究综述/李宜《西藏研究》2010：4

西藏旅游研究三十年回顾及展望——基于 CNKI 相关论文的统计分析/陈娅玲、杨新军《西藏研究》2010：6

佛教文化与西藏和谐社会建设学术研讨会综述/顾毳《西藏民族学院学报》（哲社版）2010：3

《西藏民族学院学报》有关藏文文献汉译系列评述/黄维忠《西藏民族学院学报》（哲社版）2010：5

西藏民族学院学者文库建设思考/岳凤芝《西藏民族学院学报》（哲社版）2010：5

基于 CNKI 对《西藏民族学院学报》引证数据统计分析/孔繁秀《西藏民族学院学报》（哲社版）2010：5

近代西藏研究述评/央珍、喜饶尼玛《西藏民族学院学报》（哲社版）2010：5

“西藏传统文化与和谐社会建设暨纪念《西藏民族学院学报》创刊 30 周年”学术研讨会综述/陈立华《西藏民族学院学报》（哲社版）2010：6

人类学藏族研究综述/严梦春、看本加《西藏大学学报》（社科版）2010：4

三十年来国内藏传佛教寺院经济研究述评/王英《西藏大学学报》（社科版）2010：4

30 年来南京国民政府边政研究综述/段金生《中国边疆史地研究》2010：3

敢让废墟变乐园——青海省社会科学院玉树地震灾后重建学术交流会综述/刘傲洋《青海社会科学》2010：3

藏传佛教寺院管理制度研究综述/孟虎军、陈武强《青海社会科学》2010：5

中国近代知识分子与边疆民族研究——以任乃强先生为个案的学科史讨论/王建民《西南民族大学学报》（人文社科版）2010：10

叶长青康藏民族学研究综述/申晓虎、陈建明《西南民族大学学报》（人文社科版）2010：10

国内近三十年来关于六世班禅朝觐研究综述/柳森《四川民族学院学报》2010：2

我国近三十年来的蒙古藏传佛教研究概况/刘超《衡阳师范学院学报》2010：2

以统筹协调发展的新思维破解难题：西藏和四省藏区和谐社会建设学术研讨会综述/杨明洪、杨峰《中国民族报》2010－6－18⑥

全国政协副主席阿沛·阿旺晋美逝世/《中国藏学》2010：1

14 部藏文古籍入选第一批国家珍贵古籍名录/本刊记者《中国藏学》

2010：S0

藏族第1—2批国家级非物质文化遗产名录/《中国藏学》2010：S0

藏族第1—3批国家非物质文化遗产项目代表性传承人名单/《中国藏学》2010：S0

中国藏学研究珠峰奖第二届评奖活动成功举行/中国藏学研究中心科研业务办公室《中国藏学》2010：3

著名格萨尔学专家王兴先先生逝世/《中国藏学》2010：3

国家民委少数民族古籍保护与资料信息中心在京成立/吴迪《中国民族》2010：11

西藏文化博物馆开馆仪式暨“雪域宝鉴——见证西藏历史、弘扬藏族文化”大型主题展在京举行/边巴扎西《法音》2010：4

西藏9名僧人获藏传佛教最高学位格西拉让巴/《法音》2010：3

第六世德珠活佛坐床庆典仪式在西藏举行/《法音》2010：8

中共中央国务院召开第五次西藏工作座谈会/《人民日报》2010-1-23①

西藏庆祝百万农奴解放纪念日一周年/张帆《人民日报》2010-3-29④

中共中央政治局常务委员会召开会议全面部署甘肃舟曲特大山洪泥石流灾害抢险救灾工作　中共中央总书记胡锦涛主持会议/《人民日报》2010-8-11①

藏传佛教寺院民主管理交流会召开　杜青林出席/潘跃《人民日报》2010-8-16④

四川甘孜藏族自治州欢庆建州60周年/江毅《人民日报》2010-10-29⑤

中国藏学研究中心珠峰奖暨第二届评奖活动颁奖仪式举行/索珍《光明日报》2010-6-2

第二届中国藏学研究中心珠峰奖获奖成果/《光明日报》2010-6-2

中国西藏文化保护与发展协会第二届会员代表大会召开/王海馨《光明日报》2010-6-30③

甘南舟曲发现茶马古道遗址/陈宗立《光明日报》2010-7-11①

古藏文珍稀手写苯教文献惊现甘肃/陈宗立《光明日报》2010-7-15④

首届藏学珠峰论坛举行/王燕琦《光明日报》2010-11-25②

我区全面启动古籍普查工作/边巴次仁《西藏日报》2010-2-25①

绝世瑰宝更加璀璨——我区三大重点文物保护维修工程综述/巴桑次仁《西藏日报》2010-1-28③

国产新一代藏文系列软件在我区推广使用/洛松扎西《西藏日报》2010-3-20①

藏 文 部 分

ཆབ་སྲིད་དང་དཔལ་འབྱོར།（政治、经济）

མཐུན་སྒྲིལ་དང་དམངས་གཙོ། འབྱོར་ཕྱུག ཞིས་དཔལ། མཐུན་སྦྱོར་བཅས་ཀྱི་སྤྱི་ཚོགས་རིང་ལུགས་ཀྱི་བོད་གསར་འཛུགས་སྐྱུན་ཏུར་ཐག་ཅོད་དགོས།

ཀུན་ཁྱུང་གིས་བརྩམས། མིག་དམར་ཚེ་རིང་གིས་བསྒྱུར། 《བོད་ལྗོངས་ཞིབ་འཇུག》2010ལོའི་དེབ2པ།

བོད་ཀྱི་སྤྱི་ཚོགས་དང་དེང་རབས་ཁྲིམས་ལུགས་བསམ་བློའི་བར་ཐག་ལ་ཅུང་ཟད་དཔྱད་པ།

ཆོས་པ་རྡོ་རྗེ་དོན་གྲུབ་ཀྱིས་བརྩམས། 《ཀྲུབ་བྱང་མི་རིགས་སློབ་གྲྭ་ཆེན་མོའི་རིག་གཞུང་དུས་དེབ》

2010ལོའི་དེབ1པ།

གཙང་གི་དམངས་ཁྲོད་ལག་ཤེས་བཟོ་རྩལ་གྱི་ཕོན་རྫས་རྩ་ཆེན།

འཇིགས་མེད་ཕུན་རྒྱལ་གྱིས་བརྩམས། 《ཀྲུང་གོའི་བོད་ལྗོངས》2010ལོའི་དེབ3པ།

མི་རིགས་དཔེ་ཚ་ཁྲིམ་རའི་གཉེར་འཚོང་ཁྲོད་དུ་གནས་པའི་གནད་དོན་དང་བཅོས་ཐབས་རོབ་གླེང་།

ཏ་མགྲིན་སྐྱབས་ཀྱིས་བརྩམས། 《རྩེར་སྙེག》2010ལོའི་དེབ1པ།

བོད་ཤར་འཕོ་འགྱུར་ལོ་ངོ་དྲུག་བཅུའི་རིང་། མཐུན་སྒྲིལ་འབད་བརྩོན་ཆེན་པོས་གཟི་དཔལ་བསྐྲུན།——ཆབ་མདོ་བཅིངས་འགྲོལ་བྱུས་ནས་ལོ་ངོ60འཁོར་བར་དྲན་གསོ་ཞུ་བ།

ཕང་རོའི་ལེན་དང་ཨོ་རྒྱན་ཕུན་ཚོགས་ཀྱིས་བརྩམས། པདྨ་ཀུན་གྲོལ་གྱིས་བསྒྱུར།

《ཀྲུང་གོའི་བོད་རིག་པ》2010ལོའི་དེབ3པ།

ཆབ་མདོ་ས་ཁུལ་གྱིས་བོད་ལྗོངས་དེ་ཀྲུང་གོའི་མངའ་ཁོངས་སུ་གཏོགས་པའི་ལོ་རྒྱུས་འཕེལ་རིམ་ཁྲོད་བརྟན་པའི་ཕན་ནུས་གལ་ཆེན་སྐོར་གླེང་བ།

ཐུབ་དགས་བརྩམས། ཡོན་ཏན་གྱིས་བསྒྱུར། 《ཀྲུང་གོའི་བོད་རིག་པ》2010ལོའི་དེབ3པ།

"ཀྲུང་ཧྭ་མི་དམངས་སྤྱི་མཐུན་རྒྱལ་ཁབ་ཆབ་མདོ་ས་ཁུལ་མི་དམངས་བཅིངས་འགྲོལ་ཨུ་ཡོན་ལྷན་ཁང་" གི་ཁོངས་གཏོགས་འབྲེལ་བའི་ལོ་རྒྱུས་འཕེལ་རིམ།

ལྷང་ཞའོ་ཕིང་གིས་བརྩམས། ཡེ་ཤེས་སྒྲོལ་མས་བསྒྱུར། 《ཀྲུང་གོའི་བོད་རིག་པ》2010ལོའི་དེབ3པ།

ཨ་རོང་དུ་སྤྱ་རྗེས་ཐེངས་གསུམ་སོང་བའི་མཐོང་ཐོས།

ཆོར་བུ་དང་ཕེང་ཧུང་གིས་བརྩམས། 《ཀྲུང་གོའི་བོད་ལྗོངས》2010ལོའི་དེབ7པ།

བགྲང་བྱ་དྲུག་ཅུའི་རིང་འཕོ་འགྱུར་ཆེན་པོ་བྱུང་ཞིང་། མཐུན་སྒྲིལ་འབད་འཐབ་བྱས་ནས་རྣམ་པ་གསར་པ་གཏོད་དགོས།

ཆབ་མདོ་ས་ཁུལ་སྲིད་འཛིན་ཀྲུང་ཧྲུའུ་ཡི་ཀྲོན་ཡོན་ཨོ་རྒྱན་ཕུན་ཚོགས་ཀྱིས་བརྩམས། 《ཀྲུང་གོའི་བོད་ལྗོངས》2010ལོའི་དེབ9པ།

བོད་ཀྱི་དོན་དངོས་གཞིར་བཟུང་ནས་མི་རིགས་ལས་དོན་ལེགས་པོ་གཉེར་སྐྱབ་བྱེད་པའི་ནུས་པ་གོང་མཐོར་གཏོང་དགོས།

ལྷང་ཁྲུན་ཧྲོའན་གྱིས་བརྩམས། ཚེ་དཔལ་གྱིས་བསྒྱུར། 《བོད་ལྗོངས་ཞིབ་འཇུག》2010ལོའི་དེབ3པ།

མི་སེམས་དགའ་འོས་པའི་རིག་གནས་སྲུང་སྐྱོང་སྐོར་གྱི་བླང་བྱ།

རྒྱང་འཁོར་ཚེ་ཕུན་གྱིས་བརྩམས། 《བོད་ལྗོངས་ཞིབ་འཇུག》2010ལོའི་དེབ4པ།

བདེ་དགའི་དཔལ་གྱིས་ཕྱུག་པའི་འབྲོག་པའི་འཚོ་བ།

མཁས་གྲུབ་ཆོར་བུ་དང་ཙང་ཕིང་གིས་བརྩམས། 《མི་རིགས》2010ལོའི་དེབ3པ།

འཆམ་མཐུན་གྱི་མི་རིགས་འབྲེལ་བ་ནི་སྤྱི་ཚོགས་རིང་ལུགས་འཆམ་མཐུན་སྤྱི་ཚོགས་འཛུགས་སྐྲུན་གྱི་བླང་བྱ་ཡིན།

ཚའོ་ཧྲེའུ་ཡུན་གྱིས་བརྩམས། བྱམས་མཚོས་བསྒྱུར། 《རྩེར་སྣེག》2010ལོའི་དེབ4པ།

མཚོ་སྔོན་པོའི་འགྲམ་གྱི་འདབ་ཆགས་དང་རི་དྭགས་རྩ་ཆེན།

ཁྲུང་ཧྲན་གྱིས་བརྩམས། 《ཀྲུང་གོའི་བོད་ལྗོངས》2010ལོའི་དེབ7པ།

དབྱར་རྣ་དགུན་འབྱུ། ཁྲུང་པོ་བའི་ཕྱུག་འགྱུར་གྱི་རྒྱབ་རྟེན།

གཡང་སྐྱིད་དང་ཚེ་གཡང་ཆོས་སྐྱིད་ཀྱིས་བརྩམས། 《ཀྲུང་གོའི་བོད་ལྗོངས》2010ལོའི་དེབ9པ།

རིག་གནས་ཐོན་འབབ་ཀྱིས་ན་སྔོའི་རོང་འབྲོག་ལ་ཁེ་ཕན་སྐྲུན་དགོས།

གཡང་སྐྱིད་འབྲུག་མོས་བརྩམས། 《མང་ཚོགས་སྒྱུ་རྩལ》2010ལོའི་དེབ3པ།

ལོ་རྒྱུས།(历史)

མིང་རྒྱལ་རབས་དུས་ཀྱི་བོད་ཡིག་ཇོ་རིང་ལ་དཔྱད་པ།

ཆབ་འགག་རྡ་མགྲིན་གྱིས་བརྩམས། 《ཀྲུང་གོའི་བོད་རིག་པ》2010ལོའི་དེབ1པ།

མདོ་སྨད་རེབ་གོང་རོང་བོ་ནང་སོ་དང་དེར་འབྲེལ་ཡོད་ཀྱི་ལོ་རྒྱུས་སྐོར་ལ་གསར་དུ་དཔྱད་པ།

རིན་ཆེན་སྒྲོལ་མས་བརྩམས། 《ཀྲུང་གོའི་བོད་རིག་པ》2010ལོའི་དེབ1པ།

ཞང་བོད་གཅིག་གྱུར་གྱི་སྐོར་ལ་རགས་ཙམ་དཔྱད་པ།

མཁར་ནག་སྐལ་བཟང་རྒྱ་མཚོས་བརྩམས། 《ཀྲུང་གོའི་བོད་རིག་པ》2010ལོའི་དེབ2པ།

བོད་ཀྱི་གཞིས་ཀའི་ལམ་ལུགས་དང་འབྲེལ་བའི་སྤྱི་ཚོགས་རིག་པའི་རྟོག་ཞིབ།

རྡོར་བྲ་བསམ་འཕེལ་གྱིས་བརྩམས། 《བོད་ལྗོངས་ཞིབ་འཇུག》2010ལོའི་དེབ1པ།

བོད་རྒྱལ་གཉའ་ཁྲི་བཙན་པོ་ནས་ཞུ་དུམ་བཙན་པར་དུས་རྒྱུད་གཅིག་གིས་བོད་ཁམས་ལ་དབང་བསྒྱུར་ཐུབ་པའི་རྒྱུ་རྐྱེན་ལ་རགས་ཙམ་དཔྱད་པ།

ལྷག་པ་ཕན་ཐོགས་ཀྱིས་བརྩམས། 《བོད་ལྗོངས་ཞིབ་འཇུག》2010ལོའི་དེབ2པ། 《གངས་ལྗོངས་རིག་གནས》2010ལོའི་དེབ1པ།

དོན་ཆེན་གནད་བསྡུས་ཀྱི་ལོ་ཚིགས་ལས་འཕྲོས་པའི་འདུན་མའི་ནང་དོན་སྐོར་རགས་ཙམ་གླེང་བ།

པད་གཞུང་ཟླ་བ་ཚུང་བདག་གིས་བརྩམས། 《བོད་ལྗོངས་ཞིབ་འཇུག》2010ལོའི་དེབ2པ།

དར་རྩེ་མདོའི་ཨ་ཇ་ཁ་པའི་སྐོར་ལ་ཙུང་ཟད་གླེང་བ།

འཆི་མེད་སྒྲོལ་དཀར་གྱིས་བརྩམས། 《མི་རིགས》2010ལོའི་དེབ2པ།

མདོ་སྨད་སྤས་ཡུལ་དཀར་པོའི་རྒྱལ་སྲས་རི་ཁྲོད་ལ་ཡུལ་དངོས་རྟོག་ཞིབ་བྱས་པའི་སྙིང་ཚོར།

འཕགས་པ་སྐྱབས་ཀྱིས་བརྩམས། 《ནུབ་བྱང་མི་རིགས་སློབ་གྲྭ་ཆེན་མོའི་རིག་གཞུང་དུས་དེབ》2010ལོའི་དེབ2པ།

བཙན་པོའི་བཀའ་གཙིགས་སྦ་བཞེད་ཀྱི་རིན་ཐང་ལ་དཔྱད་པ།

འབྲུག་བྱམས་རྒྱལ་གྱིས་བརྩམས། 《ནུབ་བྱང་མི་རིགས་སློབ་གྲྭ་ཆེན་མོའི་རིག་གཞུང་དུས་དེབ》2010ལོའི་དེབ2པ།

འབྲུག་ཡུལ་རྒྱལ་ཁབ་ཀྱི་ལོ་རྒྱུས་དང་རིག་གནས་སྐོར་མདོ་ཙམ་གླེང་བ།

རྡོར་བྲ་ཚེ་རིང་གིས་བརྩམས། 《བོད་ལྗོངས་སློབ་གྲྭ་ཆེན་མོའི་རིག་དེབ》2010ལོའི་དེབ1པ།

གནས་བརྟན་སྡེ་པའི་ལུགས་ཀྱི་སྟོན་པའི་འཁྲུངས་འདས་ཀྱི་ལོ་ཚིགས་རྩི་སྟངས་ལ་དཔྱད་པ།

རྡོ་རྗེ་ཐར་དང་ཤེས་རབ་བསྟན་དར་གྱིས་བརྩམས། 《བོད་ལྗོངས་སློབ་གྲྭ་ཆེན་མོའི་རིག་དེབ》2010ལོའི་དེབ2པ།

བོད་བཙན་པོའི་སྐབས་ཀྱི་དམག་སྲིད་སྒྲིག་འཛུགས་རགས་གླེང་།

རྨེ་རུ་ཡུལ་ལྷ་ཐར་གྱིས་བརྩམས། 《བོད་ལྗོངས་སློབ་གྲྭ་ཆེན་མོའི་རིག་དེབ》2010ལོའི་དེབ1པ།

སྲོང་བཙན་སྒམ་པོའི་སྲིད་མོ་སད་མར་དཀར་ལས་འཕྲོས་ཏེ་སྐབས་དེའི་བུད་མེད་ཀྱི་གནས་བབས་ལ་དཔྱད་པ།

ཡེ་ཤེས་ཆོས་སྒྲོན་གྱིས་བརྩམས། 《བོད་ལྗོངས་སློབ་གྲྭ་ཆེན་མོའི་རིག་དེབ》2010ལོའི་ཚེད་སྒྲིག་དེབ། རིན་སྤུངས་དགེ་ཁྲག་ཅེས་པའི་ལོ་རྒྱུས་དོན་རྐྱེན་ལ་མདོར་ཙམ་དཔྱད་པ།

སྒྲིན་སྒྲོན་གྱིས་བརྩམས། 《བོད་ལྗོངས་སློབ་གྲྭ་ཆེན་མོའི་རིག་དེབ》2010ལོའི་ཚེད་སྒྲིག་དེབ། བོད་ཀྱི་རྒྱལ་པོ་ཁྲི་གུམ་བཙན་པོ་དང་ཁྲི་དར་མ་འུ་དུམ་བཙན་གཉིས་ཀྱིས་ཆོས་བསྣུབས་པའི་སྐོར་ལ་དཔྱད་བསྡུར་རགས་ཙམ་བྱས་པ།

རྣམ་རྒྱལ་སྒྲོལ་དཀར་གྱིས་བརྩམས། 《བོད་ལྗོངས་སློབ་གྲྭ་ཆེན་མོའི་རིག་དེབ》2010ལོའི་ཚེད་སྒྲིག་དེབ། བཀའ་ཤག་ལམ་ལུགས་ཀྱི་བྱུང་འཕེལ་སྐོར་ཅུང་ཙམ་གླེང་བ།

ལྷུགས་ཐར་རྒྱལ་གྱིས་བརྩམས། 《བོད་ལྗོངས་སློབ་གྲྭ་ཆེན་མོའི་རིག་དེབ》2010ལོའི་ཚེད་སྒྲིག་དེབ། བཙན་པོའི་དུས་སྐབས་ཀྱི་དམག་དོན་རིག་གནས་སྐོར་ཅུང་ཙམ་གླེང་བ།

ལྷ་མོ་ཐར་གྱིས་བརྩམས། 《བོད་ལྗོངས་སློབ་གྲྭ་ཆེན་མོའི་རིག་དེབ》2010ལོའི་ཚེད་སྒྲིག་དེབ། པཎ་ཆེན་ནང་མ་སྣང་དང་བོད་སིལ་བུའི་དུས་སྐབས་ཀྱི་ལོ་རྒྱུས་གནད་དོན་འགའ་ཞིག——བོད་རིག་པའི་མཁས་དབང་ནོར་བྲང་ཨོ་རྒྱན་མཆོག་ལ་བཅར་འདྲི་ཞུས་པའི་ཟིན་ཐོ།

ཚེ་འཕེལ་ཟླ་བ་ཚེ་རིང་གིས་བརྩམས། 《བོད་ལྗོངས་སློབ་གྲྭ་ཆེན་མོའི་རིག་དེབ》2010ལོའི་དེབ2པ། དར་མདོའི་ཨ་ཀྱཱ་ཁ་པ་ཞེ་བརྒྱད་ཅེས་པའི་སྐོར་ལ་བཅར་འདྲི་དང་འཚོལ་ཞིབ་བྱས་པ།

ཐུབ་བསྟན་ཕུན་ཚོགས་ཀྱིས་བརྩམས། 《བོད་ལྗོངས་སློབ་གྲྭ་ཆེན་མོའི་རིག་དེབ》2010ལོའི་དེབ2པ། ཉེ་རབས་ནུབ་གླིང་རྒྱལ་ཁབ་ཀྱིས་བོད་ལ་བཙན་འཛུལ་བྱས་པའི་ཐབས་སྒོ་འདྲ་མིན་སྐོར་རགས་ཙམ་གླེང་བ།

ནོར་བུ་བསམ་འཕེལ་གྱིས་བརྩམས། 《བོད་ལྗོངས་སློབ་གྲྭ་ཆེན་མོའི་རིག་དེབ》2010ལོའི་དེབ2པ། མནའ་འབྲེལ་གྱིས་བོད་བཙན་པོའི་སྐབས་ཀྱི་སྤྱི་ཚོགས་ལ་ཐོན་པའི་ནུས་པ་རགས་ཙམ་གླེང་བ།

ཆས་པ་རྡོ་རྗེ་དོན་གྲུབ་ཀྱིས་བརྩམས། 《བོད་ལྗོངས་སློབ་གྲྭ་ཆེན་མོའི་རིག་དེབ》2010ལོའི་དེབ2པ། ལོ་རྒྱུས་ཡིག་ཚང་རིག་པའི་གོ་དོན་དང་ཁྱད་ཆོས་སྐོར་རགས་ཙམ་གླེང་བ།

ངང་དཀར་བ་ཚེ་དབང་རྡོ་རྗེས་བརྩམས། 《མཚོ་སྔོན་མི་རིགས་སློབ་ཆེན་རིག་དེབ》2010ལོའི་དེབ1པ། བོད་མིའི་འབྱུང་ཁུངས་ཤུགས་སུ་བསྟན་པའི་ཡིག་ཆ་ཞིག——བོད་ཀྱི་ཕ་སྤྲེའུ་དང་མ་བྲག་སྲིན་མོའི་ངག་རྒྱུན་ཀློག་དཀྲོལ་བྱེད་པ།

ཧི་ཧྲུས་བརྩམས། འབའ་སྟོད་ཚེ་དབང་རྡོ་རྗེས་བསྒྱུར། 《མཚོ་སྔོན་མི་རིགས་སློབ་ཆེན་རིག་དེབ》2010ལོའི་དེབ2པ། 《དེབ་ཐེར་དཀར་པོ》དང་འབྲེལ་བའི་གནད་དོན་འགར་དཔྱད་པ།

ཟླ་ནག་པ་ཡེ་ཤེས་བཟང་པོས་བརྩམས། 《མཚོ་སྔོན་མི་རིགས་སློབ་ཆེན་རིག་དེབ》2010ལོའི་དེབ2པ།

བོད་བཙན་པོའི་རྒྱལ་རབས་དུས་ཀྱི་ཕྱི་འབྲེལ་རྣམ་པར་བརྟག་ཞིབ་བྱེད་པ།

རྨེ་རུ་ཡུལ་ལྷ་ཐར་གྱིས་བརྩམས། 《རྩེར་སྣེག》2010ལོའི་དེབ2པ།

འཇིག་རྟེན་མི་སྐྱའི་ཆབ་སྲིད་རིག་གནས་ཀྱི་འགྱུར་རིམ་ལ་དཔྱད་པ།

བན་སྤྲུལ་དཔལ་མཁར་རྒྱལ་གྱིས་བརྩམས། 《ཀན་སུའུ་མི་རིགས་དགེ་འོས་སློབ་གྲྭ་ཆེན་མོའི་རིག་གཞུང་དུས་དེབ》2010ལོའི་དེབ2པ།

བཙན་པོའི་རྒྱལ་རབས་དུས་ཀྱི་བོད་དང་ལི་ཡུལ་ཝུ་ཏྲེན་བར་གྱི་འབྲེལ་བར་དཔྱད་པ།

རྨེ་རུ་ཡུལ་ལྷ་ཐར་གྱིས་བརྩམས། 《བོད་ཀྱི་སློབ་གསོ》2010ལོའི་དེབ3པ།

བོད་མིའི་རིགས་རུས་མགོ་དམན་གྱི་བྱུང་འཕེལ་སྐོར་རྩུང་ཟད་གླེང་བ།

ཚེ་རིང་རྡོ་རྗེས་བརྩམས། 《བོད་ཀྱི་རྩོམ་རིག་སྒྱུ་རྩལ》2010ལོའི་དེབ3པ།

སྟོ་ཁའི་ལོ་རྒྱུས་རིག་གནས་ལ་དཔྱད་པའི་གཏམ་དྭངས་གསལ་ཤམ་པོའི་ཆུ་རྒྱུན།

མིང་རྩ་བསྟན་འཛིན་ཆོས་གྲགས་ཀྱིས་བརྩམས། 《སྟོ་ཁའི་རྩོམ་རིག་སྒྱུ་རྩལ》2010ལོའི་དེབ2པ།

ལོ་རྒྱུས་ལས་ཤུལ་དུ་བཞག་པའི་བོད་ལུགས་རྫ་གཡམ།

རྒྱན་ཅིའུ་ཧུའེ་དང་ཧྲེང་ལི་ཅན་གྱིས་བརྩམས། 《ཀྲུང་གོའི་བོད་ལྗོངས》2010ལོའི་དེབ3པ།

བཙན་པོའི་དུས་ཀྱི་སྟོ་བྲག་གི་བྲག་རྐོས་ལོ་རྒྱུས།

ཧྲ་ཞེས་བརྩམས། 《ཀྲུང་གོའི་བོད་ལྗོངས》2010ལོའི་དེབ5པ།

སྟོ་བྲག་གི་བྲག་བརྐོས་ཡི་གེའི་སྐོར་ལ་རགས་ཙམ་དཔྱད་པ།

སྐལ་བཟང་རྡོ་རྗེས་བརྩམས། 《བོད་ལྗོངས་སློབ་གྲྭ་ཆེན་མོའི་རིག་དེབ》2010ལོའི་ཆེད་སྒྲིག་དེབ།

འཕྱོངས་རྒྱས་བཙན་པོའི་བང་སོའི་སྐོར་རྩུང་ཟད་བརྗོད་པ།

ཚེ་དབང་གིས་བརྩམས། 《བོད་ལྗོངས་སློབ་གྲྭ་ཆེན་མོའི་རིག་དེབ》2010ལོའི་དེབ2པ།

མངའ་རིས་ཀྱི་ངོ་མཚར་ཆེ་བའི་ས་མིང་འབྱུང་རབས།

གུ་གེ་འཆི་མེད་རྡོ་རྗེས་བརྩམས། 《ཀྲུང་གོའི་བོད་ལྗོངས》2010ལོའི་དེབ1པ།

བོད་བྱང་ཐང་གི་གཙོད་ཕྲུག་སྐྱེ་སའི་དབེན་གནས།

རྡོ་ཀྲི་ཞ་ལིས་བརྩམས། 《ཀྲུང་གོའི་བོད་ལྗོངས》2010ལོའི་དེབ1པ།

ཡིད་དུ་འོང་བའི་རྔོང་མ་ཚུ་ཚན།

ཀོ་ཞ་ལིས་བརྩམས། 《ཀྲུང་གོའི་བོད་ལྗོངས》2010ལོའི་དེབ3པ།

འཇིག་རྟེན་གྱི་གླིང་གསུམ་པ་མདོ་དབུས་མགོ་སྣང་།

ར་ཡུམ་སྐྱབས་ཀྱིས་བརྩམས། 《རྟུབ་བྱང་མི་རིགས་སློབ་གྲྭ་ཆེན་མོའི་རིག་གཞུང་དུས་དེབ》2010ལོའི་དེབ2པ།

གཙོས་ཡུལ་སྤྱིའི་སྟོད་ཀྱི་དགེ་མཚན་བརྗོད་པ།

གཙོས་ཤེས་རབ་ཀྱིས་བརྩམས། 《ཀན་སུའུ་མི་རིགས་དགེ་འོས་སློབ་གྲྭ་ཆེན་མོའི་རིག་གཞུང་དུས་དེབ》2010ལོའི་དེབ1པ།

གནས་བཟང་དཀྱིལ་མཁར་བྲག་སྒྲུབ་ལ་བསྐོད་པའི་ཐེན་ཐོ།

ཟླ་བཟང་གིས་བརྩམས། 《ཐང་རྒྱན་མེ་ཏོག》2010ལོའི་དེབ1པ།

ལྷ་སའི་ཟམ་པ་བཞི། ཆོས་འཕེལ་གྱིས་བརྩམས། 《ཐང་རྒྱན་མེ་ཏོག》2010ལོའི་དེབ1པ།

གཙང་གསུམ་མགོ་ཁུངས་ཀྱི་ཡུལ་སྐོར་ཐེན་ཐོ་དངུལ་དཀར་མེ་ལོང་།

ལུག་རི་སྨན་སྐྱབས་ཀྱིས་བརྩམས། 《སྤྲང་ཆར》2010ལོའི་དེབ2པ།

འ་ཞའི་རིགས་རྒྱུད་ལ་དཔྱད་པ། ཤ་བོ་ཟླ་རྒྱལ་གྱིས་བརྩམས། 《ཀྲུང་གོའི་བོད་རིག་པ》2010ལོའི་དེབ3པ།

རྒྱལ་གཞི་སྟེ་མི་དང་རྒྱལ་སྲས་ལགས་པར་གྱི་འབྲེལ་བ་དང་དེའི་ཞར་བྱུང་འགའ་རགས་ཙམ་བརྗོད་པ།

ཨ་སྟོང་དཔལ་ཇོ་ཐར་གྱིས་བརྩམས། 《ཀྲུང་གོའི་བོད་རིག་པ》2010ལོའི་དེབ3པ།

ཆིང་རྒྱལ་རབས་ཀྱི་དུས་མཇུག་ཏུ་བོད་དོན་བསྐྱར་སྒྲིག་གསར་བསྒྱུར་བྱས་ཚུལ་སྐོར་རགས་ཙམ་གླེང་བ།

ནོར་བུ་བསམ་འཕེལ་གྱིས་བརྩམས། 《ཀྲུང་གོའི་བོད་རིག་པ》2010ལོའི་དེབ4བ།

སྟག་བྲ་སྟ་གཟིགས་ཀྱི་ལོ་རྒྱུས་དང་འབྲེལ་བའི་གནད་དོན་འགའ་ཞིག་གླེང་བ།

སངས་རྒྱས་མཁར་གྱིས་བརྩམས། 《ཀྲུང་གོའི་བོད་རིག་པ》2010ལོའི་དེབ4བ།

ཤར་ཙོང་ཁའི་ཡུལ་གྱི་ཐོག་མའི་གནས་བབ་སྐོར་རགས་ཙམ་གླེང་བ།

ཚེ་བརྟན་ཇོ་རྗེས་བརྩམས། 《ཀྲུང་གོའི་བོད་རིག་པ》2010ལོའི་དེབ4བ།

བོད་བཙན་པོའི་དུས་ཀྱི་ལི་ཡུལ་གྱི་རིག་གནས་ལ་དཔྱད་པ་མེས་པོའི་བཤུལ་ལམ་སྨུལ་བའི་རྟོག་ཞིབ་ཐེན་ཐོ།(ལྷ་པ། གོང་འཕྲོས།) ཁ་སྣང་བཀྲ་ཤིས་ཚེ་རིང་གིས་བརྩམས། 《བོད་ལྗོངས་ཞིབ་འཇུག》2010ལོའི་དེབ4བ།

དེབ་དམར་དུ་དྲངས་པའི་ཐང་ཡིག་གི་ལོ་རྒྱུས་དཔྱད་གཞི་རིན་ཐང་སྐོར་གླེང་བ།

ཕྱུག་རྫོར་སྐྱབས་ཀྱིས་བརྩམས། 《རྩེ་ར་སྙེག》2010ལོའི་དེབ4བ།

གནའ་བོའི་སྡེ་དགེའི་ཁྲལ་འུག་སོགས་ཁྲིམས་སྲོལ་འགའ་ཞིག་གི་ལོ་རྒྱུས་སྐོར་གླེང་བ།

ཀརྨ་ཕུན་ཚོགས་ཀྱིས་བརྩམས། 《མི་རིགས》2010ལོའི་དེབ3པ།

ཞང་ཞུང་ཤེས་རིག་གི་བསམ་བློའི་རྣང་གཞི་དང་རིག་གནས་རྒྱབ་ལྗོངས་ལ་རགས་ཙམ་དཔྱད་པ།

ནོར་བུ་ཚེ་རིང་གིས་བརྩམས། 《བོད་ཀྱི་སློབ་གསོ》2010ལོའི་དེབ4བ།

དབོན་ཞང་ཇོ་རིང་ལས་འཕྲོས་པའི་ཐང་བོད་མཛའ་འབྲེལ——དགེ་རྒན་ཆེན་མོ་གཉའ་གོང་དཀོན་མཆོག་ཚེ་བརྟན་ལགས་ལ་བཅར་འདྲི་ཞུས་པའི་ཐེན་ཐོ།

མཐའ་བ་བཀྲ་ཤིས་དོན་གྲུབ་དང་ཚེ་རིང་གཡང་གིས་བརྩམས། 《བོད་ལྗོངས་སློབ་གྲྭ་ཆེན་མོའི་རིག་དེབ》2010ལོའི་དེབ3པ།

སྐར་ཆུང་དང་ཞྭ་ལྷ་ཁང་གི་བཀའ་ག་ཙིགས་རྗེ་རིང་བཞེངས་པའི་ལོ་རྒྱུས་རྒྱབ་ལྗོངས་སྐོར་ཅུང་ཟད་གླེང་བ།

དབང་སྟོབས་དང་བསམ་གཏན་གྱིས་བརྩམས། 《བོད་ལྗོངས་སློབ་གྲྭ་ཆེན་མོའི་རིག་དེབ》2010ལོའི་དེབ3པ།

སྟོད་ཀྱི་སྟེང་གཉིས་སྐབས་ཀྱི་བོད་མིའི་མཚན་འདུས་ཀྱི་ཁྱད་ཆོས་དང་མཚོན་དོན་སྐོར་ལ་རགས་ཙམ་དཔྱད་པ།

དགྲ་འདུལ་གྱིས་བརྩམས། 《བོད་ལྗོངས་སློབ་གྲྭ་ཆེན་མོའི་རིག་དེབ》2010ལོའི་དེབ3པ།

གདོད་མའི་བོད་ཀྱི་སྐྱི་ཚོགས་འཕེལ་རིམ་ལ་རགས་ཙམ་དཔྱད་པ།

མགོན་པོ་ཚེ་རིང་གིས་བརྩམས། 《བོད་ལྗོངས་སློབ་གྲྭ་ཆེན་མོའི་རིག་དེབ》2010ལོའི་དེབ4བ།

ལོ་རྒྱུས་ནང་གི"མི་ཉག"དང《མི་ཉག་གསེར་ཇོང་》ནང་གི"མི་ཉག"བར་གྱི་འབྲེལ་བའི་སྐོར་མདོ་ཙམ་གླེང་བ།

ཟིང་ཆུ་བ་དགེ་འདུན་འཚོས་བརྩམས། 《བོད་ལྗོངས་སློབ་གྲྭ་ཆེན་མོའི་རིག་དེབ》2010ལོའི་དེབ4བ།

སྨན་ཁའི་ལོ་རྒྱུས་རིག་གནས་ལ་དཔྱད་པའི་གཏམ་དྭངས་གསལ་ཤམ་པོའི་ཆུ་རྒྱུན།(གོང་འཕྲོས)

ཤིང་རྩ་བསྟན་འཛིན་ཆོས་གྲགས་ཀྱིས་བརྩམས། 《སྨན་ཁའི་རྩོམ་རིག་སྨྲ་རྩལ》2010ལོའི་དེབ3པ།

སྨན་ཁའི་ལོ་རྒྱུས་རིག་གནས་ལ་དཔྱད་པའི་གཏམ་དྭངས་གསལ་ཤམ་པོའི་ཆུ་རྒྱུན།(གོང་འཕྲོས)

ཤིང་རྩ་བསྟན་འཛིན་ཆོས་གྲགས་ཀྱིས་བརྩམས། 《སྨན་ཁའི་རྩོམ་རིག་སྨྲ་རྩལ》2010ལོའི་དེབ4བ།

ཀོང་པོ་སླེབས་རིར་སོང་བའི་མཐོང་ཐོས།

ཀུན་དགའ་ཡེ་ཤེས་ཀྱིས་བརྩམས། 《ཀྲུང་གོའི་བོད་ལྗོངས》2010ལོའི་དེབ7པ།

སྨན་ཁའི་འཕྲེང་འགོའི་གནའ་ཤུལ་རྟོག་ཞིབ་ཟིན་བཀོད།

རྟ་ལེགས་བརྩམས། 《ཀྲུང་གོའི་བོད་ལྗོངས》2010ལོའི་དེབ9བ།

སྨན་ཁ་རི་སུལ་གྱི་ངོ་མཚར་བའི་ཇོ་མཁར། ཏཙ་ལེགས་བརྩམས། 《ཀྲུང་གོའི་བོད་ལྗོངས》2010ལོའི་དེབ་11པ།

གུ་ཙེ་རྫོ་རིང་གི་ཡི་གེ་དང་རི་མོའི་མཚོན་དོན་ལ་དཔྱད་པ།

རྫོ་ལྷས་བརྩམས། 《བོད་ལྗོངས་ཞིབ་འཇུག》2010ལོའི་དེབ3པ།

གདན་ས་ཆེན་པོ་དྭགས་ལྷ་སྒམ་པོའི་དགོན་ཤུལ་ལ་རྟོག་ཞིབ་སྔོག་དཔྱད་བྱས་པའི་བརྟག་དཔྱད་སྙན་ཞུ།

སླིང་ལྷུགས་རྒྱལ་གྱིས་བརྩམས། 《བོད་ལྗོངས་ཞིབ་འཇུག》2010ལོའི་དེབ3པ།

སྟོད་མངའ་རིས་ཀྱི་རྩ་མདའ་དང་ཁྱུང་ལུང་ཁུལ་དུ་གནས་པའི་ལོ་རྒྱུས་སྔོན་གྱི་གནའ་ཤུལ་འགའི་བརྟག་དཔྱད་སྙན་ཞུ།

སླིང་ལྷུགས་རྒྱལ་གྱིས་བརྩམས། 《བོད་ལྗོངས་སློབ་གྲྭ་ཆེན་མོའི་རིག་དེབ》2010ལོའི་དེབ3པ།

ཏུན་ཧོང་ཡིག་རྙིང་ནང་གི"རྒྱལ་པོ་གདོང་དམར་གྱི་རིགས"ཞེས་པར་དཔྱད་པ།

གངས་འཚོས་བརྩམས། 《མང་ཚོགས་སྒྱུ་རྩལ》2010ལོའི་དེབ4པ།

མིའི་རིགས་རིག་པའི་ལམ་ནས《གཏམ་རྒྱུད་གསེར་ཐང》སོགས་ཀྱི་ཁྱད་ཆོས་ལ་དཔྱད་པ།

པདྨ་རིག་འཛིན་གྱིས་བརྩམས། 《རྩེ་ར་སྐྱེག》2010ལོའི་དེབ3པ།

བོད་ཀྱི་ས་མིང་ལས་འཕྲོས་པའི་གཏམ་ཀློ་ལྡན་དཔྱེས་བྱེད།

ལྷུགས་ཐར་དང་འཛམ་ཁྱུས་བརྩམས། 《རྩེ་ར་སྐྱེག》2010ལོའི་དེབ4པ།

བདག་གི་མཐོང་ཐོས་སུ་གྱུར་པའི་ས་འགུལ་རྗེས་ཀྱི་ཕ་ཡུལ་ཡུལ་ཤུལ།

བཀྲ་ཤིས་ཀྱིས་བརྩམས། 《ཀྲུང་གོའི་བོད་ལྗོངས》2010ལོའི་དེབ7པ།

མེ་རི་མདུན་གྱི་སྒོ་ཚལ་འདེབས་འཛུགས་གནས་གཞི་ཤུག་རི་གླིང་།

འཆི་མེད་མཁའ་འགྲོས་བརྩམས། 《ཀྲུང་གོའི་བོད་ལྗོངས》2010ལོའི་དེབ་11པ།

ར་སྒྲེང་ཞེས་པའི་ཡུལ་མིང་ཐོགས་ཚུལ་ལ་ཐོག་མར་དཔྱད་པ།

བསྟན་འཛིན་དོན་གྲུབ་ཀྱིས་བརྩམས། 《བོད་ལྗོངས་ཞིབ་འཇུག》2010ལོའི་དེབ3པ།

ཏུན་ཧོང་ཡིག་རྙིང་།（敦煌文献）

ཏུན་ཧོང་ཡིག་ཚགས་ནས་གསར་དུ་རྙེད་པའི་བཙ་སྒྲོད་བསྟན་བཅོས་ལ་ཐོག་མར་དཔྱད་པ།

མཐའ་བ་བཀྲ་ཤིས་དོན་གྲུབ་ཀྱིས་བརྩམས། 《ཀྲུང་གོའི་བོད་རིག་པ》2010ལོའི་དེབ1པ།

ཏུན་ཧོང་ཡིག་རྙིང་PT849ནང་ཐེག་པ་ཆེན་པོའི་ཆོས་ལ་སྤྱོད་པའི་བོད་རྒྱལ་ཁག་ཅིག་གི་མཚན་ཐོ་འཁོད་པར་དཔྱད་པ།

ཁ་སྐྱང་བཀྲ་ཤིས་ཚེ་རིང་གིས་བརྩམས། 《ཀྲུང་གོའི་བོད་རིག་པ》2010ལོའི་དེབ2པ།

"གྲང་མོ་གནམ་བསེའ་བརྩེག" ཅེས་པ་གང་ལ་ངོས་འཛིན་དགོས་པའི་སྐོར།

མིག་དམར་གྱིས་བརྩམས། 《བོད་ལྗོངས་ཞིབ་འཇུག》2010ལོའི་དེབ1པ།

བཙ་རྙིང་གི་མིང་མཐའ་སྦྱོར་ལུགས་ཀྱི་རྣམ་པ་དང་ཁྱད་ཆོས།

གཏུགས་དཀར་བཀྲ་ཤིས་ཀྱིས་བརྩམས། 《རྒྱབ་བྱང་མི་རིགས་སློབ་གྲྭ་ཆེན་མོའི་རིག་གཞུང་དུས་དེབ》2010ལོའི་དེབ1པ།

བོད་ཀྱི་ཡིག་རྙིང་ལས་རྐྱེན་དང་སྲོག་གི་ཡི་གེའི་སྐོར་ལ་དཔྱད་པ།

ཚེ་རིང་བཀྲ་ཤིས་ཀྱིས་བརྩམས། 《རྒྱབ་བྱང་མི་རིགས་སློབ་གྲྭ་ཆེན་མོའི་རིག་གཞུང་དུས་དེབ》2010ལོའི་དེབ1པ།

བོད་བཙན་པོའི་རྒྱལ་རབས་སྐབས་བོད་རྒྱའི་རིག་གནས་ཏུང་ཧོང་དུ་སྤྲུལ་རེས་བགྱིས་པའི་དཔྱད་པ་མདོ་ཙམ།

གཉའ་གོང་དཀོན་མཆོག་ཚེ་བརྟན་སོགས་ཀྱིས་བརྩམས། 《རྒྱབ་བྱང་མི་རིགས་སློབ་གྲྭ་ཆེན་མོའི་རིག་གཞུང་དུས་དེབ》2010ལོའི་དེབ2པ།

ཏུན་ཧོང་གཏེར་ཡིག་ཁྲོད་ཀྱི་ཚོང་ལས་གནད་རྒྱ་ཞིག་ལ་དཔྱད་པ།

སྒྲོལ་མ་ཚེ་རིང་གིས་བརྩམས། 《རྒྱབ་བྱང་མི་རིགས་སློབ་གྲྭ་ཆེན་མོའི་རིག་གཞུང་དུས་དེབ》2010ལོའི་དེབ2པ།

ཤོག་དྲིལ་ཡི་གེP. T. 1287ཁྲོད་ཀྱི་བོད་བཙན་པོ་སྤུ་དེ་གུང་རྒྱལ་གྱིས་བླངས་པའི་མགུར་གླུའི་མཚན་བྱའི་སྐོར་ལ་བསྐྱར་དུ་དཔྱད་པ།

སྟོབས་ལྡན་གྱིས་བརྩམས། 《བོད་ལྗོངས་སློབ་གྲྭ་ཆེན་མོའི་རིག་དེབ》2010ལོའི་དེབ2པ།

དོན་ཆེན་གནད་བསྡུས་ཀྱི་ལོ་ཚིགས་ལས་འཕྲོས་པའི་འདུན་མའི་འཕེལ་རིམ་དང་དབྱེ་བའི་སྐོར་ལ་རགས་ཙམ་དཔྱད་པ། པད་གཞུང་བླ་བ་རྒྱང་བདག་གིས་བརྩམས། 《བོད་ལྗོངས་སློབ་གྲྭ་ཆེན་མོའི་རིག་དེབ》2010ལོའི་དེབ2པ།

ཏུན་ཧོང་ཡིག་རྙིང་ཁྲོད་ཀྱི་ནྟ་མ་ཏའི་རྟོགས་བརྗོད་ལ་དཔྱད་པ།

པདྨ་བཀྲ་ཤིས་ཀྱིས་བརྩམས། 《མཚོ་སྔོན་མི་རིགས་སློབ་ཆེན་རིག་དེབ》2010ལོའི་དེབ1པ།

ཏུན་ཧོང་གཏེར་ཡིག་ཁྲོད་ཀྱི་འཕྲིན་ཡིག་ཁག་ཅིག་ལ་དཔྱད་པ།

རྣམ་རྒྱལ་རྡོ་རྗེས་བརྩམས། 《མཚོ་སྔོན་དགེ་ཐོན་སློབ་ཆེན་མི་རིགས་དགེ་ཐོན་སློབ་གླིང་གི་རིག་དེབ》2010ལོའི་དེབ1པ།

ཏུན་ཧོང་རིག་མཛོད་ལས་བཟ་རྙིང་ཡིག་ཆའི་གྲུབ་ཚུལ་དང་ཁྱད་ཆོས་དང་ལྟའི་གནས་བབ་སྐོར་གླེང་བ།

སངས་རྒྱས་མཁར་གྱིས་བརྩམས། 《ཀན་སུའུ་མི་རིགས་དགེ་འོས་སློབ་གྲྭ་ཆེན་མོའི་རིག་གཞུང་དུས་དེབ》2010ལོའི་དེབ1པ།

དམངས་སྲོལ།（民俗）

བོད་ཀྱི་བཤད་རྒྱུན་ལས་འཕྲོས་པའི་"ཐེའུ་རང་ས"སྐོར་གླེང་བ།

ལྷ་སྨན་ཚེ་རིང་དོན་གྲུབ་དང་བླ་བ་ཚེ་རིང་གིས་བརྩམས། 《བོད་ལྗོངས་ཞིབ་འཇུག》2010ལོའི་དེབ2པ།

དབུས་གཙང་ཁུལ་གྱི་གཉའ་སྒོ་གཏོང་སྲོལ།

རྡོ་རྗེ་དབང་གྲགས་དང་མིག་དམར་གྱིས་བརྩམས། 《ཀྲུང་གོའི་བོད་ལྗོངས》2010ལོའི་དེབ3པ།

བོད་ཀྱི་ཆང་སྟོད། བསོད་ནམས་སྒྲོལ་མས་བརྩམས། 《ཀྲུང་གོའི་བོད་ལྗོངས》2010ལོའི་དེབ3པ།

ཁྲི་ཀ་ས་ཁུལ་དུ་བུ་མོ་ན་སོན་པའི་ཆོ་ག་སྒྲུབ་ཚུལ།

དངོས་གྲུབ་སྒྲོལ་མས་བརྩམས། 《ཀྲུང་གོའི་བོད་ལྗོངས》2010ལོའི་དེབ3པ།

བོད་པའི་སི་ནོ་ཁི——ཀེ་རེམ། དར་རྒྱས་ཀྱིས་བརྩམས། 《ཀྲུང་གོའི་བོད་ལྗོངས》2010ལོའི་དེབ5པ།

དབུས་གཙང་ཁུལ་གྱི་གཉེན་སྒྲོལ་དང་དེའི་ཤུགས་རྐྱེན་རོབ་ཙམ་གླེང་བ།

ཀུན་བཟང་སྐྱིད་ཀྱིས་བརྩམས། 《བོད་ལྗོངས་སྒྱུ་རྩལ་ཞིབ་འཇུག》2010ལོའི་དེབ1པ།

རྒྱལ་མོ་ཚ་བ་རོང་གི་ལོ་གསར་གྱི་གཏམ་བཤད།

བཙན་ལྷ་ངག་དབང་གིས་བརྩམས། 《མི་རིགས》2010ལོའི་དེབ1པ།

བོད་སྤྱིའི་ལོ་གསར་དང་ཞག་རོང་གི་བཅུ་གསུམ་དུས་ཆེན་ངོ་སྤྲོད་རགས་ཙམ།

དཀོན་མཆོག་བསྟན་འཛིན་གྱིས་བརྩམས། 《མི་རིགས》2010ལོའི་དེབ1པ།

བོད་ཀྱི་མགར་བའི་གནས་བབས་ལ་ཐོག་མར་དཔྱད་པ།

མཁར་ལྷ་ཀརྨ་འཕྲིན་ལས་དགེ་ལེགས་ཀྱིས་བརྩམས། 《བོད་ལྗོངས་སློབ་གྲྭ་ཆེན་མོའི་རིག་དེབ》2010ལོའི་དེབ1པ།

འབྲོག་ཁུལ་ཕྱུགས་ཟོག་གི་མིང་འདོགས་ཚུལ་སྐོར་རགས་ཙམ་གླེང་བ།

བསོད་ཡག་གིས་བརྩམས། 《བོད་ལྗོངས་སློབ་གྲྭ་ཆེན་མོའི་རིག་དེབ》2010ལོའི་དེབ2པ།

དམངས་སྲོལ་འཚོལ་སྡུད་ཀྱི་ཟུར་གཞན་ཞིག

གཅན་བཀྲ་རྡོས་བརྩམས། 《མཚོ་སྔོན་དགེ་ཐོན་སློབ་ཆེན་མི་རིགས་དགེ་ཐོན་སློབ་གླིང་གི་རིག་དེབ》2010ལོའི་དེབ1པ།

སྤྱི་འབྲེལ་གྲུས་སྲོལ་ལས་བོད་མི་རིགས་ཀྱི་གྲུས་སྲོལ་སྐོར་གླེང་བ།

དཔའ་བཟང་གིས་བརྩམས། 《རྩེར་སྙེག》2010ལོའི་དེབ2པ།

འདུན་ཞེས་པའི་ཐ་སྙད་དང་འདུན་སྲོལ་གྱི་ཆོ་ག་རགས་ཙམ་གླེང་བ།

སྟུད་མས་བརྩམས། 《རྩེར་སྙེག》2010ལོའི་དེབ2པ།

བོད་ཀྱི་ཚེ་ཐར་གཏོང་སྲོལ་སྐོར་གླེང་བ། ལྷུགས་མཚོ་ཐར་གྱིས་བརྩམས། 《རྩེར་སྙེག》2010ལོའི་དེབ2པ།

འབྲུག་ཆུའི་བོད་རིགས་ཀྱི་ཡུལ་སྲོལ་འདས་མཆོད་འབུལ་སྟངས་གླེང་བ།

དབྱིན་བཀྲ་ཤིས་ཕུན་ཚོགས་ཀྱིས་བརྩམས། 《ཀན་སུའུ་མི་རིགས་དགེ་འོས་སློབ་གྲྭ་ཆེན་མོའི་རིག་གཞུང་དུས་དེབ》2010ལོའི་དེབ1པ།

ཙ་ནེ་ཆོས་དཔལ་ཞིང་གི་དམངས་སྲོལ་གཉེན་སྒྲིག་བྱེད་སྟངས་སྐོར་རགས་ཙམ་གླེང་བ།

ཁྱུང་པོ་ཚེ་རིང་གིས་བརྩམས། 《ཀན་སུའུ་མི་རིགས་དགེ་འོས་སློབ་གྲྭ་ཆེན་མོའི་རིག་གཞུང་དུས་དེབ》

2010ལོའི་དེབ1པ།

ཨ་མདོའི་འབྲོག་ཁུལ་དུ་དར་བའི་འཇོང་ཁུག་གི་ཡུལ་སྲོལ་རིག་གནས་མདོ་ཙམ་ཞུ་བ།

གནམ་ལྷུག་རྒྱལ་གྱིས་བརྩམས། 《སྦྲང་རྒྱན་མེ་ཏོག》2010ལོའི་དེབ1པ།

བཞད་མཐོང་སྔོན་རྫོང་ཁུལ་གྱི་ཡུལ་སྲོལ་ཁག་ཅིག

རྡོ་རྗེ་དབང་ཕྲུགས་ཀྱིས་བརྩམས། 《སྦྲང་རྒྱན་མེ་ཏོག》2010ལོའི་དེབ1པ།

གནམ་མཚོའི་མཐའ་སྐོར་གྱི་འབྲོག་སྡེའི་རྒྱུན་ལྡན་གྱི་གནས་སྡོད་བྱེད་སྟངས་སྐོར།

བསྟན་པ་ཡར་རྒྱས་ཀྱིས་བརྩམས། 《སྦྲང་རྒྱན་མེ་ཏོག》2010ལོའི་དེབ1པ།

བོད་ཇའི་སྐོར་ཅུང་ཟད་བཤད་པ།

ནོར་བུ་རྒྱལ་མཚན་གྱིས་བརྩམས། 《མང་ཚོགས་སྒྱུ་རྩལ》2010ལོའི་དེབ1པ།

ལྷུང་རྟ་དང་འབྲེལ་བའི་དམངས་སྲོལ་རིག་གནས་སྐོར་ལ་དཔྱད་པ།

ཆུ་བཟང་རྡོ་རྗེ་རིན་ཆེན་གྱིས་བརྩམས། 《མང་ཚོགས་སྒྱུ་རྩལ》2010ལོའི་དེབ1པ།

མདོ་སྨད་ཁྲི་ཀ་ས་ཆའི་བུ་མོའི་སྐྲ་སྟོན་སྐོར་ཅུང་ཟད་གླེང་བ།

ལྷ་མོ་ཐར་གྱིས་བརྩམས། 《མང་ཚོགས་སྒྱུ་རྩལ》2010ལོའི་དེབ1པ།

འབྲོག་པའི་ཐོན་སྐྱེད་ཀྱི་ཡོ་བྱད་དམ་རང་སྲུང་གི་ནོར་བུ་སྟེ་མཚོན་ཆ་གླེང་བ།

བསྟན་པ་ཡར་རྒྱས་ཀྱིས་བརྩམས། 《མང་ཚོགས་སྒྱུ་རྩལ》2010ལོའི་དེབ1པ།

བོད་ཀྱི་དམར་བཟང་གི་འབྱུང་ཁུངས་སྐོར་གླེང་བ།

གསང་བདག་སྐྱབས་ཀྱིས་བརྩམས། 《མང་ཚོགས་སྒྱུ་རྩལ》2010ལོའི་དེབ1པ།

བོད་ཀྱི་གཤིན་ཆོས་བྱེད་སྟངས་རོབ་ཙམ་གླེང་བ།

ལྷུང་སྤྲུ་དགེ་འདུན་བཀྲ་ཤིས་ཀྱིས་བརྩམས། 《མང་ཚོགས་སྒྱུ་རྩལ》2010ལོའི་དེབ2པ།

དབུས་གཙང་ཁུལ་གྱི་གཉེན་སྲོལ་རོབ་ཙམ་གླེང་བ།

ཀུན་བཟང་སྐྱིད་ཀྱིས་བརྩམས། 《མང་ཚོགས་སྒྱུ་རྩལ》2010ལོའི་དེབ2པ།

བོད་ཀྱི་སྤོས་སྐྱོད་སྡོད་ཁང་སྦྲ་ནག་གླེང་བ།

སྦྲ་ནག་པ་ལྷ་དཔལ་རྒྱལ་གྱིས་བརྩམས། 《མང་ཚོགས་སྒྱུ་རྩལ》2010ལོའི་དེབ2པ།

རེབ་གོང་སློན་ཆོས་ས་ཆའི་ཐགས་ལས་ཀྱི་སྐོར་གླེང་བ།

ཟླ་མ་དབང་རྒྱལ་གྱིས་བརྩམས། 《མང་ཚོགས་སྒྱུ་རྩལ》2010ལོའི་དེབ2པ།

ཁྲི་ཀའི་ཨ་མྱེས་ཡུལ་ལྷ་རྟེན་གསར་དུ་སྤྱན་འདྲེན་པའི་ཆོ་ག་ལ་དཔྱད་པ།

སྟག་རིག་རྟ་མགྲིན་རྒྱལ་གྱིས་བརྩམས། 《ཀྲུང་གོའི་བོད་རིག་པ》2010ལོའི་དེབ4བ།

མངའ་རིས་སྨུ་རངས་འཁོར་ཆགས་ཁུལ་གྱི་ཞིང་ལས་དང་འབྲེལ་བའི་གནའ་སྲོལ་ཆོ་གའི་སྐོར་རགས་ཙམ་བརྗོད་པ།

ཀྱ་གེ་ཚེ་རིང་རྒྱལ་པོ་དང་སྨིན་འཛོམས་ཀྱིས་བརྩམས། 《ཀྲུང་གོའི་བོད་རིག་པ》2010ལོའི་དེབ4བ།

ཆབ་མདོའི་དུས་ཆེན།

རྡོ་རྗེ་ཚེ་དབང་དང་ཀྲང་ཆིང་གིས་བརྩམས། 《ཀྲུང་གོའི་བོད་ལྗོངས》2010ལོའི་དེབ9བ།

རྒྱལ་རྩེའི་མདའ་དམག་དུས་ཆེན།

གོ་ཏ་ཡི་དང་ཚེ་རིང་དབྱངས་ཅན་གྱིས་བརྩམས། 《ཀྲུང་གོའི་བོད་ལྗོངས》2010ལོའི་དེབ་11པ།

མངའ་རིས་སྨུ་རངས་ཁུལ་གྱི་གནའ་སྲོལ་གཉེན་སྒྲིག་སྐོར་རགས་ཙམ་གླེང་བ།

ཀྱ་གེ་ཚེ་རིང་རྒྱལ་པོས་བརྩམས། 《བོད་ལྗོངས་ཞིབ་འཇུག》2010ལོའི་དེབ3པ།

མདོ་སྨད་ཐེ་བོ་བྲ་འབབ་ཡུལ་གྱི་དམངས་སྲོལ་འཁྲབ་སྟོན་སྟོན་མོ་བྱེད་སྟངས།

ཁྱུང་བོ་ཚེ་རིང་གིས་བརྩམས། 《མང་ཚོགས་སྒྱུ་རྩལ》2010ལོའི་དེབ3པ།

འབྲོག་མིའི་ཏ་ནོར་ལུག་གསུམ་གྱི་མིང་འདོགས་ཚུལ་སྐོར་རོབ་ཙམ་གླེང་བ།

སྒྲ་དབྱངས་ལྷ་མོས་བརྩམས། 《མང་ཚོགས་སྒྱུ་རྩལ》2010ལོའི་དེབ3པ།

བོད་ཀྱི་གཡང་འགུགས་ཀྱི་ཆོ་ག་དང་དེའི་རིག་གནས་རྒྱུན་འཛིན་སྐོར་གླེང་བ།

ཏ་མགྲིན་རྒྱལ་གྱིས་བརྩམས། 《མང་ཚོགས་སྒྱུ་རྩལ》2010ལོའི་དེབ3པ།

བསེ་ཉ་ལུང་གི་མདུང་བསྐོར་བོའུ་རྒྱུག་སྐོར་མདོ་ཙམ་གླེང་བ།

བསེ་མགོན་པོ་དོན་གྲུབ་ཀྱིས་བརྩམས། 《མང་ཚོགས་སྒྱུ་རྩལ》2010ལོའི་དེབ3པ།

ལྷ་སའི་ཞོ་སྟོན་དུས་ཆེན་གྱི་བྱུང་བ་དང་འཕེལ་རྒྱས་སྐོར་རགས་ཙམ་གླེང་བ།

ཀུན་ཐར་རྒྱལ་གྱིས་བརྩམས། 《མང་ཚོགས་སྒྱུ་རྩལ》2010ལོའི་དེབ4བ།

འབབ་གཞུང་གི་སྟོད་ཁང་སྐོར་གླེང་བ། ཁ་སྐད་པས་བརྩམས། 《མང་ཚོགས་སྒྱུ་རྩལ》2010ལོའི་དེབ4བ།

ཆོས་ལུགས།(宗教)

《མི་ཆོས་གནད་ཀྱི་ཕྲེང་བ་》དང་དེའི་མི་ཆོས་ཀྱི་རིན་ཐང་།

འཕགས་པ་སྐྱབས་ཀྱིས་བརྩམས། 《མཚོ་སྔོན་དགེ་ཐོན་སློབ་ཆེན་མི་རིགས་དགེ་ཐོན་སློབ་གླིང་གི་རིག་དེབ》2010ལོའི་དེབ1པ།

སློབ་དཔོན་ཕྱོགས་གླང་གི་ཚད་མ་རིགས་སྒོ་དང་སློབ་དཔོན་ཆོས་གྲགས་ཀྱི་ཚད་མ་རིགས་ཐིགས་ལས་བྱུང་བའི་ཚུལ་གསུམ་གྱི་རྣམ་གཞག་སྐོར་ལ་ཡང་བསྐྱར་དཔྱད་པ།

ཁ་བོ་དོན་འགྲུབ་ཀྱིས་བརྩམས། 《བོད་ལྗོངས་ཞིབ་འཇུག》2010ལོའི་དེབ1པ།

ཚད་མ་རིག་པའི་འཕེལ་རིམ་དང་རྒྱ་བོད་ཚད་མའི་བསྟན་བཅོས་སྐོར་གླེང་བ།

ཡུལ་ནང་དག་དབང་བསྟན་འཛིན་གྱིས་བརྩམས། 《བོད་ལྗོངས་སློབ་གྲྭ་ཆེན་མོའི་རིག་དེབ》2010ལོའི་དེབ1པ།

སྡེ་བདུན་མདོ་དང་བཅས་པའི་བརྗོད་བྱ་དང་འབྲེལ་ཏེ་དེའི་ཐུན་མོང་མ་ཡིན་པའི་བསྟན་དོན་སྐོར་ལ་ཅུང་ཟད་དཔྱད་པ། བསྟན་པ་ཚེ་རིང་དང་མིག་དམར་ཚེ་རིང་གིས་བརྩམས། 《བོད་ལྗོངས་སློབ་གྲྭ་ཆེན་མོའི་རིག་དེབ》2010ལོའི་དེབ2པ།

བོད་བརྒྱུད་ནང་བསྟན་གྱི་བདེ་གཤེགས་སྙིང་པོའི་བསམ་བློ་དང་དེའི་ཞིབ་འཇུག

རྡོ་རྗེ་རིན་ཆེན་གྱིས་བརྩམས། 《ཀྲུང་གོའི་བོད་རིག་པ》2010ལོའི་དེབ2པ།

ཐེག་པ་ཆེན་པོ་དབུ་མ་པའི་གྲུབ་མཐའི་བྱུང་འཕེལ་སྐོར་ཅུང་ཟད་གླེང་བ།

ཕུར་བུ་བཀྲ་ཤིས་ཀྱིས་བརྩམས། 《བོད་ལྗོངས་ཞིབ་འཇུག》2010ལོའི་དེབ1པ།

གསང་སྔགས་སྔ་འགྱུར་དང་གསར་འགྱུར་གཉིས་ཀྱི་སྐོར་ལ་ཅུང་ཟད་དཔྱད་པ།

ཚེ་རིང་དོན་གྲུབ་ཀྱིས་བརྩམས། 《བོད་ལྗོངས་ཞིབ་འཇུག》2010ལོའི་དེབ1པ།

གསུང་རབ་བྲིས་མའི་དབུས་སུ་བཞུགས་པའི་སྔོར་ཐིག་ལ་དཔྱད་པ།

པདྨ་བཀྲ་ཤིས་ཀྱིས་བརྩམས། 《བོད་ལྗོངས་ཞིབ་འཇུག》2010ལོའི་དེབ1པ།

འོན་ཀེ་རུ་ལྷ་ཁང་དང་དེ་ན་མཆིས་པའི་བོད་ཡིག་གསུང་རབ་དཔེ་རྙིང་སྐོར་གྱི་བཤད་པ།

ཧད་ཟླ་བ་ཚང་གིས་བརྩམས། 《བོད་ལྗོངས་ཞིབ་འཇུག》2010ལོའི་དེབ2པ།

བོད་དུ་བསྟན་པའི་སྤྱོལ་འབྱེད་པའི་སྐབས་ཀྱི་འགྱུར་ཆོས་སྐོར་གླེང་བ།

རྣམ་རྒྱལ་རྡོ་རྗེས་བརྩམས། 《བོད་ལྗོངས་ཞིབ་འཇུག》2010ལོའི་དེབ2པ།

ལི་ཐང་བཀའ་འགྱུར་ཇི་ལྟར་བྱུང་ཚུལ་མདོར་ཙམ་བཀོད་པ།

ཀརྨ་རྒྱལ་མཚན་གྱིས་བརྩམས། 《མི་རིགས》2010ལོའི་དེབ2པ།

བླ་མ་མཆོད་པའི་ཚོགས་མཆོད་ལ་བརྟེན་ནས་མཁའ་འགྲོའི་བརྟན་བཞུགས་འདུལ་ཚུལ་བླ་མ་དམ་པའི་ཕྱག་རྒྱུན་ནག་འགྲོས་སུ་བཀོད་པ། འཇམ་དཔལ་ནོར་བུ་དང་དག་དབང་བསམ་འཕེལ་གྱིས་བརྩམས། 《བོད་ལྗོངས་ནང་བསྟན》2010ལོའི་དེབ1པ།

བཀའ་གདམས་པའི་གྲུབ་མཐའི་བྱུང་འཕེལ་རགས་ཙམ་གླེང་བ།

ནོར་བུ་རྒྱལ་མཚན་གྱིས་བརྩམས། 《བོད་ལྗོངས་ནང་བསྟན》2010ལོའི་དེབ1པ།

ལྷ་སྨྲུང་རིག་གནས་ཀྱི་གལ་ཆེའི་དོན་སྙིང་སྤྱིར་བཤད་པ།

ཨ་རྒྱན་བསྟན་དར་གྱིས་བརྩམས། 《བོད་ལྗོངས་ནང་བསྟན》2010ལོའི་དེབ1པ།

གྲྭ་པ་རྡོབ་རྡོབ།　　གཉལ་བཀྲ་ཤིས་ཕུན་ཚོགས་ཀྱིས་བརྩམས། 《ཀྲུང་གོའི་བོད་ལྗོངས》2010ལོའི་དེབ1པ།

དགེ་ལུགས་པའི་གསང་སྔགས་ཀྱི་སློབ་གནས་མཚན་བཏགས་གནང་སྲོལ་ལ་རྩད་དཔྱད་པ།

སྟག་རིག་ཏ་མགྲིན་རྒྱལ་གྱིས་བརྩམས། 《ནུབ་བྱང་མི་རིགས་སློབ་གྲྭ་ཆེན་མོའི་རིག་གཞུང་དུས་དེབ》2010ལོའི་དེབ1པ།

རྗེ་བཙུན་མི་ལ་རས་པས་མཛད་པའི་《ལྷ་སྒོམ་སྐྱོད་འབྲས་ཀྱི་རྣམ་གཞག་མདོར་བསྟན་》ཞེས་པ་ལས་འཕྲོས་པའི་“ལྷ་སྒྲུབ་ཀྱི་གནད་དོན་”འགར་གསར་དུ་དཔྱད་པ།

ཀླུ་བྲུག་གིས་བརྩམས། 《བོད་ལྗོངས་སློབ་གྲྭ་ཆེན་མོའི་རིག་དེབ》2010ལོའི་དེབ1པ།

སྨད་འདུལ་ཇི་ལྟར་དར་ཚུལ་སྐོར་ལ་རགས་ཙམ་དཔྱད་པ།

འབྲུག་ལྷས་བརྩམས། 《བོད་ལྗོངས་སློབ་གྲྭ་ཆེན་མོའི་རིག་དེབ》2010ལོའི་དེབ1པ།

ནང་པའི་ལས་འབྲས་ཀྱི་བསམ་བློའི་དགེ་མཚན་སྤྱད་ནས་སྤྱི་ཚོགས་འཆམ་མཐུན་ཡོང་བར་བྱ་དགོས།

བསོད་ནམས་རྒྱལ་མཚན་དང་སྒྲོལ་མས་བརྩམས། 《མཚོ་སྔོན་མི་རིགས་སློབ་ཆེན་རིག་དེབ》2010ལོའི་དེབ2པ།

འཇང་དཀྱུན་ཆོས་ཚོགས་སྲོལ་གྱི་བྱུང་བ་དང་དེའི་སློབ་གཉེར་གྱི་ནང་དོན་སྐོར་གྱི་དཔྱད་བརྗོད།

སྒྲགས་པ་པད་མ་དབང་ཆེན་གྱིས་བརྩམས། 《བོད་ལྗོངས་སློབ་གྲྭ་ཆེན་མོའི་རིག་དེབ》2010ལོའི་དེབ1པ།

རྨི་ལམ་དུ་ལྷ་མི་བཀོས་པའི་བོད་ཀྱི་ལྷ་སྲུང་གི་བྱུང་བ།

སྒྲོལ་མ་རྒྱལ་གྱིས་བརྩམས། 《མཚོ་སྔོན་དགེ་ཐོན་སློབ་ཆེན་མི་རིགས་དགེ་ཐོན་སློབ་གླིང་གི་རིག་དེབ》2010ལོའི་དེབ1པ།

མུ་སྟེགས་རྒྱང་འཕེན་པས་ལུས་སེམས་རྫས་གཅིག་ཏུ་འདོད་པའི་རྒྱུ་མཚན་དང་ནང་པས་དེ་ཉིད་ཇི་ལྟར་བཀག་ཚུལ།

ཕུན་གྲུབ་རྡོ་རྗེས་བརྩམས། 《མཚོ་སྔོན་དགེ་ཐོན་སློབ་ཆེན་མི་རིགས་དགེ་ཐོན་སློབ་གླིང་གི་རིག་དེབ》2010ལོའི་དེབ1པ།

འཆད་རྩོད་རྩོམ་གསུམ་གྱི་རྣམ་གཞག་བཞུགས་སོ།།

ཨ་ལག་ཤ་ངག་དབང་བསྟན་དར་གྱིས་མཛད།《ཀན་སུའུ་མི་རིགས་དགེ་འོས་སློབ་གྲྭ་ཆེན་མོའི་རིག་གཞུང་དུས་དེབ》2010ལོའི་དེབ2པ།

ནང་བསྟན་ཤེས་རིག་གི་སྙིང་བཅུད་ལྟ་བ་བཀའ་བཏགས་ཀྱི་ཕྱག་རྒྱ་བཞིའི་སྐོར་གླེང་བ།

གཉལ་བཀྲ་ཤིས་ཕུན་ཚོགས་ཀྱིས་བརྩམས། 《སྟོ་ཁའི་རྩོམ་རིག་སྒྱུ་རྩལ》2010ལོའི་དེབ2པ།

སྟོ་ཁ་འོན་བཀྲ་ཤིས་དོ་ཁའི་མངའ་རིས་གྲྭ་ཚང་གི་ལོ་རྒྱུས་མདོར་བསྡུས།

ཚེ་བརྟན་རྡོ་རྗེས་བརྩམས། 《བོད་ལྗོངས་ནང་བསྟན》2010ལོའི་དེབ1པ།

གྲ་ནང་སྒྲགས་གཡང་རྫོང་ཕུགས་གྲྭ་དགོན་གྱི་ལོ་རྒྱུས་མདོར་བསྡུས།

པ་དོན་གྱིས་བརྩམས། 《བོད་ལྗོངས་ནང་བསྟན》2010ལོའི་དེབ1པ།

ཟུར་མཁར་མདོ་ཕུགས་གླིང་དགོན་གྱི་ལོ་རྒྱུས་མདོར་བསྡུས།

པ་སངས་ཀྱིས་བརྩམས། 《བོད་ལྗོངས་ནང་བསྟན》2010ལོའི་དེབ1པ།

བྲག་གཡབ་མ་དགོན་དགེ་ལྡན་བཀྲ་ཤིས་གླིང་གི་ལོ་རྒྱུས་མདོར་བསྡུས།

དོན་འགས་བརྩམས། 《བོད་ལྗོངས་ནང་བསྟན》2010ལོའི་དེབ1པ།

རྒྱལ་འབྱོར་གྱི་དབང་ཕྱུག་རྗེ་བཙུན་མི་ལའི་སྒྲུབ་གནས་བྲག་དཀར་རྟ་སོའི་ངོ་སྤྲོད།

དགེ་རྟ་པ་སངས་ནོར་བུས་བརྩམས། 《བོད་ལྗོངས་ནང་བསྟན》2010ལོའི་དེབ1པ།

མདོ་སྨད་ཨ་ཆུང་གནམ་རྫོང་གི་ལོ་རྒྱུས་མདོར་བསྡུས།

འབྱུང་མེད་ཀྱིས་བརྩམས། 《མཚོ་སྔོན་མི་རིགས་སློབ་ཆེན་རིག་དེབ》2010ལོའི་དེབ2པ།

ལམ་གཏམ་དུམ་བུ།——ས་སྐྱ་དགོན་པར་ཕྱིན་པའི་མཐོང་ཐོས་སྐོར་ཞིག་གླེང་བ།

ཆོས་གྲགས་ཀྱིས་བརྩམས། 《གངས་ལྗོངས་རིག་གནས》2010ལོའི་དེབ2པ།

ཆུ་བཟང་དགོན་པའི་ལོ་རྒྱུས་མདོར་བསྡུས།

གཅོད་པ་ཐར་གྱིས་བརྩམས། 《མཚོ་སྔོན་མི་རིགས་སློབ་ཆེན་རིག་དེབ》2010ལོའི་དེབ1པ།

མདོ་སྨད་རླིཿཚ་དགོན་པའི་གྲྭ་བཙུན་གྱི་རྩེད་ཆས“ས་ལམ་རྣམ་གཞག”དང་དེའི་དགེ་མཚན་སྐོར་ཙུང་ཟད་གླེང་བ།

ཕུན་གྲུབ་རྡོ་རྗེས་བརྩམས། 《མཚོ་སྔོན་མི་རིགས་སློབ་ཆེན་རིག་དེབ》2010ལོའི་དེབ1པ།

མདོ་སྨད་བླ་བྲང་བཀྲ་ཤིས་འཁྱིལ་གྱི་ལོ་རྒྱུས་དང་ད་ལྟའི་གནས་བབ་མདོར་བསྡུས།

འཇིགས་མེད་རྒྱ་མཚོས་བརྩམས། 《ཀན་སུའུ་མི་རིགས་དགེ་འོས་སློབ་གྲྭ་ཆེན་མོའི་
རིག་གཞུང་དུས་དེབ》2010ལོའི་དེབ2པ།

ཨ་རིག་དགོན་པའི་ལོ་རྒྱུས་དང་གནས་བབ་སྐོར་མདོ་ཙམ་གླེང་བ།

དབང་མོ་སྐྱིད་ཀྱིས་བརྩམས། 《ཀན་སུའུ་མི་རིགས་དགེ་འོས་སློབ་གྲྭ་ཆེན་མོའི་
རིག་གཞུང་དུས་དེབ》2010ལོའི་དེབ2པ།

གཙང་ཟབ་ཕུ་དགོན་གྱི་དཀར་ཆག་མདོར་བསྡུས།

འཚོ་བྱེད་རིན་ཆེན་དོན་གྲུབ་ཀྱིས་བརྩམས། 《སྨན་རྒྱན་མེ་ཏོག》2010. ?

བོད་ཀྱི་དམངས་ཁྲོད་ཆོས་ལུགས་ཆོ་ག་གཡང་འབོད་ཀྱི་བྱུང་བ་དང་དེའི་སྒྲུབ་ཚུལ་བརྒྱུད་རིམ་བཤད་པ།

རྟ་མགྲིན་རྒྱལ་གྱིས་བརྩམས། 《བོད་ལྗོངས་ཞིབ་འཇུག》2010ལོའི་དེབ1པ།

དཔའ་མཁར་རྒྱལ་དང་ཀུན་དགའ་ཡེ་ཤེས་ཀྱིས་བརྩམས། 《བོད་ལྗོངས་སློབ་གྲྭ་ཆེན་མོའི་རིག་དེབ》2010ལོའི་དེབ2པ།

གཏན་ཚིགས་རིག་པའི་མིང་གི་རྣམ་གྲངས།

ཀློང་རྡོལ་གྱི་གསུང་ལས་ཆོས་བརྒྱད་ཀྱིས་བཏུས། 《བོད་ལྗོངས་ནང་བསྟན》2010ལོའི་དེབ2པ།

ཕྱི་རོལ་པའི་གྲུབ་མཐའ་ཁག་ཅིག་གི་སྐྱབས་ངག་ཡན་ལག་འདོད་ཚུལ་ལ་རགས་ཙམ་དཔྱད་པ།

བདེ་སྐྱིད་སྒྲོལ་མས་བརྩམས། 《རྩེར་སྣེག》2010ལོའི་དེབ4པ།

སངས་རྒྱས་ཆོས་ལུགས་ཀྱི་གཞུང་ལུགས་ལས་འཕྲོས་པའི་ཤེས་རབ་དང་སྙིང་རྗེའི་སྐོར་རགས་ཙམ་གླེང་བ།

ཕྲུག་རྡོར་སྐྱིད་ཀྱིས་བརྩམས། 《རྩེར་སྣེག》2010ལོའི་དེབ4པ།

བོད་བརྒྱུད་ནང་བསྟན་ལས་ཇོ་ནང་པའི་བདེ་གཤེགས་སྙིང་པོའི་ལྟ་བ་ཁོལ་དུ་ཕྱུང་ནས་ཅུང་ཟད་བཤད་པ།

རྡོ་རྗེ་རིན་ཆེན་གྱིས་བརྩམས། 《བོད་ལྗོངས་ཞིབ་འཇུག》2010ལོའི་དེབ3པ།

དམངས་ཚོགས་ཀྱི་ཁེ་ཕན་དང་འབྲེལ་བའི་སྤྱོད་འཇུག་ཆེན་མོའི་དགོངས་པའི་སྐོར་རགས་ཙམ་བཤད་པ།

ལྷུངས་ཞབས་འབྱུར་མེད་ཚེ་དབང་གིས་བརྩམས། 《བོད་ལྗོངས་ཞིབ་འཇུག》2010ལོའི་དེབ3པ།

རྗེ་ཙོང་ཁ་པའི་དབུ་མའི་ལྟ་བའི་འཕེལ་རིམ་མདོ་ཙམ་བརྗོད་པ།

ཟླ་ནག་པ་ཡེ་ཤེས་བཟང་པོས་བརྩམས། 《བོད་ལྗོངས་ཞིབ་འཇུག》2010ལོའི་དེབ4པ།

བདག་མེད་རྩེ་ཤིང་གི་དཔེ་རིས་གསལ་བཤད་མུན་སེལ་སྒྲོན་མེ།

མཁར་གདོང་པ་འཇམ་དཔལ་ནོར་བུས་བརྩམས། 《བོད་ལྗོངས་ནང་བསྟན》2010ལོའི་དེབ2པ།

ཐེག་ཆེན་གསོ་སྦྱོང་གི་སྡོམ་པའི་ཕན་ཡོན།

རྗེ་ལམ་རིམ་ངག་དབང་ཕུན་ཚོགས་ཀྱིས་བརྩམས། 《བོད་ལྗོངས་ནང་བསྟན》2010ལོའི་དེབ2པ།

བོད་ཡུལ་དུ་དར་བའི་བཟང་པོ་སྤྱོད་པའི་སྨོན་ལམ་གྱི་རྒྱལ་པོའི་སྐོར་རགས་ཙམ་གླེང་བ།

ཆ་རིས་སྐལ་བཟང་ཐོགས་མེད་ཀྱིས་བརྩམས། 《བོད་ལྗོངས་སློབ་གྲྭ་ཆེན་མོའི་རིག་དེབ》2010ལོའི་དེབ3པ།

ཉེ་བར་ལེན་པའི་ཕུང་པོ་ལྔ་ལ་བསམ་སྦྱོར་རྣམ་པར་དག་པས་འཇུག་ཚུལ་སྐོར་རགས་ཙམ་གླེང་བ།

མཁར་ཟླ་ཀརྨ་འཕྲིན་ལས་དགེ་ལེགས་ཀྱིས་བརྩམས། 《བོད་ལྗོངས་སློབ་གྲྭ་ཆེན་མོའི་རིག་དེབ》2010ལོའི་དེབ3པ།

རྙིང་མ་བའི་གཏེར་ཆོས་བྱུང་ཚུལ་ལ་རགས་ཙམ་དཔྱད་པ།

དཔའ་མཁར་རྒྱལ་དང་ཟླ་ཚང་གིས་བརྩམས། 《བོད་ལྗོངས་སློབ་གྲྭ་ཆེན་མོའི་རིག་དེབ》2010ལོའི་དེབ4པ།

མི་དགེ་བཅུ་སྤོང་གི་ཚུལ་ཁྲིམས་ཀྱིས་དེང་རབས་སྤྱི་ཚོགས་ལ་ཕན་པའི་ཕན་ནུས།

ཟླ་འབུམ་ཐར་གྱིས་བརྩམས། 《རྩེར་སྙེག》2010ལོའི་དེབ3པ།

མདོ་སེམས་གཉིས་ཀའི་དམིགས་རྐྱེན་འཛོག་ཚུལ་གྱི་ཁྱད་པར།

ཀོན་ཐར་འཚོས་བརྩམས། 《རྩེར་སྙེག》2010ལོའི་དེབ3པ།

ནང་བསྟན་ཤེས་རིག་གི་སྙིང་བཅུད་ལྟ་བ་བཀའ་བརྟགས་ཀྱི་ཕྱག་རྒྱ་བཞིའི་སྐོར་གླེང་བ།(གོང་འཕྲོས)

གཉལ་བཀྲ་ཤིས་ཕུན་ཚོགས་ཀྱིས་བརྩམས། 《སྟོ་ཁའི་རྩོམ་རིག་སྒྱུ་རྩལ》2010ལོའི་དེབ3པ།

ནང་བསྟན་ཤེས་རིག་གི་སྙིང་བཅུད་ལྟ་བ་བཀའ་བརྟགས་ཀྱི་ཕྱག་རྒྱ་བཞིའི་སྐོར་གླེང་བ།(གོང་འཕྲོས)

གཉལ་བཀྲ་ཤིས་ཕུན་ཚོགས་ཀྱིས་བརྩམས། 《སྟོ་ཁའི་རྩོམ་རིག་སྒྱུ་རྩལ》2010ལོའི་དེབ4བ།

བརྒལ་ལན་གྱི་དགེ་མཚན་ལ་དཔྱད་པ།

ཇུས་འགོ་ཟླ་བཟང་ནམ་མཁས་བརྩམས། 《གངས་དཀར་རི་བོ》2010ལོའི་དེབ1པ།

བོད་དུ་རྩོད་གྲྭ་དར་ཚུལ་ལ་དཔྱད་པ།

ཇུས་འགོ་ཟླ་བཟང་ནམ་མཁས་བརྩམས། 《གངས་དཀར་རི་བོ》2010ལོའི་དེབ2པ།

གཡུང་དྲུང་བོན་གྱི་རིག་གནས་ཁྲོད་ཀྱི་འཆམ་མཐུན་བསམ་བློ་དང་དེང་བོད་ཀྱི་སྤྱི་ཚོགས་ལ་ཐེབས་པའི་ནུས་པའི་སྐོར་རགས་ཙམ་གླེང་བ། འབྲུག་མོ་སྐྱིད་ཀྱིས་བརྩམས། 《ཀྲུང་གོའི་བོད་རིག་པ》2010ལོའི་དེབ་3པ།

བོན་གྱི་ཡིག་རྙིང་《དབུ་ནག་མིའུ་འདྲ་ཆགས》ཞེས་པར་དཔྱད་པ།

བསོད་ནམས་དོན་གྲུབ་ཀྱིས་བརྩམས། 《ཀྲུང་གོའི་བོད་རིག་པ》2010ལོའི་དེབ3པ།

བོན་གྱི་དཔེ་རྙིང་ཁག་ཏུ་བྱུང་བའི་སྟག་གཟིག་འོལ་མོ་ལུང་རིང་དང་གེ་སར་གླིང་ལས་སྟག་གཟིག་ནོར་རྫོང་དུ་མཐོང་བའི་སྟག་གཟིག་འོལ་མོ་ལུང་རིང་གཉིས་ཀྱི་ས་གནས་ངོས་འཛིན།

ཤེས་ཚང་ཕྱུག་རྡོར་སྐྱབས་ཀྱིས་བརྩམས། 《སྟོ་ཁའི་རྩོམ་རིག་སྒྱུ་རྩལ》2010ལོའི་དེབ3པ།

བོད་ཀྱི་མོ་ཡིག་གི་སྐོར་གླེང་བ། དབང་ཆེན་རྡོ་རྗེས་བརྩམས། 《མང་ཚོགས་སྒྱུ་རྩལ》2010ལོའི་དེབ4བ།

མདོས་གླུད་གཏོ་གསུམ་གྱི་སྐོར་ཅུང་ཙམ་གླེང་བ།

ལྷུང་སྒྲུ་དགེ་འདུན་བཀྲ་ཤིས་ཀྱིས་བརྩམས། 《མང་ཚོགས་སྒྱུ་རྩལ》2010ལོའི་དེབ4བ།

མདོ་སྨད་ཡུལ་གྱི་གཞི་བདག་ཨ་མྱེས་ད་རྒྱལ་གྱི་སྐོར་ཞིབ་པར་བརྗོད་པ།

མདོ་དགེ་བསོད་ནམས་ལྷུན་གྲུབ་ཀྱིས་བརྩམས། 《རྩེར་སྙེག》2010ལོའི་དེབ4བ།

ལྷོ་བྲག་རྫོང་གི་སྲས་མཁར་དགུ་ཐོག་ལ་འདྲི་རྩད་དུ་སོང་ཚུལ།

ཏོ་ཞེས་བརྩམས། 《ཀྲུང་གོའི་བོད་ལྗོངས》2010ལོའི་དེབ7པ།

སྐྱིད་གྲོང་ཁུལ་དུ་གནས་པའི་བོད་བཙན་པོའི་དུས་ཀྱི་ལྷ་ཁང་གཉིས།

སྙིང་ལྷགས་རྒྱལ་གྱིས་བརྩམས། 《ཀྲུང་གོའི་བོད་ལྗོངས》2010ལོའི་དེབ་11པ།

མལ་དྲོ་ཏུ་ཐོག་བསམ་གཏན་འཕེལ་རྒྱས་གླིང་གི་ལོ་རྒྱུས་མདོར་བསྡུས།

བློ་བཟང་བསྟན་འཛིན་གྱིས་བརྩམས། 《བོད་ལྗོངས་ནང་བསྟན》2010ལོའི་དེབ2པ།

འཕན་ཡུལ་ཚོས་སྡིངས་དགོན་གྱི་ལོ་རྒྱུས།

བསོད་ནམས་ཚོས་དར་གྱིས་བརྩམས། 《བོད་ལྗོངས་ནང་བསྟན》2010ལོའི་དེབ2པ།

བསམ་གྲུབ་དགའ་ལྡན་དགོན་གྱི་ལོ་རྒྱུས།

ཕྱིན་པ་ཚེ་རིང་གིས་བརྩམས། 《བོད་ལྗོངས་ནང་བསྟན》2010ལོའི་དེབ2པ།

ཞྭ་དཀར་གཡུང་དྲུང་བོན་དགོན་དར་རྒྱས་གླིང་གི་ལོ་རྒྱུས།

ཟླིང་ཆུ་བ་དགེ་འདུན་འཚོས་བརྩམས། 《བོད་ལྗོངས་ནང་བསྟན》2010ལོའི་དེབ2པ།

ཆབ་མདོ་ལྷ་རོང་རྫོང་ཁོངས་སུ་གནས་པའི་སྤྲུལ་མའི་བླ་མཚོ་དང་ཚོས་ཁྲི་དགོན་གྱི་གནས་བཤད།

ཚོས་ཁྲི་དགོན་གྱི་ཕུར་བུས་བརྩམས། 《བོད་ལྗོངས་ནང་བསྟན》2010ལོའི་དེབ2པ།

སློབ་དཔོན་ཕྱུགས་སྐྱང་གོང་རོལ་གྱི་ཕྱི་རོལ་པའི་རྟོག་གེའི་རིག་པ་ལ་དཔྱད་པ།

བློ་བཟང་ནམ་མཁའ་དང་སྐལ་བཟང་ཚོས་སྒྲོན་གྱིས་བརྩམས།

《བོད་ལྗོངས་ཞིབ་འཇུག》2010ལོའི་དེབ4པ།

ཕྱི་རོལ་མུ་སྟེགས་པ་ཞེས་པའི་མིང་ཐོགས་ཚུལ་ལ་དཔྱད་པ།

འབའ་གཞུང་རིན་ཆེན་ཚེ་རིང་གིས་བརྩམས། 《བོད་ལྗོངས་ཞིབ་འཇུག》2010ལོའི་དེབ4པ།

རིག་གནས།（文化）

སྔོན་གྱི་ཡིག་རྙིང་སོགས་ལས་འཕྲོས་ཏེ་"དཔེ་ཆ"ཞེས་པའི་ཐ་སྙད་ཀྱི་གོ་དོན་ལ་དཔྱད་པ།

སྒྲོལ་མ་དང་མིག་དམར་ཚེ་རིང་གིས་བརྩམས། 《བོད་ལྗོངས་སློབ་གསོ་ཞིབ་འཇུག》2010ལོའི་དེབ1པ།

བོད་ཡིག་གསར་འགྱུར་གྱི་ཡིག་བསྒྱུར་དང་གསར་འགོད་མི་སྣ་གསོ་སྐྱོང་ཐད་གླེང་བ།

ཚེ་རིང་སྒྲོལ་མས་བརྩམས། 《མི་རིགས》2010ལོའི་དེབ2པ།

ཧུབ་ཅུང་ས་ཁུལ་གྱི་ཨང་ཀི་དཔེ་མཛོད་ཁང་གི་འཛུགས་སྐྲུན་དང་འཕེལ་རྒྱས་སྐོར་གླེང་བ།

གཡུ་སྒྲོན་གྱིས་བརྩམས། 《ཧུབ་ཅུང་མི་རིགས་སློབ་གྲྭ་ཆེན་མོའི་རིག་གཞུང་དུས་དེབ》2010ལོའི་དེབ2པ།

བོད་སྐད་ཀླུང་འཕྲིན་གྱི་བྱ་བ་མང་ཚོགས་ཅན་དུ་བསྒྱུར་བའི་སྐོར་རགས་ཙམ་གླེང་བ།

ཅང་ཅའོ་ཅུན་དང་གཟྲུངས་སྐྱིད་ཀྱིས་བརྩམས། 《རྩེར་སྣེག》2010ལོའི་དེབ2པ།

གྲངས་ཉུང་མི་རིགས་སྐད་ཀྱི་རྒྱང་སྒྲོག་ལེ་ཚན་ཇི་ལྟར་བསྒྲུབ་དགོས་པའི་སྐོར་ཙུང་ཟད་བརྗོད་པ།

མགོན་པོ་ཚེ་བརྟན་གྱིས་བརྩམས། 《ཀན་སུའུ་མི་རིགས་དགེ་འོས་སློབ་གྲྭ་ཆེན་མོའི་རིག་གཞུང་དུས་དེབ》2010ལོའི་དེབ1པ།

མི་རིགས་སློབ་གྲྭ་ཆེན་མོའི་རིག་མཛོད་འཛུགས་སྐྲུན་བྱེད་པའི་ཐབས་ལམ་སྐོར་གླེང་བ།

སྒྲོལ་མ་འཚོས་བརྩམས། 《ཀན་སུའུ་མི་རིགས་དགེ་འོས་སློབ་གྲྭ་ཆེན་མོའི་རིག་གཞུང་དུས་དེབ》2010ལོའི་དེབ2པ།

རྩོམ་རིགས་ཡིག་ཚང་རིག་པའི་བྱུང་འཕེལ་སྐོར་རགས་ཙམ་གླེང་བ།

ཀུན་བཟང་སྐྱིད་ཀྱིས་བརྩམས། 《བོད་ཀྱི་སློབ་གསོ》2010ལོའི་དེབ2པ།

རེབ་གོང་ཡུལ་གྱི་དྲུག་པའི་གླུ་རོལ།——མཚོ་སྔོན་བརྟན་འཕྲིན་ཁང་གིས་པར་བསྒྲུན་བྱས་པའི་དངོས་བཤུས་སྒྲིག་བརྙན་གྱི་ངོ་སྤྲོད་དུ་བྲིས།

གཙན་ཚ་བཀྲ་རྣམ་བརྩམས། 《མང་ཚོགས་སྒྱུ་རྩལ》2010ལོའི་དེབ2པ།

ཀན་སུའུ་ཞིང་ཆེན་བོད་ཀྱི་ཞྭ་གར་ཚོགས་པ་དང་ཀན་ལྷོ་ཁུལ་བོད་ཀྱི་གླུ་བྲོ་ཞྭ་གར་གླིང་མཚམས་སྦྱོར་མདོར་བསྡུས། འདི་གའི་རྩོམ་སྒྲིག་ཁང་གིས། 《ཟླ་ཟེར》2010ལོའི་དེབ1པ།

བོད་ཀྱི་ས་དཔྱད་རིག་གནས་དང་དེའི་བྱུང་འཕེལ་ལ་དཔྱད་པ།

རྡོ་རྗེ་ཁྲུང་གྲགས་ཀྱིས་བརྩམས། 《བོད་ལྗོངས་ཞིབ་འཇུག》2010ལོའི་དེབ4བ།

དྲ་རྒྱའི་དུས་རབས་སུ་བོད་ཁུལ་དུ་གྲངས་གཞི་ཅན་གྱི་དཔེ་མཛོད་ཁང་འཛུགས་སྐྲུན་བྱ་རྒྱུའི་སྐོར་རགས་ཙམ་གླེང་བ།

དབྱངས་ལགས་ཀྱིས་བརྩམས། 《གངས་ལྗོངས་རིག་གནས》2010ལོའི་དེབ4བ།

TBRCབོད་ཀྱི་ཚད་ལྡན་ཡིག་རིགས་ཀྱི་གྲངས་འཛིན་དཔེ་མཛོད་ཁང་དང་སྐུ་ཞབས་འཇིན་སི་མིད་དའི་སྐོར་ཙུང་ཙམ་དཔྱད་པ། བདེ་སྐྱིད་ཀྱིས་བརྩམས། 《གངས་ལྗོངས་རིག་གནས》2010ལོའི་དེབ4བ།

བོད་ཀྱི་ཡིག་ཚང་རིག་པའི་མིང་དོན་དང་ཁྱབ་ཁོངས་ལ་དཔྱད་པ།

སྣེ་མོ་ཚེ་དབང་རྣམ་རྒྱལ་གྱིས་བརྩམས། 《བོད་ལྗོངས་སློབ་གྲྭ་ཆེན་མོའི་རིག་དེབ》2010ལོའི་དེབ4བ།

བོད་ཡིག་བརྡ་འཕྲིན་སྒྱུར་ལས་ཁྲོད་ཀྱི་མིང་གི་རིགས་དབྱེའི་རྣམ་གཞག་ལ་དཔྱད་པ།

དབྱངས་འབུམ་ཚེ་རིང་གིས་བརྩམས། 《རྩེར་སྙེག》2010ལོའི་དེབ4བ།

མཚོ་ནུབ་ཁུལ་གྱི་དངོས་ཐོས་མ་ཡིན་པའི་ཤུལ་བཞག་རིག་གནས་སྲུང་སྐྱོབ་སྐོར་གྱི་དྲི་བ་དྲིས་ལན——མཚོ་སྔོན་ཞིང་ཆེན་མཚོ་ནུབ་ཁུལ་ལས་རིགས་ལག་རྩལ་སློབ་གྲྭའི་དགེ་རྒན་ཆེན་མོ་བ་རེས་ལགས་ལ་བཙའ་འདྲི་ཞུས་པ།

འདི་གའི་རྩོམ་སྒྲིག་ཁང་ནས། མང་ཚོགས་སྒྱུ་རྩལ》2010ལོའི་དེབ3པ།

སི་ཁྲོན་རྒྱལ་རོང་ས་ཁུལ་གྱི་ལོ་རྒྱུས་དང་རིག་གནས་སྒྱུ་རྩལ་སྲུང་སྐྱོབ་སྐོར་གྱི་དྲི་བ་དྲིས་ལན——སློབ་དཔོན་ཆེན་མོ་བཙན་ལྷ་ངག་དབང་ཚུལ་ཁྲིམས་མཆོག་ལ་བཅར་འདྲི་ཞུས་པ།

འདི་གའི་རྩོམ་སྒྲིག་ཁང་ནས། མང་ཚོགས་སྒྱུ་རྩལ》2010ལོའི་དེབ4བ།

རིག་གནས་ཀྱི་གནས་ཚུལ་ལ་དྲན་ཤེས་ཐོར་བུ་འགོད་པ།

སྣང་རྒྱལ་མཚན་ཚེ་རིང་གིས་བརྩམས། 《མང་ཚོགས་སྒྱུ་རྩལ》2010ལོའི་དེབ4བ།

ན྄ུང་འཕྲིན་མདོ་འཛིན་པར་ཡོད་དགོས་པའི་བྱང་ཚད།

བསོད་ནམས་ལྷ་མོས་བརྩམས། 《བོད་ཀྱི་སློབ་གསོ》2010ལོའི་དེབ4བ།

སློབ་གསོ།(教育)

བོད་ཀྱི་སྲོལ་རྒྱུན་སློབ་གསོ་ལས་ཐོས་པ་བྱ་བའི་དགོས་པ་དང་ཕན་ཡོན་སྐོར་མདོར་བསྡུས་གླེང་བ།

ཁ་ཐུག་གིས་བརྩམས། 《བོད་ལྗོངས་ཞིབ་འཇུག》2010ལོའི་དེབ1པ།

སློབ་འབྲིང་སློབ་མའི་རྒྱལ་གཅེས་རིང་ལུགས་སློབ་གསོ་བྱ་རྒྱུའི་ཐད་ཙུང་དཔྱད་པ།

ཚེ་ལྷ་མཚོས་བརྩམས། 《མི་རིགས》2010ལོའི་དེབ2པ།

སློབ་གསོ་ལ་ངོས་འཛིན་ཡང་དག་བྱེད་དགོས།

གཙྭ་ཕུན་ཚོགས་ཀྱིས་བརྩམས། 《མི་རིགས》2010ལོའི་དེབ2པ།

བོད་སྔ་རབས་པའི་ལུགས་ཀྱི་བསྟན་བཅོས་གཞིར་བཟུང་སྟེ་དེང་རབས་སློབ་གྲྭའི་བསམ་བློ་ཀུན་སྤྱོད་ཀྱི་སློབ་གསོར་

ཤུགས་སྐྱོན་རྒྱག་དགོས་ཚུལ་ཙུང་ཟད་གླེང་བ།

འཇམ་ཁོ་དང་སྨྲོན་པས་བརྩམས། 《མཚོ་སྔོན་མི་རིགས་སློབ་ཆེན་རིག་དེབ》2010ལོའི་དེབ2པ།

བོད་ཡིག་སློབ་གསོའི་རྒྱུ་སྐྱུས་ཕྱོགས་ཀྱི་གནས་ཚུལ་དང་ལེགས་བཅོས་བྱེད་ཐབས་ཀྱི་བསམ་འཆར།

ཧོར་ཞི་གདོང་དྲུག་སྙེམས་བློས་བརྩམས། 《བོད་ཀྱི་སློབ་གསོ》2010ལོའི་དེབ2པ།

རིག་གནས་ཀྱི་ཁོངས་ནས་བོད་ཁུལ་གྱི་སློབ་གྲྭའི་ཀུན་སྤྱོད་སློབ་གསོའི་སྐོར་གླེང་བ།

དཔལ་ལྡན་ཉི་མས་བརྩམས། 《བོད་ཀྱི་སློབ་གསོ》2010ལོའི་དེབ3པ།

དེང་རབས་བོད་ཀྱི་སློབ་གསོ་དང་ལས་ཞུགས་སྐོར་གླེང་བ།

རྡོ་རྗེ་བཀྲ་ཤིས་ཀྱིས་བརྩམས། 《བོད་ཀྱི་སློབ་གསོ》2010ལོའི་དེབ3པ།

ཁྱིམ་ཚང་སློབ་གསོའི་ཕན་ཡོན་གླེང་བའི་གཏམ་རྗེ་བོ་དགའ་བའི་འབྲུག་སྒྲ།

ལྷ་ནག་པ་ཡེ་ཤེས་བཟང་པོས་བརྩམས། 《བོད་ཀྱི་སློབ་གསོ》2010ལོའི་དེབ3པ།

རོང་འབྲོག་ས་ཁུལ་དུ་བཅའ་སྡོད་ལུགས་ཀྱི་སློབ་གྲྭ་སྒྲུབ་སྟངས་སྐོར་གྱི་ལྟ་ཚུལ་རེ་གཉིས།

ཚེ་རིང་གིས་བརྩམས། 《བོད་ཀྱི་སློབ་གསོ》2010ལོའི་དེབ3པ།

བྱང་ཚད་སློབ་གསོ་ཁྱབ་གདལ་གཏོང་དགོས་ན་རྩོན་ལ་བསམ་བློ་གསུམ་ལ་སྒྱུར་བཅོས་གཏོང་དགོས།

བག་གྲོ་དང་བསོད་ནམས་སྒྲིན་པས་བརྩམས། 《བོད་ལྗོངས་སློབ་གསོ》2010ལོའི་དེབ1པ།

རྩོམ་རིག་གི་སློབ་གསོའི་ནུས་པ་ལས་འཕྲོས་པའི་བསམ་གཞིག

སྐལ་བཟང་གིས་བརྩམས། 《བོད་ལྗོངས་སློབ་གསོ》2010ལོའི་དེབ1པ།

ཞིང་འབྲོག་ཁུལ་གྱི་ཁྱིམ་བདག་འགའ་ཞིག་གིས་བུ་ཕྲུག་སློབ་གྲྭར་གཏོང་འདོད་མི་བྱེད་པའི་རྒྱུ་རྐྱེན་རགས་ཙམ་གླེང་བ།

ཚུལ་ཁྲིམས་བཟང་པོས་བརྩམས། 《བོད་ལྗོངས་སློབ་གསོ》2010ལོའི་དེབ1པ།

འཛིན་གྲྭའི་དོ་དམ་ལས་ཀའི་ཁྲོད་ཀྱི་འགག་གནད་བཞི་ལ་དམ་འཛིན་ཡག་པོ་བྱ་དགོས་པའི་སྐོར་གྱི་ལྟ་ཚུལ་ཕྲན་བུ།

བསོད་ནམས་དོན་གྲུབ་ཀྱིས་བརྩམས། 《བོད་ལྗོངས་སློབ་གསོ》2010ལོའི་དེབ2པ།

འཛིན་གྲྭའི་ཀྲུའུ་རེན་གྱིས་སློབ་མར་བསླབ་བྱ་དང་བྱམས་སྐྱོང་ཇི་ལྟར་དགོས་པའི་སྐོར་རགས་ཙམ་གླེང་བ།

བཀྲ་ཤིས་དཔལ་སྒྲོན་གྱིས་བརྩམས། 《བོད་ལྗོངས་སློབ་གསོ》2010ལོའི་དེབ2པ།

ཁྱིམ་བདག་གིས་སློབ་མའི་ཤེས་སྦྱོང་འཕེལ་བར་གལ་ཆེའི་འགན་ནུས་འདོན་དགོས།

ཁྲ་འཁོར་གྱིས་བརྩམས། 《བོད་ལྗོངས་སློབ་གསོ》2010ལོའི་དེབ2པ།

ཁྱིམ་བདག་གིས་བུ་ཕྲུག་ལ་སློབ་གསོ་གཏོང་ཐབས་སྐོར་ཅུང་ཟད་གླེང་བ།

དཔལ་སྒྲུབས་རྒྱལ་གྱིས་བརྩམས། 《བོད་ལྗོངས་སློབ་གསོ》2010ལོའི་དེབ2པ།

གསར་ཞུགས་སློབ་མའི་སློབ་གསོའི་ནང་དོན་སྐོར་གྱི་སྦྱོང་བ་མདོར་གླེང་།

བདེ་སྐྱིད་སྒྲོལ་དཀར་གྱིས་བརྩམས། 《བོད་ལྗོངས་སློབ་གསོ》2010ལོའི་དེབ2པ།

རང་ལྗོངས་སུ་ལས་རིགས་སློབས་གསོ་འཕེལ་རྒྱས་གཏོང་རྒྱུའི་ཐད་ཀྱི་བསམ་ཚུལ་ཕྲན་བུ།

པག་སྐྱག་གིས་བརྩམས《བོད་ལྗོངས་སློབ་གསོ》2010ལོའི་དེབ2པ།

སློབ་གྲྭ་འབྲིང་ཆུང་གི་སློབ་མའི་ལུས་ཁམས་བདེ་སྲུང་སྐོར་ཅུང་ཟད་གླེང་བ།

བཀྲ་ཤིས་ནོར་བུས་བརྩམས། 《བོད་ལྗོངས་སློབ་གསོ》2010ལོའི་དེབ2པ།

སློབ་གྲྭ་འབྲིང་ཆུང་གི་སློབ་སྤྱིའི་བྱང་ཚད་གོང་འཕེལ་གཏོང་ཐབས་སྐོར་ལ་རགས་ཙམ་དཔྱད་པ།

རྒྱལ་མཚན་གྱིས་བརྩམས། 《བོད་ལྗོངས་སློབ་གསོ》2010ལོའི་དེབ2པ།

ཀུན་སྤྱོད་སློབ་གསོ་སློབ་གྲྭའི་ལས་ཀའི་གཙོ་གནད་དུ་འཛུག་དགོས།

ནོར་བུ་བསམ་གྲུབ་ཀྱིས་བརྩམས། 《བོད་ལྗོངས་སློབ་གསོ》2010ལོའི་དེབ2པ།

དགེ་རྒན་རང་ཉིད་ལ་ཚད་མཐོའི་ཀུན་སྤྱོད་ལྡན་དགོས་པའི་སྐོར་རགས་ཙམ་གླེང་བ།

པ་སངས་བཀྲ་ཤིས་ཀྱིས་བརྩམས། 《བོད་ལྗོངས་སློབ་གསོ》2010ལོའི་དེབ2པ།

སློབ་མའི་རང་འགུལ་རང་རྟོགས་ཀྱི་ནུས་པ་སྐྱེད་སྲིང་བྱ་དགོས་པའི་སྐོར་རགས་ཙམ་གླེང་བ།

རིན་ཆེན་དོན་གྲུབ་ཀྱིས་བརྩམས། 《བོད་ལྗོངས་སློབ་གསོ》2010ལོའི་དེབ2པ།

སློབ་མའི་རྒྱུད་ཀྱི་གསར་གཏོད་ཀྱི་འདུ་ཤེས་གསོ་ཐབས་སྐོར་རོབ་ཙམ་གླེང་བ།

ངག་དབང་ཤེས་རབ་ཀྱིས་བརྩམས། 《བོད་ལྗོངས་སློབ་གསོ》2010ལོའི་དེབ2པ།

སློབ་ཆུང་སློབ་མར་བསམ་བློའི་སློབ་གསོ་ཇི་ལྟར་གཏོང་དགོས་པའི་སྐོར་ཙུང་ཟད་གླེང་བ།

ཏ་མགྲིན་དང་པ་སངས་ཀྱིས་བརྩམས། 《བོད་ལྗོངས་སློབ་གསོ》2010ལོའི་དེབ2པ།

《ས་སྐྱ་ལེགས་བཤད་》དང་《བཀའ་སྒྲོས་》གཉིས་ཀྱི་ནང་བསྟན་པའི་ཀུན་སྤྱོད་སློབ་གསོའི་སྐོར་གྱི་དཔྱད་བསྡུར།

ཛ་པིའི་ཏས་བརྩམས། 《བོད་ལྗོངས་སློབ་གྲྭ་ཆེན་མོའི་རིག་དེབ》2010ལོའི་ཆེད་སྒྲིག་དེབ།

ནང་སར་རྟོག་ཞིབ་ཏུ་བསྐྱོད་པའི་བརྟག་དཔྱད་སྙན་ཞུ།

ལྷག་པ་ཆོས་འཕེལ་གྱིས་བརྩམས། 《བོད་ལྗོངས་སློབ་གྲྭ་ཆེན་མོའི་རིག་དེབ》2010ལོའི་དེབ2པ།

སྐད་གཉིས་སློབ་གསོའི་ངེས་ཚིག་དང་མི་རིགས་རང་གི་སྐད་དང་ཡི་གེའི་བཀོལ་སྤྱོད་ཐད་ཀྱི་བསམ་གཞིག

ཀླུ་མོ་ཐར་གྱིས་བརྩམས། 《མཚོ་སྔོན་དགེ་ཐོན་སློབ་ཆེན་མི་རིགས་
དགེ་ཐོན་སློབ་གླིང་གི་རིག་དེབ》2010ལོའི་དེབ1པ།

བོད་ཀྱི་སློབ་མའི་ཀུན་སྤྱོད་སློབ་གསོའི་སྐོར་རགས་ཙམ་གླེང་བ།

རིན་ཆེན་དོན་གྲུབ་ཀྱིས་བརྩམས། 《མཚོ་སྔོན་དགེ་ཐོན་སློབ་ཆེན་མི་རིགས་དགེ་ཐོན་
སློབ་གླིང་གི་རིག་དེབ》2010ལོའི་དེབ1པ།

མདོ་སྨད་ཁ་ནག་གུ་ཡུལ་གྱི་སྲོལ་རྒྱུན་གྱི་བྱིས་པ་གཉེར་སྐྱོང་བྱེད་ཐབས་དང་དེ་ལས་འཕྲོས་པའི་སློབ་གསོ་སྐོར་གླེང་བ།

འཇིགས་བྱེད་འཚོས་བརྩམས། 《རྩེར་སྙེག》2010ལོའི་དེབ1པ།

འབྲིང་རིམ་ལས་རིགས་སློབ་གྲྭའི་སྤུས་ཚད་སློབ་གསོ་གནད་དུ་འཛིན་དགོས་པའི་སྐོར་ཙུང་ཙམ་གླེང་བ།

བཀྲ་ཤིས་འཚོས་བརྩམས། 《ཀན་སུའུ་མི་རིགས་དགེ་འོས་སློབ་གྲྭ་
ཆེན་མོའི་རིག་གཞུང་དུས་དེབ》2010ལོའི་དེབ1པ།

བོད་ཀྱི་སྲོལ་རྒྱུན་སློབ་ཁྲིད་བྱེད་སྟངས་དང་དེའི་ཁྱད་ཆོས་ཆེ་ལོང་ཙམ་བརྗོད་པ།

སྒོམ་པ་བཀྲ་ཤིས་ཀྱིས་བརྩམས། 《བོད་ལྗོངས་ཞིབ་འཇུག》2010ལོའི་དེབ1པ།

སློབ་གྲྭ་འབྲིང་ཆུང་གི་རྩིས་རིག་གི་སྐད་གཉིས་སློབ་ཁྲིད་བྱེད་པའི་ཕན་ཡོན་མདོ་ཙམ་བརྗོད་པ།

ཉི་མ་ཚེ་རིང་གིས་བརྩམས། 《གངས་ལྗོངས་རིག་གནས》2010ལོའི་དེབ1པ།

སློབ་གྲྭ་ཆུང་འབྲིང་གི་སློབ་གསོའི་ལག་ལེན་ཁྲོད་སློབ་མའི་གསར་གཏོད་རིག་ལམ་སྐྱེད་བསྲིངས་བྱེད་ཐབས་སྐོར་དཔྱད་པ། པ་སངས་ཚེ་རིང་དང་རིན་ཆེན་དབང་མོས་བརྩམས། 《མི་རིགས》2010ལོའི་དེབ1པ།

དམའ་འབྲིང་སློབ་མའི་གྲངས་རིག་གི་བསྐྱར་སྦྱོང་བྱེད་ཐབས་ཕྲན་ཙམ་བརྗོད་པ།

རོང་འབྲུག་འཇིགས་བརྩམས། 《མི་རིགས》2010ལོའི་དེབ2པ།

མཐོ་རིམ་གྱི་མི་རིགས་སློབ་གྲྭ་ཆེན་མོས་མི་རིགས་སྐད་ཡིག་སློབ་ཁྲིད་ལ་མཐོང་ཆེན་བྱ་དགོས་ཚུལ་སྐོར་ཆེ་ལོང་ཙམ་བརྗོད་པ།

སྒྲུམ་ལྷ་དོན་གྲུབ་ཚེ་རིང་གིས་བརྩམས། 《མཚོ་སྔོན་མི་རིགས་སློབ་ཆེན་རིག་དེབ》2010ལོའི་དེབ2པ།

སློབ་ཆུང་དགེ་རྒན་གྱི་ཚད་མཐོ་དམའ་དེས་ཐེབས་པའི་ཤུགས་རྐྱེན་ནི་གཏིང་ཟབ་པ་ཞིག་རེད།

ཐོས་ཡངས་ཀྱིས་བརྩམས། 《བོད་ཀྱི་སློབ་གསོ》2010ལོའི་དེབ2པ།

རྒྱ་བོད་དབྱིན་གསུམ་གྱི་ལམ་ནས་རྩིས་འཁོར་ཆེད་ལས་འཁྲིད་པའི་སྐོར་གླེང་བ།

དཔལ་འབྱོར་ཚེ་རིང་དང་ཚེ་རིང་སྒྲོལ་མས་བརྩམས། 《བོད་ཀྱི་སློབ་གསོ》2010ལོའི་དེབ2པ།

བསླབ་ཚན་གསར་བཅོས་ཀྱི་ལག་ལེན་ཁྲིད་སྦྱོང་བའི་ལྟ་ཚུལ་རེ་གཉིས་གླེང་བ།

བཀྲ་ཤིས་སྒྲོལ་མས་བརྩམས། 《བོད་ལྗོངས་སློབ་གསོ》2010ལོའི་དེབ1པ།

བསླབ་ཚན་གསར་བཅོས་ཁྲིད་དུ་འབྱུང་དགོས་པའི་འགྱུར་ལྡོག་འགའ་རགས་ཙམ་གླེང་བ།

རྒྱལ་མོ་ལྷུགས་ཐར་འབུམ་གྱིས་བརྩམས། 《བོད་ལྗོངས་སློབ་གསོ》2010ལོའི་དེབ1པ།

བསླབ་ཚན་གསར་བཅོས་ཁྲིད་ཀྱི་སློབ་ཆུང་བོད་སྐད་ཡིག་བསླབ་གཞི་ངོ་སྤྲོད་མདོར་བསྡུས།

དོན་གྲུབ་རྒན་པས་བརྩམས། 《བོད་ལྗོངས་སློབ་གསོ》2010ལོའི་དེབ1པ།

སློབ་ཁང་སློབ་ཁྲིད་ཀྱི་རྩ་འཛུགས་སྐོར་ཅུང་ཟད་གླེང་བ།

ཚང་སྐྱིད་ཀྱིས་བརྩམས། 《བོད་ལྗོངས་སློབ་གསོ》2010ལོའི་དེབ1པ།

སློབ་ཁང་སློབ་ཁྲིད་ཀྱི་བྱེད་ཐབས་སྒྱུར་བཅོས་སྐོར་གླེང་བ།

པག་མོ་ཚེ་བརྟན་གྱིས་བརྩམས། 《བོད་ལྗོངས་སློབ་གསོ》2010ལོའི་དེབ1པ།

དགེ་རྒན་གྱི་གཙོ་ཁྲིད་ནུས་པ་དང་སློབ་མའི་གཙོ་སྒྲུབ་ནུས་པ་འདོན་རྒྱུ་གཉིས་ཟུང་སྦྲེལ་གྱིས་གཅིག་གྱུར་ཡིན་དགོས།

བྱ་ཚེ་རིང་དང་ཚེ་རིང་གཡང་འཛོམས་ཀྱིས་བརྩམས། 《བོད་ལྗོངས་སློབ་གསོ》2010ལོའི་དེབ1པ།

སློབ་འབྲིང་རྩིས་རིག་སློབ་ཁྲིད་ཁྲིད་རྗེས་ལུས་སློབ་མ་ཐོན་པའི་རྒྱུ་རྐྱེན་དང་ལེགས་བཅོས་བྱ་ཐབས་སྐོར་ཅུང་ཟད་གླེང་བ།

ལྷག་པ་ཚེ་རིང་གིས་བརྩམས། 《བོད་ལྗོངས་སློབ་གསོ》2010ལོའི་དེབ1པ།

ནང་སའི་བོད་ལྗོངས་འཛིན་གྲྭར་བོད་སྐད་ཡིག་སློབ་ཁྲིད་བྱ་ཐབས་སྐོར་ཅུང་ཟད་གླེང་བ།

སྐལ་བཟང་རྡོ་རྗེས་བརྩམས《བོད་ལྗོངས་སློབ་གསོ》2010ལོའི་དེབ1པ།

སློབ་ཆུང་བོད་སྐད་ཡིག་གི་སློབ་ཁྲིད་སྤུས་ཚད་མཐོ་རུ་གཏོང་རྒྱུའི་སྐོར་ཅུང་ཟད་གླེང་བ།

སྨིན་དྲུག་གིས་བརྩམས། 《བོད་ལྗོངས་སློབ་གསོ》2010ལོའི་དེབ1པ།

ཇི་ལྟར་བྱས་ནས་དམའ་འབྲིང་སློབ་མའི་རྩོམ་འབྲིའི་ནུས་པ་གསོ་སྐྱོང་བྱ་རྒྱུའི་སྐོར་རགས་ཙམ་གླེང་བ།

དབང་འདུས་ཀྱིས་བརྩམས། 《བོད་ལྗོངས་སློབ་གསོ》2010ལོའི་དེབ2པ།

བོད་སྐད་ཡིག་གི་བསླབ་ཚན་སྒྱུར་བཅོས་ཁྲིད་དགེ་རྒན་ལ་ལྡན་དགོས་པའི་ཆ་རྐྱེན་འགའ་གླེང་བ།

དཀོན་མཆོག་རྒྱ་མཚོས་བརྩམས། 《བོད་ལྗོངས་སློབ་གསོ》2010ལོའི་དེབ2པ།

བསླབ་ཚན་གསར་བཅོས་ནང་སློབ་ཁྲིད་ཀྱི་ཐབས་ཤེས་ལ་སྒྱུར་བཅོས་བྱ་རྒྱུ་ནི་གལ་ཆེ་བ་ཡིན།

ཚེ་རིང་སྒྲོལ་མས་བརྩམས། 《བོད་ལྗོངས་སློབ་གསོ》2010ལོའི་དེབ2པ།

སློབ་ཆུང་བོད་སྐད་ཡིག་ཁྲིད་ཐབས་སྐོར་རགས་ཙམ་གླེང་བ།

ཟླ་སྒྲུབ་རྒྱ་མཚོས་བརྩམས། 《བོད་ལྗོངས་སློབ་གསོ》2010ལོའི་དེབ2པ།

དམའ་འབྲིང་སློབ་མར་སྙན་ངག་གི་སྔོན་འགྲོའི་ཤེས་བྱ་དཔེ་ཁྲིད་བྱ་ཐབས་སྐོར་གྱི་བསམ་ཚུལ།

ཚེ་བརྟན་སྒྲོལ་མས་བརྩམས། 《བོད་ལྗོངས་སློབ་གསོ》2010ལོའི་དེབ2པ།

སློབ་ཁྲིད་སྐབས་བརྗོད་བྱའི་དོན་དང་བརྗོད་བྱེད་ཚིག་གི་གཙོ་ཕལ་འཛོག་སྟངས་སྐོར་རགས་ཙམ་གླེང་བ།

ར་ས་བསྟན་འཛིན་ཆོས་གྲགས་ཀྱིས་བརྩམས། 《བོད་ལྗོངས་སློབ་གསོ》2010ལོའི་དེབ2པ།

སློབ་སྦྱོང་གི་ངལ་དུབ་སྔོན་འགོག་བྱ་ཐབས་སྐོར་གླེང་བ།

རྒྱག་ལོས་ཀྱིས་བརྩམས། 《བོད་ལྗོངས་སློབ་གསོ》2010ལོའི་དེབ2པ།

བོད་ཀྱི་སྐད་ཡིག་འཁྲིད་ཐབས་ཀྱི་བསླབ་བྱ་འཛུགས་སྐྲུན་བྱེད་ཚུལ་ལ་དཔྱད་པ།

དཀོན་མཆོག་རྒྱ་མཚོས་བརྩམས། 《ནུབ་བྱང་མི་རིགས་སློབ་གྲྭ་ཆེན་མོའི་རིག་གཞུང་དུས་དེབ》
2010ལོའི་དེབ1པ།

བོད་ཀྱི་སློབ་གྲྭའི་སློབ་གསོ་ཁྲོད་ཀྱི་སྐད་ཆ་འདམ་ངའི་གནད་དོན་ལ་ཡང་བསྐྱར་དཔྱད་པ།

དཔལ་ལྡན་ཉི་མས་བརྩམས། སྒྲོལ་མ་འཚོས་བསྒྱུར། 《ནུབ་བྱང་མི་རིགས་སློབ་གྲྭ་ཆེན་མོའི་
རིག་གཞུང་དུས་དེབ》2010ལོའི་དེབ1པ།

སྐད་ཡིག་སློབ་ཁྲིད་ལས་རྩོམ་འབྲིའི་སློབ་ཁྲིད་ཐད་ཀྱི་བསམ་ཚུལ་འགའ།

སྒྲོལ་དཀར་གྱིས་བརྩམས། 《ནུབ་བྱང་མི་རིགས་སློབ་གྲྭ་ཆེན་མོའི་རིག་གཞུང་དུས་དེབ》
2010ལོའི་དེབ1པ།

མདོ་སྔགས་ཀྱི་གཞུང་ལ་སློབ་གཉེར་བྱེད་ཚུལ་གྱི་བསླབ་བྱ་ནོར་བུའི་གླིང་དུ་བགྲོད་པའི་ལམ་ཡིག་འཕྲོས་པའི་བོད་ཀྱི་སྲོལ་རྒྱུན་སློབ་གཉེར་བྱེད་སྟངས་སྐོར་གྱི་དཔྱད་བརྗོད།

བཀྲ་ཤིས་དཔལ་ལྡན་གྱིས་བརྩམས། 《བོད་ལྗོངས་སློབ་གྲྭ་ཆེན་མོའི་རིག་དེབ》2010ལོའི་ཚེད་སྒྲིག་དེབ།

སློབ་གྲྭ་ཆུང་འབྲིང་གི་སྐད་ཡིག་བསླབ་དེབ་ཀྱི་ཐ་སྙད་རྩིས་ལེན་ཞིབ་འཇུག་སྐོར་རོབ་ཙམ་གླེང་བ།

ཤ་བོ་ཟླ་བྱམས་ཀྱིས་བརྩམས། 《མཚོ་སྔོན་དགེ་འོས་སློབ་ཆེན་མི་རིགས་དགེ་འོས་སློབ་གླིང་གི་རིག་དེབ》

2010ལོའི་དེབ1པ།

འཁྲིད་གཞི་གསར་བའི་བཅོས་བསྒྱུར་ལས་ཀན་ལྷོ་འབྲོག་ཁུལ་གྱི་བོད་རྒྱ་སྐད་གཉིས་གྲངས་རིག་སློབ་ཁྲིད་གླེང་བ།

ཞ་ཧྲི་ཀླུས་ཀྱིས་བརྩམས། 《མཚོ་སྔོན་དགེ་ཐོན་སློབ་ཆེན་མི་རིགས་དགེ་ཐོན་སློབ་གླིང་གི་རིག་དེབ》2010ལོའི་དེབ1པ།

སློབ་མའི་ཞོགས་སྦྱོང་གི་རྣམ་པ་དང་བྱེད་ཐབས་སྐོར་རོབ་ཙམ་གླེང་བ།

སྐལ་བཟང་རྡོ་རྗེས་བརྩམས། 《རྩེར་སྙེག》2010ལོའི་དེབ1པ།

སྐད་གཉིས་གྲངས་རིག་སློབ་ཁྲིད་ཀྱི་གནས་བབ་མདོར་ཙམ་གླེང་བ།

དཔལ་ཆེན་རྡོ་རྗེས་བརྩམས། 《ཀན་སུའུ་མི་རིགས་དགེ་འོས་སློབ་གྲྭ་ཆེན་མོའི་རིག་གཞུང་དུས་དེབ》2010ལོའི་དེབ1པ།

སྐད་གཉིས་སློབ་ཁྲིད་ཕྱོགས་ཀྱི་བསམ་གཞིགས།

རྟ་མགྲིན་གྱིས་བརྩམས། 《ཀན་སུའུ་མི་རིགས་དགེ་འོས་སློབ་གྲྭ་ཆེན་མོའི་རིག་གཞུང་དུས་དེབ》2010ལོའི་དེབ1པ།

གཞི་རིམ་དགེ་རྒན་གྱིས་བརྩི་སྲུང་བྱ་དགོས་པའི་སློབ་ཁྲིད་རྩ་དོན་མདོར་གླེང་།

བཀྲ་ཤིས་དོན་གྲུབ་ཀྱིས་བརྩམས། 《ཀན་སུའུ་མི་རིགས་དགེ་འོས་སློབ་གྲྭ་ཆེན་མོའི་རིག་གཞུང་དུས་དེབ》2010ལོའི་དེབ2པ།

དགེ་རྒན་ཞེས་པའི་ཐ་སྙད་དེ་དང་རིག་གནས་བར་གྱི་རྟེན་འབྲུང་སྐོར་གླེང་བ།

ཚེ་རིང་དགྲ་འདུལ་གྱིས་བརྩམས། 《རྩེར་སྙེག》2010ལོའི་དེབ3པ།

བོད་ཀྱི་ལོ་ཆུང་བྱིས་པའི་སློབ་གསོའི་རྣམ་པ་གསར་པ།

གཉལ་བོ་བཟང་དགྲ་འདུལ་གྱིས་བརྩམས། 《ཀྲུང་གོའི་བོད་ལྗོངས》2010ལོའི་དེབ7པ།

བོད་ལྗོངས་ཀྱི་དེང་རབས་སློབ་གྲྭ་དང་པོ། ཆབ་མདོ་ཆོད་ལྷ་སློབ་ཆུང་།

ངག་རྡོར་གྱིས་བརྩམས། 《ཀྲུང་གོའི་བོད་ལྗོངས》2010ལོའི་དེབ9བ།

སློབ་ཆུང་སློབ་མར་བསམ་བློ་ཀུན་སྤྱོད་སློབ་གསོ་གཏོང་བའི་གལ་ཆེའི་རང་བཞིན་དང་ཞིབ་ཕྲའི་ཐབས་ལམ་རགས་ཙམ་གླེང་བ། དོན་གྲུབ་རྒན་པས་བརྩམས། 《བོད་ལྗོངས་ཞིབ་འཇུག》2010ལོའི་དེབ4བ།

ཕ་མས་བྱིས་པར་ངལ་རྩོལ་ལ་དགའ་ཞེན་བྱེད་དགོས་པའི་སློབ་གསོ་གཏོང་བའི་སྐོར་མདོ་ཙམ་གླེང་བ།

བསོད་ནམས་མཆོག་སྐྱིད་ཀྱིས་བརྩམས། 《གངས་ལྗོངས་རིག་གནས》2010ལོའི་དེབ4བ།

སློབ་ཆུང་སློབ་མའི་ཀུན་སྤྱོད་འཛུགས་སྐྱོང་ལ་དཔྱད་པ།

བསོད་ནམས་གཡང་སྐྱིད་ཀྱིས་བརྩམས། 《གངས་ལྗོངས་རིག་གནས》2010ལོའི་དེབ4བ།

བོད་ཀྱི་འབྲོག་ཁུལ་གྱི་“གཞི་གཉིས”སློབ་གསོའི་གནས་བབས་སྐོར་རགས་ཙམ་དཔྱད་པ།

བསོད་ནམས་སྐྱིད་ཀྱིས་བརྩམས། 《མི་རིགས》2010ལོའི་དེབ3པ།

བསླབ་ཚན་གསར་བཅོས་ཀྱི་གལ་ཆེའི་དགོངས་དོན་ལ་སློབ་སྦྱོང་ནན་ཏན་བྱས་ཏེ་སློབ་ཁྲིད་ཀྱི་སྤུས་ཚད་གོང་མཐོར་གཏོང་དགོས།

ཕུན་ཚོགས་ཆེ་རིང་གིས་བརྩམས། 《བོད་ལྗོངས་སློབ་གསོ》2010ལོའི་དེབ3པ།

སློབ་མར་ཀུན་སྤྱོད་སློབ་གསོ་གཏོང་ཐབས་སྐོར་གླེང་བ།

བློ་བཟང་དམ་ཆོས་ཀྱིས་བརྩམས། 《བོད་ལྗོངས་སློབ་གསོ》2010ལོའི་དེབ3པ།

སློབ་ཁྲི་ཚད་ལྡན་ཞིག་བྱེད་པའི་གནད་འགག་ཙུང་ཟད་གླེང་བ།

སྨིན་རྡོར་གྱིས་བརྩམས། 《བོད་ལྗོངས་སློབ་གསོ》2010ལོའི་དེབ3པ།

འཛིན་གྲྭའི་དོ་དམ་བྱ་ཚུལ་མདོར་ཙམ་གླེང་བ།

རྟ་མགྲིན་གྱིས་བརྩམས། 《བོད་ལྗོངས་སློབ་གསོ》2010ལོའི་དེབ3པ།

ཞིང་འབྲོག་ཁུལ་གྱི་དགེ་རྒན་གྱི་ཆེད་ལས་བྱང་ཚད་གོང་མཐོར་གཏོང་ཐབས་སྐོར་རགས་ཙམ་གླེང་བ།

སྐར་མ་སྐྱིད་ཀྱིས་བརྩམས། 《བོད་ལྗོངས་སློབ་གསོ》2010ལོའི་དེབ3པ།

འཛིན་གྲྭའི་ཀྲུའུ་རེན་གྱི་བྱ་བའི་གཙོ་གནད་འགའ་རགས་ཙམ་གླེང་བ།

སྒྲོལ་མ་ཚེ་རིང་གིས་བརྩམས། 《བོད་ལྗོངས་སློབ་གསོ》2010ལོའི་དེབ3པ།

འཛིན་གྲྭའི་ཀྲུའུ་རེན་བཟང་པོ་ཞིག་ཇི་ལྟར་བྱ་རྒྱུའི་ཐད་ཀྱི་ལྟ་ཚུལ།

རིན་ཆེན་དོན་གྲུབ་ཀྱིས་བརྩམས། 《བོད་ལྗོངས་སློབ་གསོ》2010ལོའི་དེབ3པ།

འཛིན་གྲྭའི་ཀྲུའུ་རེན་གྱི་འགན་འཁྲི་དང་ནུས་པའི་སྐོར་ཙུང་ཙམ་གླེང་བ།

མིག་དམར་གྱིས་བརྩམས། 《བོད་ལྗོངས་སློབ་གསོ》2010ལོའི་དེབ3པ།

འཛིན་གྲྭའི་ཀྲུའུ་རེན་གྱིས་ཡིད་འཇོག་བྱེད་དགོས་པའི་དོན་ཚན་འགའ་རགས་ཙམ་གླེང་བ།

གསང་བདག་ལྷུན་གྲུབ་ཀྱིས་བརྩམས། 《བོད་ལྗོངས་སློབ་གསོ》2010ལོའི་དེབ3པ།

བོད་ཀྱི་གྲོང་ཁྱེར་དང་གྲོང་གསེབ་ཀྱི་སློབ་གསོ་འདྲ་མཉམ་ཡོང་བ་བྱ་རྒྱུའི་སྐོར་རགས་ཙམ་གླེང་བ།

ཟླ་བས་བརྩམས། 《བོད་ལྗོངས་སློབ་གསོ》2010ལོའི་དེབ4བ།

བོད་ཡིག་སློབ་ཚན་གྱི་ནང་དོན་དང་འབྲེལ་ནས་ཀུན་སྤྱོད་སློབ་གསོ་གཏོང་ཐབས་སྐོར་གླེང་བ།

ཚེ་དབང་རྣམ་རྒྱལ་གྱིས་བརྩམས། 《བོད་ལྗོངས་སློབ་གསོ》2010ལོའི་དེབ4བ།

ཆུང་དུས་ནས་སློབ་མར་ཡ་རབས་གོམས་གཤིས་བཟང་པོ་སྐྱེད་སྲིང་དགོས་པའི་སྐོར།

བསོད་ནམས་ནོར་བུས་བརྩམས། 《བོད་ལྗོངས་སློབ་གསོ》2010ལོའི་དེབ4བ།

དེང་གི་ན་ཆུང་སློབ་མར་མི་ལེགས་པའི་བསམ་སྤྱོད་འགའ་ཞིག་བྱུང་བའི་རྒྱུ་རྐྱེན་ལ་དབྱེ་ཞིབ་རགས་ཙམ་བྱས་པ།

བཀྲ་ཤིས་ཀྱིས་བརྩམས། 《བོད་ལྗོངས་སློབ་གསོ》2010ལོའི་དེབ4བ།

སློབ་ཁྲིད་དགེ་རྒན་འཛིན་གྲྭའི་དོ་དམ་ནང་ཞུགས་རྒྱུའི་སྐོར་གྱི་བསམ་ཚུལ་ཕྲན་བུ།

ཀླུ་བས་བརྩམས། 《བོད་ལྗོངས་སློབ་གསོ》2010ལོའི་དེབ4བ།

འཛིན་གྲྭའི་ཀུའུ་རེན་ལེགས་པོ་ཞིག་ཇི་ལྟར་འདེམས་བསྐོ་བྱ་རྒྱུའི་སྐོར་གྱི་བསམ་ཚུལ།

གཙང་བཀྲ་ཤིས་དང་ཡིའུ་ཧྲུང་པིང་གིས་བརྩམས། 《བོད་ལྗོངས་སློབ་གསོ》2010ལོའི་དེབ4བ།

འཛིན་གྲྭའི་ཀུའུ་རེན་གྱི་ལས་ཀའི་བྱེད་ཐབས་སྐོར་ལ་རང་གི་ལྟ་ཚུལ་མདོར་ཙམ་གླེང་བ།

ཕུར་བུ་རྡོ་རྗེས་བརྩམས། 《བོད་ལྗོངས་སློབ་གསོ》2010ལོའི་དེབ4བ།

འཛིན་གྲྭའི་ཀུའུ་རེན་གྱིས་སློབ་མར་སློབ་གསོ་བྱ་ཐབས་སྐོར་ལ་རང་གི་ལྟ་ཚུལ་མདོར་ཙམ་གླེང་བ།

བསོད་ནམས་སྒྲོལ་མས་བརྩམས། 《བོད་ལྗོངས་སློབ་གསོ》2010ལོའི་དེབ4བ།

གཞོན་ནུ་ལོ་ཆུང་དུ་བར་བཞུགས་པར་ཡང་དག་པའི་ཁྲིད་སྟོན་དང་ཁོར་ཡུག་བཟང་པོ་ཞིག་བསྐྲུན་དགོས།

སྲིན་པ་བཀྲ་ཤིས་ཀྱིས་བརྩམས། 《བོད་ལྗོངས་སློབ་གསོ》2010ལོའི་དེབ4བ།

སློབ་མའི་སློབ་སྦྱོང་བྱེད་སེམས་གསོ་སྐྱོང་བྱ་ཐབས་སྐོར།

རྡོ་རྗེས་བརྩམས། 《བོད་ལྗོངས་སློབ་གསོ》2010ལོའི་དེབ4བ།

བོད་ཁུལ་དུ་སྐད་གཉིས་སློབ་གསོ་སྤེལ་བའི་གལ་ཆེའི་རང་བཞིན་སྐོར་ཙུང་ཟད་གླེང་བ།

བློ་བཟང་ནམ་མཁས་བརྩམས། 《བོད་ལྗོངས་སློབ་གསོ》2010ལོའི་དེབ4བ།

ནང་སའི་བོད་ལྗོངས་འཛིན་གྲྭའི་བོད་ཡིག་དགེ་རྒན་གྱི་སྙིང་སྟུག

རྒྱལ་མཚན་གྱིས་བརྩམས། 《བོད་ལྗོངས་སློབ་གསོ》2010ལོའི་དེབ4བ།

སློབ་གྲྭའི་སློབ་གསོའི་ཁྲོད་དུ་བོད་ཀྱི་སྲོལ་རྒྱུན་རིག་གནས་ལ་ཤུགས་སྣོན་པའི་བསམ་འཆར།

འབུམ་པ་རྒྱལ་གྱིས་བརྩམས། 《བོད་ཀྱི་སློབ་གསོ》2010ལོའི་དེབ4བ།

སློབ་གྲྭ་ཆེན་མོ་པའི་ལས་ཞུགས་གནད་དོན་ལ་གཞིགས་ནས་བོད་ཀྱི་མཐོ་རིམ་སློབ་གསོའི་སྒྲིག་གཞི་བཅོས་སྒྱུར་བྱེད་དགོས་པའི་སྐོར་གླེང་བ། ཀུན་དགའ་ཡེ་ཤེས་ཀྱིས་བརྩམས། 《བོད་ཀྱི་སློབ་གསོ》2010ལོའི་དེབ4བ།

བསླབ་གཞི་བཅོས་སྒྱུར་ཁྲོད་ཀྱི་བསམ་ཚུལ་འགའ།

འགྱུར་མེད་ཀྱིས་བརྩམས། 《བོད་ཀྱི་སློབ་གསོ》2010ལོའི་དེབ4བ།

མཚོ་སྔོན་མི་རིགས་སློབ་ཆེན་ཕྱི་སྐད་སློབ་གླིང་གི་ཉི་ཧོང་སྐད་ཡིག་སྡེ་ཁག་གི་རྒན་བཀྲ་ཤིས་ཚེ་རིང་ལགས་ལ་བཅར་འདྲི་བྱས་པ། 《བོད་ཀྱི་སློབ་གསོ》2010ལོའི་དེབ4བ།

མཚོ་སྔོན་སྔ་ཁུལ་གྱི་རྫོང་བརྒྱད་ཀྱི་“ཐལ་ཆེར་གཉིས”མཁྲིགས་གཏོར་བྱ་བའི་གནས་ཚུལ་ལ་བརྟག་ཞིབ་བྱས་པའི་སྙན་ཞུ། ཚེ་རིང་ཐར་གྱིས་བརྩམས། 《བོད་ཀྱི་སློབ་གསོ》2010ལོའི་དེབ5བ།

ཕྱི་ནུབ་མི་རིགས་སློབ་ཆེན་གྱི་བོད་ཀྱི་སྐད་ཡིག་རྩོམ་རིག་ཆེད་ལས་ཀྱི་འཕེལ་རིམ་དང་རིག་ཚན་འཛུགས་སྐྲུན་སྐོར་བཤད། བན་གོ་དང་རིན་ཆེན་འཚོས་བརྩམས། 《བོད་ཀྱི་སློབ་གསོ》2010ལོའི་དེབ5བ།

མི་ནུས་སྟོག་འདོན་ནི་སློབ་གསོའི་བློ་སྤྲོག་ཡིན། ནག་ཀླུ་པ་ཤ་བོ་ཚེ་རིང་དང་སྨོམ་པ་རྒྱལ་གྱིས་བརྩམས། 《བོད་ཀྱི་སློབ་གསོ》2010ལོའི་དེབ5བ།

འདི་ནི་ཁྱེ་ཙག་གི་སློབ་གསོའི་ཐབས་ལམ་རེད། ཨ་པཊ་ཡིས་བརྩམས། 《བོད་ཀྱི་སློབ་གསོ》2010ལོའི་དེབ5བ།

བྱང་ཚད་སློབ་གསོ་ལས་རོལ་དབྱངས་སློབ་གསོའི་སྐོར་མདོ་ཙམ་གླེང་བ། རྡོ་རྗེ་གཡུ་སྒྲོན་གྱིས་བརྩམས། 《ཕྱི་ཁའི་རྩོམ་རིག་སྒྱུ་རྩལ》2010ལོའི་དེབ3པ།

རྗེས་ལུས་སློབ་མའི་ལེགས་ཆ་ངོས་འཛིན་ཇི་ལྟར་ཐུབ་པ་བྱ་རྒྱུའི་སྐོར་གླེང་བ། ཚེ་རིང་ཉོར་བུས་བརྩམས། 《ཕྱི་ཁའི་རྩོམ་རིག་སྒྱུ་རྩལ》2010ལོའི་དེབ4བ།

འོས་འགན་སློབ་གསོ་དང་འབྲེལ་བའི་གནད་དོན་ཁ་ཤས་གླེང་བ། དོན་འགྲུབ་ཕུན་ཚོགས་ཀྱིས་བརྩམས། 《གངས་དཀར་རི་བོ》2010ལོའི་དེབ1པ།

མཐོ་འབྲིང་བོད་སྐད་ཡིག་གི་རྩོམ་འབྲིའི་སློབ་ཁྲིད་ལ་བསྒྱུར་བཅོས་བྱ་ཐབས་སྐོར་གྱི་བསམ་གཞིག སྒྲགས་པ་པད་མ་དབང་ཆེན་གྱིས་བརྩམས། 《བོད་ལྗོངས་ཞིབ་འཇུག》2010ལོའི་དེབ4བ།

དམའ་འབྲིང་བསླབ་གཞིའི་ནང་གི་རྒྱན་སྟུད་ཀྱི་དཔེར་བརྗོད་འགོད་སྟངས་ལ་དོགས་སློང་རགས་ཙམ་བྱས་པ། ཕག་མོ་བསམ་གྲུབ་ཀྱིས་བརྩམས། 《བོད་ལྗོངས་སློབ་གསོ》2010ལོའི་དེབ3པ།

སློབ་ཁྲིད་ཀྱི་བརྒྱུད་རིམ་ནང་ལྷག་པའི་གནད་དོན་བཞི་སེལ་ཐབས་བྱ་རྒྱུའི་སྐོར་རགས་ཙམ་གླེང་བ། ལྷག་པས་བརྩམས། 《བོད་ལྗོངས་སློབ་གསོ》2010ལོའི་དེབ3པ།

ཇི་ལྟར་བྱས་ཏེ་སློབ་ཆུང་སློབ་མའི་ཨང་རྩིས་སྦྱོང་བའི་དང་བ་འདྲེན་དགོས། པད་མ་གཡུ་སྒྲོན་གྱིས་བརྩམས། 《བོད་ལྗོངས་སློབ་གསོ》2010ལོའི་དེབ3པ།

སློབ་ཆུང་དབྱིན་ཡིག་སློབ་ཁྲིད་སྐོར་རགས་ཙམ་གླེང་བ། གཡང་འཚོ་སྐྱིད་ཀྱིས་བརྩམས། 《བོད་ལྗོངས་སློབ་གསོ》2010ལོའི་དེབ3པ།

དགེ་རྒན་གྱི་སྐད་ཆའི་སྒྱུ་རྩལ་སྐོར་རགས་ཙམ་བརྗོད་པ། འབའ་གཞུང་བསོད་ནམས་འདུམ་གྱིས་བརྩམས། 《བོད་ལྗོངས་སློབ་གསོ》2010ལོའི་དེབ3པ།

སློབ་མའི་སེམས་ཁམས་དང་བསྟུན་ནས་སློབ་ཁྲིད་བྱ་ཐབས་སྐོར་གླེང་བ། གཡང་འཛོམས་དང་བསྟན་འཛིན་ཕུན་ཚོགས་ཀྱིས་བརྩམས། 《བོད་ལྗོངས་སློབ་གསོ》2010ལོའི་དེབ3པ།

སློབ་མའི་རྩོམ་ཡིག་འབྲི་སྦྱོང་ཐད་ཀྱི་བསམ་གཞིག སྐལ་བཟང་རྒྱལ་གྱིས་བརྩམས། 《བོད་ལྗོངས་སློབ་གསོ》2010ལོའི་དེབ3པ།

སློབ་ཆུང་སློབ་མར་རྩོམ་སྦྱོང་ཕྱོགས་སྟོན་ཇི་ལྟར་བྱ་ཚུལ་སྐོར་གླེང་བ།

སྒྲོལ་མ་ཚེ་བརྟན་གྱིས་བརྩམས། 《བོད་ལྗོངས་སློབ་གསོ》2010ལོའི་དེབ3པ།

དམའ་འབྲིང་སློབ་མར་ངག་ཐོག་གི་རྩོམ་ཡིག་སྦྱོང་བརྡར་སྤྲོད་ཐབས་ཀྱི་བསམ་གཞིག

བློ་བཟང་གིས་བརྩམས། 《བོད་ལྗོངས་སློབ་གསོ》2010ལོའི་དེབ3པ།

སློབ་ཁྲིད་ཀྱི་དཔྱད་རྩོམ་ལེགས་པོ་ཞིག་ཇི་འདྲ་བྱས་ནས་འབྲི་དགོས་མིན་ཐད་ཀྱི་བགྲོ་གླེང་།

སྒྲགས་པ་པད་མ་དབང་ཆེན་གྱིས་བརྩམས། 《བོད་ལྗོངས་སློབ་གསོ》2010ལོའི་དེབ3པ།

བསླབ་ཚན་གསར་བཅོས་ནང་"འཆད་ཉན་དཔྱད་གསུམ"གྱི་སློབ་ཁྲིད་ལས་དོན་དམ་འཛིན་ཡག་པོ་བྱེད་ཐབས་སྐོར།

ལྷུན་གྲུབ་ཚེ་བརྟན་གྱིས་བརྩམས། 《བོད་ལྗོངས་སློབ་གསོ》2010ལོའི་དེབ4བ།

བསླབ་ཚན་གསར་བཅོས་ཀྱིས་དགེ་རྒན་ལ་བཏོན་པའི་བྱུང་ཚད་ཀྱི་རེ་བ་འགའ་ཞིག

ཚེ་རིང་གིས་བརྩམས། 《བོད་ལྗོངས་སློབ་གསོ》2010ལོའི་དེབ4བ།

མཐོ་འབྲིང་སློབ་མར་ལྷ་སློག་སློབ་ཁྲིད་ཇི་ལྟར་བྱེད་དགོས་པའི་སྐོར་ཐུན་ཙམ་གླེང་བ།

བློ་གྲོས་དབང་རྒྱལ་གྱིས་བརྩམས། 《བོད་ལྗོངས་སློབ་གསོ》2010ལོའི་དེབ4བ།

འདས་དོན་ཕྱོགས་བསྡོམས་དང་མ་འོངས་སྨོན་བསུ——《བོད་ལྗོངས་སློབ་གསོ》ཡི་བོད་ཡིག་དུས་དེབ་འདོན་ཐེངས་བརྒྱ་ཐམ་པ་སླེབས་པར་དྲན་གསོ་ཞུ།

《བོད་ལྗོངས་སློབ་གསོ》རྩོམ་སྒྲིག་ཁང་གིས་བརྩམས། 《བོད་ལྗོངས་སློབ་གསོ》2010ལོའི་དེབ5བ།

སློབ་ཆུང་བོད་སྐད་ཡིག་སློབ་ཁྲིད་བྱེད་ཐབས་སྐོར་ཙུང་གླེང་བ།

ཀླུ་སྒྲུབ་རྒྱ་མཚོས་བརྩམས། 《བོད་ལྗོངས་སློབ་གསོ》2010ལོའི་དེབ5བ།

སློབ་མའི་བོད་ཡིག་གི་སྦྱངས་འབྲས་ལེགས་སུ་གཏོང་བར་དོན་གནད་བཞི་ལ་དམ་འཛིན་ཡག་པོ་བྱེད་དགོས་ཚུལ་སྐོར།

བསོད་ནམས་ཚེ་རིང་གིས་བརྩམས། 《བོད་ལྗོངས་སློབ་གསོ》2010ལོའི་དེབ5བ།

མིང་གི་མངོན་བརྗོད་སློབ་ཁྲིད་བྱེད་པའི་གལ་ཆེའི་རང་བཞིན་སྐོར་མདོ་ཙམ་གླེང་བ།

བསོད་ནམས་བསྟན་འཛིན་གྱིས་བརྩམས། 《བོད་ལྗོངས་སློབ་གསོ》2010ལོའི་དེབ5བ།

རྩིས་རིག་སློབ་ཁྲིད་ལ་བརྟེན་ནས་འཚོ་བའི་ཁྲོད་ཀྱི་གནད་དོན་ཐག་གཅོད་བྱེད་ནུས་མཐོ་རུ་གཏོང་རྒྱུའི་སྐོར།

སྐྱིད་འཛོམས་ཀྱིས་བརྩམས། 《བོད་ལྗོངས་སློབ་གསོ》2010ལོའི་དེབ5བ།

སློབ་ཁྲིད་བྱེད་ཐབས་གསར་པའི་ཁྲོད་དགེ་རྒན་གྱིས་ངེས་དགོས་པའི་གནད་དོན་འགའ་ཙུང་ཟད་གླེང་བ།

ཚང་སྐྱིད་ཀྱིས་བརྩམས། 《བོད་ལྗོངས་སློབ་གསོ》2010ལོའི་དེབ5བ།

མཐོ་འབྲིང་སློབ་མའི་བོད་ཡིག་ཡིག་གཟུགས་ཚད་ལྡན་ཅན་དུ་གཏོང་རྒྱུའི་བསམ་གཞིག་ཐུན་བུ།

བྲ་མོ་ལྷག་པས་བརྩམས། 《བོད་ལྗོངས་སློབ་གསོ》2010ལོའི་དེབ5བ།

སློབ་ཆུང་དུ་ཡིག་གཟུགས་སློབ་ཁྲིད་བྱེད་ཐབས་སྐོར་ལམ་ཙམ་གླེང་བ།

ཕུན་ཚོགས་ཀྱིས་བརྩམས། 《བོད་ལྗོངས་སློབ་གསོ》2010ལོའི་དེབ5བ།

དམའ་འབྲིང་གི་བསམ་བློ་ཆབ་སྲིད་སློབ་ཚན་ཁྲིད་ཕྱོགས་སྐོར་གླེང་བ།

པ་སངས་མཚམས་གཅོད་ནན་པས་བརྩམས། 《བོད་ལྗོངས་སློབ་གསོ》2010ལོའི་དེབ5བ།

སློབ་ཁང་སློབ་ཁྲིད་ཀྱི་རྣམ་པར་བསྒྱུར་བཅོས་གཏོང་བའི་བརྒྱུད་རིམ་ཁྲོད་ཡིད་གཟབ་བྱེད་དགོས་པའི་གནད་དོན་འགའ།

བུ་ཆུང་བདག་གིས་བརྩམས། 《བོད་ལྗོངས་སློབ་གསོ》2010ལོའི་དེབ5བ།

དུས་རབས་དང་མཐུན་པའི་སློབ་སྤྱི་ཞིག་ཇི་ལྟར་བྱ་རྒྱུའི་སྐོར་གྱི་བསམ་གཞིག

སྐྱིད་པས་བརྩམས། 《བོད་ལྗོངས་སློབ་གསོ》2010ལོའི་དེབ5བ།

སློབ་གྲྭ་དང་ཁྱིམ་བདག་དབར་གྱི་འབྲེལ་ལམ་ཡག་པོ་ཞིག་ཇི་ལྟར་འཛུགས་རྒྱུའི་སྐོར་གྱི་ལྟ་ཚུལ་ཐུན་བུ།

ལྷག་པ་སྒྲོན་མས་བརྩམས། 《བོད་ལྗོངས་སློབ་གསོ》2010ལོའི་དེབ5བ།

ཞིང་འབྲོག་ཁུལ་གྱི་སློབ་འབྲིང་སློབ་མས་སློབ་མཚམས་འཇོག་པའི་རྒྱུ་རྐྱེན་དང་དེ་བཀག་འགོག་བྱེད་ཐབས་ཅུང་ཟད་གླེང་བ།

བཀྲ་ཤིས་བག་གྲོས་བརྩམས། 《བོད་ལྗོངས་སློབ་གསོ》2010ལོའི་དེབ5བ།

བསླབ་ཚན་བསྒྱུར་བཅོས་ལས་འཕྲོས་ཏེ་དེང་རབས་དགེ་རྒན་གྱི་བྱང་ཚད་སྐོར་རགས་ཙམ་གླེང་བ།

དཔལ་བཟང་འབུམ་གྱིས་བརྩམས། 《བོད་ལྗོངས་སློབ་གསོ》2010ལོའི་དེབ5བ།

སློབ་གྲྭ་འབྲིང་ཆུང་གི་དགེ་རྒན་ཚོར་ལྡན་དགོས་པའི་སློབ་གསོའི་ལྟ་བ་འགའ།

ཕུན་ཚོགས་དོན་གྲུབ་ཀྱིས་བརྩམས། 《བོད་ལྗོངས་སློབ་གསོ》2010ལོའི་དེབ5བ།

དགེ་རྒན་ལ་ལྡན་དགོས་པའི་ཡོན་ཏན་དྲུག་གི་སྐོར་ཅུང་ཟད་གླེང་བ།

ཕྲིན་པ་དགྲ་འདུལ་གྱིས་བརྩམས། 《བོད་ལྗོངས་སློབ་གསོ》2010ལོའི་དེབ5བ།

གང་འདྲ་བྱས་ནས་དུས་རབས་དང་འཚམས་པའི་དགེ་རྒན་ཡག་པོ་ཞིག་བྱ་དགོས།

ཞའོ་ཡིང་གིས་བརྩམས། 《བོད་ལྗོངས་སློབ་གསོ》2010ལོའི་དེབ5བ།

འཛིན་གྲྭའི་ཀྲུའུ་རེན་གྱིས་ཐབས་མཁས་ཀྱི་སྒོ་ནས་སློབ་མ་གསོ་སྐྱོང་བྱ་དགོས།

ཚེ་རིང་སྒྲོལ་མས་བརྩམས། 《བོད་ལྗོངས་སློབ་གསོ》2010ལོའི་དེབ5བ།

རྩིས་རིག་གི་ངོ་བོ་དང་དེའི་ཁས་ལེན་སྟངས་ལ་དཔྱད་པ།

ལྷག་པ་ཚེ་རིང་དང་ཆུང་བདག་གིས་བརྩམས། 《བོད་ལྗོངས་སློབ་གསོ》2010ལོའི་དེབ5བ།

བོད་ཡིག་སློབ་ཆེན་དུ་སཾསྐྲྀཏའི་སྐད་སློབ་ཁྲིད་ཇི་ལྟར་བྱེད་དགོས་པར་བསམ་ཕྱོགས་འགའ་གླེང་བ།

ལྷག་རིག་ཧྲ་མཁྱེན་རྒྱལ་དང་མཁའ་སྐྱིད་རྒྱལ་གྱིས་བརྩམས། 《བོད་ཀྱི་སློབ་གསོ》2010ལོའི་དེབ4བ།

མི་རིགས་སློབ་གྲྭའི་སློབ་ཁང་སློབ་ཁྲིད་ཀྱི་བྱེད་ཐབས་དང་དུས་ཚོད་བཀོད་སྒྲིག་སྐོར་གླེང་བ།

སྐ་ཕྲུག་ཕག་མོ་ཚེ་བརྟན་གྱིས་བརྩམས། 《བོད་ཀྱི་སློབ་གསོ》2010ལོའི་དེབ5བ།

སློབ་ཆུང་སྐད་ཡིག་སློབ་དེབ་ལ་བརྟོན་པའི་རེ་ཞུ།

བྲ་རིག་འཛིན་གྱིས་བརྩམས། 《བོད་ཀྱི་སློབ་གསོ》2010ལོའི་དེབ5བ།

སློབ་ཆུང་སློབ་མའི་འབྲི་ཀློག་གི་ལམ་སྟོན།

གཡང་སྐྱིད་ཀྱིས་བརྩམས། 《གངས་ལྗོངས་རིག་གནས》2010ལོའི་དེབ3པ།

བོད་སྐད་ཡིག་གསར་འགྱུར་སློབ་ཁྲིད་སྐོར་གྱི་བསམ་ཚུལ་མདོ་ཙམ་གླེང་བ།

སྒྲོ་མ་ཚལ་ལྷ་བ་ཚེ་རིང་གིས་བརྩམས། 《བོད་ལྗོངས་སློབ་གྲྭ་ཆེན་མོའི་རིག་དེབ》2010ལོའི་དེབ3པ།

བོད་ཀྱི་སྐད་ཡིག་འཁྲིད་ཐབས་ཀྱི་བསླབ་བྱ་འཛུགས་སྐྲུན་བྱེད་ཚུལ་ལ་དཔྱད་པ།

དཀོན་མཆོག་རྒྱ་མཚོས་བརྩམས། 《རྩེར་སྙེག》2010ལོའི་དེབ4བ།

སློབ་ཆུ་སློབ་མར་སྦྱོང་ཚན་བཀོད་སྒྲིག་ཇི་ལྟར་བྱ་དགོས་མིན་སྐོར་ལ་ཙུང་ཟད་གླེང་བ།

པད་མ་མཚོ་མོས་བརྩམས། 《ལྷོ་ཁའི་རྩོམ་རིག་སྒྱུ་རྩལ》2010ལོའི་དེབ4བ།

གཞི་རིམ་བོད་ཡིག་དགེ་རྒན་གྱིས་དོ་སྣང་དགོས་པའི་གནད་དོན་འགའ།

དཀོན་མཆོག་གིས་བརྩམས། 《གངས་དཀར་རི་བོ》2010ལོའི་དེབ1པ།

བོད་ཀྱི་སྐད་ཡིག་བཀོལ་སྤྱོད་བྱེད་ཐབས་ཀྱི་ལག་ལེན་གནད་དོན་སྐོར་གླེང་བ།

བདེ་སྐྱིད་གཡང་མཚོས་བརྩམས། 《གངས་དཀར་རི་བོ》2010ལོའི་དེབ2པ།

སྐད་ཡིག(语言文字)

དཔང་ལོ་ཙཱ་བ་བློ་གྲོས་བརྟན་པས་བརྩམས་པའི《ཚིགས་གསུམ་གསལ་བ་བཞུགས་སོ》ཞེས་པའི་གཞུང་དོན་གནད་བསྡུས་སྐོར་གླེང་བ། ཁ་ཐུག་གིས་བརྩམས《ཀྲུང་གོའི་བོད་རིག་པ》2010ལོའི་དེབ1པ།

《བོད་ཀྱི་མིང་མཛོད་སྐོར་ཙུང་ཙམ་གླེང་བ་》ཞེས་པའི་རྩོམ་ཡིག་གི་ཚིག་དོན་འགར་ཙུང་ཟད་དཔྱད་པ།

བསོད་ནམས་ཆོས་འཕེལ་གྱིས་བརྩམས། 《བོད་ལྗོངས་ཞིབ་འཇུག》2010ལོའི་དེབ1པ།

གནག་རབས་ཞེས་པའི་བོན་དཔེའི་གནའ་ཡིག་གི་ཁྱད་ཆོས་འགའ་ཞིག་སྐོར།

བཀྲ་ཤིས་ལྷ་བས་བརྩམས། 《བོད་ལྗོངས་ཞིབ་འཇུག》2010ལོའི་དེབ2པ།

རྩོམ་ཡིག་ལ་རྩོམ་ཉམས་ལྡན་པ་བྱེད་རྒྱུ་གལ་འགངས་ཆེ་བའི་སྐོར་མདོ་ཙམ་གླེང་བ།

བསོད་ནམས་ཀྱིས་བརྩམས། 《གངས་ལྗོངས་རིག་གནས》2010ལོའི་དེབ2པ།

ཞེ་ཚིག་གི་གྲུབ་ཚུལ་ཁྱད་ཆོས་དང་དེའི་བཀོལ་སྤྱོད་སྐོར་རགས་ཙམ་གླེང་བ།

ཚེ་རིང་དགྲ་འདུལ་གྱིས་བརྩམས། 《གངས་ལྗོངས་རིག་གནས》2010ལོའི་དེབ2པ།

བོད་ཀྱི་ཡི་གེའི་འབྱུང་ཁུངས་ཀྱི་རྣམ་བཤད། སྒྲོལ་མ་ཆོས་མཚོས་བརྩམས། 《མི་རིགས》2010ལོའི་དེབ2པ།

བོད་ཡིག་གི་སྨྲའི་ང་རོ་འདོན་ཚུལ་གྱི་ཁྱད་ཆོས་སྐོར་ཅུང་གླེང་བ།

སྒྲགས་པ་པདྨ་དབང་ཆེན་གྱིས་བརྩམས། 《བོད་ལྗོངས་སློབ་གསོ》2010ལོའི་དེབ1པ།

མིང་གསར་བས་བོད་སྐད་ལ་ཐེབས་པའི་ཤུགས་རྐྱེན་སྐོར་གླེང་བ།

སྐལ་བཟང་ཚེ་བརྟན་གྱིས་བརྩམས། 《ནུབ་བྱང་མི་རིགས་སློབ་གྲྭ་ཆེན་མོའི་རིག་གཞུང་དུས་དེབ》
2010ལོའི་དེབ1པ།

རྟགས་ཀྱི་འཇུག་པའི་ཕན་ཡོན་བཤད་པ།

དཔའ་རིས་སངས་རྒྱས་ཀྱིས་བརྩམས། 《ནུབ་བྱང་མི་རིགས་སློབ་གྲྭ་ཆེན་མོའི་རིག་གཞུང་དུས་དེབ》
2010ལོའི་དེབ2པ།

སུམ་ཅུ་པ་དང་རྟགས་ཀྱི་འཇུག་པའི་གཞུང་དོན་དང་སྦྲེལ་ཏེ་བསྟན་བཅོས་དེ་གཉིས་བྱུང་གྲུབ་ཀྱི་དུས་རབས་ལ་དཔྱད་པ།——ཆབ་སྤེལ་ཚེ་བརྟན་ཕུན་ཚོགས་ལགས་དང་བགྲོ་བ།

ལྷགས་ཐར་རྒྱལ་གྱིས་བརྩམས། 《ནུབ་བྱང་མི་རིགས་སློབ་གྲྭ་ཆེན་མོའི་རིག་གཞུང་དུས་དེབ》
2010ལོའི་དེབ2པ།

བོད་ཀྱི་སྐད་ཡིག་ནི་སྐད་ཡིག་བང་མཛོད་ནང་རྙེད་དཀའ་བའི་ནོར་བུ་ཞིག་རེད།——སྐད་ཡིག་རིག་པ་མཁས་ཅན་སྐུ་ཞབས་ཧུ་ཐན་ལ་བཅར་འདྲི་ཞུས་པའི་ཟིན་ཐོ།

ལིན་ཞི་ཡན་གྱིས་བཅར་འདྲི་ཞུས། བསྟན་གསོས་བསྒྱུར། 《བོད་ལྗོངས་སློབ་གྲྭ་ཆེན་མོའི་རིག་དེབ》
2010ལོའི་དེབ1པ།

སྐད་སྨྲའི་ཆོས་ཉིད་ལས་འཕྲོས་ཏེ་ཨ་ཡིག་དབྱངས་སུ་ངེས་ཚུལ་སྐོར་ཅུང་བརྗོད་པ།

བཀྲ་ཤིས་བསྟན་དར་གྱིས་བརྩམས། 《བོད་ལྗོངས་སློབ་གྲྭ་ཆེན་མོའི་རིག་དེབ》2010ལོའི་ཆེད་སྒྲིག་དེབ།

བོད་སྐད་ཀྱི་ཞེ་སའི་མིང་གི་གྲུབ་ལུགས་མདོ་ཙམ་གླེང་བ།

དཀའ་ཐུབ་ཚེ་རིང་གིས་བརྩམས། 《བོད་ལྗོངས་སློབ་གྲྭ་ཆེན་མོའི་རིག་དེབ》2010ལོའི་ཆེད་སྒྲིག་དེབ།

ཡིག་སྐད་ཁྲིད་ཀྱི་བདག་སྨྲའི་སྦྱོར་ཚུལ་གཅིག་གྱུར་བྱེད་པའི་སྐོར་གླེང་བ།

རྟ་མགྲིན་སྐྱབས་ཀྱིས་བརྩམས། 《མཚོ་སྔོན་མི་རིགས་སློབ་ཆེན་རིག་དེབ》2010ལོའི་དེབ2པ།

ལས་ཚིག་གིས་བྱེད་པ་སྟོན་ཚུལ་བཤད་པ།

དུང་དཀར་བ་ཚེ་དབང་རྡོ་རྗེས་བརྩམས། 《མཚོ་སྔོན་མི་རིགས་སློབ་ཆེན་རིག་དེབ》2010ལོའི་དེབ2པ།

ཡི་གེའི་དབྱེ་བ་དང་འབྲེལ་ཏེ་སྲོག་དང་རྐྱེན་གྱི་ཡི་གེ་གླེང་བ།

ཚེ་རིང་དོན་གྲུབ་ཀྱིས་བརྩམས། 《མཚོ་སྔོན་མི་རིགས་སློབ་ཆེན་རིག་དེབ》2010ལོའི་དེབ2པ།

བོད་སྐད་ཀྱི་བྱ་ཚིག་གི་འཇུག་པར་རགས་ཙམ་དཔྱད་པ།

དཔལ་མོས་བརྩམས། 《བོད་ཀྱི་སློབ་གསོ》2010ལོའི་དེབ2པ།

བཀའ་ག་ཚོགས་ཀྱི་ཡི་གེ་ལས་མིང་གཞི་ཏུ་ཡིག་གི་ཚིག་ཕྲད་ཀྱི་བྱུང་འཕེལ་སྐོར་རགས་ཙམ་གླེང་བ།

འབའ་ཚེར་ཏ་མགྲིན་རྡོ་རྗེས་བརྩམས། 《རྩེར་སྙེག》2010ལོའི་དེབ1པ།

སྒྲ་མདོ་ཆེན་པོ་བཞི་བོད་ལ་འགྱུར་ཚུལ་སྐོར་མདོ་ཙམ་གླེང་བ།

ས་དཀྱིལ་སངས་རྒྱས་ཚེ་རིང་གིས་བརྩམས། 《རྩེར་སྙེག》2010ལོའི་དེབ1པ།

བོད་ཀྱི་སྤྱི་སྐད་གཏན་འབེབ་སྐོར་གྱི་བསམ་གཞིག་ཐོར་བུ།

ཐོ་ཀླུའི་པད་མ་རྒྱལ་གྱིས་བརྩམས། 《རྩེར་སྙེག》2010ལོའི་དེབ1པ།

བོད་ཀྱི་སྤྱི་སྐད་འཕེལ་འགྲིབ་ཐད་ཅུང་ཙམ་དཔྱད་པ།

ཚེ་རིང་སྒྲོལ་མས་བརྩམས། 《ཀན་སུའུ་མི་རིགས་དགེ་འོས་སློབ་གྲྭ་ཆེན་མོའི་རིག་གཞུང་དུས་དེབ》 2010ལོའི་དེབ2པ།

བོད་ཡིག་གི་ཚིག་ལ་དཔྱད་པ།

དཀའ་ཐུབ་རྒྱལ་གྱིས་བརྩམས། 《ཀན་སུའུ་མི་རིགས་དགེ་འོས་སློབ་གྲྭ་ཆེན་མོའི་རིག་གཞུང་དུས་དེབ》 2010ལོའི་དེབ2པ།

རྒྱུན་སྤྱོད་བོད་ཡིག་གི་དོན་གཅིག་ཉིས་གཟུགས་ཐ་སྙད་ཀྱི་ཞུ་དག་སྐོར་རོབ་ཙམ་གླེང་བ།

མོག་ཆུང་ཕུར་ཁོས་བརྩམས། 《བོད་ལྗོངས་ཞིབ་འཇུག》2010ལོའི་དེབ2པ།

བོད་སྐད་ཀྱི་ཚད་ཚིག་ལ་རགས་ཙམ་དཔྱད་པ།

བསྟན་འཛིན་ལྷ་འཛོམས་དང་ཕྲིད་ཆོས་སྒྲོལ་དཀར་གྱིས་བརྩམས། 《བོད་ལྗོངས་ཞིབ་འཇུག》 2010ལོའི་དེབ2པ།

བརྡ་ཆད་ཚད་ལྡན་ཅན་ཞེས་པ་མདོར་ཙམ་གླེང་བ།

རྡོ་རྗེ་ཐར་གྱིས་བརྩམས། 《མཚོ་སྔོན་མི་རིགས་སློབ་ཆེན་རིག་དེབ》2010ལོའི་དེབ1པ།

བསྙེན་དང་བརྟེན་གྱི་ཁྱད་པར་ལ་ཅུང་དཔྱད་པ།

བསོད་ནམས་བཀྲ་ཤིས་ཀྱིས་བརྩམས། 《མཚོ་སྔོན་དགེ་ཐོན་སློབ་ཆེན་མི་རིགས་དགེ་ཐོན་སློབ་གླིང་གི་རིག་དེབ》2010ལོའི་དེབ1པ།

བོད་སྐད་དང་སོག་སྐད་ཐ་སྙད་སྐོར་ཞིག་གི་གཤིབ་བསྡུར་ལས་མི་རིགས་གཉིས་ཀྱི་འབྲེལ་བ་ལ་དཔྱད་པ།

མགོན་པོ་རྣམ་རྒྱལ་གྱིས་བརྩམས། 《རྩེར་སྙེག》2010ལོའི་དེབ1པ།

མིང་གསར་བས་བོད་སྐད་ལ་ཐེབས་པའི་ཤུགས་རྐྱེན་སྐོར་གླེང་བ།

དཀའ་ཐུབ་ཚེ་རིང་གིས་བརྩམས། 《ཀན་སུའུ་མི་རིགས་དགེ་འོས་སློབ་གྲྭ་ཆེན་མོའི་རིག་གཞུང་དུས་དེབ》2010ལོའི་དེབ1པ།

བོན་གྱི་ཡིག་རྙིང་"གནག་རབས"ཞེས་བྱ་བའི་བརྡ་སྤྲོད་ཀྱི་ཁྱད་ཆོས་ལ་དཔྱད་པ།

ལྷགས་མོ་མཚོས་བརྩམས། 《ཀྲུང་གོའི་བོད་རིག་པ》2010ལོའི་དེབ2པ།

《སྦྱོར་ལམ་འཕྲུལ་ལྡེ་》ཡི་བརྡ་སྤྲོད་རིག་པའི་སྐོར་གྱི་ནོར་འཁྲུལ་འགའ་ཞིག་གླེང་བ།

བསོད་མཆོག་གིས་བརྩམས། 《བོད་ལྗོངས་ཞིབ་འཇུག》2010ལོའི་དེབ1པ།

རྣམ་དབྱེ་གཉིས་བཞིའི་ཁྱད་པར་འབྱེད་ཚུལ་སྐོར་རགས་ཙམ་གླེང་བ།

རྡོ་རྗེ་བཀྲ་ཤིས་ཀྱིས་བརྩམས། 《མི་རིགས》2010ལོའི་དེབ1པ།

བདག་སྒྲའི་སྐོར་ལ་རགས་ཙམ་དཔྱད་པ། ཡ་མ་ཆོས་མཚོས་བརྩམས། 《མི་རིགས》2010ལོའི་དེབ1པ།

བོད་སྐད་ཁྲིད་ཀྱི་ཐོག་པའི་དྲི་བ་ཡི་ཚིག་སྦྱོར་ལ་དཔྱད་པ།

སྒྲོལ་མ་ཆོས་མཚོས་བརྩམས། 《མི་རིགས》2010ལོའི་དེབ2པ།

བོད་སྐད་ཀྱི་ལས་ཚིག་སྐོར་གླེང་བ། ཚེ་དབང་རྡོ་རྗེས་བརྩམས། 《བོད་ལྗོངས་སློབ་གསོ》2010ལོའི་དེབ2པ།

བརྡ་ཆད་རིག་པའི་བྱུང་འཕེལ་མདོར་ཙམ་བརྗོད་པ།

རྡོ་རྗེ་ཐར་གྱིས་བརྩམས། 《རྔབ་བྱང་མི་རིགས་སློབ་གྲྭ་ཆེན་མོའི་རིག་གཞུང་དུས་དེབ》2010ལོའི་དེབ1པ།

ཕ་བཏགས་དང་འབྲེལ་བའི་གནད་དོན་འགའ་གླེང་བ།

སངས་རྒྱས་མཁར་དང་ཚེ་རིང་སྐྱིད་ཀྱིས་བརྩམས། 《རྔབ་བྱང་མི་རིགས་སློབ་གྲྭ་ཆེན་མོའི་རིག་གཞུང་དུས་དེབ》2010ལོའི་དེབ1པ།

ཚིག་གྲུབ་ཀྱི་གྲུབ་ཆ་དབྱེ་ཐབས་ལས་ལ་དོན་ཕྱད་ཀྱི་རྣམ་དབྱེ་ཚུལ་རགས་ཙམ་གླེང་བ།

ཕུར་བུ་ཕན་ཐོགས་ཀྱིས་བརྩམས། 《བོད་ལྗོངས་སློབ་གྲྭ་ཆེན་མོའི་རིག་དེབ》2010ལོའི་དེབ2པ།

བོད་པའི་ཡུལ་སྐད་ཀྱི་གཞི་གདངས་ལ་འཕེལ་འགྱུར་མི་འདྲ་བ་བྱུང་བའི་ཁྱད་ཆོས་ཆེ་ལོང་ཙམ་བརྗོད་པ།

སྲུམ་ཧྲ་དོན་གྲུབ་ཚེ་རིང་གིས་བརྩམས། 《ཀྲུང་གོའི་བོད་རིག་པ》2010ལོའི་དེབ1—2པ།

བོད་ཀྱི་ཡུལ་སྐད་ཀྱི་མིང་བརྡའི་གྲུབ་སྟངས་དང་འཕེལ་འགྱུར་སྐོར་གསར་དུ་བརྗོད་པ།

སྲུམ་ཧྲ་དོན་གྲུབ་ཚེ་རིང་གིས་བརྩམས། 《བོད་ལྗོངས་ཞིབ་འཇུག》2010ལོའི་དེབ1པ།

བྱ་བྱེད་ལས་གསུམ་དང་བདག་གཞན་དུས་གསུམ་སྐོར་གྱི་དོགས་གནད་འགའ་ལ་དཔྱད་པ།

ཆོས་སྒྲོན་གྱིས་བརྩམས། 《བོད་ལྗོངས་སློབ་གསོ》2010ལོའི་དེབ2པ།

ཨ་མདོའི་ཡུལ་སྐད་ལས་འབྲོག་སྐད་ཀྱི་ཁྱབ་ཡུལ་ངོས་འཛིན་དང་དེའི་ཚིག་ཕྲད་སྦྱོར་ལུགས་སྐོར་རགས་ཙམ་བཤད་

པ། བཀྲ་ཤིས་དཔལ་ལྡན་གྱིས་བརྩམས། 《རྩེ་ར་སྙེག》2010ལོའི་དེབ1པ།

བོད་ཀྱི་ཡུལ་སྐད་དབྱེ་སྟངས་ཐད་ཀྱི་ལྟ་ཚུལ་ལ་དཔྱད་པ། ཕུན་ཚོགས་བཀྲ་ཤིས་ཀྱིས་བརྩམས། 《རྩེ་ར་སྙེག》2010ལོའི་དེབ2པ།

ཡུལ་ཤུལ་ཁ་སྐད་ལས་ཕྱད་རྣམ་དབྱེའི་སྦྱོར་སྟངས་སྐོར་ལ་རགས་ཙམ་དཔྱད་པ། བ་ཡན་གནམ་ཐུས་ལྷ་རྒྱལ་གྱིས་བརྩམས། 《མཚོ་སྔོན་མི་རིགས་སློབ་ཆེན་རིག་དེབ》2010ལོའི་དེབ2པ།

ཨམ་སྐད་ལས་གསལ་བྱེད་པ་ཡིག་གི་གདངས་འགྱུར་ཚུལ་གླེང་བ། དཀོན་མཆོག་རྒྱ་མཚོས་བརྩམས། 《བོད་ཀྱི་སློབ་གསོ》2010ལོའི་དེབ3པ།

བོད་ཀྱི་ཚིག་མཛོད་སྐོར་གླེང་བ། ཆ་རིས་སྐལ་བཟང་ཐོགས་མེད་ཀྱིས་བརྩམས། 《བོད་ལྗོངས་ཞིབ་འཇུག》2010ལོའི་དེབ3པ།

བོད་ཡིག་གློག་སྒྲ་དག་པོ་ཡོང་བ་དང་བོད་སྐད་རླུང་འཕྲིན་བརྙན་འཕྲིན་ལེ་ཚན་གྱི་སྐད་སྒྲོན་སྐོར་རགས་ཙམ་གླེང་བ། སྨན་གྲོང་ཚེ་རིང་ཕུན་ཚོགས་དང་བྲག་གཡབ་བློ་བཟང་ཆོས་འཕེལ་གྱིས་བརྩམས། 《བོད་ལྗོངས་ཞིབ་འཇུག》2010ལོའི་དེབ4པ།

བོད་ཀྱི་སྐད་དང་ཡི་གེ་ལ་འབད་འབུངས་བྱ་དགོས། མིག་དགས་བརྩམས། 《མི་རིགས》2010ལོའི་དེབ3པ།

དཔེ་ཡི་གོ་དོན་དང་ནུས་པ་སོགས་ཆེ་ལོང་ཙམ་བཤད་པ། བླ་ཐར་གྱིས་བརྩམས། 《མང་ཚོགས་སྒྱུ་རྩལ》2010ལོའི་དེབ3པ།

ས་པ་ཏ་མཁས་འཇུག་གི་ཚིག་རྒྱན་དང་སྙན་ངག་མེ་ལོང་མའི་ཚིག་རྒྱན་གཉིས་ཀྱི་བསྡུར་བ་ཕྲན་དཔྱད། འོད་འཚམས་ཀྱིས་བརྩམས། 《བོད་ལྗོངས་སློབ་གསོ》2010ལོའི་དེབ4པ།

སྐད་གཉིས་དང་། བསྲེས་ཚིག གཡར་ཚིག་བཅས་ཀྱི་གོ་དོན་དང་དེ་དག་གི་ཁྱད་པར་ལ་དཔྱད་པ། སྐལ་བཟང་ཡེ་ཤེས་ཀྱིས་བརྩམས། 《བོད་ལྗོངས་སློབ་གྲྭ་ཆེན་མོའི་རིག་དེབ》2010ལོའི་དེབ3པ།

བོད་ཀྱི་བསྟན་བཅོས་ཀྱི་མིང་འདོགས་ཚུལ་ལ་རགས་ཙམ་དཔྱད་པ། ནོར་བུ་བཀྲ་ཤིས་ཀྱིས་བརྩམས། 《བོད་ལྗོངས་སློབ་གྲྭ་ཆེན་མོའི་རིག་དེབ》2010ལོའི་དེབ3པ།

སྔོན་གྱི་ཡིག་རྙིང་ལས་འཕྲོས་ཏེ་བོད་ཡིག་གི་སྒྲའི་སྦྱོར་ལུགས་ཀྱི་འགྱུར་བ་ལ་དཔྱད་པ། སྟོབས་ལྡན་གྱིས་བརྩམས། 《བོད་ལྗོངས་སློབ་གྲྭ་ཆེན་མོའི་རིག་དེབ》2010ལོའི་དེབ4པ།

རྫོ་རིང་ཡི་གེ་དང་འབྲེལ་ནས་ཨི་ལྡན་གྱི་རྣམ་དབྱེའི་འགྱུར་ལུགས་གླེང་བ། ཁ་སྣང་སྟག་ཐར་རྒྱལ་གྱིས་བརྩམས། 《རྩེ་ར་སྙེག》2010ལོའི་དེབ3པ།

བོད་སྐད་ཁྲིད་ཀྱི་ཕྲོག་པའི་དྲི་བ་ཡི་ཚིག་སྦྱོར་ལ་དཔྱད་པ། ངག་དབང་ཀུན་དགས་བརྩམས། 《གངས་དཀར་རི་བོ》2010ལོའི་དེབ2པ།

དོན་གཅིག་པའི་མིང་དང་དོན་ལྡོག་པའི་མིང་གི་སྐོར་རགས་ཙམ་གླེང་བ།

ཏྲ་མགྲིན་སྐྱབས་ཀྱིས་བརྩམས། 《བོད་ལྗོངས་སློབ་གསོ》2010ལོའི་དེབ4བ།

མིང་མཛོད་རིག་པའི་ཐད་ནས《དག་ཡིག་གསར་བསྒྲིགས་》ལ་མདོ་ཙམ་དཔྱད་པ།

བཀྲ་ཤིས་ཚེ་རིང་གིས་བརྩམས། 《བོད་ལྗོངས་སློབ་གསོ》2010ལོའི་དེབ5བ།

བོད་བཙན་པོའི་དུས་སྐབས་ཀྱི་རྗེས་འཇུག་འ་ཡིག་གི་སྦྱོར་ཚུལ་ལ་དཔྱད་པ།

ཏྲ་མགྲིན་སྐྱབས་ཀྱིས་བརྩམས། 《བོད་ལྗོངས་ཞིབ་འཇུག》2010ལོའི་དེབ3པ།

དཔང་ལོ་ཙཱ་བ་བློ་གྲོས་བརྟན་པའི་《ཚིགས་གསུམ་གསལ་བར་བཞུགས་སོ》ཞེས་པ་དང་ཕྱིས་བྱོན་མཁས་པ་འགས་མཛད་པའི་བརྡ་སྤྲོད་རིག་པའི་སྐོར་གྱི་བསྟན་བཅོས་འགའི་དབར་གྱི་འབྲེལ་བར་རགས་ཙམ་དཔྱད་པ།

ཁ་ཐུག་གིས་བརྩམས། 《བོད་ལྗོངས་ཞིབ་འཇུག》2010ལོའི་དེབ3པ།

རྒྱན་སྟུད་ཚ་ཚིག་གི་ནང་དོན་ལ་བསྐྱར་དུ་དཔྱད་པ།

ཉི་མ་ཚོས་སྒྲོན་དང་པ་སངས་ཀྱིས་བརྩམས། 《བོད་ལྗོངས་སློབ་གྲྭ་ཆེན་མོའི་རིག་དེབ》2010ལོའི་དེབ3པ།

《སུམ་ཅུ་པ་》དང་《རྟགས་འཇུག་》མཛད་པའི་ལོ་རབས་ཞིབ་འཇུག——ཐོན་མི་སམ་བྷོ་ཊ་འཚོ་གཞེས་གནང་བའི་ལོ་རབས་ལ་ཞོར་དུ་དཔྱད་པ།

ཡ་མ་ཀ་ཆི་ཟུའེ་ཕོ་ཡིས་བརྩམས། བཀྲ་ཤིས་ལྷུན་གྲུབ་ཀྱིས་བསྒྱུར། བོད་ལྗོངས་སློབ་གྲྭ་ཆེན་མོའི་རིག་དེབ》2010ལོའི་དེབ4བ།

གང་སྒྲའི་ཕྲད་“སུ་”ཡི་འཇུག་ཚུལ་སྐོར་གླེང་བ།

ཡེ་ཤེས་ཕུན་ཚོགས་ཀྱིས་བརྩམས། 《བོད་ལྗོངས་སློབ་གསོ》2010ལོའི་དེབ5བ།

འབྲུ་འགྲེལ་འཕྲུལ་ལྡེའི་གསར་འགྲེལ་གྱི་དཔྱད་གཞིའི་ལན་ཡིག(1)

ཀུན་དགའ་རྒྱལ་མཚན་གྱིས་བརྩམས། 《གངས་དཀར་རི་བོ》2010ལོའི་དེབ1པ།

འབྲུ་འགྲེལ་འཕྲུལ་ལྡེའི་གསར་འགྲེལ་གྱི་དཔྱད་གཞིའི་ལན་ཡིག(2)

ཀུན་དགའ་རྒྱལ་མཚན་གྱིས་བརྩམས། 《གངས་དཀར་རི་བོ》2010ལོའི་དེབ2པ།

བོད་ཀྱི་ཡུལ་སྐད་ལ་རྟོག་དཔྱོད་བྱེད་སྐབས་དོ་སྣང་བྱ་དགོས་པའི་དོན་ཚན་འགའ།

སུམ་ནྲ་དོན་གྲུབ་ཚེ་རིང་གིས་བརྩམས། 《བོད་ལྗོངས་ཞིབ་འཇུག》2010ལོའི་དེབ4བ།

ཉེ་རབས་འཕན་ཡུལ་བའི་སྐད་བརྡའི་ཁྱད་ཆོས་ལ་ཅུང་ཟད་དཔྱད་པ།

ཟླ་བ་ཚེ་རིང་གིས་བརྩམས། 《བོད་ལྗོངས་སློབ་གྲྭ་ཆེན་མོའི་རིག་དེབ》2010ལོའི་དེབ3པ།

ཨ་མདོའི་འབྲོག་སྐད་དེ་སྲོང་བཙན་སྐབས་ཀྱི་སྐད་ཆ་ལྟ་བུ་ཞིག་ཡིན་པར་འདོད་པ།

དཀུ་རོང་སེང་སྟག་གིས་བརྩམས། 《རྩེར་སྙེག》2010ལོའི་དེབ3པ།

ཡུལ་ཤུལ་ཁ་སྐད་ལས་ཐྲད་རྣམ་དབྱེའི་སྒྱུར་སྟངས་སྐོར་རགས་ཙམ་དཔྱད་པ།

གནམ་སྲས་ལྷ་རྒྱལ་གྱིས་བརྩམས། 《རྩེར་སྙེག》2010ལོའི་དེབ4བ།

བོད་ཀྱི་སྤྱི་སྐད་གཏན་འབེབས་སྐོར་གྱི་ལྟ་ཚུལ་ཐོར་བུ།

ཚེ་རིང་རྡོ་རྗེས་བརྩམས། 《བོད་ལྗོངས་སློབ་གསོ》2010ལོའི་དེབ3པ།

བོད་སྐད་གཅིག་གྱུར་བཟོ་རྒྱུའི་ཐད་ཀྱི་བསམ་གཞིག་ཐོར་བུ།

ཕུར་བུ་ཕན་ཐོགས་ཀྱིས་བརྩམས། 《བོད་ལྗོངས་སློབ་གསོ》2010ལོའི་དེབ4བ།

ཡིག་སྒྱུར།（翻译）

བོད་ཀྱི་ལོ་རྒྱུས་གཞུང་ལུགས་གྲུབ་ཚུལ་སྐོར་ལ་མདོ་ཙམ་དཔྱད་པ།

འཕྲིན་ལས་ཆོས་གྲགས་ཀྱིས་བརྩམས། 《བོད་ལྗོངས་ཞིབ་འཇུག》2010ལོའི་དེབ1པ།

《མི་ལ་རས་པའི་རྣམ་ཐར་》རྒྱ་འགྱུར་མའི་འགྱུར་སྐྱོན་ལ་ཐྲན་ཙམ་དཔྱད་པ།

རིག་གནས་སྐྱབས་ཀྱིས་བརྩམས། 《བོད་ལྗོངས་ཞིབ་འཇུག》2010ལོའི་དེབ1པ།

རྒྱ་བོད་རྩོམ་རིག་ལོ་རྒྱ་ལས་རིག་གནས་སྟོང་ཆའི་སྐོར་ལ་དཔྱད་པ།

འཇིགས་མེད་ཚེ་རིང་གིས་བརྩམས། 《བོད་ལྗོངས་ཞིབ་འཇུག》2010ལོའི་དེབ2པ།

《གནའ་བོའི་བོད་ཀྱི་ཡིག་སྒྱུར་ལོ་རྒྱུས་དང་གཞུང་ལུགས་སྐོར་མདོ་ཙམ་གླེང་བ་》ཞེས་པའི་རྩོམ་ཡིག་ནང་གི་གནད་དོན་འགའ་ཞིག་གི་བགྲོ་གླེང་། དགྲ་ལྷས་བརྩམས། 《བོད་ལྗོངས་ཞིབ་འཇུག》2010ལོའི་དེབ2པ།

རྒྱ་བོད་ཡིག་སྒྱུར་ལས་གསར་འགྱུར་རྩོམ་ཡིག་གི་ཡིག་སྒྱུར་སྐོར་མདོ་ཙམ་གླེང་བ།

དོན་གྲུབ་ཀྱིས་བརྩམས། 《གངས་ལྗོངས་རིག་གནས》2010ལོའི་དེབ1པ།

ལོ་རྒྱ་ལ་ཚད་གཞི་མེད་ཅེས་པ་ལས་འཕྲོས་པའི་གཏམ།

མཚམས་སྐྲོལ་དཀར་གྱིས་བརྩམས། 《གངས་ལྗོངས་རིག་གནས》2010ལོའི་དེབ2པ།

བོད་རྒྱའི་མིའི་མིང་གི་སྒྲ་བསྒྱུར་བྱེད་ཐབས་སྐོར་རགས་ཙམ་གླེང་བ།

ཚེ་རིང་སྒྲོལ་མས་བརྩམས། 《མི་རིགས》2010ལོའི་དེབ1པ།

ཁྲིམས་སྲྱོད་ཐ་སྙད་ཀྱི་སྒྱུར་ལུགས་སྐོར་ཅུང་ཙམ་དཔྱད་པ།

ལྷག་མཆོག་ཐར་གྱིས་བརྩམས། 《མི་རིགས》2010ལོའི་དེབ1པ།

གསར་འགྱུར་རྒྱུད་སྒྲོག་ཁྲོད་དུ་རྒྱ་བོད་ཡིག་སྒྱུར་ཐད་ལ་གནས་པའི་གནད་དོན་སྐོར་རགས་ཙམ་གླེང་བ།

གཉན་ཕྱུག་གིས་བརྩམས། 《མི་རིགས》2010ལོའི་དེབ1པ།

ལོ་ཙཱ་བས་དོ་སྣང་བྱེད་དགོས་པའི་འབྲེལ་བ་འགའ། བཀྲ་ཤིས་བརྩམས། 《མི་རིགས》2010ལོའི་དེབ1པ།

བོད་རྒྱ་ཡིག་བསྒྱུར་ལས་ས་མིང་གི་སྒྲ་བསྒྱུར་ཐད་རགས་ཙམ་གླེང་བ།

མགོན་པོ་དོན་གྲུབ་ཀྱིས་བརྩམས། 《མི་རིགས》2010ལོའི་དེབ1པ།

གསར་འགྱུར་ལོ་ཙཱའི་གཅིག་གྱུར་གྱི་ཚད་གཞིའི་སྐོར་གླེང་བ།

ཡེ་ཤེས་ཕུན་ཚོགས་ཀྱིས་བརྩམས། 《མི་རིགས》2010ལོའི་དེབ2པ།

བརྙན་འཕྲིན་གློས་གར་བོད་སྐད་དུ་བསྒྱུར་བའི་ཁྲོད་དུ་གནས་པའི་གནད་དོན་འགའ་རེབ་ཙམ་གླེང་བ།

ཚེ་རིང་གཡུ་སྒྲོན་གྱིས་བརྩམས། 《མི་རིགས》2010ལོའི་དེབ2པ།

རྒྱ་བོད་དབྱིན་ཡིག་སྙན་ངག་ཁྱབ་བསྒྲགས་ཀྱི་ཞིབ་བསྡུར་དང་སྒྱུ་རྩལ་གླེང་བ།

ཚེ་རིང་འཚོས་བརྩམས། 《ནུབ་བྱང་མི་རིགས་སློབ་གྲྭ་ཆེན་མོའི་རིག་གཞུང་དུས་དེབ》2010ལོའི་དེབ2པ།

ལོ་ཙཱ་བའི་བྱང་ཚད་ཀྱི་སྐོར་མདོ་ཙམ་གླེང་བ།

སྣང་རྒྱལ་མཚན་ཚེ་རིང་གིས་བརྩམས། 《ནུབ་བྱང་མི་རིགས་སློབ་གྲྭ་ཆེན་མོའི་རིག་གཞུང་དུས་དེབ》2010ལོའི་དེབ2པ།

རྒྱང་སྒྲོག་རྩོམ་ཡིག་གི་ལོ་ཙཱ་བྱེད་ཐབས་སྐོར་རགས་ཙམ་གླེང་བ།

འབྲུག་རྒྱལ་མཁར་གྱིས་བརྩམས། 《ནུབ་བྱང་མི་རིགས་སློབ་གྲྭ་ཆེན་མོའི་རིག་གཞུང་དུས་དེབ》2010ལོའི་དེབ2པ།

རྒྱ་བོད་གློས་སྒྲའི་བསྡུར་དཔྱོད་དང་དེའི་ལོ་ཙཱ་བྱེད་ཐབས།

ཉིང་འཛིན་ཡག་གིས་བརྩམས། 《ནུབ་བྱང་མི་རིགས་སློབ་གྲྭ་ཆེན་མོའི་རིག་གཞུང་དུས་དེབ》2010ལོའི་དེབ2པ།

ཡིག་སྒྱུར་གྱི་རྨང་གཞིའི་ནུས་རྩལ་སྐོར་ལ་ཅུང་ཟད་དཔྱད་པ།

བསོད་རིན་གྱིས་བརྩམས། 《བོད་ལྗོངས་སློབ་གྲྭ་ཆེན་མོའི་རིག་དེབ》2010ལོའི་དེབ1པ།

ལོ་ཙཱའི་མཐའ་དཔྱོད་ཀྱི་བྱེད་པོ་དང་བྱ་ཡུལ་སྐོར་ལ་དཔྱད་པ།

ཕྱུག་ལོས་བརྩམས། 《བོད་ལྗོངས་སློབ་གྲྭ་ཆེན་མོའི་རིག་དེབ》2010ལོའི་ཆེད་སྒྲིག་དེབ།

དངོས་ལུགས་མཁས་པའི་མཚན་གྱི་བསྒྱུར་ཐབས་སྐོར།

བྱ་ཆུང་གིས་བརྩམས། 《བོད་ལྗོངས་སློབ་གྲྭ་ཆེན་མོའི་རིག་དེབ》2010ལོའི་ཆེད་སྒྲིག་དེབ།

རྒྱ་བོད་ཡིག་སྒྱུར་ཁྲོད་ཀྱི་ཤད་ཇི་ལྟར་སྤྱོད་ཚུལ་རགས་ཙམ་གླེང་བ།

བསྟན་འཛིན་སྐལ་བཟང་གིས་བརྩམས། 《བོད་ལྗོངས་སློབ་གྲྭ་ཆེན་མོའི་རིག་དེབ》2010ལོའི་ཆེད་སྒྲིག་དེབ།

ལོ་ཙཱ་བའི་ཀུན་སྤྱོད་སྐོར་རགས་ཙམ་གླེང་བ།

པད་མས་བརྩམས། 《བོད་ལྗོངས་སློབ་གྲྭ་ཆེན་མོའི་རིག་དེབ》2010ལོའི་ཆེད་སྒྲིག་དེབ།

བོད་ཀྱི་དེང་རབས་ལོ་ཙཱའི་གཞུང་ལུགས་ཀྱི་འཕེལ་རིམ་དང་འབྲེལ་བའི་སྐོར་ཅུང་ཟད་གླེང་བ།

བསོད་ཆོས་ཀྱིས་བརྩམས། 《བོད་ལྗོངས་སློབ་གྲྭ་ཆེན་མོའི་རིག་དེབ》2010ལོའི་དེབ2པ།

བཙན་པོ་རལ་པ་ཅན་དུས་ཀྱི་འགྱུར་གྱི་སྐྱོན་སེལ་བརྒྱད་ཀྱི་རྣམ་གཞག་སྐོར་མདོ་ཙམ་གླེང་བ།

བསོད་ཆོས་ཀྱིས་བརྩམས། 《མཚོ་སྔོན་མི་རིགས་སློབ་ཆེན་རིག་དེབ》2010ལོའི་དེབ1པ།

རིགས་ཏུས་ཚོ་འབྲང་གི་སྒྱུར་ཐབས་སྐོར་ལ་རགས་ཙམ་དཔྱད་པ།

སྐལ་བཟང་ཚེ་རིང་གིས་བརྩམས། 《མཚོ་སྔོན་མི་རིགས་སློབ་ཆེན་རིག་དེབ》2010ལོའི་དེབ1པ།

རྩོམ་རིག་ཡིག་སྒྱུར་གྱི་སྒྱུ་རྩལ་རང་བཞིན་ལ་དཔྱད་པ།

སྐལ་བཟང་རྒྱལ་གྱིས་བརྩམས། 《མཚོ་སྔོན་མི་རིགས་སློབ་ཆེན་རིག་དེབ》2010ལོའི་དེབ2པ།

བོད་བཙན་པོའི་སྐབས་ཀྱི་ལོ་ཙཱའི་རྩ་དོན་དང་རྒྱལ་ཁབ་ཕྱི་ནང་དུ་ཚད་མར་འཛིན་པའི་ལོ་ཙཱའི་རྩ་དོན་འགའ་བསྡུར་ནས་དཔྱད་པ།

རྩེ་གཞུང་སྐལ་བཟང་འདུམ་གྱིས་བརྩམས། 《མཚོ་སྔོན་མི་རིགས་སློབ་ཆེན་རིག་དེབ》2010ལོའི་དེབ2པ།

སློག་བརྙན་བརྙན་འཕྲིན་གྱི་ཁ་བྱང་སྒྱུར་ཐབས་རགས་ཙམ་གླེང་བ།

ལི་ཡུས་ལེན་གྱིས་བརྩམས། 《མཚོ་སྔོན་མི་རིགས་སློབ་ཆེན་རིག་དེབ》2010ལོའི་དེབ2པ།

ཐང་ཤན་ཙང་གི་བསྒྱུར་མི་ཏུང་བ་ལྔ་དང་《སྒྲ་སྦྱོར་བམ་གཉིས་》ལས་བསྟན་པའི་བསྒྱུར་ལུགས་གཉིས་བསྡུར་ཏེ་དཔྱད་པ།

རྡོ་རྗེ་ཐར་གྱིས་བརྩམས། 《མཚོ་སྔོན་མི་རིགས་སློབ་ཆེན་རིག་དེབ》2010ལོའི་དེབ2པ།

རྒྱ་བོད་ལོ་ཙཱའི་བྱ་བ་ཚད་ལྡན་དུ་གཏོང་བའི་ཐབས་ལམ་འགའ་བརྗོད་པ།

ལྷ་བྲུག་སྐྱིད་ཀྱིས་བརྩམས། 《མཚོ་སྔོན་དགེ་ཐོན་སློབ་ཆེན་མི་རིགས་དགེ་ཐོན་སློབ་གླིང་གི་རིག་དེབ》2010ལོའི་དེབ1པ།

བོད་ཀྱི་གནའ་བོའི་ཡིག་སྒྱུར་གཞུང་ལུགས་ཀྱི་རྩ་དོན་དང་ཚད་གཞི་སྒྱུར་ཐབས་སྐོར་ཅུང་ཙམ་བཤད་པ།

ཟླ་རྒྱལ་ཚེ་རིང་གིས་བརྩམས། 《རྩེར་སྐྱེག》2010ལོའི་དེབ1པ།

ཡིག་སྒྱུར་ཁྲིད་མིང་བརྡའི་བསྟན་དོན་བརྡར་ཤ་གཅོད་ཐབས་སྐོར་གྱི་དྲན་ཚུལ་ཐོར་བུ།

ཚེ་རིང་འཚོམས་བརྩམས། 《རྩེར་སྐྱེག》2010ལོའི་དེབ2པ།

《ཐོག་ཁང་དམར་པོའི་རྨི་ལམ་》གྱི་མིའི་མིང་གི་རིག་གནས་དོན་སྙིང་དང་དེའི་སྒྱུར་ཐབས་སྐོར་ལ་དཔྱད་པ།

གཡང་མོ་མཚོས་བརྩམས། 《རྩེར་སྐྱེག》2010ལོའི་དེབ2པ།

ཐ་སྙད་གསར་བའི་ལོ་རྒྱུས་ལས་འཕྲོས་པའི་གཏམ། ཚེ་རྡོར་བརྩམས། 《རྩེར་སྙེག》2010ལོའི་དེབ2པ།

ཁྲིམས་ལུགས་ཐ་སྙད་ཀྱི་ལོ་རྒྱུའི་རྩ་དོན་འགའ། ལས་རབ་རྡོ་རྗེས་བརྩམས། 《རྩེར་སྙེག》2010ལོའི་དེབ2པ།

ཆུ་ངོགས་གཏམ་རྒྱུད་བོད་འགྱུར་མ་ལ་དཔྱད་པ།

མགོན་པོ་རྣམ་རྒྱལ་གྱིས་བརྩམས། 《ཀན་སུའུ་མི་རིགས་དགེ་འོས་སློབ་གྲྭ་ཆེན་མོའི་རིག་གཞུང་དུས་དེབ》2010ལོའི་དེབ2པ།

བོད་སྐད་བརྙན་འཕྲིན་གསར་འགྱུར་ཡིག་སྒྱུར་གྱི་ཁྱད་ཆོས་དང་ཉམས་མྱོང་རྩུང་ཙམ་བརྗོད་པ།

ཏ་མགྲིན་སྒྲོལ་མས་བརྩམས། 《ཀན་སུའུ་མི་རིགས་དགེ་འོས་སློབ་གྲྭ་ཆེན་མོའི་རིག་གཞུང་དུས་དེབ》2010ལོའི་དེབ2པ།

དེང་གི་ལོ་རྒྱུ་བར་མ་མཐར་ཡང་ལྡན་དགོས་པའི་གླང་བུ་འགའ།

ཚེ་དོན་གྱིས་བརྩམས། 《བོད་ཀྱི་རྩོམ་རིག་སྒྱུ་རྩལ》2010ལོའི་དེབ1པ།

བོད་ཀྱི་ལོ་རྒྱུའི་ཚད་གཞི་སྐོར་རྩུང་ཙམ་གླེང་བ།

དོན་གྲུབ་ཀྱིས་བརྩམས། 《བོད་ཀྱི་རྩོམ་རིག་སྒྱུ་རྩལ》2010ལོའི་དེབ2པ།

བོད་ལུགས་སྨན་རྫས་ཀྱི་སྨན་མིང་ལོ་རྒྱུའི་སྐོར་གྱི་གནད་དོན་དང་གྲོས་འགོ་ཁ་ཤས།

སྤོ་ཆང་པ་སྒྲོལ་མ་དོན་གྲུབ་ཀྱིས་བརྩམས། 《བོད་ལྗོངས་ཞིབ་འཇུག》2010ལོའི་དེབ4བ།

ལོ་རྒྱུར་ཞིབ་འཇུག་གི་རིག་ཚན་གྱི་མིང་གི་འདོགས་སྟངས་སྣ་ཚོགས་ལས་བོད་ཀྱིས་གང་གདགས་པར་འཚམ་པའི་སྐོར་གྱི་དྲན་འཆར། ཚེ་བཟང་དབང་མོས་བརྩམས། 《མི་རིགས》2010ལོའི་དེབ3པ།

དཔྱད་སྒྱུར་ལོ་རྒྱུའི་སྐོར་རགས་ཙམ་གླེང་བ།

ཚེ་དབང་མཐར་ཕྱིན་ནས་བརྩམས། 《མི་རིགས》2010ལོའི་དེབ3པ།

བོད་རྒྱ་ཡིག་སྒྱུར་གྱི་ལས་ལ་འཇུག་པའི་སྔོན་འགྲོའི་ཆ་རྐྱེན་འགའ་གླེང་བ།

བསོད་ནམས་སྐྱིད་ཀྱིས་བརྩམས། 《མི་རིགས》2010ལོའི་དེབ3པ།

རྒྱ་བོད་ཡིག་སྒྱུར་སྐབས་ཉམས་འཛོག་དང་ལེགས་བཅོས་བྱེད་དགོས་པའི་སྐོར་གླེང་བ།

སྒྲ་དབྱངས་ལྷ་མོས་བརྩམས། 《གངས་ལྗོངས་རིག་གནས》2010ལོའི་དེབ3པ།

《ཁང་ཆེན་དམར་པོའི་རྨི་ལམ་》བོད་ཡིག་པར་མའི་(དེབ་དང་པོ་)སྒྱུར་རྩལ་སྐོར་གླེང་བ།

གཉལ་དུ་བཟང་དགྲ་འདུལ་གྱིས་བརྩམས། 《གངས་ལྗོངས་རིག་གནས》2010ལོའི་དེབ4བ།

བསླབ་གཞིའི་ཡིག་སྒྱུར་ཁྲིད་བསྒྱུར་ནོར་འབྱུང་རྐྱེན་གྱི་ཕྱི་རྐྱེན་དང་ནང་རྐྱེན་སྐོར་རགས་ཙམ་གླེང་བ།

དཔལ་མཚོ་སྐྱིད་ཀྱིས་བརྩམས། 《གངས་ལྗོངས་རིག་གནས》2010ལོའི་དེབ4བ།

ཚན་རྩལ་མིང་བརྡ་སྒྱུར་སྐབས་དོ་སྣང་བྱེད་དགོས་པ་འགའ་གླེང་བ།

ཚེ་མོ་སྐྱིད་ཀྱིས་བརྩམས། 《བོད་ལྗོངས་སློབ་གསོ》2010ལོའི་དེབ3པ།

རྒྱ་བོད་རྩིས་རིག་ལོ་ཙྪ་བས་དོ་སྣང་བྱེད་དགོས་པ་འགའ་ཅུང་ཟད་གླེང་བ།

བསྟན་འཛིན་གྱིས་བརྩམས། 《བོད་ལྗོངས་སློབ་གསོ》2010ལོའི་དེབ5པ།

གཞན་བསྒྱུར་དང་མཐུན་འཇུག་གི་ལོ་ཙྪའི་ཐབས་ཇུས་སྐོར་གྱི་ངོས་ཟིན་ཐོར་བུ།

ཚེ་རིང་འཚོས་བརྩམས། 《བོད་ཀྱི་སློབ་གསོ》2010ལོའི་དེབ5པ།

ཡིག་སྒྱུར་སློབ་ཁྲིད་ཁྲོད་ཀྱི་ལྟ་ཚུལ་ཕྲན་ཚེགས།

བདེ་ཆུབ་རྡོ་རྗེ་དགྲ་འདུལ་གྱིས་བརྩམས། 《བོད་ལྗོངས་སློབ་གྲྭ་ཆེན་མོའི་རིག་དེབ》2010ལོའི་དེབ3པ།

ལོ་ཙྪའི་མཚན་སྒྱུར་གྱི་ཐབས་བཤད་པ།

རིན་ཆེན་སྐྱིད་དང་ཚེ་རིང་སྐྱབས་ཀྱིས་བརྩམས། 《བོད་ལྗོངས་སློབ་གྲྭ་ཆེན་མོའི་རིག་དེབ》2010ལོའི་དེབ3པ།

ལོ་ཙྪ་བ་ཚད་ལྡན་ཞིག་ལ་འཛོམས་དགོས་པའི་ཆ་རྐྱེན་སྐོར་ཅུང་ཟད་གླེང་བ།

ཟླ་བ་དགྲ་འདུལ་གྱིས་བརྩམས། 《བོད་ལྗོངས་སློབ་གྲྭ་ཆེན་མོའི་རིག་དེབ》2010ལོའི་དེབ3པ།

རྒྱ་བོད་ཡིག་སྒྱུར་ནང་ལྷགས་པའི་གནད་དོན་འགའ་ཞིག་གླེང་བ།

ཆུང་བདག་དང་སྤྲིན་པ་ཚེ་རིང་གིས་བརྩམས། 《བོད་ལྗོངས་སློབ་གྲྭ་ཆེན་མོའི་རིག་དེབ》2010ལོའི་དེབ3པ།

སྐད་རྩོམ་ཡིག་སྒྱུར་ཁྲིད་མཐུན་བདེ་སྐད་གསུམ་དགོས་ལུགས་རགས་ཙམ་བཤད་པ།

སྤྲིན་པ་དང་ཕུར་བུས་བརྩམས། 《བོད་ལྗོངས་སློབ་གྲྭ་ཆེན་མོའི་རིག་དེབ》2010ལོའི་དེབ3པ།

དུན་ཧོང་བོད་ཀྱི་ཡིག་ཆ《ཞང་ཤུ》དང《ཀུན་གོ་ཚེ》བོད་འགྱུར་མའི་ལོ་ཙྪ་བྱེད་ཐབས་སྐོར་ལ་ཅུང་ཟད་དཔྱད་པ།

ཤ་བོ་རབ་བརྟན་གྱིས་བརྩམས། 《བོད་ལྗོངས་སློབ་གྲྭ་ཆེན་མོའི་རིག་དེབ》2010ལོའི་དེབ4པ།

རྒྱ་བོད་ཡིག་སྒྱུར་གྱི་ངོ་བོའི་སྐོར་ཅུང་ཟད་གླེང་བ།

བསོད་རིན་གྱིས་བརྩམས། 《བོད་ལྗོངས་སློབ་གྲྭ་ཆེན་མོའི་རིག་དེབ》2010ལོའི་དེབ4པ།

མིང་གི་སྒྱུར་ཐབས་ལ་གསར་དུ་དཔྱད་པ།

བྱམས་པ་བསྟན་འཛིན་གྱིས་བརྩམས། 《རྩེ་ར་སྙེག》2010ལོའི་དེབ4པ།

སྒྲ་སྦྱོར་བམ་གཉིས་ཀྱི་ལུགས་དང་ཕྱི་གླིང་གི་ཆ་འདྲའི་ལོ་ཙྪའི་གཞུང་ལུགས་ལ་དཔྱད་པ།

གདུགས་དཀར་འབུམ་གྱིས་བརྩམས། 《རྩེ་ར་སྙེག》2010ལོའི་དེབ4པ།

བོད་ཀྱི་ལོ་ཙྪ་རིམ་བྱོན་དང་ཡིག་སྒྱུར་གྱི་འཕེལ་རིམ་སྐོར་རགས་ཙམ་གླེང་བ།

དོན་གྲུབ་རྡོ་རྗེས་བརྩམས། 《བོད་ཀྱི་རྩོམ་རིག་སྒྱུ་རྩལ》2010ལོའི་དེབ4པ།

རྩོམ་རིག(文学)

རྩོམ་རིག་གི་སྐད་ཆའི་གོ་དོན་དང་དེའི་ཁྱད་ཆོས་སྐོར་གྱི་བགྲོ་གླེང་།

བསོད་ནམས་ཚེ་རིང་གིས་བརྩམས། 《བོད་ལྗོངས་ཞིབ་འཇུག》2010ལོའི་དེབ2པ།

བོད་ཀྱི་རྩོམ་རིག་གི་སྐད་ཆའི་སྒྱུ་རྩལ་ཁྱད་ཆོས་སྐོར་རགས་ཙམ་གླེང་བ།

དཔལ་ལྡན་རྒྱ་མཚོས་བརྩམས། 《བོད་ལྗོངས་སྒྱུ་རྩལ་ཞིབ་འཇུག》2010ལོའི་དེབ2པ།

རྟོགས་བརྗོད་དང་རྣམ་ཐར་གཉིས་ཀྱི་ཁྱད་པར་ལ་རོབ་ཙམ་དཔྱད་པ།

ཁ་བོ་འབྲུག་རྒྱལ་གྱིས་བརྩམས། 《བོད་ལྗོངས་སློབ་གསོ》2010ལོའི་དེབ1པ།

དུས་སྐབས་གསར་པའི་རྩོམ་རིག་བོད་དུ་དར་བའི་རྒྱུ་ཚོགས།

བདུད་ལྷ་རྒྱལ་གྱིས་བརྩམས། 《ནུབ་བྱང་མི་རིགས་སློབ་གྲྭ་ཆེན་མོའི་རིག་གཞུང་དུས་དེབ》2010ལོའི་དེབ1པ།

བོད་ཀྱི་སྐད་ཁོངས་རྩོམ་རིག་ཐོག་མར་གླེང་བ།

ཁ་བོ་ཚེ་བརྟན་གྱིས་བརྩམས། 《བོད་ལྗོངས་སློབ་གྲྭ་ཆེན་མོའི་རིག་དེབ》2010ལོའི་དེབ1པ།

བོད་ཀྱི་ལྷ་སྒྲུང་གི་ནང་དོན་འཕེལ་རིམ་སྐོར་ལ་རགས་ཙམ་དཔྱད་པ།

རྒྱ་མཚོས་བརྩམས། 《བོད་ལྗོངས་སློབ་གྲྭ་ཆེན་མོའི་རིག་དེབ》2010ལོའི་ཆེད་སྒྲིག་དེབ།

རྩོམ་རིག་བརྩམས་ཆོས་ཀྱི་རིན་ཐང་ཚད་གཞིའི་སྐོར་གླེང་བ།

ཕུར་བུ་དོན་གྲུབ་ཀྱིས་བརྩམས། 《བོད་ལྗོངས་སློབ་གྲྭ་ཆེན་མོའི་རིག་དེབ》2010ལོའི་ཆེད་སྒྲིག་དེབ།

བོད་ཀྱི་གནའ་ཉམས་རྩོམ་རིག་གི་སྒྱུ་རྩལ་མཛེས་ཆོས་ཀྱི་ཁམས་བཤད་པ།

བཀྲ་ཤིས་ཕུན་ཚོགས་ཀྱིས་བརྩམས། 《བོད་ལྗོངས་སློབ་གྲྭ་ཆེན་མོའི་རིག་དེབ》2010ལོའི་ཆེད་སྒྲིག་དེབ།

བོད་ཀྱི་དཔེ་ཆོས་དང་རྒྱའི་"寓言"ཞེས་པའི་བརྡ་རྟགས་མཚོན་དོན་གྱི་གཤིབ་བསྡུར་ལས་བོད་ཀྱི་"'寓言' རྩོམ་ཡིག"གམ"དཔེ་ཆོས་རྩོམ་ཡིག"གི་མིག་སྔའི་གནས་སྟངས་གླེང་བ།

དགའ་བ་པ་སངས་ཀྱིས་བརྩམས། 《བོད་ལྗོངས་སློབ་གྲྭ་ཆེན་མོའི་རིག་དེབ》2010ལོའི་དེབ2པ།

དེང་རབས་བོད་ཀྱི་སྐྱེ་ཁམས་རྩོམ་རིག་གི་འབྱུང་རྐྱེན་དང་ཁྱད་ཆོས་ལ་དཔྱད་པ།

སྒྲོལ་མ་འཚོས་བརྩམས། 《མཚོ་སྔོན་མི་རིགས་སློབ་ཆེན་རིག་དེབ》2010ལོའི་དེབ1པ།

གདོད་མའི་བོད་ལ་བསམ་བློའི་དཔལ་ཡོན་དར་བ་དང་རྩོམ་རིག་གི་རིག་པ་བྱུང་ཚུལ།

བྲུ་བཞི་བསམ་པའི་དོན་གྲུབ་ཀྱིས་བརྩམས། 《རྩེར་སྙེག》2010ལོའི་དེབ2པ།

བོད་ཀྱི་གནའ་ཉམས་རྩོམ་རིག་གི་སྒྱུ་རྩལ་མཛེས་ཆོས་ཀྱི་རྟོག་ཁམས་བཤད་པ།

བཀྲ་ཤིས་ཕུན་ཚོགས་ཀྱིས་བརྩམས། 《རྩེར་སྙེག》2010ལོའི་དེབ2པ།

གདོད་མའི་བོད་ཀྱི་རྩོམ་རིག་ལས་ལྷའི་ངོས་འཛིན་དང་དེའི་ཁྱད་ཆོས་ལ་ཞུང་ཟད་དཔྱད་པ།

ཀུན་དཔལ་ཚེ་རིང་གིས་བརྩམས། 《ཀན་ལྷོའུ་མི་རིགས་དགེ་འོས་སློབ་གྲྭ་ཆེན་མོའི་རིག་གཞུང་དུས་དེབ》2010ལོའི་དེབ2པ།

《བསླབ་བྱ་རིན་ཆེན་ཕྲེང་མཛེས་》དང་《བཤེས་སྤྲིངས་》གཉིས་ཀྱི་འབྲེལ་བ།

སྐལ་བཟང་རྡོ་རྗེས་བརྩམས། 《བོད་ཀྱི་སློབ་གསོ》2010ལོའི་དེབ3པ།

བོད་ཀྱི་མཚར་གཏམ་རྩོམ་རིག་དང་འབྲེལ་བའི་གནད་དོན་འགའ་ཞིག་གི་སྐོར་ཞུང་ཟད་གླེང་བ།

བསོད་ནམས་ཆོས་འཕེལ་གྱིས་བརྩམས། 《སྤང་རྒྱན་མེ་ཏོག》2010?

གོ་བདེའི་ཐ་སྙད་ལས་སྙན་ངག་གི་གོ་བབ་མཐོར་འདེགས་བྱ་ཚུལ་སྐོར་ཞུང་ཟད་གླེང་བ།

ཟླ་བ་དགྲ་འདུལ་གྱིས་བརྩམས། 《གངས་ལྗོངས་རིག་གནས》2010ལོའི་དེབ2པ།

སྤྲོལ་རྒྱུན་སྙན་ངག་གི་དགེ་མཚན་རགས་བཤད།

ལྷ་ནག་པ་ཡེ་ཤེས་བཟང་པོས་བརྩམས། 《བོད་ལྗོངས་སྒྱུ་རྩལ་ཞིབ་འཇུག》2010ལོའི་དེབ1པ།

ཉམས་དང་རྒྱན་གྱི་འབྲེལ་བ་བཤད་པ་ཡིད་ཀྱི་མུན་སེལ་སྒྲོན་མེ།

ཏ་མགྲིན་ཚེ་རིང་གིས་བརྩམས། 《བོད་ལྗོངས་སྒྱུ་རྩལ་ཞིབ་འཇུག》2010ལོའི་དེབ1པ།

ཕག་གྲུ་དང་གཙང་པ་སྡེ་སྲིད་དུས་སྐབས་ཀྱི་སྙན་ངག་བརྩམས་ཆོས་སྐོར་བཤད་པ།

རྡོ་དགོན་གསང་བདག་རྡོ་རྗེས་བརྩམས། 《བོད་ལྗོངས་སློབ་གསོ》2010ལོའི་དེབ1—2པ།

བོད་ཀྱི་སྙན་ངག་རིག་པའི་གཞུང་ཐོག་མ་གང་ཡིན་སྐོར་ལ་རགས་ཙམ་དཔྱད་པ།

སྙེམས་པ་བཀྲ་ཤིས་ཀྱིས་བརྩམས། 《རྒྱབ་བྱང་མི་རིགས་སློབ་གྲྭ་ཆེན་མོའི་རིག་གཞུང་དུས་དེབ》2010ལོའི་དེབ1པ།

བོད་ཀྱི་ཀ་བཤད་རྩོམ་རིག་གི་བྱུང་བ་དང་བརྗོད་བྱའི་མཚོན་དོན་མདོར་ཙམ་གླེང་བ།

རིག་འཛིན་གྱིས་བརྩམས། 《བོད་ལྗོངས་སློབ་གྲྭ་ཆེན་མོའི་རིག་དེབ》2010ལོའི་ཆེད་སྒྲིག་དེབ།

སྙན་གཞུང《ཚངས་སྲས་བཞད་པའི་སྒྲ་དབྱངས་》ཀྱི་ཁྱད་ཆོས་གཙོ་བོ་འགའ་མདོ་ཙམ་བརྗོད་པ།

སྙེམས་པ་བཀྲ་ཤིས་ཀྱིས་བརྩམས། 《བོད་ལྗོངས་སློབ་གྲྭ་ཆེན་མོའི་རིག་དེབ》2010ལོའི་དེབ2པ།

སྙན་ངག་གི་སྐྱོན་སེལ་དང་རྩོམ་རིག་མཐའ་དཔྱོད་ཀྱི་ཁྱད་ཆོས་ལ་རགས་ཙམ་དཔྱད་པ།

ཉིང་འཛིན་ཡག་གིས་བརྩམས། 《ཀན་ལྷོའུ་མི་རིགས་དགེ་འོས་སློབ་གྲྭ་ཆེན་མོའི་རིག་གཞུང་དུས་དེབ》2010ལོའི་དེབ1པ།

ད་ལྟའི་སྐད་ངག་པ་འགའི་སྐད་ངག་ཞིབ་འཇུག་ཁྲོད་ཀྱི་ནོར་འཁྲུལ་རིགས་ཤིག

ཀུན་དཔལ་ཚེ་རིང་གིས་བརྩམས། 《བོད་ཀྱི་རྩོམ་རིག་སྒྱུ་རྩལ》2010ལོའི་དེབ1པ།

རང་མོས་སྐད་ངག་བོད་ལ་དར་རྒྱས་ཆེན་པོ་བྱུང་བའི་རྒྱུ་རྐྱེན་སྐོར་རགས་ཙམ་གླེང་བ།

སྐལ་བཟང་རྡོ་རྗེས་བརྩམས། 《བོད་ཀྱི་རྩོམ་རིག་སྒྱུ་རྩལ》2010ལོའི་དེབ3པ།

སྐད་ངག་སྣང་བརྙན་གྱི་སྤྱི་ཚིངས།——ཡིད་བརྙན།

བྱ་མདོ་དོན་གྲུབ་ཚེ་རིང་གིས་བརྩམས། 《བོད་ཀྱི་རྩོམ་རིག་སྒྱུ་རྩལ》2010ལོའི་དེབ3པ།

བོད་ཀྱི་རིག་གནས་སྲོལ་རྒྱུན་སྐད་ངག་གཙིགས་ཆེར་བཟུང་དགོས་ཚུལ་གྱི་སྐོར་མདོ་ཙམ་གླེང་བ།

བླ་བ་སྐྱིད་པས་བརྩམས། 《སྤང་རྒྱན་མེ་ཏོག》2010ལོའི་དེབ1པ།

སྤྲིན་གྱི་ལང་ཚོ་བློ་གསལ་མིག་གི་རོལ་རྩེད།——རྡོ་གྲུབ་བསྟན་པའི་ཉི་མ་མཆོག་གི་སྐད་མགུར་《སྤྲིན་》གྱི་གསར་འགྲེལ།

རྡོ་ཕྲིས་སྒྲོལ་མ་འབྲུམ་གྱིས་བརྩམས། 《སྤྲང་ཆར》2010ལོའི་དེབ1པ།

རྟོགས་བརྗོད་གསེར་གྱི་མེ་ཏོག་གི་སྒྱུ་རྩལ་ཁྱད་ཆོས་ལ་དཔྱད་པ།

རྡོ་རྗེ་ཚེ་རིང་གིས་བརྩམས། 《བླ་ཟེར》2010ལོའི་དེབ1པ།

བོད་ཀྱི་ཀ་རྩོམ་སྐད་ངག་དང་དེའི་མཚོན་ཐབས་སྐོར་ལ་དཔྱད་པ།

གནམ་ལྷ་ཡག་གིས་བརྩམས། 《སྔོ་ཁའི་རྩོམ་རིག་སྒྱུ་རྩལ》2010ལོའི་དེབ2པ།

བརྩམས་སྒྲུང་《ར་ལོ་》དང་《ཨ་Qརང་རྣམ་》གཉིས་བསྡུར་ནས་དཔྱད་པ།

བདེ་ལེགས་ཀྱིས་བརྩམས། 《བོད་ལྗོངས་ཞིབ་འཇུག》2010ལོའི་དེབ2པ།

དངུལ་ལོར་གྱི་བསླུ་བྲིད་དང་རིག་གནས་ཀུན་སྤྱོད་ཀྱི་འཁྲུག་ཤུར།——《ཚེ་རིང་སེང་གེ་》དང་དེའི་དཔྱད་བརྗོད་《ང་ལ་ཆ་རྒྱས་ཆེ་བའི་ཚེ་རིང་》ཞེས་པ་བཀླགས་རྗེས།

ཁང་སྐྱིད་བསོད་བསྟན་གྱིས་བརྩམས། 《གངས་ལྗོངས་རིག་གནས》2010ལོའི་དེབ2པ།

བརྩམས་སྒྲུང་《ར་ལོ་》དང་《ཨ་Qརང་རྣམ་》གཉིས་ཀྱི་བསམ་བློའི་ཐད་ཀྱི་མི་མཐུན་པའི་ཆ་ནས་བསྡུར་ཏེ་དཔྱད་པ།

བདེ་ལེགས་ཀྱིས་བརྩམས། 《གངས་ལྗོངས་རིག་གནས》2010ལོའི་དེབ2པ།

《བྱ་སྤྲེལ་གཏམ་རྒྱུད་》ལས་མི་སྣའི་སྣང་བརྙན་བཞེངས་སྐྲུན་སྐོར་གླེང་བ།

སྒྲ་དབྱངས་ལྷ་མོས་བརྩམས། 《བོད་ལྗོངས་སྒྱུ་རྩལ་ཞིབ་འཇུག》2010ལོའི་དེབ1པ།

བོད་ཀྱི་སྒྲུང་གཏམ་དང་དེའི་རྒྱུ་ཆ།

ཕེ་ཁྲི་ཉེའུ་མཁན་ནས་བརྩམས། བཀྲ་ཤིས་ལྷུན་གྲུབ་ཀྱིས་བསྒྱུར། 《བོད་ལྗོངས་སློབ་གྲྭ་ཆེན་མོའི་རིག་དེབ》2010ལོའི་དེབ1པ།

《གཞོན་ནུ་ཟླ་མེད་ཀྱི་གཏམ་རྒྱུད་》དང་《ཐོག་ཁང་དམར་པོའི་རྨི་ལམ་》གཉིས་ནང་གི་མི་སྣ་ཡིད་འོང་མ་དང་ལེན་

འཚོལ་བའི་ལམ་དུ། བྱང་ཆུབ་སྒྲོལ་མས་བརྩམས། 《མི་རིགས》2010ལོའི་དེབ1པ།

བོད་ཀྱི་ལྷ་སྲུང་གི་རྩ་བའི་འབྱུང་རྐྱེན་སྐོར་གླེང་བ།

གཡང་མོ་སྐྱིད་ཀྱིས་བརྩམས། 《བོད་ལྗོངས་ཞིབ་འཇུག》2010ལོའི་དེབ2པ།

བོད་ཀྱི་དམངས་ཁྲོད་སྲུང་གཏམ་གྱི་ཁྱིམ་སྲུང་རང་བཞིན་སྐོར་ལ་རགས་ཙམ་གླེང་བ།

བློ་བཟང་ཆོས་སྒྲོན་གྱིས་བརྩམས། 《གངས་ལྗོངས་རིག་གནས》2010ལོའི་དེབ1པ།

"དམངས་ཁྲོད་རྩོམ་ རིག་ གི་ བརྗོད་ བྱ་ ནི་ བོད་ རྙིང་ པའི་ སྐབས་ ཀྱི་ དམངས་ ཀྱི་ འཚོ་ བར་ ལྟ་ བའི་ མེ་ ལོང་ ཞིག་ ཡིན།"——བོད་ལྗོངས་སྤྱི་ཚོགས་ཚན་ རིག་ ཁང་ མི་ རིགས་ ཞིབ་ འཇུག་ ཁང་ གི་ དཔྱ་ འཛིན་ དང་ ཞིབ་ འཇུག་ པ་ ཚེ་རིང་ཕུན་ཚོགས་ལ་ཆེད་དོན་བཅར་འདྲི་ཞུས་པ།

བཀྲ་དཔལ་གྱིས་བརྩམས། 《གངས་ལྗོངས་རིག་གནས》2010ལོའི་དེབ2པ།

བོད་ཀྱི་དམངས་ཁྲོད་རྩོམ་རིག་ལས་གཏམ་རྒྱུད་ཀྱི་གོ་དོན་སྐོར་རགས་ཙམ་གླེང་བ།

བློ་བཟང་གིས་བརྩམས། 《བོད་ལྗོངས་སློབ་གྲྭ་ཆེན་མོའི་རིག་དེབ》2010ལོའི་ཆེད་སྒྲིག་དེབ།

བོད་ཀྱི་དམངས་གཞས་ལས་དུས་བསྟུན་སྲིད་གཞས་ཀྱི་སྐོར་རགས་ཙམ་གླེང་བ།

ལྷག་པས་བརྩམས། 《བོད་ལྗོངས་སློབ་གྲྭ་ཆེན་མོའི་རིག་དེབ》2010ལོའི་ཆེད་སྒྲིག་དེབ།

《ཉིང་སྣའི་སྨྱུ》དང་《དོན་གྲུབ་རྒྱལ་པོ་དང་ཡེ་ཤེས་སྒྲོལ་མ་》གཉིས་བསྡུར་བ།

རྣམ་རྒྱལ་གྱིས་བརྩམས། 《བོད་ལྗོངས་སློབ་གྲྭ་ཆེན་མོའི་རིག་དེབ》2010ལོའི་ཆེད་སྒྲིག་དེབ།

ལ་གཞས་ཀྱི་སྒྲུ་རྩལ་ཁྱད་ཆོས་དང་ད་ལྟའི་གནས་བབ་སྐོར་རགས་ཙམ་གླེང་བ།

ཕུལ་ལྷ་ཐར་གྱིས་བརྩམས། 《རྩེར་སྙེག》2010ལོའི་དེབ1པ།

བོད་མིའི་འཚོ་བའི་ཁྲོད་ཀྱི་གནའ་རྒྱལ་ཆེ་ལོས་བསྟན་པའི་བསམ་བློའི་རིན་ཐང་ལ་དཔྱད་པ།

དབང་ཁོས་བརྩམས། 《ཀན་སུའུ་མི་རིགས་དགེ་འོས་སློབ་གྲྭ་ཆེན་མོའི་རིག་གཞུང་དུས་དེབ》
2010ལོའི་དེབ1པ།

ཞབས་དཀར་ཚོགས་དྲུག་རང་གྲོལ་དང་བོད་ཀྱི་དམངས་གླུ།——རྗེ་ཞབས་དཀར་པས་བོད་ཀྱི་དམངས་གླུ་དག་བསྒྲིགས་བྱས་ནས་ལོ་ངོ་༢༠༠འཁོར་བར་དྲན་གསོ་ཞུ་བ།

མོག་ཆུང་ཕུར་ཁོས་བརྩམས། 《མང་ཚོགས་སྒྱུ་རྩལ》2010ལོའི་དེབ1པ།

ཡུལ་ཤུལ་ས་ཆའི་དམངས་གླུའི་ཁྱད་ཆོས་མདོ་ཙམ་བརྗོད་པ།

པདྨ་ཚེ་འཛོམས་ཀྱིས་བརྩམས། 《མང་ཚོགས་སྒྱུ་རྩལ》2010ལོའི་དེབ1པ།

ཨ་མདོའི་ལ་གཞས་ཀྱི་དམངས་སྲོལ་རང་བཞིན་ལ་ཅུང་ཟད་དཔྱད་པ།

སྒྲུང་དྲེ་པདྨ་རྒྱལ་གྱིས་བརྩམས། 《མང་ཚོགས་སྒྱུ་རྩལ》2010ལོའི་དེབ1པ།

ལ་གཞིས་ཀྱི་ད་ལྟའི་གནས་བབ་བཤད་པ།

ཕུལ་ལྷ་ཐར་གྱིས་བརྩམས། 《ཟླ་ཟེར》2010ལོའི་དེབ1པ།

བོད་ཀྱི་གཏམ་དཔེའི་སློབ་གསོའི་ནུས་པ་དང་སྤྱི་ཚོགས་ལ་ཕན་པའི་ཕན་འབྲས་སྐོར་ཙུང་ཟད་གླེང་བ།

ཐོ་ཀླུའི་པད་མ་རྒྱལ་གྱིས་བརྩམས། 《བོད་ལྗོངས་སྒྱུ་རྩལ་ཞིབ་འཇུག》2010ལོའི་དེབ2པ།

《སྙན་ངག་མེ་ལོང་》གི་བརྗོད་ཆད་དང་དེང་རབས་རྩོམ་གཞུང་གི་གོ་དོན་རྣམས་མཐུན་སྒྱུར་བྱེད་པའི་གླེང་མོལ།

བྱ་བཞི་བསམ་པའི་དོན་གྲུབ་ཀྱིས་བརྩམས། 《ཀྲུང་གོའི་བོད་རིག་པ》2010ལོའི་དེབ4བ།

བོད་ཀྱི་རྟོགས་བརྗོད་རྩོམ་རིག་སྐོར་གྱི་བསམ་གཞིག

ལྷག་པ་ཚོས་འཕེལ་གྱིས་བརྩམས། 《བོད་ལྗོངས་ཞིབ་འཇུག》2010ལོའི་དེབ4བ།

ང་རང་གི་གོ་བ་ལེན་ཚུལ་ཞིག——རྩོམ་རིག་གི་བདེན་དགེ་མཛེས་གསུམ།

ནམ་མཁའ་བཀྲ་ཤིས་ཀྱིས་བརྩམས། 《གངས་ལྗོངས་རིག་གནས》2010ལོའི་དེབ4བ།

པོ་ཏོ་བ་རིན་ཆེན་གསལ་གྱི་དཔེ་ཆོས་དང་དེའི་སྒྱུ་རྩལ་མཚོན་ཐབས་ལ་དཔྱད་པ།

བསྟན་འཛིན་དོན་གྲུབ་ཀྱིས་བརྩམས། 《བོད་ལྗོངས་སློབ་གྲྭ་ཆེན་མོའི་རིག་དེབ》2010ལོའི་དེབ3པ།

བོད་ཀྱི་རྩོམ་རིག་སྐད་ཆའི་སྒྲིག་གཞི། དཔལ་ལྡན་རྒྱ་མཚོས་བརྩམས། 《རྩེར་སྙེག》2010ལོའི་དེབ3པ།

རྩོམ་རིག་རྣམ་གཞག་སྐོར་རོབ་ཙམ་གླེང་བ།

བསོད་ནམས་སྟོབས་རྒྱལ་གྱིས་བརྩམས། 《བོད་ཀྱི་རྩོམ་རིག་སྒྱུ་རྩལ》2010ལོའི་དེབ6པ།

རྩོམ་ཡིག་གི་ཁ་བྱང་གསར་གཏོད་སྐོར་གླེང་བ།

ཀརྨ་དབང་གྲགས་ཀྱིས་བརྩམས། 《སྟོ་ཁའི་རྩོམ་རིག་སྒྱུ་རྩལ》2010ལོའི་དེབ4བ།

སྲོལ་རྒྱུན་རྩོམ་རིག་ལ་དམིགས་པའི་ཕྱི་འདྲང་དང་རྩོམ་རིག་གསར་པར་འཕྱེང་བའི་སེམས་ཁྲལ།

བྱ་མོ་བདེ་དགས་བརྩམས། 《གངས་དཀར་རི་བོ》2010ལོའི་དེབ1པ།

《སྣང་ས་འོད་འབུམ་》ལས་འཕྲོས་ཏེ་བོད་རིགས་བུད་མེད་ཀྱི་ཐོབ་ཐང་གླེང་བ།

སྒྲོལ་མས་བརྩམས། 《ནུབ་བྱང་མི་རིགས་སློབ་གྲྭ་ཆེན་མོའི་རིག་གཞུང་དུས་དེབ》2010ལོའི་དེབ2པ།

《སྣང་ས་འོད་འབུམ་》དང་དེ་ལས་བྱུང་བའི་བུད་མེད་ཀྱི་ཐོབ་ཐང་གླེང་བ།

སྒྲོལ་མས་བརྩམས། 《མང་ཚོགས་སྒྱུ་རྩལ》2010ལོའི་དེབ3པ།

《བྱ་ལེན་མའི་ཟློས་གར་》གྱི་སྣང་བརྙན་བཞེང་སྐྲུན་གྱི་ཆ་ལ་དཔྱད་པ།

དོ་རྒྱ་ཤ་བོ་སྐྱིད་ཀྱིས་བརྩམས། 《རྩེར་སྙེག》2010ལོའི་དེབ3པ།

《གཞོན་ནུ་ཟླ་མེད་ཀྱི་གཏམ་རྒྱུད་》གྱི་བསམ་བློའི་ནང་དོན་ལ་མདོ་ཙམ་དཔྱད་པ།

དབང་རྒྱལ་གྱིས་བརྩམས། 《གངས་ལྗོངས་རིག་གནས》2010ལོའི་དེབ3པ།

《གཞོན་ནུ་ཟླ་མེད་ཀྱི་གཏམ་རྒྱུད་》ཀྱི་སྒྱུ་རྩལ་ཁྱད་ཆོས་སྐོར་གླེང་བ།

དབང་རྒྱལ་གྱིས་བརྩམས། 《མང་ཚོགས་སྒྱུ་རྩལ》2010ལོའི་དེབ4བ།

སྒྱུ་རྩལ་གསར་རྩོམ་གྱི་ལམ་བུ་ནི་འཚོལ་སྐྱེགས་ཀྱི་བརྒྱུད་རིམ་ཞིག་ཡིན——《རྒྱུད་སྐུད་སྟེང་གི་རྣམ་ཤེས་》ལ་དཔྱད་དེ་གླེང་བ།

བྱམས་པ་ཚུལ་ཁྲིམས་ཀྱིས་བརྩམས། 《བོད་ལྗོངས་སློབ་གྲྭ་ཆེན་མོའི་རིག་དེབ》2010ལོའི་དེབ3པ།

ཆོས་རྒྱལ་ནོར་བཟང་གི་རྣམ་ཐར་དང་ནོར་བཟང་གི་སྐྱེས་རབས་གཉིས་ཀྱི་ཁྱད་པར་ལ་དཔྱད་པ།

ཤེས་རབ་རྒྱལ་མཚན་གྱིས་བརྩམས། 《རྩེར་སྙེག》2010ལོའི་དེབ4བ།

ལོ་རབས་བརྒྱད་ཅུ་པའི་བོད་ཀྱི་སྙུང་ཐུང་གསར་རྩོམ་ལ་དཔྱད་པ།

བདུད་འཇོ་རྒྱལ་གྱིས་བརྩམས། 《སྦྲང་ཆར》2010ལོའི་དེབ4བ།

སྟག་འབུམ་རྒྱལ་གྱི་སྙུང་འབྲིང་《ཁ་བ་མེད་པའི་དགུན་ཁའི་》མི་སྣ་གཉིས་གླེང་བ།

ཀླུ་འབུམ་རྒྱལ་གྱིས་བརྩམས། 《ཟླ་ཟེར》2010ལོའི་དེབ4བ།

གླུ་སྐད་ཀྱི་ཁ་དོག་ལས་ཚེ་སྲོག་ནུབ་ཟིན་དུས——སྐབས་ཆེན་གྱི《གླུ་སྐད་སྐྱ་བོར་》དཔྱད་པ།

པདྨ་ཚེ་རིང་གིས་བརྩམས། 《བོད་ཀྱི་རྩོམ་རིག་སྒྱུ་རྩལ》2010ལོའི་དེབ4བ།

རེ་བ་ཅན་གྱི་མི་རིགས་དང་ཁོང་ཚོའི་རྐང་རྗེས——《ཕྱི་ཉིན་གྱི་གནམ་གཤིས་དེ་རིང་ལས་ལེགས་པ་ཡོང་ངེས》ཞེས་པའི་བརྩམས་སྙུང་བསྒྲགས་རྗེས།

སྒྲོལ་སྐྱིད་ཀྱིས་བརྩམས། 《བོད་ཀྱི་རྩོམ་རིག་སྒྱུ་རྩལ》2010ལོའི་དེབ4བ།

བཀྲ་ཤིས་དཔལ་ལྡན་གྱི་སྙུང་གཏམ《རི་མགོ་མཐོན་པོའི་ཉི་མར་》རགས་ཙམ་དཔྱད་པ།

རྫོལ་ལགས་ཀྱིས་བརྩམས། 《བོད་ཀྱི་རྩོམ་རིག་སྒྱུ་རྩལ》2010ལོའི་དེབ6པ།

ཚོར་སྣང་གསར་པ་ཞིག——སྐྱ་ཞབས་ཚེ་རིང་དོན་གྲུབ་ཀྱི་སྙུང་གཏམ《འབུམ་སྐྱབས་》བསྒྲགས་པ།

དར་འབུམ་རྒྱལ་གྱིས་བརྩམས། 《ཟླ་ཟེར》2010ལོའི་དེབ3པ།

དགེ་འདུན་ཆོས་འཕེལ་གྱིས་བསྒྱུར་བའི་རྒྱ་གཞུང་དཔལ་ལེགས་ལྡན་ནག་པོའི་སྨྲ་ཁ་ཐོར་མ་ལ་དཔྱད་པ།

བཀྲ་ཤིས་ཕུན་ཚོགས་དང་ཉི་མས་བརྩམས། 《ཀྲུང་གོའི་བོད་རིག་པ》2010ལོའི་དེབ4བ།

སྔོན་རྩོམ་གསར་མའི་གསར་རྩོམ་གྱི་མཚོན་ཐབས་སྐོར་ལ་རགས་ཙམ་དཔྱད་པ།

ལྷག་པ་བུ་ཁྲིད་ཀྱིས་བརྩམས། 《བོད་ལྗོངས་སློབ་གསོ》2010ལོའི་དེབ4བ།

མི་ལ་རས་པའི་ཤ་ཁྲིའི་མགུར་ལས་འཕྲོས་ཏེ་མི་དང་རང་བྱུང་གི་འཆམ་མཐུན་སྐོར་རོབ་ཙམ་གླེང་བ།

དཔལ་བཟང་འབུམ་གྱིས་བརྩམས། 《གངས་ལྗོངས་རིག་གནས》2010ལོའི་དེབ3པ།

སྐྲེའུ་སྟེང་བློ་བཟང་དཔལ་ལྡན་གྱི་སྙན་ངག་གི་སྒྱུ་རྩལ་ཁྱད་ཆོས་སྐོར་རོབ་ཙམ་གླེང་བ།

ཡི་དམ་ཚེ་རིང་གིས་བརྩམས། 《གངས་ལྗོངས་རིག་གནས》2010ལོའི་དེབ3པ།

ཐོང་དཔང་རྣམ་གཉིས་དང་བོད་ཀྱི་སྨན་ངག་རིག་པའི་འབྲེལ་བའི་སྐོར་རགས་གླེང་།

སྐམ་པ་བཀྲ་ཤིས་ཀྱིས་བརྩམས། 《བོད་ལྗོངས་སློབ་གྲྭ་ཆེན་མོའི་རིག་དེབ》2010ལོའི་དེབ4བ།

བོད་ཀྱི་སྨན་ངག་གི་ལོ་རྒྱུས་ལ་དུས་མཚམས་དབྱེ་དགོས་ཚུལ་སྐོར་མདོར་ཙམ་གླེང་བ།

འཕྱིངས་དཀར་བཀྲ་ཕུན་གྱིས་བརྩམས། 《བོད་ལྗོངས་སློབ་གྲྭ་ཆེན་མོའི་རིག་དེབ》2010ལོའི་དེབ4བ།

མགུར་གླུའི་འཕེལ་རིམ་ཁྲོད་ཀྱི་དབྱངས་རྟའི་བྱེད་ནུས་ལ་དཔྱད་པ།

སྟོབས་རྒྱལ་གྱིས་བརྩམས། 《རྩེ་ར་སྙེག》2010ལོའི་དེབ3པ།

《ལེགས་བཤད་འཕྲུལ་གྱི་དྲ་བའི་》བསམ་བློའི་ནང་དོན་དང་སྒྱུ་རྩལ་གྱི་ཁྱད་ཆོས་སྐོར་རགས་ཙམ་གླེང་བ།

ཟློན་ཐར་རྒྱལ་གྱིས་བརྩམས། 《བོད་ཀྱི་སློབ་གསོ》2010ལོའི་དེབ5བ།

སྙན་ངག་གི་གོ་དོན་དང་བྱེད་ནུས་ཀྱི་སྐོར་གླེང་བ།

བླ་བ་དགྲ་འདུལ་གྱིས་བརྩམས། 《བོད་ཀྱི་རྩོམ་རིག་སྒྱུ་རྩལ》2010ལོའི་དེབ6པ།

བོད་ཀྱི་རང་སོས་སྙན་རྩོམ་ནང་གི་རབ་རིབ་སྙན་ངག་གི་རྩོམ་ཐབས་དང་འབྲེལ་བའི་གནད་དོན་འགའ་ཞིག་གླེང་བ།

བསོད་ཆོས་ཀྱིས་བརྩམས། 《སྟོ་ཁའི་རྩོམ་རིག་སྒྱུ་རྩལ》2010ལོའི་དེབ3པ།

སྙན་ངག་གསར་པ་དང་འབྲེལ་བའི་གླེང་བརྗོད།

ལོ་བ་ཆོས་འཕེལ་གྱིས་བརྩམས། 《སྟོ་ཁའི་རྩོམ་རིག་སྒྱུ་རྩལ》2010ལོའི་དེབ4བ།

འཇུ་སྐལ་བཟང་གི་སྙན་རྩོམ《ལོ་བྲང་པོ་ཏ་ལའི་མདུན་ངོས་ཀྱི་རྗེ་ཐེམ་》དང་དེའི་ཕྲན་དཔྱད།

དུད་སྒྲིང་གིས་བརྩམས། 《གངས་རྒྱན་མེ་ཏོག》2010ལོའི་དེབ1པ།

སྙན་ངག་ནི་ཐ་སྙད་ཡོད་ཚད་བཙོ་སྦྱང་བྱས་པའི་ཉིང་བཅུད་ཡིན——བོད་ཀྱི་ན་གཞོན་སྙན་ངག་པ་འཐྲོང་ལུགས་ལ་བཅར་འདྲི་བྱས་པའི་ཟིན་བཀོད། ཁྲི་སེམས་དཔལ་བརྩམས། 《གངས་རྒྱན་མེ་ཏོག》2010ལོའི་དེབ1པ།

གཙན་མེ་སྟག་གི་སྙན་རྩོམ《ཉི་ཟླ་རི་བོའི་སྙན་ཚིག》དང་དེའི་ཕྲན་དཔྱད།

བདུད་ལྷ་རྒྱལ་གྱིས་བརྩམས། 《གངས་རྒྱན་མེ་ཏོག》2010ལོའི་དེབ3པ།

སྙན་ངག་ནི་ཡིད་ཀྱི་འགྱུར་བ་མཚོན་བྱེད་ཅིག་ལས་མ་འདས——བོད་ཀྱི་ན་གཞོན་སྙན་ངག་པ་མཚོ་སྐྱེས་ལགས་ལ་བཅར་འདྲི་བྱས་པའི་ཟིན་བཀོད། ཁྲི་སེམས་དཔལ་བརྩམས། 《གངས་རྒྱན་མེ་ཏོག》2010ལོའི་དེབ3པ།

ལྗང་བུའི་སྙན་ངག《གངས་དཀར་ལྷ་མོའི་བསྒྱུར་བྲིད་ཀྱི་དབང་གིས》ཞེས་པ་བསླགས་པ།

བདུད་ལྷ་རྒྱལ་གྱིས་བརྩམས། 《གངས་རྒྱན་མེ་ཏོག》2010ལོའི་དེབ4བ།

སྙན་ངག་དེ་ངེས་པར་དུ་འགག་ཁུར་ཞིག་ཏུ་ངོས་བཟུང་ན་འགྲིག——ན་གཞོན་སྙན་ངག་པ་ཁྱུང་ཐར་རྒྱལ་ལ་བཅར་འདྲི་བྱས་པ།

ཁྲི་སེམས་དཔལ་བརྩམས། 《གངས་རྒྱན་མེ་ཏོག》2010ལོའི་དེབ4བ།

སྐྱེན་ངག་གསར་པ་ཞེས་པའི་མིང་གི་འཇུག་ཡུལ་དང་དེའི་དགག་སྒྲུབ།

ཏུད་སྒྲིང་གིས་བརྩམས། 《གངས་རྒྱན་མེ་ཏོག》2010ལོའི་དེབ4བ།

བོད་ཀྱི་ལྷུག་རྩོམ་སྙན་ངག་གི་སྐོར་ཅུང་ཙམ་གླེང་བ།

བསམ་གྲུབ་ཀྱིས་བརྩམས། 《བོད་ཀྱི་རྩོམ་རིག་སྒྱུ་རྩལ》2010ལོའི་དེབ5བ།

《གཡག་རྭ་ཆག》ཅེས་པའི་ལྷུག་རྩོམ་གྱི་གསར་རྩོམ་བྱེད་ཐབས་ཀྱི་བསམ་ཚུལ་ཐོར་བུ།

རྟ་མགྲིན་སྐྱབས་ཀྱིས་བརྩམས། 《ཟླ་ཟེར》2010ལོའི་དེབ3པ། 《སྦྲང་ཆར》2010ལོའི་དེབ3པ།

དབྱིན་འགོག་རྒྱལ་སྲུང་སྐོར་གྱི་དམངས་གཞས་ལ་ཅུང་ཟད་དཔྱད་པ།

ལྷག་པ་རྒྱལ་མཚན་དང་བཀྲ་ཤིས་ཆོས་གྲགས་ཀྱིས་བརྩམས། 《བོད་ལྗོངས་ཞིབ་འཇུག》2010ལོའི་དེབ4བ།

བོད་ཀྱི་གཏམ་དཔེའི་ཆགས་འཇིག་དང་སྲུང་སྐྱོབ་ཀྱི་སྐོར་ལ་མདོ་ཙམ་དཔྱད་པ།

ལྷ་མོ་ཚེ་རིང་གིས་བརྩམས། 《མི་རིགས》2010ལོའི་དེབ3པ།

དམངས་ཁྲོད་གཏམ་དཔེའི་བྱུང་རིམ་དང་དེས་བོད་ཀྱི་རྩོམ་རིག་ལ་ཐེབས་པའི་ཤུགས་རྐྱེན་སྐོར་གླེང་བ།

ཟླ་དབྱངས་ཀྱིས་བརྩམས། 《བོད་ལྗོངས་སློབ་གསོ》2010ལོའི་དེབ5བ།

ཁེད་ཀྱི་རྣམ་གཞག་ལ་གསར་དུ་དཔྱད་པ།

བསྟན་གོས་བརྩམས། 《བོད་ལྗོངས་སློབ་གྲྭ་ཆེན་མོའི་རིག་དེབ》2010ལོའི་དེབ4བ།

《སླངས་བྱིས་པ་བཙས་པ་》ཞེས་པའི་སྒྲུང་འདི་ཡང་སྙིང་ཨ་ཁུ་སྟོན་པའི་སྒྲུང་ཡིན་ནམ་ཡང་ན་ཨ་ཕན་ཐེ་ཡི་སྒྲུང་ཡིན་གྱི་དོགས་གླེང་།

ཚེ་བརྟན་སྒྲོལ་དཀར་གྱིས་བརྩམས། 《བོད་ལྗོངས་སློབ་གྲྭ་ཆེན་མོའི་རིག་དེབ》2010ལོའི་དེབ4བ།

ཐོན་མི་དང་འབྲེལ་བའི་སློ་མོ་ཁྲུལ་གྱི་གཏམ་རྒྱུད་ཁ་ཅིག་ལ་དཔྱད་པ།

བུ་ཚེ་རིང་གིས་བརྩམས། 《བོད་ལྗོངས་སློབ་གྲྭ་ཆེན་མོའི་རིག་དེབ》2010ལོའི་དེབ4བ།

སྒྱུ་རྩལ།(艺术)

སྟོ་བྲག་སྲུས་མཁར་དགུ་ཐོག་མགོན་ཁང་ནང་གི་འཛིམ་བཟོའི་སྒྱུ་རྩལ་སྐོར་གླེང་བ།

ལྷུན་གྲུབ་ཀྱིས་བརྩམས། 《གངས་ལྗོངས་རིག་གནས》2010ལོའི་དེབ1པ།

བོད་ཀྱི་གནའ་བོའི་བྲོ་གར་ལས་རྣ་སྙིང་བྲོ་ཡི་སྐོར་བཤད་པ་མང་མང་དགྱེས་པའི་མཆོད་སྤྲིན།

བསོད་ནམས་ཆོས་དར་གྱིས་བརྩམས། 《གངས་ལྗོངས་རིག་གནས》2010ལོའི་དེབ2པ།

བཀྲ་ཤིས་ལྷུན་པོའི་འཚམ་གྱི་ལོ་རྒྱུས།

སྐལ་བཟང་བསྟན་འཛིན་གྱིས་བརྩམས། 《ཀྲུང་གོའི་བོད་ལྗོངས》2010ལོའི་དེབ5པ།

ལ་གཞིས་དང་ཧྲུ་ཨེར་གྱི་འབྲེལ་བའི་སྐོར་ལ་ཐོག་མར་དཔྱད་པ།

བློ་རྒྱལ་ཐར་དང་ཕྱུག་མཚོས་བརྩམས། 《བོད་ལྗོངས་སྒྱུ་རྩལ་ཞིབ་འཇུག》2010ལོའི་དེབ1པ།

མདོ་སྨད་གཙོས་ས་ཆའི་རྣམ་ཐར་གླུས་གར་གྱི་བྱུང་འཕེལ་སྐོར་རགས་ཙམ་བརྗོད་པ།

སྣན་བཟང་བ་ཀུན་བཟང་རྒྱལ་གྱིས་བརྩམས། 《བོད་ལྗོངས་སྒྱུ་རྩལ་ཞིབ་འཇུག》2010ལོའི་དེབ2པ།

བོད་ཀྱི་འབུར་བྲིས་སམ་དངོས་བྲིས་རི་མོའི་སྒྱུ་རྩལ་གྱི་བྱུང་འཕེལ་སྐོར་གླེང་བ།

ར་སེ་དཀོན་མཆོག་རྒྱ་མཚོས་བརྩམས། 《བོད་ལྗོངས་སྒྱུ་རྩལ་ཞིབ་འཇུག》2010ལོའི་དེབ2པ།

《མཚོ་སྔོན་མི་རིགས་སློབ་ཆེན་རིག་དེབ》2010ལོའི་དེབ1པ།

མདོ་སྨད་རེབ་གོང་ཡུལ་གྱི་ལྷ་རིས་སྒྱུ་རྩལ་སྐོར་མདོ་ཙམ་གླེང་བ།

ས་དཀྱིལ་སངས་རྒྱས་ཚེ་རིང་གིས་བརྩམས། 《བོད་ལྗོངས་སྒྱུ་རྩལ་ཞིབ་འཇུག》2010ལོའི་དེབ2པ།

བོད་ཀྱི་ཐང་ག་ལས་སྣྲུང་ཐང་གི་སྐོར་ལམ་ཙམ་བརྗོད་པ།

དཀོན་མཆོག་བཀྲ་ཤིས་ཀྱིས་བརྩམས། 《བོད་ལྗོངས་སྒྱུ་རྩལ་ཞིབ་འཇུག》2010ལོའི་དེབ2པ།

ཁྲི་ཀ་འཕྲང་དམར་དགེ་ཀླུ་ས་ཆའི་སྟགས་འཚམ་གྱི་སྐོར་ལམ་ཙམ་གླེང་བ།

ནམ་མཁའ་རྒྱལ་གྱིས་བརྩམས། 《བོད་ལྗོངས་སྒྱུ་རྩལ་ཞིབ་འཇུག》2010ལོའི་དེབ2པ།

རེབ་གོང་ལྷ་རིས་སྒྱུ་རྩལ་གྱི་བྱུང་འཕེལ་དང་ཁྱད་ཆོས་སྐོར་མདོ་ཙམ་གླེང་བ།

ས་དཀྱིལ་སངས་རྒྱས་ཚེ་རིང་གིས་བརྩམས། 《ཏུབ་བྱང་མི་རིགས་སློབ་གྲྭ་ཆེན་མོའི་རིག་གཞུང་དུས་དེབ》
2010ལོའི་དེབ1པ།

མཆོན་བྱེད་རིག་པའི་ལམ་ནས་ཁ་དོག་དབྱིབས་བཅས་ཀྱི་བསམ་ཡས་མཆོད་རྟེན་གྱི་སྐོར་ལ་དཔྱད་པ།

ལྷག་པ་ཚེ་བརྟན་གྱིས་བརྩམས། 《བོད་ལྗོངས་སློབ་གྲྭ་ཆེན་མོའི་རིག་དེབ》2010ལོའི་དེབ1པ།

གསུང་རབ་ཀྱི་གླེགས་ཤིང་ལ་དཔྱད་པ།

པད་མ་བཀྲ་ཤིས་དང་བདེ་སྐྱིད་པད་སྒྲོན་གྱིས་བརྩམས། 《བོད་ལྗོངས་སློབ་གྲྭ་ཆེན་མོའི་རིག་དེབ》
2010ལོའི་དེབ1པ།

མཐོ་ལྡིང་དགོན་པའི་ལྷ་ཁང་དཀར་པོའི་ལྡེབས་རིས་ཉམས་གསོའི་སྐོར་གྱི་བརྟག་དཔྱད་སྙན་ཞུ།

སྐྱིད་ལྕགས་རྒྱལ་གྱིས་བརྩམས། 《བོད་ལྗོངས་སློབ་གྲྭ་ཆེན་མོའི་རིག་དེབ》2010ལོའི་དེབ1པ།

སོག་པོ་སྟག་འཁྲིད་ཀྱི་རི་མོ་ལ་ཅུང་ཙམ་དཔྱད་པ།

བཟླ་རིག་འཛིན་གྱིས་བརྩམས། 《བོད་ལྗོངས་སློབ་གྲྭ་ཆེན་མོའི་རིག་དེབ》2010ལོའི་ཆེད་སྒྲིག་དེབ།

རྣམ་རབ་བཅོ་ལྔ་མཆོད་པའི་མར་རྒྱན་སྒྱུ་རྩལ་གྱི་བྱུང་འཕེལ་ཁྱད་ཆོས་སྐོར་རགས་ཙམ་གླེང་བ།

བྱམས་པ་ཚེ་རིང་གིས་བརྩམས། 《བོད་ལྗོངས་སློབ་གྲྭ་ཆེན་མོའི་རིག་དེབ》2010ལོའི་ཆེད་སྒྲིག་དེབ།

མང་ཡུལ་གུང་ཐང་རྒྱལ་རབས་ཀྱི་མཁར་དང་ལྷགས་རིའི་སྐོར་རགས་ཙམ་གླེང་བ།

བསྟན་འཛིན་གྱིས་བརྩམས། 《བོད་ལྗོངས་སློབ་གྲྭ་ཆེན་མོའི་རིག་དེབ》2010ལོའི་ཆེད་སྒྲིག་དེབ།

བོད་ཀྱི་གཟུགས་བཟོ་རིག་པའི་གནས་ལ་ཇི་ལྟར་འཇུག་པའི་སྐོར་རོབ་ཙམ་གླེང་བ།

མཁའ་འབུམ་ཐར་གྱིས་བརྩམས། 《རྩེ་ར་སྙེག》2010ལོའི་དེབ1པ།

བོད་ཀྱི་དེང་རབས་གླུ་ཚིག་གསར་རྩོམ་སྐོར་གླེང་བ།

ཏ་མགྲིན་སྐྱབས་ཀྱིས་བརྩམས། 《རྩེ་ར་སྙེག》2010ལོའི་དེབ2པ།

རྫོང་རྒྱབ་ཀླུ་ཁང་གི་རི་མོའི་འབྲི་རྒྱུན་དང་སྒྱུ་རྩལ་ཁྱད་ཆོས་གླེང་བ།

དངོས་གྲུབ་ཀྱིས་བརྩམས། 《བོད་ཀྱི་རྩོམ་རིག་སྒྱུ་རྩལ》2010ལོའི་དེབ2པ།

སྙེ་ནང་ས་ཁྲིས་ཀྱི་སྐོར་གླེང་བ།

གཙང་བ་སྐལ་བཟང་ཡེ་ཤེས་ཀྱིས་བརྩམས། 《མང་ཚོགས་སྒྱུ་རྩལ》2010ལོའི་དེབ1པ།

སྐྱུ་འབུམ་བྱམས་པ་གླིང་གི་མེ་ཏོག་མཆོད་པ།

བློ་བཟང་འཇམ་དཔལ་གྱིས་བརྩམས། 《མང་ཚོགས་སྒྱུ་རྩལ》2010ལོའི་དེབ1པ།

ལྷུ་འབྲེལ་བརྟན་འཕྲིན་བློས་གར《ཁ་སང་གི་གཏམ་རྒྱུད་》ཀྱི་སྒྱོང་དཔྱད།

གཅོད་པ་ཐར་གྱིས་བརྩམས། 《མང་ཚོགས་སྒྱུ་རྩལ》2010ལོའི་དེབ1པ།

བོད་ཀྱི་དེང་རབས་རོལ་མོའི་སྐོར་ཏོག་ཙམ་གླེང་བ།

མཁར་བྱམས་རྒྱལ་གྱིས་བརྩམས། 《མང་ཚོགས་སྒྱུ་རྩལ》2010ལོའི་དེབ2པ།

འབའ་གཞས་ཀྱི་བྱུང་འཕེལ་དང་རིགས་དབྱེ། སྒྱུ་རྩལ་བཅས་ལ་རགས་ཙམ་དཔྱད་པ།

དབང་ཕྱུག་ཚེ་རིང་གིས་བརྩམས། 《མང་ཚོགས་སྒྱུ་རྩལ》2010ལོའི་དེབ2པ།

སྙིག་དང་རྩལ་གྱིས་ཡོངས་སུ་ཕྱུག་པའི་ཁྱུང་པོ་སྟེང་ཆེན་རྫོང་གི་རལ་པ་རིགས་གསུམ།

ཐུབ་དགས་བརྩམས། 《ཀྲུང་གོའི་བོད་ལྗོངས》2010ལོའི་དེབ9བ།

བོད་ཀྱི་སྲོལ་རྒྱུན་སྒྱུ་རྩལ་བང་མཛོད་ནང་གི་རིན་ཐང་གཞལ་དུ་མེད་པའི་ནོར་བུའི་ཁོངས་སུ་གཏོགས་པ་ནང་མ་དང་སྟོད་གཞས་སྐོར་རགས་ཙམ་གླེང་བ།

བསོད་ནམས་ཚེ་བརྟན་གྱིས་བརྩམས། 《གངས་ལྗོངས་རིག་གནས》2010ལོའི་དེབ3པ།

བོད་ཀྱི་སྲོལ་རྒྱུན་སྨན་ལུགས་གཙང་ཁྲིས་ཀྱི་འབྱུང་འཕེལ་སྐོར་གླེང་བ——བཀྲས་ལྷུན་པར་འཛིན་གཙུག་རྒྱན་དཀའ་ཆེན་ཨ་སྟོན་མཆོག་ལ་བཅར་འདྲི་ཞུས་པའི་ཟིན་ཐོ།

ཁྲི་སྒྲིལ་པ་སངས་ཚེ་རིང་དང་འབྲི་གུང་རྣམ་རྒྱལ་གྱིས་སྒྲིལ། 《བོད་ལྗོངས་སློབ་གྲྭ་ཆེན་མོའི་རིག་དེབ》2010ལོའི་དེབ4བ།

བོད་ཀྱི་ཟློས་གར་གྱི་ཐ་སྙད་སྐོར་ཙུང་གླེང་བ།

ཚེ་རིང་རྣམ་རྒྱལ་གྱིས་བརྩམས། 《བོད་ལྗོངས་སློབ་གྲྭ་ཆེན་མོའི་རིག་དེབ》2010ལོའི་དེབ4བ།

གོང་དཀར་སྒང་སྟོད་མཁྱེན་བརྩེ་ཆེན་མོ་དགེ་བསྙེན་རྣམ་པར་རྒྱལ་བ་དང་མཁྱེན་ལུགས་ཀྱི་ཁྱད་ཆོས་སྐོར་རགས་ཙམ་གླེང་བ། བརྩེ་བྱང་སྲིན་པ་དབང་འདུས་ཀྱིས་བརྩམས། 《བོད་ལྗོངས་སློབ་གྲྭ་ཆེན་མོའི་རིག་དེབ》2010ལོའི་དེབ4བ།

གོང་དཀར་ཆོས་སྡེ་དགོན་གྱི་ལྡེབས་རིས་སྒྱུ་རྩལ་ཁྱད་ཆོས་ལ་རགས་ཙམ་དཔྱད་པ།

གོང་དཀར་རྒྱ་མཚོས་བརྩམས། 《བོད་ལྗོངས་སློབ་གྲྭ་ཆེན་མོའི་རིག་དེབ》2010ལོའི་དེབ4བ།

ཞང་བོད་ཀྱི་རི་སྲུལ་ནས་མཆེད་པའི་གནའ་བོའི་གླུ་གར་བྲོ་གསུམ་ལ་དཔྱད་པའི་གཏམ།

བློ་གྲོས་རབ་གསལ་གྱིས་བརྩམས། 《མང་ཚོགས་སྒྱུ་རྩལ》2010ལོའི་དེབ3པ།

གངས་ལྗོངས་ཀྱི་དཔའ་བརྟོད་རྒྱ་ཚ་ཞལ་ལུ་དཀར་པོ——བོད་རིགས་ཀྱི་བྲོ་གར་ཆེན་མོ་གདོང་འབུམ་པ་རྒྱ་ཚ་ཞལ་དཀར་》ཞེས་པའི་འཁྲབ་སྟོན་ལ་བལྟས་པ།

ཚེ་སྐྱིད་གིས་བརྩམས། 《མང་ཚོགས་སྒྱུ་རྩལ》2010ལོའི་དེབ3པ།

རྣམ་ཐར་ཟློས་གར་གྱི་བྱུང་རབས་མདོ་ཙམ་བརྗོད་པ།

ཡོན་ཏན་ལྷུན་གྲུབ་དང་ཇོ་སྲིས་བླ་རྒྱལ་དོན་གྲུབ་ཀྱིས་བརྩམས། 《མང་ཚོགས་སྒྱུ་རྩལ》2010ལོའི་དེབ3པ།

རོལ་མོ་དང་ཟློས་གར་སོགས་ལས་འཕྲོས་པའི་བསམ་གཞིག་ཕྲན་བུ།

པདྨ་དབང་ཆེན་གྱིས་བརྩམས། 《མང་ཚོགས་སྒྱུ་རྩལ》2010ལོའི་དེབ3པ།

འབྲུག་ཆུ་ས་ཁུལ་གྱི་རྫོག་ཤིང་ཞབས་བྲོ་དང་འབྲེལ་བའི་དམངས་ཁྲོད་ཀྱི་སྒྱུ་རྩལ་རིག་གནས་སྐོར་གླེང་བ།

ཚུ་བཟང་རྡོ་རྗེ་རིན་ཆེན་གྱིས་བརྩམས། 《མང་ཚོགས་སྒྱུ་རྩལ》2010ལོའི་དེབ4བ།

སྐུ་འབུམ་འཆམ་པ་གྲྭ་ཚང་གི་འཆམ་གྱི་སྐོར་རགས་ཙམ་གླེང་བ།

བློ་བཟང་འཇམ་དཔལ་གྱིས་བརྩམས། 《མང་ཚོགས་སྒྱུ་རྩལ》2010ལོའི་དེབ4བ།

སྒྲ་སྙན་རྟུང་ལེན་གྱི་བྱུང་འཕེལ་དང་སྒྱུ་རྩལ་ཁྱད་ཆོས་སྐོར་གླེང་བ།

ཁ་བོ་དབང་རྒྱལ་གྱིས་བརྩམས། 《མང་ཚོགས་སྒྱུ་རྩལ》2010ལོའི་དེབ4བ།

ཞ་ལུ་དགོན་པའི་ལྡེབས་བྲིས་ཀྱི་ཁྱད་ཆོས།

སྙིང་ལྷུགས་རྒྱལ་གྱིས་བརྩམས། 《ཀྲུང་གོའི་བོད་ལྗོངས》2010ལོའི་དེབ9བ།

གྲ་དཀར་དང་ཞལ་བུ་དཀར་གསར་དུ་གྲགས་པའི་དཀར་ཡོལ་གྱི་བྱུང་ཚུལ་དང་བཟོ་རྩལ་གྱི་ཁྱད་ཆོས་སྐོར་གླེང་བ།

སེང་པ་ངག་དབང་གཞན་ཕན་གྱིས་བརྩམས། 《བོད་ལྗོངས་ཞིབ་འཇུག》2010ལོའི་དེབ4བ།

ཐ་སྙད་བོད་འབྲེལ་སྒྲིག་བརྟན་དང་བོད་ཀྱི་སྒྲིག་བརྟན་སྐོར་གྱི་རགས་བརྗོད།

བྱང་ཆུབ་སྒྲོལ་མས་བརྩམས། 《མི་རིགས》2010ལོའི་དེབ3པ།

སྙིང་དཀར་རས་པའི་སྐོར་ལ་དཔྱད་པ།

ཚེ་རིང་སྒྲོལ་མས་བརྩམས། 《བོད་ཀྱི་རྩོམ་རིག་སྒྱུ་རྩལ》2010ལོའི་དེབ5བ།

བོད་ཀྱི་ལྷ་རིས་སྒྱུ་རྩལ་གྱི་བྱུང་འཕེལ་སྐོར་གླེང་བ།

ལྷ་མགོན་ཚེ་རིང་དང་ཤ་བོ་ཁྲི་ཐར་གྱིས་བརྩམས། 《བོད་ཀྱི་སློབ་གསོ》2010ལོའི་དེབ5བ།

གླིང་སྒྲུང་གི་སྐོར།(格萨尔传研究)

ཐྱི་ལམ་ལ་བརྟེན་ནས་སྒྲུང་པར་གྱུར་པའི་བབས་སྒྲུང་སྒྲུང་པའི་རིགས་ལ་དཔྱད་པ།

གཙོད་པ་དོན་གྲུབ་ཀྱིས་བརྩམས། 《ཀྲུང་གོའི་བོད་རིག་པ》2010ལོའི་དེབ2པ།

《སྟག་ཐན་སྲི་རྒྱལ་པོའི་བ་གཡང་》ལེགས་སྒྲིག་བྱེད་ཚུལ་དང་དེའི་སྒྱོང་བ་ལས་འཕྲོས་ཏེ་སྒྲུང་པའི་ངག་སྒྲུང་ལེགས་སྒྲིག་བྱེད་སྐབས་དོ་སྣང་བྱ་དགོས་པའི་གནད་དོན་སྐོར་རགས་ཙམ་གླེང་བ།

རྒྱང་འཁོར་ཚེ་ཕུན་དང་བཀྲ་ཤིས་ཀྱིས་བརྩམས། 《བོད་ལྗོངས་ཞིབ་འཇུག》2010ལོའི་དེབ2པ།

བོན་གྱི་ཡིག་ཆ་གཞིར་བྱས་ཏེ་བོད་ཀྱི་གདོད་མའི་རིག་གནས་དང་གེ་སར་སྒྲུང་གཉིས་ཀྱི་འབྲེལ་བར་དཔྱད་པ།

ཡོན་ཏན་གྱིས་བརྩམས། 《བོད་ལྗོངས་ཞིབ་འཇུག》2010ལོའི་དེབ2པ།

གླིང་སྒྲུང་ལས་ཚིག་རྒྱན་སྐོར་རགས་ཙམ་གླེང་བ་ཞེས་པའི་ནང་གི་རིགས་རང་བཞིན་བརྗོད་པའི་རྒྱན་ངོས་འཛིན་ཐད་ཀྱི་དོགས་སློང་།

རྒྱ་མཚོས་བརྩམས། 《གངས་ལྗོངས་རིག་གནས》2010ལོའི་དེབ1པ།

མི་རིགས་ཤིག་གི་ངག་རྒྱུན་རིག་གནས་ནས་མིའི་རིགས་ཀྱི་ཤུལ་བཞག་རིག་གནས་སུ་གྱུར་པའི་ལམ།

རྡོར་བུ་དབང་ལྡན་གྱིས་བརྩམས། 《ཀྲུང་གོའི་བོད་ལྗོངས》2010ལོའི་དེབ3པ།

《རྟར་གླིང་གཡུལ་འགྱེད་》པར་གཞི་མི་འདྲ་བའི་སྐོར་མདོ་ཙམ་གླེང་བ།

རྒྱང་འཁོར་ཚེ་ཕུན་གྱིས་བརྩམས། 《བོད་ལྗོངས་སྒྱུ་རྩལ་ཞིབ་འཇུག》2010ལོའི་དེབ1པ།

གླིང་སྒྲུང་དང་འབྲེལ་ནས་བོད་ཀྱི་ལྷ་བསང་གཏོང་སྲོལ་སྐོར་རགས་ཙམ་གླེང་བ།

སྐལ་བཟང་སྐྱིད་ཀྱིས་བརྩམས། 《བོད་ལྗོངས་སྒྱུ་རྩལ་ཞིབ་འཇུག》2010ལོའི་དེབ1པ།

བོད་ལྗོངས་ཆབ་མདོའི་ན་གཞོན་སྒྲུང་པ་སྲི་ཐར་རྡོ་རྗེའི་སྐོར་རགས་ཙམ་བརྗོད་པ།

གཙོད་པ་དོན་གྲུབ་ཀྱིས་བརྩམས། 《བོད་ལྗོངས་སྒྱུ་རྩལ་ཞིབ་འཇུག》2010ལོའི་དེབ1པ།

《གླིང་སྒྲུང་》དང་སྒྲོལ་ཧྲེ་མི་དང་སྲོག་ཆགས་བར་གྱི་འབྲེལ་བ་རགས་ཙམ་བཤད་པ།

དབང་མོ་མཚོས་བརྩམས། 《བོད་ལྗོངས་སྒྱུ་རྩལ་ཞིབ་འཇུག》2010ལོའི་དེབ2པ།

《རྒྱ་གླིང་》པར་གཞི་ཁག་བཞིའི་དཔར་གྱི་དཔྱད་བསྡུར་ཞིབ་འཇུག

བསོད་ནམས་དགེ་ལེགས་ཀྱིས་བརྩམས། 《བོད་ལྗོངས་སྒྱུ་རྩལ་ཞིབ་འཇུག》2010ལོའི་དེབ2པ།

ཁ་བའི་ཞབས་རྗེས་ཞེས་པའི་ལེ་ཚན་དུ་ཞུགས་ཏེ་གླིང་སྒྲུང་སྐོར་ལ་དྲི་བ་དྲིས་ལན་བྱས་པའི་སྐོར།

སྙིང་བོ་ཚེ་རིང་གིས་བརྩམས། 《བོད་ལྗོངས་སྒྱུ་རྩལ་ཞིབ་འཇུག》2010ལོའི་དེབ2པ།

《དམྱལ་གླིང་སྨུན་པ་རང་གསལ་》ཀྱི་པར་གཞི་མི་འདྲ་བ་གཉིས་ལ་དཔྱད་པ།

ལྷ་མོ་ཚེ་བརྟན་གྱིས་བརྩམས། 《ཀྲུང་དབྱང་མི་རིགས་སློབ་གྲྭ་ཆེན་མོའི་རིག་གཞུང་དུས་དེབ》2010ལོའི་དེབ1པ།

ཆོས་གཞུང་བརྗོད་པའི་གླིང་སྒྲུང་སྐོར་གྱི་རྩོམ་སྟངས་ཁྱད་ཆོས་ལ་དཔྱད་པ།

བདེ་ལྡན་དབང་མོས་བརྩམས། 《ཀྲུང་དབྱང་མི་རིགས་སློབ་གྲྭ་ཆེན་མོའི་རིག་གཞུང་དུས་དེབ》2010ལོའི་དེབ1པ།

གླིང་གེ་སར་རྒྱལ་པོའི་སྒྲུང་གི་ཟློས་སྒྲའི་སྦྱོར་སྟངས་དང་ཁྱད་ཆོས་ལ་རགས་ཙམ་དཔྱད་པ།

བཟང་མོ་འཚོས་བརྩམས། 《ཀྲུང་དབྱང་མི་རིགས་སློབ་གྲྭ་ཆེན་མོའི་རིག་གཞུང་དུས་དེབ》2010ལོའི་དེབ1པ།

སྲོལ་རྒྱུན་གྱི་གེ་སར་སྒྲུང་གི་དཔེ་རྙིང་ལས་སྒྲུང་དཔེ་སྔ་མ་གསུམ་དང་ཕྱི་མ་གཉིས།

སྨན་ཤུལ་རིན་ཆེན་རྡོ་རྗེས་བརྩམས། 《ཀྲུང་དབྱང་མི་རིགས་སློབ་གྲྭ་ཆེན་མོའི་རིག་གཞུང་དུས་དེབ》2010ལོའི་དེབ2པ།

ལོ་རྒྱུས་དངོས་གཙོའི་རིང་ལུགས་ཀྱི་ལྟ་སྟངས་བཟུང་ནས་གླིང་གེ་སར་རྒྱལ་པོ་ལ་དཔྱད་པ།

ཨ་ལན་གྱིས་བརྩམས། 《ཀྲུང་དབྱང་མི་རིགས་སློབ་གྲྭ་ཆེན་མོའི་རིག་གཞུང་དུས་དེབ》2010ལོའི་དེབ2པ།

གླིང་སྒྲུང་གི་གནས་བབས་དང་ཞིབ་འཇུག་གི་སྐོར་རགས་ཙམ་གླེང་བ།

ཀློ་བཟང་དོན་ལྡན་གྱིས་བརྩམས། 《བོད་ལྗོངས་སློབ་གྲྭ་ཆེན་མོའི་རིག་དེབ》2010ལོའི་དེབ2པ།

སྒྲུང་མཁན་གྲགས་པས་གསུངས་པའི་《གླིང་སྒྲུང་》གི་གཏམ་དཔེའི་རིན་ཐང་སྐོར་རགས་ཙམ་གླེང་བ།

རྣམ་རྒྱལ་གྱིས་བརྩམས། 《བོད་ལྗོངས་སློབ་གྲྭ་ཆེན་མོའི་རིག་དེབ》2010ལོའི་དེབ2པ།

གེ་སར་སྒྲུང་ལས་བོན་གྱི་ལྷ་ཚོགས་དང་སྲུང་མའི་སྐོར་རགས་ཙམ་གླེང་བ།

གཙོད་པ་ཐར་དང་ཤེས་ཚང་ཕུག་རྡོར་སྐྱབས་ཀྱིས་བརྩམས། 《རྩེ་ར་སྙེག》2010ལོའི་དེབ1པ།

གེ་སར་རིག་གནས་ཀྱི་གནས་བབ་དང་འཕེལ་རྒྱས་ཐད་ཀྱི་བསམ་གཞིག

རྨ་གདུགས་དཀར་སྐྱིད་ཀྱིས་བརྩམས། 《རྩེར་སྣེག》2010ལོའི་དེབ2པ།

བོད་ཀྱི“གླིང་སྒྲུང་”མྱུར་སྐྱོབ་དང་ཞིབ་འཇུག་སྐོར་མདོ་ཙམ་གླེང་བ།

དབྱངས་བཞིན་བརྩམས། ཕུར་སྒྲོན་གྱིས་བསྒྱུར། 《སྲང་རྒྱན་མེ་ཏོག》2010ལོའི་དེབ1པ།

གེ་སར་སྒྲུང་ལས་སྐལ་བགོ་སྲོལ་སྐོར་རགས་ཙམ་གླེང་བ།

སྐལ་བཟང་རྡོ་རྗེས་བརྩམས། 《མང་ཚོགས་སྒྱུ་རྩལ》2010ལོའི་དེབ1པ།

གླིང་སྒྲུང་ལས་གློས་སྒྲའི་མིང་གི་རིགས་དང་ཁྱད་ཆོས་སྐོར་གླེང་བ།

བཟང་མོ་འཚོས་བརྩམས། 《མང་ཚོགས་སྒྱུ་རྩལ》2010ལོའི་དེབ1པ།

གླིང་སྒྲུང་ལས་ཆོས་སྒྲུང་དག་གི་སྒྱུ་རྩལ་ཁྱད་ཆོས་བཤད་པ།

བསོད་རྒྱལ་འདུམ་གྱིས་བརྩམས། 《མང་ཚོགས་སྒྱུ་རྩལ》2010ལོའི་དེབ2པ།

གླིང་སྒྲུང་གིས་བོད་ཀྱི་རྩོམ་རིག་ལ་ཐེབས་པའི་ཤུགས་རྐྱེན་སྐོར་གླེང་བ།

ཧྭ་མཁྱེན་གྱིས་བརྩམས། 《ལྷ་ཟེར》2010ལོའི་དེབ1པ།

གེ་སར་སྒྲུང་ལས་བྱེ་རི་བྱུར་རྫོང་གི་པར་གཞི་དང་ནང་དོན།

སྨན་ཤུལ་རིན་ཆེན་རྡོ་རྗེས་བརྩམས། 《ལྷ་ཟེར》2010ལོའི་དེབ2པ།

བོད་ཀྱི་གནའ་རབས་པྲ་ཕབ་རིག་གནས་དང་འབྲེལ་ནས་པྲ་སྒྲུང་སྐོར་ལ་དཔྱད་པ།

གཙོད་པ་དོན་གྲུབ་ཀྱིས་བརྩམས། 《བོད་ལྗོངས་ཞིབ་འཇུག》2010ལོའི་དེབ3པ།

གསར་སྐྲུན་སྒྲུང་པ་སྲི་ཐར་རྡོ་རྗེའི་དངོས་གནས་འཚོལ་ཞིབ།

སྒྲོལ་ལྕེ་ལྷ་བསྟན་གྱིས་བརྩམས། 《བོད་ལྗོངས་ཞིབ་འཇུག》2010ལོའི་དེབ3པ།

《གླིང་སྒྲུང་》ལས་བྱུང་བའི་དམག་དོན་གྱི་འཐབ་ཇུས་དང་འཐབ་རྩལ་སྐོར་བཤད་པ།

པདྨ་རྒྱལ་གྱིས་བརྩམས། 《བོད་ལྗོངས་ཞིབ་འཇུག》2010ལོའི་དེབ4པ།

སྒྲུང་མཁན་བསམ་གྲུབ་ཀྱིས་འཆད་གྱེར་གནང་བའི《གླིང་སྒྲུང་》གི་ངེས་མེད་རང་བཞིན་སྐོར་ལ་དཔྱད་པ།

རིག་འཛིན་གྱིས་བརྩམས། 《བོད་ལྗོངས་ཞིབ་འཇུག》2010ལོའི་དེབ4པ།

《གླིང་སྒྲུང་》ལས་ཁ་སྒྲུང་གི་ཁྱད་ཆོས་སྐོར་གྱི་དཔྱད་པ།

ལྷག་པ་ཚེ་རིང་གིས་བརྩམས། 《བོད་ལྗོངས་ཞིབ་འཇུག》2010ལོའི་དེབ4པ།

གེ་སར་སྒྲུང་ལས་དཔའ་བོའི་མིང་གི་མཚོན་དོན་སྐོར་རོབ་ཙམ་གླེང་བ།

ཚེ་རིང་དོན་གྲུབ་དང་ཉི་མ་མཚོས་བརྩམས། 《མི་རིགས》2010ལོའི་དེབ3པ།

གེ་སར་སྒྲུང་བྱུང་བའི་སྤྱི་ཚོགས་རྒྱབ་ལྗོངས་ལ་རགས་ཙམ་དཔྱད་པ།

རྡོ་རྗེ་ཚེ་བརྟན་གྱིས་བརྩམས། 《མི་རིགས》2010ལོའི་དེབ3པ།

《གེ་སར་སྒྲུང་》ལས་བྱུང་བའི་བོན་གྱི་ལྷ་ཚོགས་དང་སྲུང་མའི་སྐོར་བཤད་པ།

ཤེས་ཚད་ཕྱུག་རྡོར་སྐྱབས་དང་གཙོད་པ་ཐར་གྱིས་བརྩམས། 《མང་ཚོགས་སྒྱུ་རྩལ》2010ལོའི་དེབ3པ།

《ཧོར་གླིང་གཡུལ་འགྱེད་》ལས་མི་གཤིས་དང་མཐུན་པའི་སྨྲ་ཚིག་དང་ངག་རྟ་འགའ་ལ་དཔྱད་པ།

ཀུན་བཟང་སྐྱིད་ཀྱིས་བརྩམས། 《མང་ཚོགས་སྒྱུ་རྩལ》2010ལོའི་དེབ3པ།

གེ་སར་སྒྲུང་དང་འབྲེལ་ནས་ཐོ་ཡི་སྐོར་རགས་ཙམ་གླེང་བ།

ཀླུ་རྒྱལ་ཚེ་རིང་གིས་བརྩམས། 《མང་ཚོགས་སྒྱུ་རྩལ》2010ལོའི་དེབ4བ།

གེ་སར་སྒྲུང་བྱུང་བའི་སྤྱི་ཚོགས་རྒྱབ་ལྗོངས་ལ་རགས་ཙམ་དཔྱད་པ།

རྡོ་རྗེ་ཚེ་བརྟན་གྱིས་བརྩམས། 《མང་ཚོགས་སྒྱུ་རྩལ》2010ལོའི་དེབ4བ།

ཆོས་སྒྲུང་ལས་གེ་སར་རྒྱལ་པོའི་ཆོས་ལུགས་གོ་གནས་ལ་དཔྱད་པ།

བསོད་རྒྱལ་འབུམ་གྱིས་བརྩམས། 《བོད་ལྗོངས་སློབ་གྲྭ་ཆེན་མོའི་རིག་དེབ》2010ལོའི་དེབ3པ།

《གླིང་སྒྲུང་》ལས་བྱུང་བའི་ཧོར་དཀར་ནག་སེར་གསུམ་གྱི་རུས་རྒྱུད་མཆེད་ཁུངས།

དབང་མོ་མཚོས་བརྩམས། 《རྩེར་སྙེག》2010ལོའི་དེབ3པ།

《མཐིང་སྨུ་ནི་ལྷ་རྫོང་》ཁྲོད་བྱུང་བའི་དོགས་གནས་དང་གནད་དོན་འགའ།

ཀརྨ་ལྷ་མོས་བརྩམས། 《རྩེར་སྙེག》2010ལོའི་དེབ3པ།

གེ་སར་སྒྲུང་ལས་བོད་རྟའི་རིག་གནས་སྐོར་གླེང་བ།

ཟློན་ཕྱུག་གནམ་ལྷ་རྒྱལ་གྱིས་བརྩམས། 《རྩེར་སྙེག》2010ལོའི་དེབ4བ།

གེ་སར་སྒྲུང་དང་འབྲེལ་བའི་བོད་ཀྱི་ཐེའུ་རང་གི་སྐོར་ལ་དཔྱད་པ།

ཚེ་བརྟན་གྱིས་བརྩམས། 《རྩེར་སྙེག》2010ལོའི་དེབ4བ།

གླིང་སྒྲུང་ལས《རྟ་རྒྱུག་རྒྱལ་འཇོག》གི་ནང་དོན་མདོ་ཙམ་གླེང་བ།

བསོད་ནམས་མཆོག་སྐྱིད་ཀྱིས་བརྩམས། 《བོད་ཀྱི་རྩོམ་རིག་སྒྱུ་རྩལ》2010ལོའི་དེབ5བ།

གླིང་གེ་སར་རྒྱལ་པོའི་སྒྲུང་ལས་སེང་ལྕམ་འབྲུག་མོ་ལ་དཔྱད་པ།

སྐལ་བཟང་མཚོས་བརྩམས། 《བོད་ཀྱི་སློབ་གསོ》2010ལོའི་དེབ5བ།

གེ་སར་སྒྲུང་ལས་ཞང་ཞུང་སྨུ་ཏིག་རྫོང་གི་པར་གཞི་དང་ནང་དོན།

སྨན་ཤུལ་རིན་ཆེན་རྡོ་རྗེས་བརྩམས། 《ཟླ་ཟེར》2010ལོའི་དེབ3པ།

གེ་སར་རྒྱལ་པོའི་སྒྲུང་གླུ་དང་བོད་མིའི་གཏམ་བཤད་ཀྱི་ཁྱད་ཆོས་ལ་གླེང་བ།

དགེ་རྩ་བསོད་ནམས་བསྟན་འཛིན་གྱིས་བརྩམས། 《གངས་དཀར་རི་བོ》2010ལོའི་དེབ2པ།

མི་སྣ།（人物）

མཁས་པ་མི་གསུམ་དང་བླ་ཆེན་དགོངས་པ་རབ་གསལ་གྱི་མཛད་རྗེས་སྐོར་ལ་དཔྱད་པ།

འབྲུག་ལྷས་བརྩམས། 《ཀྲུང་གོའི་བོད་རིག་པ》2010ལོའི་དེབ1པ།

ཨ་ཀྱཱ་ཡོངས་འཛིན་བློ་བཟང་དོན་གྲུབ་ནི་སྐུ་ཕྲུག་བློ་བཟང་དོན་གྲུབ་ཡིན་པ་དོགས་སློང་བྱེད་པར་རང་གི་འདོད་ཚུལ་བརྗོད་པ། སྐ་ཕྲུག་ཕག་མོ་ཚེ་བརྟན་གྱིས་བརྩམས། 《ཀྲུང་གོའི་བོད་རིག་པ》2010ལོའི་དེབ1པ།

གྲུབ་ཆེན་ཨུ་རྒྱན་པའི་འཁྲུངས་ཡུལ་དང་གདན་སའི་སྐོར་ལ་ཐུང་ཟད་དཔྱད་པ།

རིང་བསྲུག་རྣམ་རྒྱལ་གྱིས་བརྩམས། 《ཀྲུང་གོའི་བོད་རིག་པ》2010ལོའི་དེབ2པ།

བོད་བཙན་པོའི་དུས་ཀྱི་ལོ་ཙཱ་བ་ཆེན་པོ་འགོས་ཆོས་གྲུབ་ཀྱི་སྐོར་ལ་གསར་དུ་དཔྱད་པ།

ཆ་རིས་སྐལ་བཟང་ཐོགས་མེད་ཀྱིས་བརྩམས། 《བོད་ལྗོངས་ཞིབ་འཇུག》2010ལོའི་དེབ1པ།

སློབ་དཔོན་དཔའ་བོའི་མཛད་རྣམ་རགས་བཏུས།

འཇམ་ནོར་པས་བརྩམས། 《བོད་ལྗོངས་ནང་བསྟན》2010ལོའི་དེབ1པ།

དབུ་མའི་ལམ་རྙེད་འཕགས་པ་རྣམ་གྲོལ་སྡེ་དང་དད་པའི་སར་གནས་བཙུན་པ་རྣམ་གྲོལ་སྡེ་གཉིས་ཀྱི་རྣམ་ཐར།

ལམ་རིམ་བླ་བརྒྱུད་ལས་བསྟན་དར་གྱིས་བཏུས། 《བོད་ལྗོངས་ནང་བསྟན》2010ལོའི་དེབ1པ།

གཉག་དཔོན་ཀུན་དགའ་བསོད་ནམས་བཟང་པོའི་རྣམ་ཐར།

སིང་པ་ངག་དབང་གཞན་ཕན་གྱིས་བརྩམས། 《བོད་ལྗོངས་ནང་བསྟན》2010ལོའི་དེབ1པ།

ཀརྨ་པ་དུས་གསུམ་མཁྱེན་པའི་འཁྲུངས་ཡུལ་འབོ་མཆོག་གྲོང་གི་མཐོང་ཐོས།

འཆི་མེད་མཁའ་འགྲོས་བརྩམས། 《ཀྲུང་གོའི་བོད་ལྗོངས》2010ལོའི་དེབ1པ།

ཨ་ཀྱཱ་ཡོངས་འཛིན་བློ་བཟང་དོན་གྲུབ་དང་ཕ་ཕྲུག་བློ་བཟང་དོན་གྲུབ་གཉིས་གང་ཟག་གཅིག་ཡིན་མིན།

སེང་སྟག་གིས་བརྩམས། 《མཚོ་སྔོན་དགེ་ཐོན་སློབ་ཆེན་མི་རིགས་དགེ་ཐོན་སློབ་གླིང་གི་རིག་དེབ》2010ལོའི་དེབ1པ།

ལྷོ་རྒྱ་དོང་དགོན་པའི་དགོན་བདག་སྐུ་ཕྲེང་རིམ་བྱོན་གྱི་མཛད་རྣམ་ཁ་བའི་མེ་ཏོག

རྡོ་ཕྲིས་བཤད་སྒྲུབ་ཀྱིས་བརྩམས། 《སྦྲེར་སྐྱེག》2010ལོའི་དེབ1པ།

ལྕྭ་བླ་མ་ཡེ་ཤེས་འོད་ཀྱི་རྣམ་ཐར་རྒྱས་པ་བཞུགས།

གྲགས་པ་རྒྱལ་མཚན་གྱིས་མཛད།《ཀན་སུའུ་མི་རིགས་དགེ་འོས་སློབ་གྲྭ་ཆེན་མོའི་རིག་གཞུང་དུས་དེབ》2010ལོའི་དེབ1པ།

ལྷོ་ཁའི་གྲགས་ཅན་མི་སྣ་རིམ་བྱོན་གྱི་ལོ་རྒྱུས་ཆེས་བསྡུས་པ་ཉི་ཁྲུག་གི་རྣད་པོ་དང་མོལ་བའི་གཏམ།

ཨ་རྒྱན་རྡོ་རྗེས་བརྩམས། 《གངས་ལྗོངས་རིག་གནས》2010ལོའི་དེབ1—2པ།

བོད་རྗེ་གཉའ་ཁྲི་བཙན་པོའི་ཡབ་མེས་ལ་དཔྱད་པ།

གངས་འཇོམས་བརྩམས། 《བོད་ལྗོངས་སློབ་གྲྭ་ཆེན་མོའི་རིག་དེབ》2010ལོའི་དེབ1པ།

སྲོང་བཙན་སྒམ་པོ་འདས་ཚུལ་སྐོར་གྱི་དོགས་སློང་།

ཐ་ཡུལ་བ་ལྷག་པ་ཕུན་ཚོགས་ཀྱིས་བརྩམས། 《བོད་ལྗོངས་སློབ་གྲྭ་ཆེན་མོའི་རིག་དེབ》2010ལོའི་དེབ1པ།

རྒྱལ་སྟག་ཐུ་སྟན་གཟིགས་ཀྱི་མཚན་དོན་ཆགས་པའི་གཏམ་རྒྱུད་དང་དེའི་རིག་གནས་འདུ་ཤེས་སྐོར་གླེང་བ།

སངས་རྒྱས་མཁར་གྱིས་བརྩམས། 《བོད་ལྗོངས་སློབ་གྲྭ་ཆེན་མོའི་རིག་དེབ》2010ལོའི་དེབ2པ།

སྔན་ངག་མཁན་སྐུ་ཞབས་ཡི་དམ་ཚེ་རིང་མཆོག་གི་ཟླབས་ཆེན་མི་གཤིས་དང་ཁྱད་འཕགས་རྩོམ་གཤིས་རགས་ཙམ་བརྗོད་པ། མཚོ་སྐྱེས་ལྷ་མོས་བརྩམས། 《བོད་ལྗོངས་སྨྲ་རྩལ་ཞིབ་འཇུག》2010ལོའི་དེབ1པ།

བོད་ཀྱི་ཁྲིས་གཟུགས་དང་ཐང་ཀའི་མཐའ་རྒྱན་བཟོ་རྩལ་གྱི་མཁན་པོ་སྐལ་བཟང་རྡོ་རྗེའི་ངོ་སྤྲོད་མདོར་བསྡུས།

དཀོན་མཆོག་རྡོ་རྗེས་བརྩམས། 《མི་རིགས》2010ལོའི་དེབ1པ།

འབའ་གཞས་ཀྱི་གདུང་འཛིན་པ།

འབའ་བ་ཕུན་ཚོགས་བཀྲ་ཤིས་ཀྱིས་བརྩམས། 《མི་རིགས》2010ལོའི་དེབ2པ།

ལྷ་ལུང་དཔལ་རྡོར་གྱིས་རྒྱལ་པོ་གླང་དར་བསྒྲོངས་པའི་རྒྱུ་རྐྱེན་ལ་དཔྱད་པ།

ཟླ་ནག་པ་ཡེ་ཤེས་བཟང་པོས་བརྩམས། 《ཀན་སུའུ་མི་རིགས་དགེ་འོས་སློབ་གྲྭ་ཆེན་མོའི་རིག་གཞུང་དུས་དེབ》2010ལོའི་དེབ2པ།

འགྲོ་བཟའ་ཁྲི་མ་ལོད་ནི་བུད་མེད་སྲིད་གཉེར་བ་ཆེན་མོ་ཞིག་ཡིན།

དབང་ལོས་བརྩམས། 《ཀན་སུའུ་མི་རིགས་དགེ་འོས་སློབ་གྲྭ་ཆེན་མོའི་རིག་གཞུང་དུས་དེབ》2010ལོའི་དེབ2པ།

གཉའ་ཁྲི་བཙན་པོའི་འབྱུངས་ས་དང་འབྲེལ་བའི་ལྷ་ཚུལ་འགའ།

གཡང་མོ་མཚོས་བརྩམས། 《བོད་ཀྱི་སློབ་གསོ》2010ལོའི་དེབ2པ།

ས་པཎ་ཧོར་ཡུལ་དུ་ཕེབས་དགོས་པའི་རྒྱུ་རྐྱེན་ལ་རགས་ཙམ་དཔྱད་པ།

འཇིགས་བྱེད་ཀྱིས་བརྩམས། 《བོད་ཀྱི་སློབ་གསོ》2010ལོའི་དེབ3པ།

རྒྱལ་སྤྱིའི་བོད་རིག་པའི་མཁས་དབང་གྲགས་ཅན་སྐུ་ཞབས་མཁར་རྨེའུ་བསམ་གཏན་རྒྱལ་མཚན་ལགས་ཀྱིས་ཀྲུང་དབྱང་མི་རིགས་སློབ་གྲྭ་ཆེན་མོར་འཆད་ཁྲིད་གནང་བ།

རིག་ལྡན་སྒྲོལ་མས་བརྩམས། 《ཀྲུང་གོའི་བོད་རིག་པ》2010ལོའི་དེབ4པ།

ཆོས་ཀྱི་བདུད་རྩི་བསིལ་མོས།། དམངས་ཀྱི་གདུང་སེམས་དག་སོང་།།——པཎ་ཆེན་རིན་པོ་ཆེ་སྐུ་ཕྲེང་བཅུ་གཅིག་པ་མཆོག་ཡུལ་ཞུལ་དུ་ཕེབས་པའི་ཟིན་ཐོ།

ཟླ་བཞིན་བརྩམས། 《ཀྲུང་གོའི་བོད་ལྗོངས》2010ལོའི་དེབ7པ།

མགར་བ་བསོད་ནམས་དབང་འདུས་ཀྱི་བདེ་སྐྱིད་ཀྱི་འཚོ་བ།

རྟ་ཀུའེ་ཧྲུས་བརྩམས། 《ཀྲུང་གོའི་བོད་ལྗོངས》2010ལོའི་དེབ7པ།

ལྷ་སའི་སྐུ་རྩལ་རྒྱ་མཚོའི་གླིང་གི་ཁམས་པ།

བསོད་ཆུང་གིས་བརྩམས། 《ཀྲུང་གོའི་བོད་ལྗོངས》2010ལོའི་དེབ9བ།

སེ་དྲུག་རིན་པོ་ཆེའི་ཡང་སྲིད་ཁྲི་སྟོན་བྱུས་ཚུལ།

ཚེ་རིང་ནོར་བུས་བརྩམས། 《ཀྲུང་གོའི་བོད་ལྗོངས》2010ལོའི་དེབ་11པ།

དེ་འཁོར་འབྲིང་གི་ཕྱོགས་སུ་འགྲོ——དཔའ་ཤོད་རྫོང་རི་དཀྱིལ་གྲོང་ཚོའི་གྲོང་དཔོན་བློ་བཟང་རྣམ་རྒྱལ་གྱི་གནས་ཚུལ། ནོར་བུ་དང་ཧྲའོ་པེ་ཀྲེན་གྱིས་བརྩམས། 《ཀྲུང་གོའི་བོད་ལྗོངས》2010ལོའི་དེབ་11པ།

བོད་རྗེ་གཉའ་ཁྲི་བཙན་པོའི་ཡབ་མེས་ལ་དཔྱད་པ།

གངས་འཚོས་བརྩམས། 《བོད་ལྗོངས་ཞིབ་འཇུག》2010ལོའི་དེབ3པ།

ཏྭ་ལའི་བླ་མ་སྐུ་ཕྲེང་བཅུ་གསུམ་པའི་སེམས་ཁམས་འཕོ་འགྱུར་ལས་འཁྲོས་ཏེ་སྲིད་ལུགས་གསར་བསྒྱུར་གྱི་མཛད་ལམ་སྐོར་གླེང་བ།

ནོར་བུ་བསམ་འཕེལ་གྱིས་བརྩམས། 《བོད་ལྗོངས་ཞིབ་འཇུག》2010ལོའི་དེབ3པ།

ཞང་ས་པ་བཀའ་བརྒྱུད་ཀྱི་སྲོལ་འབྱེད་མཁན་མཁས་གྲུབ་ཕྱུང་པོ་རྣལ་འབྱོར་གྱི་རྣམ་ཐར།

གྲ་བཞི་མིག་དམར་ཚེ་རིང་གིས་བརྩམས། 《བོད་ལྗོངས་ཞིབ་འཇུག》2010ལོའི་དེབ3པ།

སློབ་དཔོན་མཆོག་གི་སྐེ་དང་དུལ་བའི་སྐེ། རྣམ་སྣང་མཛད་གསུམ་གྱི་རྣམ་ཐར།

ལམ་རིམ་ཟླ་བརྒྱུད་ལས་བསྟན་དར་གྱིས་བཏུས། 《བོད་ལྗོངས་ནང་བསྟན》2010ལོའི་དེབ2པ།

ཨ་རིག་དགེ་བཤེས་བྱམས་པ་དགེ་ལེགས་རྒྱལ་མཚན་གྱི་རྣམ་ཐར་མདོར་བསྡུས།

སྐྱ་འབྲུམ་སངས་རྒྱས་རྒྱ་མཚོས་བརྩམས། 《བོད་ལྗོངས་ནང་བསྟན》2010ལོའི་དེབ2པ།

མདོ་སྨད་དཔལ་རྩེ་དགོན་གྱི་གདན་རབས་དང་སངས་ཞིས་ཆོས་འབྱུང་།

གྲུབ་དབང་དཀོན་མཆོག་བསྟན་པའི་རྒྱལ་མཚན་གྱིས་བརྩམས། རིན་ཆེན་རྒྱ་མཚོས་མཁོ་འདོན་བྱས། 《བོད་ལྗོངས་ནང་བསྟན》2010ལོའི་དེབ2པ།

ལྷོ་ཁའི་གྲགས་ཅན་མི་སྣ་རིམ་བྱོན་གྱི་ལོ་རྒྱུས་ཆེས་བསྡུས་པ་ཉི་ཁྲུག་གི་ཐད་པོ་དང་མོལ་བའི་གཏམ།(སྔ་འགོད།)

ཨོ་རྒྱན་ཪོ་རྗེས་བརྩམས། 《གངས་ལྗོངས་རིག་གནས》2010ལོའི་དེབ3པ།

སྔོ་ཁའི་གྲགས་ཅན་མི་སྣ་རིམ་བྱོན་གྱི་ལོ་རྒྱུས་ཆེས་བསྡུས་པ་ཉི་ཁྲུག་གི་རྣད་པོ་དང་མོལ་བའི་གཏམ།(སྒྱུ་འགོད།)

ཨ་རྒྱན་རྡོ་རྗེས་བརྩམས། 《གངས་ལྗོངས་རིག་གནས》2010ལོའི་དེབ4བ།

ཕག་གྲུ་བྱང་ཆུབ་རྒྱལ་མཚན་གྱིས་སྔོང་འཛུགས་ནགས་སྐྱུན་བྱས་ནས་ཁོར་ཡུག་སྲུང་སྐྱོབ་བྱས་པའི་གཏམ་ཐོར་བུ།

མཆོག་ལོས་བརྩམས། 《བོད་ཀྱི་སློབ་གསོ》2010ལོའི་དེབ4བ།

གྲི་གུམ་བཙན་པོའི་གདུང་རྒྱུད་ལ་དཔྱད་པ། ཪྡོ་རྗེ་སྐྱབས་ཀྱིས་བརྩམས། 《རྩེར་སྣེག》2010ལོའི་དེབ3པ།

ཁོར་ཡུག་སྲུང་སྐྱོབ།(环保)

བོད་བརྒྱུད་ནང་བསྟན་ལས་མཚོན་པའི་སྐྱེ་ཁམས་རིག་གནས་དང་ཁོར་ཡུག་སྲུང་སྐྱོབ་སྐོར་གྱི་བསམ་བློར་རྩུང་ཟད་དཔྱད་པ། ཁྲ་རིལ་སྐལ་བཟང་སློལ་མས་བརྩམས། 《ཀྲུང་གོའི་བོད་རིག་པ》2010ལོའི་དེབ་3པ།

མིག་སྔའི་བྱང་ཐང་སྐྱ་མོའི་གནམ་གཤིས་འགྱུར་བ་དང་བྱང་ཐང་སྐྱ་མོའི་སྡོད་བཅུད།

ཚེ་རིང་དང་ཟླ་བ་ཚེ་རིང་གིས་བརྩམས། 《བོད་ལྗོངས་ཞིབ་འཇུག》2010ལོའི་དེབ4བ།

བོད་ཡུལ་ནགས་ཚལ་གྱི་སྐྱེ་ཁམས་དང་ཁོར་ཡུག་སྲུང་སྐྱོབ།

རྩེ་གཞུང་སྐལ་བཟང་འབུམ་གྱིས་བརྩམས། 《རྒྱབ་བྱང་མི་རིགས་སློབ་གྲྭ་ཆེན་མོའི་རིག་གཞུང་དུས་དེབ》2010ལོའི་དེབ2པ།

འཛམ་གླིང་ཤར་ནུབ་ཤེས་རིག་ལས་འཕྲོས་པའི་མི་དང་རང་བྱུང་གི་འབྲེལ་བ་དང་དེས་རང་བྱུང་དང་མི་ཆོས་སྐྱེ་ཁམས་ལ་ཐེབས་པའི་ཤུགས་རྐྱེན་ལ་རགས་ཙམ་དཔྱད་པ།

ཕུན་ཚོགས་དང་ཚེ་གཡང་གིས་བརྩམས། 《བོད་ལྗོངས་སློབ་གྲྭ་ཆེན་མོའི་རིག་དེབ》2010ལོའི་དེབ3པ།

བོད་མིས་རང་བྱུང་ཁམས་ལ་འཛིན་པའི་ལྟ་ཚུལ་སྐོར་རགས་ཙམ་གླེང་བ།

ཕུལ་ལྷ་ཐར་གྱིས་བརྩམས། 《བོད་ལྗོངས་སློབ་གསོ》2010ལོའི་དེབ3པ།

མདོ་དབུས་མཐོ་སྒང་འབྱུང་ཁམས་སྲུང་སྐྱོབ་ཀྱི་རྩ་དོན་ལག་ལེན་བཅོ་ལྔ།

སྟེ་རོང་ཚེ་རིང་དོན་འགྲུབ་ཀྱིས་བརྩམས། 《གངས་དཀར་རི་བོ》2010ལོའི་དེབ1པ།

གསོ་རིག་དང་སྐར་རྩིས།(医学和天文历算)

བོད་ལུགས་གསོ་རིག་ལ་ལོ་རྒྱུས་ཀྱི་དུས་རིམ་སོ་སོར་ཐོ་བའི་ནད་སྨན་བཅོས་ཐང་ཐོབ་པའི་གྲུབ་འབྲས་རགས་བསྡུས།

ཇོར་བུ་བཀྲ་ཤིས་ཀྱིས་བརྩམས། 《ཀྲུང་གོའི་བོད་རིག་པ》2010ལོའི་དེབ1པ།

མངལ་སྐྱོའི་འབྲུམ་རྟོལ་སྐྱེད་བྱེད་ཀྱི་སྲིན་བུའི་ངོ་བོར་དཔྱད་པ།

སྨིག་དམར་ཚེ་རིང་དང་བླ་མོ་མཚོས་བརྩམས། 《ཀྲུང་གོའི་བོད་རིག་པ》2010ལོའི་དེབ1པ།

བོད་ལུགས་གསོ་རིག་ལས་རིམས་ནད་ཀྱི་ངོས་འཛིན་དང་སྔོན་འགོག་སྐོར་བཤད་པ།

ཀརྨ་དང་ལྷུན་གྲུབ་རྡོ་རྗེས་བརྩམས། 《ཀྲུང་གོའི་བོད་རིག་པ》2010ལོའི་དེབ2པ།

བོད་ཀྱི་གསོ་རིག་གི་གཉེར་དངོས་སྨན་རྫས་ལས་འཕྲོས་པའི་དོན་གནད་འགའ་གླེང་བ།

སྤེ་རོང་རྡོ་སྐྱབས་ཚེ་རིང་གིས་བརྩམས། 《ཀྲུང་གོའི་བོད་རིག་པ》2010ལོའི་དེབ2པ།

རྐང་འབམ་གྱི་སྐོར་རགས་ཙམ་གླེང་བ།

ནོར་བུས་བརྩམས། 《བོད་ལྗོངས་ཞིབ་འཇུག》2010ལོའི་དེབ2པ།

རིན་ཆེན་རིལ་བུའི་གཏོང་ཚུལ་མདོར་བསྡུས།

དཔལ་བཟང་རྒྱ་མཚོས་བརྩམས། 《མི་རིགས》2010ལོའི་དེབ2པ།

འགོས་ནད་འགོག་བཅོས་བྱེད་ཐབས་ངོ་སྤྲོད་རགས་ཙམ།

རྡོ་རྗེ་བཀྲ་ཤིས་དང་ཁུང་ཁྲུངས་ཡིང་གིས་བརྩམས། 《མི་རིགས》2010ལོའི་དེབ2པ།

བོད་ལུགས་གསོ་རིག་གི་དཔྱད་བཅོས་ལག་ལེན་གཏར་ཁའི་སྐོར་རགས་ཙམ་གླེང་བ།

ཉི་མ་ལྷ་སྐྱིད་ཀྱིས་བརྩམས། 《བོད་ལྗོངས་སློབ་གྲྭ་ཆེན་མོའི་རིག་དེབ》2010ལོའི་དེབ1པ།

བོད་ཀྱི་གསོ་རིག་ལས་འབྱུང་ལྔ་དང་འབྲེལ་ཏེ་ལུས་ཆགས་ཚུལ་སྐོར་རོབ་ཙམ་གླེང་བ།

འབུམ་མཚོ་སྒྲོལ་མས་བརྩམས། 《བོད་ལྗོངས་སློབ་གྲྭ་ཆེན་མོའི་རིག་དེབ》2010ལོའི་ཆེད་སྒྲིག་དེབ།

དངུལ་ཆུ་གྲུབ་པའི་ལོ་རྒྱུས་ཆེ་ལོང་ཙམ་བརྗོད་པ།

གཏུགས་དཀར་གྱིས་བརྩམས། 《མཚོ་སྔོན་མི་རིགས་སློབ་ཆེན་རིག་དེབ》2010ལོའི་དེབ1པ།

ཏུས་ཆང་བཟོ་ཚུལ་སྐོར་རོབ་ཙམ་གླེང་བ།

ཚེ་རིང་སྐྱིད་ཀྱིས་བརྩམས། 《མཚོ་སྔོན་མི་རིགས་སློབ་ཆེན་རིག་དེབ》2010ལོའི་དེབ1པ།

གསོ་བ་རིག་པ་ལས་སྨོད་མཁྲིས་ཀྱི་རྫོ་སྨན་བཅོས་ཐབས་ལ་རགས་ཙམ་དཔྱད་པ།

ཨ་ཆུང་འཇམ་དབྱངས་རྒྱ་མཚོས་བརྩམས། 《ཀན་སུའུ་མི་རིགས་དགེ་འོས་སློབ་གྲྭ་ཆེན་མོའི་རིག་གཞུང་དུས་དེབ》2010ལོའི་དེབ2པ།

ཟོ་བ་དང་ཟོ་བའི་ནད་ཀྱི་སྐོར་མདོར་བསྡུས་ཙམ་གླེང་བ།

ཐང་ཕྲུག་ཐར་དང་བསོད་ནམས་སྒྲོལ་མས་བརྩམས། 《ཀྲུང་གོའི་བོད་ཀྱི་གསོ་རིག》2010ལོའི་དེབ1པ།

རྩ་སྦྱོང་གི་སྔོན་འགྲོ་བསྙེན་ཚུལ་དང་དགོས་པ་རགས་ཙམ་གླེང་བ།

འཕགས་མོ་འཚོས་བརྩམས། 《ཀྲུང་གོའི་བོད་ཀྱི་གསོ་རིག》2010ལོའི་དེབ1པ།

བདུད་རྩི་ལྔའི་ངོས་འཛིན་དང་ལུམས་བཅོས་ནང་དོན་སོགས་རགས་ཙམ་གླེང་བ།

གསོ་རིག》2010ལོའི་དེབ2པ།

ཆུ་བོ་ཡན་ལག་བརྒྱད་ལྡན་གྱི་བཤད་པ།

དཔལ་ལྡན་རྒྱ་མཚོས་བརྩམས། 《ཀྲུང་གོའི་བོད་ཀྱི་གསོ་རིག》2010ལོའི་དེབ2པ།

བོད་ཀྱི་གསོ་རིག་ལས་ནད་རིགས་སྔོན་འགོག་བྱ་ཐབས་སྐོར་རགས་ཙམ་གླེང་བ།

བསོད་ནམས་ཚེ་རིང་གིས་བརྩམས། 《ཀྲུང་གོའི་བོད་ཀྱི་གསོ་རིག》2010ལོའི་དེབ2པ།

མཁལ་མའི་དཔེ་དོན་བཀྲལ་ཚུལ་གྱི་དོགས་དཔྱོད།

གཅུབས་དོན་གྲུབ་ཚེ་རིང་གིས་བརྩམས། 《ཀྲུང་གོའི་བོད་ཀྱི་གསོ་རིག》2010ལོའི་དེབ2པ།

མི་བཙའི་དབྱེ་བ་དང་ལག་ལེན་གྱི་སྐོར་གླེང་བ།

མཆད་ཀྱིས་བརྩམས། 《ཀྲུང་གོའི་བོད་ཀྱི་གསོ་རིག》2010ལོའི་དེབ2པ།

མེས་པོའི་ཞལ་ལུང་ལས་ཞུ་རྗེས་ཀྱི་དམིགས་བསལ་ཕྲ་བའི་རྣམ་གཞག་གི་འགྲེལ་ལ་དཔྱད་པ།

རིག་འཛིན་རྡོ་རྗེས་བརྩམས། 《ཀྲུང་གོའི་བོད་ཀྱི་གསོ་རིག》2010ལོའི་དེབ2པ།

སྨད་སྒོའི་ངོས་འཛིན་ལས་འཕྲོས་པའི་གཏམ།

གཉོས་ཚོར་བཟང་གིས་བརྩམས། 《ཀྲུང་གོའི་བོད་ཀྱི་གསོ་རིག》2010ལོའི་དེབ2པ།

བད་ཀན་སེར་པོ་མཁྲིས་པའི་ཁ་ལུད་ཡིན་ཞེས་པའི་རྒྱུད་ཚིག་ལ་དཔྱད་པ།

ཁ་བོ་སྒྲོལ་མས་བརྩམས། 《ཀྲུང་གོའི་བོད་ཀྱི་གསོ་རིག》2010ལོའི་དེབ2པ།

ནད་ཐོག་ཉམས་མྱོང་སྐོར་གླེང་བ།

ཨོ་ཁ་ས་ཁྲལ་བོད་ལུགས་སྨན་ཁང་ནས་བརྩམས། 《ཀྲུང་གོའི་བོད་ཀྱི་གསོ་རིག》2010ལོའི་དེབ2པ།

མཚན་དཀར་འབྲུམས་པའི་ནད་ལ་སྨན་བཅོས་བྱས་པའི་མྱོང་ཟིན།

གསེར་མེས་བརྩམས། 《ཀྲུང་གོའི་བོད་ཀྱི་གསོ་རིག》2010ལོའི་དེབ2པ།

ཀོང་སྨྱུལ་ཟིན་ཏིག་ནང་སྔོད་མཁྲིས་ཕོ་བའི་གཡས་ངོས་གཟེར་བ་ཞེས་པ་དེའི་ནད་མིང་དང་གསོ་བཅོས་ཐབས་ཀྱི་དཔྱད་བརྗོད།

ཨོ་རྒྱན་དང་ཐར་བྲམས་བརྩམས། 《ཀྲུང་གོའི་བོད་ཀྱི་གསོ་རིག》2010ལོའི་དེབ2པ།

དྲེག་ནད་ཀྱི་ནད་པ་བརྒྱ་ལ་དཔྱད་བཅོས་བྱས་པའི་ཕན་སྐྱེད་ཕྱོགས་བསྡོམས།

ཉི་མ་ཚེ་རིང་གིས་བརྩམས། 《ཀྲུང་གོའི་བོད་ཀྱི་གསོ་རིག》2010ལོའི་དེབ2པ།

རླུང་ནད་འཁྲམ་པ་ཉམས་པའི་ངོས་འཛིན་དང་དེའི་གསོ་བཅོས་ཐབས་ཀྱི་དཔྱོད་གླེང་།

ཡང་གསང་རྒྱལ་དང་གཡུང་དྲུང་འཚོས་བརྩམས། 《ཀྲུང་གོའི་བོད་ཀྱི་གསོ་རིག》2010ལོའི་དེབ2པ།

རྒྱུད་དུ་བསྟན་པའི་སྨན་རྫས་ཀྱི་དབྱེ་བ་དཀར་ཚུལ་དང་ཕ་ཚོའི་ངོས་འཛིན་སྐོར་ལ་དཔྱད་པ།

ཟ་བ་བློ་ཚུལ་ཁྲིས་བརྩམས། 《ཀྲུང་གོའི་བོད་ཀྱི་གསོ་རིག》2010ལོའི་དེབ2པ།

ཚ་སྨན་གྱི་རིགས་ལས་ཐལ་ཚྭ་དང་མཚལ་ཚྭ། ན་གུ་ཚྭ་སོ་སོའི་ངོས་འཛིན་དང་སྦྱོར་བཟོ་ཡི་ལག་ལེན་ཞིབ་འཇུག

སྣང་རྩ་དབང་གྲགས་ཀྱིས་བརྩམས། 《ཀྲུང་གོའི་བོད་ཀྱི་གསོ་རིག》2010ལོའི་དེབ2པ།

ནད་སྨན་སྤྱོད་པའི་ཉམས་ཡིག་བཞུགས་སོ།།

སྡེ་དགེ་ལྷ་སྨན་ངག་དབང་ཆོས་གྲགས་རྒྱ་མཚོས་བརྩམས། 《ཀྲུང་གོའི་བོད་ཀྱི་གསོ་རིག》2010ལོའི་དེབ2པ།

སྨན་མིང་བརྟགས་ཚུལ་མི་འདྲ་བ་བཅུ་གཉིས།

མཁན་པོ་པདྨ་བརྫུས་བརྩམས། 《ཀྲུང་གོའི་བོད་ཀྱི་གསོ་རིག》2010ལོའི་དེབ2པ།

ཞེར་མཁོའི་མིང་གི་རྣམ་གྲངས།

སུམ་པ་ཡེ་ཤེས་དཔལ་འབྱོར་གྱིས་བརྩམས། 《ཀྲུང་གོའི་བོད་ཀྱི་གསོ་རིག》2010ལོའི་དེབ2པ།

སྨན་མིང་གེགས་འཕྲང་བསལ་བའི་ཞལ་གདམས།

དཔའ་རིས་བསྟན་འཕེལ་རྒྱ་མཚོས་བརྩམས། 《ཀྲུང་གོའི་བོད་ཀྱི་གསོ་རིག》2010ལོའི་དེབ2པ།

སྲོག་རླུང་བཅོས་ཚུལ།

འཇམ་དབྱངས་ཧྱེན་བརྩེ་དབང་པོས་བརྩམས། 《ཀྲུང་གོའི་བོད་ཀྱི་གསོ་རིག》2010ལོའི་དེབ2པ།

ཁྲག་རླུང་སྟོད་འཚང་བཅོས་ཚུལ།

འཇམ་དབྱངས་མཁྱེན་བརྩེ་དབང་པོས་བརྩམས། 《ཀྲུང་གོའི་བོད་ཀྱི་གསོ་རིག》2010ལོའི་དེབ2པ།

ནད་གང་ལ་སྨན་གང་གིས་ཕན་ཚུལ་མདོར་དྲིལ་བ།

འཇིགས་མེད་བསྟན་འཛིན་རྒྱ་མཚོས་བརྩམས། 《ཀྲུང་གོའི་བོད་ཀྱི་གསོ་རིག》2010ལོའི་དེབ2པ།

བོད་ཀྱི་གཟའ་སྐར་ལེགས་ཉེས་བརྟག་ཐབས་ཐད་བྱུང་བའི་གནད་དོན་འགའ་རགས་ཙམ་གླེང་བ།

ཁ་སྨོ་ཆོག་གིས་བརྩམས། 《བོད་ལྗོངས་སློབ་གསོ》2010ལོའི་དེབ1པ།

བོད་ཀྱི་ལི་ཐོའི་རིག་པ་ངོ་སྤྲོད་མདོར་བསྡུས།

དབོན་ཚང་འཇིགས་བྱེད་སྐྱབས་དང་ཀླུང་ཁྲ་འཚོས་བརྩམས། 《ནུབ་བྱང་མི་རིགས་སློབ་གྲྭ་ཆེན་མོའི་རིག་གཞུང་དུས་དེབ》2010ལོའི་དེབ2པ།

གངས་ཅན་ཤེས་རིག་ལོ་རྒྱུས་གླིང་གི“སྨན་པ་ཆེན་པོ་བཅུ”གདམ་ཐོན་སྐོར་གྱི་གྲོས་མགོ།

ཀླུ་བྱམས་རྒྱལ་གྱིས་བརྩམས། 《ཀྲུང་གོའི་བོད་རིག་པ》2010ལོའི་དེབ4པ།

དབྱར་མཚོ་ལྷར་རྒྱས་པའི་ཆབ་མདོ་སྨན་རྩིས་ཁང་།

ངག་ཉོར་དང་བྱ་དེས་ཚེ་རིང་གིས་བརྩམས། 《ཀྲུང་གོའི་བོད་ལྗོངས》2010ལོའི་དེབ9པ།

གསེར་ཁབ་ཆོན་དྲུག་ཅན་གྱིས་གཤེར་སྨན་འདུས་འདྲིལ་གྱི་གཙོང་ནད་བཅོས་པའི་ཕྱོགས་བསྡོམས།

སྲུང་དཀར་ཉི་མ་ཚེ་རིང་གིས་བསྒྱུར། རྩེར་སྙེག》2010ལོའི་དེབ4པ།

དབང་པོ་ལས་སྣ་ནད་བཅོས་པར་རྒྱུན་བཅོད་རྡོ་རྗེའི་ཕ་ལམ་བཞུགས་སོ།

ར་སྤྲུག་དང་མགོན་པོ་གྲགས་པས་བརྩམས། 《མི་རིགས》2010ལོའི་དེབ3པ།

བོད་ལུགས་གསོ་བ་རིག་པའི་སྨན་ཐང་ལས་ལུས་ཀྱི་པར་རིས་སྐོར་གླེང་བ།

གོང་དཀར་བ་ཤིག་དམར་གྱིས་བརྩམས། 《བོད་ཀྱི་རྩོམ་རིག་སྒྱུ་རྩལ》2010ལོའི་དེབ4པ།

ནད་ཟུག་འཕྲལ་གཅོག་དཔྱད་མཆོག་དུགས་ཀྱི་སྐོར་ཙུང་ཟད་གླེང་བ།

ཚེ་བརྟན་རྡོ་རྗེས་བརྩམས། 《བོད་ཀྱི་རྩོམ་རིག་སྒྱུ་རྩལ》2010ལོའི་དེབ6པ།

དམངས་ཁྲོད་ཀྱི་ནད་བཅོས་ཐབས་འགའ་མདོ་ཙམ་བརྗོད་པ།

འཇམ་དབྱངས་དོན་གྲུབ་དང་དོ་བོ་ཁྱུས་བརྩམས། 《མང་ཚོགས་སྒྱུ་རྩལ》2010ལོའི་དེབ4པ།

གསོ་རིག་རྒྱུད་བཞིའི་བྱུང་བ་བརྗོད་པ།

འཇུ་ཚེ་སྟོབས་ཀྱིས་བརྩམས། 《ཀྲུང་གོའི་བོད་ཀྱི་གསོ་རིག》2010ལོའི་དེབ3པ།

སྨན་དཔྱད་རྒྱུད་འབུམ་བྱུང་ཚུལ་མདོར་བསྡུས་ཟུར་བཀོད།

བསྐལ་བཟང་དར་རྒྱས་ཀྱིས་བརྩམས། 《ཀྲུང་གོའི་བོད་ཀྱི་གསོ་རིག》2010ལོའི་དེབ3པ།

ལུས་ཟུངས་བདུན་གྱི་འགྱུར་ཚུལ་ལས་ཁྲག་གི་འགྱུར་ཚུལ་ལ་དཔྱད་པ།

ཚེ་དབང་འཚོ་དང་གཡང་མོ་ཚེ་རིང་གིས་བརྩམས། 《ཀྲུང་གོའི་བོད་ཀྱི་གསོ་རིག》2010ལོའི་དེབ3པ།

སྨན་ནུས་ཚུལ་བཞིན་མི་ཐོན་པའི་གནད་དོན་འགའ་གླེང་བ།

རིང་ཆེན་འཚོ་དང་ཚེ་རིང་གིས་བརྩམས། 《ཀྲུང་གོའི་བོད་ཀྱི་གསོ་རིག》2010ལོའི་དེབ3པ།

གྲུབ་པ་ལུས་ཀྱི་གནས་ལས་མགོ་བོའི་རྩ་གནད་ཞི་གསུམ་ལ་དཔྱད་པ།

ཕུན་ཚོགས་རྡོ་རྗེས་བརྩམས། 《ཀྲུང་གོའི་བོད་ཀྱི་གསོ་རིག》2010ལོའི་དེབ3པ།

གཅིན་སྙི་ཟ་ཁུའི་ནད་ཀྱི་གྱུར་ཚུལ་དང་རྟགས་བཅོས་སྐོར་གླེང་བ།

སྒྲོ་མོ་འཚོས་བརྩམས། 《ཀྲུང་གོའི་བོད་ཀྱི་གསོ་རིག》2010ལོའི་དེབ3པ།

ལྷུང་གྱུར་སྨྱོ་བྱེད་དང་སྙིང་འཁྲུགས་གཉིས་ཀྱི་རྒྱུ་དང་རྟགས་བཅོས་སོགས་ཀྱི་ཁྱད་འབྲེལ་སྐོར་རོབ་ཙམ་གླེང་བ།

སྐྱེ་ཡག་ལྷ་མཛེས་ཀྱིས་བརྩམས། 《ཀྲུང་གོའི་བོད་ཀྱི་གསོ་རིག》2010ལོའི་དེབ3པ།

སྨུག་པོ་ཁྲག་རྫོལ་གྱི་ནད་པ་སོ་ལྔའི་སྨན་བཅོས་དཔྱེ་ཞིབ།

དཔལ་བཟང་རྒྱ་མཚོས་བརྩམས། 《ཀྲུང་གོའི་བོད་ཀྱི་གསོ་རིག》2010ལོའི་དེབ3པ།

བོད་ཀྱི་གསོ་བ་རིག་པ་ལས་འདུས་པ་སྨུག་པོའི་ནད་ཀྱི་བརྟག་བཅོས་བྱུང་བ་དང་དེར་ཙུང་ཟད་དཔྱད་པ།

བཀྲ་རྒྱལ་གྱིས་བརྩམས། 《ཀྲུང་གོའི་བོད་ཀྱི་གསོ་རིག》2010ལོའི་དེབ3པ།

མཁྲིས་སྨན་གྱི་རྟགས་བཅོས་སྐོར་རགས་ཙམ་གླེང་བ།

འཕགས་སྒྲུབ་ཐར་གྱིས་བརྩམས། 《ཀྲུང་གོའི་བོད་ཀྱི་གསོ་རིག》2010ལོའི་དེབ3པ།

མཆིན་ནད་ལྐེམ་བུའི་ངོས་འཛིན་དང་རྟགས་བཅོས་སོགས་རགས་ཙམ་བཤད་པ།

དཀར་ཕྱོགས་ཀྱིས་བརྩམས། 《ཀྲུང་གོའི་བོད་ཀྱི་གསོ་རིག》2010ལོའི་དེབ3པ།

སྲུ་ལྡན་གསེར་ཁབ་ཀྱི་སྐོར་ཙུང་ཙམ་བཤད་པ།

སངས་རྒྱས་སྐྱབས་ཀྱིས་བརྩམས། 《ཀྲུང་གོའི་བོད་ཀྱི་གསོ་རིག》2010ལོའི་དེབ3པ།

ཀྲང་འབམ་ནད་ལ་དཔྱད་བཅོས་ཀྱི་ལག་ལེན་ཞིབ་འཇུག

ཉི་མ་ཚེ་རིང་གིས་བརྩམས། 《ཀྲུང་གོའི་བོད་ཀྱི་གསོ་རིག》2010ལོའི་དེབ3པ།

བོང་ངའི་སྨན་ནད་ཀྱི་བརྟག་བཅོས་སྐོར་ལ་རགས་ཙམ་དཔྱད་པ།

བསོད་ནམས་སྒྲོལ་མས་བརྩམས། 《ཀྲུང་གོའི་བོད་ཀྱི་གསོ་རིག》2010ལོའི་དེབ3པ།

ཏོགས་སྨན་འགའི་ངོས་འཛིན་ཉི་མའི་ཞལ་ལུང་།

སྐལ་བཟང་འབུམ་དང་རྡོ་རྗེ་རབ་བརྟན་གྱིས་བརྩམས། 《ཀྲུང་གོའི་བོད་ཀྱི་གསོ་རིག》2010ལོའི་དེབ3པ།

བོད་ལུགས་གསོ་བ་རིག་པའི་གི་ཕང་གི་སྐོར་ལ་དཔྱད་པ།

འཇམ་དཔལ་ཉི་མས་བརྩམས། 《ཀྲུང་གོའི་བོད་ཀྱི་གསོ་རིག》2010ལོའི་དེབ3པ།

ཀླ་བྲང་བཀྲ་ཤིས་འཁྱིལ་གྱི་སྨན་པ་གྲྭ་ཚང་གསོ་རིག་གཞན་ཕན་གླིང་གི་བྱུང་འཕེལ་དང་འབྲེལ་ནས་གྲྭ་ཚང་དེའི་འཆད་ཉན་བྱེད་སྲོལ་མདོ་ཙམ་བརྗོད་པ།

ལྷ་མོ་སྐྱིད་ཀྱིས་བརྩམས། 《ཀྲུང་གོའི་བོད་ཀྱི་གསོ་རིག》2010ལོའི་དེབ4བ།

སྨན་དཔྱད་ཟླ་བའི་རྒྱལ་པོར་འཁོད་པའི་མེ་དཔྱད་ཀྱི་ནང་དོན་ལ་རགས་ཙམ་དཔྱད་པ།

འཕྲིན་ལྡེས་བརྩམས། 《ཀྲུང་གོའི་བོད་ཀྱི་གསོ་རིག》2010ལོའི་དེབ4བ།

དོན་སྙོད་དབང་པོའི་འབྲེལ་འཁོར་གྱི་རྒྱུན་སྲུང་ལ་དཔྱད་པ།

རིན་ཆེན་རྡོ་རྗེ་དང་བཀྲ་ཤིས་དོན་གྲུབ་ཀྱིས་བརྩམས། 《ཀྲུང་གོའི་བོད་ཀྱི་གསོ་རིག》2010ལོའི་དེབ4བ།

འབྲེལ་བ་རྩ་ཡི་གོ་དོན་གྱི་སྟེང་ནས་སྙིང་དང་ཀླད་པ་གཉིས་བར་གྱི་འབྲེལ་བའི་སྐོར་ཙུང་ཟད་བཤད་པ།

ཐུབ་བསྟན་བཟང་པོས་བརྩམས། 《ཀྲུང་གོའི་བོད་ཀྱི་གསོ་རིག》2010ལོའི་དེབ4བ།

རོ་འཛིན་གྱི་དབང་པོ་ལྕེའི་འབྲེལ་འཁོར་ལ་ཙུང་ཟད་དཔྱད་པ།

ལྷ་མོ་སྐྱབས་ཀྱིས་བརྩམས། 《ཀྲུང་གོའི་བོད་ཀྱི་གསོ་རིག》2010ལོའི་དེབ4བ།

ཕྱིའི་དུས་དྲུག་གི་འབྱུང་ཁམས་དང་ནང་ལུས་ཁམས་བར་གྱི་འབྲེལ་བའི་སྐོར་མདོ་ཙམ་གླེང་བ།

རྣམ་ཐར་འཚོས་བརྩམས། 《ཀྲུང་གོའི་བོད་ཀྱི་གསོ་རིག》2010ལོའི་དེབ4བ།

སྤྱོད་ལམ་གྱི་བསྟེན་ཚུལ་སྐོར་རགས་ཙམ་གླེང་བ།

ཟླ་མོ་འཚོ་དང་རིན་ཆེན་དོན་གྲུབ་ཀྱིས་བརྩམས། 《ཀྲུང་གོའི་བོད་ཀྱི་གསོ་རིག》2010ལོའི་དེབ4བ།

གསོ་སླ་བའི་ཡན་ལག་ལས་གཙང་བ་ཞེས་པའི་ཡན་ལག་སྐོར་ཅུང་ཟད་གླེང་བ།

སེང་ཆེན་ཚེ་རིང་དང་བཀྲ་ཤིས་འཚོས་བརྩམས། 《ཀྲུང་གོའི་བོད་ཀྱི་གསོ་རིག》2010ལོའི་དེབ4བ།

གྲུམ་བུའི་ནད་ཀྱི་བརྟག་བཅོས་ཚད་གཞི།

མཚོ་སྔོན་ཞིང་ཆེན་བོད་སྨན་ཁང་སྨན་ལུམས་ཚན་ཁག་གིས་བསྒྲིགས། མཚོ་སྔོན་ཞིང་ཆེན་བོད་ཀྱི་གསོ་རིག་སློབ་ཚོགས་ཀྱིས་ཞིབ་གཏན་དང་ཁྱབ་བསྒྲགས་གནང་། 《ཀྲུང་གོའི་བོད་ཀྱི་གསོ་རིག》 2010ལོའི་དེབ4བ།

གྲུམ་ནད་ཀྱི་རྟགས་བཅོས་གསལ་བའི་སྒྲོན་མེ།

ཟ་བ་སྐལ་ཁོས་བརྩམས། 《ཀྲུང་གོའི་བོད་ཀྱི་གསོ་རིག》2010ལོའི་དེབ4བ།

ཁྲི་དུག་ནད་ཀྱི་བྱུང་ཚུལ་དང་རྟགས་བཅོས་རོབ་ཙམ་བཤད་པ།

སྒྲོལ་མ་འབུམ་གྱིས་བརྩམས། 《ཀྲུང་གོའི་བོད་ཀྱི་གསོ་རིག》2010ལོའི་དེབ4བ།

བོད་སྨན་གྱི་སྦྱོར་ཚད་དང་ཐུན་ཚད་ལས་འགྲོས་པའི་གཏམ་དུས་རབས་ཀྱི་ཅོང་བཏ།

མགོན་པོ་སྐྱབས་ཀྱིས་བརྩམས། 《ཀྲུང་གོའི་བོད་ཀྱི་གསོ་རིག》2010ལོའི་དེབ4བ།

བདུད་རྩི་བཅུད་ཀྱི་རྒྱལ་པོ་དངུལ་ཆུ་བཙོ་བཀྲུ་ཆེན་མོ་དང་ལྷུགས་ཁམས་ཐལ་བཟོའི་ལག་ལེན་ཟིན་བྲིས།

རྒྱ་མཚོས་བརྩམས། 《ཀྲུང་གོའི་བོད་ཀྱི་གསོ་རིག》2010ལོའི་དེབ4བ།

རྩ་སྨན་གྱི་རིགས་ལས་རྒྱ་ཚ་དང་ཁ་རུ་ཚ་གཉིས་ཀྱི་ངོས་འཛིན་དང་སྦྱོར་བཟོའི་ལག་ལེན་ཞིབ་འཇུག

སྣང་རྩ་དབང་གྲགས་དང་མཁའ་འཚོ་སྐྱིད་ཀྱིས་བརྩམས། 《ཀྲུང་གོའི་བོད་ཀྱི་གསོ་རིག》2010ལོའི་དེབ4བ།

བོད་སྨན་ཐོན་སྐྱེད་ཁྲིད་དུ་ཕྲ་བརྒྱལ་འཐག་རྩལ་གྱི་བཀོལ་སྤྱོད་སྐོར་གླེང་བ།

ཉི་མ་ཚེ་རིང་དང་བྱམས་པས་བརྩམས། 《ཀྲུང་གོའི་བོད་ཀྱི་གསོ་རིག》2010ལོའི་དེབ4བ།

མཆིན་ནད་གསོ་བའི་སྨྱོང་བྱུང་བསྡུས་པ།

འཇིགས་མེད་མཁས་གྲུབ་རྒྱ་མཚོས་བརྩམས། 《ཀྲུང་གོའི་བོད་ཀྱི་གསོ་རིག》2010ལོའི་དེབ4བ།

འབམ་དྲེག་གྲུམ་བུ་གསུམ་གྱི་ནོར་སོ་བསལ་བ།（གཅིས་བཏུས།）

སྨན་པ་ཡེ་ཤེས་དཔལ་འབྱོར་གྱིས་བརྩམས། 《ཀྲུང་གོའི་བོད་ཀྱི་གསོ་རིག》2010ལོའི་དེབ4བ།

ཚ་གྲང་སྤྱི་རྩ་དྲུག་གི་ངོས་འཛིན།（གཅིས་བཏུས།）

དཔལ་གྲུབ་དབང་གྱུ་ཏས་བརྩམས། 《ཀྲུང་གོའི་བོད་ཀྱི་གསོ་རིག》2010ལོའི་དེབ4བ།

ཐ་མལ་ནད་མེད་ལས་རྒྱུན་སྤྱོད་ཀྱི་སྐོར།（གཅིས་བཏུས།）

བི་རོ་ཅ་ན་སོགས་ཀྱིས་བརྩམས། 《ཀྲུང་གོའི་བོད་ཀྱི་གསོ་རིག》2010ལོའི་དེབ4བ།

ཚད་འཛལ་ཤེས་བྱ་ཐོར་བུ།(གཅིས་བཏུས།)

གཅང་སྨན་ཡེ་ཤེས་བཟང་པོས་བརྩམས། 《ཀྲུང་གོའི་བོད་ཀྱི་གསོ་རིག》2010ལོའི་དེབ4བ།

བོད་ཀྱི་ལོ་ཐོ་ལྟ་སྟངས་རགས་ཙམ་དཔྱད་པ།

སྐྱ་རེངས་དཔལ་ལོས་བརྩམས། 《ཀྲུང་གོའི་བོད་རིག་པ》2010ལོའི་དེབ4བ།

འབྱུང་རྩིས་ཀྱི་མ་བུ་དགྲ་གྲོགས་དང་བོད་མིའི་འཚོ་བའི་འབྲེལ་བའི་སྐོར་རགས་ཙམ་གླེང་བ།

ཕྲིད་གཙོད་སྒྲོལ་དཀར་གྱིས་བརྩམས། 《བོད་ལྗོངས་སློབ་གྲྭ་ཆེན་མོའི་རིག་དེབ》2010ལོའི་དེབ4བ།

སྣ་ཚོགས།(其他)

བོད་མིའི་གཞི་རིམ་བྱེ་བྲག་ས་ཁུལ་གྱི་འཚོ་བའི་རྟོག་ཞིབ་དང་བསམ་གཞིག

ཚེ་རིང་སྐྱིད་ཀྱིས་བརྩམས། 《ཀན་སུའུ་མི་རིགས་དགེ་འོས་སློབ་གྲྭ་ཆེན་མོའི་རིག་གཞུང་དུས་དེབ》
2010ལོའི་དེབ1པ།

ཡུལ་ཁམས་ཕོར་ཡུག་སྲུང་སྐྱོབ་ཐད་ནས་རང་ཉིད་ཀྱི་ལྟ་ཚུལ་འགའ་གླེང་བ།

བསྟན་འཛིན་ཆོས་དར་གྱིས་བརྩམས།《ཀན་སུའུ་མི་རིགས་དགེ་འོས་སློབ་གྲྭ་ཆེན་
མོའི་རིག་གཞུང་དུས་དེབ》2010ལོའི་དེབ1པ།

བོད་ཡུལ་གྱི་བརྟན་སའི་སྐྱེ་ཁམས་དང་ཁོར་ཡུག་སྲུང་སྐྱོབ།

རྩེ་གཞུང་སྐལ་བཟང་འདུམ་གྱིས་བརྩམས། 《རྩེ་ར་སྐྱེག》2010ལོའི་དེབ2པ།

བོད་ཡིག་བསྟན་བཅོས་མཚན་བྱང་ཁག་གསུམ་པ།

《ཀྲུང་གོའི་བོད་རིག་པ》2010ལོའི་དེབ1—4བ།

གཟི་ལམ་རིག་གནས་ལས་གཟི་དང་འབྲེལ་བའི་ཐ་སྙད་འགའ་ལ་དཔྱད་པ།

ཆངས་དབང་དགེ་འདུན་བསྟན་པས་བརྩམས། 《ཀྲུང་གོའི་བོད་རིག་པ》2010ལོའི་དེབ4བ།

དཔྱད་རྩོམ་གྱི་རྣམ་པའི་སྒྲིག་གཞི་ཚད་ལྡན་དུ་གཏོང་ཐབས་སྐོར་རགས་ཙམ་གླེང་བ།

ཁ་སྣང་དཔལ་ཆེན་ཐར་གྱིས་བརྩམས། 《བོད་ལྗོངས་སློབ་གྲྭ་ཆེན་མོའི་རིག་དེབ》2010ལོའི་དེབ4བ།

《ཤེས་བྱ་ཀུན་ཁྱབ་》ཅེས་པའི་རྩོམ་པ་པོ་དང་དེའི་གཞུང་དོན་གནད་བསྡུས་ལས་འཕྲོས་པའི་རིག་གནས་ཀྱི་དོན་སྙིང་སོགས་ཀྱི་སྐོར་ལ་རགས་ཙམ་དཔྱད་པ།

སྒྲོལ་མ་ཆོས་མཚོས་བརྩམས། 《བོད་ལྗོངས་སློབ་གྲྭ་ཆེན་མོའི་རིག་དེབ》2010ལོའི་དེབ4བ།

ལ་རྒྱ་ལྡན་པའི་གྲོགས་བཟང་སྨན་ལས་ལྷག

བསོད་ནམས་ཀྱིས་བརྩམས། 《གངས་ལྗོངས་རིག་གནས》2010ལོའི་དེབ3པ།

ཚིག་ཤེས་ནི་ཕན་གནོད་གཉིས་ལྡན་ཡིན་པས་སྤྱོད་ཡུལ་མ་འཛོལ་བ་བྱ་དགོས་པའི་སྐོར་གླེང་བ།

བསོད་ནམས་ཀྱིས་བརྩམས། 《གངས་ལྗོངས་རིག་གནས》2010ལོའི་དེབ4བ།

རྩིས་འཁོར་ཁྲོད་ཀྱི་བོད་ཡིག་གི་ཡིག་གཟུགས་ཨང་སྒྲིག་དང་གཏག་ཐབས་གཅིག་གྱུར་སྐོར་ལ་བསམ་ཚུལ་ཐྲན་ཙམ་བརྗོད་པ།

དཔལ་མོ་སྒྲོལ་མས་བརྩམས། 《བོད་ཀྱི་སློབ་གསོ》2010ལོའི་དེབ4བ།

ཚན་རྩལ་བརྡ་ཆད་ཀྱི་ཁྱད་ཆོས་རགས་ཙམ་གླེང་བ།

མགོན་པོ་རབ་བརྟན་གྱིས་བརྩམས། 《བོད་ཀྱི་སློབ་གསོ》2010ལོའི་དེབ5བ།

བོད་ཡུལ་གྱི་རྡུ་ཐང་གི་སྐྱེ་ཁམས་དང་ཁོར་ཡུག་སྲུང་སྐྱོབ།

རྩེ་གཞུང་སྐལ་བཟང་འདྲུམ་གྱིས་བརྩམས། 《བོད་ཀྱི་སློབ་གསོ》2010ལོའི་དེབ5བ།

2009ལོར་པར་དུ་བསྐྲུན་པའི་རྒྱལ་ཡོངས་ཀྱི་བོད་ཡིག་གི་བོད་རིག་པའི་དཔེ་ཆའི་དཀར་ཆག

སྒྲོལ་མས་སྤྲད་སྒྲིག་བྱས། 《ཀྲུང་གོའི་བོད་རིག་པ》2010ལོའི་དེབ4བ།

台湾、香港藏学论著要目

一、政治、法律

1959：拉萨！达赖喇嘛如何出走/李江琳著，台北：联经。

西藏的地位：从国际法的角度对西藏历史、权利与前景的分析，迈克尔·C·范沃尔特·范普拉赫（Michael C. van Walt van Praag）著，噶玛默朗藏译，跋热达瓦才仁翻译。台北：雪域。

解析藏、疆独活动及中共因应对策/邵宗海著，中共研究44：5，页102－119。

西藏问题的意识形态化/姚新勇著，二十一世纪118，页70－78。

青海玉树414大地震分析及其意涵/高玉树著，蒙藏季刊19：4，页96—109。

青海玉树震灾与中共应急处置评析/林茵璇著，中共研究44：6，页68—83。

二、社会、经济

与财富有约：藏传佛教的致富之道/曲嘉仁波切（chos rgyal Rinpoche）著，台北市：台北市大通方广印经会。

西藏流亡政府的流亡藏人人口统计调查：台湾接受调查之流亡藏人的分析［2009年4月］/苏嘉宏著，蒙藏季刊19：2，页28—49。

三、考古、历史

历史之眼看西藏：抚摸隐秘岁月/聂作平著，台北：灵活文化。

雪域求法记：一个汉人喇嘛的口述史/邢肃芝（洛桑珍珠）口述，张健飞、杨念群笔述，台北：橡树林文化。

唐朝与吐蕃和亲之研究/冯艺超著，台北县永和市：花木兰文化。

贵霜为大月氏考/耿振华著，台北县永和市：花木兰文化。

汉藏历史关系的新思考：一个反思性的历史研究/王明珂著，长庚人文社会学报 3：2，页 221—252。

南宋时期四川的防御体系：以 1132 至 1206 年为中心/李瑞川著，史耘 14，页 29—76。

元明两朝与西藏的关系/萧金松著，故宫文物月刊 329：页 6—13。

“钦差”使命：沈宗濂在西藏（1943—1946）/张瑞德著，“中央”研究院近代史研究所集刊 67，页 59—96。

章嘉大师与台湾藏传佛教/杨嘉铭著，蒙藏季刊 19：4，页 50—65。

乾隆皇帝修建热河藏传佛寺的经济意义/赖惠敏著，“中央”研究院历史语言研究所集刊 80：4，页 633—689。

民国佛教悬案：诺那活佛死亡之谜初探/黄英杰著，辅仁宗教研究 21，页 181—203。

民国时期第七世章嘉呼图克图在内蒙古的宣化活动略述/秦永章著，中国边政 182，页 205—219。

国民政府与九世班禅喇嘛：一个近代中国汉藏政教权力关系之剖面/林孝庭著，传记文学 96：2，页 4—22。

试论元代原庙的宗教体系与管理机关/许正弘著，蒙藏季刊 19：3，页 54—78。

论萨迦班智达的政治活动/陈庆英著，蒙藏季刊 19：1，页 50—71。

四、哲学、宗教

即身成佛的法王：现证无学金刚贝雅达赖法王全传/吉仲·逞列强巴迴乃，李学愚译注，台北县中和市：大千出版社。

明月——顶果钦哲法王自传与访谈录/顶果钦哲法王著，刘婉俐译，台北：

雪谦文化出版社。

顶果钦哲法王传：藏传法王——宁玛派/马修·李卡德（Matthieu Ricard）著，赖声川编译，高雄：雪谦文化出版社

西藏密教/许明银著，台北县中和市：世桦国际。

西藏禅修书/克莉丝蒂·麦娜丽喇嘛（Lama Christie McNally）著，林资香译，台北：橡树林文化。

护法神 vs 厉鬼：西藏护法神的探究/西藏多麦区域研究凶天小组著，见悲青增格西等译，台北：雪域。

解开藏传佛教的神奇密码/慈诚罗珠堪布著，台北市：喇荣文化。

开始读懂百字明：藏传佛教第一咒/张宏实著，台北：橡实文化。

梦瑜伽与自然光的修习/南开诺布仁波切（Chogyal Namkhai Norbu）著，歌者译，台北：橡树林文化。

离死之心/竹庆本乐（Dzogchen Ponlop）仁波切著，蓝星译，台北：橡树林文化。

最勇敢的女性菩萨：绿度母/堪布慈囊仁波切著，张福成译，台北：橡树林文化。

西藏生死学的理论与实践：西藏丧葬习俗研究/耿振华著，台中市：第一数位典藏。

从《西藏度亡经》的英译看中阴法教的生死体系与临终解脱教示/刘婉俐著，生命教育研究 2：2，页 95—130。

我的堪布：贡噶旺秋/宗萨钦哲仁波切著，慧炬 549，页 24—30。

浅述庄子的生死观与《西藏生死书》/张淑惠著，景女学报，页 125—137。

普贤上师言教:《大圆满龙钦心髓》前行指引/巴楚仁波切(Patrul Rinpoche)著,莲师翻译小组（Padmakara Translation Group）英译，姚仁喜汉译，台北：橡实文化：大雁文化事业股份有限公司。

挖到空：《缘起赞》讲记/伦珠梭巴格西讲，翁仕杰编译，台北：春天出版国际文化有限公司。

远离四种执著 1/究给崔津仁波切著，札巴蒋称注释，喇嘛秋达英译，萨迦佛学院台湾办事处汉译，慧炬 547—548，页 20—28。

远离四种执著 2/究给崔津仁波切著，札巴蒋称注释，喇嘛秋达英译，萨迦佛学院台湾办事处汉译，慧炬 549，页 10—16。

《菩提道次第广论》之奢摩他学（上）/慧峰著，普门学报 59，页

221—260。

藏传佛教对生命礼俗的看法——以天葬为例/黄英杰著，辅仁宗教研究 20，页 67—94。

萨迦派之传承源流/慧炬编辑室整理。慧炬 547—548，页 4—10。

萨迦派道果法的内容/慧炬编辑室整理。慧炬 549，页 33—41。

台湾藏传佛教印经会现况分析/黄英杰著，佛教图书馆馆刊，页 6—14。

Facts of the Intellectual History in India and Tibet Concerning Meditating on a Mere Absence/ Hopkins, Jeffery 著，中华佛学学报 23，页 93—115。

The Yoga Tantras and the Social Context of Their Transmission to Tibet, Weinberger/ Steven 著，中华佛学学报 23，页 131—166。

大宝法王与台湾/陈又新著，蒙藏季刊 19：3，页 36—53。

藏文《大藏经》的特色及其价值/周润年著，蒙藏季刊 19：4，页 80—93。

五、文化、教育、出版、体育、民俗

西藏一年/书云著，台北县新店市：木马文化。

西藏感官养生书：来自秘境的养生之道/蒋荣玉著，台北：凯信。

西藏心瑜伽．二合而为一双人篇/克莉丝蒂·麦娜丽喇嘛（Lama Christie McNally）、伊安·索尔森（Ian Thorson）著，林资香译，台北：橡树林文化。

幸福的雪域宅男：我的西藏原味生活/原人著，台北：橡树林文化。

挖虫草的女孩/邱仁辉著，台北县中和市：策马入林文化。

雪阳、虹人、转经道：让观音落泪的地方/李学愚著，台北县中和市：大千。

单车少女闯天路/韩旭、邓锦珊著，香港：万里书局。

阿玛给给：西藏流亡教育/卢惠娟著，台北：雪域。

原来喇嘛这样过日子/央卓著，台北县中和市：佳赫文化行销。

世界屋脊/天卫文化编辑部编著，刘兴诗撰述。台北：天卫文化图书股份有限公司。

朝圣精神与雪山精神：马丽华散文对西藏人文自然精神的诠释与阶段性转变/张瀛太著，辅仁国文学报 30，页 313—347。

六、文学、艺术

1933—1934 年芝加哥世界博览会中华民国和日本艺品之展示/周芳美著，艺术学研究 6，页 161—230。

西藏佛教艺术源流与发展/李玉珉著，艺术家 422，页 310—323。

由旅行文学探析民族文化的变迁：以马丽华的作品为例/张骏逸著，文学越界 1：3，页 31—45。

析评谢旺霖著《转山：边境的流浪者》：生命在其自己的追寻/萧振邦著，鹅湖 35：9，页 47—56。

殊胜因缘：来自达赖与班禅的献礼/冯明珠著，故宫文物月刊 329：页 14—29。

密教的图像/赖依缦著，故宫文物月刊 329：页 30—45。

穿梭时光隧道：藏传佛光千年——藏密的奇幻旅程/钟子寅、罗文华、殷安妮、袁凯铮著，典藏古美术 210，页 98—127。

从唐太宗“八难婚使”浅谈西藏风俗民情/杨嘉铭著，故宫文物月刊 329：页 58—64。

边境魔女——发现西藏/苏玲怡、李玉珉、张雅静、钟子寅著，典藏古美术 214，页 88—119。

圣地西藏：最接近天空的宝藏/冯明珠、索文清主编，台北县汐止市：联合报。

昌都藏族铜佛像打制工艺调查/张建世著，台湾原住民研究论丛 8，页 205—225。

圣地西藏：最接近天空的宝藏展策展经纬/李玉珉著，故宫文物月刊 328：页 4—21。

Prince of the Himalayas：A Reconstruction of Tibetan Cultural Identities through the Meeting of Tibet, Shakespeare, and China/杨雅筑著，NTU Studies in Language and Literature. 22, P. 49-78.

七、语言、文字

现代安多藏语的领属格助词/周毛草著，中国边政 182，页 153—164。

汉藏语比较语言学的几个问题/龚煌城著，“中央”研究院历史语言研究所集刊 81：1，页 191—228。

后　记

《中国藏学年鉴2009》于2011年5月出版后，年鉴编辑部便开始了2010年度年鉴的编纂工作。由于有了编纂首本藏学年鉴的经验，本书即由原班人马依照已成体例编写，工作方式照旧。

《中国藏学年鉴2010》分工如下：

一、前言、目录、藏学机构、后记：廉湘民

二、特稿：多杰才旦、拉巴平措、许德存

三、研究综述

哲学宗教：拉先加

梵文研究：罗鸿

政治法律：肖杰

经济社会：杨晓纯

生态环境：格桑卓玛

文化教育：永红（汉文部分）；拉加当周、王建海（藏文部分）

语言文字：尹蔚彬（汉文部分）、拉加当周（藏文部分）

文学：李连荣（汉文部分）；拉加当周、王建海（藏文部分）

艺术：常红红（汉文部分）；拉加当周、王建海（藏文部分）

历史考古地理文献：班玛更珠

藏医药：仲格嘉、黄维忠

台湾、香港藏学研究：朱文惠

四、学术活动、学者介绍：索珍、王茜

五、书目索引：周卫红（英文部分）、桑丁才仁（藏文部分）、仁青卓玛（藏文梵夹本部分）

六、论文资料索引：永青巴姆（汉文部分）、卓玛（藏文部分）

七、台湾、香港藏学论著要目：朱文惠

八、图片：张红等

吴涛、张荣德、张莉文负责联系工作。

全书最后由廉湘民、黄维忠负责总统稿。

2012 年 6 月 7 日，年鉴编辑部于中国藏学研究中心科研楼召开编纂工作会议，就该书稿件中出现的问题进行研究，明确了修改意见，决定书稿修改完善后交中国藏学出版社。会议同时部署了《中国藏学年鉴 2011》的编纂工作。

编纂出版《中国藏学年鉴》是一项学科跨度大、牵涉面广、要求高、难度大的工作，编辑部的全体同志总结了以往的工作经验，尽了最大努力，但依然存在不足，敬请各位藏学界同仁和各位读者悉心指正，我们定当在日后工作中不断完善。

《中国藏学年鉴》编辑部

2012 年 6 月

图书在版编目(CIP)数据

中国藏学年鉴. 2010:汉、藏/《中国藏学年鉴》编辑委员会编. —北京:中国藏学出版社, 2012.8

ISBN 978-7-80253-531-2

Ⅰ. ①中… Ⅱ. ①中… Ⅲ. ①藏学-中国-2010-年鉴-汉语、藏语 Ⅳ. ①K281.4-54

中国版本图书馆CIP数据核字(2012)第154308号

责任编辑/永红 张荣德
藏文责任编辑/南加才让
责任校对/徐华兰
封面设计/李建雄

中国藏学年鉴2010

《中国藏学年鉴》编辑委员会/编

出版发行	中国藏学出版社
印　　刷	北京牛山世兴印刷厂
开　　本	787×1092毫米 1/16
印　　张	31.25
字　　数	2000册
印　　次	2012年8月第1版第1次印刷
书　　号	ISBN 978-7-80253-531-2/K·320
定　　价	56.00元

图书若有质量问题,请与本社联系

E-mail:dfhw64892902@126.com　**电话**:010-64892902